근대이행기의 유림

근대이행기의 유림

권오영 지음

2012년 9월 18일 초판 1쇄 발행

펴낸이 한철희 | 펴낸곳 돌베개 | 등록 1979년 8월 25일 제406-2003-000018호
주소 (413-756) 경기도 파주시 회동길 77-20(문발동 532-4)
전화 (031) 955-5020 | 팩스 (031) 955-5050
홈페이지 www.dolbegae.com | 전자우편 book@dolbegae.co.kr
블로그 imdol79.blog.me | 트위터 @Dolbegae79

책임편집 이경아·최혜리
편집 권영민·소은주·이현화·김태권·김진구·김혜영
표지디자인 이은정 | 본문디자인 정운정·이은정·박정영
마케팅 심찬식·고운성·조원형 | 제작·관리 윤국중·이수민
인쇄·제본 상지사 P&B

ISBN 978-89-7199-499-3 (94150)

이 도서의 국립중앙도서관 출판시도서목록(CIP)은 e-CIP 홈페이지
(http://www.nl.go.kr/ecip)에서 이용하실 수 있습니다.(CIP제어번호: CIP2012004142)

책값은 뒤표지에 있습니다.

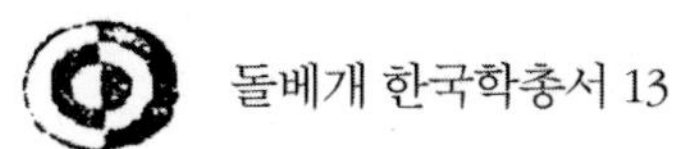돌베개 한국학총서 13

근대이행기의 유림

권오영 지음

16세기에 이황과 조식 등에 의해 이루어진, 경敬과 의義를 주요 내용으로 하는 조선 이학은 17세기 송시열·송준길 등에 의해 확실하게 정치 이데올로기로 변모하였다. 그 이학은 예학의 옷을 입고 있었으니, 경과 의를 강조한 16세기 조선 이학의 특징이 예론과 의리의 모습으로 나타난 것이었다. 그러나 예학과 의리론의 풍미는 다시 심성이기心性理氣에 대한 심오한 논쟁을 야기하였다. 18세기 백 년간 전개된 이른바 호락논쟁湖洛論爭은 조선 이학의 사상적 내용을 더욱 풍부하게 하였고 조선 이학의 사상적 지평을 크게 넓혔다.

저자는 이미 2003년에 『조선 후기 유림의 사상과 활동』이란 책을 낸 바 있다. 그리고 이번에 출간하는 책은 그 뒤 근 10년간 근대이행기 유림儒林에 대한 연구를 지속적으로 수행하여 발표한 논고들을 다소 수정·보완한 것이다. 특히 이번 책에서는 조선 이학의 장구한 흐름 속에서 그 종국終局에 해당하는 19세기에 조선의 이학자들이 어떻게 당시 난국을 진단하고 이를 사상적, 실천적으로 극복하여 나갔는가를 탐구하고자 하였다. 19세기 조선의 지식인들은 외세의 도전 앞에서 각자 자신의 학문적·사상적 체계를 세워 이를 타개하기 위해 분투하였다. 19세기에는 기호 지역이든, 영남 지역이든 이학의 이론을 새롭게 해석하여 그 의미를 부여하려고 하였던 것이다.

제1부에서는 기호와 호남 지역의 이학에 근거한 의리 사상의 전승과 구국 활동에 대해 탐구하였다. 우선 이항로 학맥의 위정척사 이념에 주목하여 이항로의 위정척사 이념이 김평묵, 유중교를 거쳐 고석로에서 김구로 전승되어 가는 과정을 탐구하였다. 특히 고석로의 위정척사 이념과 '구전심수'의 교육, 김구의 청소년기 사상과 구국 활동을 통해 이항로가 주창한 위정척사 이념의 변모를 추적하였다. 이를 통해 조선의 이학이 독립·애국 정신으로 변모해 가는 과정을 밝혀냈다. 김구는 스승 고석로로부터 의리에 대한 가르침을 받아 평생 조선 민족의 독립을 목표로 삼고 의리에 벗어나지 않는 삶을 살았다. 김구는 이항로의 학맥에 속하면서 '심즉리'心卽理의 학설을 지지하였고, 조선 민족의 '마음의 건설'에서 민족 갱생의 첫걸음을 시작하고 싶어했으며 이를 '민족성의 재건'이라고도 부르고 싶다 하였다. 이 글에서는 이러한 김구의 발언이, 심心을 이理 중심으로 보고 명덕明德을 주리主理 중심으로 해석하고자 했던 이항로 학맥의 사상사적 전승 과정에서 나온 것으로 이해하였다.

또한 기정진 이학의 내용을 검토하여 특성을 제시하고, 이어 그 이학의 실천적 전승을 그의 손자 기우만의 의리 정신과 의병운동을 통해 알아보았다. 기정진은 이일분수理一分殊에 대한 새로운 해석을 통해 원융圓融의 이학을 제창하였고, 기우만은 춘추의 의리 정신으로 평생 그의 삶과 사상을 일관하였음을 드러냈다.

제2부에서는 주로 영남 지역의 이학과 그 실천적 전승에 대해 탐구하였다. 우선 19세기 영남 학계에서 행해진 대규모 학술 모임의 이학 강론과 1896년 권세연의 의병운동을 검토하였고, 이어 19세기 당시 저명한

이학자였던 이진상의 이학 전통과 전승에 대해 탐구하였다. 이진상의 이학은 기학氣學과 양학洋學을 물리치고 외세의 침략을 극복하기 위해 제창되었다. 그의 이학은 19세기 말 20세기 초에 영남에서 이단으로 몰려 비판을 받았으나 윤주하와 곽종석, 이승희 등에 의해 잘 수호되어 나가 1919년 전국 유림이 조선 민족의 독립운동을 위해 하나로 통합되어 나가는 것을 뒷받침하는 이론으로 작용하면서 마지막 광염光焰을 발하였다. 이진상 이학의 정통 계승자인 곽종석이 조선 민족의 독립을 위해 전국 유림의 통합을 도모할 수 있었던 근저에는 주리主理 중심의 이진상 이학이 자리하고 있었던 것이다.

특히 곽종석은 명덕明德에 대한 새로운 해석을 통해 세계 각국의 사상과 문화를 수용할 수 있는 이론적 토대를 마련하였다. 곽종석 등은 프랑스 파리에서 만국평화회의가 열린다는 소식을 듣고, 조선이 4천여 년의 오랜 역사를 지닌 문명국가임을 강조하면서 일제의 강제적인 병탄에서 조선의 독립을 지원해 줄 것을 파리의 만국평화회의에 참석한 위원들에게 장서를 보내 호소하였다. 그는 인의에 근거한 공법 질서와 공리의 서구의 철학과 그에 토대를 둔 서구 과학을 인정하며 하루빨리 조선의 독립과 평화가 성취되기를 바랐다. 이 책에서는 곽종석의 이학에 대한 탐구를 통해 조선 이학의 변모를 추적하여 이학이 유림의 독립운동의 이념으로 작용했음을 논구하였다.

제3부에서는 근대이행기에 활동한 대표적인 유림의 사상 경향에 대해 알아보고, 이어 유림의 현실 인식에 대해 검토하였다. 1905년 을사늑약으로 일제에 의해 조선의 국권이 침탈당하고 1910년에 조선이 일제에게 강점당하자, 유림 가운데는 나라가 망한 현실 속에서 도道도 망했다고 생각한 이가 있었는가 하면 나라는 망했지만 도는 망하지 않았다고 생각하는 이도 있었다. 을사늑약 이후에 나라가 망하고 도가 망했다고

인식한 유림은 자결自決을 택하였고, 나라는 망했지만 도는 망하지 않았다고 생각한 유림은 그 도를 지키기 위해 의병을 일으키거나 독립운동을 전개하기도 하고, 제자들에게 유교 교육을 시키기도 하였다.

특히 이 장에서는 조국이 풍전등화의 상황에 처하자 순국으로 생을 마감한 이남규, 허위, 박세화, 유도발·유신영 부자 등 지사들의 사상과 활동을 밝혔다. 이들은 모두 유가적 전통에서 자라나 청소년기부터 이학을 학습하고 생활하였는데, 국가가 위기에 처하자 분연히 일어나 살신성인으로 애국적 행동을 보여 준 인물들이었다.

이 책은 근대이행기에 이 땅에 살다 간 다양한 유림의 사상과 활동을 통해 조선 이학의 역동성을 보여 주고자 하였다. 이학 이론으로 철저히 무장한 학자들이 외세의 침략에 적극 대응하여 구국운동의 전선에서 활동한 모습과 순국으로 헌신한 의리 정신을 드러내어 길이 전하고 싶기도 하였다. 저자는 독자들이 이 책을 읽고 근대이행기에 활동한 조선 유림의 치열한 학문적 삶과 애국·우국·순국의 정신에 공감하고 이를 오래 기억해 주기를 바란다.

끝으로 이 책을 기꺼이 출판해 주신 한철희 사장님께 깊은 감사를 드린다. 아울러 나의 글을 정독하고 교정을 해 주신 돌베개 편집부 이경아 팀장과 최혜리 씨에게 고마운 마음을 표한다.

2012년 8월 15일
권오영 씀

제1부

유림의 의리 사상과 구국 활동

❀❀❀

　16세기 이황李滉과 이이李珥에 의해 사상적 체계를 이룩한 조선 이학理學은, 17세기 이후 이학 지상至上의 시대가 열리면서 더욱 깊이 탐구되었다. 그리하여 17세기 후반부터 조선 학계는 크게 영남과 기호로 나뉘어 서로 자파의 학문적 비조鼻祖인 이황과 이이의 이기설을 부연 설명하며 자신들의 정치적, 사상적 입지를 굳혀 나갔다. 그 뒤 18세기에는 이른바 '호락논변'으로 일컬어지는 심성에 대한 논쟁이 첨예하게 일어나 기호 학계 내에서도 분열이 더욱 가속화되었다.

　그런데 이러한 이황과 이이의 학통을 이은 기호 학파와 영남 학파는, 19세기에 이르러 사상적 이론을 더욱 공고히 하면서 현실에 대응해 나가게 된다. 당시 기호 학파의 홍직필－임헌회－전우 학맥, 오희상－유신환 학맥, 이항로－김평묵 학맥과 영남의 이진상－곽종석 학맥, 호남의 기정진－기우만 학맥이 이학의 전통을 이은 대표적인 학단들이다. 그렇지만 이러한 이학의 흐름에서 점차 일탈하는 학자들도 나타났다. 윤휴·박세당·이익·권철신·정약용 등은 주희의 학설을 금과옥조로 여기는 학풍을 비판하였고, 정제두의 학맥을 이은 이광사·이영익 등은 양명학을 연구하여 이른바 허위의 탈을 쓴 도학자들을 비판하기도 하였다. 그런가 하면 18세기부터 서울의 학풍은 박물학이나 상수학에 깊은 관심을 보이고 있었다. 그러다가 19세기 중엽에는 최한기처럼 서학西學을 깊이 연구하여 새로운 학문인 기학氣學을 선언하는 학자가 나오기도 하였다.

19세기에 이학을 사상적 기반으로 한 기호 유림의 이항로와 그 학맥의 학자들은 위정척사운동과 의병운동에 주도적으로 참여하였다. 19세기 기호 학계에 주리론으로 사상적 무장을 하고 혜성처럼 등장한 이항로와 그 문인들은, 당시 이학의 기능이 '척사'斥邪와 '명리'明理에 있다고 여겨 천주교와 기학 등 이학에 배치되는 모든 학설을 주기主氣로 보아 배척하고 주리론이 주도되는 사회가 되어야 한다고 주장하였다.

제1부에서는 이항로-김평묵·유중교-고석로-김구로 이어지는 유림, 그리고 기정진-기우만으로 이어지는 유림의 사상과 활동에 대해 서술하고자 한다. 우선 이항로의 학문적 삶을 살펴보고, 이어 위정척사 이념의 형성과 내용을 검토하려 한다. 그리고 그 이념이 이항로의 문인들에 의해 시대의 흐름에 따라 어떤 모습으로 변모되어 나갔는가를 살펴보고자 한다. 특히 이항로의 우뚝한 제자인 유중교·김평묵의 문하에서 공부한 고석로의 사상적 변모를 알아보고, 다시 고석로의 제자인 김구가 스승의 문하에서 의리 사상을 배우고 실천해 간 과정을 통해 이항로의 위정척사 이념이 전승된 양상을 밝혀 보기로 한다. 이를 통해 김구가 스승 고석로로부터 전수받은 정신적 교훈이 무엇이었고, 그 교훈이 어떻게 김구의 애국 사상과 독립운동에 실천적으로 승화되어 나갔는지를 알아볼 수 있을 것이다. 그로써, 다시 김구를 통해 윤봉길 의사에게까지 전수된 우리나라 독립운동사의 정신사적 맥락을 제시해 보고자 한다.

 제1부 유림의 의리 사상과 구국 활동

　　한편 기정진은 19세기 전반기에 경기의 이항로, 영남의 이진상 등과 함께 이학을 새롭게 제창한 학자이다. 그는 당시 천주학과 서구의 새로운 사조가 급격히 들어오자 이학의 이론을 새롭게 정립하여 대응할 필요성을 느꼈다. 그는 이일분수理一分殊를 새롭게 해석하고 그동안 분분했던 학계의 학설을 독자적으로 비판하여 원융圓融의 이학을 주장하였고, 병인양요에 직면하여서는 위정척사론을 제창하여 서구의 침략에 치열하게 저항 정신으로 일관하였다. 그의 이학은 손자 기우만에게 전승되어, 일제의 침략에 저항하는 의병운동을 주도하고 국망에 즈음하여서는 도道를 수호하는 정신으로 그 결실을 맺었다.

이항로의 위정척사 이념과 그 전승 양상

1. 머리말

19세기 중엽에 외세의 침략을 극복하기 위해 위정척사衛正斥邪 이념을 정립하고 위정척사운동을 전개했던 이항로李恒老(1792~1868)는 철저한 주자학자였다.[1] 그는 평생을 주자학의 탐구에 힘썼고, 주리론主理論에 근거하여 서양 세력을 배척하는 이론을 구축하였다. 그는 1792년(정조 16) 2월 13일 묘시卯時에 경기도 양근군 벽계리(지금의 양평군 서종면 노문리)에서 출생하여 1868년(고종 5) 3월 18일 유시酉時에 77세로 작고하였다. 작고할 시각에 큰 별이 동남쪽에 떨어졌는데 붉은 빛이 하늘에 뻗치어 땅을 밝게 비추다가 사라졌고 이어 지진이 일어났다고 한다.

---

[1] 이항로에 대해서는 지금까지 많은 연구 논저가 나왔다. 대표적인 저서로는 오영섭, 『華西學派의 思想과 民族運動』(國學資料院, 1999); 금장태『華西學派의 철학과 시대의식』(태학사, 2001); 강대덕, 『華西 李恒老의 時代認識』(신서원, 2001); 박성순, 『조선후기 화서 이항로의 위정척사사상』(경인문화사, 2003); 정재식, 『한국유교와 서구문명의 충돌』(연세대학교 출판부, 2004) 등이 있다.

이항로는 비범한 자질을 타고나 어려서부터 부지런히 학문에 힘썼고 학자로서 대성하여 많은 제자를 양성하였다. 특히 그의 문하에 출입했던 제자들과 그 후학들은 위정척사운동과 의병운동을 주도하여 우리나라의 민족독립운동에 크게 기여하였다.

이항로는 자기가 살고 있는 당대를 천하에 기氣가 만연蔓延한 시대로 진단하고, 주리론主理論으로 정신적 무장을 하여 자기 시대의 위기를 타개하려고 하였다. 그는 이理와 기氣는 결코 대등한 것이 아니고 차등이 있는 것이라 여겼다.

이항로는 1840년에 천거로 휘경원 참봉에 임명되었으나 사양하였고, 그 뒤 1864년 장원서 별제, 전라도 도사, 사헌부 지평, 장령에 임명되었다. 그리고 1868년에는 승정원 동부승지에 특별 임명되어 저 유명한 「사동부승지겸진소회소」辭同副承旨兼陳所懷疏를 올렸다. 또한 그는 공조 참판, 도총부 부총관, 동지의금부사에 임명되었다.

이 글에서는 우선 이항로의 학문적 삶을 살펴보고, 이어 위정척사 이념의 형성과 내용을 알아보고자 한다. 그리고 그 이념이 문인들에 의해 시대의 흐름에 따라 어떤 모습으로 변모되어 나갔는가를 탐구하고자 한다. 특히 이항로의 고제인 유중교柳重敎(1832~1893)·김평묵金平黙(1819~1891)의 문하에서 공부한 고석로高錫魯(1842~1922)의 사상의 변모를 알아보고 다시 고석로의 제자인 김구金九(1876~1949)가 고석로의 문하에서 의리 사상을 배우고 실천해 간 과정을 통해 이항로의 위정척사 이념의 전승 양상을 알아보고자 한다.

2. 주자학 연구와 역사서 편찬

이항로는 3세 때 『천자문』千字文을 배우고, 6세 때 『십구사략』十九史略을 읽고 「천황지황변」天皇地皇辨을 지었다. 어린 시절에 그의 집에는 사랑방에 아버지의 친구들이 많이 찾아와 자주 학문 담론을 하였다. 이항로가 9세 때 남기제南紀濟가 찾아와 담론을 하던 중에 "천지 사이에는 오직 하나의 기氣가 있다"라고 말하자, 이항로는 옆에서 그 말을 듣고 남기제에게 "장자長者께서 한결같이 힘껏 이 설을 주장하시면 장자의 문하에 반드시 길에서 남을 구타할 사람이 있을 테니 어떻게 금지시키겠습니까?"라고 말하였다. 이때부터 이항로는 "천지 사이에 만사는 오직 하나의 이理일 뿐이다"라는 생각을 했으니 이미 그의 주리론主理論이 싹트고 있었다.

성인으로 자라난 뒤 이항로는 법도 있게 집안을 운영하였다. 매일 동틀 무렵에 조상의 사당에 나아가 절을 하고 방으로 돌아와 부인과 서로 공경의 읍揖을 취한 뒤 함께 앉아 여러 가족 구성원들의 인사를 받았다. 그리고 각각에게 하루 동안 종사할 일을 명하여 한 사람도 게으름을 피우는 사람이 없게 하였다. 봉제사와 접빈객을 잘하였고, 옛 친구를 정답게 대했고, 어질고 덕 있는 이에 대해서는 예禮로 대하였다. 이항로는 일찍이 "나는 치가治家에 세 가지 법이 있는데 근면[勤], 검소[儉], 저축[儲]일 뿐이다"라고 하였다.

이항로의 집안은 선비들이 찾아오는 것을 좋아하여 하루에 10번이나 밥을 지어(一日十饗) 손을 대접하기도 하였다. 또한 이항로의 아버지 이회장李晦章은 아들이 어렸을 적 어느 날 책 장사가 자신이 밭 갈고 있던 곳을 지나가자 책 장사가 갖고 있는 책과 밭 갈던 소를 바꾸어 아들이 공부할 책을 마련해 주었을 정도로 자식 교육열이 높았다.

     제1부 유림의 의리 사상과 구국 활동

이항로는 16세이던 1807년, 당시 학
문으로 이름이 높았던 서울의 임노任
魯를 찾아갔고 1812년 21세 때에는 경
기도 지평砥平에 사는 이우신李友信을
찾아가 학문에 대해 논하였다. 특히
이우신은 이항로의 학문적 성취를 인
정하고 외우畏友라고 칭하면서, 조상
을 받드는 것도 중한 일이지만 고사高
士와 담론하는 기회를 갖게 된 것을
기쁘게 생각한다며 제사 때 쓰기 위
해 준비해 두었던 황랍촉黃蠟燭을 켜
고 밤새도록 토론을 하였다.

이항로 영정 (한국학중앙연구원 제공)

　이항로가 살던 집 이름은 '청화정사'青華精舍(蘆山精舍)였고 그가 평소
거처하던 방 이름은 '분설와'噴雪窩였다. 이 분설와에서 「인물성동이설」人
物性同異說과 「인심도심설」人心道心說 등이 집필되었다. 이항로는 청화정
사에서 학문에 정진하고, 때때로 쌍계사·고달사 등 사찰을 옮겨 다니며
사서삼경과 『주자대전』朱子大全 등을 대상으로 한 성리학 연구에 정진하
였다. 청화정사는 벽계구곡의 제5곡에 위치하고 있다. 그것은 주희朱熹
의 무이정사武夷精舍가 무이구곡武夷九曲 중 제5곡에 위치하고 있는 것과
마찬가지 이유에서였다. 이곳에서 이항로의 대표적인 제자인 김평묵·
유중교·최익현崔益鉉(1833~1906)·유인석柳麟錫(1842~1915) 등 많은 이들이
이항로로부터 위정척사 이념을 전수받아 조선 말기에 위정척사운동을
주도적으로 전개하였다. 따라서 이 청화정사는 이항로 학파의 위정척사
이념과 운동의 정신적 요람이라고 할 수 있다.

　1847년 여름에 이항로는 청화정사 동쪽 산기슭에 작은 대臺를 만들고 제월대霽月臺라 명명하였다. 그리고 제월대의 동쪽에 있는 명옥정鳴玉亭에서 아침저녁으로 산책하고 제자들과 함께 학문과 예절을 강습하였다. 제월대 바위에는 작은 글씨로 "莫遣微雲 點綴練光 極虛極明 以配太陽 丁未"라는 명銘을 새겼다. "조각구름 보내어 밝은 달빛을 흐리지 말고, 지극히 비우고 지극히 밝게 하여 태양에 짝을 하라"는 내용이다. 이 대臺의 이름과 명銘에서 이항로의 광풍제월光風霽月 같은 기상과 모든 이들이 마음을 비우고 밝게 하기를 바란 도학자의 깊은 내면 세계를 상상할 수 있다.

벽계구곡 제5곡 입구의 바위에는 '쇄취암'鎖翠巖이라는 글씨가 각자刻字되어 있다. '쇄취암'이란 이름은 주희의 「무이도가」武夷櫂歌 중 일곡一曲에 나오는 "萬壑千巖鎖翠煙"(만학천암쇄취연)에서 따온 것이다. 벽계의 주위 암석에는 이 밖에도 많은 각자가 남아 있다. 특히 "欸乃聲中萬古心"(애내성중만고심)이란 주희의 「무이도가」 제5곡 시에 나오는 표현으로, 만고 심학心學의 정수를 스스로 이었다고 한 글귀의 의미가 매우 심장하니, 이항로의 학문이 주희 이학理學의 정맥正脈을 계승하고 있다는 것을 의미한다. 이 글귀가 쓰인 바위가 바로 '애내암'欸乃巖이다. '애내암'에서 조금 시내를 따라 올라가면 '분설담'噴雪潭이라는 각자가 전서篆書로 새겨져 있다. '분설'噴雪이라는 용어는 주자의 시 중에 "況有百尺崖, 噴雪飛寒流"(황유백척애, 분설비한류)라는 구절에 보인다. 이항로는 자기가 생활하던 방을 '분설와'라고 하였다.

이항로의 학문과 덕망이 세상에 널리 알려지면서 그의 문하에는 많은 인재들이 모여들었다. 1831년 임규직任圭直이 처음 입문入門하였고, 1836년 가을에는 춘천春川 가정柯亭에 살던 유영오柳榮五가 그 자손들을 입문시켰다. 유중교는 다섯 살부터 이항로의 문하에 출입하였고 후일 그의 문중자제門中子弟들이 이항로 학파의 핵심 세력을 이루었다. 1841년

　　　　제1부　유림의 의리 사상과 구국 활동

에는 김평묵, 1846년에는 최익현이 이항로의 문하에 입문하였다. 김평묵은 이항로 사후 그의 학통을 이어, 이론과 실천을 겸비한 학자로서의 삶을 살았다. 최익현이 1846년 13세의 나이로 이항로의 문하에 나아가자, 이항로는 그의 인품과 자질이 빼어남을 보고 '면암'勉庵이란 호를 내리고 대자 편액을 써 주었다. 그리고 1847년에는 양헌수梁憲洙가, 1855년에는 유인석이 이항로의 문하에 입문하였다.

이항로는 19세기 중반기를 살면서 외세의 침략을 정확하게 감지하고 이를 물리칠 학문적 이론 정립을 위해 이학理學과 사학史學을 깊이 연구하였다. 그는 『주자대전』 주석의 집대성을 기획하고 중화와 오랑캐를 구별하는 춘추사관春秋史觀에 입각한 투철한 역사의식에 의거하여 역사서의 편찬을 계획하였다.

1835년 이항로는 문인 임규직에게 부친 시에서 『주자대전』의 주석과 역사서를 편찬하겠다는 술작述作의 뜻을 나타내었다.[2]

주서朱書에는 우리나라 선비의 설을 모으고 싶고,	朱書擬輯東儒說,
역사서에선 원나라 황제를 깎아 버리리.	靑史行刪北帝編.

이항로는 『주자대전』에 대한 종합적인 연구 주석과, 원나라가 참통僭統이고 정통正統이 아니며 위주僞主이고 진주眞主가 아니라는 역사관에 입각한 역사서의 편찬을 시도하였다. 그는 공자의 도가 주희에 이르러 크게 밝혀졌으니 주희가 말한 한 구절 한 글자가 혹 어두워진다면 그 해가 백성에게 흘러들고 화가 후세에 미칠 것이라 생각하였다. 또한 그는 명나라 이후 천하의 학술이 삼분오열되었으나 조선의 학문은 오로

---

2 『華西集』附錄, 권9, 年譜.

지 주희를 주로 하여 그 책을 주석한 것이 수십 가家에 이른다고 하면서 이를 모아 편집하여 드러내어 후세에 제시하고자 하였다.[3] 그리하여 그는 이황으로부터 시작된 『주자대전』의 주석과 송시열宋時烈(1607~1689)이 편찬한 『주자대전차의』朱子大全箚疑를 계승하는, 『주자대전차의집보』朱子大全箚疑輯補(70책)라는 방대한 『주자대전』 주석서註釋書를 계획하여 완성하였다. 또한 그는 1846년에 맏아들 이준李埈에게 명하여 『주자대전차의집보』에서 번다한 것을 버리고 요점을 모으고 자신의 안설按說을 보충하여 『주자대전집차』朱子大全集箚를 편찬하게 했다.

이항로는 공자가 『춘추』春秋를 지었고 주희는 『자치통감강목』資治通鑑綱目을 저술했으니 그 뜻은 무엇보다도 중화를 높이고 이적夷狄을 물리치는 것이라 하였다. 그는 이적이 천자의 자리를 점거하고 천하를 통일한 것은 원元으로부터 시작되었다고 하면서, 원나라는 참통僭統이지 정통正統이 아니며 위주僞主이지 진주眞主가 아니며 변變이지 상常이 아니라는 것을 밝혀 만세의 대방大防을 엄하게 해야 한다고 하였다.[4] 그리하여 구체적으로는 1852년 제자인 유중교에게 명하여 중화와 오랑캐를 구별하는 이념이 강하게 내포된 『송원화동사합편강목』宋元華東史合編綱目(80권)을 편찬하여 중화를 높이고 오랑캐를 물리치는 의리義理 정신을 표명하게 하였다. 이어 그는 1863년 김평묵에게 명해 이 책을 계속 편찬하게 하고 마무리를 짓게 하였다. 이러한 이항로의 학문적 작업은 평생 주자학의 탐구와 존주대의尊周大義를 실천하려고 했던 송시열의 뜻을 성취한 것이었다.[5]

이항로는 주자학의 이론 탐구와 춘추사관에 의거한 역사 의식에 의

---

3 『華西集』附錄, 권9, 年譜.
4 『華西集』附錄, 권9, 年譜.
5 『華西集』附錄, 권9, 年譜.

　　　　제1부 유림의 의리 사상과 구국 활동

거하여 위정척사 이념의 정립에 지속적인 관심을 가졌다. 그는 1857년(철종 8) 김평묵의 요청으로 서양을 배척하는 정연한 이론을 구축하는 일에 착수하여, 1863년(철종 14) 1월 「벽사록변」闢邪錄辨을 지어 위정척사운동의 이념을 제시하였다. 1867년(고종 4) 이항로가 76세가 되던 해에 김평묵은 스승 이항로의 글 중에서 정수精粹를 발췌하여 『화서아언』華西雅言(12권 3책)을 편찬하였다. 이항로가 세상을 떠난 뒤인 1874년 김평묵·유중교·양헌수 등에 의해 발간된 이 책은 이후 위정척사 이념과 운동에 지대한 영향을 끼쳤고, 이항로 학파의 서사書社에서 위정척사운동의 이념적 교재로 쓰였다. 이러한 이항로의 학문적 업적에 근거하여 그의 학맥을 이은 학자들은 개항 전후 일본과 서양 세력의 침략을 정확하게 인식하고 이를 물리치는 데 혼신의 힘을 다하였다.

이항로는 둘째 아들 이박李璞이 화공畵工에게 부탁하여 그린 자신의 화상畵像에 1854년에 아래와 같이 스스로 제題를 붙였다.[6]

도리는 구할수록 더욱 멀고	道理愈求愈邈,
병은 다스릴수록 더욱 깊어 가네.	疾病愈治愈痼.
소장 시절에 힘을 다하지 못했음이 개탄스러우나	慨莫竭力於少壯,
쇠모한 만년엔 마음을 저버리지 않기를 맹세하도다.	矢不負心於衰暮.

이항로에 대해 남계래南啓來는 "천민왕좌"天民王佐라고 했고, 유조柳鼂는 이항로의 「심설」心說을 읽고 "좌해천강활리옹"左海天降活理翁이라고 높이 기렸다. 유조는 또 『화서아언』을 읽고 김평묵에게 "오동吾東의 일경一經"이라고 하였다. 김평묵은 1873년 8월에 이항로의 행장을 지었고,

---

6 『華西集』 권27, 銘, 書畵像自警 甲寅.

최익현은 1898년 이항로의 신도비명을 썼다. 최익현은 신도비명에서 아래와 같이 명을 붙였다.[7]

하늘이 우리나라를 돌보시어   天眷我東,

정도正道로써 번창하게 했네.   正道以昌.

율곡의 경敬과 우암의 직直은   潭敬巴直,

실로 주자를 이어받았네.   實纘紫陽.

(…)

경敬을 주로 하며 이理를 밝혔고   主敬明理,

도道로써 물物을 다스리시어,   以道宰物.

체體와 용用이 서로 포용하고   體用相涵,

현顯과 미微가 오직 하나이었네.   顯微惟一.[8]

(…)

성리의 근원과 결말은   性理源委,

학문의 주된 요지였다네.   學問主旨.

사설을 막고 존화양이는   閑息尊攘,

대의가 수십 가지라네.   大義數十.

그 책은 집에 가득하고   其書滿家,

끼친 빛은 찬란하구나.   遺光燁燁.

공자 맹자의 도를 전수하고   尼輿傳授,

주자 송자의 학을 넓히었다네.   朱宋張皇.

시대는 더욱 어려웠으니   時則尤難,

---

7 『勉菴集』 권25, 神道碑, 華西李先生神道碑銘 幷序.

8 "主敬明理, 以道宰物. 體用相涵, 顯微惟一"은 1869년 3월에 고종이 禮官을 보내어 제문한 글에 보인다. 제문은 지제교 趙秉肅이 지었다.

      제1부 유림의 의리 사상과 구국 활동

그 공로를 어찌 잊으리오.   功何可忘.

천민天民이요 왕좌王佐의 재주로서   天民王佐,

식자들이 공론으로 기리었도다.   有識公譽.

3. 위정척사 이념과 위정척사운동

1) 위정척사 이념의 형성

19세기 중엽에 외세의 침략을 극복하기 위해 위정척사 이념을 마련하고 위정척사운동을 전개했던 이항로는 철저한 주자학자였고 춘추사관에 입각한 역사학자였다. 이항로는 평생을 주자학의 탐구에 힘썼고, 주리론主理論에 근거하여 서양 세력을 배척하는 이론을 정비하였다. 이항로는 당시에 주기론이 일세를 풍미하여 사회를 혼란에 빠뜨리고 있다고 생각했다.

이항로는 당시에 대해 생각하기를 '사학'邪學이 국내에 만연하게 되었는데, 이 '사학'의 이른바 천주天主는 기氣로써 말할 수 있고 유교에서의 상제上帝는 이理로써 말할 수 있는 것이므로, 이러한 상황에서는 기氣를 억누르고 이理를 밝혀야 한다는 주리론을 주장하였던 것이다. 이렇게 볼 때 그의 주리론은 당시 서울·경기 학계를 풍미하던 주기적 경향의 학설에 대한 새로운 비판 이론이자, 천주교의 확산에 대한 비판 이론으로 제기된 것이었으며 종래의 주리론과 명칭은 같으나 그 역사적 성격은 크게 달리하였다. 그러나 그는 심心을 이理로 보는 육구연陸九淵이나 왕수인王守仁을 만나면 이들 앞에서는 "심은 기이다"心是氣라고 주장하겠다고 말하기도 했다. 이것은 그의 주리론이 매우 상황주의적인 경향을 띠고 있음을 의미한다.

이항로의 위정척사 이념의 연원은 1835년(헌종 1)으로 거슬러 올라간다.[9] 그는 그해에 「우탄」憂歎이란 제목의 시를 지어 실세失勢 남인南人 정치 세력의 재기再起와 서양 세력의 확산에 대한 깊은 우려를 표명하였다.[10]

오막살이집은 크기가 말만 한데	弊屋寬如斗,
어쩌다 만 휘나 되는 근심만 쌓였나.	安儲萬斛憂.
천지의 봄은 고요하기만 한데	乾坤春寂寂,
밤에 부는 비바람은 쓸쓸하구나.	風雨夜悠悠.
흑수의 물결은 파란이 많이 일고	黑水波瀾濶,
서양의 도깨비는 그윽이 숨어 있네.	西洋鬼魅幽.
동쪽 바다 오히려 얕지 않으니	東溟猶未淺,
우리 도가 어찌 영원히 끝나겠는가.	吾道詎長休.

이항로는 이 시에서 남인의 종사宗師인 윤휴尹鑴(黑水)의 정치적 후예가 재기하고 서양 세력이 동점東漸하여 물밀듯이 밀려오는 당시 상황을 경계하였다. 그는 국내의 실세한 남인 세력과 조선으로 진출해 오는 서양 세력을 사邪로 규정하여 배척하였다. 그러나 이항로는 '오도'吾道가 다시 실현될 수 있다는 희망을 가졌다. 이항로의 이 시는 김평묵·유중교·최익현 등 이항로 학맥의 위정척사 이념과 운동의 연원이 되었다.

이항로는 1836년 '양교지화'洋教之禍에 대해 저술을 하였다. 그는 서양이 경제적, 문화적 침략을 해 오고 있음을 예리하게 간파하면서, 서양이 그 술術을 전파시키는 것은 조선의 어리석은 백성을 속이고 미혹시

---

9 권오영, 「1870년대 李恒老 學派의 斥邪論」(白山朴成壽教授華甲紀念論叢 『韓國獨立運動史의 認識』, 白山朴成壽教授華甲紀念論叢刊行委員會, 1991) 참조.

10 『華西集』 권1, 詩, 憂歎.

 제1부 유림의 의리 사상과 구국 활동

켜 널리 내응內應 세력으로 키운 뒤에 자신들의 욕구를 마음대로 하고
자 하기 위한 것이라 하였다.[11]

이항로는 1846년 7월에 「인심도심설」人心道心說을 지었다. 그의 학문
에서 인심도심人心道心에 대한 설은 큰 비중을 차지하고 있다. 그는 심心
의 존存·망亡·득得·실失, 인人의 현賢·부否·사邪·정正, 가국천하家國天
下의 치治·란亂·안安·위危가 모두 인심도심을 통해 판단이 된다고 하였
다. 그는 도리道理 중심으로 모든 것을 이해하였다. 그래서 그는 "천지
사이에는 다만 하나의 도리가 있을 뿐이다"라고 하였다.[12]

이항로는 주리론主理論에 근거하여 서양 세력을 배척하는 이론을 정
비하였다. 그는 이理와 기氣는 결코 대등한 것이 아니고 차등이 있는 것
이라 하였다. 즉 이는 높고 기는 낮으며, 이는 명령하는 것이고 기는 명
령받는 것이며, 이는 주인이고 기는 객이 되는 것이라 하였다. 이가 주인
이 되고 기가 부림을 받으면 만사가 다스려져 천하가 편안할 것이나, 만
일 반대로 기가 주가 되고 이가 부차적인 것이 되면 만사가 어지러워져
천하가 위태롭게 된다고 생각하였다.[13] 그는 심지어 이理는 군君과 같고
기氣는 신臣과 같으니 군과 신 간의 분변이 없으면 나라가 망하는 것은
이치가 매우 분명하다고 하였다.[14] 당시를 기가 천하에 만연한 시대로
진단한 그는 주리론을 통해 자기 시대의 문제를 해결하려고 하였다.

19세기 중엽에는 기호의 이항로 학파와 홍직필洪直弼 학파가 명덕明德
에 대한 학설 논쟁을 전개하게 되었다. 홍직필은 1849년(헌종 15) 헌종이
죽고 철종이 즉위할 때 전례典禮 문제가 발생하자 안동 김씨 세도 정권

---

11 『華西集』附錄 권9, 年譜 丙申.

12 『華西集』권21, 雜著, 人心道心說 贈權景輅.

13 『華西集』권25, 雜著, 理氣問答;『華西雅言』권1, 理氣.

14 『華西集』부록 권3, 語錄.

의 예론禮論에 자문하기도 했던 '연하산림'輦下山林(서울산림)으로, 서울 양반촌인 북촌 세력가의 자제를 교육시켜 많은 관료를 배출시켰다. 따라서 홍직필은 당시 기호 학계를 대표하는 학자였다고 해도 지나친 말이 아니다.

홍직필은 육구연이 '심즉리'心卽理를 주장했고 왕수인은 양지良知를 천리天理라 하였는데 이것은 모두 심心을 성性으로 인식하고 기氣를 이리로 인식한 것으로, 이항로 학파가 명덕을 성性 또는 이리라고 하는 것이 육陸·왕王의 설과 차이가 없다고 보았다. 기호 학계에서는 명덕은 심心으로 보고 심을 기氣로 보아 성性은 곧 이리라고 이해하였으므로, 명덕 주리설에 대한 홍직필의 이러한 비판은 당연한 것이었다.

명덕을 주리主理로 볼 것인가 그렇지 않으면 주기主氣로 볼 것인가 하는 논쟁은 1849년(현종 15)에 홍직필이 이항로 학파의 최홍석崔鴻錫에게 명덕주리설을 비판하는 만여 글자나 되는 내용의 편지를 보냄으로써 구체화되었다. 그리하여 이항로 학파에서는 김평묵이, 홍직필 학파에서는 조병덕趙秉悳 등이 심설 논쟁에 참여하였다.

이항로와 그 문인들은 명덕을 주리主理, 혹은 주기主氣로 볼 것이냐에 따라 국가의 치治와 난亂, 존存과 망亡이 달려 있다고 보았다. 따라서 도심道心을 주로 하고 형기形氣가 명命을 따르게 되어야 난亂을 다스려 치治의 근본으로 삼을 수 있다고 하였다. 심心의 명목은 기氣이며 심의 본체는 이리인데, 군자가 마음을 다스리는 요점은 이리를 밝히는 데 있지 기氣를 밝히고자 하는 것은 아니라고 하였다. 이항로는 초년에는 심을 오로지 기氣로 보기도 했으나, 이리로 볼 수도 있다는 송시열의 말에 의거하여 심을 이리로 이해하고자 하였다.

이항로는 "심은 능히 성을 다하나 성은 심을 검속할 줄 모른다"(心能盡性, 性不知檢其心)는 말과 "심은 성정을 통섭하지만 성정은 심을 통섭하지 못한다"(心統性情, 性情不得統心)는 말이 정해진 이치라고 하면서, 만약 심이 다만 기氣일 뿐이라면 기가 항상 이理를 통섭하게 되고 이理는 모든 변화의 핵심이 되지 못한다고 했다. 따라서 그는 심을 이理로 이해해야 한다고 보았다.

그런데 명덕을 주리主理로 볼 것인가 그렇지 않으면 주기主氣로 볼 것인가 하는 문제는 19세기 재야 유림의 현실 인식들 간에 상당한 차이를 불러온 것으로 이해된다. 이理는 순수한 선善 그 자체이고 악惡이 없으며 절대 진리인 반면, 기氣는 선일 수도 있고 불선不善일 수도 있기에 명덕 즉 마음의 본체는 순수한 선으로 보아 절대 진리로 인식한 이항로와 그 문인들에게 이는 마음에 정의로운 일이라고 판단하면 바로 행동으로 옮길 수 있는 이론적 토대가 되었던 것으로 이해된다.

1867년(고종 4) 이항로가 76세가 되던 해에 노병老病으로 더 이상 강학을 못하자 김평묵은 스승 이항로의 글 중에서 정수精粹를 발췌하여 『화서아언』을 편찬하였다. 이 책에는 이항로의 여러 이들이 기록한 「가정습록」家庭拾錄과 제자들이 기록한 어록語錄, 그리고 이항로가 평소에 마음에 맞으면 잊어버리기 전에 빨리 기록해 두었던 글들이 모두 수록되어 있다.[15]

『화서아언』의 내용 중에 19세기 시대 상황과 관련하여 가장 주목해야 할 부분은 「이단」異端 편과 「양화」洋禍 편이다. 이항로는 정正과 사邪, 화華와 이夷, 인류人類와 금수禽獸라는 이분법적 사유에 철저하여, 중국과 조선을 선善으로 보고 일본과 서양을 악惡으로 규정하였다. 이항로의 제자들은 이러한 이분법적 사유를 계승하여 조선과 중국을 높이고 일본과 서양을 물리치는 위정척사운동에 적극 앞장섰다.

---

15 『華西雅言』 凡例.

이 『화서아언』은 개항 전후 전개된 척사운동에 참여했던 이항로 학맥을 이은 유생들의 척사운동의 이념 교재로 줄곧 쓰였다. 뿐만 아니라 을미의병운동 이후 이항로 학맥의 민족독립운동의 노정에서도 이 책의 이념적 가치는 그 빛을 발하였다. 김구金九가 청년 시절에 황해도 신천 청계동에 살던 스승 고석로高錫魯의 사랑방을 드나들면서 이 책을 통해 위정척사의 이념을 학습했던 것은 그 상징적인 하나의 사례이다.

2) 위정척사운동의 전개

이항로는 1850년(철종 1) 1월에 「강학규정」講學規程을 지었다. 그는 노인이든 어린이든, 귀한 이든 천한 이든 구애하지 않고 성심誠心으로 강의를 듣겠다는 사람은 자신이 경영하는 여숙閭塾에 입학을 허가하였다. 그의 강의는 한 구절의 허투虛套나 가식假飾도 없이 아주 명쾌하였다. 특히 의리義理의 핵심을 말할 때는 사물을 가지고 비유比喩하여 설명하여 어리석은 이들도 듣고 쉽게 이해하였다.

> 북쪽 오랑캐(淸)는 의관을 헐어 버렸고 서양 귀신은 심술心術을 좀먹고 있으니, 마땅히 몸을 빼내어 서서 마음을 밝히고 눈을 부릅떠 성현의 가르침과 부조父祖의 업業을 떨어뜨리지 않는 것이 유자儒者의 위로 통하고 아래로 통하는 법문이다.[16]

1866년 병인양요 때 이항로는 민심을 결속하여 외적을 물리칠 것을 강력하게 주장하였다. 그는 민심이 한번 흩어지면 다시 모을 수 없고,

---

16 『華西集』 권31, 講規, 閭塾講規, 講戒. "北虜毁裂衣冠, 西鬼蠱惑心術, 當挺身立脚, 明心張目, 不墜聖賢之教父祖之業, 是儒者徹上徹下法門."

 제1부 유림의 의리 사상과 구국 활동

한번 나누어지면 다시 합할 수 없다고 하면서 재화財貨와 여색女色을 도
적질하는 자는 목을 베고, 군부君父를 버리는 자는 목을 벨 것을 주장
하였다.

　이항로는 1866년 9월에 소疏를 올리기 위해 서울에 들어갔는데, 둘째
아들 이박과 제자 김평묵·유중교가 수행하였다. 그는 「사동부승지겸진
소회소」辭同副承旨兼陳所懷疏에서 위정척사 이념을 여지없이 표현하고 국
가 재건책을 제시하였다.[17] 그는 당시 국론이 서양을 물리치자고 주장하
는 국변인國邊人(화친을 반대하는 측의 사람)의 설과 서양과 화친하자는 적변
인敵邊人(적을 지지하는 사람)의 설로 구분된다고 파악하고 국변인의 편에
서서 서양을 물리칠 것을 주장하였다. 또한 다시 국변인의 설을, 서울을
지키면서 전쟁을 하자는 주장(戰守說: 常經)과 도성을 떠나 다른 지역에
서 실력을 기르자는 주장(去邪說: 達權)으로 나누고, 당시 현실로는 전쟁
을 하자는 주장이 떳떳한 도道요 도성을 떠나 다른 지역에서 실력을 기
르자는 주장은 임기응변의 도라고 하여, 지금은 성인이 아니면 임기응
변의 도를 지키기 어렵다고 하는 주전론主戰論을 주장하여 국론을 통일
시키려고 하였다.

　이러한 이항로의 전수설戰守說은 곧 국론으로 정해져 흥선대원군興宣
大院君(1820~1898)의 해외통상 반대 정책으로 나타났다. 이같이 이항로의
주전론은 흥선대원군의 척사 정책을 강력히 뒷받침하였으며, 그와 그
문인들의 위정척사운동은 대원군의 척사 정책과 맞물려 있어 조야朝野
간의 갈등 없이 국시國是로 정해질 수 있었다.

　그런데 이항로의 상소에서 무엇보다 주목되는 사실은 우리나라가 역
사적으로 결코 약한 민족이 아니라는 것을 강조한 점이다. 그는 우선

---

17 『華西集』권3, 疏箚, 辭同副承旨兼陳所懷疏 丙寅 9월 13일.

고구려의 을지문덕乙支文德이 수 양제隋煬帝의 백만 대군을 물리쳐 그 후 수나라의 국력이 부진하게 되었고, 당 태종唐太宗이 안시성 싸움에서 고구려에 대패했다는 것을 예로 들었다. 또한 고려 말에 홍건적紅巾賊 20여 만 명이 고려 송도에 쳐들어왔으나 태조 이성계李成桂와 정세운鄭世雲이 일거에 그 10만 명을 타파하고 적장 관선생關先生을 목 베었다고도 하였다. 따라서 이항로는 결코 우리나라가 국력이 약한 나라가 아니며, 국왕과 신하가 한마음으로 일치단결하면 외적을 물리칠 수 있다고 하였다.

이항로는 이를 위하여 국왕이 담화문을 발표하고 외적의 침입의 연유 및 선후책을 명백히 하여 민심을 진작시킬 것, 홍문관·사헌부·사간원 외에도 언로를 넓혀 여론을 들을 것, 장수를 선발하여 무기를 갖추고 인재를 등용할 것, 전국 각 도에 명망이 있는 군소사軍召使를 파견하여 충의와 기절이 있는 인사를 모아 군대를 편성하고 관군에 협력하게 할 것, 국왕 스스로가 정치 및 사생활에서 모범을 보일 것 등을 주장하였다.

또한 이항로는 상소를 올려 경복궁 중건 토목공사를 중지해야 한다고 강력히 주장하였다.[18] 그는 '양적'洋賊이 미친 듯이 설치는 이유를 조선 백성의 내응內應에서 찾았다. 그리고 조선 백성의 내응은 민심의 원망과 이반에서 말미암고 민심의 원망과 이반은 항산恒産의 고갈에서 말미암으며 항산의 고갈은 가렴주구가 그치지 않음에서 말미암고 가렴주구가 그치지 않음은 토목공사를 크게 실시하는 데서 말미암는다고 하였다. 그는 원망하고 이반하고 있는 백성을 몰아서 군졸로 충당하여 전쟁에 나아가라 하면 진실로 어려운 일이라고 하였다. 이러한 일을 계속한다면 같은 배를 탄 사람도 모두 적국敵國이요 궁궐 담장 안도 모두 적지敵地일 테니 어찌 '양적'의 근심뿐이겠느냐는 것이었다.

---

18 『華西集』 권3, 疏箚, 辭同義禁疏 10월 초3일.

 제1부 유림의 의리 사상과 구국 활동

한편 이항로는 이른바 외국에서 들어온 물건이라는 것은 일일이 거론할 수 없을 정도로 그 종류가 많은데 서양 물건이 가장 심하며, 그것들은 기이하고 음란한 기계로써 백성들의 일상생활에 아무런 도움을 주지 못하는 것이라 보았다. 더욱이 서양의 재화財貨는 손에 의해 생산되는 공산품으로서 하루의 계획으로도 풍족한 것에 비하여 우리의 재화는 토지에서 생산되는 농산물로서 1년의 계획으로도 부족한 현실인데, 부족한 것과 남아도는 것을 교역한다면 우리 국가의 경제가 장차 곤궁함을 면하지 못할 것이라고 예리하게 파악하였다.

이항로는 국가 위기의 상황에서 국가의 보전을 위해 위정척사라는 대의를 실천하려 했다는 점에서는 홍선대원군의 정책 노선과 같았다고 볼 수 있으나 경복궁 중건 등의 토목공사나 만동묘萬東廟 훼철毀撤 등에 대해서는 분명히 홍선대원군의 정책에 반대하는 견해를 표명하였다. 홍선대원군은 공조 참판에 임명된 이항로에게 사람을 보내어 토목공사와 만동묘 문제에 대해 언급하지 말라 경계했으나 이항로는 자신의 소신을 굽히지 않고 피력하였다.

이러한 이항로의 위정척사운동은 김평묵과 유중교, 최익현, 양헌수와 유인석 등 많은 제자들이 계승하여 개항 전후로 맹렬한 운동을 전개하였다. 최익현은 1876년 개항 당시에 '지부복궐소持斧伏闕疏'를 올려 왜양일체론倭洋一體論을 주장하였고,[19] 김평묵과 유중교의 학통을 이은 유인석과 홍재구洪在龜(1845~1898), 유기일柳基一(1845~1904) 등 50명은 개항 당시에 연명으로 소를 올려 위정척사운동을 전개하였다.[20] 유인석 등이 올린 연명 유소聯名儒疏는 본래 유중교의 문하에서 제기되었으나, 김평

---

19 『勉菴集』 권3, 疏, 持斧伏闕斥和議疏.
20 『重菴集』 권5, 疏, 代京畿江原兩道儒生論洋倭情迹仍請絶和疏.

묵이 직접 유소를 기초하고 상소를 허락함으로써 행동으로 나타났다. 연명 소유疏儒들은 상소에서 왜倭와 양洋이 일체一體임을 표방하며 척왜斥倭가 곧 척양斥洋이라고 주장하였다.[21]

그 뒤로도 김평묵·유중교·유인석이 이끄는 이항로 학파는 1881년 신사척사운동辛巳斥邪運動을 거쳐 을미의병乙未義兵에 이르기까지 반외세 민족운동을 주도해 나가 우리나라 민족독립운동에 크게 기여하였다. 이러한 사실은 저명한 역사학자이자 독립운동가인 박은식朴殷植(1859~1925)이 이항로의 제자 박분일朴文一·박문오朴文五 형제의 문하에서 주자학을 학습했다가 양명학으로 전환하여[22] 독립 사상을 고취한 것이나, 대한민국 임시정부의 주석을 지낸 김구가 청년 시절에 이항로의 고제인 유중교의 제자 고석로의 사랑방에서 『화서아언』을 학습했던 것에서 잘 알 수 있다.

4. 위정척사 이념의 전승 양상

1876년 개항 이후 일본과 서양의 문물이 조선에 급격하게 들어오자 이항로의 학맥을 이은 재야의 유학자들은 조선에 닥친 경제적, 문화적 위기가 심각하다는 사실을 깊이 우려하여 위정척사운동을 강하게 전개하였다. 그리하여 1881년경에는 개화開化와 척사斥邪의 갈등이 최고조에

---

21 이에 대해서는 권오영, 「김평묵의 척사론과 연명유소」(『조선 후기 유림의 사상과 활동』, 돌베개, 2003) 참조.

22 박문일·박문오와 박은식의 사제 관계와 사상적 전환에 대해서는 李光麟, 「舊韓末 關西地方 儒學者의 思想的 轉回」(『開化派와 開化思想 硏究』, 일조각, 1989) 292~301쪽 참조.

                    제1부 유림의 의리 사상과 구국 활동

달하였다. 그러나 이듬해 임오군변壬午軍變을 겪은 후로 이제 개화의 흐름은 거역할 수 없는 대세로 보이게 되었다. 그즈음 개화파는 1884년 갑신정변甲申政變을 일으켜 조선 사회의 근본적 개혁을 시도하다가 좌절을 맛보았다.

이 시기에 불어닥친 개화의 바람은 유학자들이 입고 있던 복제服制의 변경에서 시작되었다. 사실 옷과 갓은 조선조의 학자에게 가장 소중한 문화의 상징이었다. 1884년 6월에 의복을 변경하여 소매가 좁은 옷으로 바꾸라는 조정의 명령이 내려지자 전국의 유생들은 동요하였다.

황해도 해주 수양산 아래에서 유학을 공부하던 고석로는 1884년 6월에 변복령變服令의 소식을 듣고 어떻게 행동해야 할지를 고민하였다.[23] 그는 이항로의 제자 유중교가 춘천의 가정柯亭에서 강의를 한다는 것을 알고 1887년 1월에 유중교에게 편지를 올렸고 7월에 유중교의 문하에 나아가 수개월을 공부하였다.[24] 그는 유중교의 문하에서 중화中華를 높이고 오랑캐를 물리치는 대의大義에 대해 가르침을 받았다. 그는 유중교의 제자가 되면서 주희, 이이, 송시열, 이항로의 학통學統을 계승하였다. 그는 10년간 유중교의 문하에서 공부하면서 스승 유중교를 신명神明처럼 받들었고 정성스런 마음으로 섬겼다.

또한 그는 신사척사운동 때 척사소斥邪疏의 배후 인물로 지목되어 전라도 지도智島에 유배되었던 김평묵이 석방되었다는 소식을 듣고 찾아가 제자의 예를 올리고 스승으로 섬기기도 했다.

명덕을 주리로 보는 이항로의 견해는 1880년 이후 김평묵과 유중교 사이의 심설 논쟁을 야기하였다. 유중교는 「조보화서선생심설」調補華西

---

23 이하 고석로에 관한 서술은 권오영의 「高錫魯의 위정척사 사상과 '口傳心受'의 교육」
  (『백범과 민족운동연구』 3, 백범학술원, 2005)을 참조하여 작성하였다.
24 『省齋文集』 권13, 往復雜稿, 答高能善錫奎 丁亥 正月.

先生心說을 지어 이항로의 「심설」心說을 수정하였다. 그는 이항로가 명덕을 이理로 설명한 점은 참으로 마땅하나 명덕이 이理에 속하므로 심心을 이理라고 하여 성性과 동일시한 점은 끝내 타당하지 못하다고 하면서, 심과 명덕 간에는 차이와 구별이 없을 수 없다고 하였다. 이에 대한 김평묵의 비판을 받은 유중교는 다시 「화서심설정안」華西心說正案을 지어 1888년(고종 25)에 김평묵에게 보내었다. 이로써 김평묵의 문인 홍재구와 유중교의 문인 유중악柳重岳(1843~1909) 등의 사이에서 격렬한 심설 논쟁이 전개되었다.

1891년에 김평묵이 작고한 뒤에도 홍재구는 유중교에게 이항로의 심설을 조보調補한 사실에 대해 여러 차례에 걸쳐 변론하였다. 그러다가 유중교가 임종에 자신의 심설을 환수함이 좋겠다고 하고, 이를 이항로의 유상遺像과 김평묵의 영연靈筵에 고하여 심설 논쟁은 수그러들었다.[25]

사실 김평묵이나 유중교는 모두 명덕을 이理로 보는 데는 이견이 없었다. 유중교는 동문들에게 다음과 같이 말한 적이 있다.

> 우리 선사先師 화서華西 선생이 평생 힘껏 명덕주리明德主理의 논을 주장하셨으니 그 대의大意는 생각해 보면, 명덕은 다만 하나의 본심本心인데 심은 기氣로써 말할 수도 있고 이理로써 말할 수도 있으니 본심은 이理로써 말한 것이다. 그러므로 명덕은 마땅히 주리로 보아야 한다는 것이다. 대개 율곡·우암 선생의 말에 근본을 두시고 자기의 견해로써 대략 바로잡으신 것이다.[26]

---

25 이항로 문인의 심설 논쟁에 대해서는 李丙燾, 『韓國儒學史』(아세아문화사, 1987) 478~479쪽의 '重菴과 省齋의 心說論辨' 단락; 吳錫源, 「華西學派의 心說論爭에 대한 考察」(道原柳承國博士華甲記念論文集 『東方思想論攷』, 종로서적, 1983) 참조.

 제1부 유림의 의리 사상과 구국 활동

유중교와 김평묵의 심설 논쟁은 이항로와 그 문인들이 심과 명덕에 대한 주리적 이해로 나아가는 과정에서 나타난 것이다. 고석로는 유중교와 김평묵의 문인 사이에 심설 논쟁이 한창이던 1889년 7월에 이항로가 살았던 벽계를 방문하였다. 마침 유중악에 의해 이항로의 『화서아언』이 간행되었기에, 수일 동안 벽계에 머물면서 그 책을 읽은 고석로는 벽계의 아름다운 산과 물에 심취하여 참으로 군자가 배회할 만한 곳이라는 생각을 가졌다. 그는 이항로가 살던 옛집을 방문하고, 이항로의 문하에서 시대를 함께하며 직접 가르침을 받지 못한 것이 못내 아쉬워 시를 읊기도 했다.[26] 벽계를 찾아와 보니 주희와 송시열의 여운을 지닌 이항로의 이학과 춘추대의도 역사 속으로 사라지고 있었다. 그는 이항로의 학문과 사업의 여운을 누가 다시 이어 천하의 근심을 담당하겠느냐고 탄식했다.

고석로는 해주에서 이이의 사상적 여운을 사모한 바 있었다. 그러다가 이제 이항로를 사모하여 벽계를 찾게 된 것이었다. 그는 이항로의 문하에서 직접 공부하지는 못했지만 이항로의 우뚝한 두 제자인 유중교와 김평묵의 문하에서 이항로의 위정척사 이념을 전수받았다. 1891년 8월에 김평묵에게 올린 편지에서는 양화洋禍가 병자년(1876)부터 시작되어 조선 수천 리의 강역이 모두 끓는 물속에 있는 듯한데, 장차 누구의 손으로 살리겠느냐고 염려하기도 하였다.[27]

이항로의 학통은 고석로를 통해 황해도 지역에 전해졌다. 그런데 고석로는 유학자였을 뿐만 아니라 병서兵書를 공부하여 병법에도 뛰어난 인물이었다. 1894년 청일전쟁 후 조선의 재야 유학자들은 열강의 침략

---

26 『後凋文集』 권1, 詩, 尋檗山華西先生舊宅 五七律 各一首.
27 『後凋文集』 권2, 書, 上重庵金先生 辛卯 八月日.

에 대해 깊은 우려를 하고 있었다. 황해도 해주에서도 안태훈安泰勳(안중근의 아버지, 진사)이 자기 집의 사랑에 청년 지식인을 모아 놓고 나라의 안위安危를 크게 걱정하고 있던 터였다. 당시 황해도의 유력자였던 안태훈은 1895년 초에 창의倡義를 위해 고석로를 모사謀師로 모셔 와서 신천의 청계동에서 이웃하여 살게 했다.[28]

이 청계동에 김구가 스무 살이 되던 1895년 2월부터 우거하였다. 안태훈의 사랑방에서 처음 고석로를 만난 김구는 4, 5개월을 청계동에 머물면서 고석로의 가르침을 받았다. 김구는 매일 고석로의 사랑방에 찾아갔고, 고석로는 그런 김구에게 성현聖賢을 목표로 삼아 그 자취를 따라가되 그 과정에서 본심本心을 잃지 말고 매진하면 목적지에 도달할 날이 반드시 올 것이라고 하였다. 고금의 위인偉人을 비평하고 자신이 연구하여 깨달은 바를 가르쳐 주었으며, 『화서아언』과 『주서백선』朱書百選에서 긴요한 구절을 설명하여 주었다.

그런데 고석로가 김구에게 특히 역설한 것은 무엇보다 의리義理에 관한 것이었다. 그는 비록 뛰어난 재능이 있더라도 의리에서 벗어나면 그 재능이 도리어 화禍의 뿌리가 된다고 가르쳤다. 그래서 김구는 어려움이 닥치면 항상 고석로의 의리에 대한 가르침을 자신에게 되물음하면서 의리를 다시 생각하였다.

1895년 어느 날 김구가 고석로의 사랑방을 찾아갔을 때 고석로는 '만고천하萬古天下에 흥興해 보지 못한 나라가 없고 망하지 않는 나라가 없으나, 예전에 망국亡國이라 함은 토지와 인민은 그대로 두고 그 군위君位만 빼앗는 것으로 흥興이라 망亡이라 하였는데, 지금은 그렇지 않아 토

---

28 『白凡逸志』, 「東學接主」 40쪽. 이하 이 장에서 인용한 『백범일지』는 2002년에 나남출판에서 백범학술원총서 제1권으로 간행한 책이다. 다만 일부 표기는 현대어 어법 규정에 맞도록 수정하여 인용하였다.

지와 인민과 주권主權을 병탄並呑하는 것이 망국'이라고 하였다. 우리나라도 망할 수밖에 없는 때를 맞아 마침내 왜倭놈에게 멸망을 당하게 되었다는 것이었다. 이른바 조정의 대관大官들은 모두 미외 사상媚外思想을 가지고 궁리하기를 러시아와 가까이하여 자기의 지위를 보전할까, 영국과 미국과 프랑스와 왜倭를 가까이하면 자기 지위가 공고鞏固해질까, 순전히 그러한 생각일 뿐이지, 나라는 망하는데 국내에서 최고의 학식을 가졌다는 산림 학자山林學者들도 세상사를 한탄할 뿐이지, 어떠한 구국救國의 경륜이 있는 자도 보지 못함이 큰 유감遺憾이라고 하였다. 지금 왜놈의 세력이 전국에 횡횡하여 넘쳐나고 대궐 안까지 침입하여 대신大臣을 자기들 마음대로 올리거나 내치고 있으니 모든 시정施政이 제2의 왜국倭國이 아니겠느냐고 하면서, 만고천하에 길이 존재하여 망하지 않는 나라가 없고 만고천하에 장생하여 죽지 않는 사람이 없으니 제자 김구나 자신에게는 일사보국一死報國의 한 가지 일만이 남아 있다고 하였다.[29]

조선을 병탄하기 위해 혈안이 되어 있는 열강의 침략 앞에서 자기 조국의 명운을 걱정하며 한번 죽음으로 국은國恩에 보답하는 그 한 가지 일이 남아 있을 뿐이라 하는 선생 고석로의 말에 김구는 우국憂國의 정을 이기지 못하여 울지 않을 수 없었다.

김구는 고석로에게 망하는 우리나라를 망하지 않도록 붙들 도리는 없겠느냐고 질문하였다. 이에 고석로는 현재의 조정 대신들처럼 외세에 아첨하는 미외적媚外的인 태도가 아니라 호조적互助的으로 청나라와 결탁하여 망해 가는 나라를 구할 필요가 있다고 답했다. 청나라가 청일전쟁에 진 원수를 반드시 갚으려 할 것이니 우리 중에서 상당한 사람이 그 나라에 가서 그 국정國情을 조사하고 그 나라 인물과도 교제를 맺어

---

29 『白凡逸志』, 「東學接主」 44~45쪽.

두었다가, 후일에 기회가 오면 서로 호응할 준비를 해 두는 것이 반드시 필요하다고 하였다.[30]

고석로의 주장은 선비로서 요동遼東이 아니면 이제 다시 몸을 둘 곳이 없고, 무릇 청인淸人과는 2백 년간 교린交隣을 하여 일찍이 보호를 받았으니[31] 우리 선비들이 청에 가는 것을 그르게 여길 필요가 없다는 것이었다. 그는 오랑캐와 짐승이 횡행하는 날을 당하여 다만 압록강을 건넌 조선의 사람들이 중화와 오랑캐를 판가름하고 사람과 짐승을 구별하여 성현의 뜰을 지키는 상상綱常의 큰 책임을 맡았으니, 이것이 하나의 큰 의체義諦라고 보았다.

사실 고석로도 어느 정도는 위정척사 이념의 변화를 겪고 있었다. 그는 청의 서간도西間島 지역을 의병운동의 기지로 생각하고, 청쪽 인사들과의 교제를 통해 의병운동의 재거再擧가 이루어지기를 바랐다. 그는 이항로나 유중교, 김평묵 등이 오랑캐로 보았던 청에 들어가 그곳을 의병운동 기지로 이용해서 의병의 재거 기반을 다지는 것이 필요하다고 생각했던 것이다. 따라서 그에게 화華는 명明과 조선은 물론 청을 포함하는 것으로 확대되었다.

19세기 말 20세기 초의 조선은 열혈熱血과 의기義氣를 지닌 영웅이 요청되던 시기였다. 고석로는 "가슴속에 한 말 열혈熱血을 온양醞釀하라"는 스승 유중교의 가르침에 대해 유인석에게 거론하면서 예전에 유중교가 이 구절을 해석하길 "이것은 천지생물天地生物의 마음이다"라고 하였다고 하고, 이 구절은 세상을 구제하고 백성에게 은택을 미치려는 공자와 맹자의 가슴속 열혈과, 중화를 높이고 오랑캐를 물리치며 수치를 씻고

---

30 『白凡逸志』, 「東學接主」 45쪽.

31 『後凋文集』 권4, 書, 答三從弟錫倫 戊戌 8월 11일.

원수를 갚고자 했던 주희와 송시열의 가슴속 열혈을 잊지 않아야 한다
는 뜻이니, 지금 유인석의 문하에 그러한 열혈을 지니고 있는 자가 과연
몇 사람이 있는지를 물었다.[32]

　1898년 4월에 유인석에게 보낸 편지에서는 "스승(유중교)께서 말씀하
시기를 '성학聖學을 밝히고 인심人心을 착하게 해야 하니 급한 것은 무기
를 수선하고 군사훈련을 하며 법을 세워 법금을 설치하는 뒤에 있지 않
다'라고 했습니다. 생각하건대 오늘날 급무로는 세 가지 일이 있습니다. 첫
째는 독서讀書요, 둘째는 인재를 얻는 것이요, 셋째는 기지基址를 얻는 것
입니다. 독서를 하지 않으면 성학이 장차 끊어지고, 인재를 얻지 못하면
적을 토벌하고 원수를 갚음에 계책이 없고, 기지를 얻지 못하면 나아가고
물러섬에 의거할 바가 없습니다"[33]라고 하였다. 고석로는 한때 유인석에
게 쓰치다土田讓亮를 처단한 김구의 애국적 활동을 소개하기도 하였다.

　고석로의 가르침을 받고 청에 들어가 미리 의병운동의 기지를 탐사
하고 돌아온 김구는 청국의 시찰을 통하여 중화를 높이고 오랑캐를 물
리쳐야 한다는 위정척사 이념에서 벗어나고 있었다. 그는 세계 여러 문
명국에서 새로운 교육 제도를 받아들여 인재를 교육시켜서 망하는 나
라를 구제해야 한다고 생각하게 되었다.

　고석로는 1905년 을사늑약으로 국권이 점점 상실되어 가는 상황을 안
타까워하였다. 그는 수십 년 이래로 '난적'亂賊들이 바깥 오랑캐와 연결되
어, 이름은 개화開化라고 하면서 나라의 국모國母(명성황후)를 해치고 대신大
臣을 많이 죽이고 군부君父에게 욕을 미치게 하고 있다고 보았다. 그래서
민생들이 모두 그러한 '난적'들을 성토하고 싶어하는 이러한 상황에도 오

---

32 『後凋文集』 권2, 書, 呈毅庵柳先生 戊戌 12월 18일.
33 『後凋文集』 권2, 書, 呈毅庵柳先生 戊戌 4월 6일.

히려 개화를 추진해야 하느냐고 물었다.[34] 나아가 의義에 의거依據하여 자정自靖하고 몸소 도道에 순사하기를 주장하였으니, 바로 "據義自靖, 以身殉道"의 여덟 글자를 하나의 큰 의체義諦로 여긴 것이었다.[35]

이러한 고석로의 순도殉道 의리 정신은 김구에게 깊은 영향을 주었다. 김구는 감옥에서 고석로의 가르침을 떠올렸다. 예컨대 "너는 일찍이 고후조高後凋(고석로)에게 의리義理가 어떤 물건인지 직접 배워서 알았다. 네가 그에게서 배운 금언金言 중 '삼척동자라도 개나 양에게 절을 시키면 반드시 크게 노하며 응하지 않을 것이다'라는 말을 신신한 제2세 국민에게 강단에서 설명하여 주었건만, 그런 네 머리를 숙여 왜倭의 간수에게 절을 하느냐"라고 자문하는 일도 있었다. 또 "'남아男兒는 의義로 죽을지언정 구구히 살지 않는다'고 평일에 어린 학생을 가르쳐 놓고선 네가 오늘 사는 것이냐 죽은 것이냐"라고 생각하기도 했다.[36]

고석로로부터 의리에 대한 가르침을 받은 김구는 평생 우리 민족의 독립을 목표로 삼아 본심을 잃지 않고 의리에 벗어나지 않는 삶을 살았다. 김구는 비교적 짧은 기간이었지만 위정척사 이념에 관한 고석로의 강의를 듣고 심대한 영향을 받았고, 스승에게 배운 의리에 대해서는 아주 만년까지도 철저히 지켰다. 그는 『백범일지』를 쓰면서 자신이 30여 년간 처심행사處心行事에 있어 만의 하나라도 아름다운 점이 있다면 모두 스승 고석로가 심혈心血을 기울여 구전심수口傳心受한 훈자訓炙의 덕분이라 하여 공효功效를 돌렸다.[37]

김구는 광복 직후 환국하여 최익현과 유인석의 산소를 찾았다. 그는

---

34 『後凋文集』 권5, 雜著, 擬通告四海萬方 乙巳 月 日.
35 『後凋文集』 권3, 書, 答郭成堅鑽 丙午 4월 일.
36 『白凡逸志』, 「三次投獄」 180~181쪽.
37 『白凡逸志』, 「緇徒」 121쪽.

　　　　　　　제1부 유림의 의리 사상과 구국 활동

두 사람을 기리고 이항로의 「심설」心說에 대해 역사적 의미를 부여하였다.[38] 그는 광복 직후 최익현의 산소에 고유告由한 글에서, "천지간의 미미한 소자小子가 선생의 가르침에 복종하였고 자나 깨나 생각을 하였습니다. (중략) 매번 선생을 생각하면 선생께서 힘쓰는 것 같고 격려하는 것 같습니다. 원수가 비록 물러갔으나 국토가 근심이 많습니다"라고 말했다.[39] 광복 직후 김구가 최익현에게 고한 이 고유문은 그의 학문적 사상적 토대가 이항로 학맥의 전승에서 비롯된 것임을 말해 준다.

또한 김구는 유인석을 제祭하는 글에서는 더욱 명료하게, 성性보다는 심心(本心)을 강조한 이항로의 사상 경향이 시대를 구제하려고 했던 고심의 결론이었음을 언급하였다. 그는 우선 조선 말기를 일컬어, 유학儒學이 쇠한 지 오래되어 공부하는 이들이 문자文字의 말단에서 헤매며 실지實地에 힘쓰기를 생각하지 아니하였으므로, 성性을 높이고 심心을 낮추어 정작 힘쓸 자리는 버리고 아득하고 범범하게 고담高談을 일삼으니 마침내 모든 일이 잘못되었다고 진단하였다.

김구는 이항로가 그런 시대에 태어나 비로소 '심즉리'心卽理로써 제자를 가르치니 풍기風氣가 한번 변하여 절의節義가 배출하게 되었다고 하면서, 유인석의 절의는 본심本心의 밝음이 백사百邪를 각멸却滅하게 된 것이라 이해하였다.[40] 김구가 이항로의 학설을 '심즉리'라고 말한 것은 명덕을 심心으로 보되 이理로 파악한 사상사적 맥락에서 이해해야 할 것이다. 이항로의 심에 대한 김구의 이러한 과감하고 자의적인 해석은

---

38 이에 대해서는 권오영의 「백범 김구의 청소년기 사상과 애국 활동」(『백범과 민족운동 연구』5, 백범학술원, 2007) 중 '사상과 운동의 餘韻' 부분에서 언급한 내용을 참조하여 작성하였다.

39 『白凡金九全集』8, 「崔益鉉祭文」筆寫本. "藐我小子, 幼服師敎. 寤寐先生, 阻于騷嗥. (중략) 每念先生, 若勸若勵. 仇讎雖去, 金甌多憂."

40 『白凡金九全集』8, 「柳麟錫祭文」筆寫本.

역시 이항로의 학맥에 속한 박은식이 양명학을 받아들여 심즉리를 주장한 것과 서로 통하는 것으로, 이항로의 명덕주리가 전승된 양상을 보여 주는 것이다.

더욱이 김구는 민족 갱생의 길을 가리켜 조선 민족의 '마음의 건설'이라고, 그리고 '민족성의 재건'이라고 부르고 싶다고 역설하였다. 그는 우리가 왜 독립을 해야 하며, 왜 갱생更生해야 하느냐 하는 이 쉽고도 어려운 일은 바로 마음의 건설로부터 첫걸음을 시작해야 할 것이라고 하였다.[41] 그는 가장 만년에도 심心을 이理로 보는 이항로와 그 학맥의 심설에 대한 강한 신념을 지니고 있었던 것으로 보인다. 그가 김두봉金枓奉(1889~1961?)에게 보낸 편지에서 남북지도자회담을 주창하고 실천하기로 결심하면서 "우리의 힘이 부족하나 남북에 있는 진정한 애국자의 힘이 큰 것이니 인동차심人同此心이며 심동차리心同此理인지라 반드시 성공되리라고 확신합니다"라 하고 있는 데서 이것을 엿볼 수 있다.[42]

5. 맺음말

이항로는 19세기에 활동한 주자학의 대가였다. 그가 편찬을 기획한 『주자대전차의집보』는 『주자대전』에 대한 탐구와 주석의 결정판이다. 또한 『송원화동사합편강목』이라는 역사서의 편찬은 춘추대의에 의거한 그의 역사관을 나타낸 것이었다. 이같이 이항로의 학문은 주자학과 춘추사관에 토대를 두고 있었다. 그것은 곧 조선 후기 송시열 이후의 학

---

41 『白凡金九先生言論集』 하, 「조선민족 갱생의 길」 49쪽.
42 『白凡金九先生言論集』 하, 「부월이 당전해도」 76쪽; 『白凡金九先生의 편지』, 「김구·
　　김규식이 김두봉에게」 275쪽.

　　　　제1부 유림의 의리 사상과 구국 활동

문과 정치 노선을 계승한 것이기도 했다.

이항로의 위정척사 이념은 명덕明德(心)을 주리主理로 보는 학설에 굳건한 토대를 두고 형성되었다. 이항로는 주기론이 일세를 풍미하여 당시 사회가 혼란에 빠졌다고 보았다. 그는 '사학'邪學이 국내에 만연하게 되었으며, 이 '사학'의 이른바 천주天主는 기氣로써 말할 수 있고, 유교에서의 상제上帝는 이理로써 말할 수 있는 것이라 여겨 이러한 상황에서 기氣를 폄하하고 이理를 밝히려는 주리론을 형성하였다.

그런데 명덕을 주리主理로 볼 것인가 그렇지 않으면 주기主氣로 볼 것인가 하는 문제는 19세기 재야 유림의 현실 인식에 있어 상당한 차이를 가져온 듯하다. 이理는 순수한 선善 그 자체이고 악惡이 없으며 절대 진리인 반면, 기氣는 선일 수도 있고 불선不善일 수도 있는 것이라고 보았을 때, 명덕 즉 마음의 본체를 순수한 선으로 보아 절대 진리로 인식한 이항로와 그 문인들에게 이는 마음에 의리에 합당하고 정의로운 일이라고 판단하면 바로 행동으로 옮길 수 있는 이론적 토대가 되었던 것으로 이해된다.

특히 이항로의 묘계妙契의 아언雅言을 담고 있는 『화서아언』은, 정正과 사邪, 화華와 이夷, 인류人類와 금수禽獸라는 이분법적 사유에 철저하여 중국과 조선을 선善으로 보고 일본과 서양을 악惡으로 단정하였다. 이항로의 제자들은 이러한 이분법적 사유를 잘 계승하여 조선과 중국을 높이고 일본과 서양을 물리치는 위정척사운동에 적극 앞장섰다. 『화서아언』은 개항 전후 전개된 척사운동에 참여했던 이항로 학맥을 이은 유생들의 척사운동의 이념 교재로 줄곧 쓰였다. 뿐만 아니라 을미의병운동 이후의 이항로 학맥의 민족독립운동의 노정에서도 이 책의 이념적 가치는 그 빛을 발하였다.

이항로의 위정척사 이념은 『화서아언』의 학습을 통해 전해졌다. 고석로는 이항로의 문하에서 직접 공부하지는 못했지만 이항로의 우뚝한 두 제자인 유중교와 김평묵의 문하에서 이항로의 위정척사 이념을 전수받았다. 그는 1889년 7월에 이항로가 살았던 마을 벽계를 방문하여 『화서아언』을 읽었다. 1894년 2월 즈음, 그는 왜적倭賊이 반드시 예의의 나라인 조선의 옷을 헐게 하고 모습을 헐게 하여 짐승과 무리를 하게 한 이후에 그만둘 것이라 예측하였다.

김구는 스무 살이 되던 1895년 2월에 청계동에서 처음 고석로를 만나 4, 5개월을 머물면서 가르침을 받았다. 고석로는 김구에게 성현聖賢을 목표로 삼아 그 자취를 따라가되 그 과정에서 본심을 잃지 말고 매진하면 목적지에 도달할 날이 반드시 올 것이라고 하였고, 『화서아언』과 『주서백선』에서 긴요한 구절을 설명하여 주었다.

고석로로부터 의리義理에 대한 가르침을 받은 김구는 평생 우리 민족의 독립을 목표로 삼아 본심을 잃지 않고 의리에 벗어나지 않는 삶을 살았다. 김구는 유학이 쇠한 시대에 태어난 이항로가 비로소 '심즉리'心卽理로써 제자를 가르쳐 절의節義를 중시하는 유인석 등이 배출되었다고 보았다. 김구는 조선 민족의 '마음의 건설'에서 민족 갱생의 첫걸음을 시작하고 싶어했고, 이를 '민족성의 재건'이라고도 부르고 싶다고 하였다. 김두봉에게 보낸 편지에서는 남북지도자회담을 주창하고 실천하기로 결심하면서 '인동차심'人同此心과 '심동차리'心同此理를 확신하였다. 이같이 그가 가장 만년까지도 마음을 이理로 보고자 했던 것은, 이항로와 그 학맥이 심心을 이理 중심으로 보고 명덕을 주리主理 중심으로 해석하고자 했던 사상사적 맥락의 전승 과정에서 나온 것으로 이해된다.

제1부 유림의 의리 사상과 구국 활동

고석로의 위정척사 이념과 '구전심수'의 교육

1. 머리말

고석로高錫魯(1842~1922)는 청소년기의 김구金九를 가르친 스승으로 널리 알려진 인물이다. 김구는 1947년 도서출판 국사원國士院에서 간행한 자서전 『백범일지』白凡逸志에 고석로의 사진을 도판으로 싣고 그 옆에 "나는 나라에 충성하는 법을 고후조高後凋 선생께 배우고 어버이께 효도하는 본을 이창매李昌梅에서 보았다"라고 설명을 붙였다.[1] 또한 『백범일지』에서는 스승 고석로의 은혜를 생각하며 아래와 같이 회상하는 글을 남겼다.

아! 애통스럽도다. 이 말을 기록하는 오늘까지 삼십여 년에 나의 그간에

---

[1] 『金九 自叙傳 白凡逸志』의 圖版 설명문 일부. 고후조는 김구의 선생 고석로를 가리키고, 이창매는 황해도 연안의 효자였다. 김구는 이창매의 묘소를 찾아가기도 하였는데, 고석로의 사진 아래에 김구가 이창매의 묘소를 찾아갔을 때의 사진을 함께 수록하고 있다.

마음을 먹고 행동함에 있어 만의 하나라도 아름다운 점이 있다면 그것
은 완전히 당시 청계동淸溪洞에서 고선생高先生이 나를 특히 사랑하여
심혈心血을 다 기울여 구전심수口傳心受[2]한 따뜻한 가르침의 효과일 것
이다. 다시 이 세상에서 그같이 사랑하시던 훌륭하신 얼굴을 뵙고 참되
고 거룩한 사랑을 다시 받지 못하겠으니 아! 애통스럽도다.[3]

고석로는 어떤 인물이기에 김구가 자기의 스승에 대한 감동을 이같
이 진솔하게 표현하고 있을까. 사실 19세기 중반에 태어나 파란 많은 격
동의 시대를 살다 간 유학자 고석로의 삶은 우리에게 그리 주목을 받지
못했다. 그러나 겨레의 스승으로 길이 존경받고 있는 김구가 청소년기에
가르침을 받은 선생이라는 점에서 누구든 한번쯤은 어떤 인물일까 매
우 궁금해지지 않을 수 없을 것이다.

지금까지 고석로의 생애와 이력에 대해서는 잘 알려져 있지 않았다.
그저 『백범일지』를 통해 고석로가 김구에게 사상적 영향을 크게 끼친
스승이라는 사실을 알 수 있었으나 그의 구체적 행적과 사상에 대해서
는 탐구가 이루어지지 않았다. 다행히 현재 고석로의 문집 『후조선생문

---

2 '口傳心受'는 '말로 전한 것을 마음으로 받아들인다'는 의미이다. 김구는 선생 고석로
(고능선)가 자기에게 가르친 교수법을 '口傳心受'로 표현하고 있다. 즉 선생 고석로가
자기에게 말로 전한 것을 제자인 김구가 마음으로 받아들였다는 뜻이다. '口傳心受'라
는 표현은 『朱子大全』 권30, 書, 與汪尙書의 "先覺相傳之祕, 非後學所能窺測, 誦其
詩讀其書, 則周范之造詣固殊, 而程張之契悟亦異, 如曰仲尼顔子所樂吟風弄月以歸,
皆是當時口傳心受的當親切處" 등에 보인다. 한편 '말로 전하고 마음으로 준다'는 의
미의 '口傳心授'라는 표현도 옛글에 많이 보이지만, 이 글에서는 김구가 쓴 원문대로
'口傳心受'를 사용하고자 한다.

3 『白凡逸志』, 「緇徒」 127쪽. 이하 이 장에서 인용한 『백범일지』는 2002년에 나남출판에
서 백범학술원총서 제1권으로 간행한 책이다.

집』後凋先生文集이 남아 있어 이 글을 작성하는 데 크게 도움이 되었다.[4]

　이 장에서는 우선 고석로 가문의 내력을 알아보고 그의 생애를 검토하고자 한다. 이어 김평묵·유중교를 통해 이항로 학맥을 계승한 고석로의 위정척사 이념과 위정척사운동의 변모 과정을 알아봄으로써, 우리 겨레의 스승으로 길이 존경을 받고 있는 김구의 사상과 독립운동의 사상적 원류를 더듬어 보고자 한다. 이어 고석로의 강학 활동과 김구에 대한 '구전심수'口傳心受의 교육을 살펴보아 그와 김구의 사상적 전수 관계를 규명하고자 한다. 특히 김구가 선생 고석로로부터 전수받은 정신적 교훈이 무엇이었고, 그 교훈이 어떻게 김구의 애국 사상과 운동 실천으로 승화되어 나갔는지 규명하고자 한다. 아울러 김구를 통해 윤봉길尹奉吉(1908~1932) 의사에게까지 전수되어 나간 우리나라 독립운동사의 정신사적 맥락을 밝혀 보고자 한다.

---

4 2004년 11월 9일에 백범학술원 원장으로 계신 愼鏞廈 선생으로부터 후조 고석로의 문집을 찾아보고 연구 논문을 한 편 작성하라는 말씀을 듣고 자료를 찾아본 결과 그의 문집 『後凋先生文集』이 현존한다는 사실을 알게 되었고 바로 이 글을 쓰게 되었다. 『後凋先生文集』은 石版本 5책으로, 本集 8권과 권9 附錄 上·下로 구성되어 있다. 권1에는 詩, 권2·3·4에는 書, 권5에는 雜著, 권6에는 序·記·跋·上梁文·告祝, 권7에는 祭文·哀辭·神道碑銘·墓碣銘·傳, 권8에는 警省이 수록되어 있다. 李直愼이 편집에 간여하였고 고석로의 문인 金鍾大, 孔英燮 등이 간행하였다. 고석로의 行狀은 이직신이 1923년 3월 23일에 썼고 문집 序文은 같은 해 4월에 역시 이직신이 썼다. 맨 앞 장 속표지에 "民國十二年 癸亥八月出版"이라는 기록이 있으며 1923년에 중국에서 간행되었다. 현재 국립중앙도서관과 국민대학교 도서관, 제천 의병전시관 등에 소장되어 있다. 국립중앙도서관 소장본에는 朴基浩와 吳奎泳이 쓴 발문이 더 붙어 있다. 景仁文化社에서 1993년에 국민대학교 소장본을 '韓國歷代文集叢書' 584, 585째 권으로 영인하였다.

2. 가문의 내력과 생애

1) 가문의 내력

고석로는 『백범일지』를 통해 우리에게 흔히 고능선高能善으로 알려져
있다. 고석로의 초명은 석규錫奎인데 뒤에 이름을 석로錫魯로 고쳤으며,
자字가 능선能善이고 호號는 후조後凋이다.[5] 그의 본관은 제주濟州다.

제주 고씨高氏 시조인 고을나高乙那는 한라산 북쪽 모홍혈毛興穴에서
태어났다고 전한다. 그의 15세손 고후高厚 대에 이르러 고후가 동생 고
청高淸과 함께 신라에 입조入朝해 성주星主, 왕자王子라는 작호爵號를 받
았다. 이들 형제가 신라에 들어왔을 때 신라 왕은 하늘에 뜬 별자리를
보고 기뻐하여 왕자처럼 사랑했기 때문에 위와 같은 작호를 내리고 그
국호를 탐라耽羅라고 하였다고 한다.

고려 초인 938년(태조 21)에 탐라국주耽羅國主인 고자견高自堅이 태자 고
말로高末老를 고려에 입조하게 하니, 고려 태조는 고말로에게 성주왕자
星主王子라는 작호를 주었다. 그 뒤 고말로의 아들 고유高維는 고려에서
우복야를 지냈고, 고유의 아들 고조기高兆基는 중서시랑 동평장사, 판
이부사를 지냈다. 고조기의 아들 고정익高挺益은 이부상서를 지냈고 고
정익의 아들 고적高適은 고려 원종 때 감찰어사를 지냈다. 고적은 삼별
초三別抄의 난 때에 왕사王師로서 탐라에 들어가 토벌과 평정을 하고 그
공으로 유총관留摠管이 되어 백성들을 잘 돌보았다고 전한다.

고적의 아들 고여림高汝霖은 중서시랑을 지냈다. 고여림의 현손 고인
조高仁朝가 명위장군, 안무사로 제주를 고려에 환속하니 고려 왕이 사

---

5 그의 號 後凋는 『論語』 「子罕」 편에 나오는 구절 "날씨가 추워진 후에야 松柏이 시들
   지 않음을 안다"(歲寒然後知松柏之後凋)에서 따온 것이다.

신을 보내 말하기를, "공公의 가문이 신라로부터 지금까지 대대로 순국殉國한 적성赤誠이 진실로 아름다우니, 성주의 작호를 영세토록 떨어뜨리지 말라"라고 하였다.

고인조의 증손인 고신걸高臣傑은 호부전서를 지냈는데, 1376년(우왕 2)에 왜구倭寇가 쳐들어오자 이에 맞서 싸워 왜구를 물리치는 데 큰 공을 세웠다. 고신걸은 1402년(태종 2)에 셋째 아들 고봉례高鳳禮[6]를 조선에 보내어 입조하게 했는데, 당시 성주인 고봉례와 왕자인 문충세文忠世가 성주·왕자의 칭호가 분수에 지나치다고 하며 고쳐 주기를 청하자 태종이 허락하였다.[7] 태종은 전교傳敎를 내려 "고후와 고청은 신인神人의 후손이다. 그 자손이 세대가 비록 멀지만 동반東班과 서반西班의 정직正職을 차례에 관계 없이 발탁하여 등용하도록 하고, 혹 지손支孫과 서손庶孫이라도 강講을 면제하여 교생校生이 되게 하고 군역을 면제해 주어 군적軍籍에 절대 섞여 들어가지 말게 하라"라고 하였다.

고신걸의 넷째 아들 고봉지高鳳智[8]는 상장군을 지냈고, 고지봉의 아들 고득종高得宗은 성품이 매우 효성스러워 시묘살이를 잘해서 정려旌閭를 받았다. 고득종은 1427년(세종 9)에 직제학으로 문과文科 중시重試에 합격하였고, 그 뒤 좌참찬, 이부상서를 두루 지냈다. 세종은 그에게 가족을 데리고 서울에 올라오게 하였는데, 그는 여러 차례 사양을 했으나 받아들여지지 않아 서울로 이사하였다. 이때 아들과 조카들이 고득종

---

6 『世宗實錄地理志』, 全羅道 濟州牧 조에는 '高鳳禮'로, 『濟州高氏靈谷公派大同譜』 (濟州高氏靈谷公派大同譜編纂會, 1998)에는 '高鳳禮(一云 禮鳳)'로 되어 있다.

7 『世宗實錄地理志』, 全羅道 濟州牧. 그리하여 성주를 左都知管으로, 왕자를 右都知管으로 개칭하였다.

8 『濟州高氏靈谷公派大同譜』(濟州高氏靈谷公派大同譜編纂會, 1998)에는 '高鳳智(一諱 智鳳)'로 되어 있고, 『後凋文集』 권9, 附錄 上, 世系圖에는 '高智鳳'으로 기록되어 있다.

을 모시고 있었는데, 월급으로는 생활을 할 수 없어 세종은 기와집 72칸
과 사용록司勇祿(조선 시대에 하급 무관에게 주던 녹봉) 12자리와 황해도 금천金
川 지역의 수십 리 땅을 특별히 하사하였다. 황해도에 제주 고씨가 살게
된 것은 이때부터인 것으로 보인다.

고득종은 슬하에 아들 다섯을 두었는데 고태필高台弼은 문과에 합격
하여 예조 참판을 지냈고, 고태정高台鼎은 문과에 장원으로 합격하여
봉상시에 근무했고, 고태보高台輔는 판관을 지냈고, 고태익高台翼은 문과
에 합격하여 사간을 지냈고, 고태순高台淳은 생원시에 합격하였다.[9] 고득
종의 둘째 아들 고태정은 바로 고석로의 17대조이다. 고태정의 아들 고
계적高繼跡은 군수를 지냈고, 고계적 이후 고인겸高仁謙(현감), 고신지高愼
志(사직), 고숭문高崇文(사직), 고자평高自平(진사), 고억령高億齡(참봉)의 5세
동안 벼슬이 계속 이어졌다. 고억령의 아들 고경삼高景參은 호조 좌랑을
지냈는데, 바로 고석로의 10대조이다.[10]

고석로의 고조부는 고명하高命夏로 벼슬에 나아가지 않았고, 고조할
머니는 온양방씨溫陽方氏로 방익수方益壽의 딸이었다. 고명하는 슬하에
아들이 없어 고명우高命禹와 수원백씨水原白氏(白思忠의 딸)의 아들로 태어
난 조카 고성내高聖乃를 양자로 삼았다. 고성내 역시 벼슬에 나아가지
않았다. 그 아내인 고석로의 증조할머니 전주이씨全州李氏는 이상복李尚
馥의 딸이었다.

고석로의 조부는 고달현高達賢으로 역시 벼슬에 나아가지 않았고, 조
모 탐진최씨耽津崔氏는 최윤동崔允東의 딸이다. 고달현이 일찍 작고하자

---

9 『後凋文集』 권7, 神道碑銘, 靈谷先祖神道碑銘.

10 『後凋文集』 권7, 神道碑銘, 十代祖佐郎公神道碑文. 高景參 이후 高柱天(통덕랑, 9대
조), 德淳(통덕랑, 8대조), 斗昌(7대조), 益誠(6대조), 漢振(5대조)은 벼슬을 하지 못하
였다.(『後凋文集』 권9, 附錄上, 世系圖)

                         제1부 유림의 의리 사상과 구국 활동

고석로의 할머니 탐진최씨는 가난하고 의탁할 곳이 없어 친정에 가서 의지하였다. 탐진최씨는 만년에 남편의 종질從姪인 고처행高處行(생부는 高達元, 생모는 洪聖化의 딸 南陽洪氏)을 양자로 삼아 봉양을 받았는데, 모자가 힘써 길쌈을 하고 농사를 지어 온갖 고생을 다 겪으며 겨우 집안을 일으켰다.[11] 이와 같이 고석로의 가문은 조선 후기에는 영락하여, 해주 지역에서 겨우 농사와 학문에 힘쓰며 가난한 선비의 삶을 유지해 온 것으로 보인다.

2) 생애[12]

고석로는 1842년(헌종 8) 10월 8일에 황해도 해주의 수양산首陽山 아래 송라동松蘿洞 가촌嘉村에서 아버지 고처행高處行과 어머니 장흥김씨長興金氏(金魯赫의 딸) 사이에서 출생하였다. 만년이 되도록 아들을 낳지 못한 그의 아버지가 수양산에 들어가 산천에 기도를 한 끝에 고석로가 태어났다고 한다.

고석로는 어린 시절에 동네 아이들과 놀 때에도 부모에게 걱정을 끼치는 행동은 하지 않았고, 착한 행동을 많이 하였다고 한다. 어느 날 밖에 나가 놀다가 이웃집에 배가 떨어져 있는 것을 보고 주워서 주인에게 가져다주니 주인이 칭찬을 하였고 이를 본 사람들도 그의 행동을 아주

---

11 『後凋文集』 권7, 傳, 祖妣耽津崔氏行錄 壬子. 고처행의 생부인 高達元은 어버이를 효성을 다하여 섬겼다고 한다. 그는 비록 가난했으나 어버이에게 항상 쌀밥을 해 드렸으며 물고기를 잡고 산나물을 마련하여 올렸다. 그는 南陽洪氏와 결혼하였는데 부모가 홍씨를 좋아하지 않자 친정으로 돌려보냈다가 오랜 후에 아들을 낳은 뒤에 집으로 돌아오게 하여 부모와 화합하게 하였다고 한다.(『後凋文集』 권7, 傳, 本生祖考行錄 壬子)

12 이하 생애에 관한 부분은 『後凋文集』 부록에 실린 고석로의 연보와 행장을 참조하여 서술하였다.

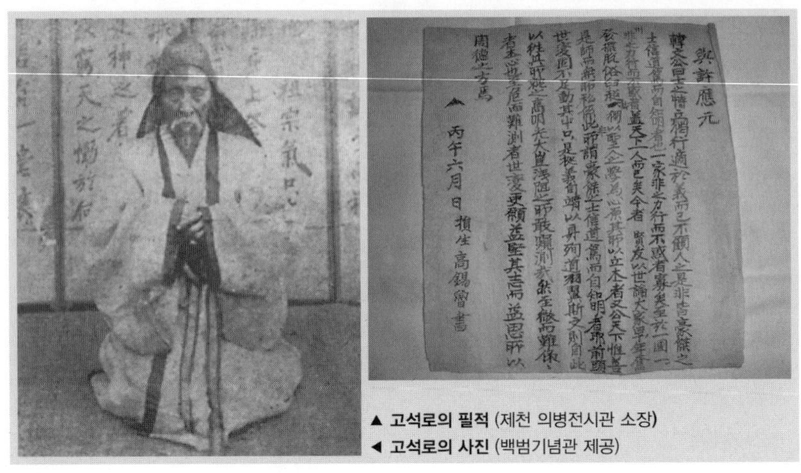

▲ **고석로의 필적** (제천 의병전시관 소장)
◀ **고석로의 사진** (백범기념관 제공)

기특하게 여겼다.

고석로는 타고난 천성이 책 보기를 좋아하였다. 그래서 이미 여섯 살 때부터 책을 보면 기뻐하며 반드시 읽고 싶어하였다. 1852년, 고석로가 열한 살 때 책장사가 『시전』詩傳을 팔러 오자 고석로의 아버지는 그해 흉년이 들고 집이 매우 가난했으나 후일 자식의 교육을 위하여 책을 사 두었다고 한다.[13]

또한 고석로는 부모에 대한 효성이 지극하였다. 1848년 7월에 아버지가 병이 들자 그는 몰래 조상의 사당에 들어가 아버지의 병을 낫게 해 달라고 기도를 드렸다. 그는 병든 아버지의 곁을 떠나지 않았고 사람을 만나면 아버지의 병에 쓸 약을 물었다.

여덟 살 때인 1849년 고석로는 헌동憲洞에 있는 김명선金明善의 서당에 입학하여 『천자문』千字文을 읽었다. 재주가 둔하여 아침에 서당에 가서 하루 종일 글을 읽고도, 조금도 싫어하거나 게으른 빛이 없었다고

---

13 『後凋文集』권7, 傳, 先考行錄 壬子.

한다. 저녁 때 집으로 돌아오는 길에 그날 배운 것을 암송하다가 혹 잊어버리면, 다시 서당에 가서 외운 후에 집으로 돌아왔다.

김명선은 고석로의 자질이 성실함을 사랑하여 더욱 정성을 들여 글을 가르쳤다. 하루는 마을에 광대가 와서 공연을 하였는데 다른 아이들은 밖에 뛰어 나가서 구경을 하였으나 고석로는 홀로 방에 남아서 책을 읽고 있었다. 스승 김명선이 "너는 어찌하여 밖에 나가서 구경하지 않느냐"라고 묻자, 고석로는 "아버지께서 하신 경계의 말씀에 '독서에 잠심하되 외유外誘에 간섭을 받아서는 안 된다'라고 하였기에 구경하러 나가지 않았습니다"라고 하였다. 김명선은 그를 칭찬하고 여러 아이들에게 말하기를, "나는 이미 나이가 많아 이 아이의 장래를 보지 못하겠지만 너희들은 한번 보도록 해라. 마침내 반드시 성취함이 있을 것이다"라고 하였다.

고석로의 아버지 고처행은 자식을 가르침에 지극한 정성을 쏟았다. 그는 하루도 거르지 않고 어린 이들 고석로를 서당까지 데려나 주었다. 고석로가 아홉 살이 되던 해인 1850년 겨울에는 눈이 많이 내렸는데, 아버지는 아들을 위해 긴 널판을 가지고 서당으로 가는 길에 쌓인 눈을 치워 주었다.[14]

고석로가 열 살이던 1851년, 고석로의 아버지는 산천에 가서 "산천의 신령스런 신께서 굽어살피시어 이 아이로 하여금 이 세상의 대유大儒가 되게 해 주시기를 바라나이다"라고 기도하였다. 고석로는 이때 아버지를 따라가 아버지가 산천에 비는 이 말을 듣고 돌아와서 더욱 부지런히 공부하였다.

고석로는 1855년 열네 살 때 『대학』大學을 읽다가 격물格物과 치지致知

---

14 『後凋文集』 권7, 傳, 先考行錄 壬子.

의 구절에 이르러 책을 덮고 생각을 해도 그 뜻을 이해하기 어렵자 스승 김명선에게 물었다. 그러자 김명선은 초학자가 미처 알 수 있는 문제가 아니라고 하면서 끝내 설명해 주지 않았다. 고석로는 "어찌 이해하지 못할 글이 있겠는가"라고 하면서 집으로 돌아가 방문을 걸어 잠그고는 밥 먹는 것조차 잊고 깊이 사색하였다.

고석로는 1857년 마을 서당에서 공부할 때에 함께 공부하는 여러 아이들 중에 가장 둔한 자를 뽑아서 공부를 가르쳐 주었다. 어떤 사람이 그 까닭을 묻자 고석로는, "내가 이와 같이 하는 까닭은 나에게도 도움이 되기 때문이다. 수십 번을 가르쳐 주면 나도 저절로 외워지게 된다"라고 하였다.

이와 같은 고석로 자신의 각고의 노력과, 스승 김명선의 가르침과, 자식 교육에 지극했던 아버지의 정성은 고석로를 장차 황해도 해주 지역의 큰 학자로 키웠다.

고석로는 1858년 7월 20일에 아버지가 작고하자 한결같이 『가례』家禮에 의거하여 상제喪制를 치렀다. 1860년 아버지의 3년상을 치르고 부득이 집안 살림을 꾸려 나가게 된 그는 낮에는 농사를 짓고 밤에는 독서를 하였다. 6년간 농사를 짓던 고석로는 스물다섯 살 때에 탄식을 하며 "사람이 세상에 태어나 마땅히 큰일을 택하여 해야지 밭고랑 사이에서 늙어 죽어서야 되겠는가"라 하고는 그날 바로 짐을 꾸려 해주와 평산 사이로 유학을 떠났다. 유학 생활 중 그는 많은 고생을 하였고 그 뒤로도 집안이 가난하여 한곳에 일정하게 안주하지 못하고 자주 이사를 다녔다.[15]

---

15 고석로 年譜에 의하면 고석로는 1874년 해주의 錦山 蜂巖洞으로 이주하였다가 1885년에는 금산에서 다시 송라 가촌으로 이사하였다. 그 뒤 1893년 2월에는 安泰勳(진사)의 초청으로 신천 청계동으로 이사를 하였다. 이때 초당을 지어 제생을 모아 독서를 하였는데 家計가 매우 영락하여 콩죽과 솔잎만을 먹었다고 한다. 이 무렵 안태훈이 正租

     제1부 유림의 의리 사상과 구국 활동

1876년 개항 이후 일본과 서양의 문물이 조선에 급격하게 들어오자 이항로의 학맥을 이은 재야의 유학자들은 조선의 경제적, 문화적 위기가 심각하다는 사실을 깊이 우려하여 위정척사운동을 강하게 전개하고 있었다. 개항 이후 개화의 노선을 선택한 정부는 미국과 수호조약을 맺으려고 하였는데 이에 대해 1881년경 이른바 영남만인소嶺南萬人疏로 불리는 척사운동이 일어났고 개화開化와 척사斥邪의 갈등이 최고조에 달하였다. 그리고 이듬해 임오군변壬午軍變이 일어난 후에는 개화 바람은 더욱 심하게 불었고, 개화파는 이 흐름을 타고 1884년 갑신정변을 일으켜 조선 사회의 근본적 개혁을 시도하다가 실패를 겪었다.

이 시기에 이루어진 개화 정책은 유학자들이 입고 있던 옷소매의 변경에서 시작되었다. 조선 왕조에서 옷과 갓은 유학자에 있어 가장 소중한 문화의 상징이었다. 늘 옷과 갓을 정제整齊하여 생활하던 유학자들은 1884년 6월에 의복을 변경하여 소매가 좁은 옷으로 바꾸라는 변복령變服令에 대단히 분개하였다.

고석로는 해주에서 변복령의 소식을 듣고 어떻게 행동해야 할지 고민에 빠졌다. 그는 이항로의 우뚝한 제자 유중교가 춘천의 가정柯亭에서 강의한다는 것을 알고 찾아가 제자의 예를 올리고 수업을 받았다. 또한 신사척사운동 때 척사소斥邪疏의 배후 인물로 지목되어 전라도 지도智島에 유배되었던 김평묵이 석방되었다는 소식을 듣고 찾아가 제자의 예를

두 石을 보내 왔는데 고석로는 사양을 하고 받지 않았다. 1896년에 그는 청계에서 고향 節谷으로 돌아와 초가집 두어 칸을 지었다. 이 무렵에 일찍이 靑孀이 된 맏며느리 김씨가 친정에 가서 의지하여 살면서 길쌈을 부지런히 하여 약간의 田土를 샀다. 당시 고석로는 손자 高止善을 데리고 艱苦한 생활을 겨우 버티어 내었다. 1905년 2월에는 송라 가촌에 본가를 지었으나 1908년 3월에 집이 화재를 당하였다. 『白凡逸志』에는 고석로가 해주의 서문 밖 飛洞에 대대로 살다가 1895년 2월 신천 청계동 안태훈의 사랑방에서 김구와 처음 만난 것으로 되어 있다.

올리고 스승으로 섬겼다.

유중교의 문하에서 고석로는 중화中華를 높이고 오랑캐를 물리치는 대의大義에 대해 가르침을 받았다. 그는 스승에게 의리義理를 사색하는 법에 대해 묻기를, 옛 선현들이 비록 힘을 다하여 고심苦心하는 것은 경계해야 된다고 하였으나 초학初學은 마음 씀이 미숙未熟해 평심平心으로 너그럽고 넉넉하게 하여 기뻐지기를 기다릴 수 없기 때문에, 결단코 혈전血戰을 하여 밤을 지새워 잠을 자지 않는 것이 옳지 않겠느냐고 여쭈었다. 이에 대해 유중교는 마음을 편안히 하고 조용하게 지녀야 바야흐로 도리道理의 참모습이 드러난다고 하면서, 힘을 다하여 고심하는 것은 지나친 일로, 한갓 고생만 하고 얻음이 없을 뿐만 아니라 또한 병이 생길 것이라고 하였다.[16]

고석로는 유중교의 제자가 되면서 주희, 이이, 송시열, 이항로의 학통을 계승하였다. 그는 10년간 유중교의 문하에서 공부하면서 스승을 신명神明처럼 받들었고 정성스런 마음으로 섬겼다.[17] 특히 유중교의 어록 중에서 일상생활에 가장 절실한 조항을 베껴 동지와 더불어 아침저녁으로 외우면서 정성스럽게 가슴에 새기었다.[18]

고석로는 스승 유중교가 공자孔子·정이程頤·주희朱熹·이이·송시열·이항로의 학통에 속해 있다고 인식하였다.[19] 그는 김평묵이 1891년 12월

---

16 『省齋文集』권13, 往復雜稿, 答高能善 庚寅 二月;『後凋文集』권2, 書, 上省齋柳先生 問目.

17 고석로는 유중교와 김평묵뿐만 아니라 유인석을 스승으로 섬겼다. 유인석이 1915년 1월 29일에 요동 寬甸縣 芳翠溝 寓居에서 작고하자 고석로는 2월에 그의 訃音을 듣고 位를 설치한 뒤 望哭을 하고 朞年 상복을 입었다. 고석로는 30여 년 유인석을 따라 공부하면서 처음에는 나이가 같아 벗으로 대했으나 만년에는 유인석의 덕망과 의리가 높고 깊음에 복종하여 스승으로 섬겼다.

18 『後凋文集』권4, 書, 示同講士友.

19 『後凋文集』권7, 祭文, 祭省齋柳先生文.

20일에 운담雲潭에서 작고하자 기년상朞年喪을 치렀고, 1893년 3월 19일에 제천 장담長潭에서 유중교가 작고하자 심상心喪 3년을 치렀다. 유중교·김평묵·유인석을 통해 이항로 학맥과 사제의 인연을 맺은 고석로는 자기가 거처하는 서실에 공자와 주희의 유상遺像과 이이·송시열·이항로·김평묵·유중교의 지패紙牌를 모시고 매월 초하루와 보름에 향香을 피우고 절을 하였다.[20] 말년에는 여러 선배 학자들의 문집이 너무 방대하여 그 요령要領을 얻기 어렵다고 여겨 그 절실切實한 정수精粹를 초록抄錄하여 열람에 편리하게 하였다.[21]

1916년 3월에 고석로는 일제의 앞잡이인 경찰 관리가 와서 핍박하는 화를 당하였다. 그것은 1910년 경술국치 이후 고석로가 호적戶籍에 편입되지 않자, 면 서기 등이 일제의 관리를 두려워하여 그가 일본의 백성이 되지 않겠다고 한 사정을 보고했기 때문이었는데, 화가 아침저녁에 곧 일어날 지경이었다. 그럼에도 고석로는 의義를 내세우며 죽기로 맹세하고 호적에 들지 않았다.

1922년 5월 1일(을미) 고석로는 환성서실喚醒書室에서 향년 81세를 일기로 작고하였다. 그는 손자 고지선高止善과 문인들에게 "집에 소장하고 있는 공자와 주희의 유상과 이이·송시열·이항로·김평묵·유중교의 지패에 대해 초하루와 보름에 향을 피우는 예를 폐하지 말라"라고 당부하였다.[22] 이직신李直愼(李昭應, 1861~1928)은 이러한 고석로의 평생 행적에 대

---

20 『後凋文集』 권6, 告祝, 告孔夫子朱夫子及栗尤華重省諸先生文 毅庵集求得於遼上 而爲彼奴所禁未輸來時 戊午 正月日.

21 이렇게 작성한 것으로 『朱書要覽』, 『語類抄』, 『栗谷全書抄』, 『華西集抄』, 『重庵集抄』, 『省齋集抄』, 『毅庵集抄』, 『家禮集抄』, 『華東合編節錄』 각 1책, 『宋書別撰』, 『隨見錄』 각 2책이 있다.

22 고석로의 喪禮에 護喪은 문인 李來鎭이, 相禮는 吳奎泳이, 祝은 金鍾大가, 司書는 李濟栢·高禮煥이, 司貨는 高錫倫이, 執事는 朴殷錫·高錫俊·李賢熺가 맡았다. 성복

해 도학道學, 문장文章, 고명高明, 역량力量, 충효忠孝, 절의節義, 공덕功德을 모두 볼 수 있다고 하였다.[23]

3. 고석로의 위정척사 이념과 운동

고석로가 유중교의 문하를 찾은 때는 40대 초반의 나이였다. 그는 1884년 6월 변복령(甲申衣制改革)이 내리자 세상이 크게 변해 감을 느꼈다. 그는 유학자로서 이러한 개화로의 흐름을 옳지 않게 생각했다. 그는 이항로의 제자 유중교와 김평묵의 문하에 나아가 공부를 함으로써 위정척사의 이념을 더욱 강하게 지니게 되었다.

1887년 1월에 고석로는 유중교에게 편지를 올리고,[24] 7월에 춘천의 가정柯亭으로 가서 유중교의 문하에서 수개월을 공부하였다. 그는 같은 해 겨울에 유중교에게 다시 편지를 올리기를, 유중교가 쓴 「문행충신설」文行忠信說을 읽고 본本과 말末, 경輕과 중重의 분수分數가 있다는 것을 깨달았고, 공자가 베푼 네 가지 가르침인 문文, 행行, 충忠, 신信이 학문을 하는 대전大典이라는 것도 알게 되었다고 하였다.[25] 그는 깊은 밤에 정좌靜坐를 하고, 두려워하며 고요하게 신명을 대하듯이 하기를 오래오래 지속하면 다음날 사물을 접하고 책을 볼 때 가슴속이 탁 트이고 밝고 엄숙해지는데, 이것이 바로 거경居敬의 효험이라고 하였다.[26]

날에 문인으로 加麻한 이가 백여 명이었다. 행장은 문인 孔英燮과 김종대가 중국에 머무르고 있는 李直愼을 찾아가서 받았다. 1922년 7월 21일에 嘉村 先塋 아래 丑坐의 언덕에 장사를 지냈다.

23 『後凋文集』 권9, 附錄, 行狀.

24 『省齋文集』 권13, 往復雜稿, 答高能善錫奎 丁亥 正月.

25 『後凋文集』 권2, 書, 上省齋柳先生 ; 『省齋文集』 권32, 講說雜稿, 文行忠信說.

　　고석로는 1889년 7월에 이항로가 살았던 마을 벽계를 방문하였다. 마침 유중악에 의해 이항로의 『화서아언』이 간행되었는데, 고석로는 수일 동안 벽계에 머물면서 그 책을 읽고 벽계의 아름다운 산과 물에 심취하여 벽계가 참으로 군자가 배회할 만한 곳이라고 여겼다.[27] 그는 이항로의 옛집을 서성거리며 그 문하에서 직접 가르침을 받지 못한 것을 못내 아쉬워하며 시를 읊었다.[28]

벽계의 가을에 먼 곳에서 손이 찾아오니	有客遠來檗溪秋,
우뚝 솟은 천길 벽 아래 시냇물 흐르는도다.	千尋壁立一川流.
수양산 아래에서 어찌 늦게 태어났던가	首陽山下生何晚,
제월대 앞에서 일찍 공부하지 못했네.	霽月臺前早未遊.
주자와 송자의 여운 어느 곳에 있는고	朱宋餘韻安所在,
춘추대의가 비로소 아름답게 밝혀졌네.	春秋大義始明休.
고갑古匣에 든 요금瑤琴에 아양峨洋의 곡조가 끊어지니	瑤琴古匣峨洋斷,
누가 다시 오늘 천하의 근심을 담당하리오.	誰復當今天下憂.
선생이 돌아가신 지 몇 년이 지났던가	樑摧今幾秋,
산은 높고 물은 길이 흐르는도다.	山高水長流.
먼저 석담石潭의 운운을 사모하였고	先慕石潭韻,
만년에는 벽산에 와서 노닐었다네.	晚來檗山遊.
사업은 음산함과 간사함을 물리쳤고	事業闢陰邪,

---

26 『後凋文集』 권2, 書, 上省齋柳先生.
27 『後凋文集』 권2, 書, 上省齋柳先生.
28 『後凋文集』 권1, 詩, 尋檗山華西先生舊宅 五七律 各一首.

도덕은 따뜻하고 아름다운 산처럼 우뚝하네.　　　　道德立陽休.

옹께서는 한 손으로써　　　　　　　　　　　　翁以一隻手,

자임하여 근심에 빠진 것을 구제하였지.　　　　自任援溺憂.

고석로는 이 시에서 자신이 수양산이 있는 해주에서 태어나 이제서야 벽계의 제월대 앞에 서성거리고 이항로가 살았을 때 그 문하에서 공부를 배우지 못했음을 안타까워하였다. 그는 고갑古匣에 든 요금瑤琴과 아양峨洋의 곡조가 끊어진다는 표현으로써 이항로가 세상을 떠나 유학의 정맥이 끊어졌음을 서러워하였다. 그리고 고석로 자신이 이이(석담)의 학문을 사모하였고 만년에 이항로(벽산)의 학문적 자취를 찾아왔음을 표현하였다.

고석로는 1891년 8월에 김평묵에게 편지를 올려 양화洋禍가 병자년(1876)부터 시작되어 조선 수천 리의 강역이 모두 끓는 물 속에 있는 듯한데 장차 누구의 손으로 살리겠느냐고 염려하였다.[29] 이항로의 제자인 김평묵과 유중교의 학맥에 속한 경기와 강원도의 유생들은 특히 1876년 개항을 전후하여 1881년에 이르기까지 위정척사운동을 줄기차게 전개하였는데, 그 배후에는 항상 김평묵과 유중교가 있었다. 고석로는 김평묵과 유중교의 문하에 출입하며 위정척사의 이념을 품게 되었다.

고석로는 유중교의 문하에 드나들면서 유인석과 동문으로 가깝게 지냈다. 1894년 2월에 고석로는 왜적倭賊은 예의의 나라인 조선을 반드시 짐승과 같은 야만으로 만든 이후에 그만둘 것이라 보았고, 따라서 그는 선비가 이 시대를 당하여 왜적에게 머리를 굽히고 굴욕을 받아야 할지, 그렇지 않으면 죽음에 이르러도 변하지 않아 몸소 도道에 순사殉

---

29 『後凋文集』권2, 書, 上重庵金先生 辛卯 八月日.

　　　　제1부 유림의 의리 사상과 구국 활동

死해야 할 것인지를 심각하게 고민해야 한다고 하였다.[30]

1895년 유인석은 고석로에게 보낸 편지에서 "지금 또한 세변世變이 날로 지극하여 우리나라가 진짜 오랑캐가 되었고 우리 사람이 진짜 짐승이 된 것을 눈으로 볼 수 있습니다. 성현의 도술道術과 천지天地의 양맥陽脈으로 하여금 다시 기착寄着할 곳이 없게 하고, 우리들이 옷과 갓을 바로 하여 독서하지 못하게 하니, 우리가 머리를 자를지언정 우리 갓을 쓰지 않겠으며, 우리 몸을 찢을지언정 우리 옷을 입지 않겠으며, 우리 입을 멸滅할지언정 우리 책을 읽지 않겠습니까. 큰 소리로 통곡을 하니 저 푸른 하늘은 끝이 없습니다. 이때에 우리 형兄(고석로)과 더불어 서로 악수하며 가슴 속의 대분大憤을 씻고 더욱 의義에 처하는 도道를 강론하지 못하는 것이 한스럽습니다"[31]라고 하였다.

1894년 청일전쟁 이후로 조선의 재야 유학자들은 열강의 침략에 대해 깊은 우려를 하고 있던 터였다. 황해도 해주에서도 안태훈安泰勳·고석로 등이 자기 집 사랑에 김구 등의 청년 지식인들을 모아 놓고 나라의 안위安危를 크게 걱정하고 있었다. 1895년에 김구가 고석로의 사랑을 찾아가자 고석로는 다음과 같은 언론을 폈다.

만고천하에 흥興해 보지 못한 나라가 없고 망亡해 못 본 나라가 없다. 그러나 예전에 망국亡國이라 함은 토지와 인민은 가만 두고 그 임금의 자리만 빼앗은 것으로 흥興이라 망亡이라 하였다. 지금은 그렇지 않아서 토지와 인민과 주권을 병탄하는 것이다. 우리나라도 반드시 망하게 되었는데 마침내 왜놈에게 멸망을 당하게 되었다. 이른바 조정의 대관大官

---

30 『後凋文集』 권3, 書, 與邊節谷 甲午.
31 『毅庵文集』 권17, 書, 答高能善錫奎 乙未 二月.

들이 전부 미외 사상媚外思想을 가지고 러시아와 친하여 자기 지위를 보전할까, 영국이나 미국과, 프랑스와 왜와 친하면 자기 지위가 공고할까 순전히 이 생각뿐이니 나라는 망하는데 국내에 최고 학식을 가졌다는 산림 학자山林學者들도 세사世事에 혀를 차고 한탄을 할 뿐이지 어떠한 구국救國의 경륜이 있는지를 보이지 않음이 큰 유감일세. 나라 망하는 데도 신성하게 망함과 더럽게 망함이 있는데 우리나라는 더럽게 망하게 되겠네.[32]

고석로의 이러한 말을 듣고 김구는 놀라서 귀를 기울였다. 고석로는 다음과 같이 말을 이어 갔다.

나라가 신성하게 망亡한다 함은 일반 인민이 의義에 의지하여 끝까지 싸우다가 적敵에게 멸망을 당하여 망함이요, 더럽게 망한다 함은 일반 신민臣民이 적에게 아부하다가 적의 술수에 떨어져 항복하고 망함일세. 지금 왜놈의 세력이 전국에 넘쳐나고 궁궐 안까지 침입하여 대신大臣을 적의 의사대로 출척黜陟하니 모든 시정施政이 제2의 왜국倭國이 아닌가. 만고천하에 망하지 않고 길이 존재하는 나라가 없고 만고천하에 죽지 않고 길이 사는 사람이 없으니 자네나 내나 일사보국一死報國의 한 가지 일만 남아 있다고 하겠네.[33]

고석로는 슬퍼하는 낯빛으로 김구를 보며 이렇게 말하였고, 김구는 이 말을 듣고 울었다. 조선을 병탄하기 위해 혈안이 되어 있는 열강의

---

32 『白凡逸志』, 「東學接主」 44쪽.
33 『白凡逸志』, 「東學接主」 44~45쪽.

침략 앞에서 자기 조국의 명운을 걱정하며 한번 죽음으로 국은國恩에 보답하는 이 한 가지 일이 남아 있을 뿐이라는 선생 고석로의 말에 김구는 우국憂國의 정을 이기지 못하여 울지 않을 수 없었다.

김구는 스승 고석로에게 우리나라가 망하지 않게 하는 도리는 없겠느냐고 질문하였다. 이에 대해 고석로는 이왕 망할 나라라도 망하지 않게 힘써 보는 것이 신민臣民의 의무義務라고 하면서, 현재의 조정 대신들처럼 외세에 아첨하는 태도로 하지 말고 호조적互助的으로 청나라와 결탁하여 망해 가는 나라를 구할 필요가 있다고 하였다. 그는 청나라가 청일전쟁에서 일본에 진 원수를 반드시 갚으려 할 것이니 우리 중에서 상당한 사람이 그 나라에 가서 그 국정國情도 조사하고 그 나라 인물과도 교제를 맺어 두었다가 후일에 기회가 오면 서로 호응할 준비를 하여 두는 것이 절대 필요하다고 역설하였다.[34]

김구는 고석로의 이 말에 감동하여 청나라로 갈 마음을 갖게 되었다. 그러나 자기같이 어린 사람이 청나라에 들어간다고 해서 무슨 일을 이룰 수 있겠는가 하는 뜻을 선생 고석로에게 말하였다. 이에 대해 고석로는 누구나 제가 옳다고 믿는 것을 혼자만이라도 실행하는 것이 필요하고, 저마다 남이 하기를 바랄 것이 아니라 제 일을 하면 자연히 그 일을 하는 사람이 많아지는 것이라고 하였다. 그는 구체적으로 어떤 사람은 정계政界에서, 또 어떤 사람은 학계學界나 상계商界에서 자기가 합당한 방면으로 활동하여 그 결과가 모이면 큰일이 이루어지는 것이라고 설명하였다. 고석로의 말을 듣고 김구는 용기를 얻어 청나라로 갈 결심을 하였다.[35]

---

34 『白凡逸志』, 「東學接主」 44~45쪽.
35 『白凡逸志』, 「東學接主」 45쪽.

김구는 집에서 먹이던 말 한 필을 팔아서 200냥의 여비를 마련해 1895년 5월에 청나라로 출발하였다. 그는 김형진金亨鎭(1861~1898)과 함께 백두산을 거쳐 청나라에 들어가 그곳의 사정과 기지를 조사하였고, 귀국 도중에는 김이언金利彦의 의병 부대에 참여하여 활동하기도 하였다. 귀국 후 김구는 스승 고석로를 찾아가 청나라에서의 활동 상황을 일일이 보고하였다. 압록강과 두만강 너머 토지이 비옥한가, 그곳의 지세는 어떻고 인심은 어떤지 말하였다. 그리고 장차 북방에 가서 활동할 만한 곳, 그러니까 병사들을 운용할 만한 곳 등을 상세히 보고하였다.[36] 김구의 이러한 청나라에서의 활동은 을미의병전쟁에 실패하고 북상하던 유인석의 의병군에게 영향을 끼쳤을 것이다.[37]

---

36 『白凡逸志』, 「淸國視察」 59쪽. 김구는 청계동으로 돌아와 먼저 선생 고석로와 상의한 후 의병을 일으키는 문제를 놓고 안태훈과 함께 모여 논의했다. 안태훈은 아무 승산도 없이 일어나 본들 실패할 수밖에 없으니 아직 의병을 일으킬 생각이 없다고 했다. 그는 일단은 천주교에 귀의했다가 뒷날 기회를 보아 의병을 일으키겠는데, 당장은 머리를 깎게 되면 깎을 의향도 있다고 했다. 이에 고석로는 천주학에 귀의하고 머리를 깎을 의향이 있는 안태훈과 절교를 선언하였다. 김구도 제 나라 안에서 일어난 동학은 토벌하면서 오랑캐가 한다는 서학을 한다는 안태훈의 말을 듣고 무척 괴이하게 생각하였다. 이때 안태훈이 단발할 의사를 보인 것은 고석로와 김구에게는 의로움에서 벗어난 것으로 받아들여졌기에 두 사람은 청계동을 떠나기로 하였다. 고석로는 고향인 飛洞으로 돌아갔고, 김구는 1896년 2월에 다시 청나라로 향하였다가 안주에서 단발령의 정지와 삼남의 의병 소식을 듣고 돌아오기로 결심하였다. 그로부터 5, 6년이 지난 후인 1900년 11월 김구는 다시 스승 고석로를 찾아갔다.

37 吳瑛燮은 華西 李恒老 學派의 洪在鶴이 가장 먼저 제기한 北邊 지역에서의 독립운동 내지 의병운동 근거지 개척 구상론을, 고석로가 제자 김구와 유중교의 제자들 가운데 가장 절친했던 유인석에게 전하였다고 하였다. 그리하여 화서학파의 주자학적 민족주의론이 김구의 자유주의적 민족자주독립사상의 심층부에 자리잡도록 하였으며, 한말 의병운동 및 계몽운동 세력이 만주와 북변을 민족독립운동의 근거지로 주목하도록 하는 데 상당한 영향을 미쳤다고 하였다.(오영섭, 『華西學派의 思想과 民族運動』, 국학자료원, 1999, 115쪽의 각주 214 참조) 『白凡逸志』에 의하면 유인석은 제천에서 의병을 일으켰다가 실패하고 평산으로 와서 고석로와 만나 의병의 재기에 대해 장래의 방침을 논의하였다고 한다. 그때 고석로는 김구가 서간도를 시찰한 내용을 유인

제1부 유림의 의리 사상과 구국 활동

한편 1895년 겨울 단발령斷髮令이 내리자 군대와 경찰은 거의 머리를 깎았고 문관의 경우도 각 군의 면장까지 단발을 실시하였다. 그리하여 이해 12월 24일(양력 1896년 2월 8일) 유인석은 영월에서 을미의병전쟁을 일으켰다. 그러나 1896년 4월 13일 선유사 장기렴張基濂이 지휘하는 관군과 일본군의 공격으로 최후의 거점인 제천堤川에서 패배하게 되자 유인석은 재기의 항쟁을 위해 서북 지역으로 이동하였다. 서북 지역의 사정도 여의치 않자 유인석 의병군은 청의 군사적 원조를 기대하고 계속 북상하여 요동으로 들어갔으나 그곳에서는 도리어 회인현재懷仁縣宰 서본우徐本愚에 의해 무장 해제를 당하였다.[38]

유인석은 의병 해산 후 통화현通化縣 오도구五道溝에 정착하였다. 그는 1897년 3월 고종高宗(1852~1919)의 부름으로 잠시 귀국했는데, 국내에 들어오면서 요동에 남아 있는 사람들에게 "나라가 만약 복구復舊된다면 나라 안으로 돌아가 숨겠지만 만약 복구되지 못한다면 마침내 요동의 객이 될 것이나. 무릇 나를 위해 뒤에 남아 있는 자들은 고생을 참으며 내가

석에게 전하였고, 당분간 형세로는 황해·평안도에 발붙일 땅이 없으니 속히 압록강을 건너서 적당한 곳을 택하여 장래를 도모함이 상책이라고 권하였다. 고석로의 제안에 대해 유인석도 참으로 좋은 생각이라고 여겨, 고석로와 동행해 전에 김구가 말한 곳을 탐사하고, 서간도에 자리를 잡아 한편으로는 공자의 聖像을 봉안하여 사람들의 尊慕하는 마음을 증진하고 다른 한편으로는 조선에서 종군하던 무사들을 소집하여 훈련하였다고 한다. 그러나 이에 대해 孫世一은 김구가 청국행에서 돌아와 고능선(고석로)에게 서간도 일대의 사정에 관해서 보고한 것을 고능선이 유인석에게 말해 주어 유인석이 그곳을 활동 근거지로 삼게 되었다는 말은 사실이 아닐 것이라고 보고 있다. 유인석은 서북 지방을 거쳐서 서간도로 이동할 때에 황해도에 들르지 않았다는 것이다. 따라서 유인석이 평산에 들렀을 때 그와 장래를 의논했다는 고능선의 말은 착오라고 보았다. 고능선이 압록강을 향해 이동하는 유인석을 특별히 찾아가서 만나지 않은 이상 김구가 살펴보고 온 서간도 지방의 사정을 유인석이 알고 갔을 가능성은 없다는 것이다.(孫世一,「李承晚과 金九 ⑭」,『月刊朝鮮』 2002년 9월호) 이에 대해서는 앞으로 보다 깊은 탐구가 요망된다.

38　朴敏泳,「毅庵 柳麟錫의 衛正斥邪運動」(『淸溪史學』 3, 청계사학회, 1986) 167쪽.

오기를 기다려라. 나라의 복구를 어찌 기필할 수 있겠는가"라고 하였다.[39]

1897년 9월에 고석로는 유인석 의병군의 의병 활동을 무척 높이 평가하며 다음과 같이 말하였다.

> 옛말에 이르기를, "천지 사이에 순강純剛하고 지정至正한 기氣가 있어 혹은 물物에 모이고 혹은 사람에 모여, 만고에 뻗치도록 열렬하게 없어지지 않는다"고 하였습니다. 근자에 일어난 갑오·을미년의 화는 만고에 없던 변입니다. 선사先師 각하脚下의 사람과 여러 곳의 많은 선비가 의리상 구차하고 욕되지 아니하여, 혹은 살신성인殺身成仁하는 자가 있고 혹은 일통一統의 『춘추』春秋를 안고 천고의 강상綱常을 책임지며 아침저녁으로 와신상담臥薪嘗膽을 하여 깊은 꾀를 힘써서 후일의 거사를 도모하는 것은, 곧 순강하고 지정한 기가 이 사람에게 모였기 때문입니까. 천하의 대의大義를 밝히고 천하의 대경大經을 세우니 이것이 이른바 일월日月이 떨어지지 않으면 그 기氣가 없어지지 않고 산악이 무너지지 않으면 그 절의節義가 없어지지 않는다는 것입니다. 아! 지난날 만약에 의옹毅翁(유인석) 일대인一隊人이 없었다면 천지가 섞이어 흑사黑死의 형국이 되어 우리 예의의 나라가 모두 짐승의 지역으로 떨어졌을 것이니 장차 무엇으로써 천하 후세에 말을 남기겠습니까.[40]

---

39 『昭義新編』 권5, 邊景學書稟 戊戌 七月.

40 『昭義新編』 권5, 高後凋錫魯書 丁酉 九月. "古語云, 天地間有純剛至正之氣, 或鍾於物, 或鍾於人, 亘萬古而烈烈不滅也. 近者甲乙之禍, 萬古所無之變也. 先師脚下人及諸處多士, 義不苟辱, 或有殺身成仁者, 或有抱一統之春秋, 任千古之綱常, 朝夕薪膽, 深謀密勿, 以圖後擧者, 此乃純剛至正之氣, 鍾於此人者耶? 明天下之大義, 立天下之大經, 此所謂日月不墜, 則其氣不滅, 山岳不頹, 則其節不泯者也. 嗚呼! 向者若無毅翁一隊人, 則天地渾爲黑死之局, 而使我禮義之邦, 擧淪於禽獸之域, 將何以有辭於天下後世哉?"

유인석과 그의 뜻에 공감하는 많은 사람들은 대거 요동으로 건너가 의병을 다시 일으킬 계획을 세웠다. 이때 고석로도 유인석을 따라가 3년을 함께 고생하였다.[41]

고석로는 이제 선비로서 요동遼東이 아니면 다시 몸을 둘 곳이 없는데, 무릇 청나라 사람과 우리는 2백 년간 교린交隣을 하여 일찍이 보호를 받았으니 우리 선비들이 청에 가는 것을 그르게 여길 필요가 없다고 하였다. 또한 그는 적을 토벌하고 원수를 갚는 일을 완수하지 못하고 군부君父가 당한 욕됨을 씻지 못하고 선왕의 전장典章을 회복하지 못했기에 국경을 나가서 죄를 기다리며 하늘의 뜻이 밝게 돌아오기를 기다리려는 것이 유인석이 부득이 압록강을 건넌 까닭이라고 하였다.[42]

19세기 말 20세기 초의 조선은 열혈熱血과 의기義氣를 지닌 영웅이 요청되던 시기였다. 고석로는 유인석에게 '가슴속에 한 말 열혈을 온양醞釀하라'는 스승 유중교의 가르침을 거론하며, 전날에 유중교가 이 구절을 해석하기를 "이것은 천지생물天地生物의 마음이다"라고 하였는데, 이 구절을 생각해 보면 천하에 세상을 구제하고 백성에게 은택을 미칠 뜻과, 공자와 맹자의 가슴속 열혈과, 중화를 높이고 오랑캐를 물리치며 수치를 씻고 원수를 갚고자 했던 주희와 송시열의 가슴속 열혈을 잊지 않아야 하니 지금 유인석의 문하에 열혈을 온양한 자가 과연 몇 사람이 있는지를 물었다.[43]

고석로는 1898년에 유인석에게 보낸 편지에서 이렇게 말했다.

스승(유중교)께서 말씀하시기를 "성학聖學을 밝히고 인심人心을 착하게

---

41 『後凋文集』 권6, 告祝, 告省齋先生影幀文.
42 『後凋文集』 권3, 書, 答申訒齋 戊戌 八月九日.
43 『後凋文集』 권2, 書, 呈毅庵柳先生 戊戌 十二月 十八日.

해야 하니, 무기를 수선하고 군사 훈련을 하며 법을 세워 법금을 설치하는 일보다 이것이 덜 급하지 않다"라고 하셨습니다. 제가 생각하건대 오늘날 급무는 세 가지 일이 있습니다. 첫째는 독서요, 둘째는 인재를 얻는 것이요, 셋째는 기지基址를 얻는 것입니다. 독서를 하지 않으면 성학이 장차 끊어지고, 인재를 얻지 못하면 적을 토벌하고 원수를 갚음에 계책이 없고, 기지를 얻지 못하면 나아가고 물러섬에 의거할 바가 없습니다.[44]

고석로는 손자 고지선에게 유인석을 따라 압록강을 긴너게 되었다고 하면서 "의암義庵(유인석의 호)은 스승(유중교)의 우뚝한 제자이다. 의병을 일으켜 왜적을 토벌하고 원수를 갚아 천하의 대의를 세우고 만고의 대경大經을 밝히니 내가 비록 늙고 병들었으나 의리상 침상에서 편안하게 처음부터 끝까지 지낼 수 없다. 그러므로 목숨을 걸고 압록강을 건너 의암의 활동을 도와 깊은 밤에 일성一聲의 우레를 기다리고 있으니 너가 어찌 나의 깊은 마음을 알겠는가. 바라건대 너는 어머니에게 효도하고 아내를 공경하며 아침에 나가서 밭을 갈고 밤에 돌아와 책을 읽어 내가 돌아오는 날을 기다리면 이삼 년 후에 너희들과 함께 남은 생의 마지막 즐거움을 함께할 수 있을 것이다"라고 하였다.[45]

1898년 8월에 고석로는 자신들이 압록강을 건넌 데에는 세 가지 의리가 있었으니, 의거를 일으켜 소청掃淸을 완수하지 못하여 원수와 더불어 나라를 함께할 수 없었던 것이 첫 번째 의리요, 거사擧事가 낭패하여 군부君父가 당한 오욕을 씻지 못하고 선왕의 법도를 회복하지 못한즉 국경을 나가서 죄를 기다린 것이 두 번째 의리요, 사자死者는 절의를 세

---

44 『後凋文集』권4, 書, 答孫兒止善 戊戌 八月 十一日.
45 『後凋文集』권4, 書, 答孫兒止善 戊戌 八月 十一日.

　　　　제1부 유림의 의리 사상과 구국 활동

웠지만 생자生者의 책임은 절의를 세우는 것보다 더욱 어려우므로 밤낮
으로 원수를 갚기 위해 침상에서 감히 누워 지내지 못한 것이 세 번째
의리라고 하였다.[46]

여기서 고석로의 가르침을 받고 청에 들어가 미리 의병운동의 기지
를 탐사하고 돌아온 김구의 애국적 행동에 주목할 필요가 있다. 청나라
의 시찰을 통하여, 김구는 중화를 높이고 오랑캐를 물리쳐야 한다는 위
정척사 이념에서 벗어나고 있었다. 곧 그는 세계 여러 문명국에서 새로
운 교육 제도를 받아들여 인재를 교육시켜서 망하는 나라를 구제해야
한다고 생각하였다.

사실 고석로도 어느 정도는 위정척사 이념에서 변하고 있었다. 그는
청의 서간도 지역을 의병운동의 기지로 생각하고 청의 인사들과 교제하
여 의병운동의 재거를 바랐다. 이항로나 유중교, 김평묵 등이 오랑캐로
보았던 청에 들어가, 그곳을 의병운동 기지로 이용하여 의병의 재거를
다지는 것이 필요하다고 생각했던 것이다. 따라서 그에게 있어 화華는
명明과 조선은 물론 청을 포함하는 것으로 확대되었다.[47]

---

46 『後凋文集』권3, 書, 與兪桃津 戊戌 八月 十八日.

47 그렇지만 고석로가 17세기 이후 줄곧 지속되어 온 大明義理論을 완전히 버린 것은 결
코 아니었다. 그는 南明의 실체를 인정하여 옛날에는 다만 崇禎年號를 사용했지만 근
일에 역사서가 천하에 유포되어 눈이 있는 자는 모두 永曆年號를 볼 수 있게 되었다
고 하였다. 그런데 만약에 영력연호를 사용하지 않는다면 장차 그로 말미암아 春秋大
一統의 의리가 세상에서 어두워질 것이라고 하였다. 그는 당시 淸史에서 세 황제를 僞
號로 삼아 깎아 버린다고 이르니 만약에 숭정연호만을 쓰고 영력을 사용하지 않는다
면 또한 청사의 예를 따르는 것이 되는데 그것이 옳은 일이냐고 묻고 있다.(『後凋文
集』권3, 書, 答朴松雲) 심지어 그는 1920년에 지은 「松齋記」(『後凋文集』권6, 記) 말
미와 1922년 1월에 지은 「陽城君守道正根望京臺遺址碑銘」(『後凋文集』권7, 墓碣銘)
의 말미에 '皇明遺民'이라는 표현을 썼는데 이것은 그가 작고하기 직전까지 스스로가
명나라의 遺民이라는 생각을 버리지 않았다는 것을 말한다. 이 무렵 權悳奎는 만동묘
에 제사를 지내고 대명의리를 찾는 유학자가 있다는 사실에 대해 개탄하는 글을 발표

고석로는 오랑캐와 짐승이 횡행하는 날을 당해 오직 압록강을 건넌 사람들이 중화와 오랑캐를 판가름하고 사람과 짐승을 구별하여 성현의 뜻을 지키고 강상의 큰 책임을 맡았으니, 이것이 하나의 큰 의체義諦라고 보았다. 그는 만약 요동이 아니면 우리의 전형典型을 보전할 땅이 없고, 청인과 우리나라는 2백여 년간 교린을 하여 일찍이 우리의 의상衣裳(문화)을 보호해 주었다고 하였다.[48]

고석로는 유인석을 따르는 자들이 천신만고를 겪으면서 온갖 방안을 모색하고 있지만 다만 성취하고자 하는 것은 하나의 의義라고 하였다.[49] 그는 양陽은 반드시 회복될 날이 있고 이理는 반드시 펴질 날이 있다고 여기면서 두세 명의 동지와 글을 읽으며 세월을 보냈다. 그런데 많은 사람들이 고생을 참지 못하고 고국을 생각하는 마음이 절실해져 조금씩 귀국하여 버렸고, 마침내 유인석과 뜻을 같이하는 자는 몇 사람이 남지 않았다.[50]

1900년 7월 고석로는 요동에서 의화단義和團의 난을 피하여 함께 머물던 십여 명과 함께 고국으로 돌아왔다. 그는 압록강을 건너 돌아오면서 시를 읊었다.[51]

압록강 물은 국경을 사이하여 흐르는데	鴨水波長兩界間,
천추의 화맥華脈이 동쪽으로 건너왔네.	千秋華脈渡東還.
의상衣裳은 홀로 옛날 홍무洪武 시절을 보전했고	衣裳獨保前洪武,

하였다.(權憙奎, 「假明人頭上에 一棒」, 『東亞日報』 1920년 5월 8·9일자 기사)

48 『後凋文集』 권4, 書, 答三從弟錫倫 戊戌 八月十一日.

49 『後凋文集』 권3, 書, 與兪桃津 己亥 正月 三十日.

50 『後凋文集』 권4, 書, 答邊上舍東煥 戊戌 八月八日.

51 『後凋文集』 권1, 詩, 自遼上還鄕途中 九首 庚子 七月.

도학道學은 지금 벽산檗山에서 성하게 일어났네.	道學朋興今檗山.
모름지기 소중화를 아니 마침내 옛날로 돌아가고	須知小華終環古,
변성邊城에 뜻이 있으니 추위를 오래 견디었지.	有意邊城久耐寒.
다른 날 일이 있어 다시 이 강을 건널 것 같으면	有事他日如復渡,
요양遼陽의 명월은 서로 만난 것을 좋아하겠지.	遼陽明月好相看.

고석로는 화맥華脈 즉 중화의 도맥道脈이 조선으로 전해 왔음을 언급하며 명나라의 문화가 조선 민족의 의상衣裳으로 보존되고 있다고 하였다. 그러면서 그 도학은 벽산에서 이항로에 의해 크게 일어났고, 자신이 요동에서 이항로 학맥의 사람들과 만나 활동하다가 다시 조국으로 돌아왔음을 시로 표현하였다.

고석로는 1905년 을사늑약으로 국권이 점점 상실되어 가는 상황을 안타까워하였다. 그는 수십 년 이래로 난적亂賊이 바깥 오랑캐와 체결되이 이름은 개화라고 하면서 우리나라의 국모를 해치고 대신人臣을 많이 죽이고 군부君父에 욕을 미치게 하니, 민생의 고달픔이 그들의 고기를 먹고 그들의 가죽에서 잠을 자고 싶어하는데도 개화라고 이르겠느냐고 하였다.[52] 그는 '의義에 의거하여 자정自靖하고 몸소 도에 순사하는'(據義 自靖, 以身殉道) 것이 의리의 핵심이라고 하였다.[53]

1907년 고석로는 의려소義旅所에 글을 써 보냈다.

군법軍法은 교계敎戒로 우선을 삼는다 하니 지난번 우리 국모가 왜적에게 해를 당하고 군부가 왜적에게 삭발을 당하고 또 군부가 왜적에게 폐

---

52 『後凋文集』 권5, 雜著, 擬通告四海萬方 乙巳月日.

53 『後凋文集』 권3, 書, 答郭成堅鑽 丙午四月日;「與許應元」(許命 관련 고문서, 제천 의병전시관 소장)

를 당하여 오백 년 종묘사직이 위태롭기가 일발—髮처럼 되어 다시 우리 조선 삼천리 지방이 없게 되었으니 이렇듯이 당당한 예의의 나라가 차마 견양犬羊의 속국屬國이 된 것이 참담하고 참담합니다. 한편으로 국가의 불공대천不共戴天의 원수를 갚아야 하고, 다른 한편으로 부조父祖의 불공대천의 원수를 갚아야 하니, 우리 할아버지, 우리 아버지 가운데 누가 오백 년 유민遺民이 아니겠으며 우리 국가를 위하여 어찌 천만 인 의사義士가 없겠습니까. 무릇 우리 동포 충의忠義의 사람은 모두 열성조列聖祖가 배양한 인물이니 누가 애통하고 질박한 마음이 없겠습니까. 진실로 위급존망危急存亡의 날에 각자 갑옷을 이불 삼고 무기를 베개 삼아 또한 모두 끓는 물에 달려가고 불을 밟듯이 하여 나라의 재조再造를 기하고 천일天日이 다시 밝아지는 것을 본다면 어찌 다만 일시에 공이 있을 뿐이겠습니까. 실로 만세에 얘기가 전해질 것입니다. 이러한 따위의 말을 아침저녁 사이에 귀를 잡아당겨 지극하게 말하여 귀에 들어가게 하고 배에 채우게 한다면, 비록 지각없는 어리석은 백성이라도 날로 쌓고 달로 쌓아 반드시 감발感發하는 자가 있을 것입니다. 오늘의 급무는 오직 충의忠義·지략智略·용감勇敢한 세 등급의 인물을 수습하여 이목耳目과 조아爪牙로 삼는 데 있습니다. 그런 연후에 가히 일을 할 수 있습니다.[54]

---

54 『後凋文集』 권4, 書, 與義旅所 丁未月日. "軍法以教戒爲善, 越我國母, 遇害於倭賊, 君父毀形於倭賊, 且君父見廢於倭賊, 五百年宗社, 危如一髮, 更無我朝鮮一國三千里之邦, 以若堂堂禮義之邦, 忍爲犬羊之屬國, 慘矣慘矣. 一則爲國家不共戴天之讎, 一則爲父祖不共戴天之讎, 自乃祖乃父, 孰非五百年遺民, 爲吾國吾家, 豈無千萬人義士? 凡我同胞忠義之人, 均是列聖祖培養之物, 孰無哀痛切迫之心? 此誠危急存亡之日, 各自袵革枕戈, 亦皆赴湯蹈火, 期區宇之再造, 見天日之復明, 奚但有功於一時? 實是有辭於萬世. 此等說辭朝夕之間, 提耳而極言之, 使盈耳充腹, 則雖沒覺愚民, 日積月累, 必有感發者矣. 今日急務有在收合, 忠義智略勇敢三等人, 以爲耳目爪牙, 然後事可有爲." 忠義·智略·勇敢한 세 등급의 인물은 이미 李直愼의 「軍中事務大綱」에서 제시되었던 내용이다.(『昭義新編』 권5, 軍中事務大綱 참조)

 제1부 유림의 의리 사상과 구국 활동

그러나 조선의 국운은 점차 기울어져 가고 있었다. 마침내 1910년 경술국치를 당하여 고석로는 통분痛憤을 이기지 못하여 유인석이 1895년에 선언했던 글을 제생들에게 항상 외우게 하였다.

아! 통탄스럽습니다. 4천 년 화하華夏의 정맥正脈과 2천 년 공맹孔孟의 대도大道와 본조 5백 년 예악禮樂의 전형典型과 집집마다 수십 세 동안 전해 온 의관의 법도가 지금에 끊어졌습니다. 독서하여 선비 된 자가 어떻게 처신해야 가하겠습니까. 선비가 지키는 바는 선왕先王의 도이니, 선왕의 법복法服이 아니면 입지 않으며 선왕의 법언法言이 아니면 말하지 않으며 선왕의 덕행德行이 아니면 행하지 않습니다. 지금 선왕의 법복을 변하게 하니 그 지킴을 잃은 것이고 그 지킴을 잃으면 어찌 족히 선비가 되겠습니까. 이것은 천지天地에 죄를 얻는 것이고 성현聖賢에게 죄를 얻는 것이고 선왕先王에게 죄를 얻는 것이고 부조父祖에게 죄를 얻는 것이니 산들 장차 무엇을 하겠습니까. 장수는 북을 치다가 죽고, 말 모는 사람은 고삐를 잡다가 죽는 법이니 선왕의 도를 지키다가 죽는 것이 선비의 의리입니다. 사람은 죽지 않는 사람이 없고 죽는 것이 사는 것보다 영광스러움이 있으니 오늘의 일은 죽음이 있을 뿐입니다.[55]

고석로는 늘 유인석의 이 글을 외우며, 국망의 때를 당하여 도에 순사하는 것이 선비의 일이라고 거듭 표현하였고, 늘 영광스러운 죽음을

---

55 『後凋文集』권8, 警省; 『昭義新編』권4, 乙未毁服時立言. "嗚呼慟矣! 四千年華夏正脈, 二千年孔孟大道, 本朝五百年禮樂典型, 家家數十世冠裳法度, 今焉絶矣, 讀書爲士者, 如何處之爲可耶? 士之所守, 守先正之道也, 非先王之法服, 不之服, 非先王之法言, 不之言, 非先王之法行, 不之行也. 今變先王之法服, 是失其守也, 失其守則烏足爲士乎? 是得罪天地, 得罪聖賢, 得罪先王, 得罪父祖, 生將何爲乎? 將死於鼓, 御死於轡, 守先王之道而死, 士之義也. 人無有不死, 死有榮於生者, 今日之事, 有死而已."

말하였다.

한편 1919년 2월에 고석로는 고종이 서거했다는 소식을 듣고 우리가 고종을 황제로 인정하지 않는 것은 절대로 안 될 일이라고 하면서 위位를 설치하고 망곡望哭을 하고 성복成服을 하였다. 당시 고종의 상喪에 복服을 입지 않아야 한다는 설이 있었으나 고석로는 이러한 설에 대해 단호히 비판하였다. 그 뒤 그는 망배단望拜壇을 만들어 아침저녁으로 망배를 하고 백포행의白布行衣와 백포대白布帶, 백포유건白布儒巾으로 3년상을 마쳤다. 또한 그는 고종황제에 대한 대의大義를 표방하여 1920년 봄 초가집을 지어 구군舊君의 대의를 제祭하려고 하였다.[56]

사실 이미 고석로는 1905년 고종에 대한 자신의 간절한 심정을 표현한 「축군사」祝君辭 1편을 지은 적이 있다. 그는 4천 년 화하華夏의 정맥과 5백 년 조종祖宗의 전형과 공자·맹자 이후 도학의 정통이 모두 고종의 일심상一心上에 흘러 들어와 고종이 천하 만고의 예의의 임금이 되었다고 하면서, 화하의 정맥을 보전하지 않을 수 없고 도학의 정통을 전하지 않을 수 없으며 덕을 밝히고 죄를 토벌하는 책임을 사양할 수 없다고 하였다.[57]

고석로는 천지 사이에 일맥一脈 양기陽氣가 오직 조선에 존재한다고 생각하였다.[58] 그리고 그는 이른바 '불원복'不遠復(머지않아 陽이 다시 돌아옴)이라는 것이 곧 자기가 항상 몸에 지니고 있는 세 글자의 부적이라고 하였다.[59]

이와 같이 고석로의 위정척사 이념 근저에는 머지않아 양陽이 회복된

---

56 『後凋文集』권4, 書, 示同志士友 庚申月日.

57 『後凋文集』권5, 雜著, 祝君辭 乙巳月日.

58 『後凋文集』권3, 書, 答申泰健.

59 『後凋文集』권8, 警省.

다는 『주역』周易 복괘復卦에 대한 신념이 있었고 이러한 신념은 위정척
사운동과 의병운동에 참여하게 하는 정신적 힘이 되었다.

4. 강학과 구전심수의 교육

1) 강학 활동

고석로는 자기가 살고 있는 시대를 윤리 도덕이 무너진 시대라고 인
식했으며, 이에 가장 시급하고 절실한 것은 오직 강학講學이라고 하였
다.[60] 그는 1892년 3월에 해주 석담石潭에서 강회를 시작하여 그 뒤 셀
수 없을 정도로 많은 강회를 열었는데,[61] 특히 이이가 「학교모범」學校模範

---

[60] 『後凋文集』 권4, 書, 示臨川齋學徒.

[61] 고석로가 열었던 강회의 기록을 살펴보면 1901년 7월에 본가에서 강회를 하였고 9월
에 松蘿 潛陽洞 磐石 위에서 강회를 열었다. 이어 1902년 3월에는 잠양동, 9월에는 재
령 碧松亭에서 강회를 열었고 1903년 3월에는 翠野亭, 7월에는 본가에서 강회를 열었
다. 1904년 3월에는 鳳頭亭 廣石 위에서, 9월에는 벽송정에서, 이듬해 3월에는 潛陽洞
磐石 위에서, 7월에는 본가에서 강회를 열었다. 특히 潛陽精舍(嵩陰精舍) 강회는 1년
에 네 차례씩 회합을 가졌다. 1906년 3월에는 잠양동에서 강회를 열고 잠양정사를 짓
는 일로 통문을 지어 발송하였다. 잠양정사를 지은 뒤 3월과 9월의 초순에 禊日을 정
하였고 정월과 7월의 초순에는 강회를 열었다.(『後凋文集』 권5, 雜著, 潛陽精舍講學
禊約束) 그리고 이해 4월에는 유인석을 모시고 은병정사에서, 7월에는 본가에서 강회
를 열었다. 고석로는 이이의 사우와 강당을 세우고부터는 수를 셀 수 없을 정도로 여러
차례 강회를 열었다. 1907년 3월에 본가에서, 7월에 潛陽齋에서, 1908년 7월과 1909년
3월에도 잠양재에서, 1910년 7월에는 본가와 復陽齋에서 각각 강회를 열었다. 1912년
7월에는 잠양재에서 강회를 열고 또한 복양재에서 강회를 열어 鄕飮酒禮를 행하였다.
1914년 7월에 집의 서쪽 두던에 초당 두 칸을 만들어 원방의 학자들이 와서 머물면서
독서하게 하였는데 이해 복양재에서 강회를 열었다. 고석로의 문인들은 同門講學禊를
설립하여 매년 禊日(4월 10일)에 강좌를 돌아가며 열고 혹은 향음주례와 士相見禮,
相揖禮 등 예절을 익혔다. 1915년 4월에는 憲洞 朴聖敎의 집과 翠野亭에서 강회를 열
었다. 1916년 3월 복양재에서, 7월에 잠양재에서 강회를 열었고, 1917년 4월 節谷 墓庵

을 제시하고 향약鄕約을 보급했던 해주 지역에서 강학 활동을 많이 하였다. 그는 이이가 해서 지역의 산수 사이를 소요하면서 즐거움을 붙였던 취야翠野, 잠양潛陽, 호연浩然, 벽송碧松 등 여러 이름난 곳을 거론하면서 그중에서도 잠양동은 골짜기가 깊으며 백 길이나 되는 높이의 폭포가 있고 그 아래에는 원담圓潭과 방담方潭이 있고 위에는 반석磐石이 있는데 수백 명이 앉을 수 있으니 수양산의 북쪽에 있는 가장 기이한 경승지라고 하였다. 그는 이이가 여러 차례 이곳에 올라가 '숭음정사'嵩陰精舍라 명명하고 글씨를 쓴 것이 3백여 년을 전해 왔다고 하면서 꽃이 피는 봄과 단풍이 든 가을에 많은 선비들과 이곳에 자주 모여 강회를 열었다.[62]

고석로는 해주에서 태어났기 때문에 이이의 학문을 현양하는 사업에 적극 참여하였고, 이이가 활동했던 유적지에서 강학 활동을 활발히 하였다. 또한 그는 송시열의 학문과 사업을 매우 존경하였다. 그는 『송자대전』宋子大全을 일컬어 『춘추』春秋의 뜻을 널리 펴서 해설한 책이고 주자서朱子書의 부본副本이라고까지 하였다. 그는 만일 송시열의 글을 폐하고 강론하지 않는다면 이이의 도가 역시 폐하여 어두워질 것이고, 이이의 도가 폐하여 어두워지면 주희의 도를 다시 찾을 수 없을 것이라고 하였다.[63] 이와 같이 그는 주희, 이이, 송시열 세 사람의 도를 상호 관계 속에서 이해하였다.

1907년 고석로는 잠양재潛陽齋에 생도들을 모아 이이의 도를 강론하

에서 향음주례를 행하였으며, 7월에 복양재에서 강회를 열었고, 향음례를 행하였다. 1918년 7월에 복양재에서, 1920년 高永哲의 집에서 강회를 열었다. 1919년 4월에 亭山 朴允貞의 집에서, 1920년 4월에 본가에서, 1921년 4월에 憲洞 朴聖敬의 집에서 강회를 열었다. 1922년 4월 10일에는 가촌 본가에서 강회를 열었다.

62 『後凋文集』 권5, 雜著, 潛陽齋通文 丙午月日.

63 『後凋文集』 권5, 雜著, 通告郡內僉君子.

여 밝히는 것이 매우 뜻깊은 일이라고 하면서 함께 참여하기를 호소하였다.[64] 그는 이 잠양재가 인문人文이 서려 있는 곳이고 장차 머지않아 천심天心이 돌아오는 터라고 생각하였다.[65] 그는 잠양재의 제생들을 경계警誡하는 서계書誡를 짓고[66] 통문通文을 발송하여 잠양재 강회에 동참하기를 호소하였다.

그윽이 삼가 『학교모범』學敎模範과 『서원향약』西原鄕約을 읽어 보면 누가 우리 율곡栗谷 선생님의 풍성한 공과 성대한 덕을 알지 못하겠는가. 해서海西 땅에 만약에 우리 선생님의 고상한 발자취가 없었다면 어찌 오늘날의 아비가 아비 노릇을 하고, 자식이 자식 노릇을 하고, 지아비가 지아비 노릇을 하고, 지어미가 지어미 노릇을 하고 형이 형 노릇하고 아우가 아우 노릇하는 마땅한 도가 있을 수 있었겠는가. 불행하게도 이 올바름[貞]이 없어진 때를 당하여 건곤乾坤이 깊은 밤으로 들어가고 성현의 남겨진 발사취를 찾을 곳이 없으니 이 세상이 어떤 세상이며 이 날이 무슨 날인가. 사방을 돌아보며 놀라고 두려운 즈음에 잠양동에 들어가 한 정사精舍가 우뚝하게 서 있는 모습을 보니 천지가 궁음窮陰인 가운데 일선一線의 양맥陽脈이 실로 이 속에 있도다.[67]

---

64 『後凋文集』 권5, 雜著, 潛陽齋通文 戊申 七月十一日.

65 『後凋文集』 권6, 上樑文, 潛陽精舍上樑文. "三間茅屋, 庶爲人文寄着一脉之地, 陽類盡傾, 將待天心來復七日之基."

66 『後凋文集』 권4, 書, 誡諸生 留潛陽齋時.

67 『後凋文集』 권5, 雜著, 潛陽齋通文. "竊伏讀學規模範西原鄕約, 孰不知我栗谷夫子之豊功盛德? 海西若無我夫子之高躅, 則豈有今日之父父子子夫夫婦婦兄兄弟弟也? 不幸而當此蔑貞, 則乾坤入於長夜, 聖賢遺躅無地可尋, 此世何世, 此日何日? 四顧惶凜之際, 入潛陽洞, 見一精舍突兀, 則九野窮陰之中, 一線陽脈, 實在於此."

한편 고석로는 복양재復陽齋에서 강회를 자주 가졌다. 복양재는 오봉
영吳鳳泳(1854~?)이 이항로의 영정을 모시기 위해 세운 집이었다.[68] 고석
로는 유생들에게 이항로와 김평묵, 유중교의 위정척사 이념을 강론했
고, 이러한 강회를 통해 머지않아 곧 양陽이 회복되는 세계가 올 것이라
고 희망을 심어 주었다.

고석로는 1922년 4월 10일에 노병을 무릅쓰고 가촌 본가에서 강회를
열었다. 그는 병든 몸을 부축받아 일어나 앉아서 문인들을 불러 말하
였다.

공자의 사업 중 『춘추』를 닦은 것보다 더 큰 것이 없고, 그 의義가 수십
인데 가장 큰 것을 말하면 군부君父를 높이는 것, 난적亂賊을 치는 것,
중화中華를 높이고 오랑캐를 물리치는 것이었으며 주자가 강목綱目을 지
으면서 그에 부응하였다. 우리나라의 포은圃隱(정몽주), 율곡栗谷(이이),
우암尤庵(송시열) 등 여러 선생이 서로 전해 온 도道도 이와 같고 나의 스
승 화서華西(이항로), 중암重庵(김평묵), 성재省齋(유중교) 세 선생이 『화동
사합편강목』華東史合編綱目을 저술함에 이르러서는 춘추대의를 계승하
여 밝혔다. 근일에 의암(유인석) 선생이 국내에 있을 때나 국외에 있을 때
나 또한 이 의를 밝혔으니 이것은 곧 많은 성현이 서로 밝혀 온 심법心法

---

68 『後凋文集』권7, 傳, 錦樵吳公鳳泳遺事 庚申 二月 上澣. 吳鳳泳은 復陽齋를 세워 이
   항로의 影幀을 봉안하고 봄가을로 享祀를 지내고 최익현을 配享하였다. 그는 『華東史
   合編綱目』을 간행하는 데 수만금을 내어 출판하였고 또 70여 질을 간행하여 국내 선
   현의 종가에 반포하였다.(『後凋文集』권5, 雜著, 通告東齋士林) 그리고 이항로의 影
   堂 3칸을 지어 이항로의 影幀을 봉안하였으며 강당 10여 칸을 지어 經學을 가르칠 스
   승을 맞이하고 생도 수십 명을 모아 교육하는 장소로 활용하게 하였다. 오봉영은 1901
   년 최익현의 문하에 들어가서 공부하였고 최익현이 순국한 후 포천 可莅里에 최익현
   의 영당을 세울 때에는 경비를 혼자 부담하였다.

이다. 지금 내가 올바름〔貞〕이 없어진 때를 당하여 다행스럽게 여러 선생
의 문하에 드나들며 한두 가지를 들었기 때문에 이 의義를 고수하고 있
고, 오직 떨어뜨릴까 저어하여 조심하고 삼가며 오늘에 이르렀다.[69]

그리고 고석로는 마지막으로 제자인 이현희李賢熺·이제백李濟栢·송규
현宋圭鉉·고인환高仁煥·고영하高泳河에게 유인석이 1898년 두 번째로 요
동에 들어갈 때 약정約定한 의체義諦의 글을 써 주었다.

> 만고萬古의 화하華夏 일맥一脈이 다 떨어져 가는 중에도 천신만고로 그
> 전형典型을 보전하여 양陽이 회복되기를 기다리는 것이 진실로 그 마음
> 이다. 비록 하루를 더하더라도 그만두는 것보다 나으니 이것으로써 심
> 법心法을 고수하여 그윽이 옛날 우암尤庵의 문하에서 전수해 온 '忍痛
> 含怨迫不得已'(아픔을 참고 원통함을 머금고 절박하여 그만두지 못한다)라는 여
> 덟 글자의 뜻에 붙인다.[70]

고석로는 은병정사, 잠양재, 취야정, 복양재에서 봄가을로 강회를 열
었다. 그는 이이·송시열·이항로·유중교·김평묵의 학맥에 소속되어 그
학통의 범위 안에서 강학 활동을 활발하게 하였다. 특히 고석로의 가르

---

69 『後凋文集』附錄, 年譜 壬戌. "孔夫子之事, 莫大於修春秋而其義數十; 最大者曰尊君
父討亂賊尊中華攘夷狄, 朱子述綱目而副之, 我東圃隱栗谷尤庵諸先生相傳之道, 亦
如此, 及我先師華西重庵省齋三先生, 述華東合編綱目, 繼明春秋大義, 近日毅庵先生
在國去國, 亦明此義, 此乃千聖賢傳授心法, 今余之生丁此蔑貞之時, 幸登諸先生之
門, 得聞其一二, 故固守此義, 惟恐失墜, 兢兢業業, 至于今日, 願諸君勉之哉!"

70 『昭義新編』권3, 再入遼東約定義諦;『後凋文集』권5, 雜著, 書贈李慶華賢熺·李濟
栢·宋宜信圭鉉·高仁煥·高泳河 壬戌月日. "萬古華夏一脉墜盡之餘, 千辛萬苦, 準保
其典型, 以待來復, 固其心也. 雖加一日, 愈於已, 以此爲固守心法, 竊附昔日尤門傳
授忍痛含怨迫不得已八字之意也."

침을 받은 해서 지역 백여 명의 문인들은 위정척사의 정신을 계승하여
위정척사운동과 의병운동, 독립운동에 많이 참여하였다.[71]

2) 구전심수口傳心受의 교육

고석로는 황해도에서 '고산림'高山林으로 불리던 아주 명망이 높은 학
자였다. 이항로의 학통은 고석로를 통해 황해도 지역에 전해져 많은 학
자와 독립운동가를 배출했다. 고석로는 유학자였을 뿐만 아니라 병서兵
書를 공부하여 병법에도 뛰어났던 인물이었다. 그래서 당시 황해도의
유력자인 안태훈安泰勳(안중근의 아버지, 진사)은 1895년 초에 의병을 일으키
기 위해 전투의 자문을 받기 위한 지도자로서 고석로를 초빙하여 신천
의 청계동에서 서로 이웃하여 살았다.[72]

김구는 스무 살이 되던 1895년 2월에 청계동에 우거하였다. 안태훈의
사랑방에서 처음 고석로를 대한 김구는 청계동에 4, 5개월을 머물면서

---

71 고석로의 문하에 출입한 학자를 일일이 밝히기는 쉽지 않다. 고석로 사후 문집 편찬
    을 위해 힘쓴 金鍾大, 孔英燮과 문집의 발문을 쓴 朴基浩, 吳奎泳 등이 대표적인 문
    인으로 생각된다. 그리고 독립운동가로는 金九와 李觀求(華史) 등이 있었다. 이관구
    가 1910년 庚戌國恥 이후 고석로를 처음 만나 조선 독립의 일에 대해 말하자 고석로가
    크게 칭찬하고 유인석의 『昭義新編』을 내놓았다고 한다. 그때 고석로는 말하기를 "毅
    庵(유인석)이 사업은 성공치 못하였으나 의리는 밝은 사람이라, 사업을 하고자 하는
    자가 事體가 옳다면 곧 실행하여 보는 것이지 최후의 勝敗까지 계산할 것은 없다. 지
    금 조선이 일본에 병합된 후로 조선 사람으로서 당연히 할 것은 독립운동뿐이다. 조선
    천지에 너무도 革命家가 없는 것을 내 매우 유감으로 생각했는데, 萬山枯木에 一葉青
    格으로 화사(이관구)가 이 倭警의 그물망이 치밀하고 嚴險함을 기탄없이 돌파하고 誠
    心과 誠意를 국가에 다하고자 하니 사상이 있는 사람으로 누가 동정하지 아니하랴.
    내가 연로하였으나 나의 능력 所後處까지 찬조할 터이니 화사는 천만 정성스런 마음
    으로 성공하도록 하라"라고 하였다. 이관구는 고석로에 대해 "대학자일 뿐만 아니라
    애국 사상이 간절한 사람이니 참으로 세상에서 드물게 보는 老儒宿師라고 아니할 수
    없고 그 실행은 후세 사람의 모범이 될 만한다"라고 하였다.(『義勇實記』, 高後凋)
72 『白凡逸志』, 「東學接主」 40쪽.

                              제1부 유림의 의리 사상과 구국 활동

고석로의 가르침을 받았다.[73]

고석로는 안태훈의 사랑을 찾아온 김구에게 자기의 사랑에도 매일 와서 세상사도 얘기하고 학문도 토론함이 어떻겠느냐고 먼저 제안하였다. 김구는 그동안 황해도 지역의 명망 있는 학자인 '고산림'이 자기를 이처럼 특별히 알아주는 것을 매우 황송하고 감사하게 생각하였다. 그래서 그는 좋은 마음 가진 사람이 되려던 자신의 소원을 말하고 모든 것을 고석로의 지도에 맡긴다는 성의를 표하였다. 또한 그는 그동안 과거 시험에 낙심하고 동학東學에 참가했다가 실패하여 자포자기에 가까운 심리心理를 가지게 되었던 사실과, 앞으로 선생의 지도로 사람 구실을 할 수가 있을지에 대한 고민을 솔직하게 실토하였다. 이러한 김구의 말을 듣고 고석로는 다음과 같이 말하였다.

사람이 자기를 알기도 쉬운 일이 아니거늘 하물며 다른 사람을 밝게 알 수 있겠는가. 그러므로 옛날부터 성현聖賢을 목표로 하고 성현의 발자취를 밟아 가는 중에 성현의 지위까지 도달한 이도 있고, 좀 미치지 못하는 이도 있고, 성현이 되기까지는 아주 높고 멀다고 하여 중도에 달아나거나 자포자기自暴自棄하여 금수禽獸에 멀지 않은 지경에 빠져 버리는 자도 있으니, 자네가 마음 좋은 사람이 되려고 하는 본의本意를 가진 이상에는 몇 번 길을 잘못 들어서 실패니 곤란이니 경험을 하였을지라도 본심本心만 변하지 말고 고치기를 마지 않고 나아가는 것을 그만두지 않으면 목적지에 도달하는 날이 반드시 올 것이니, 오늘의 심리心理에 고통

---

73 『白凡逸志』,「東學接主」40쪽. 『백범일지』에 기술된 김구와 고석로(고능선)의 師弟 관계와 愛國活動에 대해서는 孫世一이 자세한 연구를 하였다.(孫世一,「李承晩과 金九」⑤·⑩·⑭, 『月刊朝鮮』2001년 12월호·2002년 5월호·9월호) 이 글은 2008년 나남 출판에서 『이승만과 김구』라는 3권의 책으로 출간되었다.

苦痛을 가지는 것보다는 역행力行을 할 것이 아닌가.[74]

고석로는 김구에게 성현을 목표로 삼아 그 자취를 따라가되 그 과정에서 본심을 잃지 말고 매진하면 목적지에 도달할 날이 반드시 올 것이라고 하였다. 김구는 매일 고석로의 사랑방에 가서 가르침을 받았다. 고석로는 김구에게 고금의 위인을 비평해 주고 자신이 연구하여 깨달은 바를 가르쳐 주었고, 『화서아언』과 『주서백선』 중에서 긴요한 구절을 제시해 주었다.

고석로는 김구에게 실패는 성공의 어머니요 고민은 쾌락의 근본이라고 하였다. 그리고 사람의 처세處世는 마땅히 먼저 의리에 기본을 두며, 일을 행하는 데는 판단, 실행, 계속의 3단계로 사업을 성취해야 한다는 금언을 들려주었다.[75] 그런데 고석로가 김구에게 특히 역설한 것은 의리에 관해서였다. 그는 비록 뛰어난 재능이 있더라도 의리에서 벗어나면 그 재능이 도리어 화의 뿌리가 된다고 하였다. 그래서 훗날까지도 김구는 어려움이 닥치면 항상 스승 고석로의 의리에 대한 가르침을 자신에게 반문하면서 의리를 다시 생각하였다.[76] 개화파로서 신교육운동에 헌

---

74 『白凡逸志』, 「東學接主」 41쪽.

75 『白凡逸志』, 「東學接主」 42쪽.

76 이같이 고석로가 義理를 조선의 주요한 정신으로 생각하고 있었던 것은 李觀求와의 대화에서도 명백하게 알 수 있다. 이관구가 고석로를 만났을 때, 고석로는 이관구에게 "그대는 國是를 아시오"라고 물었다. 이에 이관구가 "國魂이 바로 국시입니다"라고 대답하였다. 고석로가 다시 "국혼은 무엇입니까"라고 묻자 이관구는 "오직 우리나라 조상이신 단군의 聖子賢孫이 계승하고 계승하여 오늘에 이르도록 반만 년 동안 간혹 외족의 침략을 받기도 하였으나 終始로 외족의 세력 아래에 무릎을 꿇지 않고 비밀히 同心協力하여 외세를 전복시키고 그 굴레를 벗어나서 마침내 獨立 自由에 이른 뒤에 외국인을 배척하는 사상이 사라질 것입니다. 이 정신이 국혼입니다"라고 대답하였다. 고석로는 이관구의 말을 듣고 "그대는 하나만 알고 둘은 알지 못합니다. 우리나라의 중요한 정신은 禮義에 있습니다. 그러므로 禮가 아니면 행동하지 않으며 義理가 아니

신하다가 안악사건安岳事件과 신민회사건新民會事件으로 17년형을 선고받고 서대문 형무소에서 복역할 때에도 김구는 의리에 대한 고석로의 가르침을 회상하며 자성自省을 하고 있었다.[77]

김구는 의병대장 이강년李康秊(1858~1908)과 허위許蔿(1855~1908) 선생의 의병 정신을 생각하면서 두 선생의 영혼이 자기의 눈앞에 나타나 엄절嚴切한 질책叱責을 하는 듯싶다고 하였다. 그는 의병의 의리에 대해서도 다시 생각하게 되었다. 그때 의병운동에 참여했던 자신의 스승 고석로의 가르침이 머리에 떠올랐다.

> 너(김구 자신)는 일찍이 고후조高後凋(고석로)에게 의리義理가 어떤 것인지 직접 배워서 알았고, 네가 그에게서 배운 금언金言 '삼척동자三尺童子라도 개나 양을 향하여 절을 하라고 하면 반드시 크게 노하며 응하지 않는다'는 말로 강단講壇에서 신성神聖한 제2세 국민에게 설명하던 네 머리를 숙여 왜간수倭看守에게 절을 하느냐. (중략) 남아男兒는 의義로 죽을지언정 구차하게 살지 않는다고 평일에 어린 학생을 가르치고, 네가 오늘 사는 것이냐 죽은 것이냐.[78]

면 거처하지 않습니다. 이 까닭으로 세상 사람들이 일컫기를 '禮義東方'이라 하고, 또 말하기를 '君子國'이라 하는 것입니다"라고 하였다. 이같이 고석로는 조선의 정신으로 예와 의리를 중시하고 이에 대한 확고한 신념을 지니고 있던 학자였다.(『言行錄』 49쪽. "子鮮見高後凋, 高後凋曰子知朝鮮國是乎? 子鮮曰國魂卽國是也. 後凋曰國魂, 何也? 子鮮曰唯吾國祖檀君之聖子賢孫, 繼繼承承, 至于今半萬年間, 間或被外族之侵略, 然終始不屈膝於外族之勢力下, 秘密同心協力, 顚覆外勢, 脫其羈絆, 終至獨立自由, 然後排外思想乃息, 此精神是爲國魂也. 後凋曰子知其一, 未知其二, 吾國人之重要精神, 在禮義也. 是故非禮不動, 非義不居, 是以世人稱之曰禮義東方, 又曰君子國也.")

77 孫世一, 「李承晚과 金九 ⑤」(『月刊朝鮮』 2001년 12월호) 568쪽 참조.

고석로의 위정척사 이념과 '구전심수'의 교육

고석로로부터 의리에 대한 가르침을 받은 김구는 평생 우리 민족의 독립을 목표로 삼고, 본심을 잃지 않은 채 의리에 벗어나지 않는 삶을 살았다. 김구는 비교적 짧은 기간이었지만 고석로로부터 들은 유학과 위정척사 이념의 강의로부터 심대한 영향을 받았다. 그는 후에 개화 사상을 갖게 되었을 때에도 고석로에게 청강한 '의리'의 귀중함을 평생토록 지키면서 그 가르침에 감사하였다.[79]

고석로는 정력을 기울여 김구를 가르치기 위해 매번 책장을 접어 두었다가 김구가 찾아오면 필요한 부분을 설명해 주었다. 그는 경서를 차례대로 가르치는 방법을 취하지 아니하고 김구의 정신과 재질이 어떠한지 보아서 뚫어진 곳은 기워 주고 빈구석은 채워 주는 구전심수口傳心受(입으로 전하고 마음으로 받음)라는 첩경捷徑의 교수법을 택하였다. 이러한 교육 방법은 스승이 제자에게 비결秘訣을 전할 때나 쓰는 교수법이었다. 고석로는 김구가 결단력이 부족하다고 보았는지, 아무리 많이 알고 잘 판단하였더라도 실행할 과단력이 없으면 다 쓸데없다는 말을 하고, '득수반지무족기, 현애살수장부아'得樹攀枝無足奇, 懸崖撒手丈夫兒(나무를 얻어 가지를 잡고 오름은 기이한 일이 아니요, 벼랑에 매달려 있는 손을 놓을 수 있어야만 장부아라네)'라는 글귀를 힘있게 설명하였다.[80]

---

78 『白凡逸志』,「三次投獄」 180〜181쪽.

79 愼鏞廈,『白凡 金九의 思想과 獨立運動』(서울대학교 출판부, 2003) 14쪽.

80 『白凡逸志』,「東學接主」 42쪽. 이 글귀는 원래『金剛經五家解』중에 나오는 冶父道川의 頌으로 그 원문은 다음과 같다. "得樹攀枝未足奇, 懸崖撒手丈夫兒, 水寒夜冷魚難覓, 留得空舡載月歸." 冶父道川은 宋나라 때의 禪僧으로 생몰년은 미상이다. 崑山狄氏의 아들로 속명은 狄三이고 나중에 道川이라는 호를 썼다. 冶父道川은 본래 활 쏘는 사람이었다. 그는 처음 景德의 謙선사를 찾아가 法을 물었는데, 겸선사는 趙州선사의 '개에게는 佛性이 없다'고 하는 이야기를 들려주었다. 그 후로 그가 새벽부터 밤까지 직무도 보지 않고 參究만 하니 尉官이 화가 나서 곤장을 쳤는데, 곤장을 맞는 순간에 홀연히 깨쳤다. 이에 겸선사가 그의 이름을 고쳐주면서 말하기를 "그대는

       제1부 유림의 의리 사상과 구국 활동

고석로의 구전심수의 교육이 김구에게 실제 깊은 영향을 미쳤다는 사실은, 1896년 3월 9일 안악군安岳郡 치하포鴟河浦에서 김구가 일본인 육군 중위 쓰치다 조스케土田讓亮를 살해 응징한 사건에서도 확인할 수 있다. 김구는 그때의 심정을 다음과 같이 말하였다.

> 내가 맨손으로 한 번에 죽일 수는 없고, 죽을 결심을 하고 행동을 한다손 치더라도 망중房中의 사람들이 만류할 것이요, 만류하는 때는 저놈 칼이 내 몸에 들어올 것이니 아무리 생각해도 불가능한 일이다. 이런 생각을 할 때에 가슴이 울렁거린다. 심신心神이 자못 혼란한 상태에 빠져 고민하던 중에 홀연히 한 가닥 광선光線이 심흉心胸에 쏘아 비춘다. 그것은 다른 것이 아니라 고후조 선생의 교훈 중에 '득수반지무족기, 현애살수장부아'得樹攀枝無足奇, 懸崖撒手丈夫兒라는 이 구절이라.[81]

김구의 이 말에서 우리는 고석로의 구전口傳의 기르침이 한 줄기 광선이 되어 김구의 마음속을 쏘아 비추고 있음을 분명히 감지할 수 있다. 마치 돈오頓悟의 경지에 오른 선승禪僧처럼 김구는 스승 고석로의 교훈을 홀연히 마음속에 새겼던 것이다. 이와 같이 분명하게 김구의 독립 정신과 운동에는 스승 고석로로부터 전수받은 언론과 구전심수의 교육의 영향이 깊이 배어 있었다.

그런데 위정척사 이념을 지니고 있던 스승 고석로와 위정척사 이념에

이제까지 狄三이라고 불렀는데 지금 道川이라고 이름 지어 주겠다. 이제부터 등뼈를 곧추세워 더욱더 정진한다면 그 道가 시냇물처럼 불어날 것이지만, 조금이라도 放心하면 말할 가치도 없게 될 것이다"라고 하였다. 그는 일찍이 金剛經에 頌을 달았다.(人天寶鑑』 卷下, 冶父川禪師)

81 『白凡逸志』, 「國母報讐」 64쪽.

서 개화 사상으로 발전해 간 김구의 생각 사이에는 서로 의견 차이가 생겼다.

김구는 쓰치다土田讓亮를 살해하고 인천감옥에 투옥되어 있던 1896년 11월경에 본래 품고 있던 척왜척양斥倭斥洋의 사상에 큰 변화를 겪었다. 당시 감리서원監理署員 중에서 김구에게 신서적을 읽어 보도록 권하는 이가 있어 김구는 감옥 속에서 신서적을 탐독하였다. 그는 신서적을 보고 새로 깨달은 것이 있었다. 바로 스승 고석로가 조상에 제사 지낼 때 '유세차維歲次 영력永曆 2백二百 몇 해'라고 축문祝文을 쓰던 것이나, 안태훈이 양학洋學을 한다고 하여 절교하던 모습이 그다지 현명한 것 같지 않아 보이게 된 것이다. 이제 김구는 의리는 학자에게 배우고 일체 문화와 제도는 세계 각국에서 채택하여 적용하면 국가에 복리福利가 되겠다고 생각하게 되었다.[82] 여기서 말하는 '학자'는 바로 스승 고석로였다. 김구는 그 스승으로부터 '의리'를 배웠다.

사실 1895년 2월 이후 4, 5개월 동안 고석로의 문하에서 공부하면서 김구는 선생을 신인神人처럼 숭배하였고, 척왜척양이 우리 사람의 당연한 천직이요, 이에 반하면 사람이 아니요 곧 짐승이라고 생각하였다. 고석로는 김구에게 우리나라 사람에게만 일선양맥一線陽脈이 잔존殘存해 있고 세계 각국이 거의 모두 피발좌임被髮左衽한 오랑캐라고 가르쳤다. 그런데 이제 김구는 도리어 오랑캐들은 나라를 세우고 백성을 다스리는 좋은 법과 아름다운 규칙들이 오히려 사람다운 반면, 우리나라의 탐관오리들은 오랑캐라는 이름조차 받을 자격이 없다고 생각하게 된 것이다.[83]

김구는 5, 6년 동안 늘 마음은 있었으나 고석로를 찾아뵙지 못하다

---

82 『白凡逸志』, 「投獄」 80쪽.
83 『白凡逸志』, 「投獄」 80~81쪽.

　　　　제1부 유림의 의리 사상과 구국 활동

가 1900년 11월 오랜만에 스승을 찾아갔다. 김구는 스승이 평소에 가르치던 '중국을 존숭하고 오랑캐를 물리치자'는 주의가 정당한 주의가 아니며 눈 깊고 코 높으면 덮어놓고 오랑캐라고 배척하는 것이 정당하지 않다고 말하였다. 김구는 어느 나라든 상관없이 그 나라 사람의 행실이 오랑캐 같으면 오랑캐로 대우하고 사람의 행실을 하면 사람으로 대우하면 될 것이라고 하면서, 우리나라 탐관오리가 사람의 얼굴은 하고 있으나 행실은 짐승 같을 때가 많으니 그들이 참으로 오랑캐라고 하였다. 또한 지금은 임금이 스스로 벼슬 값을 매기고 관직을 팔고 있으니 곧 오랑캐 임금인데 우리는 내 나라 오랑캐도 배척하지 못하고 있다고 자신의 의견을 선생에게 피력하였다.

또한 김구는 대양 저 건너에 사는 사람들은 공자·맹자의 그림자도 못 보았지만 국가 제도와 문명은 공자·맹자의 법도法度 이상으로 발달되어 있다고 말했다. 따라서 저들을 오랑캐라고 배척할 필요가 없으며, 자기의 소견으로는 오랑캐에게서 배울 것이 많고 공지와 맹자에시는 버릴 것이 많다고 생각된다고 하였다.

이러한 김구의 말을 잠자코 듣고 있던 고석로는 황해도의 수많은 청년 중에서 그동안 자기가 가장 아꼈고 심지어 손서孫壻로까지 삼으려고 했던 적도 있던 아까운 인재를 잃었다고 생각하여 그 마음이 몹시 섭섭하였다. 그는 김구의 견해를 개화꾼과 많이 상종한 결과로 받아들였고, 자기도 몇몇 개화꾼을 만나 보았는데 김구의 말과 같더라고 부언하였다. 그러자 김구는 스승이 보는 바 장래의 국가 대계는 어떤 것인지에 대해 가르침을 부탁하였다.

고석로는 선왕先王의 법이 아니고 선왕의 도가 아닌 것은 따져 말할 필요가 없으며 잘못하면 오랑캐가 될 뿐이라고 말을 이었다. 그러나 김구는 고석로가 말한 피발좌임에 대하여 다른 의견을 말했다. 김구는 머리털은 즉 피에서 나온 것이고 피는 즉 음식이 소화된 정수이니 음식을 먹지 않으면 머리털도 자라날 수 없다고 하였다. 그는 설사 머리털을 천 길이나 길러 위대한 상투를 머리 위에 올렸기로서니 왜놈이나 양놈들이 그 상투를 무서워하지 않는다면 소용이 없는 것이라고 하였다. 선비의 옷을 잘 차려 입고 갓을 아무리 훌륭하게 썼다 한들 왜놈과 양놈 들이 그것만으로 무릎을 꿇고 우러러 절하지는 않을 것이라는 것이었다.

김구는 학문 도덕을 공부한 상류인물上流人物이 인민에게 잔학하기로는 최고의 망나니이고, 진실무망眞實無妄하기로 말하면 온 나라 인민이 거의 그렇기는 하지만 낫 놓고 기역자도 모르는 탓에 물이 아래로 흐르듯 제 이익만 취하려 하게 되었다고 하였다. 인민이 교육받지 못해 어리석고 보니, 자기의 권리와 의무는 모르고 탐관오리 토호로부터 능멸과 학대를 당하면서도 의당 받을 것을 받는 줄로 안다는 것이었다.

김구는 이제 세계의 여러 문명국에서 교육 제도를 배워 학교를 세우고 전국 인민의 자녀를 교육하여 건전한 이세국민二世國民을 양성해야 하고, 애국지사를 규합하여 전 국민에게 망국의 고통이 어떤 것인지, 나라 발흥의 복락福樂이 어떤 것인지를 알도록 하는 것이 망하는 길에서 구하는 도라고 생각한다고 스승 고석로에게 말하였다.

김구의 말을 듣고 고석로는 박영효·서광범 등이 주장하던 것을 김구가 주장하고 있다고 생각하였다. 고석로는 만고천하에 끝없이 존속하는 나라가 없고 끝없이 오래 사는 사람이 없으니, 우리나라도 망할 운명이 되었다고 한탄하였다. 그러나 망하는 것을 구하는 도라 하여 왜놈도 배우고 양인도 배우다가 구망救亡도 못하고 절의까지 배반하여서 죽어 지하에 가게 되면 선왕과 선현을 볼 면목이 없을 것이라고 하였다.

고석로와 김구는 서로 대화를 나누는 사이에 자연히 신구新舊의 충돌을 겪었다. 김구는 자신의 견해가 선생과 크게 차이가 난다는 것을

　　　　　제1부 유림의 의리 사상과 구국 활동

깨달았지만, 고석로의 집안을 둘러보니 외국 물건이라곤 당성냥개비 하나도 쓰지 않는 것을 보고는 고상高尙하게 생각하였다.

이렇게 김구는 스승 고석로와 사상적으로 결별하였다. 김구는 이제 위정척사의 생각으로는 풍전등화에 처한 자기 조국을 외세의 침략으로부터 구해 내기가 어려우며, 오랑캐에게서 오히려 배울 것이 많고 공자와 맹자의 가르침에서는 버릴 것이 많다고 생각하였다.

고석로와의 대화에서 신구 사상의 충돌을 겪은 김구는 그 뒤 선생의 문하에 나아가지 못했다. 그러나 김구는 평생 선생의 수구적守舊的인 생각을 추호도 탓하지 않았고 오히려 『백범일지』를 쓸 무렵에는 지난 30여 년간 자신의 마음 씀과 행동함에 만의 하나라도 아름다운 점이 있었다면 그것은 청계동에서 스승 고석로가 자기를 특히 사랑하여 심혈을 기울여 구전심수한 가르침 덕분이라 은혜를 돌렸다. 또한 이 세상에서 그처럼 자기를 사랑하던 위풍 어린 선생의 얼굴을 다시 볼 수 없고 참되고 거룩한 사랑을 다시 받지 못하게 되어 너무나 슬프다고 술회하였다.

이와 같이 김구의 독립 정신과 독립운동의 정신적 원류는 그의 선생 고석로의 언론과 구전심수의 교육 속에서 새롭게 발견할 수 있다. 그런데 이러한 고석로의 구전심수의 교육은 김구에게 전해지는 것으로 그치지 않고 다시 김구를 통해 윤봉길尹奉吉 의사義士에게까지 전수되었다.

김구가 윤봉길 의사에게 홍구공원 의거를 제안했을 때 윤봉길은 흔쾌히 받아들이며, "저는 이제 흉중胸中에 한 점 번민煩悶이 없어지고 아주 안온安穩해졌습니다. 준비하십시오"라고 하였다. 이 말을 들은 김구는 윤봉길의 홍구공원 의거가 성공할 것으로 확신하였다. 김구는 윤봉길에게 "내가 치하포에서 쓰치다土田讓亮를 때려죽이고자 할 때에 가슴이 울렁거리기에 고능선 선생이 가르쳐 주신 '득수반지무족기, 현애살수장부아'得樹攀枝無足奇, 懸崖撒手丈夫兒의 구절을 생각했었는데, 군君과

김구와 윤봉길 (백범기념관 제공)

내가 마음에 결정하여 실천하는 일이 멀고 멀지만 서로 같은 까닭이오"
라고 하였다. 김구는 치하포에서 쓰치다를 타살하고자 할 때의 자기의
결심과 윤봉길이 홍구공원 의거를 결행하고자 한 결심이 같다는 사실을
확인했던 것이다. 김구는 자기의 말을 들은 윤봉길 의사에 대해, "윤군尹
君은 가슴에 새기는 듯한 얼굴빛을 하였다"라고 『백범일지』에 기술하여
놓았다. 여기서 윤봉길 의사가 '가슴에 새기는'(服膺) 얼굴빛을 했다는
말은 바로 김구가 구전口傳한 가르침을 윤봉길 의사가 심수心受했음을
의미한다.[84] 1932년 4월 29일의 홍구공원 의거를 앞둔 시점에서 이루어
진 김구와 윤봉길의 이러한 구전심수의 장면을 통해 우리는 고석로에서

---

84 『白凡逸志』, 253~255쪽.

 제1부 유림의 의리 사상과 구국 활동

시작하여 김구를 거쳐 윤봉길에 이르는 우리나라 독립운동사의 도도한 정신사적 흐름을 새롭게 발견할 수 있다.

5. 맺음말

고석로는 황해도 해주 출신으로 이항로의 제자 유중교·김평묵의 문하에서 공부함으로써 위정척사 이념을 지니게 되었다. 또한 그는 유인석의 위정척사 이념과 의병운동에 대해서도 깊이 공감하고 그를 스승으로 섬겼다. 따라서 고석로는 이항로·유중교·김평묵·유인석으로 이어지는 이항로의 학통에 속한다. 그는 황해도 지역에 백여 명의 문인을 배출하였는데, 그들은 주로 위정척사운동과 의병운동에 투신한 성리학자였다. 그리고 이들과 함께 그의 문하에서는 우리 민족의 독립운동에 큰 발자취를 남긴 김구 등이 배출되었다.

고석로의 위정척사 이념은 평생 중화를 높이고 오랑캐를 물리쳐야 한다는 강령에서 벗어나지 않았다. 그렇지만 그는 당시를 맞아 청淸을 조선과 교류해 온 국가로 인정하고 청과의 인적 교류와 기지로서의 활용을 통해 우리나라의 국권을 회복하는 운동을 전개해야 한다고 여겼다. 그래서 그는 1898년 유인석과 함께 청에 들어가 3년 동안 온갖 고생을 다하며 국권 회복을 위해 자신의 사상을 실천에 옮겼다.

고석로는 국권 상실과 국망의 현실 앞에서 선비는 의義에 의거하여 자정自靖하고 몸을 던져 도道에 순사殉死해야 한다고 생각하여 독서와 강학, 그리고 인재 교육을 실시하였다. 그의 위정척사운동은 을미사변을 겪으면서 의병운동으로 변하고 있었다. 그는 의병운동을 위해 김구를 우선 청에 보내어 의병운동의 기지를 탐사하고 그쪽 인사들과 교류를 하게 하여 장차 독립운동의 인재로 키우려고 하였다.

고석로는 자기가 살고 있는 시대를 윤리 도덕이 무너진 시대라고 생각하고 가장 시급하고 절실한 것은 오직 강학이라고 하였다. 그는 성현의 책을 읽고 성현의 심법心法을 밝히는 일의 중요성이 무기를 수선하고 군사를 훈련하는 것 못지않다고 볼 만큼 평생 독서와 강학을 매우 중요하게 생각하였다. 그래서 1892년부터 1922년 작고하기까지 그는 자기 집과 잠양재, 은병정사, 복양재 등에서 강회를 많이 열면서, 강학을 통해 양陽이 회복되는 세계가 머지않아 도래하기를 갈망하였다. 그가 갈망한 양陽이 회복되는 세계는 일제를 비롯한 외세의 침탈을 물리치고 조선의 문화가 온전히 빛을 발하는 문명의 세계요 광복의 나라였다.

고석로는 일제강점하에서는 호적에 기재되는 것도 거부하였고, 조선 사람으로서 당연히 해야 할 일은 독립운동뿐이라고 생각하였다. 그는 당시의 독립운동에 충의·지략·용감이라는 세 등급의 인물이 절대 필요하다고 역설했고, 처세에 관해서는 의리에 기본을 두며 일을 행하는 데는 판단·실행·계속의 3단계가 중요하다고 하였다. 그는 비록 뛰어난 재능이 있더라도 의리에서 벗어나면 그 재능이 도리어 화의 뿌리가 된다고 여겼다. 그가 강조한 이러한 의리 정신은 김구를 비롯한 많은 제자들에게 정신적으로 깊은 영향을 주었다. 나아가 김구는 의리는 학자에게 배우고 일체 문화와 제도는 세계 각국에서 채택하여 적용해야 국가에 복리가 되겠다고 생각하였다.

그런데 김구에 대한 고석로의 교육은 그가 다른 제자를 가르쳤던 방법과는 판연히 달랐다. 그는 김구에게 경서를 모조리 강의해 주고 암송하게 하는 일반적인 서당식 가르침을 베푼 것이 아니라, 김구의 정신과 재질이 어떠한지를 보아서 뚫어진 곳은 기워 주고 빈구석은 채워 주는, 구전심수라는 첩경의 교수법을 택하였다.

특히 고석로는 "득수반지무족기, 현애살수장부아"得樹攀枝無足奇, 懸崖
撒手丈夫兒(나무를 얻어 가지를 잡고 오름은 기이한 일이 아니요, 벼랑에 매달린 손을 놓
을 수 있어야만 장부아라네)라는 야부도천冶父道川의 송頌을 김구에게 가르쳐
주었다. 김구는 선생 고석로의 이 고귀한 구전의 가르침을 가슴속에 새
기며, 어려운 고비마다 심력을 다하여 극복하여 나갔다. 바로 안악의 치
하포에서 쓰치다土田讓亮를 살해하는 데 결정적인 힘이 되었던 것도 고
석로의 이 가르침이었다.

이같이 고석로의 김구에 대한 정성 어린 구전심수의 가르침은 김구
의 애국 사상과 독립운동에 아주 큰 정신적 영향을 미쳤다. 김구는 『백
범일지』를 쓰면서 30여 년간의 세월을 회상할 때에 자신의 마음 씀과
행동함에 있어 만에 하나라도 아름다운 점이 있다고 하면 그것을 모두
스승 고석로가 심혈을 다하여 가르쳐 준 공이라 하기도 했다.

고석로의 의리와 순도殉道(殉國) 정신은 이같이 김구에게 구전심수의
교육을 통해 전수되면서 독립 정신으로 승화되이 우리 민족의 독립운
동에 크게 기여하였다. 뿐만 아니라 그러한 구전심수의 교육은 김구의
구전을 통해 다시 윤봉길 의사의 가슴에 새겨져 1932년 4월 29일 홍구
공원 의거의 정신적 힘으로 작용해 우리 겨레의 독립 정신과 애국 사상
을 한층 드높였다. 이 글에서는 고석로가 행한 구전심수의 가르침이 김
구의 애국 사상과 독립운동에 지대한 영향을 끼쳤으며, 다시 그 가르침
이 김구를 통해 윤봉길에게 전수되어 나갔다는 사실을 새롭게 밝혀내
어 우리 민족독립운동사의 정신사적 흐름을 분명하게 제시하였다.

김구의 청소년기 사상과 구국 활동

1. 머리말

김구金九(1876~1949)는 조선 말기에 태어나 일제강점기를 거쳐 해방 정국에 이르기까지 오직 우리 민족의 독립과 통일을 위해 일생을 바친 인물이다. 그의 호 '백범'白凡은 일제강점하에 감옥에서 연구하여 지은 것인데, 백정白丁 범부凡夫라도 애국심이 현재의 자기 정도는 되어야 완전한 독립국민이 되리라는 바람 때문이었다.[1] 기질氣質이 튼튼하게 타고난 것을 일생 제일의 행복으로 생각한 김구는 파란 많은 영웅의 삶을 살았다. 그의 너무도 역동적인 삶만큼이나 일생의 사상적 편력도 아주 다채

---

[1] 『白凡逸志』, 「獄中生活」 202쪽. 金九의 초명은 昌巖이다. 동학에 들어간 후 昌洙로 고쳤다.(『白凡逸志』, 「東學接主」 50쪽) 그 뒤 國母報讎를 위해 일으킨 치하포사건으로 쫓기는 신세가 되자 창수라는 이름을 쓰기가 어려워, 成泰英과 柳完(仁)茂가 이름을 개작하여 金昌洙를 金龜라 하고 호는 蓮下, 자는 蓮上이라고 하였다.(『白凡逸志』, 緇徒 123쪽). 이하 이 장에서 인용한 『白凡逸志』는 2002년에 나남출판에서 백범학술원 총서 제1권으로 간행한 책이다. 다만 일부 표기는 현대어 어법 규정에 맞도록 수정하여 인용하였다.

롭다.

김구는 청년기에 동학, 성리학, 불교, 기독교라는 다양한 사상적·종교적 체험을 하였다. 김구의 사상은 유가儒家·도가道家·도참가圖讖家·무가巫家·동학東學·주자학朱子學·불가佛家 등 동양 사상이 망라된 뿌리 위에 기독교와 계몽주의啓蒙主義가 정착한, 다원적이요 중층적이요 포괄적인 특성을 보이고 있다.[2] 따라서 그의 사상적 여정과 실천적 삶을 탐구하여 밝히는 일은 우리의 전통 사상이 새로운 사상과 종교를 만나 어떻게 융화되어 새로운 모습으로 태어나는가를 이해하는 데에도 긴요한 것이다.

김구는 어린 시절부터 조선 양반 사회에 대한 비판적 인식을 키워 왔다. 그는 자기 문중이 해주 지역에서 정치적 압제와 경제적 압박, 그리고 혼인·언어 등에서의 사회적 천대를 받는 현실을 지켜보며 자랐다. 김구가 겪은 이러한 사회·경제적 처지와 개인적 경험은 그로 하여금 불합리한 현실에 대한 강한 비판 의식을 갖게 하였고 새로운 사회를 갈망하게 하였다.

이 글에서는 김구의 청소년기의 다양한 학습과 사상 편력을 정리하고 그의 애국운동을 검토한 뒤 그 사상과 운동의 여운餘韻을 알아보고자 한다.[3]

---

2 조동걸, 「김구의 청소년기 생활과 의병운동」(『백범과 민족운동연구』 제1집, 백범학술원, 2003) 24쪽.
3 김구의 청소년기의 사상과 활동에 대해서는 많은 연구가 있다. 주요 연구로는 秋憲樹, 『백범 김구―생애와 사상』(교문사, 1982); 都珍淳, 「1896~98년 백범 김구의 연중의병과 치하포사건」(『한국사론』 38, 서울대학교 국사학과, 1997); 孫世一, 『이승만과 김구』(나남출판, 2008); 愼鏞廈, 「백범 김구의 생애와 독립운동(백범 김구 약전)」(『白凡 金九의 思想과 獨立運動』, 서울대학교 출판부, 2003); 趙東杰, 「김구의 청소년기 생활과 의병운동」(『백범과 민족운동연구』 제1집, 백범학술원, 2003); 崔起榮, 「백범 김구의 애국계몽운동」(『백범과 민족운동연구』 제1집, 백범학술원, 2003) 등이 있다.

2. 청소년기의 사상

1) 소년기의 학습

김구는 1876년 음력 7월 11일 황해도 해주 백운방白雲坊 기동基洞(텃골)에서 아버지 김순영金淳永과 어머니 곽낙원郭樂園 사이에서 태어났다. 초명은 창암昌巖이다. 김구의 집안은 안동 김씨 김자점金自點의 방계傍系 후손으로 그의 집안이 황해도 해주에 자리를 잡게 된 것은 방조傍祖인 김자점이 역모에 몰렸기 때문이었다. 김구의 조상들은 멸문滅門의 화를 면하기 위하여 김자점의 족속임을 숨기고 경기도 고양을 거쳐 황해도 해주로 들어와 살았다.

김구는 어려서부터 한글을 배워 소설을 읽을 줄 알았고 『천자문』千字文도 몇 사람에게 배웠다.[4] 또한 어릴 때 집에 소장된 『동국명현록』東國名賢錄을 보기도 하였다.[5] 김구가 본격적으로 학문에 뜻을 두게 된 시기는 그의 나이 12세 때이다. 당시 그의 아버지는 생원을 데려다 글방을 차려 주었지만, 이내 아버지의 병환이 심해 김구는 공부를 그만두게 되었다. 김구는 개학 첫날에 당음唐音의 당시唐詩 「도중한식」途中寒食의 '마상봉한식'馬上逢寒食을 소리내어 외웠다.[6] 그 뒤 김구는 백모와 재종남매간인 정문재鄭文哉에게 글을 배웠다. 그는 제술製述로는 과문科文의 초보인 고풍古風을 배웠고, 학과學課로는 한당시漢唐詩와 『대학』大學, 『통감절요』通鑑節要를 공부하였다.[7] 이러한 글공부와 함께 16세가 될 때까지 토지문

---

4 『白凡逸志』, 「出生及幼年時代」 18쪽.

5 『白凡逸志』, 「破獄」 103쪽.

6 『白凡逸志』, 「學童時代」 19쪽. '馬上逢寒食'은 당나라 시인 宋之問의 시 「도중한식」
  첫 구절이다. 그 시의 전문은 "馬上逢寒食, 途中屬暮春. 可憐江浦望, 不見洛橋人. 北
  極懷明主, 南溟作逐臣, 故園腸斷處, 日夜柳條新"이다.

7 『白凡逸志』, 「學童時代」 22쪽.

권土地文券, 정소장呈訴狀, 제문祭文, 축문祝文, 혼서문婚書文, 서한문書翰文
등 일상생활문도 두루 익혔다.

특히 『통감절요』와 『십팔사략』十八史略을 읽을 때에 "왕후장상王侯將相
이 어찌 따로 씨가 있는가"라는 진승陳勝의 말이나, 칼을 뽑아 뱀을 벤
유방劉邦의 행동이나, 표모漂母에게 걸식乞食한 한신韓信의 사적史蹟을
볼 때에 김구는 자신도 모르는 사이에 두 어깨에 바람이 일었다. 중국
최초의 농민 혁명가라 할 수 있는 진승의 말은 청소년이었던 김구로 하
여금 신분에 대한 혁명적 생각을 하게 했을 것이다.

김구는 17세인 1892년 해주에서 실시된 경과慶科에 응시하였으나 낙
방하였다. 그러나 낙방보다 그를 더 실망시킨 것은 과거 시험장에서 목
격한 부패의 모습이었다. 과거 시험장에서 목격한 당대 현실은 그의 현
실 인식에 큰 영향을 미치게 되었다. 김구는 과거 자체에 대한 의문이
생기기 시작하였다. 스스로 심혈心血을 다하여 장래를 개척하기 위해
공부하는 것이라 여겼던 그에게, 신비가 되는 유일한 통로인 과거징의
부패상은 아무리 시詩·부賦를 지어 과문육체科文六體에 능통하더라도
아무 선생 아무 접장接長 모양으로 과거장의 대서업자代書業者가 되는
일에 불과할 것이라 생각하게 만들었다. 김구는 이제 자신은 다른 길을
연구해야겠다고 결심하였다.[8]

이미 조선왕조 말기의 상황은 이같이 과거 시험에서 여실히 드러나고
있었다. 글을 모르는 사람들이 거유巨儒의 글을 몇 백 냥 몇 천 냥 주고
사서 진사도 하고 급제도 하는 세상이었다. 집집마다 생원이요 진사인
시절이었으나 집안에 아무 힘도 없던 김구는 애초부터 시험에 합격할
수 없었던 것이다. 그는 과거 시험을 통해 신분 상승을 이루고자 한 꿈

---

8 『白凡逸志』, 「學童時代」 24쪽.

이 비현실적임을 통렬히 깨달았다. 그는 비록 공부를 성취하여 거유가 된다 할지라도 돈의 마력으로 움직여지게 되는 세상을 비관하였다.

김구는 경제적인 어려움으로 서당 공부를 포기했다. 이때 아버지는 김구에게 풍수風水에 능하면 명당明堂을 얻어 조상을 장사 지내는 자손이 복록福祿을 누리게 되고, 관상을 잘 보면 선인善人과 군자君子를 만난다고 하였다. 김구는 아버지의 말이 매우 이치가 있다고 생각하고, 우선 관상 공부를 시작했다. 석 달 동안 독방에서 두문불출하면서 대표적인 관상서인 『마의상서』麻衣相書를 읽었다. 그러나 그는 사신의 관상이 천격賤格, 빈격貧格, 흉격凶格임을 알고 다시 비관에 빠졌다. 그러다 『마의상서』 중에 나오는 "상相 좋은 것이 몸 좋은 것만 못하고, 몸 좋은 것이 마음 좋은 것만 못하다"(相好不如身好, 身好不如心好)는 구절을 읽고, 그는 관상 좋은 사람보다 마음 좋은 사람이 되어야겠다고 결심하기에 이르렀다. 그로부터 김구는, 밖을 가꾸는 외적 수양에는 관심을 끊고 마음을 닦는 내적 수양에 힘써 사람 구실을 하겠다고 마음먹었고, 종전에 공부 잘하여 과거하고 벼슬하여 천한 신세에서 벗어나겠다는 생각은 순전히 허영이고 망상이요 마음 좋은 사람이 취할 바가 아니라고 생각하였다.[9]

그렇지만 마음 좋은 사람이 되는 방법이 막연하였다. 그래서 그는 풍수서도 보았고 병서를 공부하였다. 그는 병서에서 "태산이 앞에서 무너져도 마음을 망령되게 움직여서는 안 된다"고 한, 장수의 재목에 대한 말을 매우 흥미 있게 읽고 외웠다.[10] 여기서 김구가 상서나 병서에서 얻는 지식을 통해 자신의 '마음'에 무게를 두었다는 사실에 주목할 필요가 있다. 그는 과거장에서 비관적인 생각을 품었다가 희망을 관상서 공

---

9 『白凡逸志』, 「學童時代」 25쪽.
10 아마 김구는 고석로로부터도 『孫武子』와 『三略』을 배웠던 듯하고, 인천감옥을 탈출하여 유랑할 때에도 『孫武子』와 『三略』을 낭독하였다고 한다.(『白凡逸志』, 「破獄」 96쪽)

  제1부 유림의 의리 사상과 구국 활동

부로 옮겼고, 그 자신의 관상이 너무도 못생긴 것을 슬퍼하다가 마음 좋은 사람이 되리라는 결심을 했다. 과거에 낙방하고 난 뒤 관상 공부에서 마음 좋은 사람이 되기로 결심한 그에게, 천주天主를 모시고 도道를 행한다는 동학東學의 말이 가장 마음에 와 닿았다. 또한 반상班常의 차별에 대한 원한이 골수에 사무쳤던 바였기에, 동학에 입도만 하면 차별 대우를 철폐한다는 말이나 이조李朝의 운수가 다하여 장래 새 국가를 건설한다는 말에 그는 동학에 들어갈 마음이 불길처럼 일어났다.[11]

2) 청년기의 다양한 사상 편력

• 동학 사상의 수용

김구가 소년기에 최초로 흡수한 사상은 유학이었으나, 그의 청년기에 최초의 사상적 변화를 가져다 준 것은 동학이었다. 최초의 정치적·사회적 활동도 동학당에 가입하여 시작되었다. 그는 동학농민운동의 제2차 봉기에 참가하여 실패했으나, 동학을 통해서 양반의 허위성과 평민의 중요함, 나아가 평등사상을 깨닫는 계기를 얻게 되었다.[12]

김구는 1893년 정초에 한 동학교도東學敎徒를 찾아갔다. 자신의 동네에서 20리 떨어진 포동浦洞에 사는, 최시형崔時亨(1827~1898)의 제자 오응선吳膺善의 집을 찾아간 것이다. 오응선과의 만남은 그가 호기심 차원을 넘어서 동학을 새로운 사상적 지표로 받아들이는 계기가 되었다. 김구가 오응선을 찾아가자 청년 한 사람이 나와 접대하였다. 김구는 그가 양반임을 알고 있었는데, 과연 상투를 틀고 통천관通天冠을 쓰고 있었다. 김구가 공손히 절을 하니 그 사람도 공손히 맞절을 하고서는 "도령

---

11 『白凡逸志』, 「學究時代」 27쪽.
12 愼鏞廈, 『白凡 金九의 思想과 獨立運動』(서울대학교 출판부, 2003) 12쪽.

道令은 어디서 오셨소?"라고 물었다. 김구가 황공하여 본색을 말하고 "어른이 되어도 당신께 공대를 듣지 못하련만 하물며 저는 아직 아이인데 어찌 공대를 하나이까?"라고 하자 그이는 감동하는 빛을 보이면서 "천만의 말씀이오. 나는 다른 사람과 달리 동학 도인道人이기 때문에 선생의 교훈을 받들어 빈부귀천貧富貴賤에 차별 대우가 없습니다. 조금도 미안해 마시고 찾아오신 뜻이나 말씀하시오"라고 하였다. 그리고 "동학의 종지宗旨로 말하면 말세의 사악한 인간들로 하여금 개과천선하여 새 백성이 되게 하며 진주眞主를 모시고 계룡산鷄龍山에 신국가를 건설하는 것입니다"라고 하였다.[13]

관상서에 의거하여 자신의 상相을 알아본 결과 상격相格이 낙제라는 것을 알고 관상 공부에서 마음 좋은 사람이 되기로 결심한 김구에게, 천주天主를 모시고 하늘에 예를 올리고 도道를 행한다는 말은 몹시 마음에 와 닿았다. 김구가 동학에 들어가게 된 데에는 어려서부터 그가 겪은 신분제적 차별과 과거 시험장에서 목격한 조선왕조의 부패상이 크게 영향을 미쳤다. 동학에 입도해 그가 습득한 동학의 구체적 내용이 무엇인지는 명확하지 않으나 그가 동학의 신통력에 관심을 가졌던 것으로 보아 "지기금지, 원위대강"至氣今至, 願爲大降, "시천주조화정, 영세불망만사지"侍天主造化定, 永世不忘萬事知의 주문은 그에게 정신적으로 크게 공감되는 바가 있었을 것이다. 그가 입도하기 전 오응선의 집에서 열람한 동학 경전은 『동경대전』東經大全, 『팔편가사』八編歌辭, 『궁을가』弓乙歌 등이었다.[14]

김구는 동학에 입도한 지 불과 수개월 만에 황해도·평안도 동학당

---

13 『白凡逸志』, 「學究時代」 27쪽.
14 『白凡逸志』, 「學究時代」 27쪽.

     제1부 유림의 의리 사상과 구국 활동

중 나이 어리면서도 가장 많은 연비連臂(布德하여 얻은 신자)를 거느린 '애기접주'가 되었다. 그리고 동학에 입도한 다음해인 1894년 가을, 그는 보은에 가서 최시형으로부터 '해월인'海月印이 찍힌 접주接主 첩지貼旨를 받았다. 그해 9월, 전봉준全琫準(1854~1895)의 2차 봉기에 호응하라는 경통敬通(公函)을 받고 황해도의 동학도들은 거사를 결정했다. 김구는 자신의 접명接名을 팔봉八峯이라 짓고, 푸른 비단에 '팔봉도소'八峯都所라 대서특필하고 표어로는 '척왜척양'斥倭斥洋 네 글자를 써서 높이 걸었다.[15]

동학농민운동 중에 김구는 다양한 인물과 접촉하여 그 사상을 더욱 폭넓게 하였다. 그는 상해에 유학하여 해외 사정에 밝고 사람됨이 기걸奇傑하고 영웅의 기풍이 있는 송종호宋宗鎬를 만났고,[16] 박람博覽하고 박식博識한 정덕현鄭德鉉·우종서禹鍾瑞를 사귀었다.[17] 또한 문필이 아름답고 시무時務를 아는 인사인 허곤許坤을 만났다. 뿐만 아니라 김구는 당시 경향京鄕에 명성이 자못 드러난 승려 하은당荷隱堂을 만나 때때로 도학설道學說을 들었다.[18] 그가 유학, 불교, 기독교와 관세를 맺게 된 것은 벌써 동학당에 가입하여 활동함으로써 계기가 이루어졌던 것이다.

• 위정척사 이념의 학습과 실천

김구는 관상 좋은 사람보다는 마음 좋은 사람이 되리라 결심했지만, 그 방법을 몰라 아득하기만 했다. 그러던 차에 동학에 들어감으로써 그는 새로운 국가, 새로운 국민을 꿈꾸게 되었다. 그러나 동학농민전쟁에 참여했다가 패전한 장수의 신세가 된 김구는 장차 어떻게 살아나가야

---

15 『白凡逸志』, 「東學接主」 30쪽.
16 『白凡逸志』, 「東學接主」 34쪽.
17 『白凡逸志』, 「東學接主」 32쪽.
18 『白凡逸志』, 「東學接主」 34쪽.

할지 가슴이 답답해졌다.[19] 1895년 2월에 김구는 자기 인생에서 아주 중
요한 인물을 만났다. 바로 황해도에서 동학도의 토벌에 나섰던 신천의
안태훈安泰勳이다. 안태훈은 비밀리에 김구가 어떤 인물인지 조사하고는
김구의 됨됨이를 아껴, "나를 치지 않으면 나도 치지 않는다", "서로 공
격하지 않으며, 어느 한쪽이 불행에 빠지면 서로 돕는다"는 밀약을 김
구와 맺었다.[20] 얼마 후 김구가 이동엽李東燁의 군대에 쫓기게 되자, 안태
훈은 김구를 자신의 집에 머물도록 권하였고 김구의 부모까지 청계동
에 와서 생활하게 하였다.

김구는 안태훈의 사랑에서 학식이 깊고 넓은 안태훈의 여러 동생들
과 놀기도 하고 친구들과 담화를 하기도 하였으며 서적을 마음대로 볼
수 있는 특권을 받았다.[21] 안태훈은 시에도 뛰어나 그의 작품은 많이 전
송傳誦되었다. 그런가 하면 학식으로나 기량으로도 탁월하였고 사람을
제압하는 기氣가 있었다. 그는 『황석공소서』黃石公素書를 자필로 써서 벽
장 문에 붙이고 술이 얼근하게 취하면 늘 낭독을 하였다.[22]

그러한 안태훈의 사랑에서 김구는 자신을 지도할 스승을 만나게 되
었다. 안태훈은 1895년 초에 창의倡義를 위해 황해도에서 '고산림'高山林
으로 불리던 아주 명망 높은 학자인 고석로高錫魯를 모사謀師로 모셔 와
신천의 청계동에서 서로 이웃하여 살았다.[23] 고석로는 유학자였을 뿐만
아니라 병서兵書를 공부하여 병법에도 뛰어났던 인물이었다. 안태훈의
사랑방에서 처음 고석로를 대한 김구는 청계동에 4, 5개월을 머물면서

---

19 『白凡逸志』, 「東學接主」 40~41쪽.

20 『白凡逸志』, 「東學接主」 33쪽.

21 김구와 안중근 집안의 관계에 대해서는 張錫興, 「백범과 안중근 집안의 인연과 독립
운동」(『백범과 민족운동연구』 제2집, 백범학술원, 2004) 참조.

22 『白凡逸志』, 「東學接主」 36쪽.

23 『白凡逸志』, 「東學接主」 40쪽.

고석로의 가르침을 받았다. 김구는 그의 친절한 가르침을 심골心骨에 새겼고 종신토록 성스러운 가르침을 봉행하기로 마음에 맹세를 하였다.[24]

고석로는 이항로의 문하에서 직접 공부하지는 못했지만 이항로의 우뚝한 두 제자인 유중교柳重教와 김평묵金平黙의 문하에서 이항로의 위정척사 이념을 전수받았다. 그는 안태훈의 사랑을 찾아온 김구에게 자기의 사랑에도 매일 와서 세상사도 얘기하고 학문도 토론함이 어떻겠느냐고 먼저 제안하였다. 고석로의 사랑에는 서적이 쌓여 있었고 사방 벽에는 고대의 명현名賢과 달사達士의 좌우명座右銘, 자기가 심득心得한 글을 써 붙여 놓았다.

김구는 고석로에게 자신이 좋은 마음 가진 사람이 되려던 소원을 말하고 모든 것을 지도에 맡긴다는 성의를 표하였다. 또한 그는 그동안 과거 시험에 낙심하고 얼굴 모습에 낙심하고 동학에 참가하여 실패한 결과 자포자기에 가까운 심리를 가지게 되었던 사실과 앞으로 고석로의 지도로 사람 구실을 할 수가 있을지 하는 고민을 솔직하게 실토하였다.[25]

고석로는 김구에게 성현聖賢을 목표로 삼아 그 자취를 따라가되 그 과정에서 본심本心을 잃지 말고 매진하면 목적지에 도달할 날이 반드시 올 것이라고 하였다. 김구는 매일 고석로의 사랑방에 가서 가르침을 받았다. 고석로는 김구에게 고금의 위인偉人을 비평하여 주고 자신이 연구하여 깨달은 바를 가르쳐 주고, 『화서아언』華西雅言과 『주서백선』朱書百選 중에서 긴요한 구절을 제시하여 주었다.

고석로는 김구에게 사람의 처세處世는 마땅히 먼저 의리義理에 기본하며 일을 행하는 데는 판단, 실행, 계속의 3단계로 사업을 성취한다는

---

24 『白凡逸志』, 「清國視察」 60쪽.
25 『白凡逸志』, 「東學接主」 41쪽.

금언金言을 들려주었다.[26] 그런데 고석로가 김구에게 특히 역설한 것은 의리에 관해서였다. 그는 비록 뛰어난 재능이 있더라도 의리에서 벗어나면 그 재능이 도리어 화禍의 뿌리가 된다고 하였다.[27]

고석로로부터 의리에 대한 가르침을 받은 김구는 평생 우리 민족의 독립을 목표로 삼고 본심을 잃지 않으며 의리에 벗어나지 않는 삶을 살았다. 후에 문명개화 사상을 갖게 되었을 때에도 고석로에게 청강한 '의리'의 귀중함을 평생토록 지키면서 그 가르침에 감사하였다.[28]

고석로는 김구를 가르치기 위해 정력을 기울여 매번 책장을 접어 두었다가 김구가 찾아오면 필요한 부분을 설명해 주었다. 그는 경서를 차례대로 가르치는 방법을 취하지 않고, 김구의 정신과 재질이 어떠한지를 보아서 뚫어진 곳은 기워 주고 빈구석을 채워 주는 구전심수口傳心受(입으로 전하고 마음으로 받음)라는 첩경의 교수법을 택하였다. 이러한 교육방법은 스승이 제자에게 비결을 전할 때나 쓰는 교수법이었다. 고석로는 김구가 결단력이 부족하다고 보았는지, 아무리 많이 알고 잘 판단하였더라도 실행할 과단력이 없으면 다 쓸데없다고 말하고, 야부도천冶父道川의 게송偈頌인 "득수반지무족기, 현애살수장부아"得樹攀枝無足奇, 懸崖撒手丈夫兒(나무를 얻어 가지를 잡고 오름은 기이한 일이 아니요, 벼랑에 매달린 손을 놓

---

26 『白凡逸志』, 「東學接主」 42쪽.

27 김구는 어려움이 닥치면 항상 고석로의 義理에 대한 가르침을 자신에게 반문해 보았다. 의병의 의리에 대해서 다시 생각하게 되었을 때에도 의병운동에 참여했던 스승 고석로의 가르침을 다음과 같이 머리에 떠올렸다. "너는 일찍이 高後凋에게 義理가 何物인지 親炙하여 알았고, 네가 그에게서 배운 金言 중에 三尺童子라도 犬羊을 가리켜 절을 시키면 반드시 크게 노하며 不應한다는 말로 講壇에서 神聖한 제2세 國民에게 說與하던 네 머리를 숙여 倭看守에게 절을 하느냐. (중략) 男兒는 義로 죽을지언정 區區히 살지 않는다고 平日에 어린 學生을 가르치고, 네가 今日 사는 것이냐 죽은 것이냐."(『白凡逸志』, 「三次投獄」 180〜181쪽)

28 愼鏞廈, 『白凡 金九의 思想과 獨立運動』(서울대학교 출판부, 2003) 14쪽.

                                              제1부 유림의 의리 사상과 구국 활동

을 수 있어야만 장부아라네)라는 글귀를 힘주어 설명하였다.[29] 뿐만 아니라 박태보朴泰輔나 삼학사三學士 등의 충의에 대해서도 설명하였다.[30]

1895년에 김구가 고석로의 사랑을 찾아가자 고석로는 만고천하에 흥興해 보지 못한 나라가 없고 망亡하지 않는 나라가 없었다고 하면서, 이른바 조정 대관들 전부가 외국에 아첨하는 사상을 가지고 러시아와 친親하여 자기 지위를 보전할까, 영국이나 미국, 프랑스나 일본과 친하면 자기 지위가 공고할까 순전히 이 생각뿐이라고 하였다.[31] 고석로의 이러한 말에 김구는 놀라서 귀를 기울였다. 이때 고석로는 슬픈 얼굴로 김구를 보며, 조선을 병탄하기 위해 혈안이 되어 있는 열강의 침략 앞에서 자기 조국의 명운을 걱정하며 한번 죽음으로써 국은國恩에 보답하는 이 한 가지 일이 남아 있을 뿐이라고 말한다. 김구는 고석로의 말에 우국憂國의 정을 이기지 못하여 울지 않을 수 없었다.

김구는 고석로에게, 망하고 있는 우리나라를 망하지 않도록 붙들 도리는 없느냐고 질문하였다. 이에 고석로는 이왕 망할 나라라도 망하지 않게 힘써 보는 것이 신민臣民의 의무라고 하면서 현재의 조정 대신들처럼 외세에 아첨하는 태도로 하지 말고 상호 협조적으로 청淸나라와 결탁하여 망해 가는 나라를 구할 필요가 있다고 하였다. 고석로는 청나라

---

29 권오영, 「高錫魯의 衛正斥邪思想과 '口傳心受'의 교육」(『백범과 민족운동연구』 제3집, 백범학술원, 2005) 참조. '得樹攀枝無足奇, 懸崖撒手丈夫兒'는 『金剛經五家解』 중에 나오는 冶父道川의 頌으로, 주자학자인 고석로가 이러한 禪頌을 김구에게 전수하고 있는 이면에는 장차 救國을 위해서는 漸修보다는 頓悟가 더 절실하다는 의미가 내포되어 있다.
30 김구는 몇 차례 투옥되어 자신이 응당 지켜야할 신조가 무엇인가를 생각하였을 때에, 朴泰輔가 보습 단근질에 '此鐵猶冷更煮來'라고 했다는 사실과 三學士가 죽음에 이르러도 不屈했다는 고석로의 가르침을 다시 떠올렸다.(『白凡逸志』, 「死刑宣告」 82쪽; 「三次投獄」 159쪽)
31 『白凡逸志』, 「東學接主」 44쪽.

가 청일전쟁(1894)에 진 원수를 반드시 갚으려 할 것이니 우리 중에서 상당한 사람이 그 나라에 가서 그 국정國情도 조사하고 그 나라 인물과도 교제를 맺어 두었다가 후일에 기회가 오면 서로 호응할 준비를 하여 두는 것이 꼭 필요하다고 하였다.[32] 고석로가 그동안 조선을 중화中華로, 청淸을 오랑캐로 보아 왔던 화이華夷 의식에서 벗어나 청을 장차 도움을 받을 수 있는 나라로 인정하고 김구에게 언급한 것은 위정척사 이념의 변모를 의미하고 있다.

김구는 고석로의 이 말에 감동하여 청나라로 갈 마음이 생겼다.[33] 김구는 1895년 5월에 집을 떠나 김형진金亨鎭과 함께 백두산을 거쳐 청나라에 들어가 그곳의 사정과 기지를 조사하였다. 그리고 귀국 도중에는 김이언金利彦의 의병 부대에 참여하여 활동하기도 하였다. 김구는 귀국하여 고석로를 찾아가 청나라에서의 활동 상황을 일일이 보고하였다.[34] 청나라를 기행하고 돌아온 후에도 김구의 위정척사 이념은 크게 변하지 않았다.

한편 1895년 음력 11월 15일 단발령斷髮令이 내려지자 군대와 경찰은 거의 다 머리를 깎았고, 문관들도 각 군의 면장까지 단발을 실시하던 중이었다. 김구는 이 문제를 고석로와 상의하고 안태훈과 더불어 의병을 일으킬 문제를 논의하였다. 그러나 안태훈은 아무 승산 없이 일어났다가는 실패할 수밖에 없으니 그럴 생각이 없고, 천주교를 믿다가 후일 기회를 보겠다는 생각을 말했다. 뿐만 아니라 그는 지금 당장 머리를 깎아야 한다면 깎을 의향까지도 있다고 하였다. 이에 대해 고석로는 안태훈과 절교를 선언하였다. 김구도 우리나라에서 일어난 동학은 토벌하고

---

32 『白凡逸志』, 「東學接主」 44~45쪽.

33 『白凡逸志』, 「東學接主」 45쪽.

34 『白凡逸志』, 「淸國視察」 59쪽.

　　　　제1부 유림의 의리 사상과 구국 활동

서양 오랑캐가 하는 서학西學을 한다는 안태훈의 말을 매우 괴이하게 생각하였다. 모름지기 의리 있는 선비라면 "목을 자를지언정 머리카락은 자를 수 없다", "저승에서 머리 없는 귀신이 될지언정 이승에서 머리 깎는 사람은 되지 않겠다"고 생각할 때였다. 따라서 안태훈이 단발할 의향까지 보인 것은 그가 의리가 없다는 것으로 생각되었던 것이다.[35] 이 사건을 계기로 고석로는 안태훈과 절교를 선언했고, 김구도 고석로와 함께 안태훈의 집을 나오게 되었다.

김구는 1896년 2월 치하포鴟河浦에서 명성황후 시해사건의 원수를 갚을 목적으로 일본 육군중위 쓰치다土田讓亮를 살해하였다. 국가에 대한 치욕을 씻기 위한 거사였다.[36] 결국 이 당시까지 김구의 사상은 위정척사 이념에 젖어 있었다고 볼 수 있다. 이 사건으로 김구는 체포되어 1896년 7월 초에는 해주에서 인천감리영仁川監理營으로 이감移監되었다. 이때 김구의 어머니가 동행하였다. 연안읍에서 약 5리쯤 떨어진 곳에 어느 묘墓의 곁에 비석이 서 있었는네 그것은 바로 효자孝子 이창매李昌梅의 묘비였고 그 옆에 이창매 아버지의 묘가 있었기에 김구는 이 묘비문을 읽어 보았다. 이창매는 본래 연안의 통인通引으로 아버지를 장사 지낸 후에 사시로 비바람이 불어도 아랑곳하지 않고 시묘侍墓를 지성으로 하였다. 그리하여 그가 묘 앞에서 신을 벗은 자리부터 한 발자국씩 배묘지拜墓地까지 걸어간 발자국, 두 무릎을 꿇은 자국과 향로香爐와 향합香盒을 놓았던 자리에는 영영 초목이 자라지 못하였고 만일 사람이 그 움푹 파인 자리를 흙으로 메우면 바로 우레 소리가 진동하며 큰 비가 내려서 메워 놓은 흙을 씻어 낸다고 했다. 그에 대한 근처 사람과 순검巡

---

35 『白凡逸志』, 「淸國視察」 59쪽.
36 『白凡逸志』, 「國母報讎」 63쪽.

檢들의 이야기에 김구는 어머니 몰래 피눈물을 흘리며 이창매에게 대죄待罪하였다. 다 같은 사람의 자식으로 태어나 이창매는 부모가 죽은 후까지 저러한 효성의 자취가 있으니 그 부모 생전에 부모에게는 어떠하였는가를 알 수 있는데, 자신은 그렇지 못하다는 생각이 들었다. 자신의 뒤를 정신없이 허둥지둥 따라와서 옆에 앉아 하염없이 한숨을 쉬고 있는 어머니를 그는 차마 볼 수 없었다. 마치 이창매가 무덤 속에서 부활하여 자신을 향해 '수욕정이풍부지'樹欲靜而風不止의 구절을 읽지 못하였느냐고 책망하는 것 같아, 마음속으로 이창매의 무덤에 수없이 절을 하였다.[37]

김구는 옛사람의 말에도 '슬프고 슬프도다 부모님이여(哀哀父母), 나를 낳으시고 기르시는 데 고생을 하셨네(生我劬勞)'라고 하였으나, 자신의 부모는 자기를 낳을 때에도 비상한 고생을 하였고 먹여 살리는 데도 온갖 고생을 다했다고 하면서 부모와 자녀는 백겁百劫 동안 은애恩愛가 머물러 이루어진 관계라고 한 불서佛書의 말이 빈 말이 아니라고 하였다.[38] 부모에 대한 김구의 이러한 효의 실천은 1900년 12월 아버지가 위중했던 때에 자기의 다리 살을 베어 아버지에게 드렸던 일에서도 알 수 있다.[39]

인천감옥에서 사형선고를 받고서도 평온한 마음을 유지하며 유교 경전인 『대학』大學을 읽던[40] 시기에 그는 이처럼 명성황후 시해사건의 원수를 갚는 일을 통해 국가에 충忠을 실천하고 부모에 대해서는 효孝를 깊이 생각하였다. 그는 특히 이창매를 통해 부모에 대한 효를 더욱 생각하였고 고석로의 문하에서 충을 배웠던 것이다.

---

37 『白凡逸志』, 「投獄」 71쪽.
38 『白凡逸志』, 「投獄」 72~73쪽.
39 『白凡逸志』, 「緇徒」 128쪽.
40 『白凡逸志』, 「死刑宣告」 82쪽.

   제1부 유림의 의리 사상과 구국 활동

• 문명개화 사상으로의 전환

김구는 치하포에서 '신민의 의리'로써 국모를 시해한 원수를 갚고자
했다. 이 같은 그의 행위에는 위정척사 이념을 바탕으로 한 배일排日 사
상이 내재되어 있었다. 치하포사건으로 옥에 갇힌 김구는 옥중에서 독
서와 교육에 대한 새로운 사상을 갖게 되었다. 그리고 억울한 죄수를 위
해 대서代書를 해 주기도 하였고 성악聲樂도 관심을 갖고 배웠다. 그가
옥중에서 신학문을 쉽게 접할 수 있었던 것은 특히 그가 갇혀 있던 인
천이 조선에서 처음으로 개항된 항구였기 때문이었다. 당시 인천에는
외국 문물의 유입이 많았고, 종교당까지 설립되어 있었다.

김구는 1896년 11월경에 척왜척양斥倭斥洋의 사상에서 큰 변화를 겪
었다. 당시 감리서監理署 직원 중에서 김구에게 신서적을 읽어 보도록
권한 이가 있었는데, 김구는 감옥 속에서 이 책들을 탐독하며 새로 깨
달은 것이 있었다. 감리서 직원은 김구에게 "우리나라의 문을 닫고 낡은
지식과 낡은 사상을 스스로 지키는 것만으로는 구국할 수가 없으니, 세
계 각국의 정치·문화·경제·도덕·교육·산업이 어떠한지를 연구하여 보
고 내 것이 남만 못하면 좋은 것은 수입하여 우리 것을 만들어 국가의
대계와 민생에 이익이 되게 하는 것이 시무를 아는 영웅의 사업이지 한
갓 배외排外 사상만으로는 멸망을 구救치 못할 터인즉, 김창수金昌洙(김
구)와 같은 의기남자義氣男子로는 마땅히 신지식을 가졌으면 장래 국가
에 큰 사업을 할 터이다"라고 하면서 신서적의 열람을 권하였다. 그리하
여 김구는 『태서신사』泰西新史와 세계 역사와 지지地誌 등 신서적을 손에
서 떼지 않고 열심히 읽었다.[41]

김구가 신서적을 보고 새로 깨달은 것은, 고석로가 지난날 조상께 제

---

41 『白凡逸志』, 「投獄」 80~81쪽.

사 지내면서 '유세차維歲次 영력永曆 이백二百 몇 해'라고 쓴 축문을 읽던 것이나, 안태훈이 양학洋學을 한다고 하여 절교한 일이 그리 잘한 일로 보이지 않는다는 점이었다. 의리는 유학자들에게 배우고, 문화와 제도 일체는 세계 각국에서 채택하여 적용하는 것이 국가의 복리福利가 되겠다는 생각이 들었다. 청계동에서 오로지 스승 고석로만을 하느님처럼 숭배하고 있던 때는, 자기 역시 척왜척양斥倭斥洋이 우리의 당연한 천직天職이라 생각하였고, 이에 반대하는 자는 사람이 아니고 금수禽獸라고 여겼던 것이다. 그럴 수밖에 없었던 것은 고석로가 오직 우리나라에만 한 가닥 양맥陽脈이 남아 있고, 세계 각국이 대부분 야만의 풍속을 지니고 있는 오랑캐들이라고 말하였기 때문이었다. 그런데 『태서신사』 한 권만 보아도, 눈이 움푹 들어가고 코가 우뚝 선 원숭이 같은 오랑캐들이 도리어 나라를 세우고 백성을 다스리는 좋은 법규를 가지고 있어 오히려 사람답다는 느낌이 들었다. 그러나 높은 갓을 쓰고 넓은 띠를 두른 선풍도골仙風道骨의 우리 탐관오리들은 오히려 그와 같은 오랑캐의 칭호조차 받을 수 없다는 사실을 김구는 깨닫게 되었다.[42]

김구는 1900년 11월 오랜만에 스승 고석로를 찾아갔다. 김구는 고석로가 평소에 가르치던 '중국을 존숭하고 오랑캐를 물리치자'는 주의가 정당한 주의가 아니며, 눈 깊고 코 높으면 덮어놓고 오랑캐라고 배척하는 것이 정당하지 않다고 말하였다. 김구는 어느 나라든 상관없이 그 나라 사람의 행실이 오랑캐 같으면 오랑캐로 대우하고 사람의 행실을 하면 사람으로 대우하면 될 것이라고 하였다. 그는 우리나라 탐관오리가 사람의 얼굴은 하고 있으나 행실은 짐승 같을 때가 많으니 그들이 참으로 오랑캐라고 하면서 지금은 임금이 스스로 벼슬 값을 매기고 관직

---

42 『白凡逸志』, 「投獄」 80~81쪽.

　　　제1부 유림의 의리 사상과 구국 활동

을 팔고 있으니 곧 오랑캐 임금인데 우리는 내 나라 오랑캐도 배척하지 못하고 있다는 자신의 의견을 선생에게 피력하였다.

또한 김구는 대양 저 건너에 사는 사람들은 공자·맹자의 그림자도 못 보았지만 국가 제도와 문명은 공자·맹자의 법도 이상으로 발달되어 있으므로 저들을 오랑캐라고 배척할 필요가 없으며, 자기의 소견으로는 오랑캐에게서 배울 것이 많고 공자와 맹자에서는 버릴 것이 많다고 생각된다고 하였다.

이러한 김구의 말을 잠자코 듣고 있던 고석로는 김구의 견해를 개화꾼과 많이 상종한 결과로 받아들였고, 자기도 몇몇 개화꾼을 만나 보았는데 김구의 말과 같더라고 부언하였다. 그러자 김구는 그렇다면 선생이 보는 바 장래의 국가 대계大計는 어떤 것인지에 대해 가르침을 부탁하였다.

고석로는 선왕先王의 법이 아니고 선왕의 도가 아닌 것은 따져 말할 필요가 없으며 잘못하면 오랑캐가 될 뿐이라고 말을 이었고, 김구는 고석로가 말한 피발좌임에 대하여 다른 의견을 말하였다. 김구와 고석로가 서로 대화를 나누는 사이에 자연히 신구新舊의 충돌이 생겼다. 김구는 자신의 견해가 스승과 크게 차이가 난다는 것을 깨달았다. 이제 위정척사의 생각으로는 풍전등화에 처한 자기 조국을 외세의 침략으로부터 구해 내기가 어렵다고 생각한 김구는 세계의 여러 문명국에서 교육 제도를 배워 학교를 세우고 전국 인민의 자녀를 교육하여 건전한 2세 국민을 양성해야 하고 애국지사를 규합하여 전국민에게 망국의 고통과 나라 발흥의 복락에 대해 알게 하는 것이 망하는 길에서 구하는 길이라고 하였다.

이같이 김구는 고석로가 가르친 척왜척양의 위정척사 이념이 잘못되었다고 깨달았다. 그리고 안태훈이 천주교를 믿는다는 이유로 고석로가 절교한 사실도 잘못이라고 인식하기에 이르렀다. 김구의 결론은, 유학에서는 '의리'를 배우고, 서학에서는 일체 문화와 제도를 배워야 한다는 것이었다. 인천감옥에서 신학문을 익힌 김구는 위정척사 이념과 주자학적 관념을 넘어서 문명개화 사상으로 전환하게 되었다.

• 불교와의 인연

1898년 3월 김구는 인천감옥을 탈출하여 충청·전라·경상도 지역을 두루 유랑하였다.[43] 그는 아산에 있는 이순신李舜臣 기념비, 고금도의 이순신 전적지, 금산의 조헌趙憲 유적지, 공주의 영규비靈圭碑 등을 둘러보고 많은 느낌을 받았다.[44] 그러던 그는 그해 늦가을 공주의 마곡사麻谷寺에서 스님이 되었다. 그는 어린 시절부터 이미 마곡사를 알고 있었으나 우연히 갑사甲寺에서부터 동행 중이던 공주의 이서방李書房(이름 미상)의 권유로 마곡사를 찾아갔다.[45] 당시 마곡사에서 보경대사寶鏡大師의 상좌 하은당荷隱堂은 이서방을 통해 김구에게 중이 되기를 권하였다. 김구는 하룻밤 사이에 청정법계淸淨法界에서 만념萬念이 모두 재로 변하는 느낌을 받았다. 그리하여 용담화상龍潭和尙으로부터 계戒를 받고 스님이 되었고, 하은당은 김구에게 승명을 원종圓宗이라고 지어 주었다.

김구는 승행僧行은 하심下心이 제일이라 하여 인류는 물론이요 심지어 금수와 곤충에 이르기까지 하심하지 않으면 지옥고地獄苦를 받는다고 가르침을 받았다. 김구는 이러한 불교의 가르침에 깜짝 놀랐다. 자신은 망명객이 되어 사방에 떠돌아다니기는 하였지만, 그러면서도 영웅심도 있고 공명심도 있어, 평생의 한이던 상놈의 껍질을 벗고 평등이라기

---

43 『白凡逸志』, 「破獄」 98쪽.
44 『白凡逸志』, 「破獄」 103·106쪽.
45 『白凡逸志』, 「破獄」 103쪽.

　　　　　　　　　제1부　유림의 의리 사상과 구국 활동

보다도 월등越等한 양반이 되어 평상平常한 양반에게 숙원宿怨을 갚고자 하는 생각이 가슴속에 있었던 것이다. 그런데 불교에서 이러한 허영적이고 야욕적인 심리는 곧 악마여서, 추호도 용납할 곳이 없었던 것이다.[46]

승려가 된 김구는 낮에는 노동을 하고, 밤에는 예불禮佛을 드리고 『천수경』千手經 등을 외웠다. 김구에게 계戒를 준 용담은 불교 교리뿐만 아니라 유학에도 섬부贍富한 학식을 지니고 있었고, 김구에게 불학佛學의 요집要集인 『보각서장』普覺書狀을 가르쳤다.[47]

그러나 김구는 속세의 인연을 다 끊지 못하였다. 그는 망명객의 임시 은신책隱身策으로 불교를 택하였지 일생을 승려로 희생할 생각은 없었다. 더구나 그는 부모의 존몰存沒과 스승 고석로의 소식이 궁금하였고, 안태훈의 견해를 대의大義의 반역反逆으로 생각하여 불평을 품고 그를 떠나왔던 일에 대해서도 과거의 오해를 사과하고 싶었다. 그리하여 김구는 1899년 24살이 되던 봄에 금강산으로 공부한다는 명목으로 마곡사를 떠났다.[48] 그는 해주 수양산 신광사神光寺 부근의 북암北庵이라는 암자에 머물기도 하였고[49] 그 뒤에는 최재학崔在學의 소개로 평양 대보산大寶山에 있는 영천암靈泉庵의 주지로 활동하며 시객詩客들과 시를 짓기도 하였다.[50] 당시 영천암 가까이에 사는 서당 훈장이 학동 수십 명과 영사시회靈寺詩會를 열었는데 김구는 이 시회에 참여하여 "유전천세불천세"儒傳千歲佛千歲라는 시구를 읊었다.[51] 유儒와 불佛이 우리나라 역사에서 똑같은 역사를 지니고 있다는 것이 그의 생각이었다.

---

46 『白凡逸志』, 「緇徒」 108~109쪽.
47 『白凡逸志』, 「緇徒」 109쪽.
48 『白凡逸志』, 「緇徒」 110쪽.
49 『白凡逸志』, 「緇徒」 111쪽.
50 『白凡逸志』, 「緇徒」 113쪽.
51 『白凡逸志』, 「緇徒」 114쪽.

3. 교육을 통한 애국 운동

1900년 11월 스승 고석로 앞에서 교육 사업의 중요성을 역설하였던 것처럼, 김구는 세계 문명 각국의 교육제도를 본받아서 학교를 세우고 이 나라 백성의 자녀들을 교육하여 그들을 건전한 2세로 양성해야 한다고 생각했다. 김구는 교육이야말로 나라를 구하는 애국愛國의 길이라고 생각했다. 그는 국가의 뿌리라고 할 수 있는 교육을 통해 인민을 각성시켜 애국 사상을 기르고 애국운동을 전개하고자 하였다.

김구는 황해도의 기독교 신자들과 개화 사상가들과의 교류를 통해 1902년 1월에 이르러 교육 사업에 투신할 것을 결심했다. 김구가 기독교에 입문하게 된 직접적인 계기는 전도조사傳道助事인 우종서가 힘써 권하였기 때문이었다. 김구에게 기독교는 신교육운동에 그치지 않고 국권회복운동으로 나아가는 계기가 되었다.[52] 그는 문화文化의 목사인 우종서, 송종호宋鍾鎬, 손경하孫景夏(孫泳坤), 은율의 김태성金泰聲, 장련長連의 장의택張義澤, 오인형吳寅炯, 정창극鄭昌極 등과 신교육 실시를 협의하기 위해 각처를 순회하였다.

손경하는 원산 사람으로 박영효의 동지(이름 미상)와 일본에 여러 해 체류하다가 귀국 후에 정부로부터 체포령의 대상이 돼 구월산으로 도망을 와서 우종서와 송종호 등의 보호로 생활하다가, 박영효가 귀국한 후로는 손영곤으로 행세하였다. 장의택은 장련의 사족으로 구학문舊學問도 깊고 넉넉하며 신학문의 포부도 해서海西에서 제일가는 인물이었다. 그는 장자 장응진張膺震을 서울로 일본으로 미주로 유학시켜 신교육에 노

---

52 최기영, 「백범 김구의 애국계몽운동」(『백범과 민족운동연구』 제1집, 백범학술원, 2003) 36쪽.

력하는 지사志士였기 때문에 구식 양반들로부터 말할 수 없는 비난을
받았다.

장의택은 국민에게 신학문을 보급하는 것이 급선무라고 생각하였다.
그런데 평안도는 물론이고 황해도에서도 신학문 교육의 풍조는 기독교
로부터 계발이 되었고 신문화의 발전을 도모하는 이들도 거의 모두 기
독교를 믿는 사람들이었다. 김구는 어리석은 사람들이라도 선교사들의
말을 많이 들은 자는 신교심信敎心 외에 애국 사상도 가지게 된다는 것
이 숨기지 못할 사실이라고 생각하였다.

사실 우종서와 송종호는 동학농민전쟁 때부터 이미 김구와 친교를
맺고 있었고, 특히 우종서는 기독교를 신봉할 것을 김구에게 힘써 권한
바 있었다. 김구는 1903년 2월, 아버지의 탈상이 끝나자 바로 기독교에
입문하였고, 이듬해 2월에 황해도 장련읍 사직동에 사는 오인형의 사랑
에 학교를 설립함으로써 처음 교육 운동을 시작했다.[53] 오인형은 자기가
매득한 사직동 집터와 산림 과수와 20여 마지기의 전답을 오로지 김구
에게 맡기고, 가사 등에 신경을 쓰는 일 없이 공공사업에만 전력하게 하
였다. 그리하여 김구는 오인형의 사랑에 학교를 설립하고 오인형의 장녀
신애, 아들 기수, 오봉형의 아들, 오면형의 자녀, 오순형의 두 딸을 학생
으로 하고 그 밖에 학교에 협력하는 자의 자녀 몇 명을 모집하였다. 이
때 오인형의 셋째 동생 오순형은 김구와 같이 기독교에 전력하기로 마
음을 먹고 학생을 교수하며 기독교를 선전하였다. 그리하여 1년 안에
교회 방면으로도 흥왕해졌고 학교도 점차 진보하였다. 김구는 허곤, 장

---

53 김구는 1904년 2월부터 1911년 1월 양산학교에서 일제의 헌병에게 체포되어 이른바
안악사건 등으로 이후 제2차 옥중생활을 하기까지 약 7년간 황해도 서북부 지방을 중
심으로 교육구국활동에 진력하였다.(최기영, 「백범 김구의 애국계몽운동」, 『백범과 민
족운동』 제1집, 백범학술원, 2003, 45쪽)

의택, 임승국과 함께 장련공립학교 교원이 되어 학생들에게 산수, 역사, 지리 등을 가르쳤다. 당시 해주에서는 아직 사서삼경을 가르치고 있었는데 이미 신교육이 실시되고 있었다.[54]

김구는 최준례崔遵禮와의 결혼을 통해 기독교를 더욱 신봉하게 되었다.[55] 그는 성경을 들고 회당에서 설교하거나 교편을 잡고 교실에서 학생을 가르치기도 했다. 일사일물一事一物마다 양심良心을 본위本位로 하여, 사심邪心이 생길 때마다 먼저 자기를 책망하지 않고는 다른 사람의 그름을 꾸짖지 못하는 것이 그의 습관이 되었다.[56]

한편 1905년 11월 17일 을사늑약이 체결되자 경기·충청·경상·황해·강원 등지에서 의병 전쟁이 일어났다. 그러나 의병 전쟁은 도처에서 실패로 끝이 났다. 김구는 산림 학자들이 군사 지식은 거의 없이 다만 하늘을 찌를 듯한 의분심義憤心만 갖고 일어났기 때문에 실패한 것으로 보았다. 의분심만 가지고 일어난 산림 학자들의 구사상으로는 애국운동에 한계가 있다고 판단한[57] 그는 신사상을 지닌 기독교인들의 종교인 기독교를 통해 애국운동을 전개하기로 하였다. 그는 진남포 에버트청년회Evert 靑年會 총무로서 대표의 임무를 띠고 서울 상동교회尙洞敎會에 파견되었다. 이때 상동교회에는 각 도의 청년 대표들이 모였는데, 겉으로 교육사업을 표방한 이 모임은 이면적으로는 애국운동을 하고자 하는 것이었다. 당시 상동교회에 모인 전덕기, 정순만, 이준, 이동녕, 최재학 등은

---

54 『白凡逸志』, 「耶蘇敎와 敎育者」 132~133쪽.

55 『白凡逸志』, 「耶蘇敎와 敎育者」 137~138쪽.

56 『白凡逸志』, 「三次投獄」 175쪽.

57 『白凡逸志』, 「耶蘇敎와 敎育者」 138쪽. 김구는 산림 학자들의 의병에 대해 비판적이 었고 감옥에서도 義兵囚를 무시하기는 하였으나, 평소 男兒는 義로 죽을지언정 區區 히 살지 않는다고 가르쳤던 자신이 의병의 자격을 평론할 용기가 있는지를 반문하고 있다.(『白凡逸志』, 「三次投獄」 180~181쪽)

임금께 상소를 올리기로 결정하였다. 상소문은 이준이 짓고 제1차 소수 疏首는 최재학으로 하며 그 밖의 4명이 서명하여 대한문 앞에 일제히 나아가 상소를 하기로 의결하였다.[58]

처음 상동교회에서 소를 올리기로 의결할 때는 5~6명이 한 조가 되어 몇 번이고 계속하여 소를 올리기로 하였으나, 소를 올리다가 체포된 지사들이 몇십 일이나 구류에 처해지고 말 상황으로 여겨지자 이들은 이 방식으로 계속할 필요는 없다고 판단하였다. 또한 아무리 급박한 상황이라 해도 국가 흥망에 대한 절실한 각오가 적은 민중과 더불어 실효 있는 일을 할 수 없다고 생각하게 되었다.

김구는 민중의 애국 사상이 부족하다고 판단하였다. 그러므로 인민의 애국 사상을 고취하여 인민으로 하여금 국가가 곧 자기 집인 줄을 깨닫게 하고, 왜놈이 곧 자기 생명과 재산을 빼앗고 자기 자손을 노예로 대할 것임을 분명히 깨닫도록 하는 것이 최선책이라고 생각하였다. 당시 모였던 동지들이 사방으로 흩어져서 애국 사상을 고취하고 신교육을 실시하기로 하였으므로, 김구도 다시 황해도로 돌아와 교육에 종사하였다.[59]

김구는 목사 우종서의 간청으로 장련을 떠나서 문화 초리면草里面 종산鍾山에 거주하며 그곳에 있던 사립 서명의숙西明義塾의 교사가 되어 농촌 아동을 가르쳤다. 그러다가 김용제金庸濟 등 몇몇 지우의 초청으로 1906년 1월 18일 안악읍으로 이사를 하여 사립 양산학교楊山學校의 교사가 되었다. 안악군에는 당시 수십 명의 유지가 있었다. 김용제·김용진·김홍량·이시복·이상진·최재원·장윤근·김종원·최명식·김형종·김

---

58 『白凡逸志』,「耶蘇敎와 敎育者」 138쪽.
59 『白凡逸志』,「耶蘇敎와 敎育者」 139~140쪽.

기영·표치정·장명선·차승용·한필호·강도선·전승근·함덕희·장응선·
원인상·원정보·송영서·송종서·김용승·김용필·한응조 등은 중년급 청
년이었고 김효영·이인배·최용화·박남병·박도병·송한익 등은 중견 인
물이었다. 신교육의 필요를 절감한 김홍량·최재원 외 몇몇 청년이 서울
과 일본에 유학하였고, 중견 인물들은 교육 발달에 성의와 힘을 다하여
제1차로 안악 읍내에 기독교회와 안신학교安新學校를 설립하고 그다음
으로 사립 양산학교를 설립하였다. 그리고 평양에 있는 최광옥崔光玉을
초청하여 양산학교 하기사범학습夏期師範學習을 실시하였다.[60]

김구는 안악에 이주하여 교육을 맡게 된 후 고향 해주를 방문하여
성장한 청년 중에 쓸 만한 인재가 있는지 살펴보았다. 그러나 김구가 보
기에 그들은 아직 민족이 무엇인지 국가가 무엇인지 추호의 각성이 없
는 곡충穀蟲에 불과하였다. 젊은 사람들에게 교육을 말하면 그저 신학
문은 예수교, 천주교라 알고 있는 일도 있었다.

김구는 소년 시절부터 조상의 뼈나 팔아먹는 '죽은 양반'이 아니라
마음을 수양하고 몸소 실천하는 '살아 있는 양반'이 되겠다고 다짐하였
다.[61] 신교육을 실시하면서 그러한 생각은 더욱 강해졌다. 그는 고향 해
주에서 평소 재사才士로 자부하고 호언장담을 하던 강성춘姜成春에게
구국救國의 방법을 물었다. 강성춘은 망국亡國의 책임이 당국자에게 있
지 자기와 같은 재야의 사람은 관계가 없는 것처럼 대답하였다. 김구가
강성춘에게 자제를 교육하라고 권하자 그는 단발斷髮이 문제라고 답하
였다. 김구가 교육은 단발하는 것이 목적이 아니라 인재를 양성하여 장
래 완전한 국가 일원이 되어 자기 나라로 하여금 약한 것을 변화시켜

---

60 『白凡逸志』, 「耶蘇教와 教育者」 141~142쪽.
61 『白凡逸志』, 「淸國視察」 57쪽.

　　　　　　　　　　　　제1부　유림의 의리 사상과 구국 활동

강하게 하고 어두움을 돌려 빛을 발하게 함에 있다고 하였으나 강성춘은 신학문을 천주학으로 보고 이야기를 회피하였다.

이에 김구는 환등幻燈 기구를 가지고 해주에서 인근 양반과 평민을 모아 놓고, 환등회幻燈會 석상에서 다음과 같이 절규하였다.

저주하리로다, 海州 西村의 양반들이여. 자기들이 忠臣의 자손이니 功臣의 자손이니 하며 평민을 소나 말처럼 보고 노예처럼 보던 氣焰이 오늘 어디에 있는가. 저주하리로다, 해주 서촌 상놈들이여! 오백 년 기나긴 세월 동안에 양반 앞에서 담배 한 대와 큰 기침 한 번을 마음 놓고 못하다가 이제는 在來에 썩은 양반보다 신선한 신식 양반이 될 수 있지 않은가. 구식 양반은 君主 일개인에게 대한 충신으로도 子子孫孫이 그 遺蔭을 입었거니와 신식 양반은 삼천리 강토에 이천만 민중에게 忠誠을 다하여 자기의 자손과 이천만 민중의 자손에게 萬歲 장래에 福蔭을 끼칠지니라. 그 얼마나 훌륭한 양반일까 보냐.[62]

안악에서 사범 강습이 끝난 뒤 양산학교는 확장되어 중학부와 소학부가 설치되었고 김홍량이 교주 겸 교장이 되어 교무를 맡아 관리하였다. 김구는 최광옥 등 교육자와 협력하여 해서교육총회를 조직하고 학무총감의 직임을 맡아, 황해도 내에 있는 교육기관을 설립하는 책임을 맡고 각 군을 순행하였다. 김구는 배천군수 전봉훈全鳳薰의 요구로 배천에서 각 면의 유지를 회동하고 교육 시설 방침의 협의를 진행하였다.[63]

그런가 하면 김구는 재령 양원학교養元學校에서도 유림儒林을 소집하

---

62 『白凡逸志』, 「耶蘇教와 基督教」 146쪽.
63 『白凡逸志』, 「耶蘇教와 基督教」 146~147쪽.

고 교육에 대한 방침을 토의하였다. 장연長淵 읍내에서 개최한 환등 대회에는 수천 명의 남녀노소가 회집하여 성황을 이루었다. 또한 송화군수 성낙영成樂英과 세무소장 구자록具滋祿의 간청으로 열게 된 송화읍 환등회에서 성낙영은 10여 개 학교와 군내의 유지들과 부인·아동까지 소집하였다. 환등회가 시작되어 고종황제의 진영眞影이 나오자 김구는 일동一同에게 일어나 국궁鞠躬하게 하였다. 우리나라의 관민官民은 물론이고 일본 장령將領과 경관警官 들까지 국궁을 시킨 후에 그는 "한인韓人이 배일排日하는 이유가 어디에 있는가"라는 연제演題하에 과거 러일전쟁과 중일전쟁 때에도 한인의 일본에 대한 감정은 극히 두터웠으나 그 뒤 을사늑약이 체결됨에 따라 점차 악한 감정이 급증하였다고 말했다. 또한 자신이 연전에 문화 종산에서 직접 경험한, 일본 군병 마을에서 약탈하는 것을 본 일을 이야기하면서 일본이 나쁜 것이 곧 한인의 배일 원인이라고 큰 소리로 호소하였다.[64]

한편 1907년 4월 초에는 서울에서 양기탁·안창호·전덕기·이동녕 등이 중심이 되어 국권 회복을 위한 전국 규모의 비밀결사인 신민회가 창립되었다. 신민회는 국권 회복을 위한 애국계몽운동의 배후 지원뿐만 아니라 해외 독립군을 양성할 무관학교와 독립군 기지의 설치를 위해 준비한 전투적 독립운동 비밀결사였는데, 김구는 신민회의 황해도 책임자로서 국권 회복을 위한 애국계몽운동을 전개하였다.[65]

김구는 당시 교육계의 사표師表로서 교육 계몽을 통해 애국운동을 전개하였다.[66] 그는 각 학교와 민중들을 향해 왜놈을 다 죽여 우리의 원

---

64 『白凡逸志』, 「耶蘇教와 基督教」 148~149쪽.

65 愼鏞廈, 『白凡 金九의 思想과 獨立運動』(서울대학교 출판부, 2003) 23~25쪽.

66 김구는 1910년 조선이 일제에 병탄되자 後生들에게 애국심을 양성하여 장래에 광복하게 하는 길밖에 다른 방법이 없다고 생각하여 계속하여 양산학교를 확장하여 교장

수를 갚자고 연설하고, 자신을 본받으라고 하면서 치하포사건을 설명하여 주었다.[67] 아울러 새로운 독립운동의 모색을 위해 다수의 청년을 국외에 보내어 군사 교육을 시키는 일이 급선무라는 생각을 품고 있었다.[68]

4. 사상과 운동의 여운

김구의 청년기 사상은 일제강점기를 거친 뒤 그의 만년까지도 그 여운餘韻을 남겼다. 김구는 부모에 대한 효와 나라에 대한 충을 애국 사상과 애국운동으로 승화하였다. 그는 옛날 일본에 갔던 박제상朴堤上이 "내 차라리 계림의 개돼지가 될지언정 왜왕의 신하로 부귀를 누리지 않겠다"고 한 말이 그의 진정이었던 것을 안다고 하였는데[69] 이러한 그의 언표言表는 청년기에 품은 유교적 충忠에 대한 생각이 만년까지 지속되고 있었음을 의미한다.

김구는 우리 민족을 인仁을 좋아하는 민족으로 이해하였고 앞으로 세계 인류가 모두 우리 민족의 문화를 사모하도록 해야 한다고 하였다.[70] 물론 김구는 주자학 자체에 대해서는 비판적이었다. 김구는 조선의 주자학이 실질적인 국민의 복리는 무시한 채 주희의 원래 학설 이상으로 강고한 이론을 주장하다가, 결국엔 사색당파가 생겨 수백 년의 당

의 임무를 맡았다.(『白凡逸志』, 「再次投獄」 155쪽) 그러나 신민회사건으로 김구가 3차로 투옥된 뒤 양산학교가 공립 보통학교 소유로 강탈당하자 그의 교육 사업도 春夢으로 변하였다.(『白凡逸志』, 「三次投獄」 169·172쪽)

67 『白凡逸志』, 「警務局長」 219쪽.

68 『白凡逸志』, 「再次投獄」 157쪽.

69 『白凡金九先生言論集』 하, 「나의 소원」 165쪽.

70 『白凡金九先生言論集』 하, 「나의 소원」 176쪽.

파싸움으로 결국 민족의 원기가 소진되고 나라가 망하는 데 이르렀다며 강하게 비판하였다.[71]

김구는 수백 년 동안 조선에 행해 온 계급 독재는 유교, 그중에서도 주자학파의 철학을 기초로 한 것이어서, 다만 정치에 있어서만 독재가 아니라 사상·학문·사회생활·가정생활까지도 규정하는 독재였다고 보았다. 그리하여 주자학 이외의 학문은 발달하지 못했으니 이 영향은 예술·경제·산업에까지 미쳤고 우리나라가 망하고 민력이 쇠잔하게 된 가장 큰 원인이 실로 여기 있었다는 것이었다.[72]

김구는 자신에 대해 정주학설을 신봉하는 자도 아니고 마르크스와 레닌주의를 배척하는 자도 아니라고 하였다. 그는 우리의 국민성과 민도民度에 적합한 주의主義와 제도를 연구 실시하기 위해 노력을 하는 자가 있는지를 물으면서, 만일에 없다면 이보다 더 큰 슬픔은 없다고 말하고 있다.[73]

김구는 우리나라의 중심 사상은 전통적으로 충군애국忠君愛國 네 글자로 집약되며, 임금과 나라를 위해서 죽음을 마다하지는 않았지만, 어떻게 충군애국을 해야 하는지는 잘 몰랐다고 하였다. 우리는 위로 군주를 잘 모시고 아래로 만백성을 잘 다스리는 것을 유일한 충군애국의 길로 오인하여 정권을 쟁탈하는 것을 유일한 대사로 알았는데, 여기에서 만악萬惡이 발생하고 각종 폐단이 생겨 국운이 날로 기울고 백성들은 불안 속에 빠지게 되었다는 것이다.[74]

김구는 자신이 일생을 충忠과 의義를 지키기에 힘써 왔다고 자부하였

---

71 『白凡逸志』, 266~267쪽.
72 『白凡金九先生言論集』 하, 「나의 소원」 169쪽.
73 『白凡逸志』, 266~267쪽.
74 『白凡金九先生言論集』 상, 「한국독립당의 건립과 광복운동의 장래」 92쪽.

다.[75] 그는 수단만 강조하고 도의를 도외시하는 이기주의를 철저히 배척하고 인애仁愛, 신의信義, 양보讓步, 호조互助의 왕도 문화王道文化를 확실히 관철하여 장구히 안녕한 국가의 기틀을 다져야 한다고 하였다.[76] 또한 인류 사회에서 문명과 야만은 도의道義 관념의 유무有無에 의하여 경계가 구분된다고 주장하였다.[77]

이와 같이 김구는 유교의 의리義理 사상을 만년까지도 강하게 지키고자 하였다. 그가 최익현崔益鉉을 제祭한 글에서 최익현의 '청풍'淸風과 '명의'名義를 높이 기리며 "어려서부터 선생의 가르침에 복종하였고 자나 깨나 생각을 하였다"고 한 것, 또한 "매번 선생을 생각하면 힘써 주시는 것 같고 격려하시는 것 같다"고 하면서 "원수가 비록 물러갔으나 국토가 근심이 많다"고 한 데서 이를 엿볼 수 있다.[78]

김구는 유인석柳麟錫을 제祭하는 글에서는 더욱 명료하게 성性보다는 심心(本心)을 강조하는 성향을 드러내었다.[79] 그는 유학儒學이 쇠한 지 오래되어 공부하는 이들이 문자文字의 말末에 헤매어 실지實地에 힘쓰기를 생각하지 아니하였기에, 성性을 높이고 심心을 낮추어 정작 힘쓸 자리는 버리고 아득하고 범범한 고담高談을 일삼아 마침내 모든 일이 잘못되었다고 하였다. 김구는 이항로가 태어나 비로소 심즉리心卽理로써

---

75 『白凡金九先生言論集』상, 「여러분 선생께」 57쪽.

76 『白凡金九先生言論集』상, 「한국독립과 동아평화」 85쪽.

77 『白凡金九先生言論集』상, 「한국독립과 동아평화」 90쪽.

78 『白凡金九全集』 8, 「崔益鉉祭文」筆寫本. "仁邦不天, 蛇豕荐食. 宗臣秉節, 崎嶇金革. 戈折景頹, 烈志彌高. 冷山尸返, 淸風逈颷. 成敗一時, 名義千秋. 苦心不散, 於今有鳩, 藐我小子, 幼服師敎. 寤寐先生, 阻于騷嗥. 于內于外, 間關自瘁. 每念先生, 若勗若勵. 仇讎雖去, 金甌多憂. 嗚呼先生, 曷爲我謀? 道經湖邑, 封壟云近. 山仰之懷, 陳此蘋藻. 供雖非官, 誠總民意. 國祭有典, 于後當致."

79 유인석은 치하포에서 土田讓良을 살해한 김구의 의거를 『昭義新編』續編에 수록하였다.(『白凡逸志』, 緇徒 125쪽)

제자를 가르치니 풍기風氣가 한번 변하여 절의節義가 배출하게 되었다고 하면서, 유인석의 절의를 높이 평가하고 그 본심의 밝음이 백사百邪를 각멸却滅하게 된 것으로 이해하였다.[80]

이렇게 마음[心]을 강조한 김구는 민족 갱생의 길을 조선 민족의 '마음의 건설', 그리고 '민족성의 재건'이라 부르고 싶다 하였다. 독립을 왜 해야 하는지, 왜 우리가 갱생해야 하는지 하는 쉽고도 어려운 일에 대해 우선 마음의 건설로부터 첫걸음을 시작해야 할 것이라고 하였다.[81] 남북 협상을 제안하면서도 김구는 당장의 힘이 부족하나 남북에 있는 진정한 애국자의 힘이 크니 '인동차심'人同此心이며 '심동차리'心同此理이므로 반드시 성공하리라고 확신하였다.[82]

김구는 또한 "나는 공자·석가·예수의 도를 배웠고 그들을 성인으로 숭배하거니와 그들이 합하여서 세운 천당·극락이 있다 하더라도 그것이 우리 민족이 세운 나라가 아닐진댄, 우리 민족을 그 나라로 끌고 들어가지 아니할 것이다"라고 하였다.[83] 그는 인류가 현재에 불행한 근본 이유는 인의가 부족하고, 자비가 부족하고, 사랑이 부족하기 때문이라고 하면서 이 마음만 발달이 되면 현재의 물질력으로 인류가 다 편안히 살아갈 수 있을 것이라고 생각했다. 인류의 그 정신을 배양하는 것은 오

---

80 『白凡金九全集』8, 「柳麟錫祭文」 筆寫本. 김구가 李恒老의 학설을 心卽理로 파악한 것은 정확한 이해는 아니나, 어려운 시대를 극복하기 위해 이항로의 성리학을 심즉리 설로 해석했다는 것에 그 의미가 있다고 할 수 있을 것이다. 이러한 점은 역시 이항로 의 학맥에 속하는 朴殷植이 陽明學을 받아들여 심즉리를 주장한 것과 비교하여 볼 수 있다.

81 『白凡金九先生言論集』 하, 「조선민족 갱생의 길」 49쪽.

82 『白凡金九先生言論集』 하, 「부월이 당전해도」 76쪽; 『白凡金九先生의 편지』, 「김구·김규식이 김두봉에게」 275쪽. 특히 '人同此心'과 '心同此理'는 김구가 지향한 유학이 '心卽理'에 근거하고 있음을 단적으로 보여 주는 사례라 생각된다.

83 『白凡金九先生言論集』 하, 「나의 소원」 165쪽.

   제1부 유림의 의리 사상과 구국 활동

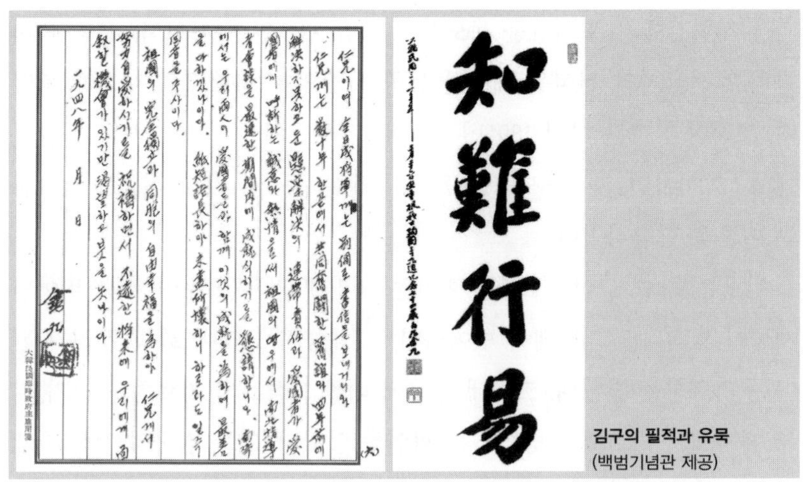

김구의 필적과 유묵
(백범기념관 제공)

직 문화인데, 우리나라가 남의 것을 모방하는 나라가 되지 않고, 높고 새로운 문화의 근원이 되고 목표가 되고 모범이 되기를 원한다고 했다. 그래서 진정한 세계의 평화가 우리나라에, 우리나라로 말미암아 세계에 실현되기를 원하였다. 그는 '홍익인간'弘益人間이라는 단군의 이성이 바로 그것이라고 믿었다.[84]

5. 맺음말

김구는 소년기에 관상서를 비롯하여 『통감절요』, 『십팔사략』 등 다양한 책을 두루 공부하였다. 특히 그가 어린 시절 중국 역사상 최초의 농민 혁명 영수인 진승陳勝의 말에 공감하고 있었다는 것은 그의 혁명 의식이 일찍부터 싹트고 있었던 것을 의미한다. 이러한 소년기의 의식은

---

84 『白凡金九先生言論集』 하, 「민족통일의 재구상」 150~151쪽; 「나의 소원」 174쪽.

과거 시험장에서 부패상을 목도하는 일을 겪으면서 자연히, 평등을 지향하고 신국가의 건설을 제시한 동학 사상의 수용으로 나아가게 되었다. 그러다가 그는 다시 1895년 이항로·유중교의 학맥인 고석로의 문하에서 『화서아언』과 『주서백선』을 공부하는 등 성性보다 심心을 강조하는 이론을 학습하였다.

김구는 스승 고석로로부터 처세는 의리에 기본을 두며 비록 뛰어난 재능이 있더라도 의리에서 벗어나면 그 재능이 도리어 화의 뿌리가 된다는 가르침을 받았다. 그런데 김구에 대한 고석로의 가르침은 그가 다른 제자에게 가르쳤던 방법과는 판연히 달랐다. 그는 김구의 정신과 재질을 보아서 뚫어진 곳은 기워 주고 빈구석은 채워 주는 구전심수의 교수법을 택하였다. 고석로가 야부도천冶父道川의 게송偈頌인 '득수반지무족기, 현애살수장부아'得樹攀枝無足奇, 懸崖撒手丈夫兒(나무를 얻어 가지를 잡고 오름은 기이한 일이 아니요, 벼랑에 매달려 있는 손을 놓을 수 있어야만 장부아라네)라는 구절을 김구에게 전수한 것은 그중 한 사례에 불과할 뿐이다.

한편 명성황후 시해 사건 이후 명성황후의 원수를 갚기 위해 거사한 치하포사건은 김구의 청년기 사상에 있어 하나의 큰 전환점이 되었다. 그는 인천감옥에서 신학문을 직접 접하게 되면서 기존의 위정척사 이념을 극복하고 문명개화 사상으로 전환하였다. 이후 그는 기독교에 입문하여 교육을 통해 문명개화 사상을 구체적으로 애국운동으로 실천하는 계기를 갖게 되었다. 그는 황해도의 여러 학교에서 교사와 교장으로 근무하였고 해서교육총회의 학무총감으로 황해도 각 군을 순회하면서 환등회를 열며 민중의 교육과 계몽을 통해 애국 운동을 전개하였다. 그는 조상의 뼈나 팔아먹는 '죽은 양반'이 아니라 마음을 수양하고 몸소 실천하는 '살아 있는 양반'이 되어야 한다고 하면서 "양반도 깨어라, 상놈도 깨어라"라고 수많은 민중 앞에 절규하였다.

   제1부 유림의 의리 사상과 구국 활동

　김구는 청년기에 동학·유교·불교·기독교 등 다양한 사상적·종교적
경험을 하였다. 김구가 만년에 "인류가 현재 불행한 근본 이유는 인의仁
義가 부족하고 자비慈悲가 부족하고 사랑이 부족하기 때문이다"라고 말
한 데에는 청년기의 사상적·종교적 체험의 여운이 담겨 있다. 그는 유
교의 인의와, 불교의 자비와, 기독교의 사랑의 정신을 우리나라의 문화
로 배양하여 진정한 세계의 평화가 우리나라로부터 실현되기를 바랐다.
또한 그가 민족 갱생의 첫걸음을 조선 민족의 '마음의 건설'에서 찾고자
하였던 것도, 청소년기부터 다양한 사상 및 종교적 체험을 거치면서 특
히 '마음'을 중시하게 되었던 결과인 것이다.

기정진의 이학과 그 실천적 전승

1. 머리말

기정진奇正鎭(1798~1879)은 19세기 호남의 대표적인 유학자이다. 그는 이항로와 함께 19세기 중반에 활동한 저명한 이학理學의 대가로, 위정척사운동의 이념적 지주로 활동하였다. 그는 평소 당론黨論의 시비是非를 말하지 않았고 어느 당론에도 속하지 않는 동서남북인으로 자처하였다. 그래서 그의 문하에는 당론과 지역을 초월하여 많은 학자가 배출되었다. 실제 정재규鄭載圭·조성가趙性家 등은 영남 출신으로 기정진의 주리설을 전수받은 아주 뛰어난 학자였다.

기정진은 19세기 전반기에 경기의 이항로, 영남의 이진상 등과 함께 이학을 새롭게 제창하였다. 그는 당시 천주학과 서구의 새로운 사조가 급격히 들어오자 유학의 이론을 새롭게 정립하여 대응할 필요성을 느꼈다. 그는 위정척사론衛正斥邪論을 주장하며 서구와 일본의 침략에 치열한 저항 정신으로 일관하였다. 그의 이학은 당시의 이항로와 이진상의 학설과 유사했기 때문에 개항 이후에도 그의 학맥에 속한 학자들은 이

     제1부 유림의 의리 사상과 구국 활동

항로와 이진상의 학맥의 학자들과 교류를 이룰 수 있었으며, 1881년 신사척사운동 때는 서로 연대하여 위정척사운동을 전개하기도 하였다.

이 글에서는 우선 기정진의 이학을 검토하고, 이어 그의 손자 기우만奇宇萬의 의병운동을 통해 그 이학의 실천적 전승을 살펴보고자 한다.

2. 원융의 이학 제창과 현실 인식

1) 이일분수의 이학 제창

기정진은 일정한 스승으로부터 학문을 계승받지 않았고, 독자적으로 이학理學을 연구하였다. 젊어서 김매순金邁淳·송치규宋穉圭 등 당시 기호 학계를 대표하는 학자들을 찾아가 만났으나, 학문적인 사승 관계는 맺지 않았다.

기정진의 집안은 1837년경 생계가 매우 박락薄落하여 그가 몸소 땔나무를 하고 물을 긷는 노동을 하였다고 한다. 특히 생활이 매우 어려워 자주 이사를 다녔을 만큼 당시 기정진 집안의 경제력은 취약했던 것으로 보인다.

기정진은 당론에 크게 구애되지 않았다. 그는 '당론'을 역사적으로 인식하여, 분당分黨이 생기자 왜란倭亂이 일어났고 여러 북인들이 정쟁을 벌이자 호란胡亂이 일어났다고 진단하면서, 이제 국론이 사분오열되어 있으니 외세의 침략이 곧 이르게 될 것이라고 경고하였다. 그는 또 무기는 외침을 막는 데 써야 되는데 우리나라는 당동벌이黨同伐異에 사용하고 있으며, 적을 제어하는 데 주책籌策을 써야 하는데 우리는 공이 있고 능력이 있는 자를 헤치는 데 주책을 쓴다고 하여 당론의 고질성을 비판하였다.

기정진은 1843년에 「납량사의」納涼私議, 1853년에 「이통설」理通說을 지었다. 이러한 글에서 그는 우선 이理라는 것은 영축盈縮도 없고 선후先後도 없다고 하면서, 일리一理라 하여 적은 것도 아니고 만리萬理라 하여 많은 것도 아니라는 것으로 영축이 없는 것을 말하고, 이 물物이 있다고 하여 존재하는 것도 아니고 물이 없다고 하여 없는 것이 아니니 이것은 선후가 없다는 것을 말한 것이라고 하였다. 그는 이理는 무형無形이면서 만유萬有의 본령이 된다고 이해하였다.[1] 또한 이理는 종자種子라고 하면서 천하에 종자 없이 생기는 것은 없는데 그 종자가 이이며, 이는 만유萬有의 종자라고 하였다.

기정진은 기氣를 이理 속에 포함된 개념으로 파악하였다. 그는 이와 기를 중심으로 세계와 인간을 설명하면서도 기에 대한 이의 철저한 주재를 통해 이 중심의 체계를 제시하고, 이를 통해 세계와 인간의 근거를 찾고자 하였다.[2] 그는 주기론자들이 이理는 약하고 기氣는 강하다고 주장한 결과 기가 이의 위치를 빼앗게 되었다고 보았다. 그에 의하면 기氣의 발함과 행함은 실로 이理로부터 명령을 받으니 명령하는 것은 주인이 되고 명령을 받는 것은 종이 되는 것이며, 종이 수고를 하고 주인이 공을 차지하는 것은 변하지 않는 진리라고 하였다. 그는 기氣는 이理 중의 사事이기 때문에 이와 기는 대거對擧되는 개념이 아니라고 보았고, 만약 기가 이의 지위를 빼앗으면[3] 천하의 대변大變인 처탈부위妻奪夫位, 신탈군위臣奪君位, 이탈화위夷奪華位가 차례대로 이어질 것이라고 하였다.[4] 그는 해체되어 가는 조선의 유교사회질서를 바로잡고 조선을 서구

---

1 『蘆沙文集』, 권16, 雜著, 答人問第一.
2 박학래, 「노사학파의 지역적 전개양상과 사상적 특성」(『국학연구』 15, 2009) 166쪽.
3 『蘆沙文集』, 권16, 雜著, 猥筆. "又理弱氣强, 吾懼夫氣奪理位也."
4 『蘆沙文集』, 附錄 권2, 神道碑銘 幷序. "嘗曰天下之大變有三, 妻奪夫位, 臣奪君位,

   제1부 유림의 의리 사상과 구국 활동

제국주의의 침략으로부터 막기 위하여 이理의 절대화를 통한 위정척사론의 굳건한 사상적 기반을 마련하고자 하였다.[5]

기정진은 당대에 이발理發 두 글자가 커다란 금기어가 되어 있고, 학자들은 도리道理 두 글자를 아득하고 불가사의한 곳에 몰아넣고선 겨우 나타나는 것은 한결같이 기氣에 소속시켜 이기를 인식하니 천하에 이상야릇한 말이 아닌 것이 없게 되었다고 인식하였다. 그러면서 자신이 자기의 새로운 이학 이론을 팔십 평생 동안 발표하지 못한 것은 기호 학계의 주기主氣적인 분위기 때문이라고 하였다.

기정진은 「외필」猥筆을 지어 영남 출신의 제자인 조성가趙性家에게 전해 주었는데, 이 글에서 그는 이理를 높이고 기氣를 철저히 약화시켰다. 그는 태극동정太極動靜에서 동動하고 정靜하는 것은 기氣이고, 동하게 하고 정하게 하는 것은 이理라고 하였다. 그는 "기氣를 이理와 대응시켜 파악함은 성인聖人의 말이 아니다. 이理는 높아 상대가 없다. 기가 어떻게 이와 짝할 수 있겠는가. 이는 넓어 상대가 없으니, 기도 그 가운데 일로 유행流行하는 이理의 손발에 불과하다. 형이상形而上·형이하形而下의 형形 자를 맨 앞머리에 둔 것은 본래 나눌 수 없다는 뜻이 있는 것인데, 언제 지금처럼 각기 보금자리를 가지고 각자 두뇌가 될 수 있게 되었는가. 지금 사람들은 이理 자만 보면 꼭 기氣를 찾아내어 짝을 만든다"라고 하며 이것은 본령이 둘이 되는 조짐이니 슬픈 일이라고 하였다.

기정진은 이학을 통해 이理가 만사萬事, 만유萬有에 관철되는 세계를 확립하고자 하였다. 그는 이일理一이 분수分殊를 함유하고 있고 분수는 이일과 떨어져 있지 않기 때문에 일一이 곧 만萬이 되고 만이 곧 일이 된

夷奪華位, 若氣奪理位, 則彼三變者, 卽次第事耳."
5 고영진, 「奇正鎭學派의 學統과 사상적 특성」(『대동문화연구』 39, 2001) 211쪽 참조.

다고 하면서 분수도 이理의 분수라고 하였다. 이러한 기정진의 이일분수는 기에 대한 이의 절대적 지위를 확립하고 기는 매사에 이의 명령에 따라야 한다는 것을 의미한다.

기정진은 "이理를 따라서 발하는 기氣이기에 기발氣發이 곧 이발理發이고, 이理를 따라서 가는 것이기에 기氣의 행行이라도 곧 이理가 가는 것이다. 이理는 조작력을 갖고 있으되 스스로 움직이지 아니하므로 그 움직임은 분명히 기氣의 하는 바이다. 그런데 이발理發·이행理行이라고 말하는 이유는 무엇 때문인가. 기의 움직임은 실상 이에게서 명령을 받은 것이다. 이것은 마치 명령하는 자가 주인이고 명을 받는 자가 종인 것과 같은 관계이다"라고 하였다. "이와 기가 일체一體임을 알아야 한다. 기가 가지런하지 않음도 역시 이가 시킨 것이다. 천하에 어찌 이理 밖에 기氣가 따로 있을 수 있겠는가"라는 것이 그의 생각이었다.

기정진은 「외필」猥筆에서 다음과 같이 말하였다.

"우리 동방의 근세에 이기理氣에 관한 설명이 어찌 이다지도 고체固滯되었는가…… '이발'理發 두 글자는 오늘날 학자들이 크게 꺼리고 있다. 그들의 글을 보면 변화를 행하고 조리를 이루는 것을 기라고 한다. '누가 주장하느냐'고 물으면, '그 기機가 저절로 그러할 뿐이니 그렇게 하도록 시키는 자가 있지 않다'라고 말한다. '이른바 이理라는 것은 어디에 있는가'라고 물으면 그것을 타고 있다고 말한다. 애초부터 이理가 그렇도록 시키는 묘妙가 없고 게다가 조종할 힘도 없다면 깃들어서 한다고 하더라도 무슨 일을 할 수 있는가. 있어도 도움이 되는 바가 없고 없어도 빠지는 바가 없다면 살에 붙은 혹이나 말 등에 붙은 등에 불과하니 어찌 가련하지 않겠는가."[6]

 　　　　　　　　　　제1부 유림의 의리 사상과 구국 활동

한편 기정진은 「납량사의」納凉私議에서 '이일분수'理一分殊에 대한 새로운 해석을 하였다. 그는 분수分殊를 이일理一 속의 것으로 보았다. 물物과 아我가 오상五常을 고르게 타고 났다는 것은 이理의 일一이고, 오상에 편전偏全이 있다는 것은 일一 속의 분分이라고 하였다. 그는 분分이라는 것은 이일理一 속의 세조리細條理이고, 이理와 분分 사이에는 층절層節이 있지 않으며, 분分이 이理의 대對가 아니라 분수分殊 두 글자가 곧 일一에 대응하는 것이라고 하였다. 그는 이理는 만수를 머금고 있기 때문에 일一이니 사실은 일물이라고 말하는 것과 같고, 수殊는 정말 다르다는 것이 아니므로 분수分殊라고 말하는데, 다른 것은 다만 그 분한分限일 따름이라고 하였다. 그러므로 이일理一을 말할 때 분分이 이미 포함되어 있는 것을 알 수 있고 분수分殊를 말할 때 이미 일一이 스스로 있는 것을 알 수 있다고 하였다.[7]

기정진은 이理와 분分을 나누어 버리면 기氣는 이理에게 명을 듣지 못하고 이理는 도리어 기氣에 재가를 받아 천명의 성은 한갓 헛된 말이 될 뿐이라고 하였다.[8] 그의 생각은 이理와 분分은 원융圓融하여 사이가 없다는 것이었다.[9] 그는 이理와 분分을 원융하여 간격이 없는 상태로 이해해, 이른바 체體와 용用이 일원一原이고 현顯과 미微는 사이가 없는 것이라고 하였다.[10] 이러한 기정진의 이일분수설에서는 이분격단理分隔斷이

---

6 『蘆沙文集』, 권16, 雜著, 猥筆. "我東方近世說理說氣, 何其滯也? (중략) 理發二字, 爲今日學士家一大禁避語. 而纔見有段落行變化成條理者則曰氣也. 問孰主張是, 則曰其機自爾, 非有使之者. 問所謂理者落在何方, 則曰乘之矣. 初旣無使之然之妙, 末又非有操縱之力, 寄寓來乘, 做得甚事? 有之無所補, 無之靡所闕, 不過爲附肉之疣, 隨驥之蠅, 嗚呼可憐矣."
7 『蘆沙文集』, 권16, 雜著, 納凉私議.
8 『蘆沙文集』, 권16, 雜著, 納凉私議.
9 『蘆沙文集』, 권16, 雜著, 納凉私議.
10 『蘆沙文集』, 권16, 雜著, 納凉私議.

아닌 이분원융理分圓融이라는 회통적會通的 관계가 성립한다.[11]

기정진은 인물성人物性을 논하는 낙론洛論과 호론湖論 학자가 이일理一과 분수分殊에 대하여 일一은 모두 분分이 없는 물로 삼고 분分은 기氣로 인해 있는 것으로 삼아, 이일은 형기를 떠난 곳에 한정하고 분수는 형기에 떨어진 후에 국한시켜 이理는 이대로, 분分은 분대로 되어 버리게 하니 성性과 명命이 분열되었다고 하였다.[12] 그리하여 이理가 체體는 있고 용用이 없는 것이 되어 버리니, 천지 사이에 변화하고 생성하는 것에 대해서는 기氣가 주가 되어 버렸다고 하였다.

그런데 그 가운데 기정진은 낙론 학설의 변형인 임성주任聖周의 학설을 인정하고 높이 평가하였다. 그는 정이程頤의 이일분수理一分殊 네 글자가 임성주에 의지하여 동방에 떨어지지 않았다고 평가하였다.[13] 이일분수설에 대한 독자적인 해석을 통한 기정진의 이러한 호락논변湖洛論辨 극복은 이理 중심의 이기론을 그 근저에 두고 있는 것이었다. 그의 이기론은 기의 자발적인 능동성을 부정하고 기에 대한 이의 전일적인 주재를 관철시키는 체계이다.[14]

이항로가 이理가 주主가 되어야 천하가 다스려진다고 했듯이 기정진도 이가 제자리를 차지하고 있어야 한다고 주장하였다. 기정진은 아내가 남편의 자리를 빼앗고 신하가 임금의 자리를 빼앗고 오랑캐가 중화中華의 자리를 빼앗는 것은 천하의 큰 변고로 옛날에도 그런 일이 있었다고 하면서, 지금은 기氣가 이理의 자리를 빼앗으니 그렇게 되면 저 세 가

---

11 李相坤,「蘆沙 奇正鎭의 理一分殊觀」(『圓佛敎思想』 10·11, 원광대학교 원불교사상연구원, 1987) 903쪽.
12 『蘆沙文集』, 권16, 雜著, 納凉私議.
13 『蘆沙文集』, 권16, 雜著, 納凉私議.
14 박학래,「19세기 湖南 性理學의 전개와 특징—蘆沙 奇正鎭과 蘆沙學派를 중심으로」(『국학연구』 9, 한국국학진흥원, 2006) 224쪽.

    제1부 유림의 의리 사상과 구국 활동

지의 변은 차례대로 이를 것이라고 하였다.[15]

　한편 기정진은 심心에 대해 말하기를 심은 비록 기분사氣分事로서 단순히 기氣로 규정할 수 있지만, 그 본지는 차별화된 기, 예컨대 기氣의 정상精爽으로서 이理를 갖추고 있다는 데 의의가 있다고 하였다. 따라서 기정진은 심의 영靈함은 기 때문임이 아님을 강조한다. 심이 비록 기질의 영처靈處이고 기의 정상이지만, 기의 영함은 이理 때문이라고 보았다.[16]

　기정진은 명덕明德을 그저 기氣로 보는 것에 대해 반박하였다.

"명덕明德은 심心이다. 심心이라고 말하지 아니하고 명덕明德이라고 말하는 것은 무엇 때문인가. 심心이라고 말하면 기氣에 구애되고 물物에 가려진 심이라도 또한 심이라 이르지 않을 수 없다. 기氣에 범犯해지지 않고 물物에 범해지지 않는 본체本體를 가리켜 명덕이라 말할 수 있다."[17]

　이렇게 기정진은 구체적인 형질의 구애를 받는 심과, 이와는 달리 기와 물에 전혀 영향을 받지 않는 심의 본체로서 명덕을 구별하여 이해하

---

15 『蘆沙文集附錄』, 권1, 年譜. "九年癸卯, 先生四十六歲. 夏. 避暑南庵, 納凉私議成, 凉議見文集十六卷. 先生罕言性理, 而近世論性者昧於理分, 限理一於離形氣之地, 局分殊於墮形氣之後, 理分閒隔而性命橫決, 論性始爲天下裂矣. 於是理爲有體無用之長物, 而天地間變化生成, 氣爲之主, 斯論盛行, 靡哲不然, 先生恒憂之, 以爲學者不說理氣固無害, 說而不精, 汩亂本眞, 爲後世害深矣. 至是著爲成書, 名曰納凉私議, 藏于家, 雖及門之列, 罕得見焉. 嘗曰衆人眼中都是氣, 聖人眼中都是理. 又曰大易不言有無, 而言有無, 諸子之陋也, 聖人不言同異, 而言同異, 後學之蔽也. 又曰妻奪夫位, 臣奪君位, 夷奪華位三者, 天下之大變也, 而古亦有之, 今也氣奪理位, 氣奪理位, 則彼三變者, 是次第事."

16 朴鶴來, 「奇正鎭의 心說과 明德說」(『韓國思想史學』 16, 한국사상사학회, 2001) 197·199쪽.

17 『蘆沙文集』, 答問類編 권6. "明德, 心也. 然則不言心而言明德, 何也? 言心則氣拘物蔽之心, 亦不可不謂之心也. 指其不犯氣不犯物之本體, 故曰明德也."

였다. 그렇지만 명덕이 심 이외의 것일 수는 없다는 것 또한 그의 생각이었다. 그는 심과 명덕을 다음과 같이 구분하여 설명하였다.

"명덕明德은 마땅히 심心 자字로 보아야 한다. 심은 곧 기氣의 정상精爽이다. 심이라 말하지 않고 명덕이라 말하는 것은 무엇 때문인가. 심 자는 진망眞妄을 갖추고 있는 것이고, 명덕은 무망无妄한 본체本體를 가리키는 것이다."[18]

기정진의 생각은 기氣의 정상精爽인 심은 진망眞妄을 갖추고 있으나 명덕은 이러한 심의 본체本體로서 무망无妄한 것, 거짓이 없는 상태라는 것이었다.[19] 그런가 하면 그는 명덕이 기라면 명명덕明明德은 명기明氣가 된다고 하면서 수양가修養家에서 기氣를 단련한다는 학은 들어본 적이 있으나 명기의 학은 아직까지 들어본 적이 없다고 하였다.[20] 그러면서 그는 명덕의 뜻으로 '본심'本心 두 글자가 가장 적절하다고 하였다.

"심心은 기氣의 정상精爽이다. 근세에 이로 인해 명덕은 기氣라는 설이 있다. 그러면 명명덕明明德은 기氣를 밝히는 것인가. 성인의 문하에 일찍이 기를 밝히는 학문이 어찌 있겠는가."[21]

기정진은 평소에 명덕은 하늘의 본심本心에서 얻은 것이라고 말하였

---

18 『蘆沙文集』, 答問類編 권6. "明德, 當以心字看, 心卽氣之精爽也. 不曰心而曰明德, 何也? 心字該眞妄, 明德指无妄之本體也."

19 朴鶴來, 「奇正鎭의 心說과 明德說」(『韓國思想史學』 16, 한국사상사학회, 2001) 202쪽.

20 『蘆沙文集』, 권6, 書, 答朴瑩壽 甲戌.

21 『蘆沙文集』, 答問類編 권6. "明德之訓, 本心二字最的, 心是氣之精爽, 故近世因明德是氣之說, 然則明明德是明氣歟, 聖門曷嘗有明氣之學也?"

     제1부 유림의 의리 사상과 구국 활동

다. 하늘의 본심에서 얻었다는 것은 천명天命의 전체가 사람에게 있다는 것을 가리키며, 『대학』에서 "하늘의 밝은 명命을 돌아보라"라고 한 것이 명명덕明明德의 각주脚註라고 하였다.[22]

기정진이 『대학』의 명덕을 흩지게 기氣로 파악하지 않고 사람이 하늘의 본심을 얻은 것으로 본 것은 명덕을 심心의 가장 높은 경지에서 이해한 것이다. 그는 기에 '정상'精爽이라는 글자가 붙어야 심心 자의 경계境界에 들어가지만, 그 '정상'도 껍질을 말하는 것이므로 성정체용性情體用을 합하여 말해야 바야흐로 골자骨子이고 심 자의 본지本旨가 된다고 하였다. 그러나 바로 심을 명덕이라고 말하지 않는 것은 기질氣質에 가려진 심이 있기 때문이며, 모름지기 하늘의 본심本心에서 얻어야 바야흐로 명덕이라고 말할 수 있다고 하였다.[23] 그는 명덕은 본심으로, 인간이면 누구에게나 있으며 분수分數가 없으므로 성인과 범인 간에 명덕의 차이가 없다고 하였다.[24] 명덕에 대한 기정진의 이해는 명덕을 본심이라고 한 이이의 설과 명덕은 분수기 없다고 주장한 낙론 설의 연장선상에 있는 것이다.

그런데 이러한 기정진의 이학은 이항로의 문인들로부터 적극 지지를 받았다. 김평묵金平黙은 「서노사선생외필후」書蘆沙先生猥筆後에서 이항로의 학설과 기정진의 학설이 약속을 하지 않았는데도 서로 부합되었다고 하였다. 또한 이인구李寅龜도 1884년 10월에 「서노사기공정진소저외

---

22 『蘆沙文集』, 附錄 권1, 年譜 癸酉.

23 『蘆沙文集』, 권6, 書, 答朴瑩壽 甲戌; 권13, 書, 答金樂三 漢驥 大學問目 辛未正月. "明德或曰理, 或曰氣, 或曰心, 或曰性. 明德之訓本心二字最的, 心是氣之精爽, 故近世因有明德是氣之說, 然則明明德是明氣歟, 聖門曷嘗有明氣之學也? 更宜詳思之."

24 朴鶴來, 「奇正鎭의 心說과 明德說」(『韓國思想史學』 16, 한국사상사학회, 2001) 207쪽; 『蘆沙文集』, 答問類編 권6. "指其不犯氣不犯物之本體, 故曰明德也, 明德何嘗有分殊也?"

필」書蘆沙奇公正鎭所著猥筆을 지어 기정진의 학설이 이항로의 학설과 같음을 주장하였다. 최익현은 기정진이 "벽사闢邪를 자임自任하고 주기主氣의 학문을 내쳐 일치一治의 운運을 담당하였다"라고 하면서[25] 그의 도학이 높지만 특히 '주리'主理보다 더 높은 것이 없고 그의 사업이 크지만 특히 '척양'斥洋보다 더 큰 것이 없다고 하였다. 그는 기정진의 신도비명을 지으면서 기정진의 공을 '척사명리'斥邪明理라고 하여 그 공은 이항로와 기정진 두 선생이 같다고 극구 칭송하였다.[26]

이항로의 문인들이 나타낸 지지와는 달리 송병선宋秉璿과 전우田愚 등은 기정진의 이학에 대해 강한 비판을 하였다. 특히 기정진의 「외필」이 이이의 학설을 비난했다고 하여 그 학설에 대한 비판적 글이 쏟아져 나왔다. 전우는 기정진의 학설에 대해서 '이유위'理有爲의 설이 아닌 것이 없다고 평하고, 유위有爲한 것은 기氣인데 유위를 지적하여 이理라고 하면 그것이 바로 주기학主氣學이라며 비판하였다.[27]

내가 조사해 보니 노사가 율곡栗谷의 말을 논박하여 말하기를 '천하에 큰 변이 세 가지가 있으니 아내가 남편의 자리를 빼앗고 신하가 임금의 자리를 빼앗고 오랑캐가 중화의 자리를 빼앗는 것이다'라 하였는데 만약

---

25 『勉庵文集』, 권7, 書, 答宋淵齋 壬寅.

26 『淵齋文集』 권8, 書, 與崔贊政 壬寅 7월 25일.

27 『艮齋文集』 前編 권14, 雜著, 蘆沙說記疑 壬寅. 田愚는 本心을 바로 理로 인식해 버리면 이른바 理라는 것은 장차 깨달음이 있고 有爲한 물건이 되어 버린다고 하였다. 전우는 주희가 명덕은 衆理를 갖추고 있는 것이라고 설명했기 때문에, 명덕을 理라고 한다면 理가 理를 갖추고 있는 것이 되어 말이 되지 않는다고 하였다. 그러므로 명덕을 바로 理라고 말할 수 없다는 것이었다. 그렇게 되면 명덕을 부득불 氣分에 소속시켜야 하는데, 이른바 氣라는 것은 精粗의 구분이 있음에도 기정진이 지금 사람들이 명덕을 氣라고 설명하는 것을 보고 그것을 바로 呼吸榮衛에 해당시켜 明氣의 學으로 배척하는 것은 온당하지 않다고 하였다.

기가 이의 자리를 빼앗으면 저 세 가지 변이라는 것은 곧 차례대로 일어
나는 일일 뿐이다. 또 말하기를 '동방의 이기理氣를 어찌하겠는가'라고
하였다. 지금 율곡의 말은 한결같이 주자에서 나왔으니 노사가 장차 율
곡에 대한 근심과 탄식을 주자에게 옮긴 것이다. 이것은 다시 어떻게 마
땅히 처리해야 하는가. 일찍이 노사의 「외필」猥筆을 보면 이理는 조종操
縱이 있고 적막適莫이 있다고 말하였으니 이것은 이유위理有爲의 설이
아닌가. 유위有爲한 것은 기氣인데 유위를 가리켜 이理라고 하면 어찌 기
가 이의 자리를 빼앗는 것이 아닌가. 율곡의 말로 이야기하자면, 무위이
나 유위의 주主가 되는 것은 이이고, 유위이면서 무위의 기器가 되는 것
은 기이니, 어찌 일찍이 조금이라도 기가 이의 자리를 빼앗았다는 의심
이 있겠는가.[28]

　전우는 이理가 동動이 있고 유위有爲하다는 설을 결코 받아들일 수
없었다. 그는 '이理는 무형無形, 무위無爲'라는 이이의 설을 철저히 고수하
였다.

　전우는 이이가 안천서安天瑞에게 답한 편지에서 이理는 무위無爲하니
반드시 기기氣機를 타고서야 동하고, 기가 동하지 않는데 이가 동하는
그런 이치는 결코 없다고 한 말을 제시하였다. 또한 그는 송시열宋時烈이
심세희沈世熙에게 답한 편지에서 이르기를 이理의 주재主宰가 동동動하게
하고 정靜하게 한다는 것은 자연自然이라고 이르는 것에 불과할 뿐이지

28　『艮齋文集』後編 권13, 雜著, 觀蘆沙神道碑 丙辰. "愚按蘆沙駁栗語曰天下大變有
　　三, 妻奪夫位, 臣奪君位, 夷奪華位, 若氣奪理位, 則彼三變者, 卽次第事耳. 又曰奈東
　　方理氣何? 今栗語一出於朱子, 蘆沙將以憂歎於栗翁者, 移之於朱子矣. 此則更當如何
　　處之? 嘗見蘆猥, 有云理有操縱適莫, 此非理有爲之說乎? 有爲者氣, 而指有爲爲理,
　　則豈非氣奪理位之變乎? 若乃栗翁之言, 則曰無爲而爲有爲之主者, 理也, 有爲而爲
　　無爲之器者, 氣也, 是何嘗有一毫氣奪理位之疑乎?"

음양과 오행이 운용運用하고 조작하는 것과 같은 것은 아니라고 한 말을 제시하였다.[29] 그는 기정진이 이理에 대하여 조종操縱하고 일을 만드는 것으로 본 것은 잘못이라고 비판하였다.[30]

전우는 김평묵과 최익현이 기정진과 이항로의 견해가 서로 부합한다고 한 것에 대해서는 깊은 우려를 표명하였다.[31] 그는 기정진 등이 이이의 학설을 비판하고 있다고 하면서 자신은 이이의 학설을 옹호하는 기호 학계 최후의 보루로 자처하였다.

또한 송병선도 기정진의 「외필」에 대해 못마땅하게 여기면서 이이는 해와 달이어서 상상傷하게 할 수 없으니 비록 천만 개의 「외필」이 있더라도 무슨 손익損益이 있겠느냐고 하였다.[32] 송병선은 최익현이 기정진의 「신도비명」을 지으면서 기정진의 공을 '척사명리'斥邪明理라고 한 것에 대해 문제를 제기했다. 그는 일반적으로 글을 지으면서 이理를 거론할 때 이理의 상대는 기氣로 제시하는데 최익현이 '명리'明理의 상대어로 '기'氣라는 글자 대신에 '사'邪 자를 제시한 것은 기氣를 주장하는 쪽을 사邪로 지목한 것이라 비판하였다. 그는 '척사'斥邪라는 말 또한, 심心을 기氣로 보는 충청 학계를 비판한 것으로 이해하였다.

기정진의 『노사집』蘆沙集은 1902년에 경상도 단성丹城에서 판각板刻하여 간행되었다. 그러자 1902년 4월에 영남의 노론 학자인 최동민崔東敏·권봉희權鳳熙 등은 『노사집』의 내용을 문제 삼아 통문을 열읍에 보내어 성토할 계획을 하였다.[33]

---

29 『艮齋文集』 後編 권13, 雜著, 觀華西神道碑 丙辰.
30 『艮齋文集』 後編 권13, 雜著, 猥筆後辨.
31 『艮齋文集』 後編 권13, 雜著, 猥筆後辨.
32 『淵齋文集』 권14, 書, 答趙性薰 壬寅 11월 17일.
33 『松沙文集拾遺』 권2, 年譜, 壬寅.

　제1부 유림의 의리 사상과 구국 활동

이에 앞서 송병선은 기정진의 이학을 꺼리어, 자기 문인들에게 그를 공격하는 통문을 배포하도록 부탁하고 기정진을 편파적 학설을 가진 사람으로 몰아세웠다. 이에 가담한 이들은 경기도 진위군振威郡에 삼남 도회三南道會를 정하고 상소문을 지어 대궐문 앞에 나아가 『노사집』의 판각본을 불태우라고 간청하였다. 송병선이 기정진의 『노사집』을 훼판하려고 했던 사건은 마치 도산서원에서 이진상의 『한주집』寒洲集을 물리치고 그 뒤 상주향교에서 불태운 사건과 마찬가지로, 20세기 초까지도 기호와 영남의 정통을 자처하는 학파가 이학을 새롭게 해석하려는 학풍을 궤멸시키려는 목적에서 일어난 일이었다.[34]

그러나 기정진의 이학은 영남의 정재규鄭載圭·조성가趙性家 등과 호남의 기우만 등 여러 학자들이 잘 계승하여 나갔다. 송병선과 전우가 기정진의 학설에 비판적이었던 것에 비해, 경기의 이항로와 영남의 이진상 문하에서는 오히려 기정진의 학설에 대한 공조를 표방하였다. 기정진·이항로·이진상은 19세기에 지역과 당론을 뛰어넘어 이학을 다시 천명하였던 것이다.

그런가 하면 이건창李建昌은 『노사집』을 읽고 감탄하기를, "이것이 천하의 진짜 학문이다. 이 학설은 우리 동국東國에 없었을 뿐 아니라 중국의 원元, 명明 제유諸儒 중에서도 일찍이 찾아보기 드문 것이므로, 그가 지은 성리학 제설諸說을 뽑아 두세 책 정도 만든 다음 천하에 전하고 명산名山에 간직해야 마땅하다"고 하면서 기정진의 문하에서 공부하지 못한 것을 한탄하였다.[35]

---

34 『완역 매천야록』 제1권 上(1894년 이전).
35 『완역 매천야록』 제1권 上(1894년 이전).

2) 현실 인식

기정진은 이학적 견지에서 당시 국내 현실에 대한 개혁책을 내놓기도 하였다. 그는 1862년 임술민요壬戌民擾를 겪으면서 사회개혁책을 올리려고 하였다. 사민四民의 분업分業 중에 농민이 가장 어질고, 오직 백성이 나라의 근본인데 지금 농민의 동요가 이와 같으니 국가의 근본이 오그라들고 있다는 것이 그의 생각이었다.

그러나 기정진은 삼정三政의 폐단을 개혁하기 전에 보다 근본저인 변혁이 필요하다고 여겼다. 시대의 변화로 말미암아 당시의 습속習俗을 변혁하지 않으면 인리人理가 없어질 것인데, 그리 되면 백성은 백성 노릇을 할 수 없고 나라는 나라 구실을 할 수 없다는 것이었다. 이같이 그는 습속의 변혁을 통해 인리를 유지해야 한다고 생각하였다.[36]

기정진은 먼저 습속을 바르게 하고 다음으로 삼정의 폐단을 개혁해야 한다고 하였다. 그는 "덕은 선정을 베풀기를 생각하는 것이고 정치는 양민養民함에 있다"라는 말을 거론하며 정치를 하면서 양민의 뜻을 잃어버리면 정치라고 말할 수 없다고 하였다. 전정田政이 양민의 본령이 되고, 군정軍政과 환곡還穀도 모두 양민을 위해 있는 것이라고 하면서 특히 군정과 환곡이 양민의 뜻과 관계 없이 운영되고 있음을 비판하였다. 조선이 문벌을 숭상한 나머지 한번 군적軍籍에 오르면 사족의 대열에 낄 수 없고, 병적에 비록 원총原總이 있으나 영읍營邑의 잡다한 여러 명목이 이 액수 외에 가중되고 있어 양민의 뜻을 잃고 있다고 하였다.[37]

환곡에 대해서도 기정진은 본래 백성을 구휼하는 뜻으로 실시되었으나 지극히 교활한 아전과 지극히 어리석고 연약한 백성이 전곡을 서로

---

36 『蘆沙文集』 권3, 疏, 壬戌擬策.
37 『蘆沙文集』 권3, 疏, 壬戌擬策.

   제1부 유림의 의리 사상과 구국 활동

주고받는 사이에 문부文簿가 바뀌고 두량斗量이 축소되고 실곡實穀이 쭉 정이로 변하기도 한다고 하였다. 처음에는 도적질을 하는 자가 이서吏胥뿐이다가 수령과 감사가 또 이利의 구멍을 보고 가세하니 백성은 더욱 고통에 빠지게 되어 양민이 독민毒民으로 변하였다고 하였다.[38]

전부田賦의 제도에 대해서도 기정진은 실결實結이 은결隱結로 처리되고 백지白地에 세금이 징수되는 등 폐단이 많다고 하면서, 이는 모두 이서의 간사함을 수령이 용납해 준 결과인데, 간사함을 수령이 용납해 주는 것은 이익을 취하기 때문이고, 이익을 취할 수 있는 것은 습속에 말미암은 것이니 습속을 고치지 않고는 그 간사함을 금할 수 없다고 하였다.[39]

기정진은 국가 재용의 전반에 대해 총체적인 문제점을 지적하였다. 그는 당시 토지 겸병의 극대화로 농민은 피폐해지고, 군포와 환곡으로 국가 재용이 이서의 주머니로 들어가며, 서원 유생들이 서원에서 공부를 하지 않는 풍조가 만연해 있고, 서울과 지방에서 사치 풍조가 일어나 백성의 재용이 거덜이 나고 있고, 과거 시험에는 어마어마한 경비가 들고 있는 일 등을 지적하였다. 나아가 그는 용관冗官과 용비冗費와 환관, 나인內人의 액수를 줄이고 각 궁방의 토지 지급 등을 감축해야 한다고 주장하였다.[40]

또한 기정진은 삼정의 폐단을 개혁하기 위해서 전결田結의 개량이 필요한데, 그 개량을 담당할 훌륭한 수령을 우선 선발해야 한다고 하였다.[41] 조정의 일 중에 사람 쓰는 일이 가장 중대하다는 것이 그의 생각

---

38 『蘆沙文集』 권3, 疏, 壬戌擬策.
39 『蘆沙文集』 권3, 疏, 壬戌擬策.
40 『蘆沙文集』 권3, 疏, 壬戌擬策.
41 『蘆沙文集』 권3, 疏, 壬戌擬策.

이었다.[42]

한편 기정진은 임술민요 후에 올린 응지소應旨疏에서 국왕에게 독서讀書와 택인擇人의 중요성을 말하였다. 그는 임술민요에서 나타난 민중의 소요와 명화적明火賊의 활동, 북계北界 백성의 월강越江 등을 언급하면서 소민小民의 안정이 무엇보다 절실하다고 하였다. 그는 특히 소민의 동요를 우려하였고 외이外夷의 창궐은 소민의 동요에 비하면 다만 옴과 같은 미미한 병일 뿐이라고 하면서, 소민이 생업에 편안하면 임금을 높이고 윗사람을 친하게 여기는 마음이 저절로 일어나 나라를 위해 헌신할 것이므로 외구外寇는 염려할 것이 없다고 하였다.[43]

기정진은 정약용丁若鏞의 『목민심서』牧民心書를 읽고 수령이나 향리뿐만 아니라 관료조직 전체가 부패해 있고 토지를 비롯한 천하의 재물이 잘못 운용되고 있음을 알게 되었다. 이에 그는 부패한 사회를 개혁하여 공공의 사회·정치질서가 이루어져야 한다고 주장하였다. 그는 재화의 공정한 분배와 운영을 위하여 균전제均田制의 바탕 위에서 양반 등 특권층을 인정하지 않는 방향으로 수취 체제를 전환해야 하며, 사회적으로도 서원을 철폐하고 과거제도를 개혁하며 사치 풍조를 없애서 천하의 공공을 실현해야 한다는 사회개혁론을 제창하였다.[44]

한편 기정진은 대외적인 현실 인식에 있어서도 탁월한 견해를 제시하였다. 그는 1866년 병인양요丙寅洋擾 때 소를 올려 몇 가지 대책을 제시하며, 정부의 대책을 미리 정하지 않을 수 없다고 하였다. 청나라 북경이 개방되었고 이어 조선도 곧 개방이 될 것이라는 말이 돌자, 그는 서

---

42 『蘆沙文集』 권3, 疏, 壬戌擬策.

43 『蘆沙文集』 권3, 疏, 應旨進言仍請削濫資疏.

44 김봉곤, 「蘆沙學派의 形成과 活動」(한국학중앙연구원 한국학대학원 박사학위논문, 2007).

양이 한없는 욕망으로 조선을 부용附庸으로 만들고자 하고, 조선의 산하山河를 자신들의 내탕고內帑庫로 삼고자 하며, 조선의 사족士族을 노복奴僕으로 삼고자 하고, 조선의 젊은 처녀를 겁탈하려고 하고, 조선의 백성을 금수로 만들고자 한다고 깊이 우려하였다. 그는 만일 서양과 교통하는 길을 열어 버리면 저들이 경영하는 바가 뜻대로 막힘없이 이루어져 2, 3년이 지나지 않아 조선의 백성 가운데 서양화되지 않는 이가 거의 없을 것이라고 진단하였다.[45]

기정진은 당시 풍속에 대해 호화와 경박으로 치닫고 있고 양물洋物을 쌓아 두기를 좋아하고 양복洋服을 입기를 좋아하니 몹시 상서롭지 못한 일이라고 여겼다. 자못 서양 도적이 동쪽으로 올 조짐이라고 하면서 서울과 지방의 관리에게 명령을 내려 시장 상인이 쌓아 두고 있는 양물을 수괄收括하여 큰 거리에서 불태우고 이후 양물을 사오는 자는 바깥 도적과 내통한 율律로 처단해야 한다고 주장하였다.[46]

또한 기정진은 프랑스의 침략에 대비하여 특히 연병鍊兵, 즉 군사훈련을 할 것을 강조하였다. 그는 프랑스군의 침략을 보면서 지금 저들이 물러나더라도 조만간에 한바탕 교전交戰이 있을 것이라고 예견하였다. 그는 적병은 시부詩賦로써 물리칠 수 있는 것이 아니고 긴 휘파람으로 물리칠 수 있는 것도 아니라 적군을 섬멸한 뒤에야 백성이 편안히 쉴 수 있고 종사宗社가 안정될 수 있다고 하면서 연병을 조금도 늦출 수 없다고 하였다.

앞에서 언급했듯이 기정진은 조선이 국속國俗에 문벌을 숭상하는 비루한 규정이 있고 군사를 천하게 대하는 것을 너무 지나치게 하여 한번

---

45 『蘆沙文集』 권3, 疏, 丙寅疏.
46 『蘆沙文集』 권3, 疏, 丙寅疏.

군적軍籍에 들어가면 혼인을 할 수 없으므로 평상시에 군적으로부터 도피하기를 사지死地를 피하듯이 하기에, 오늘날 군부軍簿는 모두 거지나 어린아이이거나 아니면 백골白骨의 허명虛名이고 매년 군인 점호點呼 때에는 이정里正과 고인雇人이 점호를 받을 뿐이라고 문제를 느끼고 있었다.

병기兵器에 대해서 그는, 각 읍 관청의 무기고에 보관하고 있는 활은 근각筋角이 좀이 먹어 한 번 당기기도 어렵고, 화포는 사용할 수 있는 것이라고는 모두 사슴을 잡는 군인과 관리 맡은 자가 사정에 따라 훔쳐 내어 그중 남아 있는 것은 포혈砲穴의 옆이 새거나 먼지가 배에 가득 차서 한 번 쏘기도 어렵다고 하였다. 이러한 것으로 적과 싸운다면 우리 백성의 혈육을 적에게 주는 것에 불과하다고 하였다.

모병募兵에 대해서도 당시 군사를 천하게 대하는 것이 고질병이 되었고 사람들이 죽기를 두려워하는 마음이 있어 비록 동쪽 저자에 황금과 비단을 쌓아 놓더라도 결코 모병에 응할 사람이 없을 것이라고 신랄하게 지적하였다. 이와 같은 것을 분하게 여겨 백성을 수괄하여 군인으로 삼고자 하면, 온 나라가 반드시 소란스러워져 서양 선박이 오는 것을 기다리지 않고 도망자가 모두 도적이 될 것이라고도 하였다.

기정진은 평야에서 군사훈련을 실시할 것을 주장하였다. 그는 우리나라의 백성은 어려서부터 글공부하는 것이란 쓸데없는 과거 시험장의 문장력 구사에 지나지 않게 되었고 유용한 육예六藝는 하나도 강론하지 않는 것이 풍속이 되어 버렸다고 하였다. 심지어 열 명의 남자가 모여도 손톱을 깎는 칼 하나도 차지 않고, 세 집짜리 촌락에도 닭 잡는 칼 하나가 없으니 만약 오랑캐가 병기를 차고 들이닥치면 백가百家의 마을이 머리를 맞대고 도륙을 당할 것이라고도 하였다. 그는 오랑캐들이 대개 이와 같은 상황을 익숙히 알고 있기 때문에 감히 조선을 엿보며 거리낌이 없다고 하면서, 마땅히 백성과 더불어 원수를 함께 무찌르자는 뜻으로 전국에 포고를 하여 방방곡곡의 주호主戶로 하여금 각자 궁시弓矢를 갖추어 촌민을 거느리고 훈련하게 하여 부모와 처자를 보호하는 계책으로 삼게 해야 한다고 하였다.

기정진은 무예가 탁월한 자는 관에서 재주를 시험하여 그 신포身布를 면제해 주고 또 따로 법령을 만들어 이름이 병적에 없는 자는 무과에 응시하지 못하게 하여, 조선의 모든 백성 가운데 한 사람도 활을 쏠 줄 모르는 사람이 없게 되면 교활한 오랑캐도 감히 준동하지 못할 것이고, 정병精兵을 확보할 수 있다고 보았다. 서양의 단포短砲가 매우 빨라 우리의 단병短兵으로 제재할 수 없다는 말을 들은 그는 각도의 영문營門에 명령을 내려 궁시화포弓矢火砲를 제조하게 해야 한다고도 하였다.

여러 가지 대책을 건의하면서도 기정진은 궁극적으로는 내수內修를 급히 서둘러 외양外攘의 근본으로 삼기를 바랐다. 그는 내수의 일이 절목은 비록 매우 많지만 그 요점은 '결인심'結人心 세 글자에 불과하다고 하였다. 조정에서 오직 인재를 쓰고 버리는 것이 마땅해지면 기강이 저절로 서고, 기강이 이미 서면 풍속이 저절로 바른 곳으로 돌아올 것이므로 결인심의 방법이 여기에서 벗어나지 않는다는 것이었다. 고종이 인재를 등용하고 정치를 할 때에도 결인심 세 글자를 항상 생각하여 천만인이 대동大同의 마음으로 마음을 삼는다면 모든 백성들이 크게 호응할 것이라고 하였다.[47]

기정진의 대외적 현실 인식과 대응은 그의 철저한 이학의 바탕 위에서 나온 것이었다. 그는 이일분수理一分殊에 대한 새로운 해석을 통해 그동안 분분했던 호락논변의 학설 논쟁을 종식시키고자 했고, 당시 사회를 이학으로 무장함으로써 현실의 난제를 개혁하고 극복하려고 했다.

---

47 『蘆沙文集』 권3, 疏, 丙寅疏.

3. 이학의 실천적 전승

1) 기우만의 전기 의병운동

기정진의 이학과 위정척사 이념은 호남을 비롯하여 영남 지역으로 널리 전승되어 나갔다. 기정진의 이학 정신을 계승하여 의병운동에 나선 대표적인 인물은 기양연奇陽衍(1827~1895)·기우만奇宇萬(1846~1916)·고광순高光洵(1848~1907) 등이다. 이들은 이학의 이념을 바탕에 두고 의병운동을 시도했던 인물이었다. 기우만은 기정진의 손자로 순수 유학자였으므로 당시 호남에 흥기하던 동학東學에 대해서는 아주 부정적인 인식을 가지고 있었다. 1894년 봄에 동학농민운동이 일어나자 12월에 전라도에서는 기양연奇陽衍(교리)·기양연奇亮衍(군수)·김진호金鎭祜(교리)·이재국李在國(진사)·김봉수金鳳洙·변대용邊大容·반영구潘永龜(진사)·변만기邊萬基 등이 모여 관군에 군량을 공급하고 동학도를 토벌하는 일에 대해 논하였다. 이때 기우만은 관군에게 먹일 소와 양식을 선봉소先鋒所에 부조하였다.[48]

기우만은 1894년에 동학농민운동이 일어나고 이후 호남의 유풍儒風이 무너지자, 원근의 선비들을 모아 강회를 열어 풍속을 진작하고자 하였다. 그 같은 맥락에서 1895년 기우만은 향음주례鄕飮酒禮를 행하여 유림을 결속시키려고 하였다.[49]

한편 기우만은 1895년 윤5월에 동학토평비문인 「나주평적비」羅州平賊碑를 직접 지었다. 그는 동학농민군을 토평하는 데 일찍이 핵심적인 인물로 참여하고 활동하였다.[50] 기우만이 지은 이 글은 중국 당나라 한유韓愈의 「평회서비」平淮西碑를 모방하여 앞부분의 서문은 『서경』의 「요전」堯

---

48 『松沙文集拾遺』 권2, 年譜 甲午.
49 『松沙文集拾遺』 권2, 年譜 乙未.
50 『松沙文集』 권25, 碑, 羅州平賊碑; 『松沙文集拾遺』 권2, 年譜 甲午.

典·「순전」舜典체로, 뒷부분의 명銘은 『시경』의 「청묘」清廟·「생민」生民 시의 문체로 지은 것이다.

기우만은 「나주평적비」에서 민종렬閔種烈이 나주 목사로 부임하여 유학을 장려하고 백성들에게 '견위수명見危授命, 부정식사扶正息邪'가 의義가 됨을 알게 했다고 서술하였다. 민종렬은 동학농민군이 고부에서 일어나 나주의 서쪽 경계에 이르렀을 때 "무명無名의 병兵은 법에 따라 무찌를 것이고 부도不道의 말은 듣기를 바라지 않는다"고 하였다. 이때 영장 이원우李源佑가 민종렬을 도와 마음을 함께하여 협력하였고, 주승州丞 박상수朴祥壽는 상하를 잘 연결시켜 독찰督察을 하였다. 기우만은 정태환鄭台完·김재환金在煥·손상문孫商文 등 68명의 공을 하나하나 기록하였다. 그는 당시에 나주의 유기연柳紀淵·민주식閔周植 등이 의병의 두령으로서 안팎에서 후원을 했다고 밝혔고, 나주가 없었으면 호남도 없고 민종렬이 없었으면 나주도 없었을 것이라고 하면서, 나주가 지형적으로 군사적인 요충지이고 민종렬이 동학의 토벌에 큰 공을 세웠다고 기리었다.[51]

그런데 1895년 8월 19일 명성황후가 시해되는 일이 벌어졌고, 겨울에야 비로소 명성황후가 승하했다는 소식이 반포되더니 얼마 후 단발령이 내렸다. 기우만은 당시를 맞아 팔도의 유생과 이서吏胥, 부유婦孺, 하천下賤이 모두 죽음으로써 각오를 하고 있다고 하면서, 통문을 받고 나서 작은 읍은 5일, 큰 읍은 7일 안에 의병을 일으켜 명성황후의 시해에 대해 복수하고 단발령에 반대하자고 하였다.[52]

기우만은 1895년 12월에 상소를 올려 복수를 위한 토적과 단발령의

---

51 『松沙文集』 권25, 碑, 羅州平賊碑.
52 『松沙文集』 권12, 雜著, 輪告列邑文 乙未十二月.

철회, 전장典章의 복구 세 가지를 주장하였다.[53] 그는 명성황후가 시해되고 단발령이 내려진 결과 나라가 이적夷狄과 금수禽獸로 전락되었고, 나라는 망하지 않음이 없고 사람은 죽지 않음이 없지만 머리를 깎고 사는 욕은 나라가 망하고 사람이 죽는 것보다 더 수치스럽고 싫은 일이라고 하면서 머리를 깎고 사는 것보다는 차라리 머리를 깎지 않고 죽는 것이 낫다고 하였다.

기우만은 이제 '개화'開化 두 글자를 주장하던 천하 각국이 패망하는 자취가 밝게 드러났다고 하면서 개화를 적극 반대하였다. 그는 이른바 개화를 추진하는 정치 세력을 '개당'開黨으로 칭하며 그들이 원수를 끌어들여 심복으로 삼고, 군부君父를 협박하며 명성황후에게 화를 미치게 하고, 우리의 옛 전장典章을 바꾸고 신민들을 단발을 하게 하여 일본과 서양의 노예가 되게 하였다고 하였다. 그러므로 우선 고종이, 겉으로 보면 조선인이나 속으로는 일본인인 자의 머리를 베어 신민들에게 사례하고, 옛 전장을 복구하여 복수 토적의 뜻으로써 신민에게 포고하여야 한다고 요구하였다.[54]

기우만은 나라에 큰 변이 있으면 재야의 선비도 상소를 올려 대궐에 나아가 호소하는 것이 옛날부터 이미 있던 관례인데, 지금 온 나라가 오랑캐와 금수로 전락하는 와중에 한 사람도 도끼를 가지고 대궐문 밖에서 상소를 하는 이가 없으니 선조先祖가 부식扶植한 의義가 어디에 있느냐고 탄식하였다. 그는 당장 죽는 것보다는 우선 국왕에게 상소를 올려 자신들의 의사를 표현하여 그에 대한 국왕의 해명을 듣고자 하였고, 그것이 여의치 않을 때에는 통곡을 하고 종묘의 아래에서 죽는 것이 오히

---

53 『松沙文集』 권2, 疏, 丙申疏 2.
54 『松沙文集』 권2, 疏, 乙未疏;『松沙文集拾遺』 권2, 雜著, 乙未.

　　　　　　　제1부 유림의 의리 사상과 구국 활동

려 강상綱常을 유지하는 데 도움이 된다고 보았다.[55]

기우만은 1896년 1월에 의병을 일으켜 근왕勤王을 도모하기로 하고 격문을 띄워 의사義士를 불러 모았다. 명성황후 시해와 군주를 협박하는 사태 속에서 강상이 무너졌고, 조선 문명의 상징인 복식이 훼손되고 단발이 이루어지고 있는 상황에서 화이華夷는 판가름이 났으므로 임금을 위해 죽는 것이 바로 의義를 위해 죽는 것이라고 그는 생각하였다. 그는 격문이 도착하는 날 의병을 모아 난적을 베고 일본을 멸하고 서양을 몰아내자고 하였다. 그는 호남 지역에서 동학 농민이 봉기한 이후로 민력이 소생하지 않아 의병이 일어나지 않고 있다고 말하면서, 유사儒士와 이향吏鄕이 모두 참여하여 힘을 합하여 근왕을 위해 의병에 참여해 줄 것을 호소하였다.[56]

기우만은 나주를 비롯한 전라도 각 고을에 격문을 보내어 그 내용을 모두 사람들에게 두루 알리게 하였고, 교임校任과 공형公兄을 중심으로 의병에 가담할 명단을 작성하라고 제의하였다. 특히 격문의 밀미에 기우만은 유생과 향리 양자의 협력을 강조하였다.[57]

나주 의병은 1896년 음력 1월에 준비를 하기 시작하여 3월까지 약 두 달간 활동하였다. 나주 의병은 기우만의 격문에 영향을 받아 결성되었는데, 처음에는 나주의 양반 유생과 향리층이 연합하여 향교를 중심으로 거의舉義를 도모하다가, 개화파 관료인 참서관 안종수安宗洙의 처단 등을 계기로 향리층이 나주 의병의 주도권을 장악하면서 연리청掾吏廳을 중심으로 활동하였다.[58]

---

55 『松沙文集拾遺』 권2, 年譜, 乙未.
56 『松沙文集』 권1, 雜著, 檄文 丙申 正月.
57 홍영기, 『대한제국기 호남의병 연구』(일조각, 2004) 133쪽.
58 홍영기, 『대한제국기 호남의병 연구』(일조각, 2004) 133·150쪽.

그런데 의병이 일어나게 된 데에는 고종의 밀조密詔가 커다란 계기로 작용하였다. 고종은 서울과 지방에 명령을 내려 의병을 일으키게 하고 각 도에 의호義號를 내리면서, 단발을 하여 백성에게 화를 미치게 한 자신의 죄를 책망하고 스스로 사직社稷을 위해 순사殉死할 것을 맹세하였다. 또 전국의 의병을 지휘하기 위해 영의정 김병시金炳始로 도독찰사都督察使를 삼아 서울과 지방을 진무하게 하고 진사 계국량桂國樑을 감의군지휘사監義軍指揮使로 삼아 7도를 근왕勤王하게 하였다. 당시의 의호義號는 호서가 충의군忠義軍, 호남은 분의군奮義軍, 영남은 장의군壯義軍, 관동은 용의군勇義軍, 관서는 강의군剛義軍, 관북은 돈의군敦義軍, 해서는 효의군效義軍, 경기도는 순의군殉義軍이었다. 고종은 자신은 마땅히 사직을 위해 죽을 것이니 서울과 지방의 의사는 오직 그 마음을 하나로 하고 종사宗社와 백성을 위해 일어나라고 하였다.[59]

기우만은 1896년 2월에 열읍列邑과 경영京營과 완영完營에 대해 의병의 필요성을 유시하였다.[60] 그는 단발을 당한 이교吏校와 병정兵丁 들에 대해 애통해하면서, 어쩔 수 없이 단발을 당한 경우와 관찰사와 수령처럼 스스로 단발을 한 경우는 충忠과 역逆이 크게 다른 것이라고 하였다. 그는 전주 감영의 병사와 활과 포가 국가를 위해 난을 주벌하는 데 사용되어야 하는데 원수를 위하는 일에 쓰인다고 하면서, 오직 의병과 함께 행동하여 원수를 쓸어버리고 아관俄館(러시아 공사관)에 가 있는 국왕을 모셔 와야 하며 옛 전장을 회복하고 해구海寇를 물리쳐서 국가 중흥의 운을 연다면 불세不世의 큰 공이 설 것이며, 지통至痛의 본심이 또한 드러날 것이라고 하였다.[61]

---

59 『松沙文集拾遺』권2, 年譜, 丙申.
60 『松沙文集拾遺』권2, 年譜, 丙申.
61 『松沙文集』권12, 雜著, 曉諭完營兵.

한편 기우만은 경영京營 이하의 군문軍門에서 단발을 당한 것에 대해 애통해하면서 병사들이 강제로 단발을 당한 것이라고 하였다. 그는 의병과 병정이 근왕의 군사가 되어 마음을 같이하고 힘을 다하여, 함께 왕실을 구제하고 국가 중흥의 기틀을 마련하기를 바랐다.[62]

기우만은 나라를 잊어버리고 왜에 붙은 자는 역逆이고, 임금을 위하고 자신을 잊어버리는 자는 충忠이라고 하였다. 그는 충忠과 역逆이 나누어지고 시是와 비非가 저절로 밝혀진 뒤에는 향배가 일도양단처럼 분명해질 것이라고 믿었다.[63]

기우만은 그는 각 읍의 이교吏校와 병정兵丁이 강제로 단발을 당한 경우는 수령을 잘못 만났기 때문이라고 하면서, 각 읍의 공형소公兄所에 특별히 지시하여 우선 군량을 미리 준비할 것, 계기械器와 병장兵仗을 준비할 것, 모병募兵을 활용할 것, 각 읍의 성수城守를 엄히 할 것, 간세奸細한 이를 찾아내어 단속할 것을 고시하였다. 특히 무릇 유사儒士와 이서吏胥에서부터 백성에 이르기까지 자원하여 의병이 되는 자는 모두 받아들여 주고, 그 나머지 모병에 있어서도 산포수山砲手, 유수한량遊手閒良, 무부巫夫, 도포屠庖, 승도僧徒까지 모두 받아들이라고 하였다.[64]

한편 장성에서는 1896년 음력 2월 7일 기우만의 주도로 장성향교를 도회소都會所로, 양사재養士齋를 향회소鄕會所로 삼아 의병이 일어났다.[65] 이때 고광순高光洵·기삼연奇參衍·김익중金翼中·이승학李承鶴·기주현奇周鉉·고기주高琦柱·양상태梁相泰·기동관奇東觀·기재奇宰·기동준奇東準·기

---

62 『松沙文集』 권12, 雜著, 揭示京營兵.
63 『松沙文集』 권12, 雜著, 揭示京營兵.
64 『松沙文集』 권12, 雜著, 別告各邑公兄所.
65 홍영기, 『대한제국기 호남의병 연구』(일조각, 2004) 133쪽.

동로奇東老 등 여러 의사義士가 의유義儒 200명을 모았다.[66] 기우만은 이학상李鶴相(注書)과 함께 나주에 있는 김천일金千鎰의 사당에 나아가 제문을 지어 고하고, 또 금성산에 제를 올렸다.[67] 이날 박창수朴昌壽(승지)가 향교에 들어가 공자에게 배알하고 여러 의사에게 격려하여 말하기를 "옛날 임진왜란 때 김천일이 나주에서 창의하였고 고경명高敬命이 광주에서 창의하였다. 오늘 주서 이학상 등이 본주에서 창의하였고 기우만이 장성에서 창의하였으니 진실로 공경하여 칭송稱誦할 만하다"라고 하였다. 그리하여 같은 해 3월 30일(음력 2월 17일)에 여러 장령將領과 군졸이 부대와 항오를 나누어 군사와 의장儀仗을 펼치고 기우만을 맞이하니, 기우만은 장성 등 열세 읍 의병의 의병장이 되어 단壇에 올라가 군중들에게 맹세하였다.[68]

기우만은 의병이 오늘날의 시휘時諱이지만, 실상은 임진왜란과 병자호란 때보다 더 의병이 필요하다고 역설하였다. 그는 왜란 때는 외적이 다만 밖에 있었고, 훌륭한 관료들이 왕실을 도왔으며, 선왕의 전례가 그대로 없어지지 않아서 국왕이 파천했어도 우리 영토에 머물렀지만, 지금은 안팎이 모두 적이 되고 옛 신하들이 버려져 나라가 비었고 선왕의 전례가 다 바뀌었으며, 국왕이 러시아 공사관에 머물며 러시아를 믿어 나라의 형세가 위급한 것이 임진왜란과 병자호란 때보다 더 심하다고 하였다. 그는 호남의 사기가 많이 꺾여 있으니 크게 더욱 배양을 하지 않으면 안 된다고 하면서 빨리 환궁을 하고, 옛 전장을 회복하고, 새로운 법식을 혁파하고, 옛 신하를 나아오게 하고, 시류時流를 따르는 무리

---

66 홍영기, 『대한제국기 호남의병 연구』(일조각, 2004) 145쪽.
67 『松沙文集拾遺』 권2, 年譜, 丙申.
68 『續陰晴史』 권8, 建陽元年 開國 505年 丙申(以下 陽曆) 3월 30일(17일 임오).

제1부 유림의 의리 사상과 구국 활동

를 물리치고, 언로言路를 열고 사기士氣를 진작하기를 바란다고 하였다.[69]

1896년 새로 전라도 관찰부가 된 나주에서 참서관 안종수가 이민吏民들에게 강제로 단발을 단행하였는데, 이에 음력 2월 9일 이교吏校가 격노하여 안종수를 살해하는 일이 있었다. 당시 나주의 백성이 불안해하자 기우만은 편지를 보내 나주에 대해 위무를 하고 안종수의 죄를 열 가지로 나열하여 그를 살해해야 한 의리를 밝혔다.[70] 나주의 인사들이 서로 이르기를 "흉괴兇魁를 비록 제거했지만 본 고을의 의거는 마침이 없을 수 없다"라고 하더니 유생 이승수 등이 중심이 되어 이학상을 맞이해 의병장으로 삼고[71] 각 군에 통고하여 함께 거사하기로 약속을 하였다. 이어 음력 2월 4일 나주 유생들은 기우만의 창의를 지지한다는 답통答通을 보내었다. 나주의 유생과 향리들은 장성의 의병 봉기에 적극 찬성한 다음 답통의 말미에 100여 명이 서명하였다.[72]

한편 나주에서 유언비어가 날로 퍼지고 민심이 깊이 의심하고 두려워하게 되자 나주 사람들은 기우만을 머무르게 하여 진정시키고자 하였다. 기우만은 열읍列邑에 통문을 보내어 2월 30일에 광주에서 모이기로 하고 날을 잡아 출발하였다. 그는 나주는 참서관 안종수를 제거하여 의기義氣가 높고 성안에 근심이 없다고 판단하여 바로 광주로 향하겠다고 하였다.

---

69 『松沙文集』 권2, 疏, 丙申疏 3.

70 홍영기에 의하면 나주 의병의 주모자들이 기우만의 통문을 읽은 후에 안종수를 제거했다고 이해하는 것이 타당하다고 한다. 기우만이 성토한 안종수의 열 가지 죄목은 개화당에 아부한 죄, 각 읍의 印信을 도용한 죄, 직권을 남용한 죄, 國服을 위반한 죄, 단발을 강요한 죄, 주민을 핍박한 죄, 宣諭를 인정하지 않은 죄, 향교를 철폐하려 한 죄, 단발로 文廟에 참배한 죄 등이다.(홍영기, 『대한제국기 호남의병 연구』, 일조각, 2004, 143쪽)

71 홍영기, 『대한제국기 호남의병 연구』(일조각, 2004) 133쪽.

72 홍영기, 『대한제국기 호남의병 연구』(일조각, 2004) 134쪽.

그러나 기우만은 먼저 광주의 여러 장사壯士들에게 의병을 일으켜 줄 것을 호소하였다. 그는 중론이 분분하면 일을 성취할 수 없다고 보았기에 의병들이 광주에 일제히 모여 기율紀律을 세우고 출정하기를 바랐다. 의병의 군량은 각각 해당 읍에서 제공하도록 하고, 사졸은 반드시 용감한 자를 써야 하며, 기계는 반드시 정예한 것을 써서 일을 그르치는 폐단이 없어야 한다고 생각하였고, 유儒와 이吏가 서로 입술과 이빨의 관계이므로 반드시 일을 함께 주선하여 도모하기를 바랐다.[73]

기우만은 또 장령將領에게 글을 보내어 말하기를 "병가兵家의 일 중에는 믿음을 잃는 것이 가장 해로운데 수십 개의 고을에서 이미 광주에 도회를 하기로 했으니 모름지기 여러 장사壯士에게 효유하여 여러 읍에 대해 실신失信을 하지 않아야 한다"라고 주의를 시켰다.[74] 그래서 호남 의병들은 광주에 모이어 거사를 추진해 나갔다.

그런데 1896년 2월 선유사 신기선申箕善이 고종의 명을 받들고 전주에 이르러 지방관으로 하여금 선유를 전하게 하였다. 그 내용은 고종이 밀유密諭를 내려 의병을 장려한 것이 결국은 실권을 잡은 자가 협박을 하게 하는 빌미가 되어 독책督責이 더욱 심해지니 환궁還宮이 기약이 없다는 것이었다. 그러면서 기우만의 의병이 본래 고종을 환궁시켜 군부의 부끄러움을 씻고 토적 복수의 의리를 다하고자 한 것인데, 군과 민이 격절되고 호령이 통하지 않아 역적의 무리를 막지 못하고 성지聖旨를 펴지 못하니 금일 선유의 명은 진실로 마지못하는 일이라고 하였다. 신기선이 국왕의 뜻을 받들어 의병을 해산하는 것이 또한 충성을 바라는 하나의 의리가 된다고 주장하자, 이에 기우만은 적을 토벌하는 것이 마침

---

73 『松沙文集』 권12, 雜著, 三告列邑文.
74 『松沙文集拾遺』 권2, 年譜, 丙申.

우리 군왕의 화禍를 부르는 것이 될지도 모르니 차라리 자수해 자신의 사의私義나 펼 뿐이라고 하며 통곡을 하고 파병破兵을 하였다.[75] 그러면서도 기우만은 고종의 선유宣諭의 내용 중에 모순되는 것을 들어 의문을 제기하였다. 첫째는 국수國讐를 이미 씻었다고 했는데, 이른바 국수라는 자들이 아직도 조정에 포열하여 활동하고 있다는 것이었다. 둘째, 단발령도 철회했다고 하지만 아직도 철회되지 않고 있다고 하였다. 셋째, 전장을 이미 회복했다고 하지만 복제가 달라졌고 법이 그대로 신식으로 시행되고 있다고 하였다. 넷째로 조정에 근심이 없다고 말하면서도 무엇이 거리껴지기에 환궁하지 못하며, 개당開黨에 대해 무엇이 거리껴지기에 법을 바르게 적용하지 못하며, 외구外寇는 무엇이 거리껴지기에 물리치지 못하며, 정삭正朔(달력)은 무엇이 거리껴지기에 왜력倭曆을 쓰며, 문부文簿는 무엇이 거리껴지기에 언서諺書를 쓰며, 정부육조政府六曹는 무엇이 거리끼기에 복구하지 않으며, 외내십아外內十衙는 무엇이 거리끼어 혁파하지 않느냐고 하였다. 기우만은 이러한 여러 건수를 고종이 시류배에게 협박을 받아 자유롭게 처리하지 못한 결과로 보았다. 그러면서 의병도 선유로 인하여 여러 번 모였으면서도 의견이 나누어져, 통문을 발송한 지 여러 달이지만 일보도 나아가 근왕하지 못하는 것이 이 때문이라고 하였다.[76]

신기선의 선유에 더하여, 한때 동학 토벌에 공을 세웠던 해남군수 정석진鄭錫珍(1851~1896)이 살해되자 기우만은 광주에서 의병을 해산하였다. 1896년 3월에는 광주향교의 재임을 맡고 있던 박원영朴源永은 이겸제李謙濟가 이끄는 전주 진위대에게 참변을 당하는 일이 있었다. 그가

---

75 『松沙文集拾遺』 권2, 年譜, 丙申.
76 『松沙文集』 권2, 疏, 丙申疏 2.

광주향교를 기우만이 이끄는 의병의 집결지로 제공했기 때문이었다.[77] 사실 이때 신기선은 호남에 있으면서 기우만을 강력히 옹호하고 있었기에 이겸제를 체포하지 않았다. 민종렬이 기우만과 서로 정보를 교환하고 있었던 이유로 그 소문이 일시에 알려지니, 이겸제는 민종렬을 살해하려고 하였다. 그러나 그의 아우 민종묵閔種默이 높은 관직에 있고, 또 어떤 사람이 이겸제에게 민종렬은 주모자가 아니라고 달래었기에 이겸제는 그를 서울로 올려 보내었다.[78]

이와 같이 기우만 등은 명성황후 시해와 단발령을 계기로 근왕을 목표로 의병을 일으켜 반개화·반침략 투쟁을 전개하였는데[79] 이러한 근왕을 지향한 기우만 의병의 사상적 연원은 그의 조부 기정진의 이학에서 찾을 수 있을 것이다.

기우만은 1896년 9월에 집 뒤의 삼성산三聖山 꼭대기에 삼산재三山齋를 지었다. 그는 평소 시 짓기를 좋아하지는 않았으나, 입산하여 충분忠憤과 답답함을 매번 시로 표현하였다.[80] 그는 입산한 것이 고상하게 지내기 위해서가 아니라 봄이 오길 기다려서 온갖 꽃이 만발하는 것을 보기 위함이라고 말하기도 했다. 그는 암울한 시대를 보내고 새 시대를 기다리기 위한 장소로서 삼산재를 짓고 제자들을 가르쳤다.[81]

1897년 10월 명성황후의 담월禪月이 지났으나 기우만은 "적을 토벌하지 않으면 장사를 지냈다고 쓰지 않았고 장사를 지냈다고 쓰지 않으면

---

77 洪英基, 「蘆沙學派의 형성과 衛正斥邪運動」(『한국근현대사연구』 10, 한국근현대사학회, 1999) 98쪽.

78 『완역 매천야록』 제2권, 「建陽 元年 丙申(1896년)」.

79 홍영기, 『대한제국기 호남의병 연구』(일조각, 2004) 112쪽.

80 『松沙文集拾遺』 권2, 年譜, 丙申.

81 권수용, 「호남의 근대 누정 작가·작품 연구—기우만, 오준선, 고광선을 중심으로」(『동방학』 19, 한서대학교 동양고전연구소, 2010) 160~161쪽.

복을 벗지 않는다"는 『춘추』春秋의 의리에 따라 그대로 백립白笠을 쓰고 다녔다. 그는 나라의 원수를 갚지 못한 채 상기祥期가 이미 지났으니 어찌 하늘을 이고 다닐 수가 있고 땅을 밟을 수가 있겠느냐고 하면서 감히 다른 사람을 따라 흑립을 쓰지 못하겠다고 하였다.[82] 그리하여 그는 명성황후가 시해된 후 12년간 백립을 쓰고 다녔다.

2) 기우만의 후기 의병운동

기우만은 1905년 10월에 을사늑약이 이루어졌다는 소식을 듣고 소를 올렸다. 그는 10월 21일 밤 이토 히로부미伊藤博文가 군사를 풀어 대궐을 에워싸고 강제로 오조약五條約을 맺고자 했으나 고종 황제가 완강히 거부하여 허락하지 않았고, 이지용·이완용·박제순·권중현·이근택의 무리가 조인하여 허가한 것이라고 당시 사태를 파악하였다.[83]

기우만에 따르면 일본이 오조약을 강제로 맺고자 할 때 고종은 성을 내어 말하기를 "내가 지키는 바의 강토와 인민은 선왕이 남긴 것으로 내가 사적으로 할 수 있는 것이 아니다. 안으로는 조정의 신하가 있고 밖으로는 백집사百執事가 있어 팔도의 백성들이 함께 더불어 하는 것이다"라고 하였다고 한다. 기우만은 일본이 처음에는 '수호'修好와 '개화'開化의 설로 우리나라를 시험하였고 이어 옛 전장典章을 변혁하게 하였으며, 다음으로 군기軍機를 무력화시켰고, 그다음으로 조정을 마음대로 요리하여 주머니 속의 물건처럼 다루었다고 하였다. 그 과정에서 매국 적신들이 일본의 새매와 개가 되어 사적으로 우리의 토지와 인민과 정병政柄을 일본에게 넘겨주었다고 인식하였다.[84]

---

82 『松沙文集拾遺』 권2, 年譜, 丁未.
83 『松沙文集拾遺』 권2, 年譜, 乙巳.
84 『松沙文集』 권2, 疏, 乙巳疏.

기우만은 고종에게 매국 신하의 죄를 논하라고 하면서 삼천리 강토의 이천만 백성이 단결하여 군신과 부자가 성에 배수진을 치고 국권 회복을 위해 목숨을 걸고 투쟁해야 한다고 역설하였다.[85] 고종에게 순사殉社(사직을 위해 순국함)의 뜻이 있다는 것을 안 그는 동서남북에 의성義聲이 있으면 마땅히 칼을 잡고 따르겠다고도 하였다.[86]

1905년 12월(양력 1906년 1월)에 기우만은 '척왜기의'斥倭起義를 촉구하는 통문을 전라도 각 고을에 두루 발송하였다.[87] 그는 일병日兵이 각각 요지를 점거하여 손을 쓸 수 없으나, 한 가지 방법이 있는데 가령 만인 천인이 혹은 서울에 나아가거나 혹은 시골에서 연명으로 소를 올려 한편으로는 우리 임금에게 명을 청하여 사적으로 분명하게 나라를 넘겨 준 난적을 드러내서 죽이고, 한편으로는 공문서로 열강에 원통함을 호소하여 교활한 오랑캐를 성토한다면 장차 나라를 보존할 수도 있을 것이라고 하였다.[88]

기우만은 당시 천하의 공법公法이 민론民論을 표준으로 삼고 있으니, 임금은 차라리 순사殉社할지언정 을사늑약을 따르지 않고 민民은 차라리 순신殉身할지언정 따르지 않는다면 만국공론이 있는 바에 저들이 장차 어찌할 수 없을 것이라고 하였다.[89] 이같이 이제 기우만은 만국공법에 호소하여 국권을 회복해야 한다고 생각하였다.

을사늑약 이후 사실상 호남 지역 의병운동의 첫 도화선이 된 것은 1906년 6월 최익현의 의병 봉기였다. 이에 앞서 최익현은 음력 2월 초에

---

85 『松沙文集』 권2, 疏, 乙巳疏.
86 『松沙文集拾遺』 권2, 年譜, 乙巳.
87 홍순권, 『한말 호남지역 의병운동사 연구』(서울대학교 출판부, 1994) 87쪽.
88 『松沙文集拾遺』 권2, 年譜, 丙午.
89 『松沙文集拾遺』 권2, 年譜, 丙午.

          제1부 유림의 의리 사상과 구국 활동

기우만을 태인에서 처음 만났고 그 후 5월 29일(음력 윤4월 8일)에도 전남 담양의 추월산에 있는 용추사에서 만나 대일 항전의 방법을 논의한 바 있다. 그러나 기대했던 만큼 서로 간에 합의점을 찾지는 못하였다.[90] 기우만은 1906년 여름 압록강을 건너가 청나라에 도움을 요청하려고 하였으나 자신을 압송하라는 명이 있다는 것을 듣고 돌아왔다. 이때부터 일본 경찰의 감시가 더욱 엄해지자, 그는 무안에 이르러 반곡재盤谷齋에 머물면서 문인 박임상朴琳相 등과 학문 강론을 계속해 나갔다.[91]

최익현의 거의擧義 이후, 이에 자극되어 호남 각지에서는 유생들이 중심이 된 의병 봉기가 여러 차례 일어났다. 1906년 11월에는 전 주사 백낙구白樂九(또는 白洛龜)가 고광순·이광선 등과 공모하여 구례에서 의병을 일으키고 광양·순천에 진출하였다. 이때에 의병장 백낙구는 부대를 이끌고 다시 구례로 퇴각하였다가 수일 후 체포되었다.[92]

1906년 10월 16일 기우만은 백낙구의 공초에서 이름이 거론됨으로 인해 연행되어서 광주경무서에 체포되어 담판을 하였다.[93] 그는 일본 관원으로부터 신문을 받자 춘추春秋의 의리에 입각하여 대응하였다. 그는 조선이 일본과는 십세十世의 원수인데 임진·정유의 왜란은 이미 지나간 일로 더 말할 것이 없지만, 을미년의 명성황후 시해사건이 일어났을 때는 여러 고을에 통고하여 동지를 불러 모아 일심으로 적을 토벌하고 복수하여 장차 대의를 펴고자 하였다고 하였다. 그럼에도 당시에 적신賊臣이 고종을 끼고 강제로 선유를 하게 하니 부득이 의병을 파하여 돌아갔다는 것이었다. 그는 임금이 욕을 보는 날 신하가 죽는 것이 분

---

90 홍영기, 『대한제국기 호남의병 연구』(일조각, 2004) 167쪽.
91 『松沙文集拾遺』 권2, 年譜, 丙午.
92 홍순권, 『한말 호남지역 의병운동사 연구』(서울대학교 출판부, 1994) 91쪽.
93 『松沙文集拾遺』 권2, 年譜, 丙午.

수이니, 비록 죽지는 못했지만 처자에게 돌아가 봉양을 받는 것이 마음에 불안하여, 산에 들어가 굴을 파서 생활하면서 스스로를 나무라고 적을 토벌하지 못하면 복을 벗지 않겠다고 맹세하며 12년간 백립을 쓰고 원수를 갚고자 했다고 하였다. 그야말로 "적을 토벌하지 못하면 장사를 지냈다고 쓰지 않고, 장사를 지냈다고 쓰지 않으면 복을 벗지 않는다"는 춘추 의리에 의거하여 생활하고 있었던 것이다.[94]

기우만은 자신이 백낙구의 거의擧義 소식을 들었을 때 비록 서로 얼굴은 모르나 마음은 서로 환하게 아는 처지라 지지를 표명한 것이고, 공초에서 자기를 지목하여 말한 것도 거짓이 아니라고 하였다. 비록 사람이 죽어도 의義는 죽지 않고, 나라는 비록 망해도 의는 망하지 않으니 의가 같으면 마음도 같고, 그 마음이 같으면 지시하지 않아도 지시한 것이며 시키지 않아도 시킨 것이므로, 설령 온 나라 사람이 의병을 일으킨 것을 자신의 지시라 지적한다 해도 모든 것을 달게 받겠다고 하였다.[95]

또한 거듭, 백낙구가 토적 복수를 도모하여 군사를 일으켜 대의를 천하에 편다는 말을 듣고 얼굴을 비록 알지 못하나 마음은 서로 알았는

---

94 『松沙文集』 권12, 雜著, 光州談辨. "我國與爾國爲十世之讎, 仇讎無相尊, 爾不必公我, 我且爾汝, 爾壬丁之事, 旣往勿說, 乙未罔極之變, 職爾所爲, 朝鮮臣民, 苟非倭肚者, 孰不欲殄滅汝, 啗汝肉而寢汝皮乎? 不忍忿憤, 通告列邑, 收召同志, 將不日北上, 而賊臣執命, 宣使來諭, 不得已罷歸, 而主辱之日, 臣死是分, 雖不能死, 而歸養於妻子, 心所不安, 入山爲窟, 以自責罰, 誓以賊不討則服不除, 至今戴白以寓薪膽, 實春秋之義, 于今十有二年, 一時一刻, 曷嘗一念忘討復? 衰老病篤, 日暮道遠, 志事未伸, 而如水益深, 如火益熱, (중략) 據春秋之義, 賊不討則不書葬, 葬不書則服不除, 至今戴白以寓薪膽之義者十許年, 年有十二月, 月有三十日, 日有十二時, 無一念不在於討復."

95 『松沙文集』 권12, 雜著, 光州談辨. "忽聞白洛九討復興師, 將伸義於天下, 有辭於後世, 而面雖不見, 心或相悉, 許大美名, 難於獨擅, 招引以指使云. 老病無能, 賴洛九一言, 得免於臥死牖下, 誠大惠也, 豈可區區辭避, 作免禍之計耶? 非但洛九, 使擧國之人有此擧而推委於我, 我且不辭."

     제1부 유림의 의리 사상과 구국 활동

데, 공초에서 자신이 시켰다고 하니 큰 은혜라고 하였다. 그러면서 살아서는 이씨李氏의 신하요 죽어서는 이씨의 귀신이 되겠다고 하였다.[96]

이어 기우만은 일본의 범한 죄상을 하나하나 말하였다. 일본이 명분 없는 군사를 일으켜 열강列强을 침범하여 무너뜨린 결과 시체가 수도 없으니 이것이 살인 대범이고, 크게는 삼천리 강역을 강제로 차지하고 작게는 인민의 집과 토지를 빼앗아 지나가는 곳은 닭과 개도 다 없어져 백성이 살지 못하니 이것은 강절도 대범이라고 하였다.[97]

1907년 3월, 기우만은 영광경무서에 체포되어 일본 관원과 담판을 하였다.[98] 그는 다섯 대신에 대해, 선왕의 강토를 남에게 마음대로 허락해 주었으니 그들이 바로 역적이라고 규정하였다. 일본으로 볼 때는 오적이 충신이나 우리나라로 보면 비상한 대역大逆이니 임금을 팔아먹고 나라를 팔아먹은 적이라고 강하게 주장하였다.[99]

기우만은 자신이 주도하는 의거義擧는 당당한 대의大義로, 팔도에 격문을 띄워 정병 십만을 얻어 십세十世의 원수를 갚고 종사宗祀를 영원히 편안하게 하려 하는 것이라고도 하였다.[100]

1907년 3월 28일 기우만은 서울로 압송되었다. 4월 1일 목포경무서에 들어갔고 4월 5일에는 서울의 감옥에 들어가 9일에 담판을 하였다. 호

---

96 『松沙文集拾遺』 권2, 年譜, 丙午. 반면 奇宇萬에 대한 황현의 기록은 매우 비판적이다. 그에 따르면 처음에 기우만은 백낙구와 함께 의병을 일으킬 것을 약속하였으나 그 후 백낙구가 체포되어 자신이 연루되자 자기는 공모를 하지 않았다고 진술하면서 대질신문을 할 때 매우 겸손하게 행동했으며, 일본을 일컬어 '저 나라'라고 하였고, 이때 백낙구는 그를 '畜生'이라고 크게 꾸짖었다고 한다.(『완역 매천야록』 제5권, 「光武 10년 丙午〔1906년〕」

97 『松沙文集』 권12, 雜著, 光州談辨.

98 『松沙文集拾遺』 권2, 年譜, 丁未.

99 『松沙文集』 권12, 雜著, 靈光談辨.

100 『松沙文集』 권12, 雜著, 光州談辨.

남에서는 강상원康相元 등이 오적을 암살하려고 했다가 일이 발각되어 체포되었는데 강상원은 공초에서 "지참봉과 장성 기산림(기정진)에게로 가서 모의하여 장사 몇십 명을 마땅히 보내 더불어 함께 일을 하기로 했다"라고 진술하였다. 이에 대해 기우만은 자신은 광주에 우거한 지 이미 3년이고 자기는 산림이 아니며 함께 공모를 하지 않았다고 하면서도, 강상원과의 대질신문에서 그가 자신과 기밀로 서로 통하지 않고 비밀을 유지하지 못했음을 책망하였다. 이른바 오적은 『춘추』에서 이른 것처럼 사람마다 죽일 수 있는, 우리나라의 죄인일 뿐만 아니라 또한 만국의 죄인이고 또한 만세의 죄인이라고 규정한 그는 역적을 죽인 것으로 죄를 삼는다면 자신은 마땅히 죄의 괴수가 될 것이라고 하였다.[101]

나아가 기우만은 조선을 망하게 한 자는 일본이 아니고 오적이라고 지목하였다. 그는 오적은 혹은 왕실의 가까운 친척이고 혹은 대대로 벼슬한 세가世家의 사람으로, 국가와 더불어 기쁨과 근심을 함께해야 할 자들인데 무슨 심장이기에 십세가 이어진 나라의 원수를 끌어들여 오백 년 종사를 전복시키고 삼천리 강역을 일본에게 마음대로 내어 주었느냐고 따졌다.

이른바 각국 자주독립의 날에 만국공법의 법이 분명하다고 말하며 기우만은 공법을 따르지 않고 다른 나라의 국모를 시해하고 군부를 협박하고 신하를 회유하고 강토를 빼앗고 전장을 무너뜨리고 부발膚髮을 헐게 하고 관정官政을 변경하고 재원을 고갈시키고 군무軍務를 주재하고 형법을 마음대로 하여 우리의 임금과 백성이 손발을 놀릴 곳이 없게 하는 것이 공법이냐고 따져 물었다.[102]

---

101 『松沙文集』권12, 雜著, 京都談辦.
102 『松沙文集』권12, 雜著, 京都談辦.

  제1부 유림의 의리 사상과 구국 활동

이러한 기우만의 말을 들은 일제의 경관警官이 향후 10년이 지나면 우리나라에 이익이 있을 것이라고 하자, 그는 '그래' 하고 혀를 차며 자기가 죽고 싶지 않은 것은 이토 히로부미의 피를 마시고 이토의 고기를 씹으며 일본이 반드시 망하는 것을 보고 싶기 때문이라고 말했다. 그는 우리나라가 비록 힘이 미약하지만 도의道義와 재덕才德의 선비가 있기 때문에 이들을 쓰면 국가가 번영을 할 것이라고 하였다. 그는 조선이 예의의 나라임이 분명하고 오랑캐 사람에게 정치를 맡겼다는 소리는 듣지 못하였다고 하면서, 일본을 위한다면 속히 철수하여 돌아가는 것이 상책이라고 주장하였다.[103]

1907년 4월 10일에 일본 경찰이 기우만에게 "우리나라에서 노사蘆沙 선생의 도학과 문장을 들었는데 조손祖孫 문생門生 중에 쓸 만한 자가 있는가"라고 묻자, 기우만은 "없다"고 잘라 대답하였다. 일본 경찰이 "봄 사이에 최면암崔勉庵(최익현)이 한 행동은 매우 재미가 없어"라고 하자 기우만은 "너희에게는 재미가 없다고 말할 수 있을지 모르나 우리에게는 크게 재미가 있고 극도로 재미가 있다고 말할 수 있다"고 응대하였다.[104]

1907년 4월 20일에 출옥한 기우만은 최익현이 살던 충청도 정산의 장구동長龜洞(지금의 충남 청양군 목면 송암리 장구동)을 방문하여 곡哭을 하기도 하였다.[105]

기우만은 1909년에 『호남의사열전』湖南義士列傳을 지었다. 당시에 의병이 사방에서 일어나 모두 패배하자 나라에서는 이들을 '폭적'暴賊으로 지목하고 그 일에 대해 말하는 것을 피하였다. 기우만은 나라의 은혜에 보답하고자 하는 뜻으로 명교名敎를 세운 자를 위해 사실을 조사하여

---

103 『松沙文集』 권12, 雜著, 京都談辦.
104 『松沙文集拾遺』 권2, 年譜, 丁未.
105 『松沙文集拾遺』 권2, 年譜, 丁未.

기정진의 위패가 모셔져 있는 전남 장성의 고산서원高山書院 (한국학중앙연구원 제공)

입전立傳을 하는 것을 자신의 임무로 여겼다.[106]

1910년 7월에 국치國恥의 소식을 들었을 때 기우만은 실성통곡失聲痛哭을 하고 살고 싶어하지 않는 모습이었다. 그는 여러 날 침식寢食을 폐하고 폐양자蔽陽子를 쓰고는 천인賤人으로 자처하였다. 그리고는 마을 뒤의 대나무 숲 속에 토굴을 파고는 몸과 그림자를 숨기고 살았다.[107] 그는 경술국치 이후에 공자에게 석채례釋菜禮를 행하고 나서 제생들에게 아뢰었다. 그는 "세상이 어지러운 것이 이와 같으니 성현의 도맥道脈을 더욱 더욱 부식扶植하여, 나라는 비록 망했으나 도道는 망할 수 없고 사람은 비록 죽더라도 마음은 죽을 수 없다는 것을 일정한 의리로 삼은 뒤라면, 천하가 오랑캐가 되더라도 우리는 화華가 될 수 있고 천하가 금수가 되더라도 우리는 사람이 될 수 있다"라고 하였다.[108] 그는 도道와 마음은 죽을 수 없는 것이라고 보았기에 이같이 성현의 도맥을 지키고

---

106 『松沙文集拾遺』권2, 年譜, 己酉.
107 『松沙文集拾遺』권2, 年譜, 庚戌.
108 『松沙文集拾遺』권3, 附錄 行狀.

　　　제1부 유림의 의리 사상과 구국 활동

조선인의 마음을 지키고자 죽음을 택하지 않았다.

그 뒤 기우만은 1911년 3월에 남원의 사촌沙村으로 이사하여 우거하였다. 그것은 일제가 조선의 유림을 회유하기 위해 내린 은사금恩賜金을 피하기 위해서였다.[109] 1916년 5월 그는 '독서종자'讀書種子가 오늘의 하나밖에 남지 않은 큰 과일에 해당하는데 서구의 물결이 넘쳐흘러 그 화가 홍수보다 심하니, 진실로 아침에 도를 들으면 저녁에 죽더라도 가하다는 공자의 말로 마음을 삼지 않으면 유속流俗에서 벗어날 수 없을 것이라고 단속하였다.[110] 그는 이해 10월 28일에 작고하였다. 죽음에 임하여 그는 죽는 것이 한이 없으나 다만 조선에 와 있는 일본을 무찌르지 못한 것이 한이라는 말을 남겼다.[111]

4. 맺음말

기정진은 이항로·이진상과 더불어 19세기 조선 이학의 대가였다. 그는 만약 기氣가 이理의 지위를 빼앗으면 천하의 대변인 처탈부위妻奪夫位, 신탈군위臣奪君位, 이탈화위夷奪華位가 차례대로 이어질 것이라고 보았다. 또한 자신의 시대에는 이발理發 두 글자가 금기어가 되어 있고, 학자들은 도리道理 두 글자를 아득하고 불가사의한 곳에 몰아넣었다고 하여 기발氣發이 주류가 되어 있는 학적 세태를 비판적으로 인식했다.

기정진은 이일분수理一分殊를 오직 이理 중심으로 새롭게 해석하여 이理와 분分은 원융圓融하고 간격이 없는 상태로 이해하였다. 또한 그는

---

109 『松沙文集拾遺』 권2, 年譜, 辛亥.
110 『松沙文集拾遺』 권2, 年譜, 丙辰.
111 『松沙文集拾遺』 권2, 年譜, 丙辰.

명덕을 본심本心으로 이해하고 명덕에는 분수分數가 없다고 보아, 이이의 명덕본심明德本心설과 낙론의 명덕무분수明德無分數설의 학설을 이었다. 이러한 기정진의 이학은 영남 지역에서는 정재규·조성가 등이, 호남 지역에서는 기정진의 손자인 기우만 등이 잘 계승하여 나갔다.

기정진의 이학 이론은 19세기 중반 이후 조선 사회의 위기에 대응하는 실천적 의미와 양상을 보여 주었다. 기정진이 1862년 임술민요 이후 사회개혁책으로 올리려고 했던 삼정책三政策과 1866년 병인양요에 직면하여 올린 척시 상소는 그의 철저한 이학의 바탕 위에서 나온 것이다. 특히 기정진은 이일분수에 대한 새로운 해석을 통해 그동안 분분했던 호락논변의 학설 논쟁을 종식시키고, 당시 사회를 이학으로 무장하여 현실의 난제를 개혁하고 극복하려고 하였다.

기정진의 이학을 그대로 계승한 기우만은, 19세기 말 일제의 조선 침략에 대응하여 호남 지역에서 의병을 일으켰다. 그는 1895년에 일제가 명성황후를 시해하고 이어 조정에서 단발령을 내리자 가만히 앉아 있을 수 없었다. 그래서 그는 1896년 1월에 의병을 일으켜 근왕勤王을 도모하기로 하고 격문을 띄워 의사義士를 불러 모았다. 그는 명성황후 시해와 군주에 대한 협박에서 나타났듯이 강상이 무너졌고 훼복毁服과 단발에서 화이華夷가 판가름이 났다고 하면서, 임금을 위해 죽는 것이 바로 의를 위해 죽는 것이라고 하였다. 호남 지역에서 의병을 주도하면서 그는 유사儒士와 이향吏鄕이 모두 참여해 힘을 합하여 근왕을 위해 함께 해 줄 것을 호소하였다.

기우만은 1897년 10월 명성황후의 담월禪月이 지난 뒤에도 『춘추』의 의리에 의거하여 일본이 저지른 만행인 명성황후 시해사건에 대해 늘 복수 설치를 생각하였고, 12년간 백립白笠을 쓰고 다녔다. 그는 "적을 토벌하지 않으면 장사를 지냈다고 쓰지 않고, 장사를 지냈다고 쓰지 않으면

　제1부 유림의 의리 사상과 구국 활동

복을 벗지 않는다"는 의리에 따라 그대로 백립을 쓰고 다녔다. 1910년
경술국치 이후에는, 그는 나라는 비록 망했으나 도道는 망할 수 없고
사람은 비록 죽더라도 마음은 죽을 수 없다고 생각하였다. 이같이 도道
와 마음은 죽을 수 없는 것이라고 본 그는, 도맥道脈과 마음을 지키기
위해 순국을 택하지 않았다.

제2부

유림의 이학 수호와 변모 양상

❀❀❀

19세기 조선의 재야 학계에는 전국적으로 이학理學의 학풍이 거세게 불었다. 널리 알려진 바와 같이 경기의 이항로, 호남의 기정진, 영남의 이진상은 당시 이학을 대표하는 학자였다. 18세기 이후 서울·경기 지역에서는 이학에서 일탈한 새로운 학풍이 일어나고 있었고, 서학이 일부 진보적 지식인에 의해 수용되고 있었다. 그리고 19세기에는 서울에서 최한기에 의해 기학이 제창되고 있었으나 영남에서는 여전히 이학의 학풍이 학계를 주도하고 있었다.

19세기 영남 학계에서는 이학에 대한 강론이 오히려 더욱 활발해진다. 이러한 당시 영남의 학풍은 이황의 이학을 계승하는 큰 범주 속에서 이루어진 것이었으나 이학도 이제 그 시대의 역사적 조건 속에서 탐구되고 다시 이론 무장을 하지 않을 수 없었다. 그래서 이 시기를 살았던 대표적인 영남 유림들은 그 어느 시기보다 더 치열하게 이학의 이론을 탐구하고 실천적 삶을 살았다.

제2부에서는 우선 영남 좌도에서 활동한 유치명·이한응을 중심으로 주요 강회에서 이루어진 이학 강론의 모습을 소개한 뒤, 이어 영남 우도

에서 심즉리心卽理라는 새로운 학설이 제창되면서 파생된 이학 논변의
전개 양상을 검토하고, 당시의 영남 이학 속에 내재된 실천적 성향과 그
의미를 탐구하고자 한다.

19세기 중반 이후 서양과 일제의 침략이 가속화되면서 영남의 유림
은 위정척사衛正斥邪의 기치를 내걸고 실천적 성향을 띠면서 조직적 운
동을 활발히 하게 되었다. 특히 유치명의 문하에서 위정척사운동과 의
병운동을 주도한 인물이 많이 배출되었다. 1881년 영남만인소를 주도했
던 인물이 그들이었고, 1895년의 의병운동도 유치명의 문인들이 주도하
였다. 김흥락·김도화·권세연 등은 모두 유치명의 제자였고 이황의 경
의敬義 이학을 철저히 학습한 이들이었다. 권세연 등은 자신들이 존경하
는 학자를 모신 사당과 학문 생활의 근거지인 서원이 훼철되자 사원복
설운동을 통해 위정衛正 이념을 실천으로 옮겼고, 명성황후가 시해되고
단발령이 내려지자 의병운동을 통해 그들이 학습한 척사斥邪 이념을 구
국운동의 이념으로 변화시켜 국가의 위기를 극복하려고 하였다.

이진상·곽종석·김진호 등 19세기의 영남 유림은 조선이 처한 위기를
이학을 새롭게 해석함으로써 극복하려고 하였다. 예컨대 이진상은 '주
리'主理 두 글자는 천고의 성인이 서로 전해 온 심법心法이라고 주장하였
다. 이진상과 곽종석은 심합이기心合理氣설을 철칙으로 삼아 온 영남 학
계에 심즉리설을 과감하게 제출하고 입장을 견지하면서, 기호의 심즉기
心卽氣설을 비판하고 아울러 영남 이학을 발전시켜 기학氣學과 양학洋學
을 극복하는 이론으로 굳건하게 세우려고 하였다. 이러한 이진상과 그
학맥의 이학적 형성 배경 및 사상적 전통을 새롭게 탐구하여 그 의의를
따져 보는 일은, 근대이행기 유림의 독립운동의 사상적 기반을 해명하
는 작업이 될 것이다.

19세기 영남의 대표적 유림 중 한 사람인 김진호는 처음 박치복의 문

　　　　　제2부　유림의 이학 수호와 변모 양상

하에서 경서와 문장학을 익혔고, 이익의 학맥인 허전을 통해 예학을 배워 널리 전수하였으며, 이진상을 통해 이학의 내용을 학습하였다. 그는 이기설에 있어 스승 이진상의 학설을 계승하여, 명덕明德을 심心으로 이해하고 명덕은 이理이지 기氣를 겸하고 있는 것은 아니라고 보았다. 이진상의 제자인 허유도 명덕을 인간만이 가진 의리의 심으로 보아 의리를 강조하였다. 이러한 김진호와 허유의 견해는 당시 조선이 처한 위기를 타개하기 위해 명덕을 의리 중심으로 새롭게 해석한 것이라 할 수 있다.

윤주하는 이진상의 문하에서 이학을 깊이 공부하였다. 그는 스승 이진상의 심즉리설이 영남 학계에서 이단으로 몰리자 「반구록」反究錄을 지어 이진상의 이학을 철저히 수호하고자 분투하였다. 또한 그는 스승 이진상의 학설을 이어받아 심心의 미발未發에 기질氣質이 있는 것은 인정하나, 그 상태에서는 아직 기氣가 작용하지 않기 때문에 기질이 없다고 말할 수 있다고 하였다. 당시 곽종석 등 여러 학자들은 미발에도 기질성氣質性이 있다고 보았으나 윤주하는 이러한 설에 대해 반내하고 미발에는 기질성이 없다는 독자적인 견해를 제출하였다. 그런가 하면 윤주하는 현실 인식에 있어 이미 벼슬한 사람은 나라를 위해 순국할 수 있어야 하며, 아직 벼슬하지 않은 사람은 도道를 위해 목숨을 바칠 수 있어야 한다고 생각하였다. 그는 곽종석이 제자들에게 시무時務에 힘쓰게 하고 외국 책과 외국어를 익히게 하며 개화문자開化文字의 공부를 인정한다는 말을 듣고 비판적인 편지를 보냈다. 그는 어려운 시국을 극복하기 위해서는 이학을 더욱더 철저히 연구하고 수호해야 한다는 생각을 지녀 평생 동안 이학의 탐구에 학문적 신념을 바친 학자였다.

이진상 이학의 정통 계승자인 곽종석은 이진상의 심즉리설이 영남 유림에서 이단으로 비판받자 스승의 학설을 변호하고 수호하는 데 온 힘을 다하였다. 그렇지만 그는 명덕에 대해서는 김진호·허유와는 달리 새로운 해석을 하였다. 그는 명덕은 도리道理의 실實을 얻은 것을 가리키며, 심心과 신身, 성性과 행行을 모두 포함하는 것이라고 생각하였다. 명덕이 심이 아니라는 것이 아니라, 명덕을 단지 심이라고만 말하게 되면 『대학』의 팔조목에서 보듯 정심正心에 그치게 되어 수신·제가·치국·평천하의 범위를 명덕이 포괄할 수 없게 된다고 보았다. 명덕에 대한 곽종석의 이러한 새로운 해석은 당시 세계 각국의 사상과 문화를 수용하기 위한 이론적 토대를 마련한 것이라고 할 수 있다. 특히 곽종석이 1919년에 조선 민족의 독립을 위해 전국 유림을 하나로 통합하여 파리강화회의에 독립 청원을 호소하는 운동을 벌일 수 있었던 근저에는, 명덕에 대한 새로운 해석처럼 서구 문명을 수용하고자 그가 마련한 새로운 이론적 토대가 있었던 것이다.

19세기 영남 이학의 전개와 그 실천적 성향

1. 머리말

19세기 조선의 재야 학계는 전국적으로 거센 이학理學의 학풍이 주도하고 있었다. 경기의 이항로李恒老(1792~1868), 호남의 기정진奇正鎭(1798~1879), 영남의 이진상李震相(1818~1886)은 당시 이학을 대표하는 학자였다. 18세기 이후 서울과 경기 지역에서는 이학에서 일탈한 새로운 학풍인 실학實學이 크게 일어나고 있었고 서학西學이 일부 진보적 지식인에 의해 수용되고 있었으며, 19세기에는 서울에서 최한기崔漢綺(1803~1877)에 의해 기학氣學이 제창되고 있었지만, 영남에서는 여전히 이학의 학풍이 주류였다.

19세기 영남은 이학에 대한 강론講論이 오히려 더욱 활발해졌다. 유치명柳致明(1777~1861)은 1846년(헌종 12)과 1856년(철종 7)에 고산정사高山精舍와 호계서원虎溪書院에서 강회講會를 주도하였고, 1850년(철종 1)에 이한응李漢膺(1778~1864)은 오산당吾山堂(淸凉精舍)에서 600여 명이 참여한 대규모 강회를 개최하여 이학에 관련된 주요 서적과 개념에 대해 강론했다.

이러한 당시의 학풍은 큰 범주에서 보면 이황의 이학을 계승하는 것이었으나, 이학도 이제 그 시대의 역사적 조건 속에서 탐구되고 다시 이론을 무장하지 않을 수 없었다. 그래서 이 시기를 살았던 영남의 이학자들은 그 어느 시기보다 더 치열한 이론 탐구와 실천적 삶을 살았다.

이 글에서는 19세기에 영남 지역에서 활동한 대표적인 학자들의 이학 강론과 그 실천적 성향을 알아보고자 한다. 우선 영남의 강좌江左 지역에서 활동한 유치명柳致明·이한응李漢膺을 중심으로 한 주요 강회에서의, 이학에 관한 강론의 모습을 대상 소개하고, 이어 영남의 강우江右 지역에서 심즉리心卽理라는 새로운 학설이 제창되면서 파생된 이학 논변의 전개 양상을 검토하고자 한다.[1] 마지막으로 당시 영남 이학 속에 내재된 실천적 성향과 의미를 음미해 보고자 한다.

2. 이학의 강론

이황의 이학은 18세기에 이르러 '소퇴계'小退溪로 불리는 이상정李象靖 (1710~1781)에 의해 다시 천명되었다. 이상정은 이황의 학설을 체계적으로 정리하여 소개하였고, 『퇴계서절요』退溪書節要, 『경재잠집설』敬齋箴集說 등 많은 저술을 남겼다. 그의 문하에서는 이종수李宗洙(1722~1797)·김종덕金宗德(1724~1797)·유장원柳長源(1724~1796)·정종로鄭宗魯(1738~1816) 등 뛰어난 학자가 많이 배출되었다. 그의 문하에서 배출된 많은 학자들은 이상정이 생전에 학문 생활을 했던 고산정사(고산서원高山書院)를 중심으로

---

1 '江左'란 동부 영남 지역을, '江右'는 서부 영남 지역을 가리키는 용어이다. 조선 시대부터 흔히 경상도를 낙동강의 좌우로 나누어, 서울에서 볼 때를 기준으로 낙동강 왼쪽을 경상(영남)좌도 혹은 강좌로, 오른쪽을 경상(영남)우도 혹은 강우라고 불렀다.

     제2부 유림의 이학 수호와 변모 양상

학문 활동을 하였다.

이상정이 작고한 지 30년이 지난 1811년(순조 11) 8월 14일에 이상정의 제자인 유범휴柳範休(1744~1823)가 고산정사에서 처음 강회를 열었는데, 100여 명의 유생이 참여하였다.[2] 이 강회에서는 이상정의 문집인『대산문집』大山文集의「솔성지위도설」率性之謂道說·「일성구사덕설」一性具四德說·「심무출입설」心無出入說 등 세 가지 설에 대하여 4일 동안 강론하였다. 이상정의 세 가지 설에 대해 당시 유생들은 바로 '의리義理의 근원'이요 '학문의 핵심'이라고 생각하였다. 유범휴는 도道와 성性과 심心에 대하여 강론하면서 두 가지 설을 제시하였다. 그 하나는 천명天命의 성을 인人과 물物을 겸하여 설명하는 설이고, 다른 한 가지는 다만 인人으로만 설명하고 '물'物 자字를 함께 설명하지 않는 경우인데, 자신은 두 번째의 설인 인人의 관점에서만 천명의 성을 이해한다고 하였다.

유범휴의 뒤를 이어 1846년에는 9월 4일부터 13일까지 10일간 유치명을 중심으로 고산성사에서 강회가 열렸다. 유치명은 인의예지仁義禮智에 대한 강의에서 성性은 다만 혼연渾然한 일리一理일 뿐인데, 그 일리의 가운데에 나아가서 온화하고 자애한 것을 일컬어 인仁이라 하고, 그 단제斷制하고 재할裁割한 것을 일컬어 의義라 하고, 예禮와 지智에 이르러서는 규칙과 규범이 있는 것과 시비是非를 분별하는 것으로써 이름을 얻은 것이라 하였다. 그리고 인仁의 밖에 또 이른바 의義·예禮·지智라는 것이 있어 따로 명색名色을 만들어 각각 장소를 점하고 있는 것이 아니라 다만 일리 가운데서 이것은 인仁이고 저것은 의義라는 것을 분별할 따름이라고 하였다.

<hr>

2 권오영,『조선 후기 유림의 사상과 활동』(돌베개, 2003) 316·323쪽 참조;『所菴文集』 권14, 雜著, 高山講會錄.

또한 유치명은 '중'中과 '극'極이 진실로 전성前聖이 서로 전해 온 핵심이나, 다만 도리와 공공公共을 설명한 명목일 뿐이어서 학자가 공부를 하는 데 갈피를 잡지 못할 것 같아 공자孔子에 이르러 '인'을 제창해 몸소 긴요하게 실천하는 방법을 제시한 것이라고 설명하였다.[3] 고산 강회에서 유치명은 주희朱熹(1130~1200)의 「옥산강의」玉山講義의 내용인 '인의예지'를 이같이 쉽게 유생들에게 해설하였다.

유치명은 1777년(정조 1) 외가인 소호리蘇湖里에서 이상정의 외증손으로 태어났다. 그의 이름 '치명'致明은 이상정이 지어 준 것이다. 그는 남한조南漢朝(1744~1809)와 유장원·유도원柳道源(1721~1791) 등에게 학문적 영향을 받으면서 이황과 이상정의 이학을 잘 계승하였다.

유치명은 이理를 활물活物로 보고 이에 동정動靜이 있다고 주장하였다. 이理가 양양洋洋하게 유동流動하고 충만充滿하여 있지 않는 곳이 없다는 것이 그의 생각이었다. '천도가 유행流行하여 만물을 발육發育시킨다'거나, '한 번 양陽하게 하고 한 번 음陰하게 하는 것이 도道'라고 말한 것이나, '태극太極이 동動하여 양을 낳고 정靜하여 음을 낳는다'는 말에서 이른바 도나 태극이라는 것은 곧 이理를 말하고, 유행한다거나 음하게 하고 양하게 한다거나 동하여 양을 낳고 정하여 음을 낳는다는 것은 다 이의 동정을 말한 것이라고 하였다.[4]

유치명은 명덕明德에 대해서도 심心의 본체本體가 광명光明한 것을 가리킨다고 하였다. 명덕은 이기理氣를 합한 것인데, 심이라고 이르면 진망眞妄과 사정邪正이 다 포함되지만 명덕이라고 말하면 심 위의 도리가 광명하게 비치고 맑은 것을 말하며, 이것은 모두 이기가 합해진 중에 이를

---

3 『萬山遺稿』 권4, 雜著, 高山講義.
4 『定齋集』 권19, 雜著, 理動靜說.

    제2부 유림의 이학 수호와 변모 양상

주로 말한 것이라고 하였다.[5]

이어 1856년(철종 7) 11월에 유치명은 호계서원에서 강회를 열었다. 유치호柳致皜(1800~1862)·유치엄柳致儼(1810~1876)·김건수金健壽(1804~1866)·이돈우李敦禹(1807~1884) 등 수백 명의 유생들은 이 강회에서 『심경』心經을 강독하였고, 심성이기心性理氣, 인의예지, 경의敬義, 의리 등에 관해 토론하였다.

우선 김건수는 이기理氣를 합合하고 있다는 것은 심心의 전체全體로써 말한 것이고, 기의 정상精爽(靈明)은 심의 체질體質로써 말한 것이라고 하였다. 또한 인심仁心과 도심道心도 이理를 주主로 하여 말한 것이라 하였다. 이에 대해 유치명은 심은 이기를 합하여 이름을 얻었으므로, 현賢·지知에 있어서는 주재主宰가 그 도를 얻고 우愚·불초不肖에 있어서는 주재가 그 기능을 잃으나, 현우賢愚에 따라서 스스로가 일신一身의 주재가 되니 이목耳目으로 능히 보고 수족手足으로 능히 잡고 달리는 것 또한 주재가 없다고 말할 수 없다고 하였다. 유치명의 고제高弟인 유치호는, 심心은 이기理氣를 합하고 성정性情을 통괄하여 일신의 주재가 되는데, 기가 만약 용사用事(작용)하면 분주히 돌아다니고 달아나서 그 주재를 잃을 것이니 마땅히 이를 주로 이해해야 한다고 하였다.

한편 이한응은 1850년(철종 1) 2월에 도산서원陶山書院 원장院長이 되어 3월 24일 오산당 강회에 참석하였다. 3월 26일에 이한응은 청량산 오산당에서 훈장訓長으로서 강회를 주관하였고 이때 모인 유생은 600여 명이었다.[6]

---

5 『定齋集』 권17, 雜著, 讀書瑣語. "明德以心之本體光明者言, 心是合理氣, 明德亦合理氣而爲之心, 則眞妄邪正, 皆擧之矣. 謂之明德則指心上道理光明照澈處言, 是皆合理氣中主理者也."

이 강회에서 이휘령李彙寧(1788~1861)은, 이理는 선善하지 않음이 없으며 수박粹駁(순수하고 박잡함)으로 말할 수 없다고 하였다. 그리고 이에는 인위적으로 교정한다는 말은 붙일 수 없다고 하였다. 이한응은 사람이 그 본성을 온전히 하지 못하는 것은 모두 기질氣質이 가려져 있기 때문이라고 하면서, 만약 그 기질을 변화시킨다면 본선本善의 성은 진실로 다만 기르는 데 있을 뿐이어서 교정한다는 것은 옳지 않으며 이理에 박잡하다는 말은 붙일 수 없다고 하였다.

이한응은 명덕明德에 대해, 선유先儒가 심心으로 말하기노 하고 혹은 성性으로 말하기도 하며 혹은 성정性情을 통칭한다고도 말하였는데, 자신은 본심本心으로 인식한다고 하였다.

이만호李晩浩는 『대학장구』 경1장의 명덕明德에 대한 주석에서 '허령불매'虛靈不昧 이하는 다만 명명덕明明德의 훈고訓詁를 해석했을 따름이고 '소득호천'所得乎天 네 글자는 명덕의 본체가 되니 기氣에 간섭하여 논할 수가 없고 마땅히 이분理分의 위에서 파악해야 한다고 하였다.

유성진柳星鎭(1807~1878)은 명덕을 다만 심心이라고 말하면 꼭 구중리具衆理를 붙일 필요가 없고 다만 성性이라고 말하면 허령불매를 붙일 필요가 없다고 하면서, 자신은 심이라거나 성이라고 말하지도 말고 다만 명덕이라고 말하는 것이 옳다고 생각한다고 하였다.

남만성南晩星과 이만보李晩溥는 만약 심성정心性情으로 통괄하여 말한다면 기氣에 간섭될 것인데 명덕이란 것이 어찌 기에 간섭되는 이치가 있겠느냐고 하면서, 주희가 "명덕은 인의예지의 성이다"라고 했고 이황은 "성과 명덕은 서로 가깝다"라고 했는데 이것으로 보면 이를 주로 하

---

6 이한응이 주도한 오산당 강회에 대해서는 권오영, 「19세기 영남유림의 강회와 학술활동」(『조선시대 사회의 모습』, 집문당, 2003) 224~229쪽 참조.

  제2부 유림의 이학 수호와 변모 양상

여 말한 것 같다고 하였다. 이휘령도 명덕은 아마 이기를 합한 가운데 나아가서 이를 주로 하여 말한 것이라 하였다.

이한응은 이미 명덕을 이理와 일물一物이라고 여기고 또 심성정心性情이 이理의 속에서 나온다고 하면, 이것은 이와 이가 각각 일물이 되니 옳은 말이 아니라고 하였다. 주희가 이미 심心이라 말한 것은 『대학장구』大學章句 및 소주小註에서 상고하여 알 수 있으나, 다만 심이라고 했을 뿐이니 심에는 체용體用의 다름이 있다는 것이었다. 그는 만약 본체로써 말한다면 주희와 이황의 설이 이와 같을 뿐 아니라 황간黃榦(주희의 제자, 호는 면재勉齋) 또한 심의 명明이 바로 성의 명明이니 처음부터 두 가지 물이 아니라 했다고 하면서, 『대학』에서 이른 명덕은 심이니 바로 성이고, 성은 바로 심이니 도심을 말하고, 인의심仁義心을 말하고, 양심良心을 말하고, 인인심仁人心을 말한다고 하였다.

즉 이한응은 명덕과 심心에 대한 말이 이처럼 다른데 명덕을 다만 심이라고 말해 버리면 전天의 본체를 터득할 수 없다고 한 것이었다. 그는 명덕을 설명하면서 만약 심성心性이 섞인 것이라고 하거나 심성정心性情의 통칭이라고 말한다면 또한 계분界分을 이름 붙여 말하는 구별이 없어지게 되므로 이 때문에 자신은 명덕을 본심本心으로 본다고 하였다. 그는 명덕이 성이 아니라면 심인 것이고, 반드시 본심이라고 말하는 것은 이기가 혼연한 중에 이 한쪽을 가리키기 때문이라고 하였다.[7]

19세기 영남 강좌에서 활동한 유치명, 이한응 등 이학자들은 주희와 이황의 심성이기설을 사상적 기반으로 삼고, 학문적 토대 위에서 인의예지, 경敬, 명덕 등 이학의 여러 개념에 대해 활발하게 강론하였다.

7　明德을 本心으로 보는 것은 李珥가 이미 주장한 바 있다. 그래서 18세기에 기호 학계의 洛論 학자들은 대체로 명덕을 본심으로 보았다. 이한응은 영남의 李滉의 학통에 속했지만 명덕에 대해서는 이이의 설을 수용하고 있다고 볼 수 있다.

3. 이학의 전개 양상

이상정·남한조·유치명·김흥락金興洛(1827~1899)으로 이어지는 영남 이학의 전통은 이황의 심성이기心性理氣의 학설을 잘 계승하고 정리하는 보수적 학문 자세를 견지했다. 그러나 김대진金岱鎭(1800~1871)·이진상 등에 의해 칠정이발七情理發과 심즉리心卽理라는 새로운 학설이 제출되었다.

김대진은 사단四端으로써 칠정七情에 대하여 말하면 사단은 진실로 이발理發이고 칠정은 신실로 기발氣發이지만, 만약 칠정만 단독으로 말하면 칠정 중에 저절로 이발이라는 것이 있고 저절로 기발이라는 것이 있다고 하였다. 이에 대해 이병원李秉遠(1774~1840)은 그렇지 않다고 반대하면서, 오직 분개설分開說이기 때문에 이발과 기발의 구별이 있지, 혼륜설渾淪說과 같은 것은 다만 발하게 하는 것은 기이고 발하는 까닭은 이라고 하니 호발설互發說을 다시 붙일 수는 없다고 하였다.[8]

김대진은 『예기』禮記의 「악기」樂記와 『중용』中庸, 그리고 정이程頤(1033~1107)의 「안자소호하학론」顔子所好何學論에서 칠정을 말할 때에 반드시 호발互發의 뜻을 드러내지는 않았으나, 지금 유추하여 말한다면 칠정 중에는 의리 때문에 발하는 것이 있으니 그것은 이발이며, 형기形氣 때문에 발하는 것은 기발이라고 하였다.[9] 그가 칠정에서 의리 때문에 발하는 이발을 인정하고 있는 것은 의리를 중시한 결과이다. 사단은 물론 칠

---

8 理와 氣는 서로 떨어져 있지도 않고 서로 섞이지도 않는 관계이다. 다시 말해 둘이면서 하나이고 하나이면서 둘이다. 조선조에는 이러한 이와 기의 관계에 대해 다양한 학설이 나왔다. 분개설은 이와 기를 분석하여 나누어 보는 견해인데 이와 기는 하나이면서 둘이라는 설이고, 혼륜설은 이와 기는 둘이면서 하나라는 설이다. 호발설은 四端은 理가 발함에 氣가 따르고 七情은 氣가 발함에 理가 타고 있다는 이황의 학설이다.

9 『訂窩文集』續集 권2, 雜著, 廬院講會問答箚錄 辛卯 所庵李先生主訓席.

정에까지 이발의 경계와 외연을 넓혀 나간 것이다.[10]

이러한 김대진의 주장에 이어 영남에는 이진상에 의해 칠정이발七情
理發뿐만 아니라 심즉리心卽理라는 새로운 학설이 제기되고 있었다. 이진
상은 40세가 되던 1857년(철종 8)에 유치명을 찾아가 심성이기에 대하여
토론하였다.[11]

이진상은 유치명의 문하에 나아가 심성설心性說에 대하여 자신의 의
견을 피력하였다. 유치명은 심心을 '합이기'合理氣로 보아야 한다는 말을
거듭 표명했지만, 이진상은 '심즉리'心卽理를 주장하였고 유치명이 작고
한 해인 1861년(철종 12)에 '심즉리' 학설을 발표하였다.[12]

> 심心을 논한 것 중에 심즉리心卽理란 말보다 더 좋은 것이 없고, 심즉기
> 心卽氣란 말보다 더 선하지 않은 것이 없다. (중략) 무릇 심이란 성·정의
> 총칭인 바, 그 체는 성이니 성 밖에 심이 없고 심 밖에 성이 없다. 만일
> 성을 담고 있는 심으로써 밀한다면 이는 심의 집일 뿐이니, 의기醫家에
> 서 말하는 심이지 우리가 말하는 심은 아니다. 심이 성과 다른 까닭은
> 심은 정까지 겸했기 때문인데 정이란 이발已發의 성이기 때문이다. 성과

---

10 권오영, 「訂窩 金岱鎭의 학술과 사상」(『기증유물도록 4: 의성김씨 편』, 서울역사박물관,
    2005), 33~34쪽.
11 『寒洲集』(초간본) 권40, 雜著, 花峽法語. "問心爲一身之主宰, 主宰二字, 是單指理
    歟? 兼指氣歟? 答曰兼理氣說無妨. 曰理也者, 所以爲主宰之實也, 氣也者, 所資以主
    宰之具也. 然主宰之妙在理而不在氣, 故朱子曰心固是主宰底, 所謂主宰者, 卽此理
    也. 然則主宰二字, 就心中單指理, 明矣. 太極不離於陰陽, 而語萬化之主宰, 則只是
    太極, 心固兼理氣而語一身之主宰, 則只是理. (중략) 答曰理與氣合, 所以知覺, 離氣
    而言理, 理爲懸空, 烏得以主宰乎? 曰下生所言, 亦就心中指出主宰之實, 非謂主宰之
    不資乎氣也."
12 이진상 이학의 心卽理說과 七情理發說에 대해서는 권오영의 「寒洲 理學의 傳統과
    사상사적 意義」(『한주 이진상 연구』, 경북대학교 퇴계연구소 편, 역락, 2006) 58~72쪽
    참조.

정은 다만 하나의 이理일 뿐이니 심이 이가 됨은 진실로 그대로이다. (중략) 나는 그러므로 심을 논한 것 중에 심즉리란 말보다 더 좋은 것이 없으며, 또한 심즉리보다 더 밝히기 어려운 것이 없다고 하는 것이다.[13]

이진상은 '심즉리' 세 글자는 실로 여러 성인들이 서로 전해 온, 심에 대한 핵심적인 말이라고 하였다.[14] 그의 제자인 허유許愈(1833~1904)는 이진상의 심즉리설을 적극 지지하면서 심에 대해 더욱 의리 중심으로 생각히였다. 그는 사람이 물物과 다른 까닭은 사람은 의리의 심이 있기 때문이라고 하였다. 심은 범인凡人이나 성인이 같으며, 심을 기로 인식하거나 기가 섞인 것을 심으로 삼아 사람과 물의 구별이 없게 하는 것보다는 의리의 심을 주장하여 범인을 변화시켜 성인을 만드는 계기로 삼는 것이 낫다고 하였다.[15]

이승희李承熙(1847~1916)는 이진상의 심즉리설을 변호하기 위해 우선 양명학陽明學과 정주학程朱學을 구분하여, 왕수인王守仁(1472~1528)은 정신精神과 작용作用으로 이理를 삼지만 정이와 주희는 주재와 본체로 이理를 삼는 차이가 있다고 하였다. 그러면서 그는 공자의 '천지의 심'과 맹자孟子의 '인의의 심'이 곧 이理이고, 소옹邵雍(1011~1077)의 '심위태극'心爲太極, 여조겸呂祖謙(1137~1181)의 '심즉천'心卽天, 진덕수眞德秀(1178~1235)의 '심성은 형이상形而上이다', 김굉필金宏弼(1454~1504)·정여창鄭汝昌(1450~1504)의 '심

---

13 『寒洲文集』권32, 雜著, 心卽理說. "論心莫善於心卽理, 莫不善於心卽氣. (중략) 夫心者, 性情之總名, 其體則性, 性外無心, 心外無性, 若心之以盛性言者, 心之舍也, 醫家之所謂心而非吾之所謂心也. 心之所異於性者, 以其兼情, 而情乃已發之性也. 性情只是一理, 則心之爲理者, 固自若也. (중략) 故曰論心莫善於心卽理, 而亦莫難明於心卽理."

14 『寒洲文集』권32, 雜著, 心卽理說.

15 『后山文集』권12, 雜著, 心合理氣說.

은 있지 않은 곳이 없으나 또한 있는 곳이 없다', 조광조趙光祖(1482~1519)의 '인심동정人心動靜의 이理는 곧 천지동정天地動靜의 이理다', 조식曺植(1501~1572)의 '심은 이가 몸에서 주인이 된 것이다', 김우옹金宇顒(1540~1603)의 '천군天君의 초명初名은 이理이고 그것이 사람에 봉해지고 나면 이름이 심心이다', 장현광張顯光(1554~1637)의 '공공公共의 이름을 이理라 하고 각형各形의 주를 심心이라 한다'라는 견해들을 모두 심즉리설의 전통으로 이해하여 심즉리 세 글자는 성현의 핵심적인 말이라고 하였다.[16]

또한 곽종석郭鍾錫(1846~1919)은, 스승 이진상이 심이 곧 이라는 설을 제창한 것은 심에 있어 귀한 것은 본심이고 진심이고 주재의 심이기 때문이라 하였다. 그는 본심이 이이고 진심이 이이고 주재의 심이 이라면 주재의 이름은 이에 있다고 주장하였다.[17]

그런데 이진상은 심즉리설과 더불어 칠정이발설七情理發說을 주장하였다. 그는 이황이 '성정은 일리一理이고 정靜이 있고 동動이 있다'라 하였는데 자기의 칠정이발이 사실은 이황의 바로 그 말에 뿌리를 두고 있다고 하였다. 그는 성현의 글 속에서 단독으로 정을 말한 곳 가운데 기발 두 글자를 말한 곳이 없다고 하면서, 그런 구절을 하나라도 제시한다면 자신의 주장을 포기하겠다고 하였다.[18]

이진상은 이황의 「심통성정도」心統性情圖 중도中圖는 사단과 칠정을 합하여 혼륜混淪하게 설명하였는데 이것은 기氣를 섞지 않고 다만 이理를 지적하여 근본이 하나라는 사실을 밝힌 것이고, 하도下圖는 분개分開하여 설명하였는데 이것은 주희의 "사단은 이의 발이고 칠정은 기의 발이다"라는 설에 보충을 하여 "사단은 이가 발함에 기가 따르고 칠정은

---

16 『韓溪遺稿』 6, 辨, 道南通文條辨.
17 『俛宇文集』 권36, 書, 答李子翼 己亥.
18 『寒洲文集』 권8, 書, 答尹士善 癸酉 別紙.

기가 발함에 이가 타고 있다"라고 말한 것이라 하였다. 이진상은 사단과 칠정은 합하여 말할 때가 있고 나누어서 말할 때가 있는데, 주희는 "그 느낌이 있을 때에 이르면 이 이의 발함이 아님이 없다"라고 했고, 이황은 "성정性情은 하나의 이이고 정靜이 있고 동動이 있다"라고 했고, 또 "칠정으로써 또한 인의예지에서 발發한다"라고 하였으니, 이것은 이를 주로 말한 것이라고 하였다.[19]

이진상은 사단과 칠정은 모두 정이니 성으로부터 발하지 않으면 정이라 이름 하지 못한다고 하였다. 그리고 성은 이이니 사실은 다만 이발理發이라는 하나의 길이 있는데, 다만 그 발하는 바의 '기'機(發動이 말미암는 곳)에 이를 따르느냐 기를 따르느냐 하는 구별이 있을 뿐으로, 이황의 근본 뜻은 이발에 있다고 하였다.[20] 이발과 기발은 발하는 곳(發處)에서 파악해야 한다는 것이었다.

이진상은 이러한 칠정이발의 단서를 이익李瀷(1681~1763)의 학설에서도 찾았다. 사실 이익은 "사단은 형기形氣에서 인因하지 않고 직발直發하였기 때문에 이발에 속하고, 칠정은 이가 형기로 인하여 발한 것인즉 기발氣發이라 한다. 저 기발이 어찌 일찍이 이의 발發이 아닌가"라고 하여 칠정이발七情理發을 주장하였다. 또한 이익은 "이발기수理發氣隨는 사단과 칠정이 동일하게 적용이 되지만, 칠정은 이발의 상면上面에 다시 한 층層의 묘맥苗脈이 있는 것이니 형기의 사私가 그것이다"라고 하였다.[21] 이진상은 이에 근거하여 칠정이발의 단서는 이익이 비로소 열었으나 마무리를 하지는 못했다고 여겼다.[22] 그러나 이진상은 인심의 칠정에 대해

---

19 『寒洲文集』 권5, 書, 上柳定齋先生 別紙.
20 『寒洲文集』 권16, 書, 答李器汝.
21 『星湖全書』 7, 四七新編, 重跋; 『星湖全集』 권23, 書, 答愼耳老 辛酉·壬戌.
22 『寒洲文集』 권10, 書, 與姜耘父 丁巳.

이가 형기로 인因하여 발하는 것이라고 한 이익의 설은 근본이 하나라는 깊은 경지를 터득한 것으로, 후세에 어진 이가 다시 태어나도 아마 바꿀 수 없을 것이라고 아주 높이 평가하였다.[23]

또한 이진상은 칠정이발설의 근거를 이상정의 제자인 정종로의 글에서도 찾아내었다. 그는 정종로가 만년에 이상정의 문하에 나아가 직접 칠정도 이발이 있다는 뜻을 듣고 후인들에게 제시하였고 김희주金熙周(1760~1830)에게 보낸 편지에서도 이를 정밀하고 분명하게 말했다고 하였다. 이진상은 칠정도 이발이 있다는 설은 정종로가 평생 주장한 주요 학설이라 하면서 이러한 설은 백대 뒤를 기다려도 의혹되지 않는 것이라고 하였다.[24]

이진상은 이황 이후 이익, 이상정, 정종로의 학문 연원 속에서 자기 이학의 근거를 설정하고 있었다. 이진상의 이러한 설은 그의 아들 이승희李承熙가 그대로 계승하였다. 그는 성性은 미발未發의 이이고 정情은 이발已發의 이라고 하는 것은 이상성의 설이고, 성정이 하나의 이라는 설은 이황의 설이라고 하였다. 그는 또한 성으로부터 발한다고 한 주희의 말과, 칠정은 또한 인의예지에서 발한다고 한 이황의 말, 희喜의 이가 마음에 있기 때문에 발하여 희가 되고 노怒의 이가 마음에 있기 때문에 발하여 노가 되니 그 이가 없다면 어떻게 발하겠느냐는 정경세鄭經世(1563~1633)의 말을 칠정이발의 근거로 제시하였다.

또한 이승희는 이익과 이상정, 정종로의 칠정이발설을 받아들였다. 그는 이익이 이발理發 기발氣發을 똑같이 이발이라고 했고, 이상정은 칠정으로써 기발이라 하여 완전히 이에 소속시키지 않으면 천하에 이理

---

23 『寒洲文集』 권8, 書, 答尹士善別紙.
24 『寒洲文集』 권23, 書, 答張舜華 癸未.

외의 기가 있게 되며 칠정은 또한 성에서 발하여 이의 발이 있다고 했
으며, 정종로도 칠정은 또한 이발이 있다고 말했다고 하면서 이들의 설
을 수용하였다.[25]

그러나 이진상의 심즉리설을 이종기李種杞(1837~1902)는 따르지 않았
다.[26] 이종기는 이진상의 심즉리가 기를 합하여 말한 것이 아니라고 하
였다. 그는 심은 이로써 말한 경우도 있고 기로써 말한 경우도 있다고
하면서[27] 주리主理라고 말하는 것은 이를 주로 하고 기를 주로하지 않는
다는 말이지 이가 있고 기는 없다는 말은 아니라고 하였다.[28]

이승희는 1887년(고종 24) 2월 아버지의 장례를 치르고 이종기에게 편
지를 보내어 심즉리설에 대해 논하였다. 그는 자신의 아버지가, 심이 기氣
를 겸하고 있다는 말이 정당하지 않다고 한 것이 아니라, 세상의 학자
들이 이 설을 오인하여 심의 본체를 이기가 섞여 있는 것으로 여겨 그
주재主宰를 분간하지 못하는 것을 병으로 여겨 심즉리설을 주장한 것이
라고 하였다.[29]

이에 대해 이종기는 주희가 심은 진실로 주재하는 것이라고 말했으
니, 이른바 주재하는 것이 이라고 한다면 옳은 것이요, 주재가 곧 이라
는 데서 기를 합해 주재한다는 뜻을 볼 수 있다고 하였다.[30] 이종기는
심의 본체는 진실로 이기를 합하고 있기 때문에 학자의 공부는 반드시
이를 주로 하여 기를 다스리고 기를 다스려 이를 따르게 하는 것이라고
여겼다. 그는 이진상처럼 심즉리라고 하게 되면 중인衆人도 마음에 하고

---

25 『韓溪遺稿』 6, 辨, 宣錄條辨; 道南通文條辨.
26 『晩求集』 續集 권2, 書, 答徐都事贊奎 丁亥.
27 『晩求集』 권3, 書, 答徐都事贊奎 丙申.
28 『晩求集』 권3, 書, 與李寒洲 別紙.
29 『韓溪遺稿』 1, 書, 與李器汝 丙戌.
30 『晩求集』 권4, 書, 答郭鳴遠 庚子.

싶은 바대로 행동해도 법도에 벗어나지 않을 수 있다는 것이라 반박하였다.[31] 또한 그는 이황의 「심통성정도」心統性情圖 하도의 미발권未發圈에 이기, 허령虛靈 등의 글자를 써 넣은 것을 예로 들면서 심은 이기를 합하고 있다는 것을 다시 확인시키고 심즉리설이 그르다고 주장하였다.[32]

1896년(고종 33) 겨울 『한주문집』寒洲文集이 간행되자 영남 학계에서는 이진상의 심즉리설에 대하여 더욱 많은 비판이 일어났다. 그러자 이진상의 아들 이승희는 이황의 「심통성정도」의 중도中圖는 이일변理一邊을 척발剔發하여 설명해 본체를 제시한 것으로, 아버지의 심즉리설은 이황의 설을 발명發明한 것이라고 하였다. 그는 이황의 후손인 이만인李晩寅(1834~1897)을 만났을 때 이만인이 당시 풍미하고 있는 기학氣學에 대해 깊이 근심하면서 이진상의 설에 긍정하는 뜻이 있었던 것을 알고는 경모景慕까지 표한 적이 있었다.

그런데 1897년 1월 『한주문집』이 도산서원陶山書院에 보내지자 도산서원에서는 이진상의 학설에 이황의 학설을 핍박한 내용이 들어 있다고 하여 문집을 그해 8월에 다시 돌려보냈다. 이어 이황의 후손인 이만인은 이진상의 학설을 조목조목 비판하고 이황의 학설을 옹호하였다.[33] 이만인은 「심통성정도」의 중도中圖가 진실로 이를 주로 말했지만 권圈의 위에 이미 '합이기'合理氣라는 글자를 붙이고 있으니 이 그림은 이기가 합해진 가운데 선악善惡의 기幾(기미)에 나아가 선일변善一邊을 말한 것으로 심즉리의 증거가 되지 않는다고 하였다.[34] 또한 이만인은 이황이 심이 이기를 합하고 있다고 말하면서 미발에는 기가 아직 용사하지 않

---

31 『晩求集』 권4, 書, 答郭鳴遠 辛丑.
32 『晩求集』 권4, 書, 答郭鳴遠.
33 『龍山文集』 권6, 雜著, 寒洲李氏動靜說條辨.
34 『龍山文集』 권5, 雜著, 寒洲李氏動靜說條辨.

아 오직 이일 뿐이라고 말했지만, 이것은 이기가 합해진 중에 나아가 기가 용사하지 않은 것을 말한 것이지 기가 없다는 것을 말한 것은 아니라고 하였다.[35] 그러자 이승희는 아버지 이진상의 학설에 대한 이만인의 변론 기록을 구하여 보고 이에 조목조목 변론함으로써 아버지의 학설을 옹호하였다.[36] 또한 이진상의 제자인 윤주하尹胄夏(1846~1906) 역시 이만인의 글을 조목조목 분석하여 스승 이진상의 학설을 변호하였다.[37]

한편 허훈許薰(1836~1907)은 이진상의 심즉리설을 계승한 곽종석의 심리心理의 설을 보고 다음과 같이 비판하였다.

> 근세에 또 심즉리라는 설이 있으니 그 가리키는 뜻은 양명陽明의 설과는 같지 않다. 이를 주장하고 기를 배척하는 것이 유학에 공이 있을 것 같다. 그러나 그렇지 않은 면이 있다. 그 설을 주장하는 자는 심이 이기를 겸하는 것을 통체統體라고 말하고 심즉리를 본체라고 말한다. 그렇다면 본체가 마땅히 통체의 앞에 있어야 할 것이니, 이때에는 다만 이가 있을 뿐이다가 통체 때에 이르러 홀연 군살이나 사마귀 같은 기가 별안간에 나타나서 심의 통솔하는 바가 된다는 것인가. 더구나 기를 억제하고 이를 주로 함이 지나치다 보면 기의 계분界分을 침탈하여 이의 전지田地에 완전히 소속시키게 된다. 그리하여 이를 높이려다가 도리어 이가 낮아지고 기를 낮추려다가 도리어 기가 높아진다.[38]

---

35 『龍山文集』 권5, 雜著, 寒洲李氏動靜說條辨.

36 『韓溪遺稿』 6, 辨, 宣錄條辨.

37 『膠宇文集』 권16, 雜著, 反究錄.

38 『國譯舫山全集』 권11, 雜著, 心說. "近世又有心卽理之說, 其指意與陽明不同, 主理斥氣, 若可有功於斯學, 然此有不然者, 爲其說者, 以心之兼理氣, 謂之統體, 以心卽理, 謂之本體, 然則本體當在統體之前, 是時只有理而已, 及其統體之時, 忽有贅疣之氣, 驀然現出, 爲心之所統耶? 況抑氣主理之過, 侵奪氣之界分, 全屬理之田地, 尊理

허훈은 '심즉리'라는 말은 '심은 이를 주로 한다'는 말과는 다르다고
하였다. '심이 이를 주로 한다'는 말은 비유하면, 나라는 임금을 주로 하
고 집안은 남편을 주로 한다는 것이고, '심이 곧 이'라고 하는 것은 나라
를 임금이라 부르고 집을 남편이라 부르는 것이라고 하였다. 나라를 임
금이라 부르면 신하도 또한 그 속에 포함되는 것이니 임금과 신하 간에
도리어 구분이 없어지고, 집을 남편이라 부르면 아내도 또한 그 속에 끼
어들어 가게 되는 것이니 부부가 도리어 분별이 없게 된다는 것이다. 그
는 임금과 신하가 구분이 없으면 어찌 나라가 될 수 있으며, 부부가 분
별이 없으면 어찌 집이 될 수 있겠느냐고 하였다.[39] 이러한 허훈의 견해
는 이진상에서 곽종석으로 이어지는 심즉리설에 대한 비판인 것이다.[40]

이러한 상황에서 이진상의 이학은 곽종석·윤주하·이승희 등 이진상
의 핵심 문인들과 아들에 의해서만 계승되다가 1902년에 상주향교에서
『한주문집』이 불태워지면서 최대의 위기를 맞았다. 그러나 1916년에 이
르러 도산서원에서 1897년 8월에 발송한 통문은 공의公議가 아니었고
개인적인 의견에 의해 이루어진 일이었다고 다시 성주의 삼봉서당三峰書
堂에 통문을 보내면서 이진상의 이학은 이황의 이학을 발전시킨 것으로
이해되게 되었고 영남 이학계의 분열은 다시 하나로 통합될 수 있었다.

　　而理還卑, 卑氣而氣還尊"

39 『國譯舫山全集』 권11, 雜著, 心說.

40 권오영, 「왕산 허위의 가계와 학문」(『왕산 허위의 나라사랑과 의병전쟁』, 구미시·안
　　동대학교 박물관, 2005) 42~43쪽.

4. 이학의 실천적 성향

1) 강좌 이학의 실천적 성향

19세기에 60년간 지속된 세도정치는 국내외의 중첩된 모순을 타개할 국정 수행 능력을 상실하고 있었다. 이때에 조선은 전국적인 규모의 민중의 저항을 맞아 더욱 휘청거렸다. 이러한 총체적 위기 상황에서 최제우崔濟愚(1824~1864)가 광제창생廣濟蒼生의 기치를 내걸고 동학東學을 창도하고, 최한기가 동서東西 학문을 통합하여 새로운 길을 모색하기 위해 기학氣學을 제창하는 등의 종교적·학문적 실험이 이 시기에 이루어졌다. 그리고 이 시기에 영남에서는, 이학理學을 새롭게 해석하여 위기의 시대를 극복하려 하였다. 특히 조선 사회의 붕괴에 위기의식을 느낀 많은 학자들은 이제 이학도 새롭게 이론 무장을 하지 않으면 국가가 처한 위기를 타개하기 어렵다고 생각하고 있었다.

영남의 강좌 지역에서 활동한 유치명·이한응 등은 이황 이후의 학통을 통하여 전해 온 주자학에 철저하면서, 『대학』, 『중용』, 『심경』, 주희의 「옥산강의」 등을 주로 강론하였다. 이들은 심성이기心性理氣와 인의예지를 사상적 기반으로 삼고 위정척사운동衛正斥邪運動과 의병운동義兵運動을 전개하였다. 이들은 대원군大院君 집권기에는 서원의 사액과 훼철된 서원의 복설復設을 청하였고, 1881년(고종 18)에는 개화파 정권에 대한 비판과 일본·서양 등 침략 세력에 대한 배척 운동을 줄기차게 전개하였다. 그런가 하면 1895년(고종 32) 11월 15일 단발령斷髮令이 내려지자, 12월 5, 6일 양일간에 안동에서는 1만여 명이 모여 의병운동을 결의하였다. 당시 수좌首座였던 김홍락과 김도화金道和(1825~1912)는 1895년 12월 초 호계통문虎溪通文[41] 발송의 주체 세력이었고 바로 유치명의 제자들이었다.

19세기 후반 영남의 강좌 이학자들의 이같은 실천적 행동의 이면에는 이황·이상정·유치명에 의해 논의된 성리학의 심성이기와 인의예지에 대한 부단한 학습이 있었다. 김도화는 1849년 4월에 유치명의 문하에 나아가 우선 『대학』을 배웠다. 이 자리에서 유치명은 김도화에게 '경'敬에 대해 설명을 해 주었다. 유치명은 김도화에게 '주일무적'主一無適은 형상이 없고 '정제엄숙'整齊嚴肅은 착실히 착수하는 곳이 있는데 주희는 사람을 가르치는 데 깊이 '정제엄숙'을 취하여 거듭 말하였다고 설명해 주었다. 그리고 그 마음을 수렴收斂함에 일물一物을 용납하지 않는 것이 또한 특별한 공부가 아니라 곧 주일主一이니, 심心이 이 한 가지 일에 주의하고 다시 다른 일로 간섭하여 어지럽히지 않는 것이 주일이라고 하였다. 그러면서 유치명은 사람이 '경'敬을 유지하고 존심存心하여 이 심으로 하여금 바르게 해서 우뚝하게 수립함이 있으면 이른바 '경'이라는 것은 일심一心의 주재리고 말할 수 있다고 하였다.[42] 김도화는 밥 먹을 때는 마음을 밥 먹는 데 두고 걸을 때는 마음을 걷는 데 두고 일에 있을 때는 마음을 일에 두고 잠잘 때는 마음을 잠자는 데 두어, 때와 장소에 따라 살피고 쓰지 않음이 없이 두루 흘러 관철하고 점점 푹 젖어들어 쌓이어 순숙純熟에 이르렀을 때 이것이 주일을 증험할 수 있는 것이라 하였다.[43]

김도화는 의병운동 당시 소모장召募將 배봉상裵鳳祥에게 보낸 글에서

---

41 1895년 명성황후 시해사건과 단발령이 내린 직후에 안동의 虎溪書院에서 의병운동을 일으키자고 발송한 통문이다. 호계통문에 대해서는 권오영, 『조선 후기 유림의 사상과 활동』(돌베개, 2003) 383~384쪽 참조.

42 『拓菴文集』 권9, 雜著, 記聞錄.

43 권오영, 『조선 후기 유림의 사상과 활동』(돌베개, 2003) 324~325 참조; 『拓庵別集』 권1, 書, 答裵召募 鳳祥.

군사를 잘 훈련시켜 전투에 임할 것을 당부하면서, 만약 시의時宜에 밝
지 못하고 처음에 한번 그르친다면 비록 나중에 깨우침이 있더라도 수
습하기 어려우니 경에 대한 해석인 '주일무적'主一無適과 『중용』의 '계신
공구'戒愼恐懼에 대하여 말하면서 일을 그르치지 말도록 경계하였다. 즉
주일主一의 공功은 동動과 정靜을 통通하는 것이고 계구戒懼의 성誠은 오
로지 미발未發의 전前에 있다고 하면서 이 두 가지는 하나도 뺄 수 없다
고 가르쳤다.

한편 김흥락은 '인의예지신'仁義禮智信과 '경'敬의 의미에 대하여 긴명
하게 설명하였다. 그는 "지금 하나의 일에 응하여 두루 자세하고 간절하
고 두터운 것은 인仁이고, 마땅함에 합하여 지나치거나 모자람의 어긋
남이 없는 것은 의義이고, 경으로써 접촉하여 예로 행하고 공손하게 나
가는 것은 예禮이고, 응하는 바의 것을 아는 것은 지智이고, 성실하여
허위나 거짓이 없는 것은 신信이다"라고 하였다.[44] 또한 그는 "인仁이라는
것은 심덕心德의 온전함이고 천리天理의 공公이다. 성인이 인을 말한 갈
래가 비록 많으나 요점은 모두 사람으로 하여금 그 본심本心을 두게 하
는 것뿐이다. 본심을 두는 도道는 또한 '경'이라고 말할 뿐이다"라고 하
였다.[45]

이렇게 본심을 두는 방법으로 경을 제시한 김흥락은 주일에 대해 설
명하였다. 주일이라는 것은 본래 일사一事에 주목한다는 데서 이름을
얻은 것이니 일사를 주목하는 것이 그 심을 일一로 하는 까닭이 된다고
하였다. 일에 당할 때 이 심이 우뚝하게 여기에 있어 응應하는 것이지,
물에 따라가는 것은 아니라고 하였다.[46]

---

44 『西山文集』권2, 書, 上定齋先生 丁未.

45 『西山文集』권2, 書, 上定齋先生別紙 己酉.

46 『西山文集』권13, 雜著, 主一說 甲寅. 이러한 견해는 유치명의 글에서도 이미 보이고

 　　　제2부 유림의 이학 수호와 변모 양상

그런데 1858년(철종 9) 김홍락은 과거에 인을 바로 '천리天理의 공公'으로 파악한 것은 인을 구하는 데 있어 미진한 것이었다고 보고, 오히려 인을 실천하는 방법이 바로 경敬과 서恕라고 생각했다. 그는 공자가 인을 구하는 방법으로 제시한 '문을 나섬에는 큰 손님을 뵙는 것과 같이 하고 백성을 부림에는 큰 제사를 받드는 것과 같이 한다'(出門如見大賓, 使民如承大祭)와 '자기가 하고 싶지 않은 것을 남에게 베풀지 말라'(己所不欲, 勿施於人)라고 한 말에서 바로 앞 두 구절에 해당하는 말은 경으로써 자기 자신을 유지하는 것이고 뒤 두 구절은 서로서 물에 미친다는 주희의 해석을 충실히 따랐다.[47]

1891년(고종 28) 5월에 김홍락은 호계서원에서 '인의예지'의 내용이 담긴 주희의 「옥산강의」를 강론하였다. 이미 「옥산강의」는 1811년 유범휴가 고산정사에서 강론한 적이 있었고 그 후 강좌 이학자들의 주요 강론 교재로 활용되었다.

이처럼 김도화·김홍락 등 강좌 학자들은 '경'이나 '인의예지' 등의 개념에 대하여 하나하나 학습하고 강론하였다. 특히 '경'과 '인'에 대한 이들의 인식은 철저하였다. 결국 이들 이학자들이 추구한 사상적 목표는 '인의예지'에 대한 이해와 경을 통한 그 인仁의 실천이었다. 그것은 평소의 학습 과정, 그리고 일상생활에서는 '입지'立志, '거경'居敬, '궁리'窮理로 나타났으며, '거경'을 통하여 궁구한 이를 실천하는 '역행'力行은 시대 상황의 변화에 따라 척사斥邪와 의병義兵의 지도적 이념 및 실천적 행동으로 나타났던 것으로 이해된다.[48]

있다.(『定齋集』 續集 권7, 雜著, 島中隨錄 참조)

47 『西山文集』 권2, 書, 上定齋先生別紙 戊午.

48 『西山文集』 권13, 雜著, 入學五圖. "興洛嘗觀朱語訓門人諸編, 其教人爲學之方, 固非一端, 然撮其大目, 不過曰立志居敬窮理力行四者而已. 蓋必立志, 然後心有所準的

2) 강우 이학의 실천적 성향

19세기 중엽 이후 이진상에 의하여 강우 지역에는 심을 곧 이로 보는 심즉리설이 제창되었다. 심즉리설은 기존의 심합이기心合理氣나 심즉기心卽氣의 심성설을 비판하고, 심의 본체를 강조하며 또 심이 이의 주재라는 이해 위에서 제창된 독자적인 학설이었다.

이진상은 역사적으로 볼 때 대대로 주기主氣의 학문이 있었다고 하면서 도교, 불교, 양명학 등을 차례로 비판하고 성리학의 주기설主氣說과 심합이기설心合理氣說을 비판하였다.[49] 이진상은 당시를 세상의 교화가 쇠퇴하고 선비의 습관이 위축되고 기학氣學은 안으로 좀먹고 양학洋學은 밖에서 침투하고 있다고 진단하였으며, 이러한 난세를 만나 동지同志를 거느리고 유학의 도를 지키기 위해 나섰다고 하였다.[50] 그는 역사적으로 다스려진 날이 적고 어지러운 날이 많으며 착한 사람이 적고 악한 사람이 많은 것은 기가 강하고 이가 약하기 때문이라고 생각하였다.[51]

이진상은 자기가 살고 있는 시대가 주기적主氣的 학풍에 의해 혼란이 심해지고 있고, 또 자기가 속한 도덕 사회가 점차 무너지고 있다고 생각했기 때문에 그것을 지키기 위해 순선純善의 이를 더욱 강조할 필요가 있었다. 그는 이기에 대하여 심의 진체眞體가 이라는 것을 분명하게 밝혀 주는 것이 학자가 해야 할 일이라고 여겼던 것이다. 심이 이기를 합하고 있다는 것은 마음이 발한 이후 기가 용사한 이후에나 가능한 것으로, 그 전까지 마음에는 방벽사치放辟邪侈와 진망眞妄이 함께 있다고

而趨向正矣, 居敬所以持志而爲窮理之本也, 窮理所以明善而爲進德之基也, 力行所以反身而踐所明之理也, 是四者, 其用力也, 齊頭做去, 固無今日爲此明日爲彼之理, 然其緩急次第, 亦有不可以毫釐差者, 誠進修之要道, 而後學之指南也."

49 『寒洲文集』 권29, 序, 理學綜要序.
50 『寒洲文集』 권13, 書, 答金聖夫.
51 『寒洲文集』 권14, 書, 答宋康叟.

보았던 것이다. 그래서 그는 심이 이기를 합하고 있다고 하기보다는 미발에서의 순선한 이만을 강조하고 싶었던 것이다.

그리하여 이진상은 옛 성인의 천 마디 만 마디 말이 '주리'主理 두 글자로 귀속되니 치지致知는 이理를 밝히는 것이고 거경居敬은 이 이를 두는 것이고 역행은 이 이를 따르는 것이고 극기克己와 한사閑邪는 이를 해치는 것을 제거하는 것일 뿐이라고 하였다.[52] 이진상은 이가 항상 기를 부리면 세상이 어지럽거나 악한 일이 일어나지 않는 반면 기가 도리어 이를 부리면 신하가 도리어 임금을 협박하기 때문에 다스려지는 날이 적고 어지러운 날이 많으며 착한 사람이 적고 악한 사람이 많아진다고 하였다.[53]

이진상은 기학이 판을 치는 시대, 세교世敎가 더욱 무너져가는 현실에서 비록 미약한 자신의 힘으로나마 이학을 통해 기학과 양학이 풍미하는 시대를 구제하려고 하였다.[54] 주자학에 근거를 두되 평이하고 간명한 심즉리心卽理설로 어려운 시대를 극복하려고 하였다. 그는 이를 밝히는 요점은 기를 항복시키는 데 있다고 여겼고[55] 주기의 학이 학계에 만연하는 현실을 이학으로 막으려고 하였다.[56]

이진상의 아들 이승희는 온 천하가 모두 기권세계氣圈世界로 변하여 장차 한 치의 땅에도 이 '이'理 자字를 안돈安頓시킬 곳이 없으니 한 조각 동토東土의 명맥이 끊어지지 않은 것이 마치 실 같다고 여겼다. 영남에서 이황의 학통을 이은 이들이 이기理氣를 합하여 주재로 삼아 도무

---

52 『寒洲文集』附錄, 권1, 年譜, 庚午.
53 『寒洲文集』 권19, 書, 答郭鳴遠疑問 贅疑錄 庚午.
54 『寒洲文集』 권15, 書, 答許退而.
55 『寒洲文集』 권16, 書, 答李器汝.
56 『寒洲文集』 권16, 書, 答李器汝; 권18, 書, 答李聖養.

지 일통一統의 상황이 없고, 약국弱國으로 변하여 임금은 미약하고 신하는 강해지고 있어 항상 역란逆亂이 안에서 일어날까 두려운데 어느 여가에 강적强敵을 막아 쓸어버리는 공功을 거둘 수 있겠느냐고 하였다. 그는 바로 자기의 아버지 이진상이 이러한 시대적 상황 속에서 심즉리 세 글자를 제창하였다고 하였다.[57]

한편 19세기 성리학계에는 명덕明德에 대한 논의가 활발하게 일어났다. 정약용丁若鏞은 명덕을 '효제자'孝悌慈로 새롭게 해석하는가 하면, 기호 성리학계에서는 명덕을 이로 것인가 기로 볼 것인가에 대해 홍직필洪直弼과 이항로李恒老의 문하에서 논쟁이 일어났다. 기호 학계의 이러한 명덕주리주기明德主理主氣 논쟁은 매우 첨예하게 대립하여 그 뒤 김평묵金平黙과 임헌회任憲晦의 문인에 이르기까지 지속되었다.

영남에서는 명덕에 대해 유치명이 이기를 겸兼하고 있는 것으로 보아 '기청이철'氣淸理澈로 설명하기도 하였고[58] 이한응의 오산당 강회의 강론에서 보듯 명덕을 본심으로 이해하거나 이를 주로 이해하기도 하였다. 그러나 명덕에 대한 전통적인 이해에서 벗어나려는 새로운 학설이, 강우 지역에서 제출되었다. 이진상은 명덕을 심의 이로 이해하고, 그것이 인의예지의 덕이 되어 그 체體가 광명하여 어둡지 않으며, 그 용用이 거울처럼 비추어 효제충정孝悌忠貞의 덕이 어긋나지 않는 것이 명덕의 실實이라고 하였다.[59]

이러한 명덕에 대한 이진상의 설을 계승하여 허유는 명덕을 의리의 심心이라고 보고 이 심은 성인聖人과 범인이 똑같이 부여받은 바라고 하였다. 허유는 명덕을 기라고 보거나 명덕이 이기를 겸하고 있다고 이해

---

57 『韓溪遺稿』1, 書, 李監役君宅.
58 『定齋集』권17, 雜著, 讀書瑣語.
59 『寒洲文集』권32, 雜著, 明德說.

　　　제2부 유림의 이학 수호와 변모 양상

하게 되면 사람과 물物이 구별이 없어지게 될 것을 우려하였다.[60] 허유
는 『대학』의 '명덕' 해석에서 '사람이 하늘에게 얻은 것'이라고 말한 것
을 들면서, 물을 말하지 않은 이유는 성性은 사람과 물이 다 소유하고
있지만 명덕은 오직 사람이 소유하고 있기 때문에, 주희가 특별히 명덕
의 해석에 '사람 인人' 자를 제시하여 사람이 금수와 다른 까닭을 밝혔
다고 하였다. 따라서 그는 명덕을 기라고 하거나 명덕이 기를 겸했다고
하면 사람과 물이 구별이 없게 되어 그 폐단은 중국中國이 이적夷狄으로
전락하고 인류人類가 금수禽獸로 변하게 될 것이라고 보았다.[61]

그런가 하면 곽종석은 근세에 심心의 핵심이 밝혀지지 않아 명덕을
그저 기라고 말하는 자도 있고 기를 겸한 것이라고 말하기도 하는데 그
이유는 명덕을 심으로 보기 때문이라고 하였다. 그는 명덕이 도리道理를
가리킨다고 이해하고, 심의 본체가 곧 도리이고 명덕의 본체도 곧 도리
라고 하였다.[62] 곽종석은 명덕에 대해선 심의 본체와 심의 묘용妙用을 함
께 거론하는 것이 온당하다고 보고, 다만 심을 명덕이라고 하고 수신실
덕修身實德을 명덕에 포함하여 설명하지 않는 것은 문제가 있다고 하였
다. 명덕이 심이라면 명덕을 설명하면서 '인지소득호천'人之所得乎天이라
고 한 곳에 왜 심이라는 글자가 보이지 않으며, '인의 본심은 하늘에서
얻은 바'라고 말하지 않았느냐는 것이다.

곽종석은 심과 덕은 다른 것이라고 보아, 대개 덕이라는 것은 만선실
득萬善實得의 총칭總稱이고 심의 허령虛靈, 성의 인의仁義, 정의 애경愛敬,
행의 충효忠孝, 백체百體의 총명공중聰明恭重 가운데 덕이 아닌 것이 없다
고 하였다. 그는 물物, 지知, 의意, 심心, 신身이 모두 명덕에 속하고 격格,

---

60 『后山文集』續集 권5, 雜著, 客問.
61 『后山文集』 권5, 雜著, 縣學講義.
62 『俛宇文集』 권28, 書, 答金致受.

치致, 성誠, 정正, 수修는 모두 명덕을 밝히는 일이라고 하였다. 그는 명덕을 심이라고만 한다면, 심이 바르게 되면(心正) '명명덕'明明德의 일이 마쳐지게 되어 버려 수신修身은 혹처럼 붙어 있는 것이 된다고 하였다. 명덕은 스스로 도리의 실實을 얻은 것으로 보아야 하고 심신心身과 성행性行을 모두 포함하는 것이라고 하였다. 그러면서 그는 자신이 심을 명덕이 아니라고 하는 것이 아니라 명덕이 단지 심일 따름이라고 말하는 것은 온당하지 않다는 말이라고 강조하였다.[63]

이와 같이 허유·곽종석은 명덕을 이理 중심으로 이해하였으되, 허유는 명덕을 의리의 심으로 보았고 곽종석은 수신실덕修身實德을 포함하는 도리로 파악하였다. 허유는 이 의리의 심은 사람만이 갖고 있고 물에게는 그것이 없다고 보아 사람과 물의 구별을 엄격하게 하고 의리를 강조하는 성향을 띠었던 반면, 곽종석은 명덕을 단지 심이라고 보는 것을 반대하고 도리로 보아 심·신·성·행을 모두 포함시켜 이해하였다. 허유와 곽종석은 둘 다 이진상의 문인이었으나 명덕의 해석에 있어 곽종석이 명덕의 외연外延을 심에 국한시키지 않고 신·성·행까지 포함시켜 이해해 치국평천하治國平天下의 범위에서 파악하고자 한 것이 특징적이다. 이러한 영남 강우 학자들의 명덕에 대한 해석의 차이는 당시 현실에 대응하는 실천적 성향에도 깊은 영향을 미쳤던 것으로 이해된다.

---

63 권오영, 「19세기 江右學界와 金鎭祜의 學問活動」(『남명학연구』 21, 경상대학교 남명학연구소, 2006) 26쪽; 『俛宇文集』 권28, 書, 答金致受. 그러나 李種杞는 明德을 理 중심으로 보는 것에 대해 비판적이었다. 그는 명덕이 理氣를 겸한다는 설은 그른 것이 아니라고 하면서, 무릇 理氣를 겸한 곳은 반드시 理를 主로 하기 때문에 理라고 이르는 것이 진실로 옳으나 반드시 하나의 氣字를 타파할 필요는 없다고 보았다.(『晩求集』 권3, 書, 答許退而 乙未) 이러한 그의 견해는 강좌 학자인 이상정이나 유치명의 견해와 같은 것이었다.

     제2부 유림의 이학 수호와 변모 양상

5. 맺음말

19세기 영남에서는 이학의 강론을 위한 몇 차례의 대규모 강회가 열렸다. 유범휴와 유치명이 주도한 1811년과 1846년 고산정사에서의 강회와 1850년 이한응이 주도한 청량산의 오산당(청량정사) 강회, 그리고 1856년 유치명이 주도한 호계서원의 강회 등은 영남 이학자들이 '인의예지'와 '경'에 대한 주제를 놓고 학문 토론을 통하여 이황 이후의 이학의 이론을 심화하고 실천의 자본으로 삼고자 한 학문적 노력이었다.

영남의 강좌에서는 이상정·유치명의 학맥이 이황의 이학을 철저히 견지하면서 학술 활동과 척사·의병운동을 전개한 반면, 강우에서는 이황의 이학을 새롭게 해석하는 경향이 나타났다. 물론 강좌에서도 이진상에 앞서 칠정을 이발로 보는 학설이 김대진에 의해 제기되기도 했지만 학계에 큰 영향력을 미치지는 못하였다.

19세기 중엽 이후 강우 지역에는 이진상에 의해 심즉리설이 제창되어, 성리학설에 있어 영남 학계에 새로운 바람이 불기 시작하였다. 이 심즉리설은 기존의 심합이기心合理氣의 설을 비판적으로 계승한 것이었고, 심의 본체에 대한 강조와 심이 이의 주재라는 이해 위에서 강우 지역에서 제창된 학설이었다. 이러한 이진상의 심즉리설은 허유와 윤주하, 곽종석 등이 충실히 계승하였고, 주기론이 풍미하는 당시 학계에서 이학을 통해 시대적 문제를 해결하기 위하여 제기된 것이었다.

그러나 이진상의 학설에 대해서는 강한 비판이 지속적으로 제기되었다. 허훈·이종기 등은 이황 이후 영남 이학의 심합이기心合理氣와 이기호발理氣互發설을 수호하면서 이진상의 학설에 반대하였고, 도산서원에서는 1897년 8월에 통문을 발송하여 『한주문집』의 폐기를 주장하였다. 또한 이황의 후손인 이만인은 이진상의 여러 학설에 대해 조목조목 비판하는 글을 작성하였는데, 이에 이진상의 아들 이승희가 「선록조변」宣錄條辨을, 윤주하가 「반구록」反究錄을 지어 이진상의 학설을 변호하였다.

무엇보다 주목할 점은 19세기의 영남 이학이 강한 실천적 성향을 지녔다는 사실이다. 19세기 후반 영남의 강좌가 중심이 되어 전개된 위정척사운동과 의병운동은 이러한 이학의 강론에 영향을 받은 인물들이 주도하였다. 그 가운데서도 김도화와 김홍락은 바로 유치명의 문하에서 주희·이황·이상정·유치명 등의 심성이기론 뿐만 아니라 '인의예지'에 대해 충실히 학습하고 강론한 이들이었다. 이들이 학습한 '인의예지'와 '경' 등의 이학적 개념에 대한 깊은 이해와 '역행'의 강조는 위정척사운동과 의병운동의 이념과 행동으로 나타났다. 이러한 실천적 성향은 바로 이학서에 대한 이학자 자신의 개별 학습과, 대표적인 이학자가 주도하는 강회에서 이루어진 이학의 주요 개념에 대한 강론의 효과였다.

한편 영남 이학은 명덕을 인간만이 가진 의리의 심으로 해석하며 의리를 강조하였는데 이는 일본과 서구 열강의 침략을 물리치는 척사와 의병운동 이념의 일부 요소로 작용하기도 하였다. 그런가 하면 명덕을 심만을 가리키는 것으로 보지 않고 치국평천하의 범위에까지 외연을 넓혀 해석하기도 하였다. 이같이 19세기 영남 이학은 의리를 중시하는 강한 실천적 성향을 띠면서도, 다른 한편으로는 새로운 문명을 수용할 수 있는 실천적 성향도 함께 지니고 있었다.

19세기 후반 영남 이학의 실천적 변모
—창의대장 권세연의 위정척사 이념의 실천

1. 머리말

일제의 명성황후 시해사건과 단발령에 격분한 영남 지역의 인사들은 1895년 12월 초 안동부에 만여 명이 모여 의병 전쟁을 전개하였다. 이를 위해서는 당시 사족과 민중을 통섭할 수 있는 지도자가 필요하였는데, 그 지도자가 바로 봉화 닭실 출신의 권세연權世淵(1836~1899)이었다. 그는 창의대장倡義大將으로서 격문檄文을 발표하여 적을 토벌하고 원수를 갚기 위해 일어난 의병 전쟁에 사족과 민중의 동참을 호소하였다.

16세기에 이황李滉에 의해 새롭게 사상적 체계를 형성한 이학理學은 조선의 지배 이념으로 확고하게 자리 잡으면서 17세기 이후 이학지상理學至上의 시대를 열었다. 특히 영남에서는 이황의 이학이 금과옥조로 신봉되며 전수되었고 안동은 늘 그 중심에 서 있었다.

19세기 중반 이후 서양과 일제의 침략이 빠르게 진행되면서, 영남의 유생들은 위정척사衛正斥邪의 기치를 내걸고 실천적 성향을 띠면서 침략에 저항하였다. 특히 이황·김성일金誠一·이현일李玄逸·이상정李象靖으로

이어지는 학맥을 계승한 유치명柳致明의 문하에서 위정척사운동과 의병
운동을 주도한 인물이 많이 배출되었다. 1881년 영남만인소를 주도했던
것이 그들이었고 1895년 의병운동의 발발 단계에서도 유치명의 문인인
김홍락金興洛·유지호柳止鎬·김도화金道和·권세연 등이 주도적인 역할을
하였다.

그럼에도 권세연은 "내가 일찍이 감히 의병장에 임명되어 나라의 원
수를 통쾌히 설욕하지를 못했으니 부끄럽다. 내가 죽더라도 명銘을 쓸
경우 진실로 창의倡義한 일에 대해 떠벌려서 확대시키지 말라"라고 말하
였다. 이 글에서는 우리 역사에서 1세기 동안 잊혀져 버렸던 그의 생애
와 사상을, 영성零星한 자료를 통해서나마 최대한 밝혀냄으로써 그의
우국적 삶과 사상의 일면을 드러내 보고자 한다.

우선 권세연의 가학家學의 연원을 간략하게 검토하고, 이어 그의 삶
의 모습을 그려 보려 한다. 그리고 권세연이 사원복설운동祠院復設運動
을 통해 위정 이념衛正理念을 실천으로 옮기고, 의병운동을 통해 척사
이념斥邪理念을 천명闡明한 사실을 밝힘으로써 영남 이학이 19세기 후반
에 새롭게 이론적으로 무장하여 서구 열강과 일본의 침략에 강인하게
저항한 실상을 밝혀 보고자 한다.

2. 가학 연원과 삶의 잔영

권세연의 가문은 안동 권씨로 복야공파僕射公派이다. 그의 12대조인
권벌權橃(1478~1548)은 중종·인종·명종 3조朝를 섬겼고 기묘사화와 을사
사화에 충절을 지킨 명신名臣으로 저명하였다. 권벌은 1496년(연산군 2)에
진사가 되고 1507년(중종 2)에 문과에 급제하여 병조 판서, 경상 감사 등

여러 벼슬을 지냈다. 그는 1545년(인종 1)에 우찬성을 지내다가 을사사화 때 소윤 일파에 의하여 삭주朔州로 유배를 가 그곳에서 작고하였다. 그는 삼계서원三溪書院에 제향되었고 선조 때 영의정에 추증되었다.

권세연 가문은 세칭 '십세문한가'十世文翰家로서 영남에서 굴지屈指의 명문으로 꼽혔다.[1] 조선 중기 이후 닭실은 문풍文風이 크게 떨쳐진 동시에 가문이 번성하여 권벌의 아들 권동보權東輔(靑岩)가 군수, 권동미權東美(石亭)가 현감을 지내고, 손자 권내權來(石泉)가 군자감정軍資監正, 권채權采(松岩)가 현감, 그리고 현손인 권주權霔(南溪)가 문과에 올라 성균관 학유學諭를 지냈다. 그 뒤 재종간인 권두인權斗寅(荷塘)과 권두경權斗經(蒼雪齋)은 문장과 학술이 일세에 추중을 받았다. 권두인은 현감, 사어司禦 벼슬을 지냈고 권두경은 문과에 급제하여 홍문관 수찬修撰을 역임하였다. 당시 닭실 안동 권씨는 '두'斗 자 항렬行列에 문행文行을 겸비한 학자가 28명이나 활동하였기에 후일 세칭 '이십팔두'二十八斗라는 말이 유행하였고, 하당荷塘 권두인과 창설蒼雪 권두경에 의해 권벌 이후 학문이 크게 흥기하자 영남 유림에서는 '하창'荷蒼 때를 자주 언급하면서 그리워하였다.

권세연은 7대조가 권두경이고 8대조가 권유權濡, 9대조가 권석충權碩忠(石溪), 10대조가 권내, 11대조가 권동보이다. 권세연의 6대조 권모權暮는 호가 낭간헌琅玕軒이고 당호堂號가 관행당觀行堂이었다. 그래서 세상에서는 권세연의 집안을 관행당으로 일컬었는데, 이 관행당은 권세연 집안이 대대로 선조의 뜻과 사업을 잘 계승하는 효孝를 실천하는 공간이었다. 현재도 닭실에는 관행당이 남아 있으며 문적文籍으로『관행당세고』觀行堂世稿가 전하는데 권세연의 문집인『성대문집』星臺文集도 이 세고에 수록되어 있다.

---

1 『星臺文集』권1, 詩, 又伏次沖齋先祖韻二律.

권세연의 5대조는 권정택權正宅으로 호가 소산小山이고 현감을 지냈다. 고조는 권사호權思浩로 현감을 지냈고 호가 유양酉陽이며, 증조는 권의도權義度로 생원이었다. 권세연의 할아버지는 권재화權載華이고 아버지는 권진하權鎭夏로 모두 학계에 명망이 있었으나 불행하게도 요절하였다. 권진하의 전부인前夫人은 의성김씨義城金氏로 참판 김희주金熙周의 아들인 김재익金在翼의 딸이었고, 후부인後夫人은 선성김씨宣城金氏로 김능金玏의 후손인 김낙우金樂佑의 딸이었다.

권세연은 1836년 1월 19일에 닭실에서 권진하와 의성김씨 사이에서 태어났다. 그의 자는 조원祖源이고 처음 호는 담와澹窩였다. 1881년 겨울 영주榮州의 성곡星谷(星坅)으로 이사를 한 후 호를 성대星臺라고 하였다. 그는 어려서부터 영매英邁하였고 무리 지어 놀지 않았으며 재국才局이 탁월하여 모두 그릇으로 여겼다.

권세연이 9세 때인 1844년 그의 어머니가 세상을 떠난 뒤 그는 외가인 바래미의 의성 김씨 집안에서 자랐다. 외삼촌 김매수金邁銖(진사)·김달수金達銖가 애지중지하여 가르침을 주고 독려하니 문리文理가 날로 트여나갔고 동무들이 앞서지 못하였다. 이러한 권세연의 성장 과정은 그가 지은 글들에 잘 나타나 있다.

소자小子가 하늘의 도움을 받지 못해 9세에 어머니를 잃고 외롭게 지내면서 아침저녁을 보전하지 못할 근심이 있었다. 17세에 아버지의 엄한 가르침을 잃고 어리석고 방일放逸하여 고삐가 풀린 채 자라날 근심이 있었다. 공인恭人(외숙모 全州柳氏)이 어여삐 여겨 길러 주시고 나의 배를 채워 주시고 나의 몸에 옷을 입혀 주시고 공公(외숙부)께서는 거두어서 가르쳐 주시고 나의 어리석음을 열어 주시고 나의 미혹함을 깨우쳐 주시니 외숙부님과 외숙모님, 그리고 사부님의 은혜는 내 평생 망극할 뿐

제2부　유림의 이학 수호와 변모 양상

이다. 기천基川(풍기)에 함께 우거하면서 두 집이 한 집처럼 지내며 새벽부터 저녁까지 모시니 돌연 외롭게 살아가는 괴로움을 잊어버렸다.[2]

권세연의 외숙모 전주유씨全州柳氏(柳致明의 딸)는 김달수의 아내로 친정에서 이미 아버지 유치명으로부터 의방義方의 가르침을 익혀 법도가 있는 여성이었다.[3] 권세연은 자기의 배를 채워 주고 자기의 몸에 옷을 입혀 주고 글자를 분변하고 세태의 청탁淸濁을 구분할 수 있게 한 것은 털끝만 한 것까지도 모두 외가의 외숙부와 외숙모의 은혜라고 하였다.[4]

일찍 부모를 여의고 의지할 데 없이 지낸 권세연은 안동 법흥法興의 고성 이씨 집안으로부터도 많은 보살핌을 받았다. 이종태李鍾泰는 권세연을 어여삐 여기고 어루만져 주며 거두어 주기를 40년을 하루같이 하였다고 한다. 권세연은 이종태가 작고하자 태산처럼 의지하고 어두운 길을 밝혀주던 촛불을 잃은 심정이었다고 하였다.[5] 그는 이종태를 애도하는 만사에서 "대아人雅의 고명高名이 북두성北斗星처럼 달려 있고 규성奎星의 문채文彩와 높은 덕德은 남쪽 하늘을 비추고 있었는데 갑자기 광풍狂風이 불어 노魯나라 영광전靈光殿을 쓰러뜨려 이제부터 우리 유림儒林의 기운이 쓸쓸하게 되었다"고 슬퍼하고 있다.[6]

또한 이종태의 아들인 이승목李承穆(李相龍의 아버지)은 권세연의 자형姉

---

2 『星臺文集』 권2, 祭文, 祭內舅監役金公舅母全州柳氏文. "小子不天, 九歲失慈恩, 零丁孤子, 有朝夕難保之慮, 十六失嚴教, 愚駭放逸, 自有不受羈靮之患, 恭人憐而鞠之, 穀我腹而絲我身, 公收以敎之, 開我蒙而牖我迷, 平生罔極之恩, 乃爺孃也師傅也. 逮夫同寓基川, 二戶一室, 晨夕陪奉, 頓忘棲屑離索之爲苦也."

3 『星臺文集』 권2, 祭文, 祭內舅監役金公舅母全州柳氏文.

4 『星臺文集』 권2, 祭文, 祭季舅處士公文; 祭舅母全州崔氏文.

5 『星臺文集』 권2, 祭文, 祭忘湖李公鍾泰.

6 『星臺文集』 권1, 詩, 挽李上舍鍾泰丈.

兄으로 권세연을 많이 보살펴 주었다. 권세연은 이승목이 어린 시절부터 백발이 되기까지 자신의 노둔함과 어리석음을 깨우쳐주고 가난하고 외로움을 어여삐 여겨 도와주었다고 하면서, 의리義理로는 사우師友이고 정情으로는 골육骨肉이라고 표현하였다. 두 사람은 서로 만나지 못할 때는 편지를 주고받았고 일이 있을 때는 서로 상의하였다. 그리고 분암墳菴에서 3개월간 밤낮으로 책상을 맞대고 공부한 적도 있었다.[7] 권세연은 이승목을 애도하는 만사에서 구슬같이 아름다운 낙동강가 임청각臨淸閣에서 백 년의 광기光氣가 잠선비를 태어나게 했다고 그를 칭하였다. 그리고 소년 시절부터 구레나룻이 휠 때까지 그를 따라다녔으며, 세태는 이해利害에 따라 움직이지만 서로 간의 백 년 정애情愛는 너무나 진하다고 회고하였다.[8]

권세연은 1852년에 부친상을 당한 뒤 조상의 아름다운 전통이 사라질까 두려워하여, 영매英邁한 기氣를 수렴하고 순순循循하게 법도 속에서 만들어 나가며 가학家學을 잇는 것으로 뜻을 삼았다. 그는 족부族父 권승하權承夏(杞泉)와 권연하權璉夏(頤齋)의 문하에서 수학하였다. 권승하와 권연하는 권세연의 견해가 일찍 성취되었음을 크게 인정하였다. 권세연은 후일 권승하가 작고하였을 때 지은 만사輓詞에서 "삼세三世의 사생師生은 더욱 아름다운 친교였다"고 하여 삼대가 권승하의 집과 사생 간이었음을 말하였다.[9] 권연하는 권세연이 문사文辭가 족하다고 인정하였으며[10] 자신이 글을 지으려고 할 때에는 먼저 권세연에게 명하여 짓게 해서 일일이 점검을 하였고, 자기가 지은 글을 내어 보이면서 권세연에

---

7 『星臺文集』 권2, 祭文, 祭李娣兄承穆文.
8 『星臺文集』 권1, 詩, 挽李娣兄承穆.
9 『星臺文集』 권1, 詩, 族叔杞泉公承夏挽.
10 『星臺文集』 附錄, 輓詞 李晩煃.

 　　　　제2부 유림의 이학 수호와 변모 양상

게 평정評訂을 하게 하였다고 한다.

권세연은 권연하를 제사 지내는 글에서 아래와 같이 언급하였다.[11]

아! 빛나는 충재沖齋 할아버지시여   於赫冲祖,

도道가 쌓이고 충忠이 드러나셨네.   道積忠顯.

하당荷堂과 창설蒼雪께서 이어서 태어나시어   荷蒼繼作,

어진 선조를 잘도 빛내었도다.   克光先獻.

오직 강좌江左와 오직 겸와謙窩를 거치고   維江維謙,

이에 낭간헌琅玕軒에 미쳐서   爰暨琅軒.

앞을 이으시고 뒤를 열어 주시어   紹前啓後,

우리 후손들을 넉넉하게 하셨다네.   裕我後昆.

집마다 이어 가고 가정마다 전하니   戶述家傳,

학문의 전함이요 문장의 전통이네.   學緒文氈.

(‥)

소자는 외로운 상황에서   小子孤煢,

장려와 가르침을 깊이 받았네.   偏蒙獎諭.

책보를 지고 문하에서 모신 지   負笈趨隅,

오십 년 세월이 흘러 버렸네.   垂五十年.

경계하여 주신 말씀이   鍼規藥言,

뼈와 가슴에 새겨졌다네.   髓浹肺鐫.

권세연은 권벌(冲齋)·권두인(荷堂)·권두경(蒼雪)·권만(江左)·권보(謙窩)·권모(琅玕)에 이어 권연하를 언급하고, 권연하를 통해 자신이 그러

---

11 『星臺文集』권2, 祭文, 祭族叔頤齋先生文.

한 가학의 전통을 골수骨髓와 폐부肺腑에 새기고 있다고 하였다. 권만과 권모는 사촌 간이었고 권만·권모와 권보는 삼종 간이었다.

한편 권세연은 1855년 유치명의 문하에 나아가 그를 스승으로 섬겼다. 유치명은 권세연에게 입지立志를 앞세우고 거경居敬을 다음으로 하여 공부를 하라고 하였다.

> 보내 주신 편지에서 자세히 말씀하신 내용에 대해 우러러 선조의 뜻[志]과 일[事]을 계승하겠나는 것을 알겠습니다. 나도 오히려 삼 세三世 이하의 냉운冷韻과 고표高標에 미치었고 미루어서 올라가면 또 평생에 존모하는 바가 고산경행高山景行이 되는 것입니다. 현사賢史가 일찍이 아버지를 여의어 그 가르침을 잃었으나 뜻과 일이 곧 의범懿範에 있었으니 비로소 단혈丹穴의 털이 절로 일반 깃털과 다르다는 것을 믿겠습니다. 다만 생활하는 곳이 세속의 쓸데없는 일에 얽매여 있는 듯하니 보여 주신 뜻이 또한 의례적인 겸양은 아닌 것 같습니다. 대개 들으니 사람이 학문을 하는 데는 입지立志를 먼저 하고 거경居敬이 그 다음입니다. 뜻이 단장端莊과 정일靜一의 가운데에 서고 공부를 학學·문問·사思·변辨의 즈음에 두면 일상의 응수應酬하는 것 중에 덕德에 나아가고 업業을 닦는 곳이 아닌 것이 없을 것이어서, 진실로 촌각寸刻도 허비하지 말고 비근卑近한 효과도 비교計較하지 않는다면 저절로 날로 이를 때가 있을 것이니, 참으로 아침에 밭 갈아 저녁에 거두어 들이는 것은 옳지 않습니다.[12]

---

12 『定齋文集』권14, 書, 答權祖源世淵 乙卯. "來書縷縷, 仰認志事, 吾猶及三世以下冷韻高標, 推而上則又平生所慕爲高山景行者, 賢史早失嚴敎, 而知思乃在懿範, 始信丹穴之毛, 自異凡羽. 但所處不能無俗冗之累, 則示意亦似非例讓. 蓋聞人之爲學, 立志爲先, 居敬次之, 志立乎端莊靜一之中, 工存乎學問思辨之際, 日用應酬, 無非進修地, 誠能不遺寸晷, 不計近效, 自有日至之時, 政不可朝耕而暮穫也."

이와 같이 유치명은 권세연에게 입지立志와 거경居敬의 가르침을 주되 학문을 함에 있어 입지를 우선하고 거경을 다음으로 하라고 가르쳤다. 1856년 11월에 유치명은 호계서원虎溪書院에서 장석丈席으로서 안동 유림 수백 명이 참여한 대규모의 강회講會와 향음주례鄕飮酒禮를 주도하였다. 이때 강회의 교재로는 『심경』心經이 채택되었고 주로 토론한 내용은 심성이기心性理氣, 인의예지仁義禮智, 경의敬義 등의 개념이었다. 권세연은 21세의 나이로 이 강회에 참여하여 유치명과 선배 학자들의 학술 토론을 듣고 기록하는 일을 맡았다.[13] 당시에 유치명의 문하에는 이돈우李敦禹, 이만각李晚慤, 강건姜楗, 김흥락金興洛 등이 선배 학자로 활동하고 있었는데 권세연을 보면 반드시 예禮를 표하고 중하게 대하였고 학계에 일이 있으면 권세연을 추천하여 앞줄에 세웠다. 그러나 1861년 스승 유치명이 작고하자, 권세연은 스승으로부터 오래 가르침을 받지 못한 것을 늘 한스럽게 여겼다.

이돈우는 권세연의 표숙表叔으로 소년 시절부터 많은 가르침을 베풀었다. 그는 권세연에게 광간狂簡하고 잡박雜駁한 성격을 고치도록 하였고 여러 차례 편지와 자상한 가르침을 주어, 둘의 관계는 정분情分은 골육骨肉이요 의리는 사생師生을 겸하였다고 할 수 있는 것이었다.[14] 또한 그는 권세연이 과거 시험 공부에 힘쓰자, 과거에 합격하고 싶은 마음이 그른 것은 아니지만 외념外念을 버리고 학문에 힘을 쓰게 되면 마침내 영광이 한 번 과거에 급제하는 것보다 못하지 않을 것이라 하면서 만일 권세연이 개과改過했다고 듣는다면 죽어도 유감이 없겠다고 하였다.[15]

---

13 권오영, 「19세기 안동유림의 학맥과 사상」(『조선 후기 유림의 사상과 활동』, 돌베개, 2003) 318~323쪽 참조.
14 『星臺文集』 권2, 祭文, 祭表叔肯菴李公文.
15 『肯庵文集』 권4, 書, 與權祖源世淵.

또한 그는 산사山寺에서 의성의 학자들과 7일간 모임을 가지고 돌아와 권세연과 자리를 함께하지 못했음을 한스러워한 일도 있었다.[16]

이돈우는 권세연이 자기에게 이름을 지어 달라고 청하자 '세연'世淵이라 명하고 '조원'祖源이라 자字를 하고 자사字辭를 지어 주었다. 그는 "사람은 '조'祖(조상)에 뿌리를 두고 물은 '원'源에서 흘러내려오는 것이 이치"라고 하면서 권벌을 '조'祖로 삼고 있으니 권벌은 곧 백세세연百世淵源이 있는 바라고 하였다. 그리고 권벌의 5세世에 권두경이 있으니 권두경은 그 '연원'淵源을 '세'世로 하고 있다고 하였다. 이는 권세연이 권벌과 권두경 두 조상의 연원을 대대로 이어 받아 덕업을 잘 계승해 나가기를 바란 것이었다.[17]

권세연은 처음에는 말씨가 매우 촉급促迫한 데다 눌변訥辯이었다고 한다. 일찍이 그가 이만각을 만나 보았을 때 이만각이 말하기를 "군君은 재국才局은 큰 도량度量인데 어음語音이 분명하지 못한 것이 매우 단점이네"라고 하였다. 이에 권세연은 즉시 말을 다소 느리게 하는 연습을 오래 하여 마침내 사령辭令을 잘하는 것으로 칭찬을 받았다. 그 뒤 권세연은 매번 독서를 하면 구두句讀와 자음字音의 청탁淸濁과 고저高低가 분명하며 성운聲韻이 크고 통창通敞하여 종의 메아리 소리나 옥을 치는 소리와 같아 듣는 이가 더욱 흥이 일었다고 한다.

1864년에 권세연은 29세의 나이로 삼계서원三溪書院의 재석齋席이 되었다. 삼계서원의 옛 규칙에 40세가 되지 않고 재석이 된 예는 없었는데, 이를 통해 보면 권세연이 학계에서 매우 일찍부터 촉망을 받았다는 것을 알 수 있다. 이같이 당시 학계에서 명망이 높아져 가면서 뭇사람

---

16 『肯庵文集』권4, 書, 答權祖源.
17 『肯庵文集』권10, 字辭, 權祖源字辭.

 　　　　　　　제2부　유림의 이학 수호와 변모 양상

들이 그에게 거는 기대도 커져 갔다.

김흥락은 1868년에 과거에 적극 응시하려고 하는 권세연에게 편지를 보내어 더욱 자신을 예리하게 하여 때를 기다리고, 의義와 명命에 편안하게 처하되 심신心身과 일용日用의 가까운 데서 반성하여 구하기를 바란다고 하였다.[18] 또한 유주목柳疇睦도 권세연이 영묘英妙하고 독실篤實한 인물로 성장하기를 기대하면서, 그가 가난하여 불을 밝힐 기름이 없어 긴 밤에 문을 닫고 잠을 잔다는 말을 들었는데 연소한 이의 아름다운 일이 아니니 자신도 몸소 경험했던 일로 일찍이 마음 상한 적이 있다며 탄식하고 슬퍼하였다.[19]

1863년 말 고종 즉위 후 사실상 권력을 잡은 대원군 정권은 1871년 사원祠院을 훼철하라는 명령을 내렸다. 권세연은 이때 성균관에 있었는데 이 사실을 알고 즉시 고향으로 돌아와 삼계서원에서 전 지역에 통문을 보내 유시하고, 권승하權承夏를 모시고 상소를 올리는 거사를 준비하였다. 사실 권승희는 이미 1866년 「척양사론」斥洋邪論을 지어 척사 이념을 강하게 표현한 바 있었다. 그는 위원魏源의 『해국도지』海國圖志를 조사하여, 서양의 여러 나라가 서역西域의 서쪽에 있는데 중국에서 9만 리나 멀리 떨어져 있음을 알고 있었고, 라마喇嘛, 야소耶蘇, 성모聖母, 신부神父, 영세領洗, 십계十戒, 삼혼설三魂說 등에 대해 언급하면서 천주학天主學을 강하게 배척하였다.[20] 또한 그는 반촌泮村 모임에서 영남 사림에 통문을 발송하여 척사 이념을 천명하였다. 그는 천주교도天主敎徒가 날로 번성하고 있다고 하면서 정학正學을 밝히면 사설邪說이 일어나지 않을 것이고 사설을 금하기 위한 세목은 '이류'異類를 기찰譏察하고 '양물'洋物을

---

18 『西山文集』 권6, 書, 與權祖源世淵 丙寅.
19 『溪堂文集』 권5, 書, 答權祖源世淵.
20 『杞泉遺稿』 권3, 雜著, 斥洋邪論 丙寅.

금절禁絶하는 것이라고 하였다.[21]

삼계서원이 훼철된 후 1877년에 권세연의 스승 권연하는 주석主席으로서 삼계三溪에서 학술 모임을 주도하였다. 권세연이 이때 월유사月有司를 맡아 몇 해를 행하니 한 지방의 예속禮俗이 이에 의해 볼만하게 되었다고 한다.

1877년 박주종朴周鍾을 소수疏首로 한 영남의 유생 만여 명은 사원을 복설하는 일로 대궐에 나아가 소를 올리는 거사를 일으켰다. 이때 권세연은 처음부터 끝까지 주선하고 사기士氣를 진작하여 일을 추진하는 데 큰 역할을 하였다.

권세연은 여러 차례의 상화喪禍에다 생활의 간고艱苦를 겪던 끝에 풍수가가 풍기豊基로 이사하여 우거하는 것이 좋겠다고 말하여 1877년 여름 풍기로 이사하여 생활하였다.[22] 이때 서까래가 15개인 초가에 살면서, 송곳을 꽂을 땅이 없고 곳간에는 먹을 양식이 없는 지경이었으나 손님이 많이 찾아왔는데 부인 상산김씨가 노력하여 생계를 꾸려 나갔다고 한다. 부인은 또한 권세연이 입는 옷을 손수 지어 입게 했고 토지를 전세 내어 농사를 짓고 밭갈이를 맡기고 수확을 점검하며 나물과 과일 농사를 직접 감독하였다.[23]

그러다가 1881년 겨울에는 다시 영주榮州(剛州)의 성곡星谷(星坰)으로 이사를 하였다.[24] 이때 선비들 가운데 배우기를 청하는 자가 많아졌기에, 재질에 따라 가르쳤다고 한다. 겨울에는 경사經史를 강론하고 여름

---

21 『杞泉遺稿』권3, 雜著, 泮村會中通諭嶺南士林文 丙寅八月日.

22 『星臺文集』권1, 詩, 丁丑夏移寓豊基與諸益會內舅金公芙蕖田寓所共賦.

23 『星臺文集』附錄, 附先妣端人商山金氏行錄.

24 『星臺文集』권1, 詩, 辛巳冬移寓星臺黃應護以一律寄贈步其韻和呈; 附錄, 附先妣端人商山金氏行錄.

에는 시문詩文을 시험 보이니 학풍이 크게 진작되었다.

권세연은 표종숙表從叔인 안호연安浩淵(楠溪)과 학문적 교유를 하였고, 황조하黃肇夏(渚樵)와는 50년간 교유하였다.[25] 또한 박희수朴禧壽(永休)와는 40년간 교유하였고,[26] 이덕표李德杓 · 이학소李學紹 형제와도 40년간 교제하였다.[27] 이같이 교유가 오래도록 변하지 않고 지속될 수 있었던 것은 오랠수록 더욱 벗을 공경했기 때문이었다.

1883년에 권세연은 유숭조柳崇祖를 문묘에 종향할 것을 청하는 경기 유생 유학 박지양朴之陽 등의 상소에도 경상도 대표로 장우원張祐遠과 함께 참여하였다.[28] 자신의 선조인 권벌을 문묘文廟에 종사從祀하기를 청하는 소를 올리던 때는 독소讀疏를 맡았다. 남정철南廷哲이 이때 승정원에 근무하고 있었는데, 권세연의 거동이 법도가 있는 것을 보고 마음으로 매우 공경을 하였다고 한다. 남정철은 권세연이 물러난 후에 사람을 보내어 한번 만나기를 청하였는데, 이에 대해 권세연은 사례하여 말하기를 "저는 서생書生으로서, 권문權門에 발을 들여놓는 것은 마땅하지 않습니다. 또한 지금 많은 선비들이 대궐에 나아가 호소하는 날에 어찌 사사로이 승정원의 관료를 뵙겠습니까"라고 하였다. 뒤에 소를 마치고 장차 돌아가려고 하면서 비로소 가서 만나니 남정철이 매우 부지런히 예로 대접하면서 다른 사람에게 말하기를 "나는 오늘에야 사군자士君子의 의표儀表를 보았도다"라고 하였다. 1890년 7월 18일에 권세연은 남정철의 천거로 숭릉 참봉崇陵參奉에 임명되었으나[29] 같은 달 23일에 신병을

---

25 『星臺文集』 권1, 詩, 黃念禹肇夏投示辛卯除夕壬辰元朝立春韻要和步其韻和呈; 誄文, 黃念禹誄文.

26 『星臺文集』 권2, 誄文, 朴永休禧壽誄文.

27 『星臺文集』 권2, 哀詞, 李學紹哀詞.

28 『국역 승정원일기』 고종 20년 계미(1883, 광서 9) 12월 1일(정미).

29 『국역 승정원일기』 고종 27년 경인(1890, 광서 16) 7월 18일(병술).

이유로 체직되었다.[30] 남정철은 권세연에게 편지로 치하를 하면서 다시
보고 싶어하였고 심부름꾼을 보내 시골로 돌아가지 말라고 하며 "어찌
잠깐 머물러 앞날의 출세를 생각하지 않는가"라고 설득하였다. 권세연
은 귀성歸省이 급하다고 하고 마침내 훌쩍 고향으로 돌아왔다. 그때 심
정을 표현한 것이 다음과 같다.[31]

늘어진 교남의 구름에 게으른 새 돌아오니	落落嶠雲倦鳥還,
기심機心이 다한 곳에 이 몸이 한가롭네.	機心盡處此身閑.
쓸쓸한 필마로 도성의 남쪽 길을 벗어나니	蕭蕭匹馬城南路,
강해江海의 가을바람은 소매에 가득하여 차갑네.	江海秋風滿袖寒.

권세연은 그 뒤 정국이 크게 변하여 나라가 날로 위급해지자 더욱 세
상에 나가 벼슬할 생각이 없어졌고 산림으로 돌아가 생활할 뜻이 확고
하였다. 그는 「동야만음」冬夜謾吟이라는 시에서 자신의 심경과 당시의
정황情況을 표현하였다.[32]

겨울밤 괴로워 잠이 오지 않아	冬夜苦無眠,
이불을 안고서 좁은 방에서 뒹구네.	轉輾抱衾裯.
이웃집의 닭과 사람은 고요하고	比舍鷄人靜,
먼 곳의 마을엔 개 짖는 소리 들리지 않네.	遠村尨吠休.
나의 뜻 말처럼 스스로 달아나니	意馬自奔馳,
우주는 정말로 아득하고 멀구나.	寰宇正悠悠.

---

30 『국역 승정원일기』 고종 27년 경인(1890, 광서 16) 7월 23일(신묘).
31 『星臺文集』 권1, 詩, 庚寅七月十八日蒙崇寢恩除休官歸日以二絶呈南侍郎廷哲.
32 『星臺文集』 권1, 詩, 冬夜謾吟.

　　　　　　　제2부 유림의 이학 수호와 변모 양상

평생 속에 깊이 쌓아 둔 뜻을	平生蘊蓄志,
어찌 홀로 밭두렁에서 늙게 하리오.	何獨老田疇.
(…)	
나의 집은 영남의 구석진 곳	我屋嶺之隈,
백 년 된 소나무와 계수나무가 그윽한데	百年松桂幽.
시서詩書는 세업世業으로 전해 왔고	詩書傳世業,
석천泉石은 돌아가 살 곳이지.	泉石有菟裘.
종족宗族은 숲처럼 둘러 있고	宗族環如林,
새벽부터 저녁까지 환우歡憂를 같이했네.	晨夕同歡憂.
박전薄田이 비록 풍요하지는 않으나	薄田雖未饒,
이웃의 보습을 빌려 가을을 함께 맞이했네.	隣耒共一秋.
(…)	

1893년 권세연은 영주의 성대 우거에서 고향 닭실로 돌아왔다.[33] 그는 문중 자제 중에 조금이라도 재지才智가 있는 자에 대해서는 마음으로 기뻐하며 즐겁게 더불어 하여 성취시켜 주었고 재주가 둔한 자에게는 반복하여 밝게 이해하게 해 주었으며, 일찍이 어리석다고 하여 버리지를 않았다. 1894년 1월 1일 청암정青巖亭에서 문중 소년들의 삭강朔講을 받고 시를 지어 학업을 힘쓰게 하던 그는 "우리 집의 옛 물건으로 오직 시서詩書가 있는데, 유서遺緖가 면면히 전해져 한 가닥 머리카락 같네"라고 하면서, 세월은 기다려 주지 않는 법이니 제자들이 제때에 힘써 공부하여 역행力行이 넉넉해지기를 바란다고 하였다.[34]

---

33 『星臺文集』附錄, 附先妣端人商山金氏行錄.
34 『星臺文集』권1, 詩, 新元受門少朔講于巖亭賦一律以勖諸君.

1894년 동학농민봉기가 일어나 사회가 매우 혼란하였다. 특히 이해에 권세연은 둘째 아들 권상규權相圭와 함께 영주의 우거에서 동학도東學徒를 만나 위급한 화禍를 당하기 직전에 있었다. 이때 장남 권상태權相台가 집에서 달려와 동학도를 설득시켜 아버지와 동생을 위기에서 탈출시켰다.

권세연은 조선 왕조의 사회체제가 급격히 무너져 가고 일제와 열강의 침략이 노골화하자 고례古禮를 닦아서 내수외양內修外攘의 근본으로 삼을 필요를 느꼈다. 그래서 그는 1895년 2월 1일에 계숙溪塾(삼계서원)의 주석主席이 되어 향음주례를 행하였다.[35] 이어서 그는 자질子姪과 문중의 젊은이 들에게 명하여 선조의 정자와 분암墳庵의 사이에서 투호례投壺禮와 향음례鄕飮禮를 익히게 하였다.

1895년 가을에 일제가 명성황후明成皇后를 시해하고 고종에게 단발을 강요하며 백성들을 협박해 단발을 하게 하자, 이해 12월에 영남 인사들이 의병을 크게 일으켰다. 이때 권세연은 창의대장倡義大將에 추대되었다. 권세연이 의병장을 맡게 되자 아들 권상태는 막우幕隅에서 처음부터 끝까지 위험을 무릅쓰고 책략을 많이 제시하였다.

권세연의 부인 한산이씨韓山李氏는 감역監役 이문직李文稷의 딸로 이상정李象靖의 현손녀였다. 후부인後夫人은 상산김씨商山金氏로 김성모金聖謨의 딸이다.[36] 권세연은 세속의 일에 소탈하여 가정경제에 어두웠다. 그래서 부인 상산김씨는 남의 바느질을 해 주어 남편의 옷을 마련하고 쌀을 꾸어 밥을 지을 형편에 처할 때도 있었다. 그러면서도 어버이를 모시고 아이를 키우고 제사祭祀를 받들고 빈객賓客을 접대해야 했다. 천신만고千辛萬苦의 고생 속에서도 상산김씨는 근심을 얼굴에 나타내지 않았

---

35 『星臺文集』 권1, 詩, 二月初吉忝溪院主席行鄕飮禮伏次頤齋先生韻.
36 『星臺文集』 附錄, 遺事.

고 담소談笑로써 권세연의 번민을 풀어 주면서 "가난이라는 것은 선비의 일상적인 일입니다. 당신께서 어질고 문장을 하시고 여러 자식들이 매우 어리석지는 않고 며느리와 사위들이 착하고 빼어나며 손자가 기특하니 이것이 이른바 집은 가난하나 사람은 가난하지 않다는 것입니다. 비록 배고프고 춥지만 고량진미膏粱珍味나 화려한 옷으로 바꾸고 싶지 않습니다"라고 하였다고 한다.[37]

권세연은 자손들에게 매우 검소한 생활을 강조하였고 교만을 경계하였다. 그는 아들 권상규가 새로 관례冠禮를 하고 새해를 맞아 남색 주포를 입자 꾸짖어 말하기를 "우리 집이 10세世를 검약儉約으로 서로 전해 왔으니, 너희들 때문에 가법이 무너져서야 되겠는가"라고 하였다. 또한 항상 권상규 등에게 경계하여 말하기를 "교만이라는 것은 모든 악惡의 으뜸이다. 내기 명가名家의 후예를 보면 일찍이 교만하여 패하지 않는 자가 없었다. 너희들은 그것을 가장 경계하라. 무릇 사람들이 모두 교만이 악행이라는 것을 아나 그럼에도 통절하게 제거하는 것이 드문 것은 기량器量과 견식見識이 미치지 못해서 그런 것이다. 진실로 식견이 나아가고 도량이 넓어지면 오직 자기가 남만 못할까 봐 걱정을 할 것이니 교만이 어디에서 생기겠는가"라고 하였다.

권세연은 1899년 11월 그믐날에 발병하였다. 하루는 풍설風雪이 매우 심하였는데 시자侍者에게 명하여 부축을 받아 화장실에 갔다. 시자가 추위가 심하다고 말하자 권세연은 "성현聖賢의 책이 방에 있고 조상의 편액이 당堂에 있으니 감히 나의 병든 불결不潔한 몸으로 그곳을 더럽힐 수 없다"라고 하였다. 이해 12월 10일 작고하니 향년 64세였다.

권세연이 작고한 후 많은 학자들이 만사와 제문을 지어 그의 죽음을

---

37 『星臺文集』 권2, 祭文, 祭故室端人商山金氏文.

애도하였다. 김도화金道和·이만도李晚燾·김형모金瀅模 등은 권세연이 생전에 권두경의 후손으로 의병장으로 활동한 일과 사원복설운동에 앞장서서 주도했던 일을 회상하였다. 이만도는 권세연을 애도하면서 그가 안동의 인물로 백부百夫의 영웅이었고 관행당觀行堂의 가성家聲이 칠세七世에 와서 융성했다고 찬미하였다.[38] 김형모는 김흥락이 작고한 뒤로 유림의 명맥命脈을 담낭하는 위치에 권세연이 있었는데 그가 바로 작고하게 되어 슬프다고 하였다.[39] 이중철李中轍도 "서산西山에 근일 기둥이 무너지자 남쪽 선비들이 서로 전하기를 북쪽의 자물쇠가 잠겨 버렸다고 하네"라는 표현으로 김흥락과 권세연의 죽음을 애도하였다.[40]

권세연은 권벌 이후 10세 동안 전해진 문헌文獻을 잇고 아래로는 안동과 그 인근 지역의 후학들을 계도하는 임무를 담당하였다.[41] 따라서 당시 그에게 주어진 사회적·학문적 기대는 매우 대단한 것이었고, 국가의 어려운 시대에 직면하였을 때 그는 위정척사衛正斥邪의 이념적 지도자의 차원을 넘어 실천 운동의 주석主席이라는 자리에 앉았다. 그가 사원 복설祠院復設을 청하는 상소운동의 소수疏首와 1896년 의병전쟁의 창의대장倡義大將을 맡게 된 것은 닭실의 안동 권씨라는 가문의 위상과 유치명 문하에서의 입지立志·거경居敬에 토대를 둔 위정척사의 사상 경향, 그리고 자신의 탁월한 기절氣節과 상소문을 직접 짓는 뛰어난 학문적 능력 때문이었다.

---

38 『星臺文集』附錄, 輓詞 李晚燾.
39 『星臺文集』附錄, 輓詞 金瀅模.
40 『星臺文集』附錄, 輓詞 李中轍.
41 『星臺文集』附錄, 祭文 金瀅模.

3. 위정척사 이념의 실천

1) 사원복설운동과 위정 이념의 천명

19세기 후반 영남에서 전개된 유치명 학맥의 위정척사운동은 크게 두 측면에서 이루어졌다. 한 측면은 서원을 청액하고 훼철된 사원의 복설을 청하는 문제였고, 다른 한 측면은 개화파 정권에 대한 비판과 일본·서양 등 국외 세력에 대한 배척이었다. 전자가 위정척사운동에 있어 '위정'을 대표하는 것이었다면 후자는 '척사'라는 명분으로 이루어졌다.[42]

1864년과 1870년에 추진된 임천서원臨川書院의 청액請額운동은 영남에서 '위정'을 대표하는 운동이었다. 1870년 12월에 청액운동을 주도했던 이문직李文稷·유기호柳基鎬·김양진金養鎭·이집李瑹·김헌락金獻洛 등 14명은 모두 유배되었다.[43] 이문직은 바로 권세연의 장인으로, 옹서翁壻가 줄곧 위정척사운동의 지도적 위치에 있었다.

1871년 사원 훼철祠院毁撤의 명령이 내려지자 영남에서는 정민병鄭民秉을 소수疏首로 하여 1만 27명의 이름으로 이에 반대하는 소를 올렸다. 소수 정민병은 이해 6월 2일 유생들을 모아 놓고 개좌開座를 하였고, 권세연이 상소문를 한 번 읽은 뒤 소행疏行을 시작하여 대궐문 앞에 나아가 소를 올렸다.[44] 권세연은 천하 국가가 백성을 교화하고 풍속을 이루는 도道는 일정하여 바뀌지 않는 규칙이 없는 법이고 마땅함에 따라 조처를 달리해야 하니, 사원 복설의 문제도 권權과 시時의 관점에서 풀어

---

42 권오영, 「유치명 학파의 형성과 위정척사운동」(『조선 후기 유림의 사상과 활동』, 돌베개, 2003) 387쪽.

43 권오영, 「유치명 학파의 형성과 위정척사운동」(『조선 후기 유림의 사상과 활동』, 2003) 359~367쪽.

44 권오영, 「유치명 학파의 형성과 위정척사운동」(『조선 후기 유림의 사상과 활동』, 2003) 368~374쪽 참조.

야 한다고 하였다. 그러나 이해에 권세연 등이 올린 소는 받아들여지지 않았다.

1877년 겨울 박주종朴周鍾 등 영남 유생들은 다시 사원 복설을 청하는 상소를 준비하였다. 그리하여 1878년 1월 25일 상소를 올려 고종에게 복설 명령을 기대하며 정성스런 뜻으로 일만 명의 뜻을 살펴 달라고 청하였다.[45] 상소를 읽은 고종이 "잘 알았다. 이것이 어찌 급하게 논의할 일이겠는가. 그대들은 물러나 학업을 닦도록 하라"라고 답하니 권세연은 급하게 시행할 일이 아니라면 조용하게 기다릴 날이 있을 것이라 하면서 고종의 달권達權과 시조時措의 교화를 자신이 직접 볼 수 있을 것으로 기대하였다.

권세연은 고종의 사원 훼철이 말末을 구제하고 폐단을 고치려고 한 것으로, 일시 달권達權의 마땅함에서 나온 것이라 인식하였다. 사원이 훼철된 결과 도道를 강론하고 윤리를 밝히는 곳인 사원이 헛되게 그 이름만 있게 되고, 재야에서 덕을 닦던 선비들은 의지하여 돌아갈 곳이 없게 되었다. 권세연은 성학聖學의 규모에 관한 것으로는 숭유중도崇儒重道보다 앞서는 것이 없고, 숭유중도하는 일로는 선현先賢을 제사하는 것보다 앞서는 것이 없고, 선현을 제사하는 일로는 사원을 복설하는 것보다 앞서는 것이 없고, 사원을 복설하는 일은 고종이 한번 시행하는 데 달려 있다고 여겼다. 사원을 훼철하는 날에 훼철한 것은 '권'權이었지만, 복설할 날이 되어 복설하는 것은 곧 '시'時라고 하였다.

권세연은 사원 복설의 명을 내리면 팔도의 선비들이 춤을 추며 환영하고 노래를 부르는 소리가 사방에 울려 퍼질 것이고, 문교가 융성하고 흡족해질 것이라고 고종을 설득하였다. 안으로는 윤리가 무너져 패하고

---

45 『국역 승정원일기』 고종 15년 무인(1878, 광서 4) 1월 25일(을해).

기강이 문란하며, 밖으로는 사학邪學이 만연하고 적수敵讎가 엿보고 있으니 이것은 모두 학교가 피폐하고 교화가 밝지 못하기 때문이라고 하면서, 그 근본으로 돌아가고 정학正學을 부흥하게 하여 내수외양內修外攘의 바탕으로 삼아야 한다고 역설하였다. 이렇게 권세연은 1868년(무진) 이후 훼철된 서원에 대해 모두 복설하라는 명을 내려 팔도 선비들의 적울하고 원통한 뜻을 펴 달라고 고종에게 간곡히 설득하였다.[46]

1883년 12월 11일 권세연 등은 사원을 복설할 것을 청하는 소를 다시 올렸다.

> 선비는 나라를 지탱하는 원기元氣가 됩니다. 사기士氣가 서게 되면 기강이 진작되며 사기가 주저앉으면 습속이 퇴락되게 마련이므로, 이것이 국가의 정치와 교화에 관계됨이 가볍지 않습니다. 그런데 사기를 세우고 기강을 진작하는 방법은 도학道學을 존중하여 받드는 데에 있고, 도학을 존중하여 받드는 일은 선현에게 보답하여 제사하는 일에 달려 있습니다. 그렇기 때문에 옛날부터 훌륭한 임금과 제왕들이 널리 세상의 여론을 수렴하여 속히 받들어 포상하는 제도를 시행하였던 것입니다. (중략) 신들이 엎드려 그윽이 생각하건대, 사원이 있음으로 해서 선현들의 전범이 의지할 수 있게 되고 많은 선비들이 익히고 실천하는 방도가 있게 되어, 부모에게 효도하고 자식을 사랑하며 임금에게 충성하고 윗사람을 공경하는 도리가 행해지게 됩니다. 이것을 가지고 아래에서 본보기로 따라서 배우며 이것을 가지고 위에서 교화한다면, 이를 통해서 사기가 펼쳐지게 되고 나라의 기강이 이로 말미암아 엄정해질 것이니, 아, 이것이 우리 열성조께서 사원을 설립하는 일에 힘쓰셨던 이유입니다. 이제

---

46 『星臺文集』권1, 疏, 請祠院復設疏 代士林作.

사원을 훼철하고 나자 선현들의 풍교와 덕화가 날마다 막히고 많은 선비들을 이끌어 인도하는 방향이 갈피를 잡지 못하여, 올바른 것이 어지럽혀지고 의리가 무너져 내리며 염치가 없어지고 윤리가 사라지게 되는 것들이 모두 이것에서부터 빌미를 얻고 있습니다. 예를 지켜 사양하는 풍속이 위에서 점차 침체되고, 보고 들어 본받는 효과가 아래에서 점차로 쇠미해져서, 사기가 이로 말미암아 없어지고 시대의 풍속을 숭상하는 일이 이로 말미암아 점차로 무너지게 되니, 우리 성조에서 시폐時弊를 구제하기 위해 마땅히 힘써야 할 것으로는 사원을 다시 설립하도록 허락하는 일보다 급한 일이 없습니다. 신들이 끝까지 말씀드리자면, 거룩했던 지난날에는 많은 인재를 즐거이 육성하는 교화가 서울이나 지방이나 차이가 없었지마는, 영남 한 지방으로 말하자면 세상에 드문 진정한 선비가 배출되어 본받을 만한 스승과 훌륭한 신하들이 앞뒤로 연이어 나와서 열성조에서 총애하여 드러내신 바가 다른 지방에 비하여 남달랐습니다. 신 등이 상소를 다른 지방에 비해 앞서서 여러 차례 연이어 올리면서 그만두지 않고 있는 것은 바로 이러한 이유 때문입니다. (중략) 그윽이 생각해 보건대 이미 전에 훼철하도록 하신 것도 전하께서 내리신 명이며 오늘에 복설하는 것도 역시 전하께서 하셔야 할 일이라고 생각합니다. 철거하도록 한 기왕의 명을 거두시고 오늘 특별히 복설하라는 명을 내리신다면, 철거하고 복설하는 것이 일의 마땅함을 따라서 조치를 달리하게 될 것이니, 이는 늦추지 말고 속히 해야 할 일임이 분명합니다. 엎드려 바라건대 성명께서 속히 은혜로운 전교를 내리시어 무릇 무진년 이후에 훼철시킨 것들을 모두 복설하라는 명을 내리셔서 사기를 세우고 기강을 진작시키는 방도로 삼으신다면 조정에 있어서도 매우 다행이겠으며 사림에게도 매우 다행이겠습니다.[47]

  제2부 유림의 이학 수호와 변모 양상

이에 고종은 답하기를, "잘 알았다. 이미 전일에 비답이 있었으니 다시 번거롭게 할 것 없다. 너희들은 물러가서 학업을 닦으라"라고 하였다. 권세연은 선비라는 것은 나라의 원기元氣로서, 사기士氣가 진작되면 기강紀綱이 정돈되지만 사기가 저하되면 습속習俗이 무너진다고 지적하고 있다. 고종은 이에 대해 "소사疏辭가 비록 채택할 수 없는 것은 아니나 이미 훼철한 사원을 어찌 갑자기 다시 복설할 수 있겠는가"라고 답하였다. 권세연은 서원이 있기에 선현先賢의 전범典範이 의지함이 있고 많은 선비가 복습復習할 방법이 있으며, 어버이에게 효도하고 자식에게 자애롭고 임금에게 충성하고 어른을 공경하는 도가 행해진다고 보았다. 이로써 교화가 행해지고, 사기가 이로 말미암아 진작되고, 국가의 기강이 이로 말미암아 정돈된다고 여겼다.

권세연은 시대를 구제하는 급무 중에서 사원의 복설보다 더 앞서는 것이 없다고 주장하였다. 또한 그는 영남 한 지역에서 진유眞儒가 배출되고 종사宗師와 석보碩輔가 앞뒤로 서로 이어져 역대 임금이 포상하고

---

47 『국역 승정원일기』 고종 20년 계미(1883, 광서 9) 12월 11일(정사). "伏以士者, 國家之元氣也. 士氣立, 則紀綱振, 士氣沮, 則俗習頹, 其於國家治敎之汚隆, 關係是不輕, 而所以立士氣振紀綱之道, 在乎尊尙道學, 所以尊尙道學, 在乎報祀先賢, 而自古明君誼辟之所以博採公議, 亟施襃崇之典者也. (중략) 臣等竊伏念祠院之在, 而先賢之型範有憑, 多士之服習有方, 孝親慈子忠君悌長之道行焉. 于以模楷於下, 于以敎化於上, 士氣由是而張, 國綱由是而肅, 則猗歟我列聖朝所以眷眷於祠院之設者也. 今祠院之撤, 而先賢之風猷日閟, 多士之導迪迷方, 亂正蘿義, 傷廉敗倫之漸, 兆焉. 禮讓之風, 寢衰於上, 觀感之效, 漸替於下, 士氣由是而喪, 俗尙由是而壞, 則其在我聖朝捄時之當務, 宜莫急於祠院之許復也. 臣等請究言之, 粤昔盛際, 菁莪樂育之化, 八域惟均, 中外罔間, 而至於嶠南一區, 命世之眞儒輩作, 宗師碩輔, 後先相望, 列聖襃寵之典, 迥有別於佗省, 臣等此疏之先於八方, 屢陳而屢不已者, 良有以也. (중략) 竊以爲旣往之撤, 亦殿下之令也, 今日之復, 亦殿下之事也. 反汗旣往邊撤之令, 特下今日邊復之旨, 則撤之復之, 隨誼異措, 可遽而不可緩也, 審矣. 伏願聖明亟降恩旨, 凡係戊辰以後毁撤之列者, 并賜復設之命, 以爲立士氣振紀綱之道焉, 朝家幸甚, 士林幸甚."

총애를 한 전례典禮가 다른 도와 특별히 다르다고 하고 있다. 나아가 권세연과 영남 유림들이 사원을 복설하는 소를 다른 도보다 먼저 올리어 여러 차례 진술하여 마지않는 것이 역대 왕이 포상하고 총애를 한 남은 덕택이라고 하였다. 그는 사원 복설을 통하여 5백 년 예악문물의 성함을 다시 볼 수 있기를 바란 것이다.[48]

사실 이미 권세연은 김도화金道和에게 편지를 보내 사원 복설에 대해 언급하여 적극적인 협조를 받았다. 김도화는 사원 복설을 바라는 자신의 일편고심一片苦心이 남보다 뒤지지 않으며 설령 제창하여 화합하는 이가 적을지언정 벙어리처럼 침묵을 일삼지 않을 것이고, 설령 나아가다가 고립이 될지언정 머리를 숙이고 퇴보하지는 않겠다고 하였다. 그리하여 당장 가까이는 소호리蘇湖里 한산 이씨의 논의를 고동시키고 멀리는 자기 앞의 의성 김씨와 박실 전주 유씨의 협력을 받도록 노력해 보겠다고 하면서 권세연에게 일을 적극 추진하게 하였다.[49] 권세연이 사원 복설 문제에 소수疏首로 나설 수 있었던 것은 김도화 같은 학자의 적극적인 협조가 있었기 때문이었다.

한편 1899년에도 영남에서 선비들이 다시 사원 복설을 청하는 소를 올리자는 논의가 있었다. 권세연은 김경락金景洛에게 보낸 편지에서 복설을 청하자는 소론疏論이 일어난 것이 이미 오래인데 때를 헤아리고 의리를 헤아려 보니 끝내 행동을 아껴야 할 것 같아 그만두게 하였으나, 여러 논의가 일어나서 자신이 만류하여 그치게 할 수 없다고 하였다.[50] 소론을 끝내 그치게 하지 못하자 그는 병든 몸을 무릅쓰고 소문疏文을 초草하였다. 그때 곁에서 모시고 있던 이가 권세연의 병세가 더 심해질

---

48 『星臺文集』 권1, 疏, 再疏.
49 『拓菴文集』 권5, 書, 答權祖源世淵.
50 『星臺文集』 권1, 書, 答金五衍景洛.

　제2부　유림의 이학 수호와 변모 양상

까 염려하여 초잡는 일을 멈추기를 청하자, "이것은 내가 일생 울분을 머금고 펴지 못한 일이다. 비록 병이 들었으나 피곤하지 않다"라고 하면서 초를 마무리하니 이것이 그의 절필絶筆이었다. 이같이 권세연은 숨을 거두는 순간까지도 오직 사원의 복설을 바라는 일념을 지니고 있었고 위정 이념衛正理念을 철저히 실천에 옮기려고 하였다.

2) 창의와 척사 이념의 포고

19세기 조선 사회의 붕괴와 외세의 침략에 위기의식을 느낀 영남의 많은 학자들은 국가가 처한 위기를 극복하기 위해 분투하였다. 특히 유치명·이한응 등은 이황 이후의 학통을 통하여 전해 온 주자학을 철저히 지키면서 『대학』大學, 『중용』中庸, 『심경』心經, 주희의 「옥산강의」玉山講義 등을 주로 강론하였다. 이들은 심성이기心性理氣와 인의예지仁義禮智를 사상적 기반으로 삼아 위정척사운동과 의병운동을 전개하였다. 또한 대원군 집권기에는 서원의 사액과 훼철된 서원의 복설復設을 청하였고, 1881년에는 개화파 정권에 대한 비판과 일본·서양 등 국외 세력에 대한 배척운동을 줄기차게 전개하였다.

특히 1881년 11월 1일 도산서원에서 발송된 통문은 영남만인소운동嶺南萬人疏運動의 서막이었다. 이 통문은 상유사上有司 이만손李晚孫을 포함하여 11명의 연명으로 발송되었다.[51] 이 운동은 이만손·김조영金祖永·김석규金碩奎·김진순金鎭淳 등이 소수疏首로 참여하여 개화 정권을 비판하고 아울러 러시아를 막기 위해 제시된 미국과의 연대에 대해 이를 배척하는 척사斥邪의 이념을 강렬하게 표현하는 것이었다.[52]

---

51 김희곤 외, 『순절지사 이중언』(景仁文化社, 2006) 24~25쪽.
52 1881년의 영남만인소에 대해서는 권오영, 「1881년의 영남만인소」(『조선 후기 유림의 사상과 활동』, 돌베개, 2003) 참조.

　권세연은 주로 척사운동이나 의병운동에 적극 참여한 인물들과 교유
하였다. 1881년에는 영남만인소에 소수로 참여하였다가 덕천德川으로 귀
양 가는 김석규에게 편지를 보내어 위로하였다. 그는 김석규가 주장한
의리는 곧 대동大同의 의義이고 김석규가 만난 액운厄運은 대동의 액운
이라고 하면서, 사람마다 머리를 움츠리고 나아가지 못했는데 김석규는
몸을 빼어 백부百夫 중에 특출하게 나서서 의연하게 상소를 올려 뜻을
폈다고 하였다. 그는 이러한 김석규의 행동은 천하의 대의를 부지하고
대명大名을 떨친 일로서, 호전胡銓이 오랑캐를 물리친 것과 어깨를 나란
히 할 수 있다고 하였다.[53] 또한 덕천의 유배지에도 시를 지어 보내어, 김
석규는 만인의 우두머리로 다른 이들이 다투어 우러르고 있으며 노중
련魯仲連의 풍채가 지금까지 아름답다고 칭하였다.[54] 그는 김석규를 "남
국문장제일류"南國文章第一流로 기리면서 달변達辯과 명쾌한 논의는 뭇사
람의 시끄러움을 눌렀다고도 하였다.[55]

　또한 권세연은 1881년 영남만인소에 소수로 참여하였던 김조영이 귀
양살이를 하자 이는 조물주가 김조영을 옥玉으로 만들기 위한 것이라
위로하였다.[56] 영남 유생의 상소를 주도하다가 귀양을 간 유기호柳基鎬가
유배지 평안도 선천宣川에서 작고했을 때는 만사輓詞를 지어 "일찍이 아
망雅望이 유림에 있다는 것을 알았는데 관서關西의 변방에서 외로운 혼
魂이 되어 버렸네"라고 애도하였다.[57]

　1895년 11월 15일 단발령斷髮令이 내리자 12월 5, 6일 양일간에 안동

---

53 『星臺文集』 권1, 書, 答金德文.
54 『星臺文集』 권1, 詩, 奉呈金恥菴碩奎德川匪所二首.
55 『星臺文集』 권1, 詩, 挽金恥菴碩奎.
56 『星臺文集』 권1, 書, 與金永孝祖永.
57 『星臺文集』 권1, 詩, 挽石隱柳公基鎬.

에서는 유림 1만여 명이 모여 의병운동을 결의하였다. 당시 수좌首座에 앉았던 김흥락金興洛과 김도화金道和는 1895년 12월 초 호계통문虎溪通文 발송의 주체 세력이었고 바로 유치명의 제자들이었다. 당시 학자들의 이 같은 실천적 행동의 이면에는 이황·이상정·유치명에 의해 논의된 성리학의 주요 개념인 심성이기心性理氣와 인의예지仁義禮智에 대한 부단한 학습이 있었다.

권세연은 유치명의 제자로 개항 이후 일제의 조선 침략에 대해 우려하였다. 그는 일찍이 「동래충렬사차판상운」東萊忠烈祠次板上韻이라는 시에서 임진왜란을 회상하고 칼을 잡은 남아男兒의 눈물이 절로 떨어진다고 하면서 정발鄭撥의 혼魂과 송상현宋象賢의 영靈을 기리었다. 눈앞에 지척咫尺도 우리 땅이 없고 머리 위엔 쓸쓸하게 북두성北斗星이 떠 있던 상황을 그리면서 오늘날 어떤 사람이 화의和議를 주장하고 있느냐며 차마 다시 피비린내 나는 상황을 볼 수 있겠느냐고 반문하였다.[58] 권세연은 이같이 동래를 여행하면서 임진왜란 때의 일본의 조선 침략을 생각하였고, 1895년 12월 다시 일제의 침략에 직면하자 창의대장倡義大將으로서 격문檄文을 발송하였다.

안동창의대장은 눈물을 뿌리며 격문을 보낸다. 천지가 자리하니 중화中華와 이적夷狄의 등급은 서로 간섭할 수 없고, 『춘추』春秋가 있으니 난신亂臣과 적자賊子의 죄역은 도망갈 수가 없다. 이런 까닭으로 나라가 치욕을 당하면 망극한 변란이 되고, 사람이 분통을 품으면 기어코 씻으려는 마음을 품게 된다. 호전胡銓은 죽음을 무릅쓰고 상소를 올려 많은 군졸軍卒의 간담肝膽을 깨뜨렸고 안고경顔杲卿은 적을 욕하며 정의로 항거하

---

58 『星臺文集』 권1, 詩, 東萊忠烈祠板上韻.

니 여러 군민들이 바람처럼 복종했다. 이들은 모두 충분忠憤과 떳떳한 천성을 격발시켜 천하에 강상을 부지하였으니, 지금 오랑캐를 물리치는 거사에서는 누군들 목숨을 버리고 의리를 취하는 사람이 아니겠는가. (중략) 세연世淵 등은 추로鄒魯의 고을에서 자라나 충효忠孝의 교훈을 익히며 살았다. 부모께서 질병이 있다면 어찌 목숨을 바쳐 치료하지 않겠는가. 운수가 비록 나쁘지만 혹 하늘에 힘입어 극복할 수 있을 것이다. 또 신상身上의 마지막 상황을 생각해 보면 반드시 눈앞에 놀랄 기회가 있을 것이니, 목숨을 훔쳐 사는 것보다는 차라리 죽을 만하여 죽는 것이 낫지 않겠는가. 비록 간절한 은전은 입지 못하더라도 충성스러운 간담이 높고 큼직해짐을 금할 수 없다. 이에 고을 사람들을 규합하여 의병을 일으켰다. 창검과 기계는 무신년(이인좌의 난)에 저장해 둔 것을 꺼내었고, 대오의 규모는 임진년(임진왜란)의 전례를 모방했다. 병사들이 피곤하고 군량이 다 떨어져도 저들은 오히려 낮에도 도깨비처럼 나타나겠지만, 지리地利와 인화人和로 뭉쳐 우리는 모퉁이를 등진 사나운 호랑이가 될 것이다. 오히려 성세와 서로 의지하면 왜의 종자를 남김없이 무찌를 것이다. 아! 동지同志 제현諸賢들은 어찌 함께 토벌할 훌륭한 대책을 생각하지 않겠는가. 어떤 사람은 쟁기를 던지고 손에 침을 뱉었으며, 어떤 사람은 주안奏案을 찍고 마음속으로 맹세했다. 어떤 사람은 원충갑元冲甲처럼 병기를 들고 분격했고 어떤 사람은 유차달柳車達같이 곡식을 실어 날랐다. 푸른 바다에서 장사의 칼을 씻고 아첨하는 신하의 머리를 고가藁街에 매달자. 성공하면 교훈이 높아질 것이고 죽더라도 혼백은 굳셀 것이다. 아! 인정人情이 서로 매우 멀지 않으니 하늘의 기강을 서로 어찌 길이 추락하도록 두겠는가. 이처럼 널리 알리는 말을 들으면 응당 통곡하는 사람이 있을 것이다.[59]

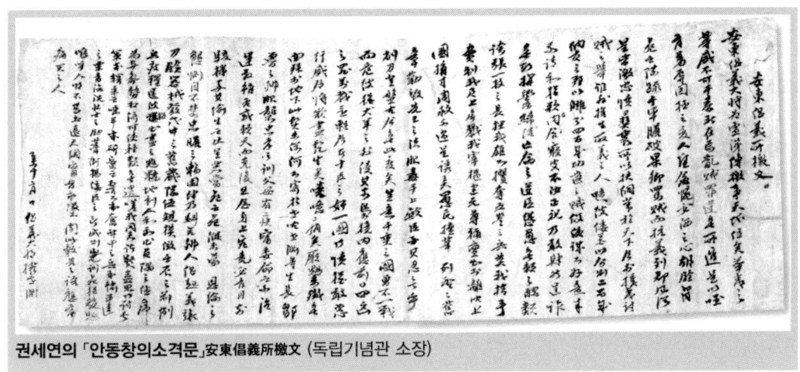

권세연의 「안동창의소격문」安東倡義所檄文 (독립기념관 소장)

권세연은 이 격문檄文에서 자신들이 유학儒學을 숭상하는 고을에서 자라나 충효忠孝의 교훈을 익히며 살았다고 밝히고 있다. 그리고 창검과 병기는 무신란戊申亂(李麟佐의 난)때 저장해 둔 것을 꺼내었고, 대오隊伍의 규모는 임진왜란壬辰倭亂 때의 전례를 모방했다고 하면서 원충갑元冲甲처럼 병기를 들고 분격하고 유차달柳車達같이 곡식을 실어 나르자고 호소하였다. 그리하여 성공하면 교훈이 높아질 것이고 죽더라도 혼백魂魄은 굳셀 것이라는 희망을 제시하였다.

이 격문은 임진왜란 때 김성일의 초유문招諭文, 즉 그가 경상도의 사

59 『독립운동가서한집』(한국독립운동사 자료총서 제20집, 독립기념관 한국독립운동사 연구소, 2006), 38~41쪽. "安東倡義大將爲雪涕傳檄事. 天地位矣, 華夷之等威不可干, 春秋在焉, 亂賊罪逆無所逃. 是以國有羞辱罔極之變, 人懷忿惋必灑之心, 胡銓冒死而陳疏, 千軍膽破, 杲卿罵賊而抗義, 列郡風從, 皆激忠憤彝衷, 所以扶綱常於天下. 今於攘夷討賊之擧, 誰非捨生取義之人? (중략) 世淵等生長鄒魯之鄕, 服襲忠孝之訓, 父母有疾, 寗委命而不治, 運數雖否, 或賴天而克復. 且念身上究竟, 必有目前駭機, 與其偸生而生, 豈若當死而死? 縱未蒙恩綸之懇側, 自不禁忠膽之輪困, 肆乃糾合鄕人, 倡起義旅, 刀鎗器械, 發戊申之舊藏, 隊伍規模, 倣壬辰之前例. 兵疲糧匱, 彼猶出晝之魅魑, 地利人和, 我作負隅之猛虎. 尙與聲勢相倚, 可使種類無遺, 嗟我同志諸賢, 盍思共討長策? 或釋耒之唾手, 或作案之誓心, 或奮冲甲之兵, 或輸車達之粟, 靑海洗壯士之劍, 藁街揭佞臣之頭, 成則巍訓, 死則毅魄. 嗚呼! 人情不甚相遠, 天綱甯肯永墜? 聞此敷告之語, 應有痛哭之人."

민土民들을 불러 모아서 유시하던 글의 정신을 이은 것이었다. 김성일은 경상도의 사민에게 "부자들은 유차달처럼 곡식을 날라 군량을 대고, 용사들은 원충갑처럼 용기를 내어 적을 무찌르라. 집마다 사람마다 각자가 싸우면서 일시에 함께 일어나면, 군사의 위용은 크게 떨쳐지고 용기는 백 배나 되어, 괭이나 고무래도 튼튼한 갑옷과 날카로운 무기로 변할 것이다. 그러니 비록 큰 칼과 긴 창이 앞에 닥치더라도 무엇이 두렵겠는가. 만약에 성공하면 나라의 부끄러움을 완전히 씻을 것이며, 성공하지 못하더라도 의로운 귀신이 될 것이다"라고 호소하였다.[60] 또한 현풍玄風의 사민土民에게 효유하는 글에서는 "살아서는 열사烈士가 되고 죽어서는 충혼忠魂이 될 것이다"라고 하였다.[61] 김성일의 이러한 초유문의 정신은 400여 년의 시간을 뛰어넘어 1895년 안동 의병에게도 물리쳐야 할 동일한 적을 놓고 면면히 이어지고 있었던 것이다. 특히 김흥락·유지호 등이 호계통문虎溪通文을 발송하는 등 창의에 적극 참여하고 있던 것으로 보아 그들이 이 창의격문의 작성과 윤색潤色에 크게 간여했을 것으로 여겨진다.

그런데 의병에 참여한 백성은 평소 군사훈련을 익히지 않았고 부오部伍가 정돈되지 않은 상황이었다. 적이 성城에 바짝 이르러 다가오자, 김형모金瀅模는 권세연에게 잠시 피하기를 청하여 후일을 도모하자고 하였다. 이에 권세연은 "선비가 이 지경을 만나 한번 죽으면 족하다. 어찌 살기를 도모하는 일을 돌아보겠는가"라고 하였다. 그러나 김형모가 "옛사람도 먼저 굽혔다가 뒤에 펴는 이가 있었다. 바라건대 공은 이렇게 하지 말라"라는 말로 말리니 이에 억지로 따랐다. 그리하여 1896년 1월 29일

---

60 『鶴峯文集』 권3, 招諭文, 招諭一道士民文 壬辰.

61 『鶴峯文集』 권3, 招諭文, 通諭玄風士民文.

          제2부 유림의 이학 수호와 변모 양상

에 의병장을 사직하고, 군사를 향인鄕人에게 맡기고 태백산속 능호곡菱湖谷에 깊이 들어가 자정自靖(은거하며 뜻을 세워 몸을 깨끗이 함)할 계획을 하였다. 권세연의 뒤를 이어서는 김도화金道和가 의병장에 추대되어 다시 전열戰列을 정비하여 의병운동을 지휘하였다.

권세연은 의병운동 전에 허훈許薰에게 의병에 참여해 줄 것을 간곡하고 진지하게 부탁하였다. 허훈은 자신은 재지才智가 얕고 짧으며, 오래도록 병에 걸려 세상에 쓸모없는 사람이 되어 우분憂憤하고 강개慷慨한 눈물이 한갓 공산空山의 초목에 뿌리고 있을 뿐이고, 다만 마땅히 이같이 살고 이같이 죽을 뿐으로 진실로 한 가지라도 능한 것이 있으면 이때가 어떤 때인데 스스로 힘을 다하기를 생각하지 않겠느냐고 하면서 자신의 어리석은 분수를 편안하게 해 달라고 사양하였다.[62]

1895년 겨울 의병 거사 직전에 권세연은 봉화 춘양春陽의 성산筬山으로 곽종석郭鍾錫을 찾아갔다. 두 사람은 함께 술을 마시고 책을 펴고 천고千古의 일을 담론談論하며 서로 매우 즐거운 만남을 가졌다. 이때 영남의 선비들은 의병의 기치를 내걸고 권세연을 주맹主盟으로 삼고, 곽종석에게는 부장副將을 맡겨 거사에 함께 참여하기를 바랐다.

곽종석은 권세연이 주도하는 창의倡義에 누구나 참여해야 하는 당위성을 인정하면서 손과 발이 있는 자는 마땅히 포복을 다 해야 하니 자신도 사람이므로 감히 스스로 뒤로 하여 물러나 웅크리고 있어서는 안 된다고 생각함을 말하였다. 그러나 그는 자신이 글이나 짓는 선비로서 서막書幕의 끝에 참여하는 것은 가능하지만 차례를 뛰어넘어 아장亞將(즉 부장)의 자리에 참여하기는 어렵다고 하였다. 그는 그 자리가 자신에겐 비록 영광이나, 마침내 군사를 패하게 하여 만인의 목숨을 버리게

---

62 『舫山文集』권8, 書, 答權祖元(源)世淵 丙申.

한다면 어떻게 하겠느냐고 고민하였다. 그는 자신의 지혜가 몸을 보호하지 못하고, 힘은 예리한 것을 잡지 못하며, 풍채와 언론은 사람을 감동시키지 못하고, 일에 임하여 겁을 내어 종종 지인들과 친구들에게 웃음을 당한다고 스스로를 평하였다. 게다가 쇠증衰症이 일어나 하룻밤에 여러 사람이 모인 자리에서도 문득 피곤해지는 몸으로 하루 몇 십 리의 일정을 겪어서는 병이 생길 것이니 이 거사의 중임重任을 맡기가 어렵다고 하였다. 그러면서 그는 군문軍門에 들어가서 패하는 것보다는 패하기 전에 자정自靖하는 것이 낫겠다고 뜻을 전하였다. 함부로 나아가서 자리에 앉아, 결국 한 가지 일도 처리하지 못하고 하나의 명령도 제대로 내려서 처리하지 못한다면 자기 자신이 부끄러울 뿐만 아니라 중정衆情이 와해瓦解되고 파산破散할 것이니 어찌 두렵지 않겠느냐고 하였다.[63]

곽종석은 권세연의 청에 응하지 못했으나 일찍이 권세연의 의義를 경앙敬仰하였고 자신이 구차하게 살기를 훔쳤다고 하며 부끄러워하였다. 1899년 권세연이 작고하자 곽종석은 시詩를 지어 곡哭을 하고 슬퍼하였다. 후일 권세연의 아들 권상규가 곽종석을 찾아가 묘갈명을 부탁하자 그는 권세연의 이력을 서술하면서 창의倡義한 일에 대해 언급하였다.

대개 공은 대대로 문헌文獻을 숭상하는 가문에서 태어나 배 속에 있을 때부터 눈과 귀로 보고 들은 것이 익숙하여 이미 제배儕輩들과 달랐고, 일찍이 법문法門에서 강론講論하는 자리에서는 주선하니 훈도薰陶가 점점 푹 젖어 대개 의리의 바름에서 떠나지 않았다. 천자天姿가 준일駿逸하고 법도의 가운데에서 예禮로 검속하였으며 거동과 풍채는 난鸞새가 머물 듯하여 속세의 밖에서 비상飛翔을 하였다. 만나는 사람은 모두 상

---

63 『俛宇文集』 권21, 書, 與權祖源世淵 乙未.

서로운 시대의 위대한 보배로 여겨 자주 칭찬하였다. 그 기우器宇와 도량度量의 큼을 살펴보면 마치 가부可否가 없는 것 같았으나 일에 임하여 사건의 본말을 종합하여 자세히 밝히는 것은 빽빽하여 그 절목節目이 섬세하고 정돈되었다. 사기辭氣가 화평하기로는 과격함에 힘쓰지 않았고 이치에 의거하여 진술하였으니 찬란하여 그 어렵고 의심스러운 것까지도 융화되어 기쁘게 되었다. 그런즉 또한 정성으로 복종하고 마음으로 취하여 정사政事를 맡김에 통달하고 외교外交를 전대專對하게 하여도 능히 욕되지 않게 할 이가 아마 이 사람이었을 것이다. 공은 스스로 기약하는 바가 또한 얕지 않았다. 공거문公車文(신하들이 임금에게 上疏하는 글)에 머리를 굽히고 성균관의 학적부에 이름을 올려 장차 몸을 바쳐 포부를 펼 계제로 삼으려고 하였으나 걸음이 부끄럽게도 거꾸러져 청개淸介가 저절로 막혀 버렸다. 그리하여 만년에 참봉參奉 벼슬이 겨우 선비를 대접하는 빈 의례依例에 견주어지는 데 그쳤다. 천하의 혼탁과 나라의 수치에 마음 아파함에 미쳐서는 맨주먹을 빼어 내고 훈련을 받지 않은 군사를 규합하여 한번 죽기로 다투어서 의義를 표하였고 이둔利鈍과 성패成敗는 계산할 여가가 없었다. 얼마 후 눈물을 뿌리고 일을 사례하고는 후미진 언덕에 자취를 감추고 쓸쓸하고 기궁畸窮하게 뜻을 지니고 목숨을 마쳤으니 아! 운명인가. 그런데 흉학한 위세가 진동하여 갉아 먹는 때를 만나, 나라에 가득 찬 충담忠膽을 고동하여 용인庸人과 주졸走卒로 하여금 오히려 수적讐敵은 하늘을 함께 할 수 없다는 것을 알게 하였고, 인류가 화하여 인개鱗介가 될 수 없음과 우리의 당당한 동하東夏의 대의大義를 천하에 성명聲明을 발표한즉, 세상에 논하는 자가 반드시 바라는 바가 있을 것이다. 지금 공을 서술하면서 다른 것은 생략을 하였다. (중략) 을미년(1895)에 섬오랑캐(일본)가 안으로 곤궁坤宮(明成皇后)을 범하는 해害를 입고 국인國人에게 억지로 단발을 강요하자 공이 안동부의 창의

장倡義將이 되어 일이 아직 이루어지지 않았는데 체포하는 자가 이르러 민중이 드디어 무너졌다. 공이 이에 몰래 모병募兵을 하여 다음해 정월에 다시 크게 거병擧兵하여 부성府城에 들어가 점거하니 원근에서 향응響應하였다. 이윽고 들으니 역신逆臣으로 원수의 앞잡이가 된 자가 혹은 죽거나 혹은 체포되었고, 조서詔書를 내려 의병을 해산하라고 하니 공이 마지못해 군사를 향인鄕人에게 소속되게 하고 돌아가 문을 닫고 다시 나오지 않았다. (중략) 명銘을 지어 말한다. 아! 공을 성인聖人의 문하에 미치게 했다면 거의 정사政事와 언어言語의 과科에 가까이 근접했을 것이다. 또한 『춘추』春秋의 뜻을 밝혀, 사람마다 하늘의 강기綱紀와 백성의 떳떳한 이륜彝倫이 적적賊을 토벌하여 원수를 갚고 오랑캐를 물리쳐 중화中華를 높이는 데 있다는 것을 알게 하였을 것이다. 성했으나 드러나지 못하고 명命과 시時가 어긋났으니 나는 조물자造物者가 무엇을 하는지 알지 못하겠다.[64]

---

64 『星臺文集』附錄, 墓碣銘;『俛宇文集』권156, 墓碣銘, 將仕郎行崇陵參奉權公墓碣銘 幷序 乙巳. "蓋公生於文獻之世, 胚胎孺染, 已別等夷, 而蚤周旋於法門牌拂之側, 薰陶漸涵, 槩不離於義理之正, 天姿駿逸, 而斂約於規護之中, 儀采鸞停而翺翔於塵埃之表, 人之遇之者, 擧莫不以瑞世之偉珍亟詡之. 及諦其宇量之夷, 若無可否, 而臨事綜核, 森乎其節目之纖整也, 辭氣之和, 不務激截, 而據理陳述, 渙乎其難疑之融悅也, 則又莫不誠服心醉, 以爲授政而達, 專對而能不辱者, 其在斯人乎! 公於是所以自期者, 亦不薄矣. 屈首公車, 通名庠籍, 若將爲致身展抱之階者, 而屣履恥倒, 淸介自枳, 晩歲祠官一命, 僅視待士之虛例而止. 迨寰宇淆溷, 邦恥痛心, 則乃挺空拳糾白徒, 將一死以表義, 利鈍成敗, 有不暇計. 旣而揮涕謝事, 竄跡嵌厓, 寥落畸窮, 齎志蓋棺, 同歸於草木之腐, 於乎! 其命也否? 然而際凶威震剝之會, 而鼓盈國之忠膽, 俾庸人走卒, 猶知讐敵之不可共戴天, 而人類之不可化爲鱗介, 以聲明我堂堂東夏之大義於天下者, 則世之論者, 其必有所屬矣, 今而敍公, 他可略也. (중략) 乙未秋賊臣謀兇坤宮遇害, 勒國人剃緇, 公爲本府倡義將, 事未集而捕者至, 衆遂潰, 公乃潛行募兵, 翌年正月復大擧, 入據府城, 遠近響應, 已而聞逆臣之倡于寇者, 或戮或逋, 有詔罷義旅, 公不得已以兵屬鄕人, 歸則杜門不復出. (중략) 銘曰嗚乎! 使公而及聖人之門, 其庶幾步武於政事言語之科者歟. 亦庶幾發明春秋之旨, 使人人知天綱民義, 在於討賊以復

     제2부 유림의 이학 수호와 변모 양상

권세연은 의병장으로 적을 토벌하는 의병전쟁을 지휘했으나 자신의 일이 성공하지 못했음을 부끄럽게 생각하였다. 그는 "내가 일찍이 감히 의병장에 임명되었으나 나라의 원수를 통설하지 못했으니 부끄럽다. 내가 죽더라도 명銘을 청할 경우 진실로 창의倡義한 일에 대해 떠벌려서 확대시키지 말라"라고 하였다. 권세연은 의병운동이 끝난 후 천하사天下事를 어찌할 수가 없고[65] 인간사人間事에 간여하고 싶지 않다고 여겨, 태백산 속에서 생활하면서 조용히 자정自靖의 노선을 택하였다.

4. 맺음말

권세연은 안동 권씨 복야공파로 중종·명종대의 명신 권벌의 12대손으로 닭실에서 태어났다. 그는 어려서부터 풍모가 빼어났고 기절이 있었다. 9세에 어머니를 잃고 17세에 아버지마저 세상을 떠나자 그는 매우 고단하고 어려운 생활을 하였다. 그래서 그는 외가인 의성 김씨 집안에서 외숙과 외숙모의 보살핌과 가르침으로 성장하였다. 또한 안동 법흥의 이종태와 이승목의 보살핌과 가르침도 많이 받았다.

권세연은 집안에서는 권승하와 권연하의 문하에서 학습하였고, 밖으로는 1855년에 유치명의 문하에 들어가 가르침을 받았다. 그는 유치명으로부터 학문을 하는 방법에 대해 입지立志를 우선하고 거경居敬을 다

讐, 攘夷而尊華者敗. 蔚而不章, 命與時乖, 吾不知其造物之爲何也." 『俛宇文集』에 수록된 묘갈명과 『星臺文集』에 수록된 글자에 다소 차이가 있다. 『星臺文集』의 '島夷'는 『俛宇文集』에 '賊臣'으로 되어 있고, 『성대문집』에는 銘의 제일 뒤에 "厚夜難作, 曠世其嗟"라는 말이 더 붙어 있다. 아마 『俛宇文集』의 간행 당시에 일제의 檢閱에 의해 내용이 수정·삭제되었을 가능성이 있다.

65 『星臺文集』 권1, 書, 與李觀必晩熹.

음으로 하라는 가르침을 받았다. 유치명의 제자들은 개항을 전후하여 위정척사 이념에 의거하여 운동을 전개하였는데 그 대표적인 것이 사원 복설운동과 영남만인소운동이었다. 전자는 위정척사에서 위정을, 후자 는 척사를 대표하는 운동이었다. 권세연의 사상과 활동도 이 두 부문에 서 주로 이루어졌다.

권세연은 1871년과 1878년에 이미 사원복설운동에 참여하였고, 1883년 에는 소수疏首가 되어 직접 상소문을 짓고 사원복설운동을 주도하였 다. 이러한 그의 사상과 활동은 1899년 작고하기 직전까지도 지속되었 다. 1895년 12월 권세연은 문지門地와 유치명 학맥을 잇는 사상 경향 및 학문적 능력, 그리고 탁월한 기절로 의병장에 추대되어 활동하였다. 그 러나 그는 나라의 원수를 통설痛雪하지 못했다고 생각하여 창의倡義한 일이 크게 알려지기를 원하지 않았고 곧 태백산 속에 들어가 자정自靖 의 길을 택하였다.

권세연은 사원 복설을 통해 위정 이념을 실천하고, 의병운동을 통해 척사 이념을 성취하여 열강의 침략을 물리치고 나라의 자주권自主權을 지키려고 하였다. 그는 권벌 이후 10세世 동안 전해진 관행당觀行堂의 가 학적 학문 전통과 유치명 학맥의 이학적 학풍에서 경敬의 이학을 학습 하여, 19세기 영남 이학의 실천적 변형인 위정척사 이념을 영남 유림의 최선봉에 서서 몸소 실천에 옮긴 학자였다.

제2부 유림의 이학 수호와 변모 양상

이진상 이학의 전통과 그 사상사적 의의

1. 머리말

19세기 조선 왕조는 대내외적 난국難局에 직면하여 조야朝野에 그 위기의식이 팽배하였다. 이 시기 60여 년간 계속된 세도정치는 부패하여 도저히 이러한 어려운 시국을 타개해 나갈 역량이 부족하였다. 1811년 관서 지역에서는 홍경래洪景來가 반정부의 기치를 높이 내걸었고, 1862년에는 경상도 단성에서 발생한 민요民擾가 전국적으로 확산되어 나가며 근대로의 여명黎明을 알리고 있었다.

19세기 지식인들은 이러한 어려운 시대를 구제하기 위해 종교적·학문적 이론 정립을 모색하고 있었다. 이 무렵 최제우崔濟愚는 국내외 정세와 민중의 고통을 예리하게 간파하고 동학을 제창하여 민중을 구제하려고 하였다. 최한기崔漢綺는 서울에서 기학氣學을 제창하여 자기 시대의 문제를 해결하려고 하였고 이항로李恒老, 기정진奇正鎭, 그리고 이진상 등은 이학理學을 통해 난국을 돌파하려고 하였다.

1818년(순조 18)에 경상도 성주星州에서 태어난 이진상李震相(1818~1866)

은 평생 이학과 예학禮學과 역학易學을 탐구하여 세 학문 분야에 두루 통달한 학자였다.[1] 19세기 중엽 영남의 대학자인 유치명柳致明이 '강우대유'江右大儒를 꼽을 때는 반드시 이진상을 일컬었다고 한 것[2]으로 보아 이미 이진상은 1850년대 초에 학문적 명성을 크게 얻고 있었다는 것을 알 수 있다.

이진상은 당론黨論으로는 남인南人에 속했으나 젊어서부터 당론을 떠나 남인·북인·노론·소론 학자의 문사를 공정하게 취하여 비교 연구하였다.[3] 그는 당시 영남에서 치열하게 전개되고 있던 병호시비屛虎是非[4]나 성주 향내의 청회시비晴檜是非[5] 등에는 간여하지 않았고, 평생 학문 탐구에만 정신을 쏟았다.

---

1 이진상에 대한 연구는 宋贊植의 「朝鮮朝末 主理派의 認識·論理—寒洲 李震相의 思想을 中心으로」(『韓國學報』 9, 一志社, 1977)를 시작으로, 그동안 많은 연구가 이루어졌다. 근년에 나온 李炯性의 「寒洲 李震相의 性理學 硏究」(성균관대학교 박사학위논문, 2001)와 李相夏의 「寒洲 李震相 性理說의 입론 근거 연구」(고려대학교 박사학위논문, 2003)는 이진상의 성리학에 대한 주요 연구 성과이다. 최근까지의 자세한 연구 성과에 대해서는 이상하의 위의 논문 4~5쪽 참조. 이상하의 논문은 『寒洲 李震相의 主理論 硏究』(景仁文化社, 2007)라는 책으로 간행되었다.

2 『寒洲文集』 附錄, 권2, 行錄. "柳定齋先生, 數江右大儒, 必曰李某."

3 『寒洲文集』 附錄, 권2, 行錄. "府君持論甚公, 不以黨議害正, 見國人自宣仁以來, 分朋相角, 大者有四, 南北老少, 家世南中, 且爲文穆淵源, 而遯齋公, 又守正不撓, 府君篤守世議, 然自少通看四家文字, 公取並觀, 其於義理之一輸一贏, 學問之一正一誶, 較如指掌, 不以彼而非, 不以此而是, 至如嶺中之屛虎, 鄕裏之晴檜, 皆不袒其左右, 以立赤幟, 而一鑑炯然, 妍媸俱顯, 非若無星之秤, 都無輕重於其間也. (중략) 言溪門正脈, 必曰鄭先生."

4 안동에 이황을 주향으로 하는 虎溪書院을 세우면서 金誠一과 柳成龍의 位次, 그리고 이상정의 배향을 놓고 김성일의 학맥과 유성룡의 학맥의 유생이 서로 오랫동안 벌인 시비를 말한다. 병호시비의 전말에 대해서는 申奭鎬, 「屛虎是非に就いて」(『靑丘學叢』 1·3호, 靑丘學會, 1930~1931) 참조.

5 金宇顒과 鄭逑의 학문적 위차를 놓고 星州 향내에서 晴川書院과 檜淵書院의 유생들 사이에 벌어진 시비를 말한다.

이진상은 심즉리설心卽理說을 주장한 이학의 대가였다. 그는 이학의 동이同異와 모순이 고금의 공통된 근심이라고 하면서 사邪와 정正의 판가름이 여기에 달려 있다고 하였다.[6] 이기理氣의 설이 진실로 학문의 두뇌이며[7] '주리'主理 두 글자는 천고의 성인이 서로 전해 온 심법心法이라 하였다.[8]

이 글에서는 이진상의 이학이 형성된 배경과 전통을 새롭게 탐구하고, 이어 그 이학 전통의 전개 과정과 사상사적 의의를 알아보고자 한다.

2. 이학의 형성 배경

이진상은 1818년 7월 29일 미시未時에 성주의 대포리大浦里에서 태어났다. 할아버지는 증 침판인 이형진李亨鎭(涵淸軒)으로 성균생원이었고, 아버지는 이원호李源祜로 진사였다. 어머니는 김종옥金宗沃의 딸 의성김씨義城金氏이다. 이진상의 어머니는 태몽으로, 용 무늬에 몸은 말이고 등에는 별 무늬가 있는 짐승이 큰 물결 속에서 뛰어오르는데, 갑자기 노인이 나타나 그 짐승을 가리키면서 "너의 집 물物이다"라고 하는 꿈을 꾸었다고 한다. 이진상이 태어나자 어머니의 꿈에 다시 노인이 나타나, 홍필紅筆과 백필白筆 두 자루를 주면서 "잘 간직하라. 뒤에 반드시 쓸 자가 있을 것이다"라고 하였다고 한다.

이진상의 8대조부 이정현李廷賢은 정구鄭逑(1543~1620)의 문인이었다.[9]

---

6 『寒洲文集』 권16, 書, 答鄭若重.

7 『寒洲文集』 권16, 書, 答李器汝; 권16, 書, 答李濟汝.

8 『寒洲文集』 권16, 書, 答李器汝.

9 『寒洲文集』 권36, 墓誌, 八代祖考月峯府君墓誌.

그래서 이진상은 자기 집안의 가학家學 연원을 정구로 생각하였고, 정구를 이황李滉의 정맥正脈으로 여겼다. 이진상의 7대조부 이수성李壽星은 겨우 3세에 아버지의 상을 당하여, 그 어머니 우봉이씨牛峰李氏가 어린 아들을 잘 가르쳐 집안을 일으켰다. 이수성은 이언영李彦英(浣石亭)의 문하에 나아가 가르침을 받았다.[10]

이진상의 고조부인 이석문李碩文(遯齋)은 훈련원 주부이자 증 참판으로서, 이익필李益馝이 조정에 천거하여 무과로 벼슬길에 나아갔다. 그는 1762년(영조 38) 임오화변壬午禍變 때 사도세자가 화를 입게 되자 선전관으로 사간원의 신하를 인도하여 의리로 저항하였다. 그는 시국을 개탄하고 고향인 성주 한개로 돌아와 있었는데, 이 마을에 당시 정치권력에 붙어 따르는 자가 있어 그와는 접촉하지 않겠다는 뜻의 표현으로 집의 사립문을 북쪽으로 내었다. 그래서 세상에서는 그를 북비옹北扉翁이라고 불렀다.

이진상의 중부仲父인 이원조李源祚는 이석문이 살던 옛터에 작은 집을 중건해 그 헌軒은 '돈재유업'遯齋遺業이라 하고 그 실실은 '독서종자'讀書種子라고 하였다.[11] 그는 조카 이진상에게 큰 기대를 걸어 "오종吾宗 5백 년에 비로소 사랑스런 조카가 있다"라고 하면서[12] 손수 『세덕첩』世德帖을 써 주었다.

이진상의 학문은 이상정李象靖·정종로鄭宗魯에게 연원을 두고 있다. 왜냐하면 할아버지 이형진李亨鎭과 백조부 이규진李奎鎭이 모두 정종로의 문하에 출입하였기 때문이다. 이 때문에 이진상의 중부 이원조는 1813년(순조 13) 상주에 가서 정종로를 찾아뵈었고, 1816년에는 안동에 가

---

10 『寒洲文集』 권36, 墓誌, 七代祖考贈刑曹參議府君墓誌.
11 『寒洲文集』 권29, 序, 遯齋義契案序.
12 『寒洲文集』 附錄 권2, 行錄.

       제2부 유림의 이학 수호와 변모 양상

서 유범휴柳範休와 유정문柳鼎文 부자, 유치명을 찾아보고 이상정의 학문의 핵심에 대해 질문을 한 바 있었다.

나아가 이원조는 1861년(철종 12) 1월에 소疏를 올려 이상정과 정종로의 증시贈諡를 청하였다. 그는 "대개 우리나라의 정학正學이 도산陶山(이황)에서 집성되어 두 문충선생文忠先生(김성일·유성룡)이 그 종宗을 얻었다. 대산大山(이상정)은 앞에서 발휘發揮하였고 입재立齋(정종로)는 뒤에서 조술祖述하여 연원이 바르게 되고 의리가 크게 밝혀졌다"라고 하였다. 이황·이상정·정종로를 거론함으로써 그는 위로는 도맥道脈이 서로 이어지는 것을 밝히고 아래로는 가학家學의 출자出自를 분명하게 제시한 것이었다.[13]

이진상은 할아버지 이형진과 중부 이원조가 다진 학문적 기반 속에서 성장하였다. 그는 어린 시절에 병이 잦아 여러 차례 위험한 고비를 넘겼으나 50세 이후에는 건강이 아주 좋아져 회갑을 평온하게 맞이하였고 얼굴이 풍만하였다고 한다.[14] 평소 소옹邵雍의 시를 애송하였고,[15] 좌우에는 "성소백위誠消百僞, 경적천사敬敵千邪"라고 써 붙였다.

이진상은 1831년에 순천 박씨順天朴氏 박기진朴基晉의 딸(1814~1839)과 결혼하였다. 순천박씨는 이진상이 혹 바둑을 가까이하면 "부가夫家는 문학으로 문호門戶를 세웠으며 부자夫子는 남보다 뛰어난 재주가 있으니 마땅히 독서와 수행에 힘써 명업名業을 이루어야 하건만 어찌하여 세월만 보냅니까"라며 은미하게 풍간諷諫하였다.

이진상의 집안의 가계家計는 1836년과 1837년 무렵에 매우 어려웠다.

---

13 『寒洲文集』 권38, 行狀, 仲父凝窩先生行狀.

14 『寒洲文集』 附錄 권3, 墓誌銘.

15 『寒洲文集』 附錄 권2, 行錄; 권3, 墓誌銘. 邵雍의 詩는 "耳目聰明男子身, 洪鈞賦予不爲貧. 須探月窟方知物, 未躡天根豈識人? 乾遇巽時爲月窟, 地逢雷處見天根. 天根月窟閑來往, 三十六宮都是春"(『擊壤集』 권16, 觀物吟)과 "日月星辰高照耀, 皇王帝霸大鋪舒. 幾千百主出規制, 數億萬年成楷模"(呂祖謙, 『宋文鑑』 권25, 書)이다.

이진상 영정 (한주선생기념사업회 소장)

이진상은 아내에게 "부모님의 연세가 이미 높으신데 위로 섬기고 아래로 기를 경제적 능력이 없는데도 군자君子가 생각지를 못하고 있으니 어찌 '여력이 있으면 학문한다'라고 한 공자의 뜻에 부합하겠는가"라고 하고는 이어 "안자顔子는 부모님이 계셨을 적에는 아주 가난했는데도 그 즐거움을 고치지 않았으니 내가 오히려 무엇을 걱정하리오"라고 하였다. 이 말을 들은 아내 순천박씨도 남편이 용기를 잃지 않도록 격려를 하였다. 이진상이 청년기에 학문에만 정진할 수 있었던 이면에는 아내의 커다란 내조가 있었다.

이진상은 소시少時부터 포부가 컸다. 그는 자긍심이 대단했고 사물을 오만하게 보는 자세를 지니고 있었다. 그는 직언直言과 직행直行을 잘 하여 사방에서 공격을 받았으나 자질구레한 일에 구애받지 않고 높고 원대한 곳에 목표를 두었다.[16] 그는 주견主見이 매우 강하였고, 일생 태양증太陽證이 있어 자신의 의사 표현을 직설적으로 하였다. 그는 속으로는 그렇지 않으면서 겉으로 모호하게 행동하여 겸손하게 자처하는 태도를 달갑지 않게 여겼다.[17]

이진상은 여러 차례 자신의 성격에 대해 말하기를 솔직담백하고 기가 굳세어 직언을 피하지 않는다고 표현하였다.[18] 그는 자신이 성격이 성글고 기는 굳세며(性疏氣亢), 뜻은 넓고 재주는 성글다(志廣才疎)고 하였는

---

16 『寒洲文集』 권23, 書, 答張舜華錫英 戊寅.
17 『寒洲文集』 附錄 권2, 行錄.
18 『寒洲文集』 권29, 序, 直字心訣序; 권6, 書, 上李定軒.

　　　　　제2부 유림의 이학 수호와 변모 양상

데,[19] 이러한 성격으로 인해 다른 사람과 언론을 할 때 옳으면 옳다고 하고 그르면 그르다고 하여 숨김이 없는 것으로써 주를 삼았기 때문에 당세 사람들과 잘 화합하지 못하였다. 그러나 스스로 생각해 보아 의심이 없으면 여러 차례 굴욕을 당해도 조금도 후회하지 않았다.[20]

이진상은 15세에 이미 경사經史, 정무政務, 문장文章, 제도制度, 성력星曆, 산수算數, 의방醫方, 복서卜筮 등을 두루 궁구하여 통달하였다. 이때 중부 이원조가 "선비가 되어 의리義理의 본령本領을 모르면 선비의 이름을 저버리는 것이다. 너의 재주가 궁구하는 데 장점이 있으니 어찌 『성리대전』性理大全에 전력하지 않는가"라고 하여 『성리대전』을 공부하기 시작하였다.

이진상은 15~16세 때 '산교'汕嶠라고 자호自號를 하였다. '산교'는 산수汕水 동쪽의 교남嶠南에 태어나매 일산一汕에 의거하여 천하의 물을 알 수가 있고, 일교 嶠에 나아가서 천하의 산을 알 수가 있다는 뜻의, 참으로 자부가 대단한 호였다. 얼마 후에는 자호를 다시 '동교'東嶠라 하였는데, 해동海東의 좁고 좁은 교남에 태어나서 용납되지 못한다는 한스러운 뜻을 나타낸 것이었다.[21] 20세 이후에는 『대학』의 '지지유정'知止有定에서 '정'定자를 취하여 '정와'定窩라는 호를 지었고 30세 이후에는 집에 '조운헌도'祖雲憲陶라고 편액을 붙였는데, 운곡雲谷, 즉 주희를 조술祖述하고 도산陶山, 즉 이황을 헌장憲章한다는 의미였다. 그러다가 만년에는 '한주'寒洲라고 호를 하였다.

이진상은 할아버지가 치산治産을 하지 않아 집이 매우 가난하였다.

---

19 『寒洲文集』 권13, 書, 答宋楚叟; 권38, 行狀, 仲父凝窩先生行狀; 권28, 書, 寄承熙 乙丑.

20 『寒洲文集』 권6, 書, 上李定軒.

21 『寒洲文集』 附錄 권2, 行錄.

그래서 그는 직접 농사를 지었고 몸소 삼태기나 삽을 들고 밭에 나가 노동을 하였다. 그러나 부모가 작고한 이후에는 농사일에 종사하지 않았다.[22] 그는 일생을 조정朝廷의 득실得失과 관정官政의 이해利害에 대해 말하지 않았고 향민鄕民의 회의에 참여하지 않았다.[23]

이진상은 초년에는 스승이 없이 혼자 열심히 공부하였다.[24] 그는 글을 짓고 저술하는 일에 대단한 애착이 있어 일생 동안 일각一刻도 한가하게 보내지 않았으며 한 구절도 대충 말하는 법이 없었다.

이진상은 1835년(헌종 1) 18세 때 중부 이원조에게 '인심도심'人心道心의 요지에 대해 강講을 듣고 여러 성인聖人의 설을 널리 구하여 주리主理의 핵심을 터득하였다.[25] 그는 이해에 「성명도설」性命圖說을 지었다. 심心을 이理로 보는 이진상의 견해는 이때부터 이미 그 단서가 열렸다.

1839년(헌종 5) 이진상은 「성학도」性學圖와 「인도」仁圖를 지었다. 그는 이를 통해 본연本然과 기질氣質 및 양성養性과 교성矯性 등의 공부工夫와 공효功效를 논하여 성현聖賢이 성性을 말한 본지를 밝혔고 지행知行, 구인求仁, 위인爲仁의 세목을 나누어서 인仁의 실체를 밝혔다. 또한 이듬해에는 「심경도설」心經圖說을 짓고 이와 관련해서 「야기잠」夜氣箴과 「명성잠」明誠箴을 지어 스스로를 살피고 반성하였다. 이 「심경도설」은 진백陳柏의 「숙흥야매잠」夙興夜寐箴과 서로 표리表裏가 되며, 일생을 존양存養·성찰省察하여 덕으로 나아가려 한 이진상의 공부의 기초가 여기에서 마련되었다.

1845년(헌종 11)에 이진상은 「심성정설」心性情說을 지어 심성心性은 일리

---

22 『寒洲文集』附錄 권2, 行錄.
23 『寒洲文集』附錄 권2, 行錄.
24 『寒洲文集』권28, 書, 寄承熙 乙丑.
25 『寒洲文集』附錄 권3, 墓表.

一理라고 말하였다.[26] 그는 심성을 두 갈래로 보는 학설을 적극 비판하면서, "성性은 기질氣質과 떨어져 있지 않지만 오로지 성性의 명의名義를 말하면 이理일 뿐이고, 심心은 반드시 형체가 있지만 오로지 심心의 주재主宰를 말하면 이理일 뿐이며, 정情이 생기는 것은 기氣가 용사用事하는 즈음에 있는데 오로지 정의 근인根因을 말한다면 또한 이理일 뿐이다. 성性이 따로 일리一理이거나 심心이 따로 일리一理이거나 정情이 또한 따로 일리一理에서 나온 것이 아니다"라고 하였다.

1851년(철종 2) 겨울에 이진상은 「직자심결」直字心訣을 지었다. 이진상은 주희朱熹가 이른 "천지天地가 만물을 낳고 성인聖人이 만사萬事에 응하는 것이 직直일 뿐이다"라는 말에서 이 '직'直이라는 글자가 성인의 심법이라고 생각하였다. 그래서 경전의 요어要語를 두루 뽑아서 상·하 편으로 만들었다. 이진상은 만년에 아들 이승희李承熙에게 저술을 보여 줄 때 특히 「직자심결」을 가리키며 "주자가 돌아가심에 임하여 문인門人들에게 말씀하기를 '천지가 만물을 낳고 성인이 만사에 응하는 것이 직直일 뿐이다'라고 하였는데 나의 생각에는 이 한 글자가 요순堯舜이 전수한 '중'中 자와 마찬가지로 마땅히 천고千古에 서로 전해 온 심법心法이라고 생각한다"고 하였다.[27]

이진상은 1857년 유치명·김대진金岱鎭·유치호柳致皜 등 안동의 대표적 학자들을 방문하고 돌아와 「주자어류차의」朱子語類箚疑를 지어 주희의 설이 초년과 만년에 어떻게 같고 달랐는지를 변론하였다.[28] 또한 그

---

26 『寒洲文集』 권25, 書, 答金宣伯埰別紙.

27 『寒洲文集』 附錄 권2, 行錄.

28 『寒洲文集』 권29, 序, 朱子語類箚疑序. 이진상이 1879년 12월에 서문을 쓴 것으로 보아(『寒洲全書』 5, 亞細亞文化社, 1980, 3쪽), 「주자어류차의」에 대한 지속적인 수정과 보완이 있었던 것으로 보인다.

는 1857년부터 1867년까지는 『주자어류』朱子語類를 11년간 정력을 다하여 연구하였다. 『주자어류』는 주희의 문인들이 기록하였는데 주희의 초년과 만년의 학설이 다르고 기록한 자에 따라서도 잘못된 것과 바른 것, 자세하고 소략한 것의 차이가 있어 모순되는 표현이 많았다. 이진상은 『주자어류』의 마지막 편까지 통독通讀하고 의심스런 부분은 차록箚錄을 하였다. 그는 「주자어류차의」는 물론 「사서차의」四書箚疑, 「시서차의」詩書箚疑, 「계몽차의」啓蒙箚疑, 「삼례차의」三禮箚疑, 「태극도차의」太極圖箚疑, 「통서차의」通書箚疑, 「근사록차의」近思錄箚疑, 「주자대전고의」朱子大全考疑, 「심경관계」心經竅啓, 「퇴도서차의」退陶書箚疑 등을 엮어 『구지록』求志錄이라 하고 이 책을 편찬한 때로부터 24년 뒤인 1884년에 발문跋文을 썼다.[29] 또한 이진상은 「곤지기변」困知記辨, 「사칠변」四七辨, 「남당동이고변」南塘同異考辨 등을 엮어 『변지록』辨志錄이라 하여 주기론主氣論에 대해 비판하였다. 특히 이진상은 이러한 연구 과정에서 주희와 이황 등의 언설에 대한 깊은 탐구 결과 1861년(철종 12)에 「심즉리설」心卽理說을 지어 이황 이후 '심합이기'心合理氣를 굳게 준수하고 있던 영남 학계를 깜짝 놀라게 하였다.

1876년(고종 13) 일본이 군사를 이끌고 강화도에 들어와 조약을 맺으려 하자 이진상은 성주 고을의 선비들과 회의를 하여 일본을 물리치는 일에 대해 논의하였다. 그러나 마침내 강화도조약이 성립되었다는 말을 듣고 파하였다. 이듬해 이진상은 노魯나라 역사 중에 『춘추』春秋에서 빠져 있는 것을 모아서 위로 노공魯公으로부터 아래로 『자치통감강목』資治通鑑綱目의 시작에 이르기까지 3편으로 만들어 『춘추익전』春秋翼傳이라고 하였다. 그리고 1877년 가을에 단성의 남사마을에서 향음주례鄕飮酒

---

29 『寒洲全書』 5(亞細亞文化社, 1980) 362쪽.

禮를 행하고 「태극도설」太極圖說을 강하였다. 이때 수백 명이 모여 열띤 학술 토론을 벌였다.

1878년(고종 15) 윤3월 이진상은 이미 자신의 학설을 정리하여 『이학종요』理學綜要를 지었다. 그의 학설은 모두 주희와 이황의 본지本旨에 뿌리를 두고 있었다. 그는 일찍이 말하기를 "성현聖賢의 학學은 심법心法이다. 심心이라는 것은 주재主宰의 이理이다. 요점은 치지致知를 하여 이理를 밝히고 거경居敬을 하여 이理를 따르는 데 있다"라고 하였다.[30] 그는 스스로 필생의 명맥命脈으로 생각한[31] 『이학종요』를 1884년에 교감하였다.

이진상이 죽은 뒤, 1889년 5월 허유許愈·이종기李種杞·곽종석郭鍾錫·윤주하尹冑夏·장석영張錫英 등 그의 문인들은 수십 일 동안 대포大浦에 머물면서 『이학종요』를 교정하였고, 1894년 봄에 다시 허유가 윤주하와 함께 삼가三嘉의 병목서당幷木書堂에서 이를 이어 교정하였다. 이러한 몇 차례의 교정을 거쳐 『이학종요』는 1897년 고령 회보계會輔契에서 간행되었다. 이 『이학종요』가 간행됨으로써 이진상 학맥의 학설은 '심즉리'설로 확고하게 정해지게 되었고 세상에 널리 발표되었다.

3. 이학 이론의 전통과 창신

1) 심즉리설의 제창

이진상의 이학理學은 조선 성리학의 전개에서 어떠한 흐름에 위치하고 있을까? 이진상은 심즉리설의 사상사적 전개 과정을 제시하였다고

---

30 『寒洲文集』附錄 권3, 墓表.
31 『寒洲文集』 권22, 書, 答郭鳴遠 乙酉.

할 수 있다. 그의 심즉리설은 주희의 초년과 중년, 만년에 대한 발언을 시기별로 면밀하게 검토하여 제창된 것이다.[32]

이진상은 『주자어류』朱子語類의 두 설을 인용하여 심에 대한 주희의 견해를 제시하였다. 즉 "심心이라는 것은 기氣의 정상精爽"이며, "기氣의 정영精英이라는 것이 신神이 된다. 금목수화토金木水火土가 신神이 아니고 금목수화토金木水火土가 되는 까닭이 신神이다. 사람에게 있으면 이理가 되니 인의예지신仁義禮智信이 되는 까닭이 이것"이라고 한 1193년(계축)의 기록에서 기氣의 정상精爽이란 진실로 기氣를 단독으로 지적하는 것은 아니라고 하였다. 이진상은 주희의 이 설을 중년 때의 설에 해당하는 것으로 보고 있다.

이진상은 『주자대전』朱子大全 중 여조검呂祖儉에게 답한 편지에서 "미발未發이라는 것은 태극太極의 정靜이고 이발已發이라는 것은 태극太極의 동動이다"라고 한 것과, 오익吳翊에게 답한 편지에서 "태극太極이라는 것은 성정性情의 묘妙니 이에 일동일정一動一靜 미발이발未發已發의 이理이다"라고 한 구절을 거론하면서, 이를 통해 보면 심心이 성정性情을 주재主宰하는 것이 바야흐로 태극太極이 되는 것이지 성性이 홀로 태극太極에 해당될 수 없다고 하였다. 그리고 『맹자』 '인인심'仁人心 장에 대해 주희가 "인仁이라는 것은 이理이니 곧 심心이다. 심心은 곧 이理이다"라고 한 것과 정가학鄭可學에게 답한 편지에서 "유儒와 석釋의 다름은 유儒는 심여이일心與理一이고 석釋은 심여이이心與理二이다"라고 말한 것을 들면서 심心을 이理로 보아야 한다고 하였다.[33] 특히 주희의 이 '심여이일'心與

32　이에 대해서는 李相夏의 논문(「寒洲 李震相 性理說의 입론 근거 연구」, 고려대학교 박사학위논문, 2003)에서 꼼꼼하게 다루고 있다. 그는 이진상의 主理論과 心性情論의 근거를 『朱子語類』, 『退溪文集』 등에서 정밀하게 고증하여 제시하고 있다.

33　주희의 '心與理一'에 대한 주장은 『朱子語類』에 보인다. 『朱子語類』 권126, 釋氏. "吾

理一라는 언설은, 이진상에게는 왕수인王守仁의 심즉리心卽理와 구별이 되는 것이면서도 이진상 자신이 주자학 내에서 심즉리설을 주장하게 하는 주요 근거의 하나가 되었다.

그런가 하면 이진상은 『주자어류』의 "심心이라는 것은 사람에게 있는 천리天理의 온전한 체體이다"라는 말과 "심心은 진실로 주재主宰하는 것이니 이른바 주재主宰라는 것은 곧 이理이다. 심心 밖에 따로 이理가 있는 것이 아니고 이理 밖에 따로 심心이 있는 것이 아니다"라고 한 구절을, 심心을 이理로 이해한 것으로서 거론하기도 하였다.[34]

이진상은 이러한 주희의 말로 볼 때 주희의 만년 정론은 '심즉리'心卽理인 것이 분명하다고 하였다.[35] 그는 대개 주희가 초년에 심心이 이발已發이고 성性이 미발未發이며, 이른바 미발未發이라는 것은 항상 이발已發 위에 타고 있고 이발已發의 즈음에 항상 이것을 끼고 스스로 따른다고 하였으니 이것은 심心으로써 기氣를 삼은 것이고 성性이 심心을 탄 것이라고 하였다. 그리고 주희가 중년에는 '심心이 기氣의 영靈'이라고 하고 '성性을 심心의 이理'라 하고 '지각知覺은 심心'이라고 이르고 '지각知覺은 성性에 떨어지지 않는다'고 일렀으니 이것은 기氣에 나아가 이理를 합한 것으로, 심을 다만 기氣의 정상精爽이라고 본 것이라고 하였다. 그러다가 주희가 만년에는 심心이 성정性情의 총명總名이 된다고 하였고 오로지 주재主宰라는 것으로 말했다고 하였다.[36]

以心與理爲一, 彼以心與理爲二, 亦非固欲如此, 乃是見處不同. 彼見得心空而無理, 此見得心雖空而萬理咸備也. 雖說心與理一, 不察乎氣稟物欲之私, 是見得不眞, 故有此病. 大學所以貴格物也. 或錄云近世一種學問, 雖說心與理一, 而不察乎氣稟物欲之私, 故其發亦不合理, 卻與釋氏同病, 不可不察."

34 『寒洲文集』 권27, 書, 答李肅明浚久別紙.

35 『寒洲文集』 권23, 書, 答張舜華 癸未.

36 『寒洲文集』 권18, 書, 答李聖養.

특히 이진상은 심心에 대한 주희의 다양한 설명 가운데 "심이라는 것은 사람에게 있는 천리의 온전한 체體이다"(心者天理在人之全體)라는 설을 취하였다. 이진상은 대개 "심心은 진실로 주재主宰하는 것인데 이른바 주재主宰라는 것은 곧 이 이理이다. 지금 심心이 기氣라고 하면 기氣가 일신一身의 주主가 되고 성색취미聲色臭味가 진심眞心이 되고 부자군신父子君臣이 마침 남은 물건이 된다. 성性이 이기理氣의 합合이라고 하면 선악善惡이 동체同體가 되고 대본大本이 둘이 있게 된다"라고 하였다.[37]

한편 이황의 심합이기설心合理氣說을 인정하기도 한 이진상은 이황이 홍인우洪仁祐에게 답한 편지를 보면 심心을 이理로 생각한 것을 알 수 있다고 하였다. 즉 이황은 "심心이 이기理氣를 합하고 있는 것은 악惡이 있는 것을 면하지 못한 것과 같다. 그러나 그 처음을 극도로 하여 논해 보면 심心에는 또한 선善이 있고 악惡이 없다. 무엇 때문인가. 심心의 미발未發에는 기氣가 용사用事하지 않아 오직 이理일 뿐이니 어찌 악惡이 있겠는가. 오직 발發하는 곳에 이理가 기氣에 가리어 바야흐로 악惡에 따르는 것이니 이것이 이른바 기분선악幾分善惡이고, 선유先儒가 양물兩物이 상대相對하여 생기는 것이 아니라고 힘껏 변론한 것이다"라고 하였다는 것이다.[38]

이진상은 심즉리心卽理라는 것은 실로 맹자孟子와 정자程子 이래의 고유한 논지論旨이지 자기가 창출創出한 설이 아니라고 하였다. 그의 말에 따르면 예로부터 성현은 모두 주리主理로써 근본 뜻을 삼았는데, 심心과 같은 것은 성정性情의 통명統名이고 성性은 곧 심心의 체體이고 성性은 미발未發의 이理이고 정情은 심心의 용用이고 정情은 이발已發의 이理이니

---

37 『寒洲文集』 권15, 書, 答李琢源根洙.

38 『寒洲文集』 권27, 書, 答李蕭明浚久別紙.

이것은 실로 태극太極의 전체全體이다. 주희가 일찍이 "심心의 동정動靜은 음양陰陽이다"라 하고, 또한 반드시 "심心은 진실로 주재主宰하는 것이다" 라고 말했으니, 이른바 주재主宰라는 것은 곧 이 이理이다. 즉 처음부터 심외心外에 따로 이理가 있는 것이 아니고, 이외理外에 따로 심心이 있는 것도 아니라는 것이다. 그는 심心과 성性이 일一이면서 이二이니 일一이 라는 것은 심心은 체體가 없고 성性으로써 체를 삼는다는 것이고, 이二 라는 것은 성은 다만 체이고 심心은 도리어 용用을 갖추고 있다는 것이 라고 하였다.[39]

이진상은 성리학설에 있어 심心에 대한 새로운 해석을 시도하였다.[40] 1853년(철종 4) 이진상은 「심자고증」心字考證을 지어 심心의 본체本體·묘용 妙用, 형체形體·객용客用, 심성心性의 분합分合과 심기心氣의 차이를 밝혔 다. 그리고 이해 명덕明德에 대해 유치명과 편지로 토론을 하였다. 이진 상은 명덕에 대해 본연本然의 명明은 기氣가 능히 가감加減할 바가 아니 라고 생각하였다. 만약에 진실로 명덕이 기氣가 청淸하고 이理가 철澈한 것의 이름이라고 한다면, 기가 이미 청하니 또한 무엇에 얽매이겠으며 이가 이미 철하니 또한 무엇이 어둡겠냐는 것이었다.

1856년(철종 7) 이진상은 「주재도」主宰圖를 지었다. 그는 「주재도」에서 제일 위에 상제上帝를 게시하여 주재主宰의 본원을 나타내고 다음으로

---

39 『寒洲文集』 권25, 書, 答崔肅仲正基 乙亥. 心性의 관계는 『朱子語類』 권5, 性理의 "性對情言, 心對性情言, 合如此是性, 動處是情, 主宰是心. 大抵心與性, 似一而二, 似 二而一, 此處最當體認"이라고 한 것과 "性猶太極也, 心猶陰陽也. 太極只在陰陽之中, 非能離陰陽也. 然至論太極, 自是太極, 陰陽自是陰陽. 惟性與心亦然, 所謂一而二, 二而一也"이라 한 부분을 참조.

40 이진상은 1834년부터 성리학을 공부하기 시작하여 이듬해 「性命圖說」을 지었다. 그 는 또 1839년 「性學圖說」과 「仁圖說」을 지었고, 1840년 「異端說」을 지어 主氣의 그름 을 통렬하게 변론하였다. 1845년에는 「性情心說」을 지었고, 1840년 가을에 지은 「四七 辨」은 그 뒤 교정을 하여 1855년 여름에 완성하였다.

'신'神 자를 게시하여 주재의 묘용妙用을 나타내고 그다음으로 천군天君을 게시하여 이 이의 진체眞體와 묘용이 사람에 있어서 심이 되어 일신을 주재함을 나타내었다. 그는 "심心이라는 것은 사람에게 있는 천리天理의 온전한 체體이다. 심心의 진체眞體는 성性이고 묘용妙用은 정情이니 성정性情의 밖에 다시 따로 심心이 없는데 성정을 묘妙하게 한다는 것은 무엇인가. 묘하게 하는 것은 이理의 일一이고 묘한 것은 분分의 수殊이다. 일리一理로써 중리衆理를 묘하게 하는 것은 곧 심으로써 심을 부리는 것이다. 그러나 이理는 홀로 움직이지 않으니 임금이 되어서 나라를 주재主宰하면 기氣가 신하가 되고, 아버지가 되어 집을 주재하면 기가 아들이 된다. 주재의 실리實理는 본래 하늘에서 받는 것이고 주재의 공부는 오로지 사람에게 있으니 심心은 진실로 일신一身의 주재이고 경敬은 일심一心의 주재가 된다"라고 하였다.

이진상은 40세가 되던 1857년(철종 8)에 안동 금계金溪에 가서 김홍락金興洛을 방문하였는데, 그 길에 유치명을 찾아가 심성이기心性理氣에 대하여 토론하였다.

이진상: 심心은 일신一身의 주재主宰인데 '주재' 두 글자는 단독으로 이理를 지적한 것입니까? 기氣를 겸兼하여 지적한 것입니까?

유치명: 이기理氣를 겸했다고 말하는 것이 무방하다.

이진상: 이理라고 말하는 것은 주재를 하는 실實이 되는 바이고 기氣라는 것은 바탕이 되는 바로서 주재의 도구가 되는 바입니다. 그러나 주재의 묘妙는 이理에 있고 기氣에 있지 않기 때문에 주자가 말하기를 심心은 진실로 주재하는 것이니 이른바 주재라는 것은 곧 이 이理라고 했습니다. 그러한즉 주재 두 글자는 심중心中에 나아가 이理를 가리키는 것이 분명합니다. 태극太極은 음양陰陽

  제2부 유림의 이학 수호와 변모 양상

과 떨어져 있지 않으나 만화萬化의 주재를 말하면 다만 태극이

고, 심心이 진실로 이기理氣를 겸하지만 일신一身의 주재를 말하

면 다만 이理입니다. (중략)

유치명: 이理와 기氣를 합合해야 지각知覺하는 바인데 기를 떠나서 이理

를 말하면 이理가 공중에 매달려 있는 것이 되니 어찌 주재가 되

겠는가?

이진상: 하생下生이 말한 바는 또한 심중心中에 나아가 주재의 실實을 지

적해 낸 것이지 이 이理가 기氣에 바탕을 두지 않는다는 것은 아

닙니다.[41]

이렇게 이진상은 유치명의 문하에 출입하면서 심성설心性說에 대하여
자신의 의견을 피력하였다. 유치명은 심心을 '합이기'合理氣로 보아야 한
다는 말을 거듭 표명했지만, 이진상은 유치명이 작고한 해인 1861년 "옛
사람이 심心을 논하는 데 심즉리心卽理보다 더 선한 것이 없고 심즉기心
卽氣보다 더 선하지 않은 것이 없다"라고 선언하고 '심즉리'설을 정립하였
다.[42] 이러한 그의 주장은, 주자학 내에서 심즉리설을 제창하여 보다 평
이하고 간명한 이론으로 당대의 문제를 해결하기 위한 정신적 고뇌에서
나온 것이었다.[43]

---

41 『寒洲集』(초간본) 권40, 雜著, 花峽法語. "問心爲一身之主宰, 主宰二字, 是單指理
歟? 兼指氣歟? 答曰兼理氣說無妨. 曰理也者, 所以爲主宰之實也, 氣也者, 所資以主
宰之具也. 然主宰之妙在理而不在氣, 故朱子曰心固是主宰底, 所謂主宰者, 卽此理
也. 然則主宰二字, 就心中單指理, 明矣. 太極不離於陰陽, 而語萬化之主宰, 則只是
太極, 心固兼理氣而語一身之主宰, 則只是理 (중략) 答曰理與氣合, 所以知覺, 離氣
而言理, 理爲懸空, 烏得以主宰乎? 曰下生所言, 亦就心中指出主宰之實, 非謂主宰之
不資乎氣也."

42 『寒洲文集』 권32, 雜著, 心卽理說.

43 이진상의 '心卽理'설이 후일 '眞理를 어지럽히고 道를 해치는 학설'로 道南通文을 통

2) 칠정이발설의 천명

이황이 사단四端과 칠정七情을 이기호발理氣互發로 이해한 후로 오랫동안 영남에서는 이기호발설이 지배적이었다. 특히 이이李珥의 학통을 이은 기호 학계에서 이발理發을 부정하고 기발氣發을 주장하게 되자 영남 지역에서는 시대가 흐를수록 이기理氣가 호발互發한다는 데서 한 단계 나아가 이기는 각발各發한다는 견해까지 제출되었다.

1852년에 이진상은 「사칠변」四七辨을 완성하였다. 그는 이황의 「심통성정도」心統性情圖에 대한 새로운 해석을 통해 사단四端과 칠정七情의 이발理發과 기발氣發 문제를 해결하려고 하였다. 「심통성정도」 중도中圖에서의 칠정이발七情理發과 하도下圖에서의 칠정기발七情氣發을 주희朱熹, 이황李滉, 이익李瀷, 이상정李象靖, 정종로鄭宗魯의 성리설에 대한 정확한 분석에서 도출해 내고자 한 것이었다.

이진상은 이황의 「심통성정도」心統性情圖의 중도中圖를 보면 사단四端과 칠정七情을 합合하여 혼륜混淪하게 설명하였는데 이는 기氣를 섞지 않고 다만 이理를 지적하여 일본一本의 실實을 밝힌 것이고, 하도下圖는 분개分開하여 설명하기를 주희의 "사단四端은 이理의 발發이고 칠정七情은 기氣의 발發이다"라는 설에 보충하여 "사단四端은 이理가 발發함에 기氣가 따르고, 칠정七情은 기氣가 발發함에 이理가 타고 있다"라고 말했다고 하였다.

이진상은 또한 사단四端과 칠정七情에 대해서는 합合하여 말할 때가 있고 나누어서 말할 때가 있는데, 주희는 "그 느낌이 있을 때에 이르러

해 비판받자 이진상의 아들 李承熙는 孔子, 孟子, 程頤, 朱熹, 邵雍, 呂祖謙, 眞德秀, 金宏弼, 鄭汝昌, 趙光祖, 曺植, 金宇顒, 張顯光 등의 心에 대한 견해를 간명하게 제시하여 '心卽理' 세 글자가 聖賢의 眞訣이라고 주장하였다.(『韓溪遺稿』 6, 辨, 道南通文條辨)

이 이理의 발發함이 아님이 없다"라고 했으며 "인심人心은 이理가 혈기血氣에 속한 것이다"라고 한 데 비해, 이황은 "성정性情은 일리一理이고 정靜이 있고 동動이 있다"라고 했으며 또 "칠정七情으로 인해 또한 인의예지仁義禮智에서 발發한다"라고 하였으니, 이것은 합合하여 이理를 주로 말한 것이라고 하였다.[44]

이진상은 사실은 자신의 설이, '성정性情은 일리一理이고 정靜이 있고 동動이 있다'고 한 이황의 설에 근본을 두고 있다고 하였다. 그는 성현의 글 중에 단독으로 정情을 말하면서 기발氣發 두 글자를 말한 경우가 있느냐며 진실로 그런 구절을 하나라도 끄집어낸다면 항복을 하겠다고 말하기도 했다.[45]

이진상은 이황이 초년에 『중용』中庸의 희로애락喜怒哀樂 네 정情에 대해 이기理氣를 겸하고 선악善惡을 합하고 있다고 했다가, 만년에는 다만 이들이 이理를 가리킨다고 말했다고 하였다. 이진상은 성현의 천 마디 만 마디의 말이 다만 하나의 '이'理 자이니, 조존함양操存涵養은 이 이理를 두는 바이고 확충성찰擴充省察은 이 이理를 순順히 하는 바이고 극기한사克己閑邪는 이理를 해치는 것을 제거하는 바라고 하였다. 따라서 성현을 배우는 자는 당연히 주리主理로 실지實旨를 삼아야 한다고 하였다.[46]

그리하여 이진상은 이가 형기形氣로부터 인因하는 것도 이발理發에 속할 수 있다는 주장을 하였다.[47] 주희는 '발發하여 중절中節한 것은 중中에 있는 이理가 밖으로 발현하는 것이다'라고 했고, 진식陳埴이 '희로喜怒의 중절처中節處는 성중性中의 도리道理가 흘러나온 것이다'라고 했으며,

---

44 『寒洲文集』 권5, 書, 上柳定齋先生 別紙.
45 『寒洲文集』 권8, 書, 答尹士善 癸酉 別紙.
46 『寒洲文集』 권8, 書, 與尹士善別紙; 권10, 書, 答姜耘父 別紙.
47 『寒洲文集』 권10, 書, 答李稚肅.

이황의 중도설中圖說을 보면 '자사子思·맹자孟子는 다만 이理를 가리켜서 말했다'라고 하였고, 이상정은 '『중용』에서 희로애락의 중절은 천성의 발이 된다'라고 하였으니, 학단學檀이 서로 전해온 근본 뜻이 본래 이와 같다고 하였다.[48]

이진상은 1857년 유치명을 찾아가 이기호발理氣互發에 대해서도 질의를 하였다. 그는 이理는 기氣에 떨어지지 않고 기氣는 이理에 떨어지지 않아 이와 기는 함께 발하고 함께 그치는 것이지, 처음부터 이理는 동쪽에서 발發하고 기氣가 서쪽에서 발하는 것은 아니라고 하였다. 다만 함께 발하는 가운데 주리주기主理主氣의 구별이 있기 때문에 호발이라고 이르나, 사실 각발各發의 뜻이 있는 것은 아니라고 하였다.

그런데 유치명은 다만 이발理發이라고 말하면 극치克治와 존양存養 두 가지의 마땅함이 없게 되는 것이 아닌지 의문을 가졌다. 이에 대해 이진상은 이가 발하여 기가 가리게 되면 근본은 모두 선해도 악으로 흐르는 것이니, 극치克治의 공工은 바로 그 기氣를 절제해야 하고 존양存養의 공은 그 이理를 순하게 완수하게 해야 마땅한 바가 있다고 하였다. 이러한 이진상의 설에 대해 유치명은 매우 새로우니 더욱더 깊이 생각해 보자고 제의하였다.[49]

이진상은 이기는 '교호'交互한다는 새로운 용어를 제시하면서[50] 결코 각발各發하는 이치는 없다고 주장하였다. 사단과 칠정은 모두 이발理發이고 인심칠정人心七情은 이理가 형기形氣로 인因하여 발한 것이기 때문

---

48 『寒洲文集』 권8, 書, 答尹士善別紙.

49 『寒洲集』(초간본) 권40, 雜著, 花峽法語.

50 『寒洲文集』 권15, 書, 答許退而 庚午 別紙. "中圖之爲皆理發, 情之實也. 下圖之理氣互發, 所發之機也. 惟其交互也, 故理發處氣便隨, 氣發處理便乘, 苟無此交互之意, 則亦不免於兩歧之病矣."

에 기발氣發이라고 이를 수 있을 뿐이라고 하였다.[51]

이진상은 「심통성정도」에 대해서 또한 말하기를, "하도下圖를 보면 사단四端은 도심道心이고 칠정七情은 인심人心이다. 그리고 중도中圖를 보면 사단四端과 칠정七情은 모두 도심道心에 속하고 인심人心도 다만 이理가 혈기血氣에 속한 것이다. 단독으로 이 이理를 지적한 것은 곧 정情의 실實이기 때문이며 그래서 중도中圖에서는 바로 '정'情 자를 썼고, 기氣를 겸兼하여 지적하는 것은 이理가 발發하는 곳에서 분간分看되는 것이기 때문이어서 하도下圖에는 다만 '발위'發爲라고 썼다"라고 하면서 성현의 주리主理의 뜻을 여기에서 볼 수 있다고 하였다.[52]

이진상은 사단四端과 칠정七情은 모두 정情이니, 성性으로부터 발發하지 않으면 정이라 이름 하지 못한다고 하였다. 그리고 성性은 이理이기에 그 실은 다만 '이발'理發 일로一路가 있다고 하였다. 그는 다만 그 발發하는 기機에 이理를 따르느냐 기氣를 따르느냐 하는 구별이 있을 뿐으로 이황의 근본 뜻은 이발理發에 있다고 하였다.[53]

이진상은 사단四端과 칠정七情이 모두 이발理發이라고 주장하였다. 이러한 그의 학설은 우선 주희가 「악기」樂記의 칠정七情은 이 이理의 발發이라고 한 설과 이황의 『성학십도』聖學十圖 중 「심통성정도」의 중도에서 '본성本性이 발發한 바이다'라고 한 설에 근본을 한 것이었다.

이진상은 이황이 「심통성정도」의 중도中圖에서 바로 칠정七情(喜怒哀懼愛惡欲)을 썼는데, 이상정이 척발剔發하여 이理 일변一邊을 말했다고 하였다.[54] 만일 칠정에도 이발이 있다는 논이 과연 창신創新의 설이라서 분개

---

51 『寒洲文集』 권16, 書, 答尹孝一永燁.
52 『寒洲文集』 권16, 書, 答李舜若鐸韶; 권16, 書, 答李器汝.
53 『寒洲文集』 권16, 書, 答李器汝.
54 『寒洲文集』 권9, 書, 與李謹休 乙丑 別紙.

分開의 뜻에 해가 있다면 자기의 설을 배척하는 것이 진실로 마땅하겠지만, 단독으로 칠정을 설명하는 데에는 중도를 으뜸으로 삼아 이발이라고 이르고, 사단을 상대하여 설명하는 데에는 하도를 으뜸으로 삼았으니 기발이라고 이르는 것이 서로 방해가 되지 않는다고 해명하였다.[55]

이진상은 이황의 사단칠정론四端七情論이 「심통성정도」 중도와 하도에서 결정이 되었다고 하면서, 이이가 기발을 힘껏 주장한 이후로 영남 학자들이 대체로 혼륜渾淪을 소략하게 보고 분개分開를 자세하게 주장하여 이와 기를 두 쪽으로 상대해 설명을 해 왔으니 두 근본과 두 갈래의 의심이 없지 않다고 하였다. 그는 이러한 영남 학계에 이상정이 나와서, 혼륜설과 분개설을 자세히 정리한 덕에 비로소 주리主理와 주기主氣의 설로 인한 논란을 해결하게 되었다고 하였다.

이진상은 이익李瀷의 학설에서 칠정이발七情理發의 단서를 찾았다. 사실 이익은 "사단四端은 형기形氣로 인因하지 않고 직발直發하였기 때문에 이발理發에 속하고, 칠정七情은 이理가 형기形氣로 인하여 발한 것인즉 기발氣發이라 한다. 저 기발이 어찌 일찍이 이理의 발發이 아닌가"라고 하여 칠정이발七情理發을 주장하였다.[56] 또한 이익은 "이발기수理發氣隨는 사단四端과 칠정七情에 동일하게 적용이 되지만 칠정七情은 이발理發의 상면上面에 다시 한 층層의 묘맥苗脈이 있는 것이니 형기形氣의 사私가 그것이다"라고 하였다.[57] 이에 근거하여 이진상은 칠정이발의 단서는 이익이 비로소 열었으나 마감하지는 못했다고 서술하였다.[58] 그러나 동시에,

---

55 『寒洲文集』 권9, 書, 與李謹休 乙丑 別紙.

56 『星湖全書』 7, 四七新編, 重跋; 『星湖全集』 권23, 書, 答愼耳老 辛酉·壬戌.

57 『星湖全書』 7, 四七新編, 重跋; 『星湖全集』 권23, 書, 答愼耳老 壬戌.

58 『寒洲文集』 권10, 書, 與姜耘父 丁巳. '公喜怒理發說'은 愼後聃이 처음 제기한 것인데, 李瀷이 이를 받아들여 『四七新編』 重跋에서 언급하자 尹東奎가 이를 반박하여 이익이 그 설을 쓰지 않았다고 한다. 신후담의 '公理上喜怒道心說'은 이익의 조카 李

인심칠정人心七情을 일러 이리가 형기形氣로 인하여 발하는 것이라고 한 이익의 설은 깊이 일본一本의 경지를 터득한 것이며 후세에 어진 이가 다시 태어나도 아마 바꿀 수 없을 것이라고 아주 높이 평가하였다.[59]

이진상은 「심통성정도」 중도中圖에서의 칠정七情은 중절中節의 정情과 사단四端의 정을 합하여 기氣에 섞이지 않는 것이고 다만 이리를 지적한 것이지만, 하도下圖에서 칠정七情은 기발이승氣發理乘한 것이며 사단四端에 대하여 말한 것으로, 끝에 또한 기氣를 아울러서 말하여 성性의 본선本善을 보지 못하였다 했다. 이때 그는 이상정이 이인훈李仁壎(天牖)에게 한 답서에서 '『중용』에서 희로애락의 중절中節은 천성天性의 발發이 된다. 천하의 달도達道가 어찌 일찍이 혈기血氣에서 생기며 기氣가 이리에 순順하여 발한 의사가 있겠는가"라고 한 것을 제시하였다.[60] 또한 이상정이 이상원李象遠(字 希道)에게 답한 편지를 보면 「심통성정도」 중도는 진실로 처발설剔發說이나, 일권一圈에 칠정七情을 아울러 쓴 것은 또한 이 일변理一邊을 취하여 말한 것"이며[61] "『중용』의 네 정情(喜怒哀樂)은 기발氣發이 아니"며, "사단四端과 더불어 대거對擧하지 않으면 칠정의 선일변善一邊은 기질氣質에 섞이지 않는 가운데서 구하는 것이 해롭지 않다"고 했다면서[62] 이렇게 이황이 앞에서 논의를 하였고 이상정이 뒤에서 천명闡明하였다고 하였다.[63] 즉 이익과 이상정이 사단四端과 칠정七情이 모두 이발理發임을 비로소 밝혔다는 것이었다. 이같이 이진상이 평소 이상정의

秉休가 믿고 따랐는데, 윤동규는 그런 이병휴와 거의 20여 년간 학설 논쟁을 벌였다 한다.(李丙燾, 『韓國儒學史』, 亞細亞文化社, 1987, 428~429쪽)

59 『寒洲文集』 권8, 書, 答尹士善 別紙.

60 『大山文集』 권10, 書, 答李天牖 別紙.

61 『大山文集』 권10, 書, 重答李希道 乙丑.

62 『大山文集』 권20, 書, 答李希道 甲子 別紙.

63 『寒洲文集』 권10, 書, 答權可器 壬戌 別紙.

학설을 많이 인용했다는 사실로 보면 그는 학맥상으로 이상정의 학설에 근거를 두고 있다고 할 수 있다.[64]

한편 정종로에 대해서는 만년에 이상정의 문하에 나아가 직접 칠정七情도 이발理發이 있다는 뜻을 듣고는 이를 후인들에게 제시하였고, 김희주金熙周에게 보낸 편지에서도 정밀하고 밝게 말했다고 하였다.[65] 이진상은 칠정도 이발이 있다는 설이 정종로가 평생 주장한 주요 학설이라 하면서 이러한 설은 백대 뒤를 기다려도 의혹스럽지 않은 것이라고 하였다. 그는 이익도 만년에 공희로이발公喜怒理發의 설을 주장하였다고 하여[66] 정종로의 학설을 이익과 이상정의 학설의 계승으로 이해하였다.

이진상은 자신이 이단난도異端亂徒의 과科로 지목을 받고 있음을 슬퍼하였다. 그러나 진실로 자신의 학설이 정당하다면 비록 혹 일시에 비방을 받더라도 만세에 말할 수 있는 것이라 여겼다. 또한 자기가 말한 바가 이황과 이상정의 정론定論에 합치하지 않는다면 감히 자신하지 못하고 고치는 것이 옳지만, 당시에 맞지 않더라도 대현大賢에 합치된다면 결코 자기의 도道를 굽혀서 남을 따르지는 않겠다고 자신의 의지를 표현하였다. 자기의 학설을 한번 통렬하게 진술하되, 남들이 끝내 그 설을 믿지 않는다면 사적私的으로 깊이 갈무리하여 후세에 자기를 알아줄 자를 기다리겠다고 하였다.[67]

이진상은 칠정七情에 이발理發이 없다는 주장을 하는 여러 학자들은 도무지 분개설分開說을 모르는 것이라 하였다. 그는 칠정이 진실로 기발氣

---

64 李相夏, 「寒洲 李震相 性理說의 입론 근거 연구」(고려대학교 박사학위논문, 2003) 176쪽.

65 『寒洲文集』 권23, 書, 答張舜華 癸未.

66 『寒洲文集』 권23, 書, 答張舜華 癸未.

67 『寒洲文集』 권9, 書, 答李謹休 乙丑 別紙.

發이 되기는 하지만 혼륜설渾淪說에 의할 때는 이발理發이라고 말해도 해害가 되지 않는다고 하였다.[68] 칠정이발을 주장한 정종로에 대해서는 문장이 훌륭하고 의리가 정밀하고 명백하며 참으로 이황의 종지宗旨를 터득했다고 평하였다.[69] 이에 허유도 정종로의 편지는 오종吾宗의 연원淵源이 있는 바를 증험할 수 있다고 하였다.[70]

이진상은 정종로가 "칠정七情도 이발理發이 있다"라고 한 설이 반드시 『성학십도』 중도中圖의 뜻에서 나오지는 않았지만 그 설은 저절로 분명하다고 하였다. 중도의 설은 '모두 이발이다'라고 이를 수 있지만, '또한 이발理發이 있다'라고 말해 버리면 도리어 본연本然과 기질氣質이 서로에 대해 두 성性이 되어 하나는 나와서 이발理發이 되고 하나는 나와서 기발氣發이 될 것이라 하였다. 이황의 당대에는 학자가 합合하는 것을 믿고 그 나누어지는 것을 의심하였기 때문에 평생 문답이 분分에 자세하고 합合에 소략하였다는 것이다. 그러나 이황의 근본 뜻은 이理를 주로 말한 것인데, 근일에는 학자가 나누어지는 것을 믿고 합해지는 것을 의심하여 나뉨이 너무 지나쳐 호발互發이 변하여 각발各發이 되었다는 것이었다. 그러므로 이상정이 이미 칠정성발七情性發의 뜻으로 누누이 사람들에게 제시하고 혼륜설渾淪說 중 특별히 이발理發의 뜻을 인용했던 것이라 하였다.[71]

이진상은 『성학십도』「심통성정도」의 중도는 사단과 칠정이 모두 이발이라고 한 정종로의 말을 제시하며 사단과 칠정이 모두 이발임을 주

---

68 『寒洲文集』 권19, 書, 答郭鳴遠疑問 贅疑錄 庚午.

69 『寒洲文集』 권15, 書, 答許退而. "立齋先生論七情書鳴遠曾所願見故謄送, 此老文章活熟, 義理精暢, 眞得陶山之宗旨."

70 『后山文集』 권5, 書, 上寒洲先生. "立齋書其一可以驗吾宗淵源所在."

71 『寒洲文集』 권10, 書, 答權可器 庚申.

장하였다. 그는 이황이 예로부터 학술의 어긋남이 '이'理 자를 파악하기 어려움에 있다고 하면서 『성학십도』의 「심통성정도」 하도를 그려 특별히 호발互發의 설을 제시한 것은 성性을 논하고 기氣를 논하지 않으면 완비되지 못하기 때문이었다고 말했다. 오랜 사색의 결과 그는 "발發하는 것은 이理이고 발發하게 하는 것은 기氣이다"라고 결론을 내렸다. 주희가 「악기」樂記의 설을 해석하면서 "그 느낌이 있으면 문득 이 이理의 발發함이다"라고 했고, 『중용』의 설을 논하며 "이 중中에 있는 이理에 나아가 형形이 밖에 발發하는 것이다"라고 했으니 모두 사단四端과 칠정七情을 구분하지 않고 통합하여 말한 것이라고 하였다.[72]

한편 이진상은 주희의 칠정七情의 설은 이미 「예운」禮運에도 나왔으니 「예운」에서 말한 바는 또한 기氣의 발發이 되는 것이 명백하다고 하였다.[73] 이러한 사실을 기대승奇大升이 증명하지 못했는데 이상정이 증명을 하였고 이익도 증거로 제시하였다고 하였다. 특히 그는 이익이 「예운」의 설을 인용하면서 칠정이 이미 형기形氣에서 나왔다고 단정을 했다는 데서 그가 칠정은 기발氣發이라는 것을 인정하였다는 점을 거론하였다.[74] 또한 이상정의 『대산문집』大山文集을 읽으면서 「예운」의 설을 인용한 것을 보고도 본래의 뜻을 궁구하여 단언하기를 "이것은 기발氣發

---

72 『寒洲文集』 권5, 書, 上崔海庵 別紙.

73 『禮記』「禮運」의 해당 구절은 "故聖人耐以天下爲一家, 以中國爲一人者, 非意之也, 必知其情, 辟於其義. 明於其利, 達於其患, 然後能爲之. 何謂人情? 喜怒哀懼愛惡欲, 七者弗學而能, 何謂人義? 父慈, 子孝, 兄良, 弟弟, 夫義, 婦聽, 長惠, 幼順, 君仁, 臣忠, 十者謂之人義. 講信修睦, 謂之人利, 爭奪相殺, 謂之人患. 故聖人之所以治人七情, 修十義, 講信修睦, 尙辭讓, 去爭奪, 舍禮, 何以治之? 飮食男女, 人之大欲存焉, 死亡貧苦, 人之大惡存焉, 故欲惡者, 心之大端也. 人藏其心, 不可測度也. 美惡皆在其心, 不見其色也. 欲一以窮之, 舍禮, 何以哉?"

74 이익이 「禮運」을 인용하며 七情이 形氣에서 나왔다고 한 기록은 『星湖全書』 7, 四七新編, 圖說 제16에 보인다.

의 명백한 증거이다"라고 하였다. 칠정七情 두 글자는 「예운」에 처음 나오고 다른 경전에 보이지 않으니 칠정을 말하는 경우에는 마땅히 「예운」을 근거로 삼아야 한다는 것이 그의 주장이었다.[75]

이진상은 이상정이 「예운」의 칠정에 해당되는 조목을 혼륜설渾淪說로 이해했던 것은 이상정이 이理를 따로 떼어 내어 설명하는 척발설剔發說을 세우기가 쉽지 않았고, 이理와 기氣를 대대待對로 설명하지 않았기 때문이라고 하였다.[76] 칠정七情이 기발氣發이라는 설은 원래 「예운」에서 나왔는데, 여러 선생들이 이에 대해 언급하지 않고 다만 『중용』, 「악기」樂記, 「호학론」好學論 가운데 단독으로 이理를 가리키거나 겸하여 이理를 가리키는 곳을 논하여 증거를 삼았기 때문에 학설이 분분하여 끝내 하나로 통일되지 못했다는 것이었다. 따라서 「예운」의 뜻이 일찍 밝혀졌더라면 십의十義는 도심道心이 되고 칠정七情은 인심人心이 된다는 데 단연코 의심이 없었을 것이고 기내승과 이이李珥의 논변이 나오지 않았을 것이라고 하였다.

이진상은 「예운」에 보면 이미 음식飮食, 남녀男女, 사망死亡, 빈고貧苦의 대단大端으로 군인君仁, 신충臣忠, 부자父慈, 자효子孝의 대륜大倫을 설명하면서 '무엇을 인의人義라고 이르며 무엇을 인정人情이라 이르는가'라는 말로 발단發端을 했으니 이는 인심도심人心道心의 설과 다름이 없다고 하였다.[77] 그리고 이상정과 이익 두 선생이 비로소 「예운」의 설을 취하여 후세 사람들에게 제시했기에, 사단에 대해 칠정은 기의 발이 된다는 사실에 비로소 분명한 증거가 있게 되었다고 하였다.

이진상은 이황 이후 이익, 이상정, 정종로의 학문 연원 속에서 자기의

---

75 『寒洲文集』 권9, 書, 與李謹休 別紙 甲子 大山集四七疑義.
76 『寒洲文集』 권10, 書, 答李稚肅 別紙.
77 『寒洲文集』 권14, 書, 答宋康叟 別紙.

이학의 근거를 설정하고 있었다. 그는 『성학십도』의 「심통성정도」 중도에서 제시된, 사단과 칠정은 모두 이발이라고 한 설을 지지하였다. 그리고 이상정을 거쳐 정종로에 이르기까지 이 설이 주장되고 있는 것을 제시하면서 이 설이 이황의 학문 종지宗旨를 얻은 것이라 높이 평가하였다.[78]

4. 이학의 사상사적 전개와 의의

1) 새로운 이학의 전개

1886년(고종 23) 음력 10월 15일에 이진상이 작고하자 영남의 많은 학자들은 그의 죽음을 애도하였다.

이진상의 학설을 충실히 계승한 학자는 허유許愈와 곽종석郭鍾錫 등이었다.[79] 허유는 이진상이 이理와 기氣의 관계를 교호交互로 본 학설을

---

[78] 이진상이 제기한 '칠정이발'설의 근거에 대해 이진상의 아들 이승희는 「道南通文條辨」에서 간명하게 제시하고 있다. 즉 朱熹, 李滉, 李珥, 鄭經世, 李濬, 李象靖, 鄭宗魯가 보여 준 七情理發의 근거를 간명하게 설명하면서, 이진상의 七情理發說이 "湖老(이상정)·立翁(정종로)의 가르침을 잇고 雲谷(주희)·陶山(이황)의 旨에 합하기를 구한 것"이라 하였는데, 이는 아버지의 학설에 대한 근거로 주희, 이황, 이상정, 정종로의 학맥을 제시하고 있는 셈이다.(『韓溪遺稿』 6, 辨, 道南通文條辨. "抑謂退陶所云理氣互發, 實謂兩體各發, 而與栗谷所言萬情發於理, 有異耶? 夫栗谷異處, 只有氣發一疑, 其原本而發於理, 則豈惟栗谷爲然? 朱子曰七情亦發於性, 退陶曰七情亦發於仁義禮智, 愚伏先生曰喜之理在中, 故發之爲喜, 怒之理在其中, 故發之謂怒, 無其理則何以發乎? 星湖先生曰理發氣發, 俱是理發, 大山先生曰七情亦發於性, 而有理之發, 立齋先生曰七情亦有理之發, 此外諸先生說亦多矣, 所謂承襲乎湖老立翁之訓, 求合乎雲谷陶山之旨者, 於此亦可見矣.")

[79] 이진상이 영남 학계에 그 이름을 크게 드러낸 시기는 許愈와 郭鍾錫이 그 문하에 입문한 1870년대이다. 이진상이 1861년 心卽理설을 제창하고 10년 뒤인 1870년 봄에 허유가, 그리고 그해 겨울에 곽종석이 이진상의 문하에 나아갔다. 이어 1872년 李正模, 1874년 李斗勳, 1876년 尹冑夏, 1878년 張錫英·金鎭祜가 이진상의 문하에 나아갔다.

　　　　제2부 유림의 이학 수호와 변모 양상

이어받아, 이理와 기氣가 교호하여 발하는 것이지 각각 발發하는 것은 아니라고 하였다.[80] 또한 그는 스승 이진상이 이황의 『성학십도』「심통성정도」 중도中圖의 뜻을 칠정이발七情理發로 해석한 것은 전인前人이 밝히지 못한 것을 밝힌 것이라 하였다.[81]

한편 허유는 이진상의 심즉리설心卽理說을 적극 지지하면서 심心에 대해 더욱 의리義理 중심으로 생각했다. 그는 사람이 물物과 다른 까닭은 사람은 의리義理의 심心이 있기 때문이라고 하였다. 심心은 범인凡人이나 성인聖人이 같은데, 심心을 기氣로 인식하거나 기氣가 섞인 것을 심心으로 삼아 인人과 물物의 구별이 없게 하는 것보다는 의리義理의 심心을 주장해서 범인凡人을 변화시켜 성인聖人을 만드는 계기로 삼는 것이 낫다고 하였다.[82]

허유는 『중용』의 '천명지성'天命之性에서는 인人과 물物을 아울러 말하였으나 주희가 『대학』의 '명덕'明德을 해석하면서는 인人이 하늘로부터 얻은 바라고 말하면서 물物을 말하지 않는 것은 무엇 때문이겠느냐고 반문했다. 성性은 인人과 물物이 다 소유하고 있지만, 명덕은 오직 사람이 소유하고 있기 때문에 주희가 특별히 명덕의 해석에 사람 인人 자를

허유는 곽종석에게 "寒洲翁(이진상)은 근세의 傑匠이다"라고 하면서, 이진상의 문하에 종유하면 얻는 바가 반드시 적지 않을 텐데 문하에 입문하는 용단을 내렸으니 축하할 만하다고 한 바 있다.(『后山文集』 권5, 書, 答郭鳴遠鍾錫 庚午) 그러나 이정모의 경우는 1871년부터 이진상의 심즉리설을 탐문하는 정도였고(『紫東文集』 권3, 書, 答李器汝 辛未; 與李器汝 壬申) 1873년 무렵까지만 해도 심즉리설에 대해 아직 의심을 하고 있었다.(『紫東文集』 권2, 書, 上李寒洲先生 癸酉) 허유와 곽종석에 이어 1874년에 이르러 이정모까지 이진상의 심즉리설을 지지함으로써 그 학설은 널리 보급되어 나갔다.

80 『聖學十圖附錄』(『后山集』 參, 后山書堂, 1999), 謹書聖學十圖附錄後.

81 『后山文集』 권3, 書, 上李寒洲先生.

82 『后山文集』 권12, 雜著, 心合理氣說.

제시하여 사람이 금수와 다른 까닭을 밝혔다는 것이었다. 따라서 명덕을 기氣라고 하거나 기氣를 겸했다고 하면 인人과 물物이 구별이 없게 되며, 이러한 뜻에 밝지 못하면 그 결과 중국中國은 이적夷狄으로 전락하고 인류人類는 금수禽獸로 변하게 될 것이라고 보았다.[83]

허유의 학문과 학술 활동의 핵심은 19세기 말에 일제日帝와 서양西洋의 침략에 대응하여 의리義理의 해명解明과 천명闡明을 자임自任한 것이었다. 허유는 이진상의 심즉리설心卽理說을 계승·발전시켜, 심心의 '허령'虛靈을 '의리義理의 심心'으로 보고 나아가 '명덕'明德을 '의리義理의 심心'으로 해석하였다. 그는 '의리義理의 심心'을 부각하여 심心에 대한 불교佛敎와 노·장老莊, 육·왕陸王의 이해와 구별이 되게 하였다. 따라서 이진상이 천명闡明한 '심즉리'心卽理의 '이'理도 허유에게는 '의리'라는 적극적인 의미로 해석되었다.

그런가 하면 곽종석은 이진상이 이학理學에 깊은 식견이 있다는 말을 듣고 평소 의문을 가지고 있던 이기理氣와 성명性命에 대한 여러 학자의 동이同異의 설을 조목별로 기록한 『지의록』贄疑錄이란 책을 그에게 올렸다. 이진상은 『지의록』에 대하여 조목마다 답하고 발문을 붙여 곽종석에게 보내었다. 이진상은 곽종석에게 고금에 일어난 학술의 어긋남은 모두 기氣는 쉽게 보이고 이理는 알기 어렵기 때문이라고 하면서, "이는 기에서 떨어져 있지 않지만 또한 일찍이 기에 섞이지도 않는다. 기는 때로 악하기도 하지만 이는 어디를 가도 선하지 않음이 없다. 옛 성인의 천 마디 만 마디 말이 '주리'主理 두 글자로 귀속되니 치지致知는 이 이理를 밝히는 바이고 거경居敬은 이 이理를 두는 바이고 역행力行은 이 이理를 따르는 바이고 극기克己와 한사閑邪는 이理를 해치는 것을 제거하는

---

83 『后山文集』 권5, 雜著, 縣學講義.

바일 뿐이다"라고 말해 주었다.[84]

곽종석은 당시 학자들이 이理와 기氣를 주主와 자資, 존尊과 비卑로 구분하지 않아 도리어 비卑가 존尊의 자리를 훔치고 주主와 자資가 같은 자리에서 병립하고 대치해, 절대적인 이理의 지위가 전도顚倒되거나 기울어지게 되었다고 하였다.[85] 그는 심지어 이황 이래로는 '심합이기'心合理氣설도 이기理氣를 대등하게 이해하게 되는 현상에까지 이르게 되었다고 하면서 이를 비판하고 '주리'主理를 제창하였다.[86] 그는 대강 심心으로 말하자면 이기理氣를 합하고 있으며, 본체를 바로 지적하면 심즉리心卽理라고 하였다. 기를 합하여 말하지 않으면 사람들이 장차 심心이 발發하는 바로써 천리天理가 아닌 것이 없다고 하여 성찰극치省察克治의 공부를 행하지 않을 것이고, '즉리'卽理라고 말하지 않으면 사람들이 이理의 순선純善이 심心의 본연本然이 됨을 알지 못하여 분명 배양확충培養擴充의 공工을 더하지 않을 것이라고 보았다. 이러한 곽종석의 언급을 통해 볼 때 그는 인간 심성의 순선에 대한 절대적인 믿음과 함께 교화의 측면도 염두에 두고 있었다는 것을 알 수 있다.[87]

한편 1894년(고종 31) 이진상의 아들 이승희는 동학東學을 피하여 거창에 머물게 되었고 그곳에서 이듬해 3월에 『한주문집』을 활자로 인쇄하였다. 1896년에는 『이학종요』를 교정하여 바로 인쇄에 붙였고 겨울에 문집의 출간을 돌아가신 아버지의 사당에 고하였다.

그런데 1896년 『한주문집』이 간행되자 이진상의 학설에 대하여 많은 비판이 일어났다. 이황의 후손인 이만인李晚寅이 이진상의 심즉리설은

---

84 『寒洲文集』 권30, 跋, 贅疑錄跋; 附錄, 권1, 年譜, 庚午.

85 『俛宇文集』 권15, 書, 與金獻納.

86 『俛宇文集』 권130, 雜著, 柳省齋重敎心說辨 辛卯.

87 『俛宇文集』 권130, 雜著, 柳省齋重敎心說辨 辛卯.

이황의 학설과 다르다고 비판하자, 이에 대해 곽종석은 이진상의 심즉 리설은 이황의 심성설 내에서 이理를 강조한 것일 뿐이라고 하였다.[88] 그 러나 이만인은 이진상의 학설 중 그 자신의 입장에서 보아 이황의 학설 과 다르다고 생각되는 여러 조목을 논변하였다.[89] 이에 대해 윤주하尹冑 夏는 이만인의 글을 축조 분석하여 「반구록」反究錄이라는 제목으로 이 진상의 학설을 변호하였다.[90] 뿐만 아니라 이승희도 이진상의 학설에 대 한 이만인의 변록辨錄을 구하여 보고 이에 조목소목 변론하여 아버지 이진상의 학설을 옹호하였다.[91]

한편 안동에서는 이진상의 이학이 위학僞學으로 몰려, 1897년 도산서 원에서 『한주문집』이 돌려보내졌다. 그 이유는 『한주문집』에 이황의 설 에 대항하여 그것을 핍박한 내용이 있다는 것이었다. 1896년 영남에서 이 진상의 심즉리설에 대한 비판이 일자, 곽종석은 심心의 본체本體를 이理 로 보지 않고 이기理氣의 순수한 것으로 보는 것은 이황의 학설에 어긋 나는 것이 아닌지 묻고 있다.[92] 그는 이진상의 학문은 이황의 성리설에 서 벗어난 것이 아니며, 스승에 대해 이황의 설을 따르는 순수한 학자, 즉 '도산순신'陶山純臣이라고 하였다.[93]

이진상의 심즉리설로 인하여 영남 학계가 분열되자 1899년 곽종석은 이병호李炳鎬(일명 李定鎬)에게 편지로 심즉리설心卽理說에 대하여 논하였 다. 이병호는 본심本心이 진실로 이理이기는 하지만 '즉'卽이라는 글자가 너무 급急하다고 하였다. 곽종석은 심心은 진실로 본심本心을 지적하기 때문에 이같이 설명하였으나, 범범하게 말하면 심心 또한 마땅히 이기理

---

88 『俛宇文集』 권13, 書, 與李監役 丙戌.

89 『龍山文集』 권6, 雜著, 寒洲李氏動靜說條辨.

90 『膠宇文集』 권16, 雜著, 反究錄.

91 『韓溪遺稿』 6, 辨, 宣錄條辨.

92 『俛宇文集』 권36, 書, 答李子翼.

93 『俛宇文集』 권36, 書, 答李子翼 戊戌.

氣를 합하고 있다고 말해야 하고 아울러 기질氣質의 성性에 미쳐야 하고 미발未發의 처지에서 말할 수 없다고 하면서 이황의 『성학십도』「심통성정도」의 중도中圖가 심학心學의 근본 뜻을 드러낸 것이라고 하였다.

곽종석은 심心이 이기理氣를 합한다는 것은 이진상도 여러 번 말하고 글로 썼지만, 학계의 비판을 무릅쓰고 심心이 곧 이理라는 설을 제창한 것은 심心에 있어 귀한 바는 본심本心이고 진심眞心이고 주재主宰의 심心이기 때문이라 하였다. 본심이 이理이고 진심이 이理이고 주재의 심이 이理라면 주재의 이름은 이理에 있다고 거듭 주장하였다.[94]

곽종석은 심즉리설을 비판하는 여론에도 불구하고 스승의 학설을 굳게 수호하였다. 그는 『한주문집』의 개간改刊을 생각하면서도 그 설에 정말로 이황에게 미안한 것이 있어 그런 것이 아니라 교정이 미진하고 편례編例상 혹 흠이 있기 때문이라고 밝혔다. 『한주문집』에 실린 이진상의 학설이 문제가 있다면 꼭 도산陶山에서 문제를 삼을 것이 아니라 반드시 천하 사람들에게 보이어 객관적인 평가를 받는 것이 더 온당하다고도 말하였다.[95]

당시 일부 유림이 『한주문집』의 내용 가운데 문제 삼은 부분은 모두 네 가지였다. 첫째는 이진상이 무극無極의 이론을 타파했다는 것이었고, 둘째는 『춘추』의 춘왕정월春王正月의 뜻을 그르게 논의했다는 것, 셋째로 이기理氣의 설을 무너뜨리고 혼란시켰으며, 넷째로 사도세자를 추숭하는 전례典禮에 배치되는 주장을 하였다는 것이었다. 이러한 내용으로 1902년 5월 18일 충주 하강荷江에서는 관학館學(성균관과 四學)과 열읍列邑에 통문을 발송하여 이진상의 『한주문집』을 문제 삼았다.[96] 이 통문에

---

94 『俛宇文集』 권36, 書, 答李子翼 己亥.

95 『俛宇文集』 권36, 書, 答李子翼 己亥.

96 『李寒洲文集卞破錄』 忠州荷江抵館學及列邑通文 5月 18日. 이하 서술은 『李寒洲文

서명한 인물은 정면시鄭冕時·한시동韓始東·이중봉李中鳳·홍승직洪承稷·
한두원韓斗源·박해령朴海齡·홍익화洪翼華·오희상吳喜相·이중화李中華·유
만식柳萬植·이수겸李壽謙이었다.

이 하강통문荷江通文에 대응해 이진상의 학설을 지지하는 유림은 성
주유회소星州儒會所를 열어 관학에 통문을 발송하였다. 아울러 성주 대
포大浦의 이기상李驥相·이백상李百相도 관학에 편지를 보내어 이진상의
학설은 주희와 이황의 주리主理의 핵심을 이은 것이고 춘왕정월은 공자
가 주周나라를 따르겠다고 한 의리를 밝힌 것이며, 사도세자를 천휘闡揮
하는 정조正祖의 전례典禮에 배치되는 주장을 했다는 것도 이진상의 고
조부 이석문李碩文이 사도세자가 화를 입게 되자 의리로 저항한 적이 있
는데 '배치'背馳 두 글자를 자기 집안에 더한다는 것은 이치에 맞지 않는
다고 반론하였다.[97]

한편 성주 삼봉서당三峰書堂에서 허유許愈·곽종석郭鍾錫·윤주하尹胄
夏·성기영成琪永·이두훈李斗勳·이덕후李德厚·장석영張錫英 등 20여 명은
1902년 6월 5일에 관학에 통문을 보내었다. 이 통문에서 이진상의 제자
인 허유 등은 무극에 대한 이진상의 해석과 심즉리설에 대해 구체적으

集卜破錄』에 의거하여 기존의 논문의 내용을 많이 보완하였다. 『李寒洲文集卜破錄』
은 한국고전번역원 李相夏 교수로부터 자료가 있다는 사실을 처음 들었고, 상지대 郭
積 교수가 복사 자료를 제공해 주었다. 이 자료는 『한주문집』에 대해 비판한 글과 이
에 답변·해명하는 글들을 수집·필사하여 편집한 것으로 모두 48쪽이다. 대개 비판하
는 글을 먼저 싣고 답변하는 글을 뒤에 실었다. 실려 있는 글들은 通文, 書, 牌旨, 單子
네 종류의 문체가 섞여 있을 뿐 卷으로 나눠져 있지는 않다. 書 몇 편을 제외하면 모
두 단체가 보내는 공적인 글이다. 이 책에 수록되어 있는 31통의 글들은 다른 곳에서
는 거의 찾아볼 수 없는 것들로, 이진상의 학설이 극심한 탄압을 받아 『한주문집』이
도산서원에서 반송되고 상주향교에서 焚書되기에 이르는 과정을 연구하는 데 중요한
자료가 된다.(이상하, 「『李寒洲文集卜破錄』 해제」, 『계명대학교 동산도서관 소장 善本
古書 해제집』 3, 계명대학교 출판부, 2012)
97 『李寒洲文集卜破錄』 星州儒會所抵館學通文; 星州大浦李生等抵館學書 6月 初5日.

로 변호하였다. 즉 그들은 이진상이 노자老子가 무극을 무궁無窮으로 이해한 설을 변론하여 타파하고, 주희가 무극과 태극의 극極을 표준標準으로 해석한 것을 밝혔다고 주장했다. 이기의 설에 대해서도 이진상은 주희와 이황의 주리主理의 핵심을 근본으로 삼았고, 육구연陸九淵과 왕수인王守仁이 기氣를 이理로 인식한 병통을 변론하고 배척하여 "이理라는 것은 주재主宰이고 본체本體이며, 기氣라는 것은 바탕의 도구이고 작용이다. 성현의 심법心法은 다만 주리제기主理制氣일 뿐이다"라 했음을 말했다. 그리고 심心에 대해서는 이황의 겸이기兼理氣의 가르침을 주로 했고 주희의 심위태극心爲太極의 뜻을 천명하여 드러내었으며, 정情에 관해서는 주희의 이발기발理發氣發의 설을 주로 했으며 이황의 『성학십도』「심통성정도」 중도中圖에서 다만 이理를 언급했던 점을 드러내었다고 하였다. 따라서 하강통문에서 이진상의 학설을 비판하여 이기설을 무너뜨리고 혼란시켰다고 말한 것은 학설의 본지本旨를 참고하지 않고 흑백黑白을 변란시킨 것이라고 주장하였다.[98]

이후에도 6월 30일에 성주에서 김홍림金興林·송기선宋祺善·최재동崔在東·정현석鄭玹錫·여진규呂軫奎·장지원張志遠·김창숙金昌淑 등 70여 명이 하강에 네 조항을 변론하는 통문을 발송하였다.[99] 이날 성주 회로당會老堂에서는 최재동·송기선 등 102명이 도산서원陶山書院에 통문을 보냈고,[100] 상주 옥동서원玉洞書院에서 강운희姜運熙·황난선黃蘭善 등도 네 개 조항에 대해 변론하는 통문을 하강에 보내었다.[101]

1902년 8월 30일에는 도산서원에서 관학과 열읍에 통문을 발송하기

---

98 『李寒洲文集卞破錄』星州三峰抵館學通文 6月 初5日.

99 『李寒洲文集卞破錄』星州答荷江通文 6月 30日.

100 『李寒洲文集卞破錄』星州會老堂抵陶山通文 6月 30日.

101 『李寒洲文集卞破錄』尙州玉洞抵荷江通文.

를, 이진상의 문집이 간행되자 이종상李鍾祥이 엄한 말로 가혹하게 배척하고 이만인李晩寅이 조목마다 분명하게 변론한 공이 크다고 말하면서 이진상의 심즉리설과 그 학설을 지지하는 유림을 강하게 비판하였다. 이때 도산서원 원장院長은 박우현朴遇賢이었고 재임齋任은 이중모李中模·김우규金禹奎였다.[102]

한편 같은 날 도산서원에서는 하강단소荷江壇所에도 통문을 보내어 이진상의 심즉리설을 문제 삼았다. 이 통문에서는 이진상의 제자 곽종석이 '근래에 도산인陶山人이 스승의 아들 승희承熙를 꾸짖었다'고 한 말과 '저쪽의 일당은 드러내 놓고 승부를 거는 기상이 있다'라고 한 것을 거론하며 이들이 끝내 심즉리설을 고치려는 의도가 없다고 비판했다. 또한 곽종석 등이 그 스승인 이진상의 학문을 거론하며 걸핏하면 주희와 이황을 증거로 삼아 반드시 주리主理라고 말하고 있으니, 죽어도 심즉리의 설을 바꾸지 않을 것으로 여겼다. 또 이진상은 숙부인 이원조와 스승인 이종상이 꾸짖고 깨우쳐도 말을 듣지 않고 죽을 때까지 자신의 학설을 그대로 지켰으니 석가모니의 '천상천하유아독존'天上天下唯我獨尊의 뜻이 있는 것이라 하였다.

이 통문의 내용은 허유·곽종석 등 이진상의 문인들이 서로 끌어 주고 체결하여 모인 무리가 날로 달로 번성하니 학계의 재앙이 극도에 달했다고 말하며, 따라서 만약에 이러한 세력을 막지 않으면 그치지 않을 것이어서 말류末流의 화가 걷잡을 수 없을 것이라 우려하였다. 또한 이른바 『한주문집』을 훼판하고 불태우자고 한 하강통문은 이단異端을 물리치고 정학正學을 부지하는 뜻에서 나온 것이며 도회道會를 정했으니 적극 동참해 줄 것을 호소하고 있다.[103]

---

102 『李寒洲文集卜破錄』陶山書院抵館學及列邑通文 8月 30日.

　　　　제2부 유림의 이학 수호와 변모 양상

그러면서 하강통문에서 지적한 네 개 조항을 구체적으로 변론하여 문제 삼았다.

첫째 조항인 무극無極의 해석에 대해서, 도산서원에서는 이진상의 스승 이종상이 이미 이진상의 학설이 문제가 있음을 지적하여 엄하게 꾸짖었다고 하였다. 그 내용으로 『정헌집』定軒集 제4책 이여뢰별지李汝雷別紙 문답 조항을 보면 "지금 고명高明(이진상)이 일필로 판단하여 쉽게 타파해 버리고 바로 계사繫辭의 이 문단이 곧 제帝가 진震에서 나왔다는 한 장章이라고 하고, 후천괘위後天卦位의 가르침은 전국술사戰國術士가 거짓으로 추가한 것이라고 하고 있다"고 한 것과, "조화造化를 해치고 문왕文王에서 깨끗하게 벗어나야 한다고 했다"라 한 것을 제시하였다. 그들은 이진상이 성인의 지극한 가르침을 술사의 갈래로 돌리는데, 문왕에게 무슨 누累가 있기에 그로부터 깨끗하게 벗어나야 한다고 하느냐고 반박하면서, 이러한 따위의 역량은 비록 석가모니나 예수의 무리라도 일찍이 지니지 않았던 것이라고 하였다.

둘째로 이진상이 춘왕정월春王正月을 그르게 여겨 논의했다는 것은, 그가 자월子月로 봄을 삼아 해석한 것을 가리킨다고 하였다. 이진상은 일찍이 "공자의 『춘추』는 본래 존주尊周의 뜻을 밝힌 것이니, 주사周史를 지어야 하건만 하夏의 시時를 사용했다는 것은 무슨 도리인가. 설사 하의 시를 행한 뜻이 있다고 하더라도 끝내 기사紀事의 체제는 아니다"라고 하였다. 또한 그는 "필부匹夫의 공언空言을 누가 믿겠는가"라고까지 하였는데, 이에 대해 도산서원 통문에서는 공자의 지극한 가르침을 필부의 공언이라고 하여 믿지 않는 자는 여정呂政(진시황) 이후 이 사람(이진상)뿐이라고 비판하였다.

---

103 『李寒洲文集卞破錄』陶山答荷江通文.

셋째로 이진상이 이기理氣를 무너뜨려 어지럽힌 것은 너무나 많아 다 거론하기 어렵다고 하면서, 숙부 이원조李源祚가 조카 이진상의 「심자고 증후」心字攷證後라는 글에서 "심시기心是氣라는 한마디 말은 비록 치우쳤 으나 왕수인 무리가 이른 심즉리의 종지宗旨와는 같지 않다"라고 말한 부분이 보이는데, 그런데도 결국 이진상은 심즉리로 돌아갔으니 가정에 서 부형과도 다른 견해를 세워 선학禪學의 설을 제창했다고 비판하였다. 그런데도 이진상의 문인들은 입만 열면 꼭 주희와 이황의 주리主理의 핵 심을 거론하여 심즉리의 종지의 증거로 삼으니 또한 교묘한 수법이라고 하였다.

또한 도산서원 통문에서는 주희가 일찍이 심心으로 주재主宰를 삼으 면서도 분별이 없을 수 없다고 주장한 점과, 이황이 「심통성정도」心統性 情圖 중도中圖에서 주리主理를 주장하며 하도下圖에서 청탁수박淸濁粹駁의 구분이 있다고 한 사실을 거론하였다. 그런데 이진상과 그를 지지하는 문인들은 주희의 가르침에 관해서는 분별이 없을 수 없음을 버리고 이 황의 가르침에서는 다만 중도를 취하여, 사람의 입을 막고 눈을 가리고 있다고 하였다.

이진상은 칠정기발설七情氣發說을 인정하면서도 칠정이발설七情理發說 을 새롭게 제창하였다. 그는 「사칠원위설」四七原委說을 지어 주희와 이황 의 칠정기발이 보이는 그름을 증명하였고, 기氣를 어머니에 비유하여 말하기를 자기 성姓을 들 때 어머니 성을 거론한다면 사람들이 오랑캐 라 할 것이니 대개 어머니의 공이 비교적 드러나서 어머니가 낳았다고 이르는 바로 이것이 기발氣發의 설이라고 하고, 이에 관해 끝의 문단에 가서 이본二本으로써 단정을 하였는데 도산서원 통문에서는 이진상의 이러한 설이 또한 참담하다고 하였다.

넷째, 국가 전례典禮에 대한 이진상의 생각이 사도세자를 천휘闡揮하는 것에 배치된다는 주장에 대해, 도산서원 통문에서는 이진상이 장석영張錫英에게 보낸 편지 내용을 전거로 제시하였다. 이진상은 그 편지에서 "정통正統은 본래 높으니 추존할 수 있기 때문에 성인이 행하였던 것이고 사친私親은 본래 낮아서 추존할 수 없기 때문에 선배들이 어렵게 여겼다"고 하면서 그 아래에 고금의 추숭할 수 없는 이유를 하나하나 거론하고, 또 여태자戾太子(漢武帝의 아들, 史皇孫의 생부)가 거병擧兵한 죄를 거론하며 "사황손史皇孫(戾太子의 아들, 漢武帝의 생부)이 비록 통統을 이었으나 어찌 본생本生을 추숭하겠는가. 그대로 여태자로 부르는 것이 옳다"라고 하였다. 또 명나라 혜종惠宗(明나라 제2대 황제. 漢武帝의 손자, 懿文太子의 아들)의 일을 인용하여 말하기를 "태묘太廟는 한 사람의 사私로 간여할 곳이 아니니 아무 태자로 제사하는 것이 옳다. 태묘에는 예위禰位가 없더라도 환왕桓王(平王의 손자)이 평왕平王을 이은 것과 같이 하는 것이 옳다"라고 하였다. 그러면서 끝의 문단에 가서 단정하여 말하기를 "우리 조정의 전례典禮는 초야에 있는 사람이 사적私的으로 논의할 수 있는 바가 아니고 마음속으로 헤아려 이해하는 것이 옳다"라고 하였다. 통문에서는 이러한 이진상의 견해가 사도세자를 천휘하는 뜻에 분명히 배치되고, 더구나 이석문의 후손으로 이러한 마음을 품고 있다니 천리天理가 용납하는 바이겠느냐고 비난하였다.[104]

  한편 이날 도산서원에서는 전에 보내온 통문을 다시 돌려보낸다는 내용의 패지牌旨를 성주에 보내었다. 여기서 이들은, 이진상이 심즉리설을 증명하기 위해 자신이 주희의 주재즉리主宰卽理의 뜻을 천명했다고 말하고 이황의 「심통성정도」 중도의 다만 이理를 가리킨다는 말을 발휘했다고 말하지만, 주희와 이황의 주리主理의 구절을 편의대로 따온 것일

---

104 『李寒洲文集卞破錄』荷江通文四條條卞.

뿐이라고 비판하였다.[105]

이에 상주의 황난선黃蘭善 등 도내 사림道內士林 130명[106]은 영북嶺北의
여러 곳에 통문을 보내어 하강통문에서 문제 삼은 네 개 조항에 대해
변론하고, 이진상은 초야에서 도를 강론하여 한 지방의 사범師範이 되었

---

[105] 『李寒洲文集卞破錄』陶山抵星州牌旨 8月 30日.

[106] 『李寒洲文集卞破錄』道內士林答嶺北通文 뒤에 기록되어 있는 명단을 제시하면 다
음과 같다. 幼學 黃蘭善(상주), 前都事 柳○○(안동), 幼學 姜龜相(진주), 申永仁(인
동), 金鎭麟(안동), 柳東植(안동), 李錫均(지례), 許愈(삼가), 李○○(칠곡), 前都事 金
奎華(창녕), 幼學 李瑠(안동), 申永暾(인동), 李贊熹(안동), 進士 金景洛(안동), 幼學
趙鳴九(상주), 李相高(상주), 申意均(인동), 李廷淵(칠곡), 李重明(안동), 前承旨 張錫
蓋(성주), 幼學 李鍾夏(안동), 李光善(거창), 宋民用(삼가), 柳○○(안동), 前校理 柳○
○(안동), 幼學 柳必永(안동), 張錫贇(인동), 李瑾(안동), 進士 辛奎燮(영산), 幼學 金
泌模(안동), 柳奎鎬(안동), 金鳳相(예안), 郭厚根(고령), 李昌周(김산), 李相洛(칠곡),
尹炳恒(거창), 李廷九(김산), 進士 柳淵博(안동), 幼學 尹胄夏(거창), 金蓍洛(안동),
前叅奉 辛○○(영산), 幼學 金濟恒(안동), 郭鍾錫(거창), 鄭泰煥(김산), 李璜(안동), 金
鎭懋(안동), 進士 李章淵(칠곡), 幼學 李眞性(지례), 蔡寅默(단성), 鄭崇鎭(칠곡), 進士
朴奎浩(진주), 幼學 林秀燦(안의), 金宗秉(안동), 李泰淵(칠곡), 李光勳(고령), 李承奎
(영산), 前叅奉 柳○○(안동), 幼學 曹垣淳(진주), 李馨和(영산), 張錫賀(인동), 河聖源
(진주), 張○○(인동), 前叅奉 金浩洛(안동), 幼學 朴升烈(고령), 成琪永(창녕), 張錫英
(성주), 辛○○(영산), 李德珪(안동), 孫汝奭(진주), 鄭恒鎭(칠곡), 金益洛(안동), 進士
李相基(안동), 幼學 李瑓(안동), 趙鎬來(진주), 金孝洛(안동), 李相敏(칠곡), 柳○○(안
동), 權準弼(안동), 金聖泰(지례), 李能烈(경주), 李德厚(진주), 李○○(칠곡), 前郡守
河龍濟(진주), 幼學 李元奭(칠곡), 李斗勳(고령), 許溍(대구), 李衡模 權秉惡(진보),
柳廣鎬(안동), 李○○(칠곡), 柳晦植(안동), 前校理 金鎭懿(안동), 幼學 崔鳴敎(대구),
趙南極(상주), 成載晢(창녕), 前正字 金鴻洛(안동), 柳○○(안동), 進士 趙○○(상주),
幼學○○○(안동), 申相羽(진보), 宋鎭浩(상주), 金翼煌(안동), 柳淵覺(안동), 申相穆
(진보), 韓南敎(고령), ○○○(안동), 張埰遠(인동), 李昌均(지례), 李錫淵(칠곡), 進士
李○○(안동), 幼學 李鉉中(거창), 李明均(지례), 黃遠周(상주), 李廷祥(김산), 李厚均
(지례), 鄭東玄(상주), 呂河龍(김산), 金殷埴(현풍), 金世煥(안동), 孫明遠(대구), 進士
○○○(안동), 幼學 呂永三(김산), 李勛久(경주), 柳○○(안동), 李相義(칠곡), 卞永稷
(거창), 前叅奉 李圭紳(고령), 金鍾埴(현풍), 張在部(인동). 안동의 경우 義城金氏, 全
州柳氏, 固城李氏, 韓山李氏 등이 참여하고 있는 것으로 보아 주로 虎論 학자들이 이
진상의 학설을 지지하고 있었다고 할 수 있다.

고 서가에 가득한 책은 모두 도리道理를 밝힌 것이라고 하였다.[107]

1902년 7월 5일에는 충주의 유생 정우선鄭愚善·홍익화洪翼華·정규칠鄭圭七·정인성鄭寅成이 하강에서 성균관과 성주에 보낸 통문에 자신들의 의사와는 상관없이 이름이 모록冒錄되었다고 주장하였다.[108] 또한 이몽구李夢九도 유만식柳萬植에게 편지를 보내 자신은 성주 선비 이두훈李斗勳의 강요로 모록되었다고 하며 자신이 해명하기 위해 보낸 편지의 내용은 모두 이두훈이 불러 준 것이라고 하였다.[109]

1902년 7월 18일 성균관에서는 삼봉서당에 답하는 편지를 보내었다. 편지의 내용은 하강통문에서 지적한 네 조항에 대해 특별히 문제를 찾을 수 없었고, 충주 유생이 통문에 모록이 되었다고 주장한 것으로 보아 삼봉서당의 주장을 인정할 수 있지만 서로 싸우지 않고 원만하게 지내기를 바란다는 것이었다.[110]

한편 도남서원道南書院에서는 옥동서원玉洞書院에 통문을 보내 이진상의 학설에 대해 통렬하게 비난하였다. 이 통문에서 이들은 우선 심즉리心卽理의 설을, 진眞을 어지럽히고 도道를 해치는 것으로 규정하였다. 그러면서 이진상의 학설을 하나하나 거론하며 비판하였다.

이진상은 "역易은 선천先天을 사용하고 주역周易은 후천後天을 말하지 않았으니 장차 어느 곳에 준거하여 법을 할 것인가"라고 문제를 제기하

---

107 『李寒洲文集卞破錄』道內士林答嶺北通文.

108 『李寒洲文集卞破錄』忠州諸生抵三峰書堂書 7月 初5日. 그런데 鄭愚善은 자신이 冒錄되었다고 주장한 것을 곧 철회하고 있다. 그는 성주의 李基容(博士)과 서울에서 만나 하룻밤을 자게 되었는데 그때 이기용이 정우선에게 하강통문에 서명한 것을 나무라서 자기의 이름을 割名하는 일을 저질렀다고 太學과 柳萬植에게 편지를 보내 변명을 하고 있다.(鄭愚善抵太學書; 鄭愚善抵尙州柳斯文萬植書 8月 26日)

109 『李寒洲文集卞破錄』李夢九抵柳萬植書 8月 16日.

110 『李寒洲文集卞破錄』太學答三峰書堂書 7月 18日.

면서 하면서 "경문經文에 어찌 일찍이 어떤 것은 복희괘위伏羲卦位이고 어떤 것은 문왕괘위文王卦位라고 말했는가. 후유後儒의 설이 이와 같으니 『주역』에 합치하지 않는 것에 어찌하리오"라고 말한 바 있었다. 또 "술수術數의 설이 비록 매우 정교하고 치밀하나 일찍이 하나하나 다 맞지는 않음이 어찌 이로 인한 것이 아니라 하겠는가"라고 하면서, "후천에서 나온 것은 또한 그 이름이 많이 어긋나고 그 실實을 상고하지 않은 것이니 뭐 족히 말할 것이 있는가"라고 하였는데 도남서원 통문에서는 이러한 이진상의 설을 받아들일 수 없다는 것이었다.

또한 도남서원 통문에서는 이진상이 이황의 학문을 논하면서 "호중湖中의 학자들이 바야흐로 두뇌頭腦가 바르지 못하다고 기롱하고 있으며, 노수신盧守愼에 대해서는 선학禪學이 되어 버릴 수 있다는 우려에서 벗어나지 못했다"라고 하였다. 그리고 이진상이 이황의 제자들을 배척하고 이현일李玄逸·정시한丁時翰·이구李榘·이익李瀷·안정복安鼎福 등 여러 학자의 사단칠정설과 같은 것은 한결같이 이황의 학설을 따른 것이라고 하여 자기의 견해에 맞지 않는다고 배척했다는 것이었다.

뿐만 아니라 도남서원 통문에서는 옥동서원에서 이진상의 심즉리설이 주희·이황·이상정李象靖·정종로鄭宗魯의 학문 연원을 이어받고 있다고 한 것에 대해서 강하게 비판하고, 특히 정종로의 후손들이 이진상의 학설을 지지하고 있다는 데 대해 천리天理로 보아 차마 할 수 있는 일이냐며 실망스러워하였다.[111]

이에 대해 정하묵鄭夏默은 이병시李炳時에게 편지를 보내 이병시가 도

---

111 『李寒洲文集卞破錄』道南抵玉洞通文. 이 통문에 대해 옥동서원 원장 姜運熙가 趙南奭에게 편지를 보내 반박하고 있는 것으로 보아 상주의 도남서원과 옥동서원이 『한주문집』을 놓고 의견이 달랐던 것을 알 수 있다. 옥동서원 通文의 主論者는 강운희였고 通頭도 강운희였다.(玉洞院長姜運熙抵趙武應南奭書)

     제2부 유림의 이학 수호와 변모 양상

남서원 통문을 지으면서 정종로의 후손들이 이진상의 학설을 지지하고 있다고 한 것에 대해서 불편한 심기를 표현하였다. 정하묵은 『한주문집』은 정밀하지 않고 온당하지 않은 곳이 더러 있어 이진상의 아들 이승희에게 오래지 않아 개간하라고 당부하고 있는 상황에서 근거 없는 설로 자기를 공격하는 것은 옳지 않다고 하였다.[112] 이 편지를 받은 이병시는 이진상이 일찍이 한 시대의 사장詞章을 하는 사람에서 벗어나지 못했으나 그의 『한주문집』 25책을 자세히 살펴보면 심즉리가 그 핵심인데 한 권도 병통이 없는 곳이 없어 하나하나 거론하기가 어렵다고 하였다. 그는 따라서 이진상을 주희·이황·이상정·정종로의 도통道統에 넣을 수 없다고 하였다.[113]

한편 개령開寧 서중西中 도회소道會所에서는 도산서원에 통문을 발송하여 이진상의 심즉리설을 통렬히 비판하였다. 이진상이 주장한 심즉리설은 이황의 수리主理에 배치되는데, 그러면서도 이진상은 심즉기心卽氣보다 더 좋지 못한 설은 없다고 하여 이이李珥의 설을 배척하고 호론湖論과 낙론洛論의 학자에 대해서는 선학禪學으로 몰아 비판했다는 내용이었다.

그런가 하면 유치명의 아들 유지호柳止鎬는 한시동韓始東(승지)에게 편지를 보내 하강통문에 한시동의 이름이 올라 있는 것에 대해 해명을 요구하였다. 유지호는 『한주문집』을 문제 삼아 통문을 돌린 일이 병호시비屛虎是非의 여파에서 나왔다고 보고, 한시동이 병론의 편에 서서 이 일에 간여하고 있다고 보아 편지를 보내었다.[114] 이에 대해 한시동은 이진상이 성현을 업신여기고 한세상을 깔보는 모습이 이미 드러났다고 하

---

112 『李寒洲文集卞破錄』鄭永川夏默抵李季彦炳時書.
113 『李寒洲文集卞破錄』李斯文炳時答鄭永川書.
114 『李寒洲文集卞破錄』柳都正止鎬抵韓承旨始東答書.

면서 별로 말하고 싶지 않다고 대응하였다. 또한 유지호가 하강통문이
병호시비로부터 나온 것에 불과하다고 말한 것도 무엇을 가리키는 것인
지는 모르겠으나 병론屛論에서는 위정척사衛正斥邪에 급한데, 호론虎論은
당사黨私에 치우쳐 이기려는 계책을 도모하고 있는 것이냐고 따졌다. 또
한 자신의 집안은 대대로 서울에 살면서 영남의 시비에 간여하지 않았
다고 하였다.[115]

한편 예안 온혜의 이중봉李中鳳(호는 平齋, 1842~1905)은 『한주문집』의 발
문에서 허훈許薰의 이름이 곽종석의 앞에 거론되어 문집의 편찬 일을
처음부터 끝까지 했다는 것에 대해 허훈에게 편지를 보내 해명을 요구
하였다. 만약에 허훈이 문집의 편찬에 간여하지 않았는데도 이에 대한
해명이 없다면 허유와 곽종석과 마찬가지로 공격을 받을 것이고, 사랑
하는 자도 도움을 주기 어려울 것이라고 하였다.[116]

사실 이진상이 작고한 후 그의 아들 이승희는 이진상의 문집을 간행
하기 위해 허훈에게 교정을 부탁하였지만, 허훈은 그의 심학心學에 대한
의론이 이황과 배치되므로 영남 유림에게 죄를 지을까 우려하여 강력히
거절을 하였다. 그러자 그의 제자 곽종석이 그 문집 간행을 주관하여 문
집을 먼저 도산서원으로 보냈던 것이다. 이때 도산서원에서는 이진상의
학설을 이단異端으로 배척하고 그 책 뒤에 글을 써서 보내기를, '이 책은
깊이 가야산伽倻山 골짜기에 감추어 두었다가 우리 도道가 없어진 뒤를
기다려서 비로소 꺼내어 세상에 간행하라'고 하였다.[117] 이같이 『한주문

---

115 『李寒洲文集卞破錄』京筆洞韓承旨始東答柳都正止鎬書.

116 『李寒洲文集卞破錄』禮安李斯文平齋抵許舫山薰書.

117 『梅泉野錄』권1, 甲午以前 上. "李震相號寒洲, 隱居敎授, 刻苦精進, 所學多自得,
以心卽理三字爲宗旨, 演其說, 作心學宗要數十卷, 或者疑爲陽明之學, 卒後子承熙將
刊遺集, 屬許薰校之, 薰以其心學議論, 與退溪背馳, 恐得罪於嶺中, 力辭之, 弟子郭
鍾錫遂主其役, 刊旣訖, 首送于退溪書院, 諸李譁然, 斥以異端, 背署于卷而逐之, 曰

집』의 간행 후 영남 유림은 이황의 학설을 고수하는 학자와 새롭게 심즉리를 제창하는 학자 사이의 갈등과 분열 속에서 진통을 겪고 있었다.

이러한 대립과 갈등 속에서 1902년 11월에 박해령朴海齡·이중화李中華·유만식柳萬植 등은 이진상의 학설을 이단으로 몰아 상주향교에서 『한주문집』을 불태웠다.[118] 이승희는 이러한 비통한 소식을 듣고 '신궁재소호'新宮災素縞의 예에 의거하여 흰 관복冠服으로 3일 동안 아버지의 사당에 곡哭을 하였다.[119]

이진상의 문인 장지원張志遠은 스승 이진상의 『한주문집』을 불살라 버린 유만식柳萬植에 대한 증오와 원한을 갚을 뜻을 품고 1903년 4월 어간에 서울에 올라가 이유인李裕寅을 접촉하였다. 이때 이승희와 이태훈도 이유인을 방문하여 유만식 등에 대한 공격을 모색하였다. 그러나 이후 이유인과 이태훈 등은 오히려 정치적 역공을 받아 수세에 몰리게 되었다.[120]

此冊可深藏伽倻山谷中, 待吾道滅絶之後, 始乃出而行世."

118 이승희는 박해령 등이 자신의 집안을 虎論으로 지목하고 있고, 또 곽종석이 의병운동에 참여하지 않았기 때문에 미움을 받아 이러한 화를 입었다고 여겼다.(『韓溪遺稿』 7, 年譜 丁酉) 1902년 5월에 朴海齡 등은 원주 韓耆東(참판)의 장례에 참석하여 몇 사람과 은밀하게 공모해 弔客錄을 훔치고 荷江壇通文을 발송하여 『한주문집』을 배척하였다. 이어 이들은 李種杞의 장례에 참석하여 통문을 발송하고 또 성균관에 통문을 보내 전국의 유림을 선동하였다. 이에 이진상의 제자들이 삼봉서당에서 회의하여 李斗勳(弘窩)을 파견해 그 虛實을 조사하니 하강단을 설치한 일이 없었다. 한편 公事員 이하가 이름을 冒錄당했다는 변명서가 삼봉서당에 답지하였고 성균관에서도 변명서가 나왔다. 이에 성주의 會老堂과 상주 玉洞書院, 고령 碧松亭에서는 하강통문에 답하여 그들의 무리함을 꾸짖었다. 이에 박해령 등이 크게 부끄러워하고 노하여서는 李中華와 함께 밀모하여 陶山通文을 발송하고 상주향교에서 道會를 열어 『한주문집』을 불태우는 사건이 벌어졌다.(『韓溪遺稿』 7, 年譜 壬寅) 도산서원으로부터의 『한주문집』 환송과 그 전후 사정에 대해서는 山內弘一, 「李震相의 心卽理說과 嶺南學派」(『碧史李佑成敎授定年退職紀念 民族史의 展開와 그 文化』, 창작과비평사, 1990) 참조.

119 『韓溪遺稿』 7, 年譜 壬寅.

이승희는 그 뒤『한주문집』초판본의 내용을 수정하고 그에 대한 무망誣罔을 변론하여 다시 완본을 만들려고 하였다. 조선이 일제에게 병탄당하자 그는 중국으로 건너가『이학종요』와『사례집요』四禮輯要,『춘추집전』春秋集傳 등을 산동 곡부曲阜의 대성전大成殿에 올렸다. 그는 1916년 아들 이기원李基元에게 봉천奉天 우거寓居로『한주문집』구본舊本을 가지고 오게 하여 교감校勘을 하다가 마무리하지 못하고 작고하였다.

1916년 도산서원에서는 삼봉서당에 편지를 보내 지난날『한주문집』을 불태운 일은 한두 명의 손에서 이루어진 것이고 도산서원의 공의가 아니었다고 해명하였다.[121] 그 뒤 1925년 가을에 산청의 이동서당尼東書堂에 유림이 모여 회의를 하여 문집을 간행하려고 하였으나 무산되었고, 1927년에 삼봉서당에서 중간重刊을 시작하여 1928년에『한주문집』의 중간본이 출간되었다.[122]

2) 이학의 사상사적 의의

19세기에는 국가적 위기를 극복하기 위해 다양한 학문적 이론이 제기되었다. 이진상의 이학도 이러한 시대적 과제를 해결하기 위해 제창되었다. 특히 조선 사회의 붕괴에 위기의식을 느낀 학자들은 이제 성리학도 새롭게 이론 무장을 하지 않으면 당시 국가가 처한 위기를 타개하기 어렵다고 생각하게 되었다.

이진상은 역사적으로 볼 때 대대로 주기主氣의 학문이 있었다고 하면서 도교, 불교, 양명학 등을 차례로 비판하고 성리학의 주기설主氣說과 심합이기설心合理氣說을 비판하였다.[123] 그는 당대에 관해 세상의 교화가

---

120 『高宗實錄』권48, 高宗 44년 1월 21일.
121 『韓溪遺稿』7, 年譜 丁酉.
122 『寒洲文集』附錄, 後識.

쇠퇴하고 선비의 습관이 위축되고 기학氣學은 안으로 좀먹고 양학洋學
은 밖에서 침투하고 있다고 진단하였다. 그는 이러한 난세를 만나 동지
同志를 거느리고 유학의 도를 지키기 위해 나섰다고 하면서[124] 역사적으
로 다스려진 날이 적고 어지러운 날이 많으며 착한 사람이 적고 악한
사람이 많은 것은 기氣가 강하고 이理가 약하기 때문이라고 하였다.[125]

이진상은 심心을 기氣로 보는 견해를 비판하였다. 그는 심心이 만약
기氣라면 심통성정心統性情에서 병사가 장수를 통솔하고 신하가 임금을
통솔하고 자식이 아버지를 통솔하고 아내가 남편을 통솔하게 된다고 하
였다. 처음에 그는 심心이 이기理氣를 겸하고 있다는 설이 이황의 정론定
論이라고 믿었으나, 『주자어류』에 의거하여 이를 새롭게 제시하였다.[126]

이진상은 조선 학계에 심즉기心卽氣설이 주장되고 있다고 하면서, 이
理를 주로 하여 심을 말하는 사람을 보면 무조건 심즉리心卽理는 곧 왕
수인의 학이라고 말하여 이학理學을 배척하는 구실로 삼는다고 하였다.
그러나 사실 왕수인은 기氣를 이理로 인식했고, 세상의 학은 이理를 기
氣로 인식한 것이라고 하였다.[127]

이진상은 "옛사람이 심心을 논하는 데 심즉리心卽理보다 더 선한 것이
없었고 심즉기心卽氣보다 더 선하지 않은 것이 없었다"라고 선언하고 '심
즉리'설을 정립하였다.[128] 그는 심즉기설은 근세의 학자의 설이라고 하면
서 그 설이 좋지 않은 이유를 설명하였다.[129] 그는 심心이 기氣라면 기氣

---

123 『寒洲文集』 권29, 序, 理學綜要序.
124 『寒洲文集』 권13, 書, 答金聖夫.
125 『寒洲文集』 권14, 書, 答宋康叟.
126 『寒洲文集』 권16, 書, 答李器汝.
127 『寒洲文集』 권25, 書, 答李叔瑞瑢鉉.
128 『寒洲文集』 권32, 雜著, 心卽理說.
129 『寒洲文集』 권32, 雜著, 心卽理說.

가 일신一身의 주재主宰가 되니 주재가 기氣이면 천리天理를 멸멸滅하고 인욕人欲을 궁窮하게 할 것으로 이해하였다.[130] 또한 그는 심心이 일신一身의 주재가 되는데 주재를 기에 속하게 하면 천리가 형기形氣의 명령을 듣고 추악한 것이 허다하게 마음에 서리게 된다고 보았다. 심心은 체體가 없고 성性으로써 체를 삼는데 지금 심을 기라고 이르면 성을 기로 알게 되는 것이니, 이는 고자告子의 견해에 따르면 사람이 금수禽獸와 다름이 없게 되는 것이라 했다. 그는 심心은 성정性情의 통명統名인데 심으로써 기를 삼으면 대본大本과 달도達道가 모두 기로 돌아가고 이理는 사물死物이 되어 공적空寂에 빠진다고 하였다. 예로부터 성현은 의리義理를 주로 하여 심心을 말하지 않은 적이 없었으며, 심으로 기를 삼는 설이 행해지면 성현의 심법心法이 하나하나 모두 공空으로 떨어지고, 학문은 핵심이 없어지고, 세교世敎는 날로 혼란으로 빠질 것이라고 하였다. 근세에 십육언전심十六言傳心(『書經』에 나오는 '人心惟危 道心惟微 惟精惟一 允執厥中'의 16자)을 매색梅賾의 위찬僞撰이라고 하는 설이 성행하고 있는 것도 작은 근심이 아니라고 하였다.[131]

이진상은 심心이 일신一身의 주재主宰가 되는데, 주재하는 것이 이理이기 때문에 심즉리心卽理라는 설이 나오게 되었다고 하였다. 심心의 주재는 명당明堂에 팔짱을 끼고 앉아 있지만 예악형정禮樂刑政이 천자天子로부터 나오는 것과 같고 기氣의 작용作用은 신하臣下가 명령을 받들고 가르침을 받드는 것과 같아, 바깥에서 보면 군도君道가 하는 것이 없고 하는 바가 있는 것은 모두 신하라는 것이었다. 그러면서 사람들이 성근 것을 보고 정밀한 것은 빠뜨리며 말末을 근거로 근본을 헤아리는 것은 기

---

130 『寒洲文集』 권8, 書, 答尹士善 別紙.
131 『寒洲文集』 권10, 書, 答姜耘父 甲辰.

     제2부 유림의 이학 수호와 변모 양상

학氣學이 성하기 때문이라고 하였다.[132]

이진상은 학문은 이理를 밝히는 것이 목적이고 이理를 밝히는 일은 장차 이理를 순順하게 하는 것이라고 생각했다. 그는 자신이 제창한 이학이 이단을 물리치고 정도正道를 지키는 데 도움이 되기를 희망하였다. 그는 '이理는 비유하자면 임금이고 아버지이며, 기氣는 비유하자면 신하이고 자식이다. 천하의 대본大本은 오직 이理에 있다. 그러므로 옛 성인의 천 마디 만 마디 말이 주리主理일 뿐이고 기氣에 대한 설명은 소략하다'라고 하면서 주기로 설을 삼으면 비록 정밀한 경지에 이르렀더라도 이미 제이의第二義로 전락하게 된다고 하였다.[133]

이진상은 이理가 항상 기氣를 부리면 세상이 어지럽거나 악한 일이 일어나지 않는다고 생각했다. 반면 기가 도리어 이를 부리면 신하가 도리어 임금을 협박하기 때문에 다스려지는 날이 적고 어지러운 날이 많으며 착한 사람이 적고 악한 사람이 많을 뿐이라 하였다.[134]

이진상은 당시를 기학氣學이 판을 치는 시대로 인식하였기에[135] 세교가 더욱 무너져가는 현실에서 자신의 힘이 비록 미약하더라도 이학을 통해 기학과 양학洋學이 만연한 시대를 구제해야 한다고 여겼다.[136]

이진상은 주자학에 근거를 두되 평이하고 간명한 심즉리설로 어려운 시대를 극복하려고 하였다. 그는 이理를 밝히는 요점은 기氣를 항복시키는 데 있다고 생각해[137] 주기主氣의 학學이 학계에 만연하는 현실을 막으려고 하였다.[138] 이러한 심즉리의 이학은 기학과 양학이 만연한 시대를

---

132 『寒洲文集』附錄 권2, 行錄.
133 『寒洲文集』 권14, 書, 答宋康叟.
134 『寒洲文集』 권19, 書, 答郭鳴遠疑問 贅疑錄 庚午.
135 『寒洲文集』 권17, 書, 答鄭厚允 別紙.
136 『寒洲文集』 권15, 書, 答許退而.
137 『寒洲文集』 권16, 書, 答李器汝.

경북 성주의 한주 종택 이진상의 이학을 대대로 계승한 이 집에는 '주리세가'主理世家라는 현판이 걸려 있다. (한주선생기념사업회〔위〕·양성길〔아래〕제공)

치유하고 개항 이후 외세의 침략을 극복하기 위해 제창된 주자학의 새로운 이론이었다. 이진상 사후 허유와 곽종석, 윤주하, 이승희 등의 적극적 변론으로 이진상 이학은 불속에서 다시 살아남아 곽종석에 의해 그 마지막 광염光焰을 발하였다. 1919년 유림단독립청원운동에서 곽종석이 전국 유림 대표로 우리 민족의 독립을 위해 전국 유림을 정신적으로 단결할 수 있게 한 저변에는 주리主理 중심의 이진상의 이학이 자리하고 있었다.[139] 특히 이진상 이학의 정통 계승자인 곽종석에 의해 1919년 전국 유림이 통합되어 유림단독립청원운동으로 열매를 맺음으로서 이진상의 이학은 조선 유학의 사명을 다하였다.

---

138 『寒洲文集』 권16, 書, 答李器汝; 권18, 書, 答李聖養.

139 이진상이 주창한 성리설의 계승과 파리장서사건에 대해서는 洪元植의 「이진상의 철학사상과 그의 후예들」(『東洋學』 29, 단국대 동양학연구소, 1999) 11~14쪽 참조.

 제2부 유림의 이학 수호와 변모 양상

5. 맺음말

이진상은 『주자어류』朱子語類에 수록된 기록의 시기를 정확하게 분석하여 주희가 초년에 내놓았던 설과 만년에 주창한 설의 차이를 밝혀내고, 아울러 조선 이학理學이 16세기 중반 이후 걸어온 천명天命과 성性, 정情, 심心에 대한 사상사적 논쟁의 편력을 검토하여 대담하게 심즉리설心卽理說을 제창하였다. 그는 주희와 이황이 궁구한 이학의 핵심이 심즉리라고 생각하였다. 그는 심心을 이기理氣의 합슴으로 보는 설을 인정하면서도 궁극적으로는 심心을 이理로 보아야 한다고 강하게 주장하였고, 심心을 기氣로 보는 학설은 기학氣學과 양학洋學이 만연한 당대를 극복할 수 있는 이념이 되지 못한다고 판단하여 심즉리설을 제창하였다. 이러한 그의 심즉리설은 당시 영남 학계에서는 처음 들어보는 깜짝 놀랄만한 새로운 학설이었기 때문에 그의 이학은 잠시 이단異端으로 몰려 위축되기도 하였다.

이진상은 『주자어류』와 『성학십도』聖學十圖의 「심통성정도」心統性情圖 중도中圖 및 하도下圖를 면밀하게 분석하여 심즉리설을 제창하였다. 그리고 그는 이익李瀷, 이상정李象靖, 정종로鄭宗魯의 논설을 제시하며 이황의 「심통성정도」 중도의 핵심이 사단四端과 칠정七情 모두 이발理發임을 주장한 것이라고 천명하였다. 그는 안동의 학자 유치명, 김대진 등과의 학문 토론을 통해 심즉리설과 칠정이발설七情理發說을 확고하게 정립해 나갔다. 특히 그는 자신의 이러한 학설이 이황의 『성학십도』 「심통성정도」 중도에 담긴 뜻이라고 하면서 그 학설을 이익과 이상정, 정종로의 견해에서도 확인할 수 있다고 여러 차례 강조하였다. 또한 그는 이익이 『예기』禮記의 「예운」禮運을 인용함으로써 『성학십도』 「심통성정도」 하도의 '칠정七情이 기발氣發'이라는 설의 증거를 명백하게 제시하였다고 하였다.

이진상은 또한 심心과 성性을 두 갈래로 보는 설은 그 해로움이 주기主氣보다 심하다고 여겼다.[140] 그는 심과 성을 두 갈래로 보는 설을 배척하고 심성心性을 일리一理로 보았다. 또한 그는 이황이 성정일리性情一理라고 한 것을 수용하여 성性과 정情을 하나로 이해하였다. 이에 근거해 그는 사단칠정의 이발과 기발의 문제에 있어서 사단과 칠정을 모두 이발理發로 이해해, '발發하는 것은 이理이고 발發하게 하는 것은 기氣'(發者理, 發之者氣)라고 하였다. 이진상이 제시한 이러한 심즉리, 칠정이발 등의 새로운 해석과 천명闡明은 주희, 이황, 이익, 이상정, 정종로의 성리설 전통傳統에 근거를 두고 이루어진 것이었다.

이진상은 주자학에 근거를 두되 간명簡明하고 평이平易한 심즉리설로 어려운 시대를 극복하려고 하였다. 이러한 그의 이학은 기학氣學과 양학洋學을 물리치고 외세의 침략을 극복하기 위해 제창되었다. 그러나 당시 도산서원을 중심으로 한 영남의 일부 학자들이 이진상의 이학은 이황의 학설에 배치된다고 하며 이단으로 몰아, 1902년 상주향교에서 『한주문집』이 불태워지는 일이 벌어졌다. 그러나 허유와 곽종석, 윤주하 등은 심즉리설이 주희와 이황의 학설에 배치되는 학설이 아니라고 적극 변론을 하여 1916년 도산서원에서 상주의 분서 사건이 도산서원의 공의公議가 아니었다고 해명하기에 이르렀다. 이로써 불속에서 다시 살아남은 이진상의 이학은 장차 전국 유림이 우리 민족의 독립운동을 위해 하나로 통합되어 나갈 때에 마지막 광염光焰을 발하였다. 이진상 이학의 정통 계승자인 곽종석의 주도하에 1919년 전국 유림이 우리 민족의 독립을 위해 하나로 정신적 단결을 도모할 수 있었던 저변에는, 이같이 주리主理 중심의 이진상의 이학이 자리하고 있었던 것이다.

---

140 『寒洲文集』 권25, 書, 答崔肅仲正基 乙亥.

19세기 강우 학계와 김진호의 학문 활동

1. 머리말

조선조의 정치 이념인 이학理學은 16세기 중반부터 조선 이학 나름의 학문적 체계를 이룬 이래로 사회 전반에 큰 영향을 끼쳤다. 조선 후기 새로운 사조思潮의 대두와 함께 이학은 해체의 모습을 보이기도 했지만, 국내외의 정치 상황에서 강하게 대두한 의리론義理論의 풍미와 더불어 그 이론 체계를 더욱 공고히 해 나가는 경향이 있었다.

이학이 주도하던 조선조에 유학자들은 오직 심心과 이理를 밝히는 것을 학문의 제일 법문으로 생각하여 심心과 이理를 해명하는 데 심력心力을 다하였다. 특히 영남의 경우 성리설에 대해 새로운 이론을 제창하거나 해석하기보다는 이황의 학설을 고수하는 경향이 아주 지배적이었다. 그러나 19세기에 찾아온 외세의 도전 앞에서는, 영남 성리학계에도 개인과 사회와 국가를 보존하기 위한 새로운 이론 정립의 필요성이 대두되었다. 그래서 이학理學과 예학禮學, 역학易學에 대한 새로운 해석이 끊임없이 이루어졌고 그러한 학풍은 강우 지역에서 허전許傳(1797~1886)과 이진상李震相을 중심으로 두드러지게 나타났다.

이 글에서 검토하려는 김진호金鎭祜(1845~1908) 또한 19세기 강우 지역에서 활동한 학자였다. 그는 박치복朴致馥(1824~1893)의 문하에서 경서와 문장학을 익혔고 허전을 통해 예학을 배워 강우 지역에 널리 전수하였으며, 이진상을 통해 이학의 내용을 잘 습득하여 나갔다.

이 글에서는 박치복·허전·이진상의 문인인 김진호의 학문 활동을 탐구하고자 한다. 우선 김진호의 가문 내력을 살펴보고, 19세기 강우 학계의 학풍과 김진호의 학맥을 검토한 뒤 김진호의 학문 활동을 알아보고자 한다.

2. 가문의 내력

곽종석은 일찍이 "교남嶠南에서 한 가문에 문사文士가 많기로는 단성丹城의 법물法勿만 한 곳이 없다"라고 말한 바 있다.[1] 단성 법물리에 세거해 온 상산 김씨 가문은 조선 초기부터 임진왜란 이전까지 8명의 문과 급제자를 배출하며 양반 가문으로서의 기반을 형성하였고, 임진왜란 때는 충절을 세운 인물이 나왔으며 조선 말기에 이르러서는 많은 학자를 배출하였다.[2]

특히 조선 중기에는 일세一世 팔문장가八文章家가 나왔는데[3] 이러한 문

---

1 『勿川集』附錄 권4, 祭文, 敎下生 安鼎呂. "俛宇翁嘗有言, 曰大嶠以南, 一門之多文士, 未有如丹邱之法勿, 儘非虛語也."

2 허권수·정진상, 「兩班文化의 變遷과 現代의 樣相—法勿里 商山金氏家門의 경우」(『慶南文化研究』19, 경상대학교 경남문화연구원, 1997).

3 상산김씨 八文章家와 그 관련 자료에 대해서는 경상대학교 사회교육학부 金海榮 교수의 가르침을 받았다. 팔문장가는 金浚(三足齋), 金澂(三淸堂), 金湛(汲古齋), 金濂

　　　제2부 유림의 이학 수호와 변모 양상

장가가 나오게 된 것은 김수돈金守敦(遠復齋), 김익돈金益敦(治田堂) 두 형제
가 장서 3천 권을 마련하여 가학家學의 기반을 마련한 배경이 있었기 때
문에 가능한 것이었다.[4] 그러나 그 서적은 여러 차례 변란을 겪으면서
흩어졌다. 그러다가 1854년 여름에 김이표金履杓(尙友堂)가 주도하여 시문
詩文을 짓는 모임을 열고, 사용하고 남은 경비로 책을 사서 상산 김씨 후
손이 학문에 힘쓰는 자료로 삼게 하였다. 그 후 1872년까지 근 20년간
경經·사史·자子·집集에 속하는 천여 권의 책을 모아 인지재仁智齋에 보
관하니, 상산 김씨 문중의 학자들은 누구나 그 학문적 혜택을 입었다.[5]
19세기 강우 지역의 대표적인 문중 서고인 인지재는 단성 법물의 상산
김씨 가학의 구심점이었을 뿐만 아니라 이후 강우 학계 학술 문화의 중
심지로서의 역할도 하게 되었다.[6]

　김진호는 이 서고의 목록인 「장서절목」莊書節目을 지어 독서 과정을

(三休堂), 金濬(三梅堂), 金灒(訥敏齋), 金潚(晚覺齋), 金滾(養閒齋)을 말한다. 김징,
김담, 김염은 金守敦의 아들이고 김준, 김하, 김남, 김숙, 김곤은 金益敦의 아들이다.
김준은 金達生의 아들로 出系하였다.(『商山金氏世譜』 참조) 팔문장가에 대한 기록은
李時馪의 『雲牕文集』 권2, 雜著, 丹城誌, 沿革考證, '法勿禮里八坊考證'에 보인다.
"浚中進士, 廢擧業, 號三足齋, 書記姓名足, 名參進士足, 食繼饘粥足. (중략) 一家兄
弟九人有八文章之稱, 而或不幸短命, 抱才不第, 或登第不顯, 文章之憎名達, 誠不虛
語矣." 여기서 형제 9인이라고 한 것은 김징과 김담의 사이에 있는 金沖을 포함하여
말한 것이다. 김충은 불행하게도 短命으로 작고하였다. 한편 韓大器는 「金氏八君子
傳」을 지었다. "謹按商山世家, 丹邱先生金後. (중략) 其玄孫有司憲府掌令諱達生號
水晶堂, 成均館司藝諱守敦號遠复齋, 生員諱益敦號治田堂, 掌令嗣子曰三足齋, 司藝
子曰三淸堂曰汲古齋曰三休堂, 生員子曰三梅堂曰訥敏齋曰晚覺齋曰養閒齋, 其一卽
三足齋, 皆以文章行義, 爲世儒表, 是爲金氏八君子."(韓大器, 『孤松集』 권1, 雜著, 金
氏八君子傳)

4　『勿川集』 권12, 記, 仁智齋墨莊記.

5　『端磎集』 권19, 記, 仁智堂藏書籍記.

6　1905년 곽종석은 「仁智齋記」에서 장차 단성의 상산 김씨가 유학의 道를 지키는 데 功
　이 있게 되고, 인지재가 날로 확대되어 大韓을 天下에 널리 알리는 장소가 되는 것을
　보고 싶다고 하였다.(『俛宇文集』 권137, 記, 仁智齋記)

엄격하게 세웠다. 그는 책이 있는데 읽지 않고 근거 없는 말이나 떠들어 대면 아무리 많은 장서를 소장하고 있더라도 다만 하나의 서사書肆일 뿐이라고 하면서, 부형父兄이 책을 모아 후손들에게 전해 준 의미를 생각하여 문중 자제들이 독서를 열심히 하고 지속적으로 공부하기를 바랐다.[7]

김진호의 선대가 세거해 온 단성현 법물리는 고려 말 보문각 직제학이었던 김후金後가 고려의 국운이 기우는 것을 보고 상서尙書 장강張綱을 따라 남하하여 터를 잡은 마을이다.[8] 김후는 정몽주에게 수학하였고 정몽주가 비명에 죽자 만사를 지어 애도를 표하였다. 그는 고려가 망하자 단성으로 물러나 살았으며 세상에서는 그를 '단구선생'丹邱先生이라 일컬었다.[9]

그 뒤 김후金後의 후손으로 진사였던 김준金浚(三足齋)은 문학으로 이름이 드러났고 이언적李彦迪의 문하에서 공부하였다. 김준의 여덟 종형제從兄弟는 모두 문장으로 당세에 저명하여 '팔문장가'八文章家, '김씨팔군자'金氏八君子로 불리었다. 그리고 김준의 아들로 무안현감을 지낸 김경눌金景訥은 선조 임금이 그의 뛰어난 문장을 사랑하여 『소학』小學 및 용연龍硯을 하사해 표창을 하였고, 김경눌의 아들 첨정 김응호金應虎는 임진왜란 때 곽재우를 따라 창의倡義하여 왜적을 토벌하였다. 김응호의 아들은 김복문金復文(遯齋)으로 문학과 행의行誼가 있었고[10] 그 뒤 김상

---

7 『勿川集』 권11, 雜著, 仁智齋莊書節目.

8 김후의 부인은 安東張氏로 張綱의 딸이었고 장강은 단성에 이미 세력을 형성하고 있던 許邕(典書)의 사위였다.(허권수·정진상, 「兩班文化의 變遷과 現代의 樣相—法勿里 商山金氏家門의 경우」, 『慶南文化研究』 19, 경상대학교 경남문화연구원, 1997)

9 「丹城縣邑誌」 科擧條에 金鎭祜의 直系 조상인 金後(高麗恭讓朝登科, 太宗朝官至直提學), 金張(世宗朝官至左正言), 金貞用(世宗朝登科官至承文博士), 金達生(中廟朝登科官至掌令)의 이름이 수록되어 있다.(『邑誌 1: 慶尙道①』, 亞細亞文化社, 1982)

삽金尚鈒(槐亭), 김세유金世有는 모두 유행儒行이 있었다.

김진호의 고조부는 증 좌승지 겸 경연 참찬관이었던 김남후金南垕이며, 증조는 증 호조 참판 겸 동의금부사 김국명金國鳴, 할아버지는 숭정대부 지중추부사를 지낸 김덕룡金德龍(靜軒)이다. 아버지는 김성일金聲佾(郊隱)로 은덕隱德이 있었고 어머니는 안동권씨安東權氏로 권장팔權章八의 딸이다.

김진호는 1845년 6월 23일 경상도 단성현 법물리에서 태어났다. 그의 자는 치수致受, 호는 간헌艮軒·약천約泉이고, 당호는 물천勿川이다.[11] 그는 태어난 지 겨우 13일 만에 어머니가 작고하여, 할머니 진주유씨晉州柳氏의 사랑과 보살핌 속에서 양육되었다.[12] 그렇기 때문에 그는 1905년 자기의 회갑을 맞아 자식들이 연회를 준비하려고 하자 자기가 태어난 해는 어머니가 돌아가신 해라고 하여 잔치를 열지 않았다. 김진호는 할머니뿐만 아니라 유모乳母 안아미安阿彌의 보살핌으로 살아날 수 있었다. 그래서 그는 "사람들은 내가 살아난 것은 천명天命이지 인력人力이 아니라 말하지만, 나는 내가 산 것이 아미의 인仁이라고 말하겠네. 인仁은 아미가 없었다면 인리人理가 거의 끊어졌을 테고 나는 아미가 없었다면 명命이 오늘에 없었을 것이지"라고 말하기도 했다.[13]

---

10 『后山文集』 권26, 墓碣, 遯齋金公墓碣銘 並序.

11 '艮軒'은 '知止有定'의 뜻이고, '約泉'은 '守約林泉'의 뜻이고, '勿川'은 '從事克復'의 가르침을 가리킨다. '龍門'은 '障狂瀾理餘韻'의 뜻이다. 1890년 화순의 유학자 曺秉萬은 「約泉齋記」를 지었고, 1903년에 河龍濟는 김진호에게 '約泉' 두 글자를 大字로 써 주기도 하였다.

12 『勿川集』 권14, 祭文, 祭祖妣貞敬夫人晉州柳氏文.

13 『勿川集』 권14, 祭文, 祭安乳母墓文.

3. 강우 학계와 김진호의 학맥

1) 강우 학계의 학풍과 김진호

19세기 강우 학계에는 다양한 학맥이 있었고 많은 학자가 이 지역에서 배출되었다.[14] 그런데 강우 지역에서 활동한 이들의 학문 연원은 아주 다양하였으며 이기理氣, 심성心性, 명덕明德, 태극동정太極動靜 등에 대해 학설 또한 분분하였다. 이진상이 1861년 심즉리설心卽理說을 제창하자 그 뒤 허유許愈, 곽종석郭鍾錫, 윤주하尹胄夏 등은 그 학설을 잘 계승하여 나갔으나 박치복, 이종기李種杞, 김인섭金麟燮, 허훈許薰, 최정기崔正基 등은 이황 이후 심心에 대한 일반적인 학설인 심합이기心合理氣의 견해를 견지하여 나갔다. 박치복·김인섭은 심心을 이理로 보는 신설에 반대했고 이종기 역시 이理와 기氣는 치우치게 주장할 수 없다고 하였다.

그런데 19세기 강우 지역은 이진상의 학맥을 이은 학자가 활동하고 있었던 한편으로, 김해부사로 부임한 허전에 의해 이익李瀷에서 안정복安鼎福·황덕길黃德吉로 이어지는 근기近畿 지역의 실학풍實學風이 일어났고 예학이 널리 보급되었다. 그런가 하면 정재규鄭載圭, 조성가趙性家 등은 호남의 기정진奇正鎭의 이학을 강우 학계에 전수하였다. 이 당시 강우 학계의 학자들은 학맥學脈과 당론黨論을 떠나 조식曺植을 매우 존숭하였다. 특히 박치복은 「청남명조선생종사문묘소」請南冥曺先生從祀文廟疏를 지어 조식이 "동방東方 명세命世의 현인賢人"임을 강조하고 그 학學은 "경敬과 의義를 나란히 지니고 성誠과 명明에 도달했다"고 높이 평하였다.[15] 허전은 강우 출신은 아니지만 1864년 김해부사로 와서 강우의 학

---

14 강우 학계의 학맥과 학문 동향에 대한 개략적인 설명은 「19세기 강우학자들의 학문 동향」(권오영, 『조선 후기 유림의 사상과 활동』, 돌베개, 2003) 436~456쪽 참조.

15 『晩醒文集』 권4, 疏, 請南冥曺先生從祀文廟疏.

풍을 크게 진작하였고 역시 조식의 문묘 종사를 청하는 소를 지었다.

박치복과 허전의 문인인 김진호는 조선이 일제에 의해 침탈되어 가고 조선 백성의 생활이 갈수록 곤궁해져 가는 상황 앞에서, 동지와 함께 학문을 강론하여 밝히고, 죽기로써 도道를 지키고 조선의 원기元氣를 부지하려고 애썼다. 그는 『남명집』의 간행에 참여하였고, 조식의 실천적 정신을 이어받아 일찍이 국가의 사변事變과 백성이 곤췌困悴에 대해 잊어본 적이 없었으며 그러한 사정을 들을 때마다 매우 비탄해하였다.

김진호는 「백운동」白雲洞 시에서, 태초의 모습으로 남아 있는 백운동이 두류산頭流山의 신령에게 부끄러워 천고의 현관玄關(깊고 묘한 이치에 이르는 관문)을 열지 않았는데, 누가 조식을 위하여 기이한 사업을 할 것이냐고 물음으로써 조식에 대해 마음에서 우러나오는 존경을 표하였다.[16] 또한 도道가 정녕 어디에 기탁하여 있는지를 물으며, 「신명사도」神明舍圖 속에서 공을 거둘 수 있다고 하였다.[17]

한편 김진호는 1893년에 산천재山天齋에 가서 『남명집』을 간행하는 일을 살펴보고 5월 5일에 백운동에 가서 돌에 '南冥先生杖屨之所'(남명선생장구지소) 여덟 글자를 새기고 그 일을 기록하고 시를 지었다.[18] 그는 백운동의 흐르는 물소리는 예나 지금이나 한결같이 귀에 들려오니 성성자惺惺子를 차고 그 길을 오가던 조식의 풍모를 떠올리매 그 모습을 사모하게 되며 그 사실을 돌에 새기고 싶다고 하였다. 그는 책을 통해서 조식을 존경하는 생각을 품게 되었으나 이러한 추모 사업을 통해 후일 이곳을 찾아오는 이에게 조식의 유풍을 길이 전하고 싶다고 하였다.[19]

---

16 『勿川集』 권1, 詩, 白雲洞.

17 『勿川集』 권1, 詩, 入德門.

18 『勿川集』 권12, 記, 白雲洞刻南冥先生遺蹟記. 振鷺瀑 위에 있는 바위에 새겼고 글씨는 河憲鎭이 썼다.

1903년 김진호는 두방재斗芳齋에 가서 『남명집』을 교정하였다. 산천재에서 간행한 『남명집』에 대해 의견이 분분하자 여러 번 교청校廳을 설치하여 『남명집』을 교정하였으나 서로 주장이 엇갈려 합의가 잘 이루어지지 않자, 조원순曺垣淳이 단성과 진주의 여러 사우와 함께 합의하여 두방재에 간행소를 설치하고 김진호에게 교정하는 일을 청하였던 것이다. 김진호는 『남명집』의 신구본新舊本을 참조하여 내용을 정정하고 완본을 만들었다.

한편 김진호는 『기언』記言 별집에 실려 있는 「답학자서」答學者書라는 편지에 대해 문제를 제기하였다. 그는 『기언』의 「덕산비」德山碑를 읽으니 진실로 조식의 도학을 발휘한 것은 오직 허목뿐이라고 생각되지만, 「답학자서」라는 편지를 읽으면서는 일찍이 책을 덮고 크게 탄식하지 않은 적이 없었다고 하였다. 그는 사사로이 생각해 보면 허목이 조식과 출처出處는 같지 않았으나 그 도道는 하나였으니 또 연원淵源을 전해 받은 것이 있어 마땅히 한 글자도 핍박하지 않아야 하는데, 이 편지는 어찌해서 조식을 못마땅히 여기는 내용이 수록되어 있느냐며 의문을 표하였다.

이러한 의문의 끝에 김진호는 「덕산비」德山碑는 『기언』「동서」東序에 실려 있는 것으로 보아 직접 교감校勘을 한 것이고 「답학자서」는 별집에 실려 있어 뒷사람이 수록한 것으로 보인다고 하였다. 또한 허목이 손수 편집한 「덕산비」와 「문목공광명」文穆公壙銘, 「동계행장」桐溪行狀을 합하여 한 권으로 만들면서 다른 여러 학자의 행장과 묘갈명, 신도비명을 수록하지 않는 것은 우연한 일이 아니고 학문 연원과 사우師友의 성대한 뜻을 분명하게 표현한 것이라고 하였다.

사실 『기언』에 대한 김진호의 이러한 견해는 스승 박치복의 설을 계

---

19 『勿川集』 권1, 詩, 白雲洞刻南冥先生杖屨之所八字于石因拈韻賦其事備山中古事.

  제2부 유림의 이학 수호와 변모 양상

승한 것이기도 하였다. 박치복은 『기언』에 실린 「덕산비」의 내용 중 사실과 다른 두어 곳은 수정을 해서 간행해야 함을 주장했고, 「답학자서」答學者書는 처음 이곤변李鯤變을 위해 변명한 글이지만 후일 허목이 하홍도河弘度를 만나 보고 조식의 실학實學을 듣고 놀라 "당신(河弘度)의 말을 듣지 않았으면 내가 명옹冥翁(조식)의 죄인이 될 뻔했다"고 말했으니 그전에 듣고 썼던 글이 사실에 근거하지 않았음을 탄식한 것이라고 하였다. 따라서 박치복은 「답학자서」를 『기언』에 수록하는 것은 허목의 본의가 아니라고 하였다.[20]

한편 19세기 말에는 전국적으로 신학문의 바람이 불고 있었다. 이제는 신학문이 실용實用이 있는 것으로 이해되었고 심지어 신학과 유학 사이에 허虛와 실實의 간극이 있다고 하는 생각도 퍼졌다.[21] 강우 지역에서도 19세기 말부터 유학자들이 개화開化의 흐름에 어느 정도 눈을 돌리고 있었다. 강우 지역의 대표적 학자인 곽종석은 조선의 명운命運이 기울어 가는 현실 앞에 입을 다물고 '구미'歐美 등의 글자를 말하지 않는다면 진실로 백이伯夷의 청淸이 되는 데는 좋겠지만 천하의 세勢를 어느 때에 평정平定할 수 있겠느냐고 하였다.[22] 따라서 이제 외국과 교통을 하지 않을 수 없다는 생각에 사람들에게 외국도지外國圖志를 보게 하여 견문을 넓히게 하였다.[23]

이러한 강우 학계의 분위기에서 김진호는 을사늑약乙巳勒約을 천지가 뒤집힌 심각한 사건으로 받아들였다.[24] 1905년 10월 이토 히로부미伊藤博

---

20 『晩醒文集』 권9, 雜著, 山天齋抵京中記言補刊所文.
21 『勿川集』 권5, 書, 答河聖權 丁未.
22 『俛宇文集』 권28, 書, 答金致受 丙申.
23 『勿川集』 권5, 書, 與郭鳴遠.
24 『勿川集』 권6, 書, 與辛士亨圭燮李大衡斗勳 乙巳.

文가 을사늑약을 체결하려고 하자, 고종은 이 조약을 인준하면 곧 나라가 망하는 것이라 판단하고 자기가 차라리 종사宗社를 위해 순국殉國할지언정 결코 허락할 수 없다고 하였다. 이 무렵 김진호는 각국 공관公館에 가서 일제의 침략 행위를 알리려는 목적으로 서울에 올라가기 위해 11월에 집을 출발하였으나, 지례知禮에 이르러 공관을 이미 철수했다는 소식을 듣고 돌아오면서 통곡하기를 "황천皇天이 화禍를 후회하지 않아 이 사람으로 하여금 심간心肝을 부수게 하네. 통곡을 하며 돌아오는 길, 북풍에 눈 내리는 차가운 날씨구나"라고 읊었다.[25]

김진호는 매번 제갈량諸葛亮의 「출사표」出師表 중 "몸을 굽히고 모든 힘을 다하여, 죽은 후에야 그만둔다"(鞠躬盡瘁, 死而後已)는 말을 외었다. 그는 곽종석에게, 조선 5백 년 종사宗社의 존망存亡이 호흡에 달려 있고 삼천리 백성의 성명性命이 금수禽獸에게 먹힘을 당하는 현실을 맞아 고종의 명에 응하여 "몸을 굽히고 모든 힘을 다하여, 죽은 후에야 그만둔다"는 정신으로 국은에 보답하기를 권하였다.[26] 그는 을사늑약 이후 곽종석의 서울행을 매우 높이 기리면서 40년 동안의 벗으로서 강개慷慨한 마음에 밤새 잠이 오지 않았다고 토로하였다. 그는 하루라도 천리天理가 없다면 이 길이 어찌할 수 없는 것이겠지만, 만일 천리가 일분一分이라도 있다면 하늘이 조선을 도와 종사宗社를 안정시키고 역사에 길이 그 사실이 남을 것이라고 격려하였다.

2) 김진호의 학맥과 학습

김진호는 1852년 8세에 종질從姪 김상순金象洵과 함께 백종형伯從兄인

---

25 『勿川集』 권2, 詩, 乙巳十一月發遠役二十四日還踰牛頭嶺口呼示鄭孔厚載善諸公 幷
　　小序.
26 『勿川集』 권5, 書, 與郭鳴遠.

김진우金鎭愚(活軒)에게 나아가 공부를 하였다. 김진우는 6세 종손宗孫으로서 문중의 여러 자질과 종형제를 가르쳤는데 김진호는 그 문하에서 공부하면서 한 글자도 가볍게 지나치지 않았다.

상산 김씨 문중 서당에서 김진호를 가르치던 김진우는 김진호를 큰 학자로 키우기 위해 박치복朴致馥에게 나아가 공부하게 하였다.[27] 김진우는 매달 4, 5차례 백련재百鍊齋에 가서 박치복을 만나 보아 종제의 교육을 잘 부탁하고 김진호와 김상순의 학업 성적을 시험하여 보았다. 김진호가 한번은 밤 깊은 산방山房에서 정신이 피곤하여 책상에 기대어 졸았는데, 그 꿈속에 김진우가 나타나 "네가 밤잠이 이리 심해서 어찌 공부를 이루겠는가"라고 꾸짖으니 놀라 깨어나 그 뒤 감히 공부를 게을리 하지 못했다. 그 이후에도 김진우의 가르침은 지속되었고 나이가 들어서도 김진우는 김진호에게 "젊은이들이 너를 망령되게 추대하니 네가 실實이 없이 이를 받아들이면 스스로를 속이는 것을 면치 못할 것이다. 또한 군자君子가 학문에 있어선 죽은 후에 그만두는 것으로 뜻을 삼아야 하거늘 나이가 먹었다고 하여 뜻도 쇠해서야 되겠는가"라고 경계하였다.[28]

1857년 13세에 김진호는 『대학』大學을 배웠다. 이때 서당 훈장이 '여탕'鑪錫을 '여석'鑪錫으로 잘못 읽자 김진호는 그 오류를 지적하였다. 이같이 그는 독서를 정밀하고 자세하게 하여 당시 학계에서 '정심'精深하다는 평을 들었다.

1863년 김진호는 19세가 되어 그해 겨울에 계당溪堂에서 독서하였다. 그는 각고의 노력을 하였고, 매일 밤 공부를 하다가 졸음이 오고 피곤해

---

27 『晩醒文集』 권6, 書, 答金致受 癸酉.
28 『勿川集』 권14, 祭文, 祭活軒從兄文.

지면 냉수를 손바닥에 떨어뜨려 잠을 쫓아가며 공부하였다. 1866년 22세가 되던 정월 아침에 그는 자경시自警詩를 지어 스스로를 경계하였다.

고금의 천만 가지 일이	古今千萬事,
마음에 말미암지 않음이 없지.	未有不由心.
응당 경敬과 태怠 있는 곳을 알아야 하니	定知敬怠地,
화禍와 복福이 서로 찾아오는구나.	禍福互相尋.

김진호는 이 시를 통해 일생 존심存心과 지경持敬의 공부에 힘쓰기로 한 뜻을 표현했다. 그의 일생의 학문적 삶은 이같이 이미 20대 초반에 정해진 것이었다.

• 박치복 문하에서의 학습

김진호의 스승 박치복은 이황의 이기설理氣說의 충실한 계승자인 유치명柳致明의 문인이었다. 박치복은 19세기 중엽 강우 학계에서 활동하던 저명한 학자인데, 이황의 학문이 이상정李象靖에 의해 적통嫡統으로 전해졌고 스승 유치명이 호문湖門(이상정)의 학통을 이어 후학에게 전하였다고 생각하였다.[29] 그는 심心을 이기理氣의 합合으로 보았고 이진상의 심즉리설心卽理說에 대해서는 반대하였다.[30]

박치복은 김해부사로 와있던 허전과 종유하였다. 박치복과 한 번 만나 보고 난 뒤 허전은 그를 '국사'國士로 인정하였다. 박치복은 허전의 문하에서 책을 펴고 공부를 하지는 않았지만 20여 년을 출입하면서 학

---

29 『晩醒文集』 권13, 祭文, 祭定齋先生文 癸亥.

30 『晩醒文集』 권8, 雜著, 許退而與金致受書條辨.

문 담론을 하였다.[31] 그는 세계정세에 밝았고 그러한 지식을 문인들에게 자세히 설명해 주었다.[32] 그는 유치명을 통해 이황·이상정의 학설을 전수받았으나 학문에 있어 개방적인 자세를 견지하였고 현실 인식도 아주 투철한, 19세기 강우 지역의 대표적인 학자였다.

박치복은 함안에서 삼가三嘉의 대전大田이라는 곳에 와서 우거하고 있었는데 김진호는 1861년 17세에 종질 김상순과 함께 그에게 가서 수학하였다. 당시 박치복은 자신의 출세보다는 후학의 양성에 뜻을 두고 백련재百鍊齋에서 많은 인재를 길렀다. 백련재에서 박치복은 70여 명에게 경학經學과 시문詩文을 가르쳤던 듯하다. 백련재에서는 매일 밤 늦게까지 공부하고 아침 일찍 일어나야 했다. 그리고 걸음을 빨리 걸어서는 안 되며 소리를 시끄럽게 내서는 안 되고 나아가고 물러나고 대답하는 것을 반드시 공경스럽게 하고 삼가야 하는 등 매우 규칙적인 생활이 요구되었다.[33]

한편 박치복은 만년에는 단성 법물리의 이택당麗澤堂에서 강학을 하였다. 그는 이택당에 꽃과 대나무 천 그루를 심고 연못을 만들어 물고기를 길렀고, 태호석太湖石으로 정원을 꾸몄다. 이러한 그의 의도는 자신이 죽은 후에도 자신의 정신이 잘 계승되어 나가기를 바라는 것이었고 작고하기 직전에는 김진호에게 자신의 정령精靈이 이택당에 왕래할지도 모른다고 하면서 후일을 부탁하였다.[34] 또한 그는 김진호에게 편지를 보

---

31 『晩醒文集』권13, 祭文, 祭性齋先生文.

32 『俛宇文集』권28, 書, 答金致受 丙申.

33 『晩醒文集』권8, 說, 百鍊齋諭諸生說.

34 『勿川集』권1, 詩, 挽朴晩醒先生 三首. 박치복이 죽고 그가 심은 盆梅가 피자 김진호는 吊梅花詩를 짓고 허유에게 次韻을 요청하기도 하였다(『后山文集』권2, 詩, 麗澤堂盆梅朴晩醒翁所畜今年翁下世梅花盛開金致受感去年十月之會用前韻作吊梅花詩 要余次之).

내어 아래와 같이 간곡하게 말하였다.

나의 병이 날로 심하여 덜해지지 않으니 이택당에 발걸음을 두 번 하기는 진실로 어려울 것입니다. 책보를 메고 오는 학생들이 빈 상태로 돌아가는 것이 민망스러우니 어찌 탄식하지 않겠습니까. 나는 아직 숨 쉬는 것이 멈추지 않아 마음속에 깜박거리어 쌓인 것이 오직 후학을 성취하고 우리 도道를 부지扶持하는 것인데, 일이 마음을 따르지 않으니 나의 뜻을 이어서 나의 사업을 행할 이가 군君이 아니겠습니까. 공功을 이룬 자가 물러가는 것은 물物의 이치입니다. 군이 이것을 지나간 때의 일로 보시지 말고 남은 책상을 수습하고 서적을 정리하여 후진을 자세하게 가르쳐 이 마치지 못한 뜻을 이루어 주신다면, 꼭 나에게서 비롯되었다는 이유만으로 기쁘다고 생각하겠습니까. 지금 사도邪道가 설치고 온 나라가 들끓고 이른바 우리 학문은 여러 갈래로 나누어져 뭇사람이 떠들고 시끄러운데 후생들은 혼미昏昧하여 장차 어느 곳을 따라가야 할지 모르니 이것이 매우 두려운 것입니다. 이 도道는 다만 우뚝하고 당당하고 직절直截하여 가지나 넝쿨이 없으니, 어찌 대충 넘어가고 규모가 없는 설說로 우리의 주공周公·공자孔子·정자程子·주자朱子의 단선으로 전해 내려온 진결眞訣을 어지럽히겠습니까.[35]

---

[35] 『晩醒文集』권6, 書, 與金致受. "賤崇日臻, 無減麗堂之趾, 固難再蹈矣. 所可悶者, 諸生負笈而來者, 至於空歸, 可不歎哉? 我則一息未泯, 所耿轕于中者, 惟是成就後學扶持吾道, 而事不從心, 繼我志而行我事者, 非君乎? 成功者去, 物之理也, 君勿以曩時視之, 收拾殘杯, 整理書籍, 諄誨後進, 以成此未卒之志, 則何必出於我而爲快也? 目今邪道鴟張, 擧國波蕩, 而所謂吾學, 支分派別, 衆喙爭鳴, 後生小子, 貿貿焉將何所從乎? 此深可懼, 此道只是亭亭堂堂, 直截無枝蔓, 豈可以骨侖無間架之說, 亂我周孔程朱單傳之眞訣哉?"

이와 같이 김진호에게 부탁을 남긴 박치복은 1894년 봄 이택당으로 부터 병든 몸을 이끌고 집으로 돌아와 그해 6월에 작고하였다. 김진호 는 박치복의 뒤를 이어 이택당에서 강우 학계의 학자들을 계도하여 나 갔다.

• 허전 문하에서의 학습과 예서禮書 보급

1864년 2월 허전이 김해부사로 부임하여 공여당公餘堂을 열고 강학講 學을 하자 그동안 쇠미했던 강우의 학풍은 크게 되살아났다. 김진호는 1866년 아버지 김성일金聖佾(郊隱)의 명으로 허전의 문하에 나아가 여러 날을 모시고 공부하였다. 김진호가 집으로 돌아오려 하자 허전은 김진 호의 아버지에게 "아드님의 재주와 자품이 순아純雅하니 앞날의 조예造 詣를 어찌 헤아릴 수 있겠습니까"라는 편지를 했다.

김진호는 강우에서 자라 학문을 했으나 허전을 통해 황덕길黃德吉·이 익李瀷을 사숙私淑하여 근기 지역 실학의 학풍을 이었다.[36] 강우 지역 허 전의 문인들은 근기近畿 지역 남인의 실학 학풍을 이어받아 경학經學은 물론 예학禮學을 깊이 연구하고 아울러 민생民生을 위한 혜택과 국부富 國의 문제에 힘을 쓰는 경향이 있었다.[37]

---

36 『勿川集』附錄 권4, 祭文, 敎下生李壽冕(字華伯, 安陵人, 居河東良邱). "吾東自父師 以後, 用夏變夷, 文章道學, 綿綿不絶, 而及至于退陶, 大明中天, 錦星湖坤, 雖非七十 子之親炙, 而皆足以發明退陶之說者也. 先生性齋之高足也, 性齋星湖之私淑也, 則先 生之學問, 豈不有來歷乎?"

37 권오영, 「19세기 강우 학자들의 학문 동향」(『조선 후기 유림의 사상과 활동』, 돌베개, 2003) 446쪽. 李秉喆(三星 창업자, 기업가. 호는 湖巖)의 조부 李洪錫(文山)은 허전의 문하에서 공부했는데, 평소에 그는 "매번 탄식하여 말하기를 '국가를 부유하게 하고 民俗으로 하여금 禮讓을 알게 하는 것은 지위에 있는 사람들의 책임인데 지금의 고기 먹는 자(관리)들은 이러한 것은 꾀하지 않고 다만 자기의 이익을 도모하고 있으니, 만 일 내가 높은 자리를 맡게 된다면 이 두 가지로 먼저 힘써야 할 일로 삼겠다'고 하였다"

김진호가 1880년 서울 냉천冷泉에 가서 허전을 뵙자 허전은 "천 리나 떨어진 먼 길에 나를 보기가 쉽지 않을 테니 오직 학문에 힘써 크게 진보한다면 어찌 한자리에서 상대하는 것과 차이가 있겠는가"라고 하였다.[38] 김진호를 떠나보내면서 허전은 「양일재명」養一齋銘을 지어주었다.[39]

아! 깊고 멀어 그치지 아니함은 천도요,	於穆不已天道也,
자강하여 쉬지 않음은 인도이니	自强不息人道也,
그치지 아니하고 쉬지 않음은 성이다.	不已不息誠也.
성이라는 것은 일이고	誠者一也,
경은 그 일을 기르는 바로다.	敬所以養其一也.

김진호의 생활은 스승 허전의 가르침을 실천하는 것이었고 그것은 바로 성誠과 경敬을 통해 근본을 힘쓰는 것이었다.

허전의 문하에서 예학을 학습한 김진호는 예禮에 깊은 관심을 갖고 몇 가지 예에 대해 견해를 표명하였다. 그는 형제兄弟가 왕위王位를 이은 경우의 소목昭穆에 대해 논하기를 "무릇 형제兄弟로 소목昭穆을 달리하는 것은 인정人情에 벗어난 것 같지만, 그러나 일찍이 신하臣下가 되어 섬기다가 통統을 받았으면 부자父子의 도리가 있다"고 하였다.[40] 그는 제왕의 형제가 바로 이어서 등극하는 경우 각각 일세一世가 되는 것은 곧 『춘추』春秋의 뜻이라고 하면서[41] 은殷나라로부터 당唐·송宋에 이르기까

("其曰每歎曰使國家殷富, 民俗知禮讓, 是在上者之責, 而何今之食肉者, 不謀此而但謀己也? 使我爲秉勻之任, 當以二者爲先務乎"고 한다. 『文山遺稿』권2, 附錄, 事行零錄(從子續雨); 『弘堂文集』권5, 跋, 伯祖文山府君遺稿跋.

38 『勿川集』권14, 祭文, 祭性齋許先生文.

39 『性齋集』권17, 銘, 養一齋銘 爲金鎭祜作.

40 『勿川集』권3, 書, 上性齋許先生別紙 己卯.

지 계세繼世에 소목昭穆을 같이하는 경우가 있었다는 것은 이해하지만 만약 이것을 예禮의 당연한 것이라고 이른다면 온당하지 않을 것 같다고 하였다.[42] 이를 통해 보면 그는 예론에 있어 인정人情보다는 의리義理를 더 강조하는 경향을 지녔다고 할 수 있다.

그런가 하면 김진호는 아버지를 이은 적장자嫡長子를 위해선 3년복을 입어야 한다고 주장하였다. 그래서 그는 1907년 장자 김대순金大洵이 죽자 장자長子를 위해 3년복을 입었다. 장자가 적장자嫡長子로 조부祖父의 중重을 받았기 때문이었다. 그런데 당시 영남의 풍속은 아버지가 적자嫡子인 경우라도 대부분 자기의 장자長子를 위해 참최복斬衰服을 입지는 않았다. 김진호는 독자적인 판단으로 3년복을 입었고, 이에 대해 최정우崔正愚는 영남 전역에서 행하지 않은 예를 행했다고 편지로 질의하였다. 김진호는 진실로 예에 합치된다면 비록 영남 전역과 한 나라가 행하지 않는다고 하더라도 진실로 폐지할 수 없지만, 만약에 혹 어긋난다면 비록 영남 전역과 한 나라가 통행한다고 하더라도 시속時俗을 따라 예론禮論을 마음대로 할 수 없다고 반박하였다.[43] 이러한 그의 예禮에 대한 태도는 예문禮文에 대한 해석에 철저를 기하려는 모습을 보여 주고 있다.

또한 김진호는 당시에 '양자養子를 위해서는 참최斬衰를 입지 않는다'라고 말한 이가 있으나 그것은 잘못이라고 하였다. 1897년 김진호는 이교우李敎宇에게 답한 편지에서 "이미 아들이 되었으면 곧 친적자親嫡子이니 어찌 중자衆子와 같다고 하며 참최斬衰를 입지 않는다고 말하는가. 참최복을 입지 않는다고 하는 것은 소후所後라는 것이 정체正體가 아니라는 것인가, 전중傳重이 아니라는 것인가. 이미 정체이고 전중이라면

---

41 『勿川集』 권3, 書, 上性齋許先生.
42 『勿川集』 권3, 書, 上性齋許先生別紙 己卯.
43 『勿川集』 권6, 書, 答崔純夫 丁未.

다만 그 몸이 조祖와 예禰를 이었다고 논하는 데 그칠 것이다"라고 하였다. 이어 그는 이상정李象靖, 한원진韓元震, 이익李瀷의 학설을 증거로 제시하며 양부養父가 양자養子를 위해 참최斬衰를 입어야 한다고 주장하였다. 그리고 황간黃榦의 「오복도식」五服圖式에 "사람의 후사後嗣가 된 경우"를 「참최정복」斬衰正服 조에 설명하고 있으니 이것은 반드시 주희에게 전수받은 바가 있는 것이라고 하였다.[44] 김진호는 의義에 의하여 양자養子가 되었으면 철저히 양부養父가 양자를 자기가 낳은 아들과 똑같이 대해야 하다는 견해를 피력하였다. 예에 대한 그의 이러한 견해는 인정人情의 측면보다는 의리義理의 측면을 강조하는 경향을 띠고 있다.

또한 김진호는 허전의 예학 보급에 앞장섰다. 허전은 『사의』士儀를 지었는데 이 책은 허전이 50년 정력을 들여 편찬한 예서禮書로 당시 강우 학계에서 예를 행하는 데 지침서 역할을 하였다. 그는 『사의』의 편찬으로 민간의 어린아이들도 모두 예를 알게 되었으니 학계의 가장 큰 경사라고 하였다.[45] 이러한 『사의』의 간행에 대해 비판하는 세력도 적지 않았으나, 김진호는 스승에게 보답하는 책임이 이 예서를 간행하는 데 있다고 생각하였다.[46]

• 이진상 문하에서의 학습

1877년 강우 학계에서는 이진상을 중심으로 허유, 김진호, 곽종석 등이 참여한 지리산 산행山行이 이루어졌다. 이 모임은 강우 학계의 학자들이 학문적으로 결속하는 계기가 되었다. 김진호는 허유, 곽종석과 함께 지리산을 유람하고 천왕봉에 올라가 고왕금래古往今來를 생각하며

---

44 『勿川集』 권10, 書, 答李致善 丁未.
45 『勿川集』 권3, 書, 上性齋許先生 辛未.
46 『勿川集』 권4, 書, 與趙洛彦性濂 丁丑.

   제2부 유림의 이학 수호와 변모 양상

상하사방上下四方을 내려다보았다.

강우 학자들이 이진상과 함께한 지리산 산행은 아주 뜻깊은 일이었다. 김진호와 이진상의 학문적 인연도 이때부터 이루어졌다. 이진상은 1877년 김진호에게 보낸 편지에서 성현聖賢의 천만 가지 이야기가 주리主理로 돌아가니 지知로써 밝히고 경敬으로써 살펴 인욕人欲을 없애고 도리道理가 영롱玲瓏하게 되어야 한다고 하였다.[47]

이진상의 문하에서 김진호는 허유, 곽종석, 이승희李承熙 등과 교유하였다. 1874년 김진호와 곽종석은 한 번 만나 보고 서로를 지기知己로 허락하여 인지재仁智齋에서 하룻밤을 머물면서 학문을 토론하였다. 이 무렵 김진호는 유학이 부진한 현상과 이황과 조식의 학통 계승에 대해 깊은 관심을 드러내었다. 이러한 김진호의 생각에 대해 곽종석은 매우 공감을 표시하며 공리功利나 문장文章에만 몰두하는 당시 학계 풍토를 비판하였다.[48] 그 뒤 곽종석은 김진호를 깊이 아는 이로서 자기만 한 사람이 없다고 생각하였고 서로의 견해를 허심탄회하게 받아들일 수 있다고 여겼다.[49]

그런가 하면 김진호는 허유와 매우 교제가 깊고 친밀하였다. 허유는 평소 김진호에 대해 알고 있었으나 1876년 곽종석의 자세한 소개로 관계를 맺은 후 학문 토론을 많이 하였다. 허유는 김진호에게 이황과 이상정의 학통이 끊어지지 않게 해 준다면 학계의 영광이라고 말하기도 했다.[50]

1878년 가을 김진호는 곽종석과 함께 이진상을 찾아갔다. 이해 김진호는 금오산을 유람하고 채미정採薇亭에 올라가 길재吉再의 유촉遺躅을

---

47 『寒洲文集』 권17, 書, 答金致受 丁丑.
48 『俛宇文集』 권28, 書, 答金致受鎭祜 甲戌.
49 『俛宇文集』 권28, 書, 答金致受.
50 『后山文集』 권5, 書, 答金致受鎭祜 丙子.

19세기 강우 학계와 김진호의 학문 활동

돌아보고 신광사神光寺(禪石寺)에서 열린 학술 모임에 참석하였다. 이 모임에서는 이진상과 장복추張福樞가 학술 담론을 주도하였고 허훈, 이종기, 이승희 등이 참석하여『소학』,『중용』등에 대해 강론하였다. 김진호는 학술 모임에 참여했다가 다시 성주의 한개마을을 경유하여 집으로 돌아왔다. 돌아오는 길에 그가 이진상에게 '송행서'送行序를 청하자, 이진상은 학문의 요체要諦는 세 가지가 있으니 첫째 입본立本, 둘째 순서循序, 셋째 무실務實이고, 학문의 병통이 세 가지가 있으니 첫째 유범悠泛, 둘째 경약徑約, 셋째 농조籠罩라고 하면서 세 가지 요체는 힘써야 하고 세 가지 병통은 제거해야 한다고 하였다.

대개 효제孝悌는 인仁을 행하는 근본이고 충신忠信은 예禮를 배우는 근본이고 근검勤儉은 집을 바르게 하는 근본이니 이것을 입본立本이라고 이른다. 쇄려灑麗·소소掃·응응應·대대對로부터 예禮·악樂에 이르기까지 격물格物·치지致知·성의誠意·정심正心에 말미암아 수신修身·제가齊家에 이르고, 선善(可欲)·신信(有諸己)·미美(充實)·대大(充實而有光輝)에 말미암아 성聖(大而化之)·신神(聖而不可知之之謂神)에 이르니 이것을 순서循序라고 이른다. 실심實心으로 실리實理를 궁구하고, 실행實行을 미루어서 실덕實德을 이루고, 실사實事를 만들어서 실효實效를 거두는 것이 무실務實이다. 근본을 세우지 않으면 터 없이 집을 세우는 것과 같아 그 병으로 어지러워 쓰러지고, 순서를 따르지 않으면 계단 없이 당堂을 오르는 것 같아 등급을 뛰어넘는 병이 있고, 무실務實을 하지 않으면 철鐵을 도금鍍金하여 금金을 파는 것과 같아 그 병이 거짓에 힘쓰게 된다. 유범悠泛과 같은 것은 세월을 보내면서 잠깐 일을 하다가 돌아서서 그만두고 비록 선善을 하려는 마음이 있다가도 자기도 모르게 하류下流로 들어가는 것이니, 진실로 이와 반대로 하면 스스로 새롭게 하려는 용기가 우레같이 거세

                    제2부 유림의 이학 수호와 변모 양상

고 바람처럼 행해져서 고군孤軍이 강적强敵을 죽이는 것과 같을 것이다. 경약徑約이라는 것은 하나를 알고 반을 이해하는 것을 스스로 많다고 여겨 고명高明으로 인해 유익함을 구하지 않고, 소렴小廉과 곡근曲謹을 사람들이 어질다고 하는 데 휩쓸려 마침내 향원鄕愿에 이르는 데 면치 못하는 것이니, 진실로 이와 반대로 하면 박문博文과 약례約禮를 둘 다 이루어 성기成己의 인仁에 이를 수 있을 것이다. 농조籠罩를 좋아하는 자가 이리를 논하면 진흙에 물을 탄 것 같고, 학學을 논하면 네모진 구멍에 둥근 장부를 끼우는 것과 같으며, 용龍을 뿔이 없다고 말하고 뱀이 발이 있다고 말하는 셈이 되니, 진실로 이와 반대로 하면 잠사우모蠶絲牛毛가 바다처럼 넓고 하늘이 높은 데에 이르듯이 지知가 족히 물物에 두루 퍼질 것이다. 세 가지 요要를 쓰고 세 가지 병을 제거하는 것은 또한 오로지 하나의 '실'實 자에 의지하니 실實이라는 것은 성誠이다. 지경持敬에 성誠을 하면 인욕人欲이 용납되는 바가 없고 의義에 말미암음에 성誠을 하면 천리天理가 막히는 바가 없어 경의敬義를 협지夾持하여 바로 천덕天德에 도달할 것이다.[51]

---

51 『寒洲文集』 권29, 序, 送金致受序. "蓋孝悌爲行仁之本, 忠信爲學禮之本, 勤儉爲正家之本, 此之謂立本. 由灑掃應對而至於禮樂, 由格致誠正而至於修齊, 由善信美大而至於聖神, 此之謂循序. 以實心而究實理, 推實行而成實德, 做實事而收實效, 此之謂務實. 不立本, 如無址而起屋, 其病爲顚冥, 不循序, 如無階而登堂, 其病爲超躐, 不務實, 如鍍鐵而售金, 其病爲僞冒. 若夫悠泛者, 玩歲愒日, 乍作旋撤, 縱有爲善之念, 而浸浸然入于下流, 苟能反之, 則爲自新之勇, 雷厲風行, 如孤軍之鏖强敵矣. 徑約者, 一知半解, 自以爲多, 而不能求益於高明, 小廉曲謹, 人以爲賢, 而不免終至於鄕愿, 苟能反之, 則博約兩至, 可至於成己之仁矣. 喜籠罩者, 論理則抭泥帶水, 論學則將鑿合柄, 道龍無角, 謂蛇有足, 苟能反是, 蠶絲牛毛, 馴致乎海闊天高, 而知足以周物矣. 用三要而祛三病者, 又專靠一實, 實者誠也, 誠於持敬, 則人欲無所容, 誠於由義, 則天理無所闕, 敬義夾持, 直上達天德矣."

이진상은 김진호에게 이처럼 학문의 요체要諦로 입본, 순서, 무실을 제시하고, 무실에서는 실심實心, 실리實理, 실행實行, 실덕實德을 통해 실사實事를 만들어서 실효實效를 거두어야 하다고 가르쳤다. 이진상은 이같이 '실'實 자를 매우 강조하였고 그 실實은 바로 성誠이었다. 그는 경敬을 유지하고 의義를 행함에 성誠으로 하면 인욕人欲이 없어지고 천리天理가 보존되어, 하늘과 덕德이 같아지는 경지에 도달할 수 있다고 하였다.

4. 김진호의 학문 활동

1) 교육 시설의 설립과 의미

김진호는 1887년 물천서당勿川書堂을 세우고 좌우 협실夾室을 몽재蒙齋와 복재復齋라고 하였다. 1889년 2월 하순에 곽종석은 김진호에게 「물천서당기」勿川書堂記를 써 주었다.[52] 그런데 처음 서당을 지었을 때 김진호는 그 이름을 '삼락재'三樂齋로 붙였던 것 같다. 곽종석은 '삼락재'라는 이름이 담긴 뜻을 너무 드러낸다고 하면서, '법물서당'法勿書堂이라고 고치어 안으로는 극기복례克己復禮의 요점을 붙이고 밖으로는 지명地名을 드러내는 것이 좋겠다고 하였다. 그러면서 이황의 묵본墨本 「사물잠」四勿箴을 서당의 벽에 걸고 좌우의 협실을 복재復齋와 몽재蒙齋로 이름 붙일 것을 제안하였던 것이다.[53]

곽종석은 「물천서당기」勿川書堂記에서 물勿이라는 글자를 심心의 주재主宰와 관련하여 설명하였다. 그는 극복克復의 요점이 진실로 사물四勿에

---

52 『俛宇文集』 권137, 記, 勿川書堂記 丁亥.
53 『俛宇文集』 권28, 書, 答金致受.

있고, 사물의 요점은 또 존심存心에 있고, 심心의 실체는 이理에 벗어나지 않아 심心이 존하면 이理가 주가 된다고 하여 주리主理에 전일專一하기를 바랐다.[54]

한편 김진호의 스승 박치복은 1891년 6월에 김진호에게 「물천서당기」를 써 주면서 '물勿' 자에 대해 상세한 해설을 하였다. 옛날에 주려州閭에서 세웠던 깃발의 이름이 물勿이라고 하면서, 글자의 모양이 깃발의 밑과 비슷했기 때문에 휘둘러서 금지하는 것을 이르게 되었다고 하였다. 또한 박치복은 예禮가 아니면 보지도 듣지도 말하지도 행동하지도 말라는 사물四勿에 대해서도 언급하면서 궁극적으로는 근본을 힘써야 하며 근본이라는 것은 성誠과 경敬이라고 하였다.[55]

김진호가 자기가 강학講學하는 서당에 '물천서당'이라 이름을 지었다는 사실, 그리고 스승 박치복과 벗 곽종석이 지은 「물천서당기」의 내용으로 보면, 김진호는 물천서당에서 안연顔淵의 '사물'四勿(非禮勿視聽言動)에 따르는 생활을 실천 목표로 삼았다는 것을 알 수 있다.

1902년 9월에 김진호는 아버지의 상을 마치고 '용문정사'龍門精舍라는 집을 지어 후진을 가르치는 서당으로 활용하였다. 그는 「용문서당강규」龍門書堂講規를 정하였다.

무릇 독서는 모름지기 외어야 하고 정밀하게 생각하는 것이 학문에 유익할 수 있다. 또한 일과日課는 하나의 단위를 넘지 않아야 심지心志를 유지할 수 있으니 옛사람이 과정을 엄격하게 정한 것이 이 때문이다. 지금부터 서사書社의 동지同志와 약속하여 소장少長을 막론하고 매달 초

---

54 『俛宇文集』 권137, 記, 勿川書堂記 丁亥.
55 『晚醒文集』 권12, 記, 勿川書堂記.

하루에 각각 한 달 동안 공부한 책을 가지고 와서 생柶(찌)을 뽑아 배송背誦하고 서로 바꾸어 가며 강론하기를 영구히 하는 규정으로 삼는다.[56]

김진호가 정사精舍 이름을 용문龍門이라고 붙인 것에는 나름대로 깊은 의미가 있다. 일찍이 송나라의 정이程頤가 용문암龍門庵의 옛터에 집을 짓고 생활하면서 학자들에게 자신을 반성하고 실용實用을 힘쓰게 했는데, 이 '용문'龍門이란 말에는 바로 정이가 공자孔子 사후 천 년 뒤에 태어나 용문의 남쪽에 살면서 공자의 도통道統을 이었다는 의미가 담겨 있었다.[57] 김진호는 정이가 용문에서 추구한 거경궁리居敬窮理의 수양공부론을 이어 법물에 용문정사를 지어 조선 이학理學의 메아리를 이어가고자 했고 그 이학을 다시 강우 학계의 후진들에게 전수하려고 했다.

조선의 국운國運이 점점 기울어져 가는 현실 세계에 직면하여 김진호의 벗 곽종석은 용문정사에 기거起居하는 김진호가 세상에 피해 살더라도 번민이 없고 확고부동한 잠룡潛龍이기를 바랐고 세상에 나와서는 대인大人을 만나 덕德을 널리 펴는 현룡見龍이기를 기대하였다.[58] 김진호는 이렇게 용문정사에서 『주역』 건괘乾卦의 공부방법론에 의거하여 학學으로 모으고 문問으로 변론하고 관寬으로 거처하고 경敬으로 실천하는 나날을 이어갔다.

한편 1889년에 박치복의 주관과 김진호의 협조로 단성의 법물리에 이택당麗澤堂이 세워져 강학講學의 장소로 쓰이면서 이곳은 강우 유림의

---

56 『勿川集』 권11, 雜著, 龍門書堂講規. "凡讀書須成誦精思, 可益於學問, 且日課不踰一格子, 可以維持心志, 古人所以嚴立課程, 蓋以此也. 自今約書社同志, 無計少長, 每月朔, 各持月內所課書, 抽柶背誦, 迭相講論, 久遠成規事."

57 『朱子大全』 권4, 詩, 齋居感興二十首. "大易圖象隱, 詩書簡編訛. 禮樂矧交喪, 春秋魚魯多. 瑤琴空寶匣, 絃絶將如何? 興言理餘韻, 龍門有遺歌(程子晚居龍門之南)."

58 『俛宇文集』 권137, 記, 龍門精舍記 乙巳.

학문 활동 중심지가 되었다.[59] 이택당에서는 학자가 힘써야 할 일로 실리實理, 실체實體, 실학實學을 강조하였다. 따라서 이 이택당에서 생활하는 자는 반드시 '구시'求是 두 글자를 붕우朋友가 강습講習하는 바탕으로 삼았다.[60]

1891년 박치복과 허유, 김진호는 이택당에서 『맹자』孟子를 강론講論하면서 왕도王道와 패도霸道에 대해 토론을 하였다. 예컨대 박치복은 맹자가 제齊와 양梁의 임금에게는 왕정王政을 권하여 왕도王道를 행하도록 권하고, 물러남에 이르러서는 저술을 통하여 마땅히 그 명실名實을 핵심으로 하고 그 참위僭僞를 바르게 하여 만세에 법을 드리워야 했을 텐데, 제齊 선왕宣王과 양梁 혜왕惠王에게 모두 왕호王號로써 부른 것은 무엇 때문이냐고 물었다. 그리고 『춘추』에서 오자吳子, 초자楚子라고 쓴 것은 모두 정명正名의 뜻을 얻은 것인데 맹자가 이 예例를 쓰지 않는 것은 무슨 이유에서인지를 질의하였다. 이에 김진호는 왕법王法을 붙이고 참호僭號를 깎는 것은 『춘추』의 필법이지만, 제齊 선왕宣王과 양梁 혜왕惠王의 호에 대해 바로 써서 남겨 두고 깎아 버리지 않은 것은 그 또한 『춘추』에서 명名을 두어 실實을 나무라는 뜻이지 인정한다는 의미가 아니라고 하였다.[61]

한편 허유는 왕도王道와 패도霸道에 역사적 의미를 부여하였다. 그는 왕王과 패霸는 시대의 제약을 받는다고 이해하면서[62] 맹자가 관중管仲의 시대에 태어났다면 또한 마땅히 제후諸侯를 거느리고 왕실王室을 높이어

---

59 허권수·정진상, 「兩班文化의 變遷과 現代의 樣相—法勿里 商山金氏家門의 경우」
    (『慶南文化硏究』 19, 경상대학교 경남문화연구원, 1997).
60 『后山文集』 권3, 記, 麗澤堂記.
61 『勿川集』 권11, 雜著, 麗堂問答.
62 『勿川集』 권11, 雜著, 麗堂問答.

그 패霸가 되는 도道를 극진히 하는 데 그쳤을 것이고 천하天下에 왕도王道를 펴는 것으로 마음을 삼지는 않았을 것이라고 하였다. 그는 패霸의 도道를 다하는 것이 마침내 또한 왕王의 도道이니 자신이 오패五霸를 위하여 변명하는 것은 아니고 다만 패霸의 시의時義로써 말한 것이라고 덧붙였다. 허유의 이러한 견해에 대해 김진호는, 맹자가 관중의 때를 당하였다면 또한 마땅히 제후를 거느리고 왕실을 높였을 것이라고 하였다. 그러나 그가 일삼은 바가 천리天理의 정正에서 나왔기에 이욕利欲의 사私로 섞지는 않았을 것이고, 왕도王道는 저절로 있는 것이니 맹자를 진실로 패霸로 지목할 수 없을 것이라고 하였다.[63] 이와 같이 허유는 왕도王道와 패도霸道를 역사적 상황 속에서 이해하여 관중管仲의 패도를 시대의 관점에서 인정하려고 했던 반면, 김진호는 왕도와 패도를 분리해 시대를 초탈하여 왕도를 구현해야 한다고 생각하였다.[64]

김진호는 박치복이 작고한 후 이택당에 거처하였다. 그는 학습 과정을 엄하게 세우고 매년 3월과 9월에 허유, 이종기, 곽종석, 윤주하를 초청하여 강의를 주관하게 하고 향음주례鄕飮酒禮를 행하는 등 강우의 학풍을 진작했다. 이택당에서 교육을 담당한 지 1년이 지났을 때 그는 김기용金基鎔·김재식金在植·김재수金在洙·김영시金永蓍·이공우李孔遇·김규순金圭洵 등에게 각자의 부족한 점인 궁리窮理, 양기養氣, 입지立志, 강극剛克, 박실朴實, 근근謹勤을 소재로 시를 지어 학업에 힘쓰게 하였다.[65] 그는 제생諸生을 교육함에 있어 자질의 높낮이에 따라 각각 다르게 실시

---

63 『勿川集』 권11, 雜著, 麗堂問答.

64 허유는 1896년 이택당 講會 뒤에 生徒들에게 克己復禮로 內修外攘을 삼는 것이 第一等事業이라고 하면서 주희가 송나라 효종에게 "中原의 戎狄은 쫓아내기는 쉽지만 자기의 私欲은 제거하기 어렵다"라고 말하였으니 이러한 뜻을 명심하여 힘쓰라고 하였다.(『后山文集』 권12, 雜著, 麗澤堂講會後小說 丙申)

65 『勿川集』 권2, 詩, 贈勉堂居學子 並小序.

하였고, 제생이 착실하게 진보하면 말에 기쁨이 나타났고 우둔하여 깨우치지 못하면 얼굴에 근심이 나타나 자세하게 설명해 주어 밝게 이해시킨 뒤에 그만두었다고 전한다.

2) 새로운 성리학설의 전습

19세기 강우 학계에는 사단四端과 칠정七情을 모두 이발理發로 보는 학설이 점차 확산되고 있었다. 이진상은 심즉리설心卽理說를 제창하였고, 이에 근거하여 인심도심人心道心과 사단四端과 칠정七情이 모두 이발理發이라고 주장하였다. 특히 그는 칠정이발설七情理發說이 이황의 『성학십도』聖學十圖 「심통성정도」心統性情圖 중도中圖의 뜻이고 그 뒤 이익李瀷, 정종로鄭宗魯에 의해서도 주장되었다고 하였다.[66]

그런데 1877년경 김진호는 이진상의 칠정이발설에 동조하지 않았다. 그는 칠정이발설은 학자가 신심身心을 성찰省察하고 성정性情을 체인體認하는 공功에 도움이 안 되고 도리어 시끄러운 단서를 야기한다고 생각하였다.[67] 그러나 1878년부터 이진상의 문하에 출입하고 그 문인인 허유, 곽종석, 이승희 등과 교유하면서 그는 이진상의 칠정이발설을 받아들이게 되었다.

김진호는 주희가 사단四端은 이理의 발發이고 칠정七情은 기氣의 발發이라고 대거對擧하여 설명한 것을 들며, 이때의 칠정七情이란 『예기』禮記 「예운」禮運에서 말한 것으로 기발氣發이라 하였다. 그러나 그는 자사子思의 『중용장구』中庸章句와 정이의 「안자소호하학론」顔子所好何學論, 『예기』의 「악기」樂記, 이황의 「심통성정도」心統性情圖 중도中圖에서는 칠정이 이

---

66 권오영, 「寒洲 理學의 傳統과 그 사상사적 意義」(『退溪學과 韓國文化』 38, 경북대학교 퇴계연구소, 2006) 60~68쪽.
67 『俛宇文集』 권28, 書, 答金致受 丁丑.

발이라는 뜻을 명료하게 제시하고 있다고 하였다.[68] 이와 같이 김진호가
칠정을 이발로 이해한 것은 바로 심心, 성性, 정情을 이理 중심으로 보는
이진상 이학의 큰 체계를 인정하고 수용한 것이었다.

한편 19세기 강우 학계에는 명덕明德에 대한 논의가 활발하게 일어났
다. 우선 박치복은 명덕이 이기理氣를 겸한다는 것은 주희와 이황의 본
지本旨라고 하였다.[69] 그는 명덕明德에 대한 유치명의 설명인 '기청이철'氣
淸理澈이 이상정李象靖의 학설을 받아들인 것으로, 주희와 이황 이후 적
전嫡傳으로 전해져 온 핵심적인 설명이라고 하였다. 그리하여 그는, 명
덕을 설명하는 허령虛靈이 이기理氣를 합하고 있다는 것이 주희와 이황
의 일반적인 가르침이라고 하였다. 그는 성性, 심心, 정情, 명덕明德이라
말하는 것이 그 이理가 되는 것은 한가지이나, 말이 생긴 명의名義가 같
지 않고 글자로 표현한 곡절曲折이 각각 다르니 이를 이理라는 하나의
글자로 구속해 버려서는 안 된다고 하였다.[70]

김진호는 『대학』의 처음에 명덕明德을 내세운 것을 만세萬世 심학心學
의 으뜸으로 생각하였다.[71] 명덕을 마땅히 심心으로 보아야 한다는 데는
진실로 동의하지만, 그렇다고 심이라고만 말해 버리면 혹 기氣를 겸하여
설명을 하는 것도 가능하기 때문에, 명덕에 대해서는 다만 천리天理를
떼어 내어 말하는 것이 좋고 기氣를 포함하여 설명할 수는 없다는 것이
었다.[72]

허유는 명덕을 의리義理의 심心이라고 보고 이 심은 성인聖人과 범인凡

---

68 『勿川集』 권9, 書, 答河聖權中庸疑問.

69 『晩醒文集』 권8, 雜著, 許退而與金致受書條辨.

70 『晩醒文集』 권8, 雜著, 明德辨.

71 『勿川集』 권11, 雜著, 讀郭鳴遠與許后山論明德書.

72 『勿川集』 권5, 書, 答李致善 己亥.

人이 똑같이 부여받은 바라고 하였다. 허유는 명덕에 관해 기氣라고 보거나 이기理氣를 겸하고 있다고 이해하게 되면 인人과 물物이 구별이 없어지게 됨을 우려하였다. 그는 주희가 명덕을 설명하면서 "인人이 하늘에서 얻는 바"라고 했을 때의 '인'人 자에 착안하여, 인人은 의리심義理心을 갖고 있으므로 인人과 물物을 뚜렷이 분별해야 함을 강조하였다.[73]

김진호도 의리의 심心은 사람이 홀로 지니고 있고 물物은 없다고 생각했다. 그 역시 물성物性에 대해서는, 주재의 능력이 없기 때문에 미루어 나가 온전할 수 없다고 이해하였다.[74] 즉 허유와 마찬가지로 호랑이의 인仁과 벌의 의義 따위는 성性이 직발直發한 것이지 의리義理가 주재主宰하여 발한 것이 아니라고 이해하였다.

이에 대해 곽종석은 의리義理의 양심良心이 물物에게 온전히 있지 못하다고는 할 수 있지만 사람에게만 홀로 있고 물物에게는 없다고 말하면 안 된다고 하였다.[75] 그는 성性의 직발直發은 정情이고 정情은 감感이 있는 것이며 감感은 심心이라고 하면서,[76] 의리의 양심良心은 군신부자君臣父子의 윤리에서 발현發見한 것으로, 이는 호랑이의 인仁과 벌의 의義도 마찬가지라고 하였다.[77] 즉 곽종석은 의리義理의 심心을 물物에까지 확대하여 이해한 반면 허유와 김진호는 인人과 물物을 엄격히 구분하여 인人의 의리義理를 강조하였다.

또한 곽종석은 근세 학계에서 심心에 대한 정확한 이해가 이루어지지 않아 명덕을 단독으로 기氣라고 말하는 자도 있고 기를 겸한 것이라고

---

73 『后山文集』續集 권5, 雜著, 客問.
74 『勿川集』권5, 書, 答郭鳴遠 戊戌.
75 『俛宇文集』권28, 書, 答金致受.
76 『俛宇文集』권28, 書, 答金致受.
77 『俛宇文集』권28, 書, 答金致受 戊戌.

말하기도 하는 이유는 명덕을 심心이라고 보기 때문이라고 인식하였
다.[78] 그는 명덕을 도리道理를 가리키는 것으로 이해하고,[79] 심의 본체本
體가 곧 도리이며 명덕의 본체도 곧 도리라고 하였다.[80] 그는 명덕에 대
해 심의 본체本體와 심의 묘용妙用을 함께 거론하는 것이 온당하다고 보
았고, 다만 심을 명덕이라고 하면서 수신실덕修身實德을 명덕에 포함되도
록 설명하지 않는 것은 문제가 있다고 하였다. 명덕이 심이라면 명덕을
설명하면서 '인지소득호천'人之所得乎天이라 한 곳에 왜 심心이라는 글자
가 보이지 않으며, '인人의 본심本心이 하늘에서 얻은 바'라고 말하지 않
았겠느냐는 것이다.

한편 곽종석은 심心과 덕德이 다르다고 보고, 대개 덕德이라는 것은
만선실득萬善實得의 총칭總稱이며 심心의 허령虛靈, 성性의 인의仁義, 정情
의 애경愛敬, 행行의 충효忠孝, 백체百體의 총명공중聰明恭重 등 중에 덕德
이 아닌 것이 없다고 하였다. 그는 물物, 지知, 의意, 심心, 신身이 모두 명
덕에 속하고 격格, 치致, 성誠, 정正, 수修는 모두 명덕을 밝히는 일이라고
하였다. 명덕을 심心이라고만 이해할 경우, 심心이 바르게 되면(心正) '명
명덕'明明德의 일이 마쳐지게 되어 버려 수신修身은 혹처럼 붙어 있는 것
이 된다는 것이었다. 명덕이란 스스로 도리道理의 실實을 얻은 것을 말
하는 것으로 보아야 하고, 이 명덕에는 심신心身과 성행性行이 포함된다
는 것이 그의 생각이었다. 그러면서 그는 자신이 심心은 명덕이 아니라
고 말하는 것이 아니라, 명덕이 그저 심일 뿐이라고 하는 것은 온당하
지 않다고 하는 것이라고 하였다.[81]

---

78 『俛宇文集』 권28, 書, 答金致受.
79 『俛宇文集』 권28, 書, 答金致受.
80 『俛宇文集』 권28, 書, 答金致受.
81 『俛宇文集』 권28, 書, 答金致受.

이와 같이 이진상 문하의 허유·김진호·곽종석 세 학자는 명덕에 대해 공히 주리主理 중심으로 이해하면서도 서로 다른 견해를 가졌다. 허유는 명덕을 의리義理의 심心으로, 김진호는 천리天理로, 곽종석은 도리道理로 파악하였다. 허유와 김진호가 의리의 심을 강조하여 이 의리의 심은 사람만이 갖고 있고 물物에게는 없기 때문에 사람과 물의 구별을 엄격하게 해야 한다고 생각한 반면, 곽종석은 물物도 의리의 심이 있으나 그것이 온전하지는 못하다고 보았다. 또한 곽종석은 명덕을 단지 심心이라고 보는 것을 반대하고 그 외면을 크게 넓혀, 도리道理의 실實로 보는 한편 심心·신身·성性·행行을 모두 포함하여 이해하였다.

한편 김진호는 이진상으로부터 지경知敬에 대해 가르침을 받았다. 그가 지知와 경敬이 어떻게 수水와 화火에 속하는가에 대해 질문하자, 이진상은 '지知는 지智의 용用인데 수水의 신神이 지智가 되고, 경敬은 예禮의 용用인데 화火의 신神이 예禮가 된다'는 것으로 대답의 실마리를 열었다. 예지禮智라고 말하지 않고 지경知敬이라고 말하는 것은 이것이 심학心學의 요체要諦가 되기 때문이라는 것이었다. 그는 심心은 곧 수화水火가 교제交濟하는 곳이고 그 본체本體는 성性이니, 인의仁義는 인도人道의 주主가 되어 정해진 이름이 있는 반면 예지禮智는 수화水火의 신神이 되어 묘용妙用을 행行한다고 보았다. 그러므로 지知가 일심一心의 총통總統이 되어 물物에 부딪히면 문득 깨달음의 현상이 생기니 지知라는 것은 수水를 행하는 바이고, 경敬은 일심一心의 주재主宰가 되어 때때로 살피지 않음이 없으니 경敬이라는 것은 화火를 단속하는 바라고 하였다.[82]

이진상이 이와 같이 해석했다면, 김진호는 지知와 경敬에 대해 지智와 지知, 예禮와 경敬의 관계에서 이해하기보다 역학易學에 근거하여 지知와

---

[82] 『寒洲文集』 권17, 書, 答金致受問目 戊寅.

경敬을 심心 개념 속에서 논의하면서, 우선 경敬이라는 것은 일심一心의 주主이고 만사萬事의 본本이며, 지知라는 것은 심心이 중리衆理를 묘妙하게 하고 만물萬物을 주재主宰하는 바라고 하였다.

김진호는 심心의 체용體用으로 논하면 경敬이 심心의 체體가 되고 지知가 심心의 용用이 되며, 심心의 동정動靜으로 말하면 지知가 심心의 동動이고 경敬이 심心의 정靜이 되니 태극太極에 음양陰陽이 있는 것과 같다고 하였다. 여기서 그는 인례仁禮를 지知와, 그리고 지의智義를 경敬과 관련시켜 설명하였다. 그 이유는 인례仁禮는 체體로 비록 경敬에 근본을 두기는 하지만 시작은 동動의 단端이므로 지知에 속하고, 지의智義는 용用으로 비록 지知에 행行하지만 마침은 정靜의 질質이므로 경敬에 속한다고 보았기 때문이다. 그는 이러한 주장의 근거로 태극오행太極五行의 화권火圈이 양동陽動에 속하고 수권水圈이 음정陰靜에 속한다는 사실을 제시하였다.

뿐만 아니라 김진호는 수水와 화火가 서로 교제交濟하고 감괘坎卦와 이괘离卦가 서로 쓰임이 되는 것에서도 자기 견해의 정당성을 확보하였다.[83] 이러한 김진호의 지知와 경敬에 대한 깊은 탐구는 수水(坎)와 화火(离)가 서로 교제交濟하고 쓰임이 되듯, 치지致知와 지경持敬을 상호 관계 속에서 이해해야 한다는 주장으로 귀결된다.

이와 같이 19세기 강우 학계에는 심즉리心卽理를 주장하는 이학理學이 대두하면서 심心에 대한 학문적 관심이 아주 높아졌는데, 지경知敬에 대한 이진상과 김진호의 학문적 관심과 탐구도 어떻게 하면 심心을 정확하게 이해하여 도덕적 수양과 학문 생활에 응용을 하느냐는 것이었다. 심心과 명덕明德에 대한 김진호의 여러 논설論說은 이진상이 제기한

---

83 『勿川集』 권5, 書, 答郭鳴遠.

심즉리의 명제를 허유, 곽종석 등과 함께 고민하고 해결해 나가는 과정에서 이루어진 것이었다. 김진호는 이진상의 문하에서 이학의 가르침을 받았고, 그 대표적 문인인 허유, 곽종석과의 학문적 토론을 통해 자신의 이학의 내용을 더욱 심화해 나갔다.

김진호는 1908년 2월 20일에 64세를 일기로 작고하였다. 그가 작고하기에 앞서 황매산에는 상고대가 끼어 강우 학자들은 큰 학자를 잃을 불길한 예감이 들었다고 전한다. 평소 그의 문하에서 학업을 익히고 그를 존경했던 유생들은 그가 작고하자 만사輓詞와 제문祭文을 지어 그의 죽음을 애도하고 이학理學의 부진과 점점 기울어져 가는 나라의 운명을 걱정하였다.

5. 맺음말

19세기 강우 지역에서는 박치복·허전·이진상 등이 문학文學, 예학禮學, 이학理學을 강론하여 새로운 학풍을 일으키고 있었다. 그들은 세계 정세에 대한 어느 정도의 지식을 가지고 현실을 바라보고 있었다. 김진호는 이 세 스승을 통해 문학과 예학, 이학을 깊이 공부하였다.

개항 이후 개화開化의 흐름이 점점 확산되어 갔던 시기에 강우 지역에서는 오히려 이학理學에 대한 연구와 강론이 더욱 활발하였다. 당시 조선이 처한 위기를 어떻게 극복할 것인가 하는 과제 앞에서 개화를 통해서 이에 대응하려 한 이들이 있었다면, 강우의 학자들은 그 위기를 이학으로써 극복하려고 하였다.

김진호는 강우 지역의 명가인 상산 김씨商山金氏 집안에서 태어났다. 단성의 상산 김씨는 조선 중기에 김수돈金守敦과 김익돈金益敦이 수천 권의 장서藏書를 마련하였던 집안으로, 그 아들 대에 바로 '팔문장가'八文章家가 배출되어 일약一躍 영남의 문한가文翰家로 떠올랐다. 특히 상산 김씨 가문의 서재인 인지재仁智齋에는 수많은 책이 소장되어 있었다. 이 책들은 변란으로 중간에 흩어져 버리기도 했으나, 19세기 중반 이후 김이표金履杓가 중심이 되어 천여 권의 책을 다시 모아 소장하면서 상산 김씨 가학家學은 다시 일어났고 이후 강우 학계 학술 문화의 중심지로서의 역할을 하게 되었다.

김진호는 인지재에 소장된 수많은 책을 자유롭게 볼 수 있는 교육 환경에서 자라 학자로 대성하였다. 그는 물천서당勿川書堂을 지어 안연顏淵의 사물四勿을 생활의 실천 목표로 정하고, 좌우 협실夾室인 복재復齋와 몽재蒙齋에 거처하며 학문 탐구와 교육에 정열을 쏟았다. 그리고 용문정사龍門精舍에서 만년을 보내면서 이진상이 새롭게 해석한 이학理學의 메아리를 이어 나갔다. 물천서당과 용문정사는 그의 문학과 예학, 그리고 이학을 후진들에게 강론하고 전수하는 연구와 교육의 공간이었다.

김진호는 17세부터 박치복의 문하에서 시문을 배우고 이어 허전의 문하에서 예학을 익혀, 두 학자의 학문을 전수받았다. 그는 스승 박치복이 경영한 백련재百鍊齋에서 70여 명의 강우 학자들과 함께 공부하여 학자로서의 깊이를 다졌다. 그 뒤 그는 이택당을 지어 박치복과 함께 강학 활동을 하였고 특히 박치복이 작고한 이후에는 자신이 이택당을 맡아 후진을 양성하였다.

그런가 하면 김진호는 허전의 문하에서 예학禮學을 배웠다. 그는 허전의 예서禮書인 『사의』士儀를 간행하는 등 강우 지역의 예학 진흥에도 크게 기여하였다. 그는 고금의 여러 예설禮說을 공부하여 몇 가지 예禮에 대해 자신의 견해를 제시하였다. 특히 그는 형제兄弟가 계속하여 왕위王位에 오른 경우 소목昭穆을 나누어 각각 일세一世로 해야 한다고 주장하

                                    제2부 유림의 이학 수호와 변모 양상

였고 양자養子를 위해 3년복을 입어야 한다는 견해를 밝혔다. 이러한 그의 견해는 그가 예를 해석함에 있어 인정人情의 측면보다는 의리義理의 측면을 더 강조하는 경향을 띤 것을 알 수 있게 한다. 그리고 그는 아버지가 장자長子를 위해 참최斬衰 3년복을 입어야 한다고 강하게 주장하였는데 이러한 그의 견해는 예경禮經에 대한 치밀한 분석에서 이루어진 것이었다.

한편 성리설에 있어 김진호는 칠정이발설七情理發說을 주장하였다. 그는 1877년경까지는 사단이발四端理發, 칠정기발설七情氣發說을 지지하였고 칠정이발七情理發을 긍정하지 않았다. 그러다가 그는 이진상의 문하에 나아간 후 칠정이발설을 잘 계승하여, 칠정七情을 사단四端에 대응하여 말하면分開 진실로 기발氣發이라고 말할 수 있지만, 사단과 칠정을 혼륜渾淪하게 말하면 칠정七情도 이발理發이라고 여기게 되었다. 그런가 하면 김진호는 이진상으로부터는 심학心學의 요체要諦인 지경知敬에 대해 가르침을 받아 지知와 경敬의 관계를 역학적易學的으로 더욱 깊이 있게 연구하였다. 김진호가 이진상, 허유, 곽종석 등과 지知와 경敬에 대해 본격적으로 탐구했다는 사실은 그의 학문이 심학心學에 근거하고 있음을 보여 주는 것이고, 당시 강우 학계의 학문이 치지致知와 지경持敬에 핵심을 두고 있었음을 의미한다.

김진호는 명덕明德을 심학心學의 핵심 개념으로 보고 명덕을 심心으로 이해하여 명덕은 이理이지 기氣를 겸한 것이 아니라고 하였다. 명덕에 대한 그의 이러한 견해는, '심과 명덕은 구별되는 것이어서 명덕을 바로 심이라고는 할 수 없으며, 명덕은 도리道理의 실實'이라고 본 곽종석의 생각과는 차이가 있다. 김진호는 심이 이기理氣를 합한 것이라고 말할 수 있지만 이기가 합해진 속에 나아가 바로 그 본체本體를 지적한다면 그것은 이理라고 보았다. 이러한 김진호의 칠정이발七情理發, 명덕明德, 지경

知敬 등에 대한 견해는 이진상이 새롭게 해석하여 제시한 이학理學의 학설을 동문인 허유, 곽종석 등과 함께 계승·발전시켜 나가는 과정에서 이루어 낸 학문적 성과로서, 조선 이학이 발한 마지막 광염光焰이었다.

윤주하의 학문 연원과 사상 경향

1. 머리말

19세기 영남 지역에서는 이황李滉의 이학理學을 철저히 고수하려는 학자들과 이학을 새롭게 해석하려는 학풍이 공존하였다. 이상정李象靖의 학맥을 이은 유치명柳致明과 그 제자들은 대체로 이황의 이학을 그대로 고수하려고 한 반면, 이진상李震相·곽종석郭鍾錫 등 강우江右 학자들은 심즉리설心卽理說과 칠정이발설七情理發說 등 새로운 견해를 제출하였다. 그런가 하면 영남 우도에서는 이학의 홍기와 더불어 허전許傳의 학문 활동으로 근기 지역의 실학實學 학풍이 수용되기 시작하였다. 허전의 실학은 이익李瀷에서 안정복安鼎福·황덕길黃德吉을 거쳐 전해진 예학을 근본으로 한 학문이었다.

윤주하尹冑夏(1846~1906)는 이러한 강우 학계의 이학과 예학을 모두 접하여 자신의 사상을 형성하였다. 그는 처음 장복추張福樞와 허전의 문하에서 공부하였고 이어 이진상의 문하에서는 이학을 공부하였다. 곽종석은 스승 이진상의 이학을 천명闡明하여 전하는 일이 윤주하에게 달려 있다고 생각할 정도로 이진상 문하에서 윤주하의 학문적 위상은 높았다.

윤주하는 평생 『주자대전』과 『주자어류』, 『퇴계집』 등을 깊이 연구하였고 그중 절실한 내용은 베껴서 마음속에 새기는 자료로 삼았다. 윤주하의 학문적 일생에 있어 가장 큰 사상적 업적은 이진상의 이학이 영남 학계에서 이단異端으로 몰리자 이황과 이진상 등의 저술에 대한 실증적이고 합리적인 해석을 통해 그 학문을 적극 수호해 나갔다는 점이다. 그는 이황의 후손인 이만인李晩寅의 이진상 이학에 대한 비판에 대응하여 조목조목 변론을 펴 나갔다. 그는 심心은 이理이고 주재主宰의 능력이 있으며, 따라서 이理는 주재하는 성격이 있다는 주장을 폈다.

이 글에서는 우선 윤주하 가문의 내력을 간략하게 살펴보고, 이어 그의 학문 연원과 이학 이론의 성격을 탐구하여 당시 그가 제시했던 이학의 내용이 어떤 것인가를 알아보고자 한다.[1] 아울러 그가 이진상의 이학을 철저히 고수해 나간 반면, 현실 인식에 있어서는 점차 동문인 곽종석 등과 차별성을 지니게 되었던 점도 새롭게 주목해 보고자 한다.

2. 가문의 내력과 학문 연원

1) 가문의 내력

윤주하는 1846년 음력 4월 8일에 경상도 거창 전촌箭村(살목마을, 지금의

---

1 尹冑夏에 대한 연구로는 劉明鍾의 「尹冑夏의 「反究錄」과 理氣說」(『石堂論叢』 제17집, 동아대학교, 1991)이 있고, 윤주하의 가문과 履歷, 理學을 간략하게 소개한 글로는 강동욱의 「교우 윤주하」 상·하(『慶南日報』 2005년 7월 22일; 8월 5일자 '江右儒脈' 연재 기사)가 있다.

거창군 남하면 양항리)에서 태어나 1906년 12월 12일에 61세로 작고하였다.[2]
그의 선대 중에 윤장尹將은 세조 당시 김종서金宗瑞의 부당婦黨으로 형
제들 대부분이 화를 입어, 합천으로 피하여 살면서 영남과 인연을 맺게
되었다. 윤장은 문과에 합격하여 장령을 지냈고, 그의 아들 윤빈尹玭은
호군을 역임했다. 윤빈의 아들 윤자선尹孜善(華谷)은 생원에 합격하고 현
감을 지냈는데, 처음 거창의 영상瀯上에 터를 잡아 살기 시작하였다.[3]

윤자선의 아들 윤경尹耕은 문과에 합격하여 사간을 지냈는데, 김정金
淨·김안국金安國 등과 합계合啓하여 내수사內需司의 장리長利와 기신재忌
辰齋의 혁파를 청하였다. 그는 기묘사화가 일어나자 마침내 벼슬을 버리
고 생질 박소朴紹와 함께 화양華陽과 홍류紅流, 야천冶川 등지를 소요하
였다. 윤경의 아들 윤삼빙尹三聘은 판관을 지냈고, 윤삼빙의 아들 윤은
신尹殷臣은 참의를 역임했으며, 그의 아들 윤경남尹景男(瀯湖)은 학행이
있있고 일 익찬逸翊贊을 지냈다.

윤주하의 10세조인 윤경남은 임진왜란 때 의병을 일으켰는데, 김성
일金誠一이 조정에 아뢰어 뒤에 대사헌 겸 좨주大司憲兼祭酒에 증직되었
다.[4] 윤경남의 아들 윤사훈尹思勛은 사과司果를 지냈고 정온鄭蘊의 문하
에서 공부하였으며, 그 아들 윤정尹珵은 주부主簿를 지냈다. 윤정의 아
들 윤세해尹世楷는 아들이 없어 동생 윤세강尹世綱의 아들 윤상재尹商宰
로 아들을 삼았다. 그런데 윤상재의 아들 윤빙로尹聘老가 또 아들이 없
어 그 형인 감찰 윤탕로尹湯老의 아들 윤동형尹東炯을 아들로 삼으니, 그
가 곧 윤주하의 고조부이다.[5] 윤탕로는 재종부再從父 윤상거尹商擧를 따

---

2 『俛宇文集』 권151, 墓誌銘, 尹忠汝壙誌 丁未.
3 『膠宇文集』 권19, 行狀, 從曾祖贈敎官月峰公家狀; 行錄, 先考竹石府君行錄.
4 『膠宇文集』 권19, 行狀, 從曾祖贈敎官月峰公家狀; 行錄, 先考竹石府君行錄.
5 『膠宇文集』 권19, 行錄, 先考竹石府君行錄.

라서 1728년 무신년에 이인좌李麟佐·정희량鄭希亮 등이 노론老論 정권을 전복시키기 위해 일어났을 때 이를 평정하기 위해 활동하였고, 사후 감찰에 증직되었다.[6]

윤주하의 증조부 윤목尹楘(壺隱)과 할아버지 윤진옥尹振玉은 덕행과 학문을 중시하였다. 특히 윤진옥은 평생『주역』周易 읽기를 좋아하여 일찍이 말하기를 "『역전』易傳 한 부를 읽으면 사람이 될 수 있고 학문을 할 수 있다"라고 하였다. 그는 매일 밤 단정하게 앉아『주역』계사繫辭를 외웠다. 또한 천문天文, 성수星宿, 상제의절喪祭儀節을 비롯하여 패관잡사稗官雜史, 산천山川, 당론黨論 등에 매우 밝았다. 그는 또 원림園林을 가꾸어 난초蘭草와 국화菊花를 심고 모란牧丹 수십 그루와 작약芍藥을 사이에 심고 전원을 소요하면서 호를 단포丹圃라고 하였다. 그는 천기天機의 얕음이 오로지 기욕嗜欲의 깊음에 말미암는다고 보고 가산家産의 경영에도 힘쓰지 않았다.[7]

윤주하의 아버지는 윤흠도尹欽道(1810~1877)로 자는 주헌周憲, 호는 죽석竹石이다. 9세에『통감』通鑑과『사략』史略을 읽었다고 하는 그는 과거공부를 위한 독서는 오로지 기담奇談과 묘구妙句를 위하여 준비하는 것이지 진실한 공부가 아니라고 보았다. 그는 유학의 도道가 밝혀지지 않고 행해지지 않게 된 것은 우리나라에 맨 처음 과거 시험의 시행을 건의한 쌍기雙冀가 빌미가 되었기 때문이라고 하였다.

윤흠도는 학업의 절차를 정하여 공부하였다. 그는『이정전서』二程全書,『주자대전』朱子大全,『주자어류』朱子語類,『성리대전』性理大全,『퇴계집』退溪集 등의 책을 두루 읽었다. 한 가지 책을 읽을 때는 그 책을 전일하

---

6 『膠宇文集』권19, 行狀, 從曾祖贈敎官月峰公家狀.
7 『膠宇文集』권19, 行錄, 王考丹圃府君行錄.

게 공부하되 다른 책에 대해서는 마음을 두지 않았다.

윤흠도는 장복추張福樞(四未軒)·김운교金澐敎(碧棲)·정진례鄭鎭禮(城南)·박희전朴熙典(西澗)·이원호李遠祜(酉峯)·윤간尹栞(荷潭) 등과 서로 깊이 사귀었고 학문을 토론하였다. 그는 이기理氣를 논하면서 "하서김씨河西金氏(金麟厚)가 이르기를 천지天地 사이에 천리天理가 따로 일물一物이 된다고 하였으니 이것이 하서의 높은 부분이다. 음양陰陽과 도道가 이미 일물一物이 아니라면 천리天理에 대해서도 천지가 이와 같다"라고 하였다.

윤흠도는 사단칠정四端七情에 대해 논하면서, "율곡栗谷(李珥)이 이르기를 '우리 사람의 마음은 모두 기발氣發이다'라고 하였고 또 '기기氣機가 저절로 그렇다'라고 하였으니, 이와 같다면 이理는 사물死物이 되어 천지조화天地造化의 권한이 오로지 기氣로 돌아간다. 무릇 이발기발理發氣發의 설은 퇴도退陶(李滉)가 처음 추만秋巒(鄭之雲)에 의거하여 발표한 것이고, 그 이후에 고봉高峯(奇大升)의 설에 의거하여 개정한 것이 있었으며 고봉이 퇴계설을 따라서 바른 데로 돌아갔다. 가장 한스러운 것은 율곡설이 두 선생의 때에 있지 않았던 것이다"라고 하였다.

한편 윤주하의 생부인 윤문도尹文道는 아버지 윤진옥이 천연두를 피하여 다른 곳에 살고 있었고, 형 윤흠도가 집안 사정에 간여하지 않았기에 두 집안의 농사와 일상의 살림을 두루 관리하였기에 윤진옥은 아들 윤문도에게 "우리 집의 기둥이다"라고 하였다. 윤문도의 부인은 정여창의 후손인 정동직鄭東直의 딸로 자품이 곧고 행실이 착하였고 길쌈에 민첩하고 치산治産을 부지런히 하였다. 윤문도가 항상 종가宗家의 일을 관리하느라 자기 집안일에는 신경을 쓰지 못하자 하동정씨가 몸소 모든 일을 맡아서 했고 길쌈을 하여 살림의 밑천을 마련하였다. 이에 윤진옥은 하동정씨에 대해 "우리 집의 철부哲婦이다"라고 하였다.[8]

2) 생애와 학문 연원

• 생애

윤주하는 다섯 살 때 『소학』小學을 외워 마지막 편까지 한 글자도 틀리지 않았다고 한다.[9] 또 어린 시절에 친구들과 함께 냇가에 놀러 나갔는데 다른 아이들은 죽마竹馬를 타기도 하고 씨름을 하기도 하며 서로 경쟁을 하였으나, 그는 홀로 한곳에 앉아 조약돌을 모아 좌우에 벌여 놓고 말하기를 '제갈량諸葛亮의 팔진도八陣圖다'라 하였다고 한다.[10] 그는 열여덟 살 때 이미 사서四書와 오경五經뿐만 아니라 여러 역사서와 백가서百家書를 통독通讀하여 그 대의大義를 이해하였다.

1864년 윤주하가 서울에 올라가 과거에 응시하고 고향으로 돌아오자 그의 아버지는 "네가 서울에 가서 일찍이 허성재許性齋(許傳) 선생을 뵈었느냐"라고 묻고는 "과거공부는 뜻을 빼앗는 것이다"라 말했는데, 그는 이때부터 과거를 포기하고 예학禮學과 이학理學 공부에 몰두하였다.

윤주하는 1877년 아버지의 상喪을 당하여 상중 예禮를 공부하는 여가에 관혼상제冠婚喪祭의 축사祝詞를 베끼고, 석채례釋采禮, 향음주례鄕飮酒禮, 사상견례士相見禮, 종회의宗會儀 등의 홀기笏記를 붙여서 『찬축고증』贊祝考證이라고 명명하였다. 그는 또 스승 허전이 지은 『사의』士儀를 읽고 『사의요변』士儀要辨을 지었다.

1881년 윤주하는 스승 이진상을 모시고 안의安義의 원학동猿鶴洞을 유람하고 정온鄭蘊이 살았던 모리某里에 가서 묵으며 갈천서당葛川書堂에

---

8 『膠宇文集』 권19, 行錄, 本生父處士府君行錄.

9 河謙鎭이 쓴 윤주하의 행장에는 8세에 『소학』을 읽어 大義를 다 통하였다고 하였다.(『晦峯遺書』 권48, 行狀, 膠宇先生尹公行狀 辛巳) 이하 윤주하의 생애는 河謙鎭이 지은 「膠宇先生尹公行狀」을 중심으로 서술하였다.

10 『晦峯遺書』 권48, 行狀, 膠宇先生尹公行狀 辛巳.

서 향음주례를 행하였다. 1882년 스승 허전을 뵙고 3일을 머무르다가 돌아오는 길에는 호서湖西를 거쳐 계룡산鷄龍山에 올라 신도가新都歌를 짓고 금산錦山에 가서 길재吉再의 백세청풍비百世淸風碑를 감상하였다.

윤주하는 1884년 도산서원陶山書院을 찾아가 이황李滉의 유적지를 들러 보고, 금계金溪의 김흥락金興洛, 유곡酉谷의 권연하權璉夏, 소호蘇湖의 이돈우李敦禹를 두루 방문하였다. 이때 곽종석郭鍾錫이 태백산太白山의 춘양春陽에 은거하여 살았는데 윤주하가 지나가는 길에 들르니 곽종석은 윤주하의 손을 잡고 "남방南方의 학문이 거의 끊어져서 이을 사람이 없으니 그대는 힘쓸지어다"라고 격려하였다.

윤주하는 1887년 금강산金剛山을 유람하기 위해서 지나가는 길에 당시 경기도의 영평永平에 머무르고 있던 김평묵金平黙을 만나 심성心性의 설에 대해서 담론談論을 하였다. 윤주하가 "심心이라는 것은 이理의 주재主宰이고 그 바탕은 기氣이다. 대본大本의 미발未發에 기질성氣質性을 말할 수 없고 성인聖人의 분상分上에도 기질성을 논할 수 없다"라고 하니 김평묵은 "진실로 그렇겠다, 진실로 그렇겠다"라고 인정하였다. 윤주하는 금강산에 들어가 헐성루歇醒樓에 올라 만폭萬瀑, 중향衆香, 천일天一 등 여러 명승지를 구경하고 비로령毘盧嶺을 넘어 구룡폭포九龍瀑布의 장관을 본 뒤 관동팔경關東八景을 두루 구경하였는데 그 일정을 『정력』程曆 1권으로 남겼다.

1894년 이후로 동학도東學徒들이 크게 번성하여 소란하고, 일본 군사가 경복궁을 침입하는 등 나라가 자못 말할 수 없는 지경으로 다사다난하였고 사회가 혼란하였다. 이때에 장복추張福樞·이승희李承熙·이두훈李斗勳 등이 모두 거창에 와서 우거寓居하여 살았는데 윤주하는 날마다 이들과 만나 학문을 토론하였다.

윤주하는 1895년 겨울에 단발령斷髮令이 내리자 동지同志들에게 고하는 글을 지었다. 그는 사람에게 백체百體가 있는데 하나라도 이지러지면 사람이 되지 못하니, 하체下體도 그렇거늘 하물며 두발頭髮로 말하자면 신체의 제일 윗부분에 있는, 가장 중요한 것이라고 하였다. 하늘은 아버지이고 땅은 어머니이니 머리와 머리카락으로써 배태하여 자신을 온전하게 태어나게 했고, 태어나서는 씻어 주고 말려 주었고, 점점 자라면서 상투를 틀고 또 비녀를 꼽게 했으니 머리카락이 매우 중하다는 것이다. 그는 머리털 한 올이 비록 가벼우나 그 의리義理는 태산泰山보다 무겁고, 사는 것이 진실로 바라는 바이지만 사는 것보다 더 심히 바라는 바가 있다면 마침내는 죽는 것뿐이니 차라리 자신의 의리를 지키겠다고 하였다.

윤주하는 1905년에 이른바 '을사보호조약'乙巳保護條約이 이루어졌다는 소식을 듣고 '보호'保護라고 말하는 것은 그 나라가 스스로 자립自立하지 못하고 반드시 다른 외국인이 보호하고 간섭하는 것을 기다린다는 것을 말한다고 하면서, 이것은 천고에 없는 변變이라고 하였다. 그는 군부君父가 욕辱을 받으니 비록 재야의 선비라도 달려가 위문慰問하지 않을 수 없다고 생각하여, 그날로 출발하여 경기도에 이르면 상소를 지어 매국오적賣國五賊을 목을 베고 자신은 광화문 앞에서 머리를 부수어 죽고자 하였다. 그러나 중도에 병이 심하여 집으로 돌아와 1906년 12월 12일에 생을 마감하였다.

• 학문 연원

윤주하는 본래 과거를 통해 벼슬길에 나아가고 싶어했다. 그러나 과거에 실패하고 고향 거창으로 돌아왔을 때 아버지 윤흠도는 그에게 "서울에 허성재許性齋가 계신데 어찌 한번 나아가 절을 드리지 않았는가"라 책하고, 『주자대전』朱子大全의 「채신여절필발」蔡神與絶筆跋을 보여 주면서

　　　　　제2부　유림의 이학 수호와 변모 양상

명리名利가 사람을 죽인다는 것이 허언虛言이 아님을 설명하였다. 또한 공자와 맹자의 정맥正脈을 배우지 않을 수 없다고 하면서, 정호程顥의 「정성서」定性書와 정이程頤의 「안자소호하학론」顏子所好何學論, 장재張載의 「서명」西銘 등의 글을 읽게 하였다. 이때부터 윤주하는 과거科擧의 학을 깨끗하게 여기지 않고, 예학과 이학에 더욱 힘쓰게 되었다.[11]

윤주하는 장복추張福樞·허전許傳·이진상李震相의 문하에 나아가서 공부하였다. 그는 장복추의 문하에서 위기爲己의 학學의 방향에 대해 배웠고, 허전의 문하에서는 예학禮學을 배웠으며, 이진상의 문하에서는 심즉리心卽理의 지결旨訣을 전수받았다.[12]

장복추의 문하에서 윤주하는 명덕明德에 대한 해석에서부터, 진순陳淳이 왜 이理와 기氣를 함께 합쳐져 있는 것으로 이해했는지와 무극이태극無極而太極에서 '이'而 자의 해석에 대한 문제, 그리고 성誠과 경敬의 구분, 호론湖論과 낙론洛論의 심성설心性說 등에 대해 질의를 하고 가르침을 받았다.[13]

허전의 문하에서는 예학과 주자학의 전반에 대해 공부를 하였다. 그는 스승 허전의 『사의』士儀를 읽으면서부터 별안간 스승의 도가 훌륭하다는 것을 깨달아, 그 가르침이 하늘에 북두칠성이 떠 있는 것이나 지남침指南針이 남쪽을 가리키는 것과 같다고 표현하였다.[14] 그는 허전에게 구체적으로 예에 대해 질의를 하여 가르침을 청하였다.

윤주하는 명정銘旌에는 고비考妣(돌아가신 아버지와 어머니) 모두 관향貫鄕

---

11 『膠宇文集』 권19, 行錄, 先考竹石府君行錄.
12 『俛宇文集』 권151, 墓誌銘, 尹忠汝壙誌 丁未; 권146, 祭文, 祭尹忠汝文 丁未. "冷洞闍列, 博學不倦, 朱門尺雪, 集長折衷."
13 『四未軒文集』 권3, 書, 答尹忠汝胃夏.
14 『膠宇文集』 권4, 書, 與李吃窩.

을 쓰는데 함중陷中의 경우 다만 비妣에만 쓰는 것은 무슨 뜻이냐고 스승 허전에게 질의하였다. 이에 대해 허전은 명정銘旌은 표구表柩이므로 고비考妣 모두 관향을 쓰고, 함중陷中에는 다만 부인婦人의 이성異姓을 구별하기 위해 특별히 쓴다고 하였다.

또한 구준丘濬의 『가례의절』家禮儀節에는 소렴小斂 뒤에 배빈拜賓의 절차가 있는데, 그것이 『가례』家禮에는 없고 『사의』士儀에도 빠져 있는 것은 무엇 때문인지도 물었다. 이에 대해 허전은 『가례』를 따라야 한다고 대답하였다.

윤주하는 제주인題主人에게 사례하는 사항의 경우 예에 분명한 조문이 없어 처음으로 제창하여 행하기 어렵다고 한 점에 대해서는 이미 가르침을 받았다고 하면서, 『한강집』寒岡集을 조사해 보니 배빈拜賓에 제주인題主人에 사례하는 예가 본래 『의례』儀禮에서 나왔다고 되어 있는데 『의례』에 이러한 것이 있느냐고 질문하였다. 이에 대해 허전은 주공周公의 때에 제주題主의 예禮가 없었는데, 어찌 빈賓에게 사례하는 예절이 『의례』에 보이겠느냐고 답하였다. 구준丘濬의 『가례의절』家禮儀節에는 비로소 주인主人이 제주자題主者에게 재배再拜하여 사례하고 답배答拜하는 설이 있는데, 김장생의 『의례문해』疑禮問解에서는 행해도 되고 행하지 않아도 된다고 했으므로 『사의』士儀에서는 취하지 않았다고 하였다. 이같이 윤주하는 허전으로부터 예禮의 세세한 절목에 대해 가르침을 받았다.

한편 윤주하는 『과과록』寡寡錄을 편찬하여 때때로 펴 보면서 복습하는 자료로 삼았다. 그는 처음에 스승 허전에게 여러 가르침을 받은 것을 싣고, 다음에 여러 원로 학자들과 강론한 예설禮說과 심성설心性說 등을 수록하였다.[15]

---

15 『膠宇文集』 권3, 書, 上性齋許先生.

윤주하는 스승 허전을 위해 지은 만사輓詞에서 스승이 도도滔滔한 성리聲利의 바다와 시끄러운 도시 속에서도 철석鐵石같은 심장을 지녔고, 새벽에 일찍 일어나 종일 책상에 앉자 독서하고 저술을 하는 모습이었다고 하였다.[16] 그는 이택당麗澤堂을 지었을 때도 스승 허전의 도道가 길이 전해지기를 바랐고,[17] 또 1887년 9월 9일에는 스승의 책을 간행하는 일로 단성丹城의 율곡사栗谷寺에 김인섭金麟燮, 박치복朴致馥 등과 함께 모여 시를 지어 스승을 추념하는 정을 표하기도 하였다.[18]

윤주하는 예禮의 실천과 강학講學을 통해 후학을 가르치는 일도 게을리하지 않았다. 그가 허전의 문하에서 배운 예학禮學은 거창 지역 유가儒家의 일상적 예禮로 정착되었다. 그는 관혼상제冠婚喪祭와 향음주례鄕飮酒禮, 향사례鄕射禮, 향약鄕約, 석채례釋菜禮, 족회族會 등 모든 의식에 대해 홀기笏記를 만들어 자기 가문은 물론 거창 향리鄕里에서 정식程式으로 삼아 시행하게 하였다.[19]

허전의 문하에서 주로 예학禮學을 익힌 반면, 이진상의 문하에서 윤주하는 이학理學을 공부하였다. 그가 스승 이진상에게 천지天地의 심심은 홀지게 이理라고 말할 수 있지만 사람의 마음에 대해서는 홀지게 이理라고 말하는 것이 합당하지 않은 것 같다고 하자, 이진상은 다음과 같이 말하였다.

천지와 사람은 모두 기氣가 쌓여서 형形을 이룬다. 홀지게 이理를 말하

---

16 『性齋文集』附錄 권5, 輓章[門人尹冑夏]; 『膠宇文集』 권1, 詩, 輓性齋許先生.

17 『膠宇文集』 권1, 詩, 次麗澤堂落成韻.

18 『膠宇文集』 권1, 詩, 歲丁亥之重九以性齋庸語刊役事會于丹城栗寺金端溪麟燮朴晚醒致馥諸丈臨別口號.

19 『俛宇文集』 권151, 墓誌銘, 尹忠汝壙誌 丁未.

지만 이理가 어찌 일찍이 기氣를 떠나 있겠는가. 특별히 심心은 주재主宰하는 것이고 주재는 곧 이理이니, 어찌 하늘에 있어서는 홑지게 이理라고 말하고 사람에 있어서는 홑지게 이理라고 말할 수 없겠는가.[20]

윤주하는 스승 이진상의 "특별히 심心은 주재主宰하는 것이고 주재主宰는 곧 이理이다"라는 가르침을 받아들였다. 심은 이理이며 주재主宰하는 것이고, 주재는 이理라는 가르침을 그는 평생 견지하였다.[21]

윤주하는 심心과 이기理氣에 대해 다음과 같이 말하였다.

이理와 기氣가 합쳐져 문득 지각知覺을 할 수 있게 되니 이것은 심心이 이기理氣를 겸하고 있다는 증거이다. 그러나 끝내 이理가 골자骨子가 되고 기氣가 자구資具가 된다. 홑지게 그 자구資具를 지적하고 저 골자骨子를 빠뜨리는 것이 옳은가. 망령된 생각에는, 심心은 기氣를 따라서 이理를 설명하면 되지만 홑지게 기氣를 말하면 안 된다. 이기理氣를 겸한다고 범범하게 말하는 것은 가능하지만, 이기理氣를 겸하는 것이 심신心體에 해당한다고 하면 불가하다.[22]

이러한 윤주하의 견해에 대해 이진상은 논한 것이 정밀하고 절실하여 기쁘다고 하였다. 윤주하는 이理와 기氣가 합해져 문득 능히 지각知覺을 하니 기氣를 따라서 횡설橫說하면 기氣의 영령靈이라고 말해도 안 될

---

20 『寒洲文集』 권18, 書, 答尹忠汝. "天地與人, 俱以積氣而成形, 單言理而理何嘗離氣, 特心是主宰底, 而主宰卽理, 豈有在天則可以單言理, 而在人則不可以單言理乎?"

21 『寒洲文集』 권18, 書, 答尹忠汝.

22 『寒洲文集』 권20, 書, 答尹忠汝別紙. "理與氣合, 便能知覺, 此心兼理氣之證, 然終是理爲骨子而氣爲資具, 單指其資具, 而闕卻那骨子可乎? 妄意心從氣, 說理則可, 而單言氣則不可. 兼理氣, 泛言之則可, 而兼理氣當心體則不可."

것이 없으나 이理를 따라서 직설直說하면 지智의 일일 뿐이라고 하였다. 이진상은 이러한 윤주하의 견해가 지극이 옳다고 하면서 다만 기氣도 이理로 말미암아서 영靈하다고 설명하였다.[23]

윤주하는 1889년 4월에 거창의 심소정心蘇亭에서 이진상이 살아 있을 때부터 시작하였던 회보계會輔契 모임을 가졌다. 이때에 곽종석郭鍾錫·이종기李種杞·이승희李承熙·장석영張錫英·이두훈李斗勳 등 명사名士들이 많이 모여 향음주례鄕飮酒禮를 행하고 「태극도해」太極圖解를 강론하였다.[24] 그리고 이어 5월에 윤주하는 스승 이진상의 고향인 성주의 대포大浦에 머무르면서 허유許愈·이종기·곽종석·장석영 등과 함께 『이학종요』를 교정보고[25] 스승의 은혜에 보답하는 길이 어디에 있는지를 생각하였다.[26] 이진상은 『이학종요』理學綜要를 지어 자신의 이학을 새롭게 천명하였는데, 윤주하에게는 『이학종요』의 내용 중에 잘못된 부분이 있으면 자기가 살아있을 때 교정을 받아 마무리를 하고 싶다고 한 적이 있었다.[27] 윤주하는 스승 이진상의 『이학종요』를 읽고 교감校勘을 하여 어긋나지 않고 의심할 수 없는 책을 만들기를 간절히 바랐다.[28]

윤주하는 이진상의 심설心說에 대해 간명하게 정리하여 설명하였다.

심心이라는 것은 이理의 주재主宰이고 그 자구資具는 기氣이다. 통괄하여 말하면 동정動靜을 갖추고 만화萬化를 꿰뚫은 것, 형기신리形氣神理와 진망사정眞妄邪正이 모두 심이라 말할 수 있는데, 진체묘용眞體妙用과

---

23 『寒洲文集』권18, 書, 答尹忠汝別紙.
24 『俛宇集』4, 俛宇年譜 己丑.
25 『俛宇集』4, 俛宇年譜 己丑.
26 『膠宇文集』권2, 詩, 校理學宗要訖共賦.
27 『寒洲文集』권18, 書, 與尹忠汝.
28 『膠宇文集』권3, 書, 上寒洲李先生.

같은 것은 이 이理의 주재이다. 육경六經에서 말하는 '심'心 자는 대부분 이것을 가리켜서 말한 것이다. 심心이 일신一身의 주재가 되니 주재를 기氣에 속하게 하면 천리天理가 형기形氣로부터 명命을 듣게 되고, 주재主宰가 이기理氣를 합하고 있다고 하면 대본大本이 한결같지 않다. 지각智覺의 체體는 지智의 성性이다. 발하지 아니함(未發)에 지智의 덕德은 전일심專一心이고, 이미 발함已發에 지智의 단端은 묘중정妙衆情이다. 주자가 이른, 심心을 논하면 지智가 큰 것이 된다는 것이 이것이다. 미발未發의 대본大本 위에서는 기질성氣質性을 말할 필요가 없고 성인聖人의 분상分上에 있어서는 기질성氣質性을 논할 수 없다.[29]

윤주하는 이진상의 문하에서 허유·곽종석·이승희 등과 함께 이학을 공부하였고 이진상 사후에는 『이학종요』와 『한주집』의 편찬을 통해 이진상의 이학을 변호하고 지켜 나갔다. 그는 안동 원촌遠村에 사는 이황의 후손 이만인李晩寅이 이진상의 이학에 대해 조목조목 비판하자 이에 대해 반론을 펴는 「반구록」反究錄을 지었다. 그는 강우 지역에서 심즉리心卽理설에 반대하는 여러 학자에 대해서도 변론을 하여 이진상의 이학이 주희와 이황의 이학을 계승하고 있음을 분명히 하였다.

윤주하는 당시 이름난 학자인 허유, 이종기, 김진호, 곽종석 등과 도의道義로 사귀었고, 우뚝한 제자로는 송호언宋鎬彦 등을 두었다. 또한 그는 정내석鄭來錫·권연하權璉夏·김평묵金平默·김흥락金興洛 등을 찾아가

---

29 『膠宇文集』권4, 書, 與金重庵. "心者理之主宰, 而其資具氣也. 大抵統而言之, 該動靜貫萬化, 形氣神理眞妄邪正, 皆可說心, 而若其眞體妙用, 則此理之主宰也. 六經所言心字, 多指此而言. 又曰心爲一身之主宰, 以主宰屬之氣, 則天理聽命於形氣, 以主宰合理氣, 則大本不一, 又曰知覺之體, 智之性也. 未發而智之德專一心, 已發而智之端, 妙衆情, 朱子所謂論心, 則智爲大者是也. 其論性曰未發大本上不須言氣質性, 聖人分上, 無氣質性可論."

강론을 하고 더욱 문견聞見을 넓혀 나갔다.[30] 그는 금강산을 유람하는 길에 이항로李恒老의 제자인 김평묵을 방문하였다. 그는 김평묵에 대해 "청구靑丘의 호걸스런 선비로 사람들은 이화서李華西를 말하네. 보발寶鉢이 어느 곳에 있는지 아는가. 운담雲潭에 추월秋月이 낮게 떴구나"[31]라고 하여 이항로의 심학心學의 적전嫡傳이 김평묵으로 이어졌음을 말하였다. 윤주하는 김평묵을 만나 자신이 허전과 이진상의 제자임을 말하고, 이진상의 심설心說을 소개하였다. 그는 이항로의 『화서아언』華西雅言을 읽고 이진상의 심설이 외롭지 않음을 알았다고 하였다.[32] 김평묵도 이에 호응하여, '지'智 자字가 사덕四德을 포함하며 미발未發은 지智의 덕德이 일심一心에 전일한 상태이고, 이발已發은 지智의 단端이 뭇 정情에 묘하게 작용하는 것이라고 말한 윤주하의 설은 근래의 여러 학자들이 미치지 못한 바이므로 마땅히 깊이 궁구할 필요가 있다고 인정하였다.[33]

윤주하는 항상, 주희朱熹는 공자孔子의 정맥正脈이고 이황李滉은 주희의 적전嫡傳이니 학문을 하면서 두 선생으로 준칙準則을 삼지 아니하면 거짓일 뿐이고 마침내 덕德에 들어갈 수 없다고 하였다. 그리하여 주희의 『주자대전』朱子大全과 『주자어류』朱子語類 중에 학문에 절실하고 긴요한 곳을 뽑아서 『자양거우』紫陽擧隅(『考亭擧隅』)와 『주어사사』朱語事斯라는 책을 편찬하기도 하였고,[34] 또한 『퇴계집』退溪集에서 중요한 글을 가려서 『절요유선』節要類選을 편찬하기도 하였다. 그런가 하면 스승 이진상이 주장한 주리主理의 설을 세상 사람들이 창견創見이라고 의심하자 주희와

---

30 『俛宇文集』 권151, 墓誌銘, 尹忠汝壙誌 丁未.
31 『膠宇文集』 권2, 詩, 輓金重庵平黙五首.
32 『膠宇文集』 권4, 書, 與金重庵.
33 『重菴文集』 권27, 書, 與金允章.
34 『膠宇文集』 권3, 書, 上性齋許先生.

이황의 논지論旨와 부합하지 않는 것이 적다고 하며 「산거한화」山居閑話 · 「간서우기」看書偶記 두 편을 지어 스승의 학설을 밝혀 변론하였다. 제생諸生들에게는 독서讀書에 부지런히 힘쓰기를 바라고 시무時務와 외국서外國書에 뜻을 두지 못하게 하는 스승이었다.

3. 이학의 이론과 수호

1) 이학의 이론

19세기 강우 학계에는 이학理學에 대한 담론이 매우 활발하였다. 윤주하는 세상에 심心을 논하는 자가 많지만 한원진韓元震은 기질氣質을 심체心體에 해당시켰고, 이재李縡는 기氣의 본연本然을 심체에 해당시켰으며, 또 어떤 이는 이기理氣를 합한 것을 심체에 해당시켰고, 또 어떤 이는 흩지게 이理를 지적하여 심체에 해당시키고 있다고 하면서[35] 심의 진체眞體는 곧 주재主宰의 이理라고 여겼다.[36] 그는 심을 이理로 보는 것에 대해 "심心이라는 것은 이理가 모인 곳의 주主이고 심心이라는 것은 이理를 담는 그릇이다"라는 조식曺植의 말을 예로 들기도 하였다.[37]

윤주하는 '성性은 일一인데 본연성本然性과 기질성氣質性이 따로 있는 것'에 대해 설명하기를, 기질氣質 가운데서 미발未發한 것을 가리켜 본연本然의 성性이라고 하니 인의예지仁義禮智의 성性이 그것이고, 외물外物이 그 형形에 감촉되어 마음이 움직이면 이에 기질氣質의 성性이 있다고 하였다. 미발未發의 때에 기질성氣質性이 있느냐의 문제에 대해서는 미발未

---

35 『膠宇文集』 권14, 書, 答宋甥子敬.
36 『膠宇文集』 권14, 書, 答宋甥子敬.
37 『膠宇文集』 권7, 書, 答鄭孔厚.

發에는 기氣가 아직 용사用事하지 않아 대개 본연本然뿐이라고 하였다.[38]

강우 학계에서 이진상이 1861년에 심즉리心卽理설을 제창하자 그 뒤 이황의 심합이기心合理氣의 설을 고수하는 많은 학자들은 우려를 표명하고 반대하였다. 1889년 윤주하는 정지선鄭趾善과 심설心說에 대해 깊이 있게 토론을 하였다.[39] 정지선이 심心의 본체本體는 이기理氣를 합하여 보아야 한다고 한 반면,[40] 이에 대해 윤주하는 심心의 본체本體는 이理라고 하면서 그 근거로 '심성일리'心性一理라는 정자의 말이나 '심心의 주재는 이理인데, 심이라는 것은 천리天理가 사람에게 있는 전체全體이자 태극太極'이라고 한 주희의 말, '심心의 미발未發은 오직 이理일 뿐'이라고 한 이황의 말 등을 예로 들었다.[41]

정지선은 심心의 미발未發을 오로지 이理로 말하는 것은 경전에서 명확한 근거를 찾기 어려우며, 이황의 설로 보더라도 미발未發에는 이기理氣가 합쳐져 있다고 하였다. 이에 대해 윤수하는 이황이 「심통성성노」心統性情圖의 머리에 특별히 '합이기'合理氣 세 글자를 써 놓은 것은 전체全體를 말한 것이고, 중도中圖의 미발권未發圈 안에 특별히 '인의예지仁義禮智, 허령지각虛靈知覺'이라 쓰고 그 곁에 '기질 중氣質中에 나아가 본연성本然性을 지적한다'고 했는데 본연성本然性도 기氣를 겸한 것을 이르는 것이냐고 물었다. 그리고 '기질 중에 나아가 본연성本然性을 지적한다'고 한 것은 '심心의 미발未發에는 오직 이理일 뿐'이라는 가르침과 부합한다고 하였다.[42]

---

38 『晦峯遺書』 권48, 行狀, 膠宇先生尹公行狀 辛巳.
39 『膠宇文集』 권4, 書, 與許后山 己丑.
40 『膠宇文集』 권6, 書, 答鄭若中.
41 『膠宇文集』 권6, 書, 答鄭若中.
42 『膠宇文集』 권6, 書, 答鄭若中.

그런데 미발未發의 때에도 기질성氣質性이 있다고 주장하는 학자들은 이황의 「심통성정도」心統性情圖 하도下圖에서 권권圈 안에 '성'性 자字를 쓰고, '인의예지仁義禮智, 청탁수박淸濁粹駁'으로 위아래를 대치시킨 뒤 본연本然과 기질氣質은 전도顚倒시키어 그 안쪽을 향하여 쓰고 그 권권圈의 아래에 특별히 '발위'發爲 두 글자를 썼으니 이것이 곧 미발의 때에 또한 기질성氣質性이 있다는 분명한 증거라고 제시하였다. 이에 대해 윤주하는 이 도圖는 곧 심도心圖이지 성도性圖가 아니라고 반박하였다. 그는 성性으로 말하자면 미발未發의 때에는 요순堯舜과 길 가는 사람이 똑같은 사람이고 다만 본연本然뿐이며, 심心으로써 말하면 중인衆人은 사려思慮의 발發함이 없을 때에도 또한 혼매昏昧한 시절이 있으니 이것은 기질氣質이 섞인 바라고 하였다. 그러므로 심권心圈의 안에 특별히 이같이 채워서 써넣었을 뿐이라는 것이다.[43]

한편 이종기는 심心의 체단體段(본체)은 이기理氣를 겸하고 있고,[44] 기氣의 정상精爽도 이기理氣를 겸兼한 것으로 이理를 주主로 말한다[45]고 하였다. 이에 대해 윤주하는 심心이 이기理氣를 겸한다는 설이 있으나 지금 오로지 본체本體를 거론하면서 특별히 이기理氣를 겸한다고 이른다면 크게 문제가 있다고 하였다. 대개, 심心의 체體는 성性이고 용用은 정情이고 그 주재主宰는 이理이고 그 자구資具는 기氣라는 것이었다. 즉 이理를 주로 하여 말하면 진체眞體의 성性과 묘용妙用의 정情 중에 이理가 아닌 것이 없으나 이理는 형形으로 볼 수 없기 때문에 자구資具의 기氣로부터 그 주재의 이理를 볼 수 있다는 것이었다. 그러므로 혹 기氣로부터 이理를 합하여 설명하는 자도 있으니 이른바 기氣의 정상精爽이

---

43 『晦峯遺書』 권48, 行狀, 膠宇先生尹公行狀 辛巳.
44 『晚求集』 권4, 書, 答尹忠汝冑夏 心說箚疑.
45 『晚求集』 續集 권3, 書, 答尹忠汝冑夏.

라는 것이 이것이라고 하였다. 윤주하의 생각에 이리理는 진실로 주재지 각主宰知覺이 있으나 기氣가 아니면 의뢰할 바가 없기 때문에, 반드시 기氣를 기다린 후에 바야흐로 주재지각主宰知覺이라고 할 수가 있는 것이었다. 따라서 지각知覺의 본체本體는 곧 이리理이니 바탕을 아울러서 본체本體라고 이르지는 않는다고 하였다.[46]

윤주하는 대개 성性의 인의예지仁義禮智 중에서 심心이 아닌 것이 없는데 심心을 주로 말하게 되면 예지禮智가 중한 것이 되고 예지禮智 중에서는 지智가 또한 가장 중요한 소재素材가 된다고 하였다. 그는 지智의 경우 성性을 묘妙하게 하고 정情을 묘하게 하는 이리理가 있다고 하였다.[47]

19세기 당시 강우 학계에는 지知와 경敬에 대해 특히 주목하는 학문 경향이 있었다. 이진상은 당시 학문을 논하는 자들이 지智를 떠나서 지知를 논하고 예禮를 떠나서 경敬을 말하고 있다고 하면서 지知와 경敬에 대해 힘껏 설명하였다.[48] 스승을 이어 윤주하는 '존심'存心의 '존'存은 경敬에 속하고 '구방심'求放心의 '구'求는 지知에 속한다고 보았고,[49] 경敬은 일심一心의 주재主宰이고 학문의 제일공부라고 생각하였다. 그는 미발未發 때의 조존操存과 이발已發 때의 성찰省察 공부에 있어 학자가 잠시라도 경敬 공부가 없을 수 없다고 하였다. 지知와 경敬의 공부를 중시하면서 거경居敬을 하고 치지致知를 하지 않으면 사물이 올 때 의義와 이利, 공公과 사私의 구분이 없을 것이고, 치지致知를 하고 거경을 하지 않으면 비록 혹 억지로 적중하게 되더라도 허세와 교만이 생기고 급박하게 되어 쉽게 천착하는 데로 흐를 것이라고 하였다. 그는 반드시 거경을 통해 근

---

46 『膠宇文集』 권5, 書, 答李器汝.
47 『膠宇文集』 권4, 書, 答郭鳴遠.
48 『后山文集』 권5, 書, 答尹忠汝 辛巳.
49 『寒洲文集』 권18, 書, 答尹忠汝 別紙.

본을 세우고 궁리를 통해 지식을 진보시켜야 한다고 생각하였다. 그러면서도 경敬이 지知보다 더 중하고 앞서는 것이라고 보았다.[50]

한편 허유는 경敬과 지知에 대해서 설명하면서 경敬 한 글자는 정이程頤와 주희朱熹뿐만 아니라 우리나라의 선배 학자들이 모두 말했지만, 오직 지知의 묘妙함은 이진상이 더욱 힘주어 설명한 것이라고 강조하였다. 또한 심心은 곧 성性인데 성性은 실實이라 하고 심心은 영靈이라고 한다고 하면서, 성性을 논하면 인의仁義가 큰 것이 되고 심心을 논하면 지경知敬이 중重한 것이 된다고 하였다. 그 이유는 수화水火는 체體가 허虛하나 변變하고 합合하는 것이 극진하고, 금목金木은 체體가 확실하나 변하고 합하는 것이 극진하지 않기 때문이라고 설명하였다.[51]

그와 비교해 윤주하는 성性의 태극太極은 인仁이고 심心의 태극은 지知라고 하였다. 대개 사덕四德 가운데 성性이 아닌 것이 없지만 인仁만으로도 말할 수 있고, 심心이 아닌 것이 없지만 지智만으로도 말할 수 있다는 것이었다. 그는 이렇게 이해하면 심心과 성性의 나뉨과 합함의 묘妙함과 심心이 성性을 주재하는 의미를 설명할 수가 있다고 하였다.[52] 그리고 지智의 덕德은 일심一心을 오로지하여 지각知覺이 생기는 것이고, 예禮의 덕은 일심一心을 오로지하여 주재主宰가 생기는 것이라고 설명하였다.[53]

한편 당시 강우 학계에서는 미발未發 이전의 기질성氣質性 유무有無라는 문제가 큰 쟁점으로 떠올랐다.[54] 곽종석·김인섭·장석영 등은 모두

---

50 『膠宇文集』 권4, 書, 與許后山.
51 『后山文集』 권5, 書, 答尹忠汝.
52 『膠宇文集』 권4, 書, 答郭鳴遠.
53 『膠宇文集』 권4, 書, 答郭鳴遠.
54 『膠宇文集』 권8, 書, 答張舜華.

미발의 전前에도 기질성氣質性이 있다고 주장하였다.[55]

이에 대해 윤주하는 대개 기질성氣質性은 치우침이 있으나 본연성本然性은 순정純正하며, 기질성은 불선不善이 있으나 본연성은 불선이 없고, 이리가 기기氣에 떨어지지 않으면 성性이라고 이르지 못하니 이미 기기氣에 떨어지면 순정하고 또 선善한 것을 볼 수 없다고 하였다. 그는 바야흐로 미발未發에는 기기氣가 용사用事하지 않고 이리理는 스스로 본래의 모습이며, 기가 비록 치우침이 있으나 이는 저절로 바르고, 기는 비록 어두우나 이는 저절로 밝으니, 이것은 이른바 기는 그대로 기이고 성性은 그대로 성이어서 본연本然이 되는 것이라 하였다. 그 발發함에 이르러서는 이리理가 동動하고 기기氣가 따를 때도 있고, 기기氣가 동動하고 이리理가 탈 때도 있어 편전偏全과 선악善惡이 나타나니 이것이 이른바 기질氣質의 성性이라고 하였다. 윤주하는 이것이 자신이 제창한 새로운 견해가 아니라 황간黃榦이 직접 주희朱熹로부터 전수받은 것으로, 『성리대전』性理大全의 '논기질성'論氣質性 조에 실려 있다고 하였다.[56] 그는 대개 기질氣質은 성性이 아니고 기질氣質에 섞인 뒤에 성이 곧 기질氣質의 성性이 되니 미발未發 전에는 기기氣에 섞인 성이 없다고 하였다. 미발에 기질이 없는 것은 아니나 기질은 다만 기질이므로 성性이라고 말할 수는 없을 것이라는 말이었다.[57]

19세기 강우 학계에는 명덕明德에 대한 다양한 해석이 있었다. 윤주하는 장복추張福樞에게 질의하기를, 『대학』의 명명덕明明德에서 원래 기기氣를 설명하지 않았건만 진순陳淳이 '이리理와 기기氣가 합쳐져 허령虛靈한 까

---

55 『膠宇文集』 권4, 書, 答許后山; 권4, 書, 答郭鳴遠; 권7, 書, 答金致受; 권8, 書, 答張舜華錫英.

56 『膠宇文集』 권9, 書, 答金仁淑 相頊.

57 『膠宇文集』 권13, 書, 答洪巨源瀗.

닭에 허령은 심心의 본체本體이고 기氣를 겸하여 말하는 것'이라고 한 것은 무엇 때문이냐고 물었다.

이에 대해 장복추는 『주자어류』에도 "기氣 속에는 저절로 영靈한 물사物事가 있다"라고 했으니 진순이 '허령이 이기理氣를 합하고 있다'고 말한 것은 천고의 정안定案이라고 하였다.[58] 그러나 윤주하는 기氣가 아니면 허령을 지을 수 없으나 만약 허령한 것을 가리켜서 말한다면 이理이지 기氣가 아니라고 하면서, 인심人心의 지각知覺은 허령지각虛靈知覺일 뿐이니 심心의 허령은 요순堯舜도 범인凡人과 같다고 하였다. 또한 혹 태어나면서 문득 악惡이 있게 되는데, 악의 뿌리는 기氣이지만 미발未發에는 기氣가 용사用事하지 않으니 기는 기대로 성性은 성대로이고 허령虛靈의 체體는 본디 그대로이니 이때는 기질성을 논할 수 없을 것 같다고 하였다.

윤주하는 심心의 허령虛靈이 이理인가 기氣인가에 대해, 심이 비록 이기理氣의 합이나 그 실체實體는 이理라고 하였다. 대개 먼저 허령의 이理가 있고, 이가 기와 합해져 문득 능히 허령이 되는 것이니 만약 기氣가 이理를 기다리지 않고 저절로 영靈하다면 이는 혹처럼 붙어있는 물物이어서 귀하다고 할 수 없다고 하였다.

윤주하는 인의예지仁義禮智를 심心에 얻은 것을 명덕明德이라고 하니 명덕은 심心을 주로 말하나 홀지게 심心이라고만 말할 수 없다고 하였다. 명命과 성性과 심心은 다만 일리一理이고, 지적하는 바에 따라 그 이름을 달리한다고 본 것이다. 그는 심과 성은 선후先後를 나누어 논할 수 없다고 하면서, 중리衆理를 갖추고 있는 허령은 성이 되고 만사萬事에 응하는 허령은 정情이 되는데 이것은 이른바 성정性情을 통섭하여 심心이 되는 것이니 명덕明德은 심心을 주로 말하는 것이라고 하였다. 허령의 주

---

58 『四未軒文集』 권3, 書, 答尹忠汝胄夏.

재는 이리理이고 바탕은 기氣이니 홑지게 그 주재를 지적하여 말하면 심
즉리心卽理이고 그 바탕을 지적하여 말하면 이기理氣를 합하여 심心이
된다는 것이었다.[59]

한편 곽종석은 명덕明德을 하나의 '심'心 자로 설명할 수 없다고 보았
다.[60] 그는 덕德이 물物에 있어서는 물의 덕이 되고 지知에 있어서는 지의
덕德이 되고 의意에 있어서는 의의 덕이 되고 심心에 있어서는 심의 덕이
되고 신身에 있어서는 신의 덕이 되므로, 격格·치致·성誠·정正·수修가
고르게 명명덕明明德의 일이 되고, 덕성德性과 덕행德行이 이에 모두 해당
된다고 설명하였다. 다만 그 본체는 다만 인의예지의 성性이므로, 심心
의 본체本體가 곧 명덕明德의 본체本體라고 말할 수는 있어도 만약 명덕明
德이 곧 심心이라고 한다면 아마 미묘한 차이가 없을 수 없을 것이라고
하였다.[61] 윤주하가 "덕德의 밝은 곳이 심心의 본체本體가 아니면 무엇인
가"라고 하자, 곽종석은 "덕德은 밝은 것이 곧 그 본체이고, 그 밝은 곳
은 지知에 있어서는 지가 되고 의意에 있어서는 의가 되고 신身에 있어
서는 신이 되는 것이지 본체本體로써 논하는 것은 마땅하지 않다"고 답
하였다.[62]

그런가 하면 허유許愈는 명덕明德을 사람만이 갖고 있는 의리義理의
심心으로 해석하였다. 그는 의리의 심은 사람에게는 있지만 물物에게는
없으며, 금수禽獸는 다만 성리性理만 있고 심리心理는 없다고 하였다.[63]

---

59 『膠宇文集』 권11, 書, 與金道明鎭學.

60 明德에 대한 郭鍾錫의 견해는 崔錫起, 「俛宇 郭鍾錫의 明德說 論爭―李承熙·許
愈·金鎭祜와의 논쟁을 중심으로」(『南冥學硏究』 27, 경상대학교 남명학연구소,
2009); 권오영, 「19세기의 嶺南 學界와 俛宇 郭鍾錫의 理學」(『南冥學硏究』 28, 경상대
학교 남명학연구소, 2009) 57~61쪽 참조.

61 『俛宇文集』 續集 권2, 書, 答尹忠汝胄夏 丙申.

62 『俛宇文集』 권29, 書, 答尹忠汝 丁酉.

이에 비해 윤주하는 주희朱熹가 천지天地의 마음을 얻으면 이것이 사람에게는 사람의 심心이 되고 물物이 얻으면 물에게는 물의 심心이 되고 금수禽獸와 초목草木이 얻으면 거기서는 금수와 초목의 심心이 되니 이것으로 보면 금수뿐만 아니라 초목 또한 이 이理의 심心이 있다고 하였다.[64] 그러나 허유는 인人과 물物이 성性도 같고 심心도 같다는 윤주하의 견해에 대해, 물物을 사랑하는 것이 비록 넓으나 물物을 거느리고 요순堯舜의 도道에 들어가는 것은 아마 불가능한 일일 것이라고 하였다. 그는 『이학종요』의 안설按說 중에 이진상이 "심心이 같기에 그러하다는 것은 이理이다"라는 주희의 말은 기록의 잘못이라고 했던 것을 상기시키면서, 『이학종요』의 대의大義가 윤주하의 한마디 말 때문에 무너지게 될 것을 우려하였다.[65]

2) 이학의 수호

이진상의 『한주집』寒洲集이 처음 간행되자 이황의 후손인 이만인李晩寅은 이진상의 학설 중에 이황의 학설에 배치된다고 생각하는 여러 조목을 찾아내어 「한주이씨동정설조변」寒洲李氏動靜說條辨을 지어 논박하고 비판하였다.[66] 이에 대해 윤주하는 이진상의 학설을 조목마다 고증하고 변론하여 「반구록」反究錄을 지었다.[67] 한말 영남 학계에서 이진상 문하의 학자

---

63 『膠宇文集』 권4, 書, 答許后山 辛丑.

64 『膠宇文集』 권14, 書, 答宋子參子敬.

65 현재 『理學宗要』의 '大學曰明明德' 부분에 이 조항은 보이지 않는다. 『理學宗要』 권6, 心理之主宰 第四上, 大學曰明明德 참조.

66 『龍山文集』 권5, 雜著, 寒洲李氏動靜說條辨.

67 『膠宇文集』 권16, 雜著, 反究錄. 윤주하가 「反究錄」을 지어 李晩寅의 說을 反駁한 내용에 대해서는 劉明鍾, 「尹冑夏의 「反究錄」과 理氣說 嶺南學界의 마지막 論爭」(『石堂論叢』 제17집, 동아대학교, 1991) 86~90쪽 참조.

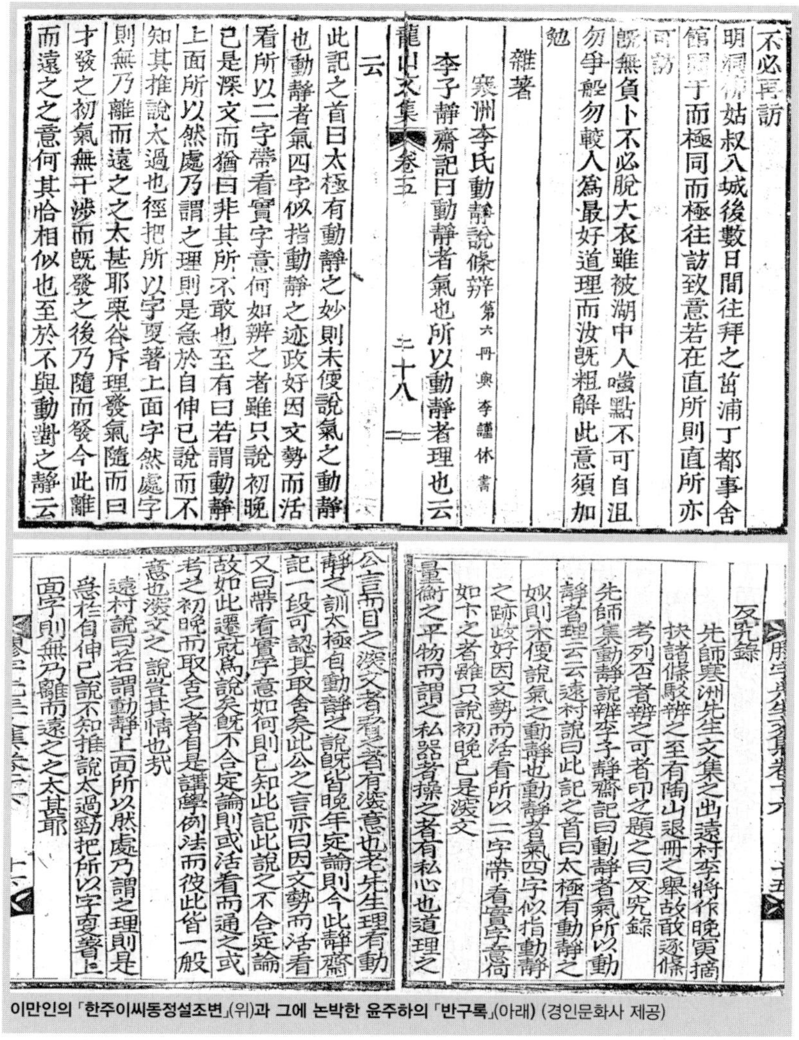

不必再訪
明洞[illegible]姑叔入城後數日間往拜之苗浦丁都事舍
館[illegible]于而極同而極往訪致意若在直所則直所亦
可訪
既無負卜不必脫大衣雖被湖中入嗤點不可自沮
勿爭般勿較人爲最好道理而汝既粗解此意須加
勉

雜著

寒洲李氏動靜說條辨 第六冊與李謹休書

李子靜齋記曰動靜者氣也所以動靜者理也云

龍山文集 卷五 二十八

云
此記之首曰太極有動靜之妙則未便說氣之動靜
也動靜者氣四字似指動靜之迹政好因文勢而活
看所以二字帶看實字意何如辨之者雖只說初晩
已是深文而猶曰非其所不敢也至有曰若謂動靜
上面所以然處乃謂之理則是急於自伸已說而不
知其推說太過也徑把所以字夏著上面字然處字
則無乃離而遠之之太甚耶栗谷斥理發氣隨而曰
才發之初氣無干涉而既發之後乃隨而發今此離
而遠之之意何其恰相似也至於不與動對之靜云

反究錄
先師寒洲先生文集之出遠村李將作晩寅摘
抉諸條駁辨之至有陶山退冊之擧故敢逐條
考列否者辨之可者印之題之曰反究錄
先師集動靜說辨李子靜齋記曰動靜者氣所以動
靜者理云云遠村說曰此記之首曰太極有動靜之
妙則未便說氣之動靜也動靜者氣四字似指動靜
之跡政好因文勢而活看所以二字帶看實字意何
如下之者雖只說初晩已是深文
量衡之平物而謂之私器者操之者有私心也道理之
公言而曰之深文者看之者有深意也老先生理有動
靜之訓太極自動靜之說既皆晩年定論則今此靜齋
記一段可認其取舍矣此公之言亦曰因文勢而活看
又曰帶看實字意如何則已知此記此說之不合定論
故如此遷就爲說矣既不合定論則或活看而通之或
考之初晩而取舍之者自是講學例法而彼此皆一般
意也深文之說豈其情也哉
遠村說曰若謂動靜上面所以然處乃謂之理則是
急於自伸已說不知推說太過徑把所以字夏著上
面字則無乃離而遠之之太甚耶

이만인의 「한주이씨동정설조변」(위)과 그에 논박한 윤주하의 「반구록」(아래) (경인문화사 제공)

들과 이황설의 고수를 주장하는 이들 두 파가 분립하게 되었으니, 영남 학계의 마지막 이기설 논쟁이 바로 이만인의 이진상설 비판과 윤주하의 이진상설 수호이다.[68] 당시 이진상의 아들 이승희李承熙는 도산서원을 상대로 논쟁을 벌인다는 것은 달걀로 바위를 치는 상황이라는 것을 알고 매우 신중하게 접근하였으나, 윤주하의 「반구록」을 읽고 그 변론이 공평하게 반박하는 논리를 얻었다고 생각하여 두려움이 없어졌다고 하였다.[69] 이승희는 또한 「반구록」이 곽종석의 교정을 거쳐 완벽한 글이 되었다고 하면서 그 핵심은 사단四端과 칠정七情의 원위原委 문제와 이理와 기氣의 관계를 남녀男女로 비유한 조항이라고 하였다.[70]

이진상은 이황이 「심통성정도」心統性情圖의 중도中圖에서 정情을 말하면서 이미 사단과 칠정이 모두 본성本性이 발發한 바라고 말하였다고 주장하였다. 이에 대해 이만인은 "중도中圖는 진실로 이理를 주로 말했지만, 곧 이理와 기氣가 합해진 가운데서 선善과 악惡의 기幾(기미)에 나아가 선善 한쪽을 말한 것이다"라고 하였다. 이진상은 "퇴계退溪가 일찍이 이기理氣를 겸한 것으로 심心을 말했으나 곧바로 심心의 미발未發에는 기氣가 용사用事하지 않고 오직 이理뿐이라고 하였으니, 심心의 대본大本이 돌아보면 이理에 있지 아니한가"라고 하였다. 이러한 이진상의 견해에 대해 이만인은 "노선생老先生(이황)의 합이기合理氣론은 「심통성정도」에 드러나 있는데 그림은 무진년(1568)에 이루어졌고, '미발未發에는 오직 이理이다'라는 가르침은 홍인우洪仁祐에게 보낸 편지에 보이는데 이는 계축년(1553)에 이루어진 것으로 합이기合理氣의 논이 오히려 뒤에 이루어졌다고 주장하였다.[71] 윤주하는 다시 이에 대해 이기理氣를 합해서 말한다는 것은 이황의 평소 말이었고, 심心의 미발未發엔 오직 이理일 뿐이라고 한 것은 이황이 제시한 주리主理의 핵심이라고 변론하였다.[72]

---

68 劉明鍾, 「尹冑夏의 「反究錄」과 理氣說 嶺南學界의 마지막 論爭」(『石堂論叢』 제17집, 동아대학교, 1991) 96쪽 참조.

69 『韓溪遺稿』2, 書, 答尹忠汝 戊戌.

70 『韓溪遺稿』2, 書, 答尹忠汝.

71 『膠宇文集』 권16, 雜著, 反究錄.

72 『膠宇文集』 권16, 雜著, 反究錄.

19세기 강우 학계에는 이진상에 의해 칠정이발설七情理發說이 제기되었고[73] 윤주하 역시 칠정七情도 이발理發이 있다고 주장하면서, 그것은 다름 아니라 인의예지仁義禮智의 발發이라고 하였다.[74] 윤주하는 순舜과 문왕文王의 희로喜怒가 비록 칠정의 명목이나, 이발理發이고 사단四端과 같은 것이라고 하였다. 칠정의 이발理發과 사단四端의 이발은 그 발출發出의 묘맥苗脈이 다르지 않고, 만약 형기形氣의 사私에서 생기면 기발氣發일 뿐이니 이발理發이라고 말할 수 없다는 것이었다. 성명性命의 바름에 근원을 두고 있다면 바로 이발理發이고, 사단四端과 더불어 다름이 없다고 하였다.[75] 이승희도 사단과 칠정은 이理가 기氣를 타고서 발한다는 점에서 한가지라고 하였다. 사단은 이理가 감感하여 기氣가 순응하는 것인데 이理가 주主가 되기에 세勢도 중重한 것이지만, 칠정은 이理가 기氣로 인하여 감感하여 순응하니, 주재하는 것은 이理이나 기氣의 세勢가 도리어 중한 것이라 하였다.[76]

한편 이만인은 "노선생老先生의 책을 보면 '심心은 이기理氣를 합하고 있는데, 본체를 따져 보면 심心 또한 선善이 있고 악惡이 없다고 한다'라고 하였으니 이것은 이기理氣를 합한 가운데에 나아가 그 기氣가 용사用事하지 않을 때를 말한 것이지 기氣가 없다는 것을 말한 것은 아니다"라고 하였다. 그런데도 이진상은 '본래 기氣가 없다고 말했다'라고 이해하였으니 잘못이라는 것이 그의 주장이었다.[77] 이만인은 '오직 이理뿐이다'(惟理而已)라는 네 글자를 취하여 '심즉리'心卽理의 증거로 삼을 수는 없다

---

73 이진상의 七情理發說에 대해서는 이 책의 제2부 3장 참조.
74 劉明鍾, 「尹冑夏의 「反究錄」과 理氣說 嶺南學界의 마지막 論爭」(『石堂論叢』 제17집, 동아대학교, 1991) 93~94면; 『膠宇文集』 권3, 書, 上四未張先生.
75 『膠宇文集』 권3, 書, 上四未張先生.
76 『韓溪遺稿』 2, 書, 答尹忠汝.
77 『膠宇文集』 권16, 雜著, 反究錄.

고 했으나, 윤주하는 그 네 글자가 본체즉리本體卽理의 증거로 삼기에 문제가 없다고 보았다. 윤주하는 '오직'이라 말하고 '뿐이다'라고 말했으니, 결코 이 부분을 소홀하게 볼 수 없다고 하였다.[78]

일찍이 윤주하는 이진상에게 "심心을 평범하게 말하면 이기理氣를 겸한다고도 말할 수 있지만, 심체心體를 말한다면 이기理氣를 해당시킬 수 없지 않겠습니까"라고 질문하였다. 이에 이진상은 윤주하의 질문이 정밀하고 적절하다고 인정하였다.[79] 이에 대해 이만인은 심체心體에는 비록 기氣가 용사用事하지 않으나 용사하지 않는다고 하여 완전히 기가 없다고 말할 수는 없다고 하였다.[80] 윤주하는 이만인의 설을 반박하여, 심心의 미발未發은 오직 대본大本의 체體를 가리킬 뿐이라고 하면서 그 성誠으로써 말하면 신信의 이理이고, 덕德으로 말하면 인仁의 이이고, 제의制宜로 말하면 의義의 이이고, 주재主宰로 말하면 예禮의 이이고, 지각知覺으로 말하면 지智의 이이니 나누어 보면 이와 같은데, 통괄統括하여 보면 주재와 지각이 중重한 것이 되고 심을 논하면 예와 지가 큰 것이 된다고 하였다. 바야흐로 기氣가 용사用事하지 않을 때는 인의예지仁義禮智의 이理가 저절로 있어 주主가 되니 기氣와는 아무 관계가 없다[81]는 주장이었다.

이진상은 주희가 이理와 기氣가 합쳐져야 문득 지각知覺할 수 있다고 하였으니, 이와 기가 합쳐진다는 것은 이발已發의 즈음에 이가 기를 타고 기가 이를 따라서 서로 합하여 응한다는 것을 말한다고 하였다. 윤주하는 이황이 '사물事物이 겨우 다다르면 문득 지각知覺할 수 있다'고

---

78 『膠宇文集』 권16, 雜著, 反究錄.

79 『膠宇文集』 권16, 雜著, 反究錄.

80 『龍山文集』 권5, 雜著, 寒洲李氏動靜說條辨.

81 『膠宇文集』 권16, 雜著, 反究錄.

하였으니 지각知覺의 체體는 사물이 오는 것을 기다리지 않고 저절로 있는 것이고, 지각知覺이 사물에 응접하는 것이 용用이라고 하였다.

이에 이만인은 "미발未發일 때 용사用事하지 않는 기氣는 이때에 심心의 바깥에 있는가. 이발已發일 때 이理에 가려진 기氣는 이 순간 밖으로부터 불의不意에 쳐들어온 것인가. 노선생老先生의 원서原書에서 먼저 합이기合理氣를 말한 것은 가만히 생각해 보면 아마 본뜻이 이와 같지는 않을 것이다"라고 하였다. 이에 대해 윤주하는 진실로 이황이 심心을 말하면서 '이理와 기氣를 합하고 기氣가 모여 형形을 이루고 이理와 기氣가 합쳐진 연후에 허령지각虛靈知覺의 묘妙가 있다'고 한 부분이 많으나 그 본체本體를 논한 경우는 아니었다고 하였다. 그는 이황의 문집 속에 한마디라도 합이기合理氣에 이른 후에 본체심本體心이라고 한 것이 있느냐고 반문하였다.[82] 윤주하는 이황이 "오직 이理뿐이다"라고 한 것은 본체本體가 깨끗하고도 깨끗하여 다시 다른 물物이 없다는 것을 밝힌 것으로서, 「심통성정도」에서 정복심程復心이 미발未發의 성性이 심心의 체體가 된다고 말한 설을 취하여 제시한 것이니, 이러한 이황의 설은 모두 『주자어류』朱子語類의 여러 설과 부합하여 흠이 없다고 하였다.[83]

윤주하는 미발未發 때에 비록 기氣가 있으나 그 기氣는 본체本體가 아니고 곧 본체의 지반地盤일 뿐이라고 이해하였다. 그는 미발의 체體는 이理이며, '발發함'에 이理와 기氣가 호발互發이라는 지반地盤의 기氣가 있다고 보았다. 그리하여 이황이 호발互發의 뜻을 발명하면서 다만 사람의 일신一身은 이理와 기氣가 합쳐져 태어났다고 말했지, 사람의 일심一心이 이理와 기氣가 합쳐져 체體가 되었다고 말하지 않았다는 데서 그러

---

82 『膠宇文集』 권16, 雜著, 反究錄.
83 『膠宇文集』 권16, 雜著, 反究錄.

한 뜻을 알 수 있다고 하였다.[84] 이진상은 호발互發이라는 것은 각발各發 하지 않는다는 뜻이고 그저 발發한 곳을 보고 입론立論한 것으로, '발 함'의 실마리는 성性이 발하여 정情이 되는 일로一路일 뿐이니 기氣를 섞 어서 말할 수는 없다고 하였다. 윤주하는 그러므로 스승 이진상이 발 하는 곳을 보고 입론立論한 것은 이황의 본의本意에 어긋남이 없다고 주 장하였다.[85]

한편 이진상은 이발理發과 기발氣發을 부모父母와 자녀子女의 관계로 설명하였다. 그는 아들과 딸이 태어남에 어머니의 공이 비교적 드러났 다고 해서 어머니가 낳았다고 이르는 것을 기발氣發의 설에 비유했다. 반면 아들이 아버지를 닮고 아버지를 따르면 아버지가 낳았다고 말하 고, 딸이 어머니를 닮고 어머니를 따르면 어머니가 낳았다고 말하는 것 은 이발기발理發氣發의 설이라고 하였다. 그런가 하면 태어난 것에 대해 반드시 아버지가 낳았다고 하고, 그 성姓을 물으면 반드시 아버지의 성姓 을 거론하는 것은 모두 이발理發의 설이라고 하였다. 만일 아들에 대해 서는 꼭 아버지가 낳았다고 말하고 싶고, 딸은 꼭 어머니가 낳았다고 말하고 싶어서 아버지에게 일본一本을 허용하지 않는다면 여기에는 진 실로 근본을 둘로 하는 혐의가 있다고 하였다.

윤주하는 스승 이진상이 "아들이 아버지를 닮은 것을 가리켜서 아버 지가 낳았다고 말하고, 딸이 어머니를 닮은 것을 가리켜서 어머니가 낳 았다고 말하는 것은 대개 어머니에게 의뢰依賴하지 않는 것은 아니나 아버지를 닮았기 때문에 아버지가 낳았다고 말하는 것이며, 비록 아버 지가 낳았으나 어머니를 닮았기 때문에 어머니가 낳았다고 말하는 것"

---

84 『膠宇文集』 권16, 雜著, 反究錄.
85 『膠宇文集』 권16, 雜著, 反究錄.

이니 이것은 곧 건도乾道가 아들을 이루고 곤도坤道가 딸을 이룬다는 뜻
으로 주희와 이황의 이발기발理發氣發의 설을 밝힌 것이라고 하였다.[86]

또한 윤주하는, 자식이 태어났을 때 반드시 아버지가 낳았고 아버지
의 성姓을 받았다고 일컫는다는 이진상의 비유는 일본一本의 뜻을 밝힌
것이라고 설명하였다. 반면 아들은 아버지가 낳았다고 반드시 말하고
싶어하고, 딸은 어머니가 낳았다고 반드시 말하고 싶어하는 것은 아버
지에게 일본一本을 허용하지 않는 것이니 이것은 본체本體에 이기理氣를
합한 것을 가리킨 논論이라고 비판하였다.

사실 이진상이 이발기발을 부모와 자녀 관계에서 설명한 것은 심합
이기心合理氣를 주장하는 학자들로부터 비판의 근거가 될 수 있다. 허
훈許薰은 일찍이 '심즉리'心卽理라는 말과 '심주리'心主理라는 말은 서로 다
르다고 하면서, '심주리'心主理라는 말은 비유하면 나라는 임금을 주로
하고 집안은 남편을 주로 한다는 것이지만, '심즉리'心卽理라고 하는 것
은 나라를 임금이라 부르고 집안을 남편이라 부르는 꼴이라고 하였다.
그는 나라를 임금이라 부르면 신하도 또한 그 속에 포함되니 임금과 신
하 간에 도리어 구분이 없어지고, 집안을 남편이라 부르면 아내도 또한
그 속에 끼어들어 가게 되니 부부에 대해 도리어 분별이 없게 된다고
하여, 심즉리설의 문제점을 지적하였다.[87] 아마 심합이기心合理氣를 주장
한 이만인도 이진상이 "태어난 것에 대해 반드시 아버지가 낳았고 반드
시 아버지의 성姓을 받았다고 말하는 것은 일본一本의 뜻을 밝힌 것이
라고 한 것"에 대해 허훈의 견해와 같은 선상에서 이해하고 비판했다고
할 수 있을 것이다. 그러나 이진상과 윤주하는 이발기발理發氣發, 기발氣

---

86 『膠宇文集』 권16, 雜著, 反究錄.
87 『舫山集』 권11, 雜著, 心說.

發, 이발理發을 모두 부모와 자녀 관계의 비유로 설명하면서, 특히 이발理發이 일본一本의 뜻을 밝힌 것임을 강조하여 천명하고자 하였다.

4. 현실 인식

윤주하의 현실 인식은 당대 그 어느 누구보다 이학理學에 철저한 토대를 두고 있었다. 그는 19세기에 강우 지역에서 활동한 학자로서 조선 전기 강우 지역의 선배 학자인 정여창鄭汝昌과 조식曺植의 사상적 전통을 잇고 있었다. 그는 우선 함양咸陽의 유종儒宗인 정여창이 『중용』中庸 수장首章의 주注에서 "기氣로써 형形을 이루었고 이理 또한 부여되었다"는 말에 대해, "천하에 어찌 이理에 앞서는 기氣가 있는가"라고 하여 이理 중심의 이해에 대해서도 독자적인 새로운 해석을 하였다. 윤주하는 '기氣로써[以] 형形을 이룬다'고 할 때의 '써 이以' 자가 곧 이理가 주재主宰하는 '천'天이라고 해석하였다. 그리고 '이理 또한 부여되었다'고 할 때의 '이'理 자는 곧 만물이 각각 부여받은 명命으로 이해하였다. 그러면서 『중용』의 첫머리가 '천'天 자로 시작하고 있는데 이 부분은 이理의 두뇌頭腦이니 어찌 기氣가 먼저라고 말할 수 있겠느냐고 하였다.[88] 이같이 윤주하는 철저히 이理 중심의 이학理學을 천명하는 것을 자신의 학문적 사명으로 생각하였다.

윤주하는 조식의 주리적主理的 전통과 경의敬義의 실천 정신에 대해서도 강한 계승 의식을 지니고 있었다. 그는 『남명집』南冥集을 읽고 주리적 견지에서 깊이 공감을 표하였다. 그는 세상에서 입으로만 성리性理를

---

[88] 『晦峯遺書』 권48, 行狀, 膠宇先生尹公行狀 辛巳.

 제2부 유림의 이학 수호와 변모 양상

일삼는 자는 진실로 조식의 죄인罪人이라고 말하기도 하였다.[89] 또한 그
는 자신들이 조식에게서 본받아야할 바는 도학道學이고 출처出處라고
하면서,[90] 근래에 이른바 학자라는 자는 한갓 겉치레만 일삼고 실사實事
가 없어 입으로는 천리天理를 논하면서도 손으로는 물 뿌리고 청소하는
예절을 모르니 마땅히 먼저 이 습관을 쓸어버린 뒤에 비로소 학문적 성
취가 있을 것이라고 하였다.[91]

사실 강우 지역에서 조식의 심학心學 전통은 김우옹金宇顒과 정구鄭逑
를 거쳐 이진상으로 이어져 윤주하에게 전해지고 있었다. 조식의 심학
은 「신명사도」神明舍圖에 드러나 있는데, 그 심학의 핵심은 다시 김우옹
의 「천군전」天君傳으로 전해졌다. 『심경』을 중시한 조식과 이황의 심학은
정구의 『심경발휘』心經發揮로 이어졌다. 뿐만 아니라 조식은 그가 허리에
차고 있던 경敬의 상징인 '성성자'惺惺子를 김우옹에게 전하였다. 이진상
은 정구·김우옹과 동향同鄕인 성주星州에서 태어나 이러한 심학적 학풍
을 수용하면서, 주희와 이황의 학설을 깊이 연구하여 심즉리心卽理설을
제창하였다. 윤주하는 이진상의 문하에 나아가 스승 이진상이 제창한
심즉리설을 철저히 학습하고 심心의 주재主宰와 이理의 주재를 철저히
믿는 주리主理 사상을 형성하였다.

내가 사람을 따라서 단하丹霞의 동洞에서 놀았다. 동洞에는 하나의 큰
바위가 있는데 사람들은 이 바위의 체세體勢가 '왕'王 자와 같다고 말하
며 옛날부터 왕암王巖이라고 일컬어 왔다. 내가 말하였다.
"바위의 이름이 이미 참람하고 또 그릇되었다. 저기 하나의 머릿돌이 왕王

---

89 『膠宇文集』 권16, 雜著, 讀南冥集.
90 『膠宇文集』 권5, 書, 答宋舜元.
91 『膠宇文集』 권8, 書, 答李舜肇鉉中.

자의 위에 있으니 이것은 곧 '주'主 자로, 마땅히 주재主宰로 이름을 지어
야 할 것이다. 바위에도 또한 심心이라는 것이 있을까. 말하노니 천하에
심心이 없는 물物이 없으니 바위에 대해 진실로 지각知覺을 말할 수는
없으나 그 본체本體가 자연自然한 것은 전혀 없다고 말할 수 없다. 저 견
고堅固하고 정개貞介함은 어찌 주재主宰 없이 가능하겠는가. 아! 세상 사
람들은 한갓 바깥의 모습이 왕王 자와 방불한 것을 보고 상면上面이 주
主가 되는 것을 알지 못하니 어찌 형하形下의 심心을 말하고 상면에 주
재主宰가 있음을 알지 못하는 것과 다르겠는가."

사람들이 말하였다.

"아름답도다, 이름이여! 바위의 원통함이 풀어졌도다. 바위가 이로부터
대덕大德과 수도修道 사이에서 나란히 아름다움이 있게 되었도다."

서로 더불어 껄껄 웃고 일절一絶을 읊었다.

심心의 정령이 어느 밤에 떨어져 바위가 되었나	心精何夜賁爲巖,
도덕 있는 남쪽 땅에서 천년을 주재해 왔구나.	主宰千年道德南.
우리들이 공부한 것이 도리어 너에게 부끄러운 것은	吾輩用工還愧汝,
굳고 곧아 이리저리 마음 쓰지 않는 주일主一의	堅貞無貳又無參.[92]
모습이네.	

---

92 『膠宇文集』권1, 詩, 主宰巖 幷小序 在郡北赤霞洞. "余從人遊丹霞之洞, 洞有一座大
巖, 人曰此巖, 體勢類王字, 古稱王巖是也. 余曰巖之稱, 旣僭矣, 又訛矣. 彼一頭石,
當王字之上, 此乃主字也. 其宜名主宰乎. 曰巖亦有心者否? 曰天下無無心之物, 巖固
無知覺可言, 而其本體自然, 則不可道全無也. 彼堅固貞介者, 豈無主宰而然乎? 噫!
世之人徒見外體之彷彿於王, 而不知上面之爲主, 是何異於徒說形下之心, 而不知有
上面主宰乎? 人曰徽哉! 名巖之寃, 伸矣. 巖其自此齊美於大隱修德之間乎. 相與呵
呵賦一絶."

　　　　제2부　유림의 이학 수호와 변모 양상

윤주하는 바위를 바라보면서도 심心의 주재를 생각하였다. 심은 주재의 이름이며 주재 두 글자는 곧 심心의 표덕表德(字)이라고 하였고, '심心이 주재主宰가 된다고 이르고 주재主宰가 이理가 된다'고 한 말은 정이와 주희의 정론正論이라고 하였다.[93] 또한 주재에 기氣가 겸해진다고 하면 기氣가 이理의 자리를 핍박하는 것이니 임금을 핍박하는 신하나 주인을 핍박하는 종과 같다고 보았다.[94] 이같이 심心의 주재에 근거한 이학理學으로 무장한 그는 1895년 단발령斷髮令이 내리자 조선의 유교 문명이 이적夷狄과 금수禽獸의 지경으로 전락했다고 보고 동지同志에게 고하는 글을 지어 결연하게 단발령에 반대하는 의견을 표명하였다. 그는 동지들이 단발을 단호히 거부하고 죽음으로써 머리털을 유지하여, 효자孝子와 충신忠臣이 되어 사람의 도리를 다할 것을 주장하였다.[95]

그런데 19세기 말부터 영남에도 개화開化의 바람이 일기 시작하였다. 윤주하는 재기才器가 약간 있는 자는 모두 신학新學으로 빠져들고 있다고 하면서, 모든 이치를 탐구하는 것이 진실로 불가할 것은 없으나 처음부터 근본 바탕이 없는 자는 신학문의 구덩이에 빠져 들어가 나올 수 없을 것이라고 하였다.[96] 그는 시무학교時務學校라고 이르는 것은 진실로 퇴풍頹風과 패도敗道의 기미라고 보았다. 당대에 관해 조금 형세를 아는 자들이 모두 주장하기를 조선이 베트남이나 유구琉球같이 열강의 침략을 받을 것이어서 장차 화禍를 예측할 수 없으니 시무학교를 통해 화를 완화하고 성명性命을 보존할 수 있다고 말하고 있으나, 이른바 시무時務라는 것은 언어言語, 농상農商, 기계器械에 불과하며 만약 우리 도道로써

---

93 『膠宇文集』 권7, 書, 答鄭孔厚.
94 『膠宇文集』 권7, 書, 答鄭孔厚.
95 『膠宇文集』 권17, 雜著, 告同志文 乙未.
96 『膠宇文集』 권7, 書, 答鄭孔厚.

인도하여 나가면 우리의 도가 회복될 것이라고 그는 생각하였다.[97] 또한 그는 벼슬한 자는 나라를 위해 순국殉國할 수 있어야 하고 아직 벼슬하지 않는 자는 도道를 위해 목숨을 바칠 수 있어야 한다고 여겼다.[98]

윤주하는 1903년 벼슬에 임명된 곽종석에게 단발령에 대한 단호한 반대와 의義와 이利의 분간, 사邪와 정正의 분간을 비롯하여 뇌물의 횡행 문제 등에 대해 통절하게 국왕에게 아뢰도록 하고, 경세제민經世濟民의 구체적 방안에 대해서는 스승 이신상의 『묘충록』畝忠錄을 올리는 것이 좋을 것 같다고 제안하였다.[99] 윤주하에게 답한 편지를 보면, 곽종석은 을사늑약乙巳勒約이 이루어지는 시국時局을 지켜보면서 현실을 어떻게 타개해 나가야 할지를 깊이 고민하고 있었다.[100] 이승희도 종사宗社와 토지土地와 인민人民이 일본의 손아귀에 들어간 현실을 개탄하였다. 그는 윤주하에게 비록 재야의 선비이더라도 장차 타고난 신체를 보존할 수 없고 장차 메이지明治의 호적에 편입될 상황이라고 하면서, 오늘날 처의處義를 어떻게 해야 할지를 묻고 있다. 이승희는 곽종석에게도 편지를 보내어 이러한 자신의 의견을 피력하였다. 그는 전국의 선비들이 일제히 소리 높여 대궐에 나아가 울부짖고, 또 일제에 항거하여 한번 변론을 벌여야 한다고 하면서 윤주하가 살고 있는 거창의 사론士論이 어떠한지를 물었다.[101] 이같이 곽종석·윤주하·이승희는 1905년 을사늑약을 전후하여 새로운 구국救國의 방안에 대해 고민하고 있었다.

곽종석은 1905년 1월에 비안현감比安縣監에 임명되었으나 부임하지

---

97 『膠宇文集』 권7, 書, 答鄭孔厚.
98 『膠宇文集』 권9, 書, 答李鵬擧圭翰.
99 『膠宇文集』 권4, 書, 與郭鳴遠 癸卯.
100 『俛宇文集』 續集 권2, 書, 答尹忠汝 甲辰.
101 『韓溪遺稿』 2, 書, 與尹忠汝.

않았다. 그는 윤주하에게 출처出處를 논하는 편지를 보내어 지금 시대에 상인上人은 출사出仕하여 시국時局을 구제해야 하고 하인下人은 재야에 처處하여 스스로 지켜야 하며 중인中人은 상인이 하는 것을 보아서 더불어 힘을 다해야 하는 상황이라고 하였다.[102] 다만 곽종석은 이학理學을 고수하되, 아울러 시무時務를 힘쓰고 신학新學도 배워야 한다고 생각하였다. 이에 윤주하는 1905년경에 곽종석에게 다음과 같이 말하였다.

> 근래에 들리는 말에 영공令公(곽종석)께서 후생 소년들에게 성학性學을 설명하는 것을 싫어하고 시무時務를 이야기하기를 좋아한다고 하며, 편지를 통해서도 혹은 외서外書를 읽기를 권하고 당세의 경륜經綸에 힘쓰라고 한다고 하니 이 때문에 문하에 출입하는 자들 가운데는 개화문자開化文字를 만들어 내는 자가 있고 이국異國의 언어를 배우는 자도 있어서 거짓에 힘쓰는 자가 문하에 나아가고 실심實心을 힘쓰는 자는 의심하여 나아가기를 망설인다고 합니다. 저 바깥에서 근거 없이 떠들어대는 소리야 진실로 들을 것도 못되지만 이것은 아마 모두 까닭이 있을 것이니 어찌 스스로 반성할 데가 아니겠습니까. 무릇 지금 도도滔滔한 무리들이 성학性學은 산림山林의 시세時勢에 어두운 것으로 돌리고 시무時務는 벼슬의 지름길로 아니, 선생장자先生長者께서 비록 그것을 막기를 엄격히 하여 이것이 근본根本이고 저것은 발단末端이며 이것은 마땅히 먼저 해야 하고 저것은 마땅히 뒤에 해야 한다는 것을 밝히더라도 오히려 날로 달로 무너지는 것을 면하지 못할 것인데, 하물며 열어 줌에 있어서는 어떻겠습니까. 그윽이 생각하니 영공令公께서 나라를 근심하고 세상을 염려하는 지극함에서 이따금 이러한 따위의 말씀이 정분情分이

좋은 사이에는 있겠으나, 혹 스스로 하는 일이 무상無狀한 자도 또한 심히 그르게 여기지 않으시고 이 또한 쓰일 곳이 있다고 말씀하시니, 대개는 그렇습니다만 아마 후진後進을 가르치고 풍교風教를 수습하는 바는 아닐 것입니다.[103]

이와 같이 윤주하는 곽종석에게 보낸 편지에서, 곽종석이 후생 소년들에게 성학性學을 설명하는 것을 싫어하고 시무時務를 이야기하는 것을 좋아하며, 제자들에게 보내는 편지에서도 외국 서적을 읽기를 권하고 당세의 경륜經綸에 힘쓰라고 한다는 말이 들리고 있는데 그것이 사실인지를 물었다. 또한 곽종석의 문하에 출입하는 자들 중에 개화문자開化文字를 만들어 내는 자가 있고 외국어를 배우는 자도 있다고 들었다고 하였다. 그는 시무時務가 중요하다고 생각하는 사람들이 성학性學을 시세時勢에 어두운 학문으로 돌리고 시무는 벼슬의 지름길로 알고 있는 풍조에 대해서 곽종석이 나서서 준엄하게 꾸짖고 물리쳐야 하는데 도리어 그 길을 열어 주고 있는 것 같다고 하고 있다. 곽종석은 윤주하의 편지를 받고 다음과 같이 답하였다.

다만 성리性理를 말하는 것을 싫어하고 시무時務를 담론하는 것을 좋아한다는 것은 진실로 사람들이 말하는 것과 같습니다. 근세에 분분하게

---

103 『俛宇文集』권4, 書, 與郭鳴遠. "近聞有云令公於後生少年, 厭說性學, 好談時務, 至於書尺間, 或勸讀外書, 或經綸當世, 是以出入門下者, 做出開化文字者有之, 去學異國言語者有之, 以致門牆之下, 僞冒者日進, 實心者抱疑咨且, 彼外間無根之吠, 固不足採, 而此則恐皆有由矣, 豈非自反處耶? 大抵今滔滔者流, 性學則歸之林下迂怪, 時務則知之仕宦捷徑, 先生長者, 雖嚴其防限, 以明其此本彼末, 此當先而彼當後, 猶不免日塌月壞, 況有以啓之乎? 竊惟令公憂國慮世之至, 往往有此等說於情好間, 其或有自做無狀者, 亦不甚非, 而謂此亦有用處, 大槩則然矣, 恐非所以敎後進而收風敎也."

　　　　제2부　유림의 이학 수호와 변모 양상

성性을 말하고 이理를 말하는 자가 진실로 실득實得이 있어서 실용實用에 베풀 수 있습니까? 이로 말미암아 그 교만하고 자긍하는 습관이 자라고, 꺼리고 이기며 사람을 해치는 마음이 쌓이는 경우가 반을 넘으니 모두 이런 부류의 사람입니다. 어린이가 말을 배워서는 문득 이것을 우선의 일로 삼아 돌아가면서 허풍과 과장을 벌이고 널리 명성과 칭찬을 얻으나, 안으로는 이지러지고 빠지고 하나의 직분職分도 수행하지 못하니 이러고서 학문을 하는 것이 진실로 우리 도道를 버티어 지키고 쓰러지는 물결을 만회할 수 있겠습니까. 하늘이 사람을 낼 때 대개 장차 한 시대의 일로 그 직분職分을 책임지우니, 당세의 사무事務에 어둡고 훈고訓詁의 사이를 찾아 캐내면서 스스로 생각하기를 이같이 해야 영재英材를 성취한다고 하면, 나는 믿지 못하겠습니다. 주周나라에서 사람을 가르칠 때는 덕행예德行藝가 그 실實이 되었고, 호안정胡安定이 열었던 경의재經義齋와 치사재治事齋도 또한 그 뜻을 이은 것입니다. 지금 시대처럼 오로지 이기理氣의 담화談話로써 선비를 만들고 인재를 성취시키는 방법을 삼았다는 말은 아직까지 듣지 못했습니다. 이러므로 종석鍾錫은 후생後生 중에 재국材局이 조금 통通한 자는 우선 대략 외서外書를 섭렵하라고 권하였고 눈앞의 형편과 정상情狀을 보아 응변應變하고 제의制宜하는 대책에 마음을 쓰라고 했을 뿐이니 어찌 사람들로 하여금 관면冠冕을 헐고 머리를 깎고 윤리를 버리고 이교夷敎를 따르게야 했겠습니까. 이른바 개화문자開化文字를 짓게 하고 외국 언어外國言語를 배우게 했다는 것은 누구를 지적하시는 것인지는 모르겠으나, 이른바 성리性理를 말하는 자가 필경은 이러한 무리에게 전도顚倒되어 도리어 한 가지 일도 처리하지 못할 것이기에, 오늘의 학學으로 말미암아 오늘의 시속時俗을 변화시킴이 없으면 장차 인류人類가 도깨비로 변할 것이어서 이적夷狄이나 금수禽獸에 그칠 뿐만이 아닐 것입니다. 비록 외환外患이 없더라도 행

실이 마땅히 저절로 없어질 것입니다.[104]

곽종석은 자기의 마음을 알아주는 벗인 윤주하의 지적을 대부분 사실로 인정하면서 자신의 생각을 솔직하게 표현하였다. 그는 이제 이학理學만으로는 구국救國을 할 수 없다고 생각하였다. 그는 지금 시대처럼 오로지 이기理氣의 담화談話로써 선비를 만들고 인재를 성취시키는 방법을 삼았다는 말은 이제껏 듣지 못했다고 하면서, 이제 개화開化의 수용을 인정하며 "오늘의 학學으로 말미암아 오늘의 시속時俗을 변화시킴이 없으면 장차 인류가 도깨비로 변할 것이어서 이적夷狄이나 금수禽獸에 그칠 뿐만이 아니다"라고 분명히 말하였다. 윤주하는 이학을 더욱 철저히 수호하여 나간 반면, 곽종석은 문인들에게 시무時務를 강조하고 외서外書를 섭렵하게 하고 개화문자開化文字를 짓게 하고 외국 언어外國言語를 익히게 하는 방향으로 나아가고 있었다.

윤주하는 이진상의 이학理學을 수호하는 사명에 힘을 다하였고 신학新學의 수용은 조금도 인정하지 않았다. 그는 스승 이진상에게 "중국中國과 이적夷狄은 사람과 금수禽獸의 큰 분별이고 존화尊華와 양이攘夷를 엄

---

104 『俛宇文集』續集 권2, 書, 答尹忠汝 乙巳. "但厭說性理, 喜談時務, 誠有如人言者. 近世之紛紛然說性說理者, 果眞有實得而可施諸實用者否? 其由此而長其驕傲自矜之習, 蓄其忌克害人之心者, 强半皆此流人也. 黃口學語, 便以此爲先務, 轉相虛夸, 博取聲譽, 而內行虧闕, 一職不修, 此而爲學, 果足以撑持吾道而挽回倒瀾否? 天之生人, 盖將以一世之事, 責其分內也. 苟昧昧乎當世之務, 而沾沾於尋摘訓詁之間, 自以爲如此足以成英材則吾不信也. 成周之敎人也, 德行藝爲其實, 而胡安定之經義治事, 亦其遺意也. 未聞如今時之專以理氣談話, 爲造士成人之方也. 是以鍾對後生之材局稍通者, 輒勸之以畧涉外書, 通目前之形便情狀, 而留心於應變制宜之策而已, 豈欲使人毀冠冕而幻緇剃, 棄彝倫而從夷敎也耶? 所云做出開化文字, 去學外國言語者, 未知所指爲誰, 然所謂說性理者, 畢竟恐不免此輩所顚之倒之而却做一事不辦也. 由今之學而無變今之俗, 則將人類之化爲鬼魅, 不止於夷狄禽獸而已也. 雖無外患, 行當自滅矣."

격히 하는 것은 춘추春秋의 큰 의리義理입니다"라고 말해 지극히 옳다는 인정을 받았고 그 가르침을 평생 지켜 나갔다.[105] 그는 근래의 학자들이 공언空言에나 힘쓰지 그 가운데 실심實心이 있는 자를 보지 못하였다고 비판하면서도, 신학新學은 이利를 중시하여 그것에 힘쓰고 패도覇道를 하는 것에 불과할 뿐이라고 생각하였다.[106]

이렇게 다소 생각은 달랐으나 곽종석은 윤주하가 작고하자 생전에 자신을 사랑하고 걱정해 주던 벗을 잃은 슬픔을 글로 표현하였다. 그가 지은 윤주하의 제문을 보면 그는 갈수록 암담해지는 현실 속에서 자신이 지금 이승에 있는 것이 아니라 환각의 상황에 있다고 여기면서 윤주하의 일생을 그리고 있다.[107]

곽종석이 그린 윤주하는 재야에서 학문 생애를 마쳐 군신君臣의 분의分義는 없었으나 우국상민憂國傷民의 정情은 마음에서 우러나와 얼굴에 나타나는 사람이었다. 단발령이 내리자 윤주하는 자신의 심정을 글로 지어 동지同志에게 보였고 상투를 유지하느냐 단발을 하느냐에 따라 사람과 귀신의 판가름이 난다고 하면서 조선을 침략하는 일본의 죄를 조목조목 열거하여 천하에 포고布告를 하였다고 하였다. 또한 을사늑약이 이루어지자 병든 몸으로도 소疏를 지어 대궐에 나아가 호소할 계획을 하였으나 병이 심하여 중도에 돌아왔던 일도 서술하고 있다.

곽종석은 만년에 윤주하가 자신과는 현실 인식을 달리했지만, 윤주하가 정正을 지키고 사邪를 물리치는 데 엄격하여, 젊은이들이 점점 개화에 물들어 외국어를 배우고 기술을 익히는 것을 보고 매우 미워하였고 힘써 막았음을 특기特記하였다.[108] 곽종석은 명세名世의 이학 종장理學

---

105 『寒洲文集』 권18, 書, 答尹忠汝 別紙.
106 『膠宇文集』 권14, 書, 答宋子參子敬.
107 『俛宇文集』 권146, 祭文, 祭尹忠汝文 丁未; 祭尹忠汝小祥文 戊申.

宗匠이었음에도 불구하고 시무時務의 필요성을 인정하여 그의 문하에 외국 서적을 익히고 외국어도 배우는 인사를 받아들였지만, 윤주하는 허전으로부터 배운 예학의 실천, 그리고 이진상으로부터 전수받은 이학의 탐구와 수호를 위해 평생을 이학자理學者의 삶으로 일관하였다.

5. 맺음말

윤주하는 장복추·허전·이진상의 문하에서 공부하였다. 그는 허전의 문하에서 예학을 공부하여 관혼상제冠婚喪祭와 향음주례鄕飮酒禮, 향사례鄕射禮, 향약鄕約, 석채례釋菜禮, 족회族會 등 거창 지역의 유가儒家에서 일상의 예禮로 활용하게 하였다. 즉 그는 모든 의식의 행사를 위해 홀기笏記를 만들어 자기 가문은 물론 거창 향리鄕里에서 법으로 삼아 시행하게 했다.

윤주하는 19세기 강우 지역 이학理學의 대가로서 스승 이진상의 심즉리心卽理설이 영남 학계에서 이단異端으로 몰리자 「반구록」反究錄을 지어 이진상의 이학을 수호하는 데 가장 앞장서서 활동한 학자였다. 그의 학문적 업적은 스승 이진상의 이학이 주희와 이황의 이학의 핵심을 밝혔다는 사실을 천명한 것이다. 그는 심心이 미발未發한 때에는 오직 이理가 있을 뿐이라고 한 이황의 견해를 주리主理의 핵심이라고 하였다. 그는 미발에 기질氣質이 있는 것은 인정하나 아직 기氣가 작용하지 않기 때문에 기가 없다고 말해도 된다고 보았다. 또한 성性이 기질氣質에 섞인 것을 기질성氣質性이라고 하며, 따라서 기질성은 미발에서는 논할 수 없고

---

108 『俛宇文集』 권151, 墓誌銘, 尹忠汝壙誌 丁未.

　　　　　　　　　　제2부　유림의 이학 수호와 변모 양상

이발已發에서 논할 수 있다고 하였다. 당시 장복추·곽종석 등 여러 학자들은 미발에도 기질성이 있다고 보았으나 윤주하는 이에 반대하고 독자적인 학설을 주장하였던 것이다.

윤주하는 성性의 인의예지仁義禮智 가운데서 심心이 아닌 것이 없는데 심을 주로 말하면 예지禮智가 중한 것이 되고 예지 중에는 지智가 중요하다고 하였다. 그는 지智가 성性을 묘妙하게 하고 정情을 묘하게 하는 이理이며, 지智의 덕德으로부터 일심一心을 오로지하여 지각知覺이 생기고, 예禮의 덕으로부터 일심一心을 오로지하여 주재主宰가 생긴다고 보았다.

윤주하는 이학理學에 철저했던 학자로 평생 스승 이진상의 심즉리설을 수호하는 데 정력精力을 다 쏟았다. 그는 심心의 주재主宰를 인정하여 주재는 이理라고 하였고, 자신이 처한 어려운 시대를 극복하기 위해서는 심즉리와 주재의 이理가 더욱 천명될 필요가 있다고 생각하였다. 그는 주재에 기氣가 겸해진다고 하면 기氣가 이理의 자리를 핍박하여 마치 임금을 핍박하는 신하나 주인을 핍박하는 종과 다를 것이 없다고 이해하였다.

윤주하는 현실 인식에 있어서 벼슬한 자는 나라를 위해 순국殉國할 수 있어야 하고 벼슬하지 않는 자는 도道에 순국할 수 있어야 한다고 생각하였다. 그는 동갑이며 동문으로 가장 절친한 벗이었던 곽종석이 제자들에게 시무時務에 힘쓰게 하고, 외국 서적과 외국어를 익히거나 개화문자開化文字를 공부하는 것을 인정한다는 말을 듣고 비판적인 편지를 보내었다. 그리하여 그는 곽종석으로부터 시무 개화時務開化의 필요성을 역설力說하는 답장을 받기도 했다. 그러나 윤주하는 어려운 시국을 극복하기 위해서는 이학을 더욱더 철저히 연구하고 수호해야 한다는 생각을 지니고 평생을 이학의 탐구에 학문적 신념을 바친 학자였다.

19세기 영남 학계와 곽종석의 이학

1. 머리말

19세기 영남 학계는 이학理學에 대한 강론講論이 오히려 더욱 활발해졌다. 유치명柳致明은 1846년(헌종 12)과 1856년(철종 7)에 고산정사高山精舍(高山書院)와 호계서원虎溪書院에서 수백 명의 유생이 참여하는 강회講會를 주도하였고, 1850년(철종 1)에 이한응李漢膺은 오산당吾山堂(淸凉精舍)에서 600여 명이 참여한 대규모 강회를 개최하여 이학에 관련된 주요 서적과 개념에 대해 강론하였다. 그런데 당시 이러한 이학의 풍미는 비단 영남만의 일이 아니었다. 경기도의 이항로李恒老, 호남의 기정진奇正鎭도 당시 주리 중심의 이학을 제창하고 보급하였다. 이같이 19세기의 대표적인 성리학자들은 급속하게 해체되어 가는 사회질서를 회복하고 이학을 통해 서구 문명의 도전에 대응하려고 하였다.

19세기 영남 학계의 이학 학풍은 이황의 이학을 계승하고 심화하는 과정에서 형성된 것이었으나 이학도 이제 그 시대의 역사적 상황에 대응하기 위해 다시 이론을 세우지 않을 수 없었다. 그래서 이 시기를 살았던 영남의 이학자들은 그 어느 시기보다 더 치열한 이론 탐구를 행하고 실천적 삶을 살았던 것이다. 그 중심에 서서 새로운 학설을 제기하고 이를 수호하여 발전시킨 학자가 바로 이진상과 곽종석郭鍾錫(1846~1919)이다. 이진상과 곽종석은 심합이기心合理氣를 철칙으로 삼아 온 영남 학계에 심즉리心卽理설을 과감하게 제출하여, 먼저 기호의 심즉기心卽氣설을 비판하고 아울러 영남 이학을 발전시켜 기학氣學과 양학洋學을 극복하는 이론으로 굳건하게 세우려고 하였다.

이 글에서는 우선 19세기 영남 학계의 이학을 형성하고 있었던 몇몇 학자의 학설을 간략하게 검토하고자 한다. 전통적인 심합이기설을 지키려 한 김인섭金麟燮·허훈許薰·이종기李種杞 등과, 심즉리설을 제창하여 이에 비판적 견해를 제시한 이진상·곽종석의 사상에 대해 알아보고자 한다. 이어 곽종석의 이학과, 이진상이 제창한 심즉리설을 변호한 그의 논의 내용에 관해 검토하고, 그 이학이 지닌 사상사적 의미를 알아보고자 한다.

2. 19세기 영남 학계의 이학

16세기에 주자학을 깊이 탐구하여 새롭게 체계를 세운 이황의 이학은 18세기에 이르러 '소퇴계'小退溪로 불린 이상정李象靖에 의해 다시 천명되었다. 이상정은 이황의 이학을 체계적으로 정리하여 소개하였다. 그의 문하에서 배출된 많은 학자들은 이상정이 생전에 학문 생활을 했던 고산정사高山精舍를 중심으로 학문 활동을 하였다.

유치명은 1846년(헌종 12) 9월 15일 고산정사에서의 강회에서 수백 명의 선비를 모아 놓고 주희朱熹의 「옥산강의」玉山講義를 강론하였다. 이 강회의 목적은 인의예지仁義禮智를 강론하고 장유長幼의 질서를 밝히는 것이었다. 그는 인의예지에 대한 강의에서 성性은 다만 혼연渾然한 일리一理일 뿐인데 그 일리의 가운데에 나아가서 온화하고 자애한 것을 일컬어 인仁이라 이르고, 단할斷割하고 제재制裁하는 것을 일컬어 의義라고 이른다고 하였다. 또 예禮와 지智라는 것도 규칙과 규범이 있는 것과 시비를 분별하는 것으로써 이름을 얻은 것이지, 인仁의 밖에 또 의·예·지라는 것이 있어 따로 각각 장소를 점하고 있는 것이 아니고, 다만 일리 가운데서 이것은 인이고 저것은 의라는 것을 분별할 따름이라고 하였다.[1]

유치명은 이理를 활물活物로 보고 그것에 동정動靜이 있다고 주장하였다. 이理는 양양洋洋하게 유동流動하고 충만充滿하여 있지 않는 곳이 없다는 것이었다. 또한 그는 '천도天道가 유행流行하여 만물을 발육發育하게 한다'거나 '한 번 양陽하게 하고 한 번 음陰하게 하는 것이 도道'라는 말, '태극太極이 동動하여 양陽을 낳고 정靜하여 음陰을 낳는다'고 한 말들에서, 이른바 '도'나 '태극'이라는 것은 곧 이理를 가리키고, '유행流行한다'거나 '음陰하게 하고 양陽하게 한다'는 것, '동動하여 양陽을 낳고 정靜하여 음陰을 낳는다'는 것은 이理의 동정動靜을 가리킨 것이라고 하였다.[2]

유치명은 명덕明德 또한 심心의 본체本體가 광명光明한 것을 가리킨다고 하였다. 명덕은 이기理氣를 합한 것이라 보았고, 기청이철氣淸理澈이라고 하여 심心에는 진망眞妄과 사정邪正이 다 포함되지만 명덕은 심心 위의 도리가 광명하게 비치고 맑은 것을 말하며 이것은 모두 이기理氣가 합해진 가운데에서 이理를 주로 말한 것이라고 하였다.[3]

---

1 권오영, 「19세기 영남유림의 講會와 학술활동」(『조선시대 사회의 모습』, 집문당, 2003).
2 『定齋集』 권19, 雜著, 理動靜說.
3 『定齋集』 권17, 雜著, 讀書瑣語.

1856년(철종 7) 11월에는 호계서원에서 영남 선비 수백 명이 모여 강회와 향음주례를 행하였다. 유치명·유치호柳致皜·김건수金健壽·이돈우李敦禹 등이 이 강회에서 『심경』心經을 강독하고 토론하였는데 그 내용은 주로 심성이기心性理氣, 인의예지, 경의敬義 등이었다. 이 호계서원 강회는 5일간 열렸고 강회를 마칠 무렵에 원장 김건수의 제의로 향음주례를 행하였다. 여기에 참석한 200여 명의 선비들은 향당鄕黨에서의 장유의 질서를 거듭 밝혔다.[4]

한편 이한응李漢膺은 1850년(철종 1) 3월 26일 청량산 오산당吾山堂에서 강회를 주관하였는데 이때 모인 유생은 600여 명이었다. 이 자리에서 이한응은 명덕에 대해 선배 학자들이 심心으로 말하기도 하고 혹은 성性으로 말하기도 하고 혹은 성정性情을 통합하여 말하기도 하였는데 자신은 본심本心으로 이해한다고 밝혔다.

이한응은 명덕明德으로 이일물理一物을 삼고 나서 또 심성정心性情이 이理 속에서 나온다고 하면 이것은 명덕의 이理와 심성정의 이理가 각각 하나의 물物이 되니 옳은 말이 아니라고 하였다. 주희가 명덕을 심心이라 말한 것은 『대학장구』 및 소주小註를 조사하여 보면 알 수 있는데, 그곳에서 다만 심心이라고 말했을 뿐이니 심心에는 체용體用의 다름이 있다는 것이다. 본체로써 말한다면 주희와 이황의 설이 이와 같을 뿐 아니라, 황간黃榦 역시 "심心의 명明이 바로 성性의 명이니 처음부터 두 가지의 물物이 아니라 『대학』에서 말한 '명덕은 심心'이 바로 성性을 가리키는데 성은 바로 심이니 이는 도심道心을 말하고, 인의심仁義心을 말하고, 양심良心을 말하고, 인인심仁人心을 말한다"고 했다고 하였다.

이한응은 심心을 말한 것이 이처럼 다른데 다만 심心이라고 말한다면

---

4 권오영, 「19세기 영남유림의 講會와 학술활동」(『조선시대 사회의 모습』, 집문당, 2003).

천天의 본체本體를 파악할 수 없다고 하였다. 명덕을 설명하면서 만약 심성心性이 섞이었다고 말하거나 이를 심성정心性情의 통칭이라고 말한다면 또한 명칭에 구별이 없게 되므로, 이 때문에 자신은 명덕을 본심本心으로 본다는 것이었다. 그는 명덕이 성性이 아니라면 심心인 것인데 자신이 이를 반드시 본심이라고 말하는 것은 명덕이 이기理氣가 혼연한 중에 이理 한쪽을 가리키기 때문이라고 하였다.[5]

이와 같이 유치명, 이한응 등 영남의 이학자들은 주희와 이황의 심성이기설心性理氣說을 사상적 기반으로 삼고, 그러한 학문적 토대 위에서 인의예지, 명덕, 경의敬義 등 이학의 여러 개념에 대해 활발하게 강론하였다.

본래 영남 이학의 전통은 이황의 심성이기의 학설을 잘 계승하고 정리하고자 하는 보수적 학문 자세를 견지하였다. 또한 이상정 등의 학자에 의해 많은 이학자가 양성되고 이들이 학계에서 활동하면서, 18세기 말까지만 해도 영남에는 서학西學이 발을 붙이지 못하였다. 그러나 19세기에 들어와 영남에도 서학의 신도가 나타나고 있었고, 서학의 확산에 대응하기 위해 최제우崔濟愚는 동학東學을 제창하였다.

이제 영남 학계에서도 전통적인 이학을 묵수할 수만은 없었고, 시대의 문제를 해결할 수 있는 이론 정립이 필요해졌다. 김대진金岱鎭·이진상 등은 이학에 있어 칠정이발七情理發과 심즉리心卽理라는 새로운 학설을 제기하였다. 우선 김대진은 사단四端으로써 칠정七情에 대하여 말하면 진실로 사단은 이발理發이고 칠정은 기발氣發이지만, 만약 칠정을 홑지게 말하면 칠정 중에 저절로 이발이라는 것이 있고 저절로 기발이라는 것이 있다고 하였다. 김대진은 학문은 항상 성性이 발하여 정情이 되

---

5 권오영, 「19세기 영남유림의 講會와 학술활동」(『조선시대 사회의 모습』, 집문당, 2003).

는 만큼 이理와 기氣가 대대待對하는 곳에 더욱더 성찰省察을 해야 하니 그 기발氣發됨을 알면 반드시 극치克治를 해야 하고 이발理發됨을 알면 반드시 확충擴充을 해야 한다고 하였다.[6]

이황 이후 지속적으로 논의되어 오던 사단과 칠정 문제에 관해 이렇게 김대진은 종래 이발과 기발을 사단과 칠정에서 논의하던 것에서 한 걸음 더 나아가 칠정 중에도 이발과 기발이 있음을 인정하였다. 이러한 그의 주장은 칠정 속에서도 의리義理 때문에 발하는 이발이 있고 형기形氣 때문에 발하는 기발이 있다고 주장함으로써 영남 학계에 새로운 학설을 제기한 것이다.

이러한 김대진의 주장에 이어 영남에는 이진상에 의해 심즉리설이라는 새로운 학설이 제기되고 있었다. 이진상의 심즉리설은 기존의 심합이기心合理氣의 설을 비판적으로 계승하고, 심心의 본체를 강조하며 심이 이理의 주재主宰라는 이해 위에서 세창된 학설이었다. 이러한 이진상의 심즉리설은 허유와 곽종석이 충실히 계승하였는데, 그 학설은 주기론이 풍미하던 당시 학계에 이학으로써 시대적 문제를 해결하기 위하여 제창된 것이었다. 이진상은 주자학에 근거를 두되 평이하고 간명한 심즉리설로 어려운 시대를 극복하려고 하였다. 그는 이理를 밝히는 요점은 기氣를 항복시키는 데 있다고 여기고, 주기主氣의 학이 학계에 만연하는 현실을 막으려고 하였다. 다시 말해 심즉리를 주요 명제로 표방한 이진상의 이러한 이학은 당시 기학氣學과 양학洋學이 만연한 시대를 치유하고 개항 이후의 외세 침략을 극복하기 위해 제창된 주자학의 새로운 이론이었던 것이다.[7]

---

6 권오영, 「정와 김대진의 학술과 사상」(『기증유물도록 4: 의성김씨 편』, 서울역사박물관, 2005).

7 권오영, 「한주 理學의 전통과 사상사적 의의」(『한주 이진상 연구』, 경북대학교 퇴계연

40세가 되던 1857년(철종 8) 이진상은 유치명을 찾아가 심성이기心性理氣에 대하여 토론하였다.[8] 그는 유치명의 문하에 나아가 심성설心性說에 대하여 자신의 의견을 피력하였다. 유치명은 심心을 '합이기'合理氣로 보아야 한다는 말을 거듭 표명했으나, 이진상은 '심즉리'를 주장하고 유치명이 작고한 해인 1861년(철종 12)에 「심즉리설」을 발표하였다.

> 심心을 논한 것 중에 심즉리心卽理란 말보다 더 좋은 것이 없고 심즉기心卽氣란 말보다 더 좋지 않은 것이 없다. (중략) 무릇 심心이란 성性·정情의 총칭인 바, 그 체體는 성性이니 성性 밖에 심心이 없고 심 밖에 성이 없다. 만일 성을 담고 있는 심으로 말하자면 그것은 심의 집일 뿐이니, 의가醫家에서 말하는 심이지 우리가 말하는 심은 아니다. 심이 성과 다른 까닭은 정情까지 겸했기 때문인데 정이란 이발已發의 성이기 때문이다. 성과 정은 다만 일리一理일 뿐이니 심이 이理가 됨은 진실로 그대로이다. (중략) 나는 그러므로 심心을 논한 것 중에 심즉리心卽理란 말보다 더 좋은 것이 없으며, 또한 심즉리보다 더 밝히기 어려운 것이 없다고 하는 것이다.[9]

이진상은 '심즉리' 세 글자는 실로 여러 성인이 서로 전해온 지결旨訣

구소 편, 역락, 2006).

8 『寒洲集』(초간본) 권40, 雜著, 花峽法語.

9 『寒洲文集』 권32, 雜著, 心卽理說. "論心莫善於心卽理, 莫不善於心卽氣 (중략) 夫心者性情之總名, 其體則性, 性外無心, 心外無性, 若心之以盛性言者, 心之舍也, 醫家之所謂心, 而非吾之所謂心也. 心之所異於性者, 以其兼情, 而情乃已發之性也. 性情只是一理, 則心之爲理者固自若也. (중략) 吾故曰論心莫善於心卽理, 而亦莫難明於心卽理."

이라고 주장하였다.[10] 그의 제자인 허유許愈는 이진상의 심즉리설을 적극 지지하면서 심에 대해 더욱 의리 중심으로 생각하였다. 그는 사람이 물物과 다른 까닭은 사람은 의리의 심心이 있기 때문이라고 하였다. 심은 범인凡人이나 성인聖人이 같은데 심을 기로 인식하거나 기가 섞인 것을 심으로 보아 인과 물의 구별이 없는 것보다는 의리의 심을 주장하여서 범인을 변화시켜 성인을 만드는 계기로 삼는 것이 낫다고 하였다.[11] 그의 제자 곽종석은 스승 이진상이 '심이 곧 이'라는 설을 제창한 것은 심에 있어 귀한 것은 본심本心이고 진심眞心이며 주재主宰의 심이기 때문이라 생각하였다. 그는 본심과 진심, 주재의 심이 이理라면 주재의 이름은 이理에 있다고 주장하였다.[12]

그러나 이종기는 이러한 이진상의 심즉리설을 지지하지 않았다.[13] 이종기는 주희가 '심心은 진실로 주재主宰하는 것'이라고 말했으니 이른바 주재하는 것이 이理라고 한다면 옳지만, 주재가 곧 이理라는 말에는 병통이 있다고 하였다. 그는 이진상이 주장하고 있는 심즉리라는 말에서는 기를 합하여 말한 뜻을 찾을 수 없다고 하였다. 주희가 '심은 기의 정상精爽'이라고 말했는데 정상이라는 글자에서 '이理를 합하고 있다'는 뜻을 볼 수 있다고도 하였다.[14]

또한 이종기는 심은 이理로써 말한 경우도 있고 기氣로써 말한 경우도 있다고 하면서,[15] 주리主理라는 것은 이理를 주로 하고 기를 주로 하

---

10 『寒洲文集』 권32, 雜著, 心卽理說.

11 『后山文集』 권12, 雜著, 心合理氣說.

12 『俛宇文集』 권36, 書, 答李子翼 己亥.

13 『晩求集』 續集 권2, 書, 答徐都事贊奎 丁亥.

14 『晩求集』 권4, 書, 答郭鳴遠 庚子.

15 『晩求集』 권3, 書, 答徐都事贊奎 丙申.

지 않는다는 말이지 이理가 있고 기는 없다는 말은 아니라고 하였다.[16]
이에 이승희는 1887년(고종 24) 2월에 이종기에게 편지를 보내어 심心이
이기理氣를 겸하고 있다는 아버지의 설이 정당하지 않은 것이 아니며,
아버지 이진상은 세상의 학자들이 오인하여 심의 본체를 이기의 골동汩
董으로 만들고 그 주재에 대해 분간하지 못하는 것을 병으로 여겨 그
설을 주장한 것이라고 변론하였다.[17]

이종기는 심의 본체는 진실로 이기理氣를 합하고 있기 때문에, 학자
의 공부는 반드시 이理를 주로 하여 기氣를 다스림으로써 기가 이理를
따르게 하는 것이어야 한다고 하였다. 그는 이진상처럼 심즉리라고 하
게 되면 중인衆人의 마음 또한 하고 싶은 바대로 행동해도 법도에 벗어
나지 않을 수 있다는 것이냐고 반문하였다.[18] 그는 또한 이황의 「심통성
정도」心統性情圖 하도下圖의 미발권未發圈에 '이기'理氣, '허령'虛靈 등의 글
자가 쓰여 있는 것을 예로 들어 심은 이기를 합하고 있음을 다시 확인
시키며 심즉리설이 그르다고 하였다.[19]

이에 곽종석은 이종기가 성인聖人에 대해서는 심즉리心卽理라고 말하
는 것이 또한 옳다고 했는데 그렇다면 이것은 본심을 잃지 않았기 때문
일 것으로, 자신은 본심으로 말하면 성인과 중인이 다름이 없다고 이해
한다고 하였다. 공부에 있어 반드시 이理를 주로 한다는 것은 그 본심이
이理이기 때문이라고도 하였다. 또한 그는 심의 본체는 진실로 이기를
합하고 있으나, 성현이 심을 논한 것 가운데 과연 기氣를 합하여 본체라
고 한 것이 있느냐고 묻고 있다.[20]

---

16 『晩求集』 권3, 書, 與李寒洲 別紙.
17 『韓溪遺稿』 1, 書, 與李器汝 丙戌.
18 『晩求集』 권4, 書, 答郭鳴遠 辛丑.
19 『晩求集』 권4, 書, 答郭鳴遠.

　　　제2부　유림의 이학 수호와 변모 양상

이종기는 이이李珥가 심즉기心卽氣를 주장했던 것은 주희의 '심心은 기氣의 정상精爽'이라는 말에 근거를 두고 있고, 이발理發을 부정하고 사단칠정四端七情의 기발氣發을 주장한 것은 이理가 무위無爲하다는 것에 근거를 두고 있다고 보았다. 그러나 그는 기의 정상이라는 말은 기의 정영精英인 것이니 이는 바로 신神이라고 하였다. 그러면서 신神은 이理의 묘용妙用이니 기氣를 타고서 출입하는 것이라고 하였다. 그는 주희가 '신神이 곧 이理(神卽是理)라고만 말하면 도리어 그렇지 않은 것 같고, 그렇다고 하여 신神 자를 완전히 기氣가 된다고 파악하는 것도 잘못이다'라고 말했다는 것을 제시하였다.[21]

이에 대해 곽종석은 기질氣質이 신神이 아니라면 신이 이理가 되는 것은 분명하다고 하였다. 그리고 주희가 '신神은 곧 이理'라는 말에 대해 그렇지 않은 것 같다고 한 것은, 이理는 체體이고 신神은 용用이어서 처한 위치가 조금 다르기에, 이理와 같은 것은 도道라고 이르고 용用은 신神이라고 이른 것이라고 하였다. 그는 이理로써 신神에 대하면 진실로 체體와 용用의 나뉨이 있고 그 이른바 용用이라는 것은 이理의 용用이니, 이理의 용用은 또한 이理라고 말할 수 있다고 하였다.[22]

한편 심즉리설을 제창한 이진상은 칠정이발설七情理發說을 주장하였다. 그는 이황이 '성정性情은 일리一理이고 정靜이 있고 동動이 있다'고 하였는데 자기의 칠정이발이 사실은 이황의 이 말에 뿌리를 두고 있다고 하였다. 그는 성현의 글 속에서 홑지게 정情을 말한 곳 중 기발氣發 두 글자를 말한 곳이 없다고 하면서, 그런 구절을 하나라도 제시한다면 자신의 주장을 포기하겠다고까지 하였다.[23]

---

20 『俛宇文集』 권20, 書, 答李器汝.
21 『晩求集』 권3, 書, 與李寒洲.
22 『俛宇文集』 권130, 雜著, 柳省齋重敎心說辨 辛卯.

이진상은 이황의 「심통성정도」 중도中圖는 사단과 칠정을 합하여 혼륜混淪하게 설명하였는데 기氣를 섞지 않고 다만 이理를 지적하여 근본이 하나라는 실實을 밝혔고, 하도下圖는 분개分開하여 설명하였는데 주희의 "사단四端은 이理의 발發이고 칠정七情은 기氣의 발發이다"라는 설에 보충을 하여 "사단은 이理가 발發함에 기氣가 따르고 칠정은 기氣가 발發함에 이理가 타고 있다"라고 말한 것이라고 하였다. 이진상은 사단과 칠정은 합하여 말할 때가 있고 나누어서 말할 때가 있는데 모두 이理가 발發하는 것으로 볼 수 있다고 하였다. 즉 그는 그 전거로 주희가 "그 느낌이 있을 때에 이르러 이 이理의 발發함이 아님이 없다"라고 하였고, 이황은 "성정性情은 일리一理이며 정靜이 있고 동動이 있다"라고 했으며, 또 "칠정으로 인해 또한 인의예지에서 발發한다"라고 하였으니, 이것은 이理를 주로 말한 것이라고 하였다.[24]

이진상은 사단과 칠정은 모두 정情이니 성性으로부터 발發하지 않으면 정이라 이름 하지 못한다고 하였다. 그리고 성은 이理이니 사실은 다만 이발理發이라는 하나의 길이 있다고 하였다. 그는 이발과 기발은 다만 그 발發하는 바의 '기'機(發動이 말미암는 곳)에 이理를 따르느냐 기氣를 따르느냐의 구별이 있을 뿐이지만 이황의 근본 뜻은 이발理發에 있다고 하였다.[25]

이종기의 경우 심心의 발용發用에는 이理가 주主가 되어, 이理가 비록 무위無爲하나 겨우 기氣와 합해지게 되면 문득 발용을 한다고 이해하였다. 그는 주희가 '도리는 본디 스스로 작용함이 있다'고 한 말에 의거하여 이가 스스로 작용한다고 보았다.[26] 그는 주리설에 대해 자신이 주리主

---

23 『寒洲文集』 권8, 書, 答尹士善 癸酉 別紙.
24 『寒洲文集』 권5, 書, 上柳定齋先生 別紙.
25 『寒洲文集』 권16, 書, 答李器汝.

理에 전적으로 어두운 것은 아니라고 하면서 반드시 기氣라는 하나의 글자를 언급하는 것은 바로 이理에 기氣가 없을 수 없기 때문이지 처음부터 기를 위해 변론하는 것은 아니라고 하였다.[27]

1896년(고종 33) 겨울에 『한주문집』寒洲文集이 간행되자 영남 학계에서는 이진상의 심즉리설에 대하여 많은 비판이 일어났다. 1897년 1월에 『한주문집』을 도산서원陶山書院 광명실光明室로 보내자 도산서원을 중심으로 이황의 이학을 고수하는 학자들은 이진상의 문집에 이황의 학설을 핍박한 내용이 들어 있다고 하여 이해 8월, 문집을 반송하였다. 이어 이만인李晚寅은 이진상의 학설을 조목조목 비판하였다. 그는 이황의 「심통성정도」의 중도中圖가 진실로 이理를 주로 말했지만 권圈의 위에 이미 '합이기'合理氣라는 글자를 붙이고 있으니 이 그림은 이기理氣가 합해진 가운데 선악善惡의 기幾(기미)에 나아가 선일변善一邊을 말한 것으로, 심즉리心卽理의 증거가 되지 않는다고 하였다.[28] 또한 그는 이황이 '심心은 이기理氣를 합하고 있다'고 말하면서 '미발未發에는 기氣가 아직 용사用事하지 않아 오직 이理가 있을 뿐'이라고 말했지만, 이것은 이기理氣가 합해진 중에 나아가 기氣가 용사하지 않는 것을 말한 것이지 기가 없음을 말한 것은 아니라고 하였다.[29] 그러자 이승희는 아버지 이진상의 학설에 대한 이만인의 변록辨錄을 구하여 보고 「선록조변」宣錄條辨을 지어 조목조목 변론하여 아버지의 학설을 옹호하였다.[30] 이진상의 제자인 윤주하尹胄夏 역시 이만인의 글을 조목조목 분석하여 이진상의 학설을 변호

---

26 『晩求集』 권8, 雜著, 四七皆氣發理乘之辨.

27 『晩求集』 권4, 書, 答郭鳴遠 己丑.

28 『龍山文集』 권5, 雜著, 寒洲李氏動靜說條辨.

29 『龍山文集』 권5, 雜著, 寒洲李氏動靜說條辨.

30 『韓溪遺稿』 6, 辨, 宣錄條辨.

하였다.[31]

　이진상의 이학에 대한 강한 비판은 지속적으로 제기되었다. 김인섭·
허훈·이종기 등은 이황 이후 전해져 온 영남 이학의 심합이기心合理氣와
이기호발설理氣互發說을 수호하면서 이진상의 학설에 반대하였다. 특히
유치명의 제자인 김인섭은 「심설」心說을 지어 심즉기설과 심즉리설을
싸잡아 비판하였다.

> 심心을 기氣에 소속시켜 심이 기라고 이르는 저 자는 체體를 버리고 용用
> 을 취하며 본本을 생략하고 말末을 거론하니 그 폐해가 장차 기氣를
> 이理로 인식하고 인욕人欲을 천리天理로 인식하게 함에 이를 것이다. 그
> 설이 장황하고 요란하며 고거考據가 정밀하지 못하고 인용이 마땅함을
> 잃었음에도 이것으로 심을 논하여 스스로 우리 도道에 공이 있다고 이
> 르니 정말 한 번 웃음거리도 안 되는데, 그 폐해를 고치고자 하여 심즉
> 리心卽理라고 말하는 것도 완전히 얘기가 되지 않고 의리도 성립되지 않
> 는다. 지금 그 그름을 깨닫고는 앞의 설을 수정하여 심心의 주재리主宰
> 理, 심의 본체리本體理라고 이르는데 또한 심心의 이름을 얻은 것은 아니
> 다. 심의 이름은 반드시 성性과 지각知覺을 합하여 말해야 옳다. 이 기氣
> 가 있으면 도리道理가 문득 따라 있게 되니 이면에 만약 이 기氣가 없다
> 면 도리가 안돈安頓할 곳이 없다.[32]

---

31 『膠宇文集』 권16, 雜著, 反究錄.

32 『端磎文集』 권15, 雜著, 心說. "彼以心屬氣, 謂心是氣也者, 是遺體之用, 略本擧末,
其弊將至於認氣爲理, 認人欲作天理, 其說張皇震耀, 考据不精, 援引失當, 以此論心,
自謂有功於吾道, 誠不滿一笑, 而欲矯其弊, 至乃謂心卽理者, 全不成說語, 全不成義
理, 今覺其非, 追改前說, 以爲心之主宰理心之本體理云, 而亦非心之所以得名也. 心
之得名, 必合性與知覺, 言之乃可, 有這氣, 道理便隨在裏面, 若無此氣, 則道理無安
頓處."

김인섭은 심은 이와 기를 합하고 있고 성과 지각을 합한 것으로 이해해야 옳다고 보았다. 따라서 심을 기로 이해하든 이로 이해하든, 심의 주재나 본체를 이로 이해하는 것은 모두 문제가 있다고 비판하였다. 그는 이진상·곽종석 등이 주장하는 심즉리설에 대해 「심즉리설변」心卽理說辨을 지어 비판하고 이황 이후 영남 학계에 전수되어 내려온 영남 이학의 심합이기 전통을 그대로 지키려고 하였다.

근래에 그 설을 계승하여 포장을 하여 심즉리心卽理라고 말하고 심心의 본체리本體理라고 말하고 심의 주재리主宰理라고 말하여 그 설을 여러 번 둔갑시켜 돌아갈 곳이 없게 하고 바로 심을 공중에 매달린 하나의 물건으로 삼게 되었다. (중략) 심과 성은 저절로 분별이 있는데 지금 심즉리라고 말하면 이것은 이理로 이理를 통섭하는 것이니 심과 성의 분별에 어두울 뿐만 아니라 문리文理도 의리義理도 성립되지 않는다. 이 같은 것이 가하다고 할 수 있겠는가. 심心의 체體는 성性이라고 이르는 것이 옳은데 심의 본체가 이理가 된다고 말하면 이것은 이理를 체體로 삼는 것이다. 또한 단지 심의 본체라고 말한다고 하면 이것은 체體를 거론하면서 용用은 거론하지 않는 것이다. 체용일원體用一源이라는 말을 핑계로 삼아 그 설을 힘껏 주장하니 꾸며 대는 말임을 알 수 있고 그 궁窮한 것을 알 수 있다. 심이라는 것은 이기를 합하고 성정을 통섭하고 일신一身의 주인이고 만물의 이치를 갖추고 허령虛靈하여 지각 운동知覺運動을 하며 신명神明하여 헤아릴 수가 없고 일신一身의 주재主宰가 된다. 지금 심의 주재가 이理라고 말하면 이것은 이理로써 이理를 주재하는 것이니 더욱 불가함을 알 수 있다. (중략) 심의 물物 됨은 지극히 허虛하고 지극히 영靈하니 신명하여 헤아릴 수 없고, 그 고요함은 적연寂然하여 동動하지 않고, 만 가지 이치가 다 갖추어져 있고, 그 동動함에 이르러선 감感

하여 드디어 통通해 일신의 주主가 되고 만물을 재제宰制한다. 적寂하나 항상 감感하고 감하나 항상 적하여, 동動과 정靜이 서로 적시고 체體와 용用이 서로 기다리는데, 그 공부하는 방편에 이르러서는 또한 경敬이라는 것이 일심一心의 주재主宰이고 성학聖學의 처음을 이루고 마침을 이룬다.[33]

김인섭은 이진상·곽종석 등이 심즉리를 주장하면서 심의 본체리本體理, 심의 주재리主宰理를 말하고 있지만, 이것은 체體는 있으나 용用은 없는 것이며, 정靜은 있으나 동은 없는 것이고 성性은 통섭하나 정情은 통섭하지 않는 것이고 이理에는 합하나 기氣에는 합하지 않는 것이라고 비판하였다.[34]

허훈은 이진상의 심즉리설을 계승한 곽종석의 심즉리설을 가리켜 다음과 같이 비판하였다.

근세에 또 심즉리心卽理라는 설이 있으니 그 가리키는 뜻이 양명陽明의 설과 같지는 않다. 이理를 주장하고 기氣를 배척하는 것이 유학儒學에

---

[33] 『端磎文集』권15, 雜著, 心卽理說辨. "近有祖其說而舖張之者, 曰心卽理, 曰心之本體理, 曰心之主宰理, 累幻其說, 無所歸宿, 直把心作懸空裏一物事看. (중략) 心與性自有分別, 今以爲心卽理也, 則是以理統理也, 非但昧心性之別, 不成文理不成義理, 若是奚可哉? 謂心之體爲性可, 謂心之本體爲理, 則是以理體理也. 且止曰心之本體也云, 則是擧體而不擧用矣. 諉之於體用一源, 力主其說, 可見其遁辭, 知其所窮矣. 心者合理氣統性情, 主一身該萬物, 虛靈知覺運用, 神明不測, 爲一身主宰. 今曰心之主宰是理也云, 則理宰理也, 尤見其不可. (중략) 心之爲物, 至虛至靈, 神明不測, 方其靜也, 寂然不動, 萬理咸具, 及其動也, 感而遂通, 主乎一身, 宰制萬物, 寂而常感, 感而常寂, 動靜相涵, 體用相須, 至其所以用工之方, 則又敬者, 一心之主宰, 聖學所以成始而成終者也."

[34] 『端磎文集』권15, 雜著, 心卽理說辨.

공이 있을 것 같으나 사실은 그렇지 않은 점이 있다. 그 설을 주장하는 이는 심心이 이기理氣를 겸하는 것을 가리켜 통체統體라고 말하고 심즉리心卽理를 본체本體라고 말한다. 그렇다면 본체가 마땅히 통체의 앞에 있어야 할 것이니, 이때에는 다만 이理가 있을 뿐이다가 통체 때에 이르러 홀연히 군살이나 사마귀 같은 기氣가 별안간에 나타나서 심心의 통솔하는 바가 된다는 것인가? 더구나 기氣를 억제하고 이理를 주로 함이 지나쳐서 기氣의 계분界分을 침탈하여 이理의 전지田地에 완전히 소속시키게 된다. 그리하여 이理를 높이려다가 도리어 이理가 낮아지고, 기氣를 낮추려다가 도리어 기氣가 높아진다.[35]

허훈은 '심즉리'心卽理라는 말은 '심心은 이理를 주主로 한다'라는 말과는 다르다고 하였다. '심이 이를 주로 한다'는 말은 비유하면 나라는 임금을 주로 하고 집안은 남편을 주로 한다는 것이고, '심心이 곧 이理'라고 말하는 것은 나라를 임금이라 부르고 집안을 남편이라 부르는 것이라고 하였다. 나라를 임금이라 부르면 신하도 또한 그 속에 포함되는 것이니 임금과 신하 간에 도리어 구분이 없어지고, 집안을 남편이라 부르면 아내도 또한 그 속에 끼어들어 가게 되는 것이니 부부가 도리어 분별이 없게 된다는 것이었다. 임금과 신하 간에 구분이 없다면 어찌 나라가 될 수 있겠으며, 부부 간에 분별이 없다면 어찌 집안이 될 수 있겠느냐는 것이 그의 주장이었다.[36] 이러한 허훈의 견해는 이진상에서 곽종석

---

35 『舫山文集』권11, 雜著, 心說. "近世又有心卽理之說, 其指意與陽明不同. 主理斥氣, 若可有功於斯學, 然此有不然者. 爲其說者, 以心之兼理氣, 謂之統體, 以心卽理, 謂之本體. 然則本體當在統體之前, 是時只有理而已, 及其統體之時, 忽有贅疣之氣, 驀然現出, 爲心之所統耶? 況抑氣主理之過, 侵奪氣之界分, 全屬理之田地, 尊理而理還卑, 卑氣而氣還尊."
36 권오영, 「왕산 허위의 가계와 학문」(『왕산 허위의 나라사랑과 의병전쟁』, 구미시·안

으로 이어지는 심즉리설에 대한 비판인 것이다.

이종기도 주리主理라고 이르는 것은 이理를 주로 하고 기氣를 주로 하지 않는다는 말이지 이理가 있고 기氣가 없다는 것은 아니라고 하면서 기氣의 유무에 구애되지 않는다는 말은 아니라고 하였다. 가령 군도君道는 무위無爲하고 예악정벌禮樂征伐은 천자로부터 나오며 신하는 봉행할 뿐이나, 이 신하가 없으면 천자가 될 수 없고 봉행함이 없으면 예악형벌이 나올 수 없으니, 어찌 천자가 예악정벌을 내는 것이 신하의 봉행 여부와는 무관하게 스스로 하는 것이라 이르겠느냐고 하였다.[37]

곽종석은 이기理氣를 군신君臣과 수졸帥卒에 비유하여 설명한 허훈의 반론에 대해, 이理가 임금이고 장수이며 기氣가 신하이고 병졸이라는 것이 아니라 그 뜻이 서로 비슷함을 취했을 뿐이라고 하면서, 성性의 본선本善으로 물의 청淸을 비유했지 물로써 성性이라고 한 것은 아니며, 심心의 허명虛明으로 거울의 빈 것을 비유했지 거울로써 심心이라고 한 것도 아니고, 이理가 기氣를 주재하는 것으로써 임금과 장수가 신하와 병졸을 주재하는 것을 비교했지 임금과 장수가 이理가 된다고 한 것은 아니라고 하였다.[38] 그러면서도 그는 이理가 임금이 되고 스스로 주재가 되어 기氣에게 명命을 하고 기에게 명을 받지 않는다면 천하가 다스려져 어지럽지 않을 것이라고 하였다.[39]

곽종석은 만년까지도 스승 이진상의 이학의 수호에 힘을 썼다. 이진상의 이학은 1902년에 상주향교에서 『한주문집』이 불태워지며 최대의 위기를 맞았으나 곽종석의 지속적인 변론으로 1916년에 이르러서는 도

동대학교 박물관, 2005) 42~43쪽.

37 『晩求集』 권3, 書, 與李寒洲 別紙.

38 『俛宇文集』 권130, 雜著, 柳省齋重敎心說辨 辛卯.

39 『俛宇文集』 권85, 答曹仲謹.

산서원에서 이진상의 이학은 이황의 이학을 발전시킨 것으로 인정되었다. 이때 도산서원에서는 지난 1897년 8월에 이진상의 심즉리설을 이단으로 몰아 발송한 통문은 공의公議가 아니었고 일부 학자의 개인적인 의견에 의해 이루어졌던 일이었다고 해명하는 통문을 성주의 삼봉서당三峰書堂에 보내었다. 그리하여 영남 이학계의 분열은 다시 하나로 통합될 수 있었다.

3. 곽종석의 이학과 그 사상사적 의미

1) 이학의 형성과 심즉리설의 변호

곽종석은 1846년(헌종 12) 6월 24일 자시子時에 경상도 단성현 사월리沙月里 초포촌草浦村에서 태어났다. 그는 1849년 4세에 아버지 곽원조郭源兆(道菴)의 슬하에서 공부를 시작하여 이듬해에는 바로 『십구사략』을 읽었고, 1851년 6세에는 사서四書와 『시경』을 읽었다. 7살이었던 1852년에는 『서경』을 읽었고, 14세에는 『예기』를 읽었다.

곽종석이 네 살 때에 이웃집의 채소밭에서 가지를 따오자 어머니 해주정씨海州鄭氏(鄭匡魯의 딸)는 바로 매로 종아리를 때리면서 어려서 훔치는 짓을 하면 어른이 되어 어떤 사람이 되겠느냐며 꾸짖고 가지를 가지고 이웃집에 가서 돌려주며 사죄하게 하였다. 그리고 열한 살 되던 어느 날에는 서당에서 공부를 마치고 저녁에 집에 돌아와 보니 아직 닭장 문이 열려 있기에 쫓아가서 닭장 문을 닫았는데, 부엌에서 밥을 짓고 있던 어머니가 이 광경을 지켜보고는 공부하는 것이 너의 직분이지 누가 너더러 직분을 넘어 허드렛일에 간여하라 했느냐고 나무라면서 부지깽이를 들고 그를 쫓아냈다고 한다.[40] 또한 다섯 살 때 손이 와서 '地'란 제목으로 시를 짓게 하였더니, "넓고, 그 크기는 하늘과 같고, 그 위에는 몇 만 나라나 있나"라고 읊었다. 이 시를 읽은 손은 칭찬을 아끼지 않았으나 곽종석의 아버지 곽원조는 그 시가 훌륭하지만 마땅함이 없다고 하면서, 땅은 성물成物로 공功을 삼는데 이 시에는 그것이 보이지 않고 한갓 주위가 넓은 것만 표현하고 있다고 평하였다.[41] 이러한 어머니와 아버지의 엄격한 유년 교육은 곽종석을 명세名世의 대유大儒로 키우는 바탕이 되었다.

곽종석은 15세이던 1860년에 이미 천하의 책을 두루 읽고 그 뜻을 탐구하지 못할 것이 없다고 생각하여 고금의 정치, 제도, 문장, 여지輿地, 명물名物, 병모兵謀, 사기師紀, 율려律呂, 의복醫卜, 음양陰陽, 불로佛老의 책을 자세히 연구하여 그 요점을 정리하였다.

1870년, 25세의 곽종석은 「사단십정경위도」四端十情經緯圖를 그렸다. 이 그림은 성性이 가운데에 있는데, 사단은 경經이 되고 십정은 위緯가 되며, 사단은 직발直發하고 십정은 방생旁生하며, 사단은 주리主理이고 십정은 주기主氣인데, 그 실實은 이理가 기氣를 타고 발하는 것임을 밝힌 것이다.

곽종석은 사단四端이라는 것은 인의예지가 목木·금金·화火·수水를 타고 발하여 측은惻隱·수오羞惡·사양辭讓·시비是非가 되고, 신신이 토土를 타고 발하여 부통浮通한 것은 감感이 되고 응기凝起한 것은 사思가 되는데, 신信이라는 것은 사단에 두루 통하는 것이라고 하였다. 그리고 십정十情에 대해서도 정의하기를 지智의 인仁의 이理가 수생목水生木의 기氣를 타고 발하는 것을 애愛라 말하고, 인仁의 예禮의 이理가 목생화木生火

---

40 『俛宇文集』 권165, 行狀, 先妣贈貞夫人鄭氏行狀.
41 『俛宇文集』 권165, 行狀, 先考贈嘉善大夫議政府參贊府君行狀 丁未.

다천서당茶川書堂 곽종석이 만년에 살았던 거창 다천茶田의 하류 원천리에 세워졌다. 편액의 글씨는 곽종석의 제자인 명필 최수현崔守鉉이 썼다. (곽진 교수 제공)

의 기氣를 타고 발하는 것을 희喜라고 말하고, 예禮의 신信의 이理가 화생토火生土의 기氣를 타고 발하는 것을 낙樂이라고 말하고, 신信의 의義의 이理가 토생금土生金의 기氣를 타고 발하는 것을 우憂라고 말하고, 의義의 지智의 이理가 금생수金生水의 기氣를 타고 발하는 것을 애哀라고 말하고, 예禮의 의義의 이理가 화극금火克金의 기氣를 타고 발하는 것을 오惡라 말하고, 의義의 인仁의 이理가 금극목金克木의 기氣를 타고 발하는 것을 노怒라고 말하고, 인仁의 신信의 이理가 목극토木克土의 기氣를 타고 발하는 것을 분忿이라고 말하고, 신信의 지智의 이理가 토극수土克水의 기氣를 타고 발하는 것을 욕欲이라고 말하고, 지智의 예禮의 이理가 수극화水克火의 기氣를 타고 발하는 것을 구懼라고 말하니, 욕欲이라는 것은 십정十情에 갖추어진 것이라고 하였다. 그는 십정설을 『예기』의 「예운」禮運과 「악기」樂記에서 취하여 분석하고 발명하여 그림을 그리고 뜻을 제시하였다.[42] 곽종석에 의해 정情은 칠정에서 십정으로 그 외연外延이 보다 넓어진 셈이다. 이러한 십정설에서 특징적인 것은 그가 인의예지仁義禮智 사단四端에 오행五行의 상생相生과 상극相克설을 연결시켜 설명하고 있다는 점이다.

이 사단과 십정을 통해 자연과 인간을 하나로 연결시키고자 하는 뜻에서 곽종석은 다시 「사단십정경위도설」四端十情經緯圖說을 지어 천인합일天人合一의 이理를 밝혔다. 그는 원형이정元亨利貞의 이理가 오행五行의 기氣를 타고 바로 완수를 하면 춘생하장추렴동장春生夏長秋斂冬藏이 되니 사람에 있어서는 사단四端이 되고, 원형이정의 이理가 오행의 기氣를 타고 방행旁行하면 우풍노상설전뇌무운하雨風露霜雪電雷霧雲霞가 되니 사람에 있어서는 십정十情이 된다고 하였다. 곽종석은 십정 외에도 다른

---

42 『俛宇文集』 권128, 四端十情經緯圖.

정이 없지 않아 의疑, 회悔, 괴愧, 석惜, 염厭, 고苦 따위가 있는데, 모두 음양이 나뉘고 오행에 붙어서 다양한 형태의 정이 생긴다고 보았다. 예를 들면 토土가 금金을 낳아 우憂가 되는데, 양토陽土가 양금陽金을 낳으면 여慮가 되고 양토陽土가 음금陰金을 낳으면 환患이 되고 음토陰土가 양금陽金을 낳으면 의疑가 되고 음토陰土가 음금陰金을 낳으면 민憫이 되니 이로 말미암아 미루어 나가면 만반의 정情의 뿌리가 모두 드러나게 된다고 하였다.[43]

1877년 32세가 된 곽종석은 「이결」理訣을 지어 이理에 대해 다양하게 해설하였다. 그는 이理는 기氣에 앞서며, 형적形跡이 없고, 생사生死가 없고, 이지러지거나 남는 것이 없고, 맥락脈絡이 있고, 동정動靜이 있고, 체용體用이 있고, 주재主宰가 있으며, 불선不善이 없다고 하였다. 그는 성性은 이理이고, 정情도 심心도 지志도 신神도 명덕明德도 달도達道도 지각知覺도 모두 이理라고 보았다.[44] '주리'主理와 '명리'明理, '순리'循理에 대해 그는 다음과 같이 말하고 있다.

천하만사가 근본이 없으면 서지 못한다. 그러므로 성인은 반드시 근본을 중시하였다. 임금이라는 것은 신하의 근본이고 아버지라는 것은 자식의 근본이며 천지라는 것은 만물의 근본이고 이理라는 것은 또한 천지만물의 근본이다. 천하만사가 이理가 없으면 어지러워지니 신하가 그 임금을 시해하고 자식이 그 아버지를 시해하고 소인이 장長이 되어 어지러운 날이 많은 것은 모두 이 이理를 소홀히 한 데서 말미암는다. 그러므로 우리의 학문은 주리主理를 귀하게 여기는데, 이것은 천지의 상경常

---

43 『俛宇文集』 권128, 四端七情經緯圖說.
44 『俛宇文集』 권129, 雜著, 理訣下, 主理.

經이고 고금의 통의通誼이고 여러 성인의 심법心法이고 서로 전해온 종지
宗旨이다.[45]

학문은 반드시 이理를 밝히는 일을 앞세워야 한다. 이理가 밝혀지지 않
으면 행行이 어긋나지 않을 수가 없다. 그러므로 널리 배우고 자세히 질
문하고 삼가 생각하고 분명하게 분변하는 것이 모두 이 이理를 밝히는
것이니 이것이 격물치지格物致知이다. 인심人心에는 지知가 있고 사물에
는 이理가 있는데, 하나의 이理가 서로 감感하매 본래부터 피차彼此가
없으니 지知가 참되면 이理는 문득 이곳에 있다. 이미 아는 것으로 인하
여 더욱 궁구하면 기품氣稟에 얽매였던 것이 점점 마땅하게 계발되고,
물物에 허물이 되어 가려졌던 것이 저절로 마땅히 사라지고 융해되어,
천리天理가 밝아지고 당면한 일들이 분명해진다.[46]

주리主理를 귀하게 여겨 이理를 밝히는 것은 장차 행行을 순하게 하기 위
해서이다. 거경居敬은 이 이理를 두는 바이고 역행力行은 이 이理를 행하
는 바이며 복례復禮는 이 이理에 돌아가는 바이다. 아버지는 자애롭고
자식은 효도하고 임금은 의롭고 신하는 충성스러우며, 성의정심誠意正心
에서 치국평천하治國平天下에 이르기까지, 그리고 물 뿌리고 쓸고 응대

---

45 『俛宇文集』 권129, 雜著, 理訣下, 主理. "天下萬事, 無本不立. 是以聖人必重本, 君者
臣之本也, 父者子之本也, 天地者萬物之本也, 而理也者又是天地萬物之本也. 天下萬
事, 無理則紊, 臣弑其君, 子弑其父, 小人長而亂日多, 皆由於忽此理故也. 是以吾學貴
主理, 此天地之常經也, 古今之通誼也, 列聖之心法也, 相傳之宗旨也."
46 『俛宇文集』 권129, 雜著, 理訣下, 明理. "學必先於明理, 理不明則行不能不差矣. 是
以博學之審問之愼思之明辨之, 皆所以明此理也, 格物致知之謂也. 人心有知, 事物有
理, 一理相感, 本無彼此, 知之眞則理便在是矣, 因其已知而益窮之, 則氣稟之拘, 漸
當發開, 而物累之蔽, 自當消融, 天理瑩然, 觸事瞭然."

　　　　제2부　유림의 이학 수호와 변모 양상

하는 것에서 천지天地가 제자리에 있고 만물萬物이 길러지는 데에 이르
기까지 한결같이 천칙天則을 따라서 지나치거나 모자람이 없는 것은 모
두 이 이理를 따르기 때문이다. 이것이 성聖人의 극공極功이고 이학理學
의 실경實境이다.[47]

곽종석은 주리主理와 명리明理와 순리循理를 통해 이학理學의 실제 모
습을 언급하고 있다. 그의 말에 따르면 이理는 기를 주재하는데, 지극히
은미하나 지극히 드러나고, 지극히 허하나 지극히 실한 것이어서, 비록
기에 떨어지지 않으나 또한 기에 에워싸이지도 않고, 서로 필수적이어
서 온갖 쓰임을 다하는데 이는 반드시 주가 되고 기는 그 바탕이 된다
고 하였다. 그런데 기가 제멋대로 움직이면 사의私意와 물욕에 의해 이
르지 않는 곳이 없게 되어 마침내는 오랑캐와 금수禽獸의 지경으로 돌
아가게 된다고 하였다. 그러므로 사람이 사람이 될 수 있는 까닭은 이理
를 주로 하여 기氣를 검속하고, 이理를 밝혀서 기氣를 다스리고, 이理를
따라서 기氣를 기르는 데 있다고 하였다. 이 이理가 없으면 기氣는 스스
로 생기지 않을 뿐만 아니라 비록 생기더라도 또한 장차 방탕하고 스스
로 해쳐서 그 모습을 온전히 하지 못한다는 것이었다.

곽종석은 옛 철인들이 학문을 함에 주리主理라고 말했지 일찍이 주
기主氣라고 말한 적이 없으며, 명리明理라고 말했지 일찍이 명기明氣라고
말한 적이 없으며, 순리循理라고 말했지 일찍이 순기循氣라고 말한 적이
없다고 하였다. 그러나 세상의 학문을 보면 기氣로써 근거를 삼아 천지

---

47 『俛宇文集』 권129, 雜著, 理訣下, 循理. "所貴乎主理而明理者, 以其將順之於行也. 居
　敬所以存此理也, 力行所以行此理也, 復禮所以復此理也. 父慈子孝君義臣忠誠意正
　心, 以至於治國平天下, 灑掃應對, 以至於位天地育萬物, 動靜一循天則而無過無不及
　者, 皆所以循此理也, 此聖人之極功, 理學之實境也, 可不勉哉?"

에 가득한 것은 기氣뿐이라고 말하고, 일동일정一動一靜에 기기氣機가 저절로 그렇다고 말하고 있으며, 심지어는 일신의 주재자에 대해서까지 심즉기心卽氣라고 하고 만선萬善의 실덕實德이란 것에 대해서까지 명덕은 기氣라고 말하고 있다고 하였다. 그는 노자老子, 불교佛敎, 선가禪家의 교리와 고자告子(告不害), 육구연陸九淵, 왕수인王守仁, 나흠순羅欽順의 학설을 모두 기를 주장하는 것으로 이해하고 이들을 모두 통틀어 비판하였다.

곽종석은 이理가 혹 당연한 것이고 까닭임을 아는 이도, 이理와 기氣는 치우치게 주장할 수 없다고 하여 걸핏하면 반드시 이와 기의 합을 말하고 성명性命과 도덕道德의 순수함에 기를 섞어서 혼륜渾淪하게 하지 않음이 없어, 이기를 가지런하게 여기고 대적하는 것으로 보아 경중이 없게 생각하고 있다는 점을 비판하였다. 곽종석은 척발剔撥하여 이理를 말하는 것은 기를 버리는 것이 아니라, 이가 그 바름을 얻게 되면 기가 짝이 되는 것이라고 하였다.[48]

1886년 곽종석은 이만인李晩寅과 편지로 심설心說에 대해 논하였다. 그는 '심心'이라는 한 글자는 포함하는 범위가 매우 넓고 그 의미가 여러 갈래라고 하면서, '심心은 이기理氣를 겸하고 성정性情을 합하고 있다'는 말이 그 통체統體이며, 혼연渾然한 태극太極으로 지극히 허虛하고 지극히 영靈한 것이 그 본체本體라고 하였다. 그리고 청탁혼명淸濁昏明하여 품부받은 것이 가지런하지 않은 것이 그 편체偏體이며, 밖은 둥글고 가운데는 구멍이 있어 혈육血肉이 엉기어 이루어진 것이 그 당체當體라고 하였다. 당체當體의 심心은 다만 이 심心이 사는 집이고 의가醫家에서 보사補瀉하는 바이며, 편체偏體의 심心은 다만 이 심心의 바탕이자 도구이고 불씨佛氏가 말하는 심이라고 하였다. 여기에서 당체當體와 편체偏體의 심

---

48 『俛宇文集』 권130, 雜著, 理氣論 己亥.

心은 군자가 심心이라고 말하지 않는, 오직 여러 성인이 서로 전해 온 지결訣인데 이 심이 통체라는 것을 알고 나면 그 진절眞切한 구경究竟은 진실로 본체에 있고 본체가 서고 나면 통체의 설은 방편일 뿐이라고 하였다.[49]

또한 곽종석은 옛사람도 겸이기兼理氣를 말하면서 겸兼한다는 가운데서 주主와 자資, 경輕과 중重을 판연하게 나누어 보았는데, 근래의 사람은 겸兼을 말하면서 '겸兼'이란 글자를 대등하다는 뜻으로 보고 있다고 지적했다. 그래서 자기도 모르는 사이에 권세와 호령이 한결같이 기氣로 돌아가 이理는 한갓 혹처럼 붙어있는 물건이 되어 버렸을 뿐이라고 하였다. 이런 가운데 심즉기의 설이 드디어 천하에 만연하여 금할 수 없게 되었으니, 이러한 현실을 그저 보고만 있을 수 없어 심즉리설을 짓고자 하지 않아도 말 수가 없었다고 하였다.[50]

곽종석은 이理가 기氣를 부림은 군君과 신臣의 관계와 같고 기氣가 이理에 짝이 됨은 부부의 관계와 같다고 하였다. 군신이 합하여 나라가 되고 부부가 합하여 가정이 되니 이곳이 곧 심이 이기를 겸한다는 설이라고 하였다. 그러나 나라는 임금으로써 주主를 삼고 가정은 남편으로써 주를 삼는 것이 바꿀 수 없는 진리라고 하였다. 그러나 시대가 변하여 명분이 문란해지니 신하가 권력을 휘두르고 부인이 가문을 유지하는 자가 있어 말하기를 나라는 신하, 가정은 부인이라는 설이 나오게 되었다는 것이었다. 이에 세상을 근심하는 군자가 있어 대의大義를 잡고 구제하여 말하기를 나라는 곧 임금, 가정은 곧 남편이라고 하게 되었는데, 옆에서 어찌하여 나라에서 신하를 빠트리고 가정에서 부인을 쫓아내었

---

49 『俛宇文集』 권13, 書, 與李監役 丙戌.
50 『俛宇文集』 권13, 書, 與李監役 丙戌.

느냐고 나무란다면 이것은 시세時勢에 어둡고 절실하지 않은 말이라고 하였다.[51]

곽종석은 1899년 이병호李炳鎬에게 답한 편지에서도 심즉리설을 논하였다. 이병호가 본심本心이 진실로 이理이지만 '즉'卽 자가 너무 급急하다고 하자, 곽종석은 이 심은 진실로 본심을 가리키기 때문에 이와 같이 설명할 수가 있는 것이고 범범하게 심을 말하면 또한 마땅히 이기를 합한다고 말해야 한다고 하였다. 그는 기질지성은 미발未發의 상태에서는 말할 수 없다고 하면서 『성학십도』의 「심통성정도」心統性情圖의 중도와 하도를 취하여 증거로 제시하였다.[52] 또 조긍섭曺兢燮에게 답한 편지에서는 이진상이 심즉리의 설을 주장하여 여러 사람의 거슬림을 받으면서도 두려워하지 않았던 것은 진실로 심에서 귀한 바의 것은 본심이고 진심이며 주재의 심이라고 생각했기 때문이라고 하였다. 이 본심, 진심, 주재의 심이 이理라면 심의 정명正名이 이理에 있는 것이었다. 그러면서 그는 전통적으로 심心을 합이기合理氣라고 말하는 것은 심의 본말本末과 진가眞假, 주재主宰와 복역僕役을 통합하여 그 전체를 말하는 것이지 이와 기를 대항하거나 대적하는 관계로 보는 것은 아니라고 하였다. 그러므로 옛사람이 "심心이 태극太極이 된다", "심心이라는 것은 천리天理가 사람에게 있는 온전한 모습이다"라고 했으니 이것은 모두 이기理氣가 합해져 있는 곳에 나아가 이理를 떼어 내어서 홑지게 말한 것이라고 하였다.

곽종석은 이황이 "심心의 미발未發에는 기氣가 용사用事하지 않고 오직 이理일 뿐이다"라고 했고, 김우옹金宇顒이 "천군天君의 초명初名은 이理인데 이미 사람에게 봉해져 이름을 고쳐 심心이라고 한다"라고 했으니

---

51 『俛宇文集』 권13, 書, 與李監役 丙戌.
52 『俛宇文集』 권36, 書 答李子翼.

이것은 모두 기를 버리고 홀로 이를 지적하는 데 혐의가 되지 않는다고 말했다. 군자는 기질의 성을 성이 아니라고 한다 하였으니, 기가 섞인 심 역시 군자가 심이 아니라고 말할 수 있다는 것이었다.

곽종석은 성性에 혹 기氣가 섞여 있더라도 그 본선本善을 지적하자면 성즉리性卽理이므로, 심心이 기氣를 합하고 있으나 이 또한 그 본선本善을 지적하여 심즉리心卽理라고 말할 수 있다고 하였다. 그는 심心은 '즉리'卽理라고 말하지 않으면 사람이 이 심이 본선이라는 것을 알지 못해 장차 진망眞妄이 서로 섞인 것으로 본심을 삼게 되는 반면, '합기'合氣라고 말하지 않으면 사람이 성찰省察하고 교정矯正하는 공功을 즐겨 쓰지 하지 않아서, 장차 이 심이 발하는 것 중에 지극한 이理가 아닌 것이 없다고 여겨 뜻을 경솔하게 하고 망령되게 행동할 것이라고 하였다.[53]

또한 곽종석은 맹자가 성선性善을 주장하고 정이程頤가 성즉리性卽理를 주장하여 성선과 성즉리의 핵심이 밝게 드러났는데, 심心 한 글자에 대한 견해가 분분하여 심心의 본체가 선善하다는 견해를 공격하고 심心은 곧 기氣라는 설이 나오게 됨으로써 천하의 심성설이 어지럽게 되었다고 보았다. 이에 이진상이 맹자와 정이의 유서遺緖를 잇고 주희와 이황의 정전正傳을 고증하여 심즉리의 설을 지어 왕수인의 그릇된 견해를 분변하고 세상의 유자들의 시끄러움을 타파하려 하였다는 것이다. 곽종석은 이러한 이진상의 공은 성즉리를 주장한 정이보다 못하지 않다고 하였다.[54]

곽종석은 정이의 성즉리性卽理설과 정이程顥의 성즉기性卽氣설을 모두 인정하고, 이것은 성을 본연지성本然之性과 기질지성氣質之性으로 크게

---

53 『俛宇文集』 권85, 書, 答曺仲謹.
54 『俛宇文集』 권128, 雜著, 心性雜記 癸酉.

나눈 것이라 인정하면서 이를 다시 그 나름대로 새롭게 자세히 분석하여 제시하고 있다. 그는 성을 본체本體의 성性, 기품氣稟의 성, 형체形體의 성, 형기形氣의 성, 기질氣質의 성이라는 다섯으로 나누었다.

먼저 본체의 성은 건순健順(陰陽)과 오상五常(仁義禮智信)이 혼연渾然히 갖추어져 선善이 있고 악惡이 없는 것이라고 하였다. 기품의 성은 기의 품부받은 바에 따라 성에 편전다과偏全多寡가 있는 것이니 사람의 기氣가 바르면 그 성이 온전하고, 물物의 기氣가 치우치면 그 성이 또한 치우치는 것이라 하였다. 목기木氣가 많으면 인仁이 많고 금기金氣가 적으면 의義가 부족한 것이 기품의 성이라는 것이다. 이것은 본체가 혼연渾然한 가운데에 실로 분수分殊의 묘妙가 밝게 있으니, 지적하여 말할 때 합하거나 나누어 보는 것이 있을 뿐이지 두 가지 물건이 있는 것은 아니라고 하였다.

형체의 성으로 말하자면, 무릇 이 형形이 있으면 반드시 형의 이理가 있으니 귀의 성性은 귀가 밝고, 눈의 성은 눈이 밝고, 손의 성은 공순하고, 발의 성은 무거운 것이라고 하였다. 형기의 성으로 말하자면, 이미 형기가 있으면 모름지기 보호하여 기르고 제생濟生하는 이理가 있으니 눈이 색에 대해서와, 귀가 소리에 대해서와, 입이 맛에 대해서와, 코가 냄새에 대해서와, 사지四肢가 편안함에 대해서의 성을 말한다고 하였다. 기질의 성은 성性이 기질氣質에서 변하여 강선剛善, 강악剛惡, 유선柔善, 유악柔惡이 되는 것이라고 하였다. 기氣는 지知에 속하고 지우智愚는 청탁淸濁에서 나누어지며, 질質은 행行에 속하는데 현불초賢不肖가 수박粹駁에서 나누어지니 기질의 성이 이로 말미암아 이름이 생긴 것이라 하였다. 또 기품의 성에서 논의하는 편전다과偏全多寡와 같은 것은 청탁淸濁과 수박粹駁과는 관계가 없다고 하였다. 비록 청수淸粹하나 스스로 인仁이 치우치고 의義가 치우친 경우가 있고, 비록 탁박濁駁하나 인이 많고

의가 많은 경우가 있다고도 하였다. 이것은 기품의 분수分數와 관계가 있지 기질의 모습과는 관계가 없다는 것이고, 따라서 편전다과로 기질의 성에 해당시키는 것은 마땅하지 않다고 보았다.

곽종석은 형체의 성이란 맹자가 '형색形色은 천성天性'이라고 이른 성이며, 천성은 기질의 성이라고 말할 수 없다고 하였다. 종래 학자들은 형기의 성이 기질의 성이라고 하였으나, 이것은 대체를 설명한 것이고 일에 나아가서 제대로 이름을 붙인 것은 아니라는 것이었다. 이목구비耳目口鼻와 사지四肢는 형形이고, 성색취미안일聲色臭味安逸의 느낌은 기氣가 서로 끌어당기는 것이고, 이理가 이로 인해 발하니 형기의 성이라고 이르지 기질의 성이라고 이를 수 없다는 것이다. 이는 질質의 수박粹駁이 아직 이때에는 간여함이 없기 때문이라고 설명하였다. 이미 발함에 미쳐 선善과 불선不善이 있는 뒤에야 기질의 성을 말할 수 있다는 것이다. 기질의 성은 마땅히 선과 악이 가지런하지 않은 때에 이름하여 말할 수 있지, 선이 있고 악이 없는 때와 선과 악이 나누어지지 않은 상태에서는 말할 수 없다고 하였다.[55]

사실 18세기 기호 학계에서 호론湖論은 기질氣質을 심체心體에 해당시키고 편전偏全을 본연本然으로 이해하였다. 심을 기질로 보고 편전을 본연성으로 보아 성인과 범인의 심체가 다르고 인성과 물성이 다르다고 주장한 것이다. 그런데 곽종석은 편전偏全과 다과多寡를 본체의 성으로 규정하고 기질의 성은 청탁淸濁과 수박粹駁에 의해 강선剛善, 강악剛惡, 유선柔善, 유악柔惡이 되는 것이라고 하였다. 또 종래의 본연성이 본체의 성, 기품의 성, 형체의 성, 형기의 성으로 세분되고, 기질의 성은 편전과 다과와는 관계가 없는 것으로 설정하였다.

---

55 『俛宇文集』 권130, 雜著, 釋性 戊戌.

2) 곽종석 이학의 사상사적 의미

곽종석은 영남에서 태어났지만 학파나 당론黨論에 얽매이지 않고 학자로서 평생 공정하고 객관적인 연구 자세를 견지하였다. 그는 자신이 영남 편도 아니고 호서 편도 아니라고 하면서 당론에 얽매이는 삶을 거부하였다. 그는 당론에 연연하여 언급하는 자에 대해서는 바로 사설邪說로 배척하였다. 다만 그의 집이 영남에 있었기 때문에 종유하고 출입하는 사람 중 남인南人이 많았고, 이에 다른 사람이 남인으로 지목하면 자신도 받아들여 사양하지 않았으나 자신의 마음은 빈 배와 같아 매여 있지 않고 오직 물이 흐르는 대로 따를 뿐이라고 하였다. 그는 당쟁이 나라를 망하게 하는 데 이르렀는데도 오히려 이를 더할 바 없는 보물로 생각하여 잡고 있고 몸을 쪼개서도 간직하고자 하니, 장차 인류人類를 망하게 하고 인성人性을 망하게 하려고 하느냐고 통렬하게 비판하였다. 그는 군자라면 마땅히 우리나라 학자의 학설에 속박되지 말고 바로 천고의 위에 심心을 노닐게 하여, 그저 성현을 위하여 정도正道를 밝히고 천지를 위하여 본심本心을 세우며 만세에 걸쳐 오는 자를 위하여 그 직리直理를 열어야 한다고 하였다.[56]

19세기 중엽 이후 영남에서는 이진상에 의하여 심즉리설이 주장되었다. 심즉리설은 기존의 영남이나 기호 학계의 심합이기心合理氣나 심즉기心卽氣의 심성설을 비판하고, 심心의 본체本體를 강조하고 또 심心이 이理의 주재主宰라는 이해 위에서 제창된 독자적인 학설이었다. 이진상은 역사적으로 볼 때 대대로 주기主氣의 학문이 있었다고 하면서 도교, 불교, 양명학 등을 차례로 비판하고 성리학의 주기설主氣說과 심합이기설을 비판하였다.[57] 이진상은 당대 세상의 교화가 쇠퇴하고 선비의 습관이

---

56 『俛宇文集』 권111, 書, 答洪成吉思哲.

   제2부 유림의 이학 수호와 변모 양상

위축되었으며 기학氣學은 안으로 좀먹고 양학洋學은 밖에서 침투하고 있다고 진단하며, 이러한 난세를 만나 동지同志를 거느리고 유학의 도를 지키기 위해 나섰다고 하였다.[58] 그는 역사적으로 다스려진 날이 적고 어지러운 날이 많으며 착한 사람이 적고 악한 사람이 많은 것은 모두 기氣가 강하고 이理가 약하기 때문이라고 생각하였다.[59]

이진상은 자기가 살고 있는 시대가 주기적主氣的 학풍에 의해 혼란이 심해지고 있고, 또 자기가 속한 도덕 사회가 점차 무너지고 있다고 생각했기 때문에 그것을 지키기 위해 순선純善의 이理를 더욱 강조할 필요가 있었다. 그는 이기理氣에 대하여, 심의 진체眞體가 이理라는 것을 분명하게 밝혀 주는 것이 학자가 해야 할 일이라고 여겼던 것이다. 심心이 이기理氣를 합하고 있는 것은 마음이 발發한 이후 기氣가 용사用事한 이후에나 가능한 것으로 이때 마음에는 방벽사치放辟邪侈와 진망眞妄이 함께 있다고 보았다. 그래서 그는 심心이 이기理氣를 합하고 있다고 하기보다는 미발未發에서의 순선純善한 이理만을 강조하고자 하였다.

그리하여 이진상은 옛 성인의 천 마디 만 마디 말이 '주리'主理 두 글자로 귀속되니 치지致知는 이 이理를 밝히는 것이고, 거경居敬은 이 이理를 두는 것이고, 역행力行은 이 이理를 따르는 것이고, 극기克己와 한사閑邪는 이理를 해치는 것을 제거하는 바일 뿐이라고 하였다.[60] 이진상은 이理가 항상 기氣를 부리면 세상이 어지럽거나 악한 일이 일어나지 않는다고 여겼다. 반면 기氣가 도리어 이理를 부리면 신하가 도리어 임금을 협박하기 때문에 다스려지는 날이 적고 어지러운 날이 많으며 착한 사

---

57 『寒洲文集』 권29, 序, 理學綜要序.

58 『寒洲文集』 권13, 書, 答金聖夫.

59 『寒洲文集』 권14, 書, 答宋康曳.

60 『寒洲文集』 附錄, 권1, 年譜, 庚午.

람이 적고 악한 사람이 많아질 뿐이라고 하였다.[61]

이진상은 당시를 기학氣學이 판을 치는 시대로 인식하고 세교世敎가 더욱 무너져 가는 현실에서 비록 미약하나마 자신의 힘으로 이학을 통해 기학氣學과 양학洋學이 풍미하는 시대를 구제하려고 하였다.[62] 그리하여 주자학에 근거를 두되 평이하고 간명한 심즉리설로 어려운 시대를 극복하려고 하였다. 그는 이理를 밝히는 요점은 기氣를 항복시키는 데 있다고 여기고[63] 주기主氣의 학學이 학계에 만연하는 현실을 이학으로 막으려고 하였다.[64]

이진상의 아들 이승희는 온 천하가 모두 기권세계氣圈世界로 변하여 이 이理라는 글자를 편안히 둘 곳이 땅 한 치도 없으니 한 조각 동토東土에 이학의 명맥이 끊어지지 않은 형세가 마치 실처럼 가느다랗다고 우려하였다. 그는 영남에서 이황의 학통을 이은 이들이 이 이理와 기氣를 합하여 주재主宰로 삼아서, 도무지 일통一統의 상황이 없어 약국弱國으로 변하고 임금은 미약하고 신하는 강해지고 있어 항상 역란逆亂이 안에서 일어날까 두려운데, 어느 여가에 강적强敵을 막아 깨끗이 물리치는 공功을 거둘 수 있겠느냐고 하였다. 그는 바로 자기의 아버지 이진상이 이러한 시대적 상황 속에서 심즉리 세 글자를 제창하였다고 여겼다.[65]

곽종석은 이진상의 문하에 나아가기 전에 이미 심체心體가 이理가 됨을 알았고, 문하에 나아가서 가장 먼저 심즉리설을 터득하여 바로 신복信服하였다.[66] 그는 천天, 명命, 심心, 성性을 모두 이理의 관점으로 해석

---

61 『寒洲文集』 권19, 書, 答郭鳴遠疑問 贅疑錄 庚午.

62 『寒洲文集』 권15, 書, 答許退而.

63 『寒洲文集』 권16, 書, 答李器汝.

64 권오영, 「한주 理學의 전통과 사상사적 의의」(『한주 이진상 연구』, 경북대학교 퇴계연구소 편, 역락, 2006).

65 『韓溪遺稿』 1, 書, 李監役君宅.

하였다. 그는 천은 이의 본원本原이고 명은 이의 유행流行이고 성은 이의 각구各具이고 심은 이의 총회總會라고 이해하였다. 또한 천명심성이 다만 일리一理이고, 심心은 성性이고, 성性은 천天이라고 하였다.[67]

곽종석은 왕수인王守仁의 심즉리心卽理는 자신들이 말하는 심즉리와는 다르다고 주장했다. 그는 양명학의 심즉리설을 비판하기 위해 심즉기心卽氣설이 제기되었지만 그 설은 사실 얼굴을 바꾼 왕수인일 뿐이라고 하였다. 왜냐하면 왕수인은 진음진양眞陰眞陽이 유행流行하고 응취凝聚한 것을 심이라 이르고 천리天理라 이르기 때문에 이른바 심즉리라고 이르지만 기氣를 이理로 인식하여 말하고 있다고 보았다. 그렇기 때문에 왕수인이 이른바 이理라고 이른 것은 기氣이지 자신들이 이른 인의예지仁義禮智, 애공의별愛恭宜別의 실리實理는 아니라는 것이었다.[68]

곽종석은 심즉기를 주장하는 기호 학계의 학자들에 관하여 비평하기를 왕수인의 심즉리에 대한 대안으로서 기氣를 심心이라고 주장하고 있고, 또 기氣에 착함과 간사한 측면이 있는 것이 본선本善의 뜻에 어긋나는 것 같으니 담일湛一의 기를 끄집어내어 이것을 심心의 본연本然이라고 주장하고 있다고 하였다. 그리고 또 이들은 심즉기의 근거를 주희朱熹의 '심이란 기氣의 정상精爽'이라는 말에서 찾고 있으나, 기氣의 정상精爽이 기의 신명神明이라는 말과 같으니 기氣가 정수精粹하고 밝다는 것을 가리키는 건 아니라고 하였다.[69]

곽종석은 일반적으로 심心에 대해서는 마땅히 이기를 겸한다고만 말하지만 바로 심을 말하면 심즉리라고 말해도 무방하다고 하였다. 그는

---

66 『俛宇文集』 권83, 書, 郭聖緒徽承.
67 『俛宇文集』 권130, 雜著, 柳省齋重敎心說辨 辛卯.
68 『俛宇文集』 권128, 雜著, 心性雜記 癸酉.
69 『俛宇文集』 권130, 雜著, 柳省齋重敎心說辨 辛卯.

자신이 말한 이理는 왕수인이 이른 진음진양眞陰眞陽이 아니며, 인의예지仁義禮智, 애공의별愛恭宜別이 자신의 마음을 통섭하는 바라고 하였다. 여기서 곽종석은 성性은 그 미발未發의 진체眞體만을 가리키고, 범범하게 심을 말하면 그 속에는 기의 치우치고 막힌 것도 있게 되지만 바로 성을 말하면 그 순수한 이理만을 지적하는 것이라고 하였다. 그리고 성에 대해 넓게 말하면 또한 기질에 따라 편전偏全이 없지 않으나, 심을 연계시켜 말하면 또한 주재의 이理만을 가리킨다고 하였다. 그렇기에 심心과 성性은 하나면서 둘이고 둘이면서 하나라는 것이었다.[70]

곽종석은 심心을 기氣라고 보는 학설에 대해 깊은 의문을 제기하였다. 그는 정말 심이 기라고 한다면 옛사람이 이른 본심本心이라는 것이 곧 본기本氣인지, 양심養心이라는 것이 양기養氣인지, 인의仁義의 심心이라는 것이 인의仁義의 기氣인지, 이른바 존심存心이라는 것은 존기存氣인지, 양심良心이라는 것은 양기良氣인지, 이른바 심학心學이라는 것은 기학氣學인지를 반문하였다.[71]

곽종석은 우리나라에서 심心에 대한 설로 대개 두 가지가 있다고 하면서 기호는 이이李珥를 종주宗主로 삼아 심心이 기氣라고 하는 것을 지결旨訣로 삼고 영남은 이황李滉을 종주로 삼아 심心을 이기理氣를 합한 것으로 보는 것을 공안으로 삼고 있다고 하였다. 여기서 이이는 이기가 각발各發한다는 폐단을 고치고자 하여 심을 기라고 하고 성을 이기의 합이라고 한 것이 그 본지라고 보았다. 곽종석은 이이의 이러한 설은 한때의 일방적인 견해에서 나온 것이라고 보았다. 그 예로 그는 이이가 명덕에 대해서는 노효손盧孝孫이 본심本心으로 본 설을 받아들여 설명하고

---

70 『俛宇文集』 권128, 雜著, 心性雜記 癸酉.
71 『俛宇文集』 권111, 書, 答洪成吉思哲.

　　　　제2부 유림의 이학 수호와 변모 양상

있지만, 『성학집요』聖學輯要에서 일반적으로 심을 말하는 곳에서는 이이 역시 이기를 합한 것으로 설명하였다고 밝히고 있다. 그러다가 한원진, 윤봉구尹鳳九, 임성주任聖周 등에 이르러 오로지 기로써 심心을 설명하게 되었고, 기가 주재가 되고 기가 명덕이 되며 예악禮樂과 정벌征伐이 모두 기에서 나오게 되어 이理는 공연히 붙어 있는 가련한 물건이 되었다고 하였다.

이에 반해 심心이 이기理氣를 합하고 있다고 이르는 영남의 경우에도 진실로 심의 대본大本에 이르러서는 이기를 나란히 쌍으로 두어, 마음 속 대본이 하나가 아니게 되었다고 하였다. 그리하여 이황이 「심통성정도」를 그리면서 합이기合理氣, 통성정統性情을 쓰고 용用과 체體를 논했으나, 오래 세월이 흐르면서 점점 그 진眞을 잃어 이기理氣가 아울러 대적하는 혐의에 이르렀다고 하였다. 그리고 그는 이황이 「심통성정도」 중도中圖에서 이理를 홑지게 지적하여 체용일리體用一理의 실을 밝혔고 하도下圖에서는 기氣를 아울러 지적하여 이기호발理氣互發(各發이 아니라)을 밝혔다고 하였다. 또 일찍이 이황이 "심心의 미발未發에 기氣는 용사用事하지 않고 오직 이理뿐이다"라고 하였으니 바로 그 심체心體를 지적한 것이라고 하였다.[72]

이에 대해 이종기는 이황이 「심통성정도」 하도下圖의 권중圈中에 이기理氣, 허령虛靈 등을 써 두었다고 하면서[73] 심합이기설을 거듭 강조하였다. 그렇다고 하여 이종기가 심즉리설을 전적으로 부정했던 것은 아니다. 그는 성인의 경우는 심즉리라고 말해도 된다고 하면서, 그것은 청명淸明의 기氣가 모두 순리대로 발하기 때문이라고 하였다. 만약 심의

---

72 『俛宇文集』 권130, 雜著, 柳省齋重教心說辨 辛卯.
73 『晩求集』 권4, 書, 答郭鳴遠.

본체로 말할 것 같으면 진실로 이기가 합해져 있기 때문에 학자의 공부는 반드시 주리主理로써 기氣를 제어하고 기를 다스려서 이理에 따르게 해야 한다는 것이었다. 그런데도 곽종석은 심즉리설을 주장하니 중인衆人의 심心마저 욕欲을 따라도 법도에 넘지 않게 된다는 말이 되므로 이 설이 유행한 것은 이미 오래이지만 믿고 따르는 사람은 대개 적다고 비판하였다.[74]

한편 곽종석은 스승 이진상이 심학心學의 요체要諦라고 말한 '지경'知敬을 새롭게 해석하였다. 이진상은 지知는 지智의 용用인데 수水의 신神이 지智가 되고, 경敬은 예禮의 용用인데 화火의 신神이 예禮가 된다고 하였다. 그런데 예지禮智라고 말하지 않고 지경知敬이라고 말하는 것은 심학의 요체가 되기 때문이라 하였다. 심心은 곧 수화水火가 서로 구제하는 곳이고 그 본체本體는 성性이니, 인의仁義는 인도人道의 주主가 되어 정해진 이름이 있지만 예지禮智는 수화水火의 신神이 되어 묘용妙用을 행行한다고 하였다. 그러므로 지知가 일심一心의 총통總統이 되어 물物에 부딪히면 문득 지각知覺을 하니 지知라는 것은 수水를 운행시키는 바이고, 경敬은 일심一心의 주재主宰가 되어 때로 살피지 않음이 없으니 경敬이라는 것은 화火를 단속하는 바라고 하였다.[75]

곽종석은 "심心이라는 것은 일신一身의 주재主宰이고 그 이른바 주재라는 것은 곧 이理이다"라고 하였다. 대개 이기理氣의 합이 심心이 되지만, 이理가 주主가 되고 기氣가 바탕이 되니 이理의 주재主宰에 기氣는 바탕으로 갖추어져 있을 뿐이라는 말이었다. 그는 심心이 동정動靜을 주재한다고 이해하면서, 주재하는 것은 심心이고 성性은 주재로써 말할 수

---

74 『晚求集』 권4, 書, 答郭鳴遠 辛丑.
75 『寒洲文集』 권17, 書, 答金致受問目 戊寅.

없다고 하였다. 또한 미발未發에 엄숙하여 방심하지 않고 이발已發에 빛나서 문란하지 않은 것이 경敬이고, 미발에 밝아서 어둡지 않고 이발에 분명하여 어둡지 않은 것은 지知라고 하였다. 그리고 경이 진실로 예의 덕이나 경은 심이 스스로 주재를 하는 것이고, 지知는 진실로 지智의 덕이나 심의 본래 신명神明한 것이라 하였다.

곽종석은 여기서 성性으로 말하자면 인의仁義가 가장 크지만 심心으로 말하면 지경知敬이 핵심이 되니, 태극도太極圖에서 수화水火가 오행五行이 변하고 합해지는 것의 주主가 되는 것과 같다고 하였다. 심心의 기氣가 천일天一의 수水에서 행하고 심心의 질質이 지이地二의 화火에서 이루어지기 때문에, 지智는 종시終始의 자리에 있으면서 지知가 일심一心의 주재主宰가 되고, 예禮는 응용應用의 궁宮에 있으면서 경敬이 일심의 주재가 된다는 것이다. 그는 지知라는 것은 물을 행하는 바이고 경敬이라는 것은 불을 단속하는 것인데, 물과 불이 서로 쏘지 않기 때문에 지知와 경敬이 서로 어그러지지 않고, 물과 불이 서로 구제하기 때문에 지와 경이 서로 바탕이 된다고 보았다. 물은 밖이 어두우나 불은 밖이 밝기 때문에 지知는 경敬에 바탕하여 바깥까지 철저하게 다 비추고, 불은 안이 어두우나 물은 안이 밝기 때문에 경이 지에 바탕하여 속까지 철저하게 성성惺惺한 것이라 보았다.[76]

또한 곽종석은 심心이라는 것은 기氣, 혈血, 육肉 세 가지의 합인데 심心의 기氣는 지이地二의 화火에서 행하고 심心의 혈血은 천일天一의 수水에서 얻기 때문에 앞에서 말했듯이 예禮가 응용應用의 궁宮에 거居하면서 경敬이 일심一心의 주재主宰가 되고, 지智가 종시終始의 위에 거하면서 지知가 일심一心의 묘리妙理가 된다고 보았다. 그리고 심心의 육肉

<hr>

[76] 『俛宇文集』 권128, 雜著, 心性雜記 癸酉.

은 오五·십十 토土에서 이루어지기 때문에 신信이 총회總會의 지위에 거하면서 성誠이 일심一心의 실덕實德이 된다는 것이다. 심心의 중리衆理를 묘妙하게 하고 만물을 주재主宰하는 것은 지知와 경敬이 하는 일이라고 하였다.[77]

곽종석은 사물이 이르면 지知로 변별하고 경敬으로 방비하고 점검하는데, 주재主宰의 묘妙가 이것에 있다고 하면서, 정情이 발할 때 지知와 경敬이 그 정의 발함을 수재한다고 하였다. 그는 사단과 칠정이 발할 때 지知와 경敬이 인仁의 발發함과 의義의 발함과 예禮의 발함과 지智의 발함과 욕欲의 발함과 희喜의 발함을 주재主宰한다고도 하였다.[78] 또한 지知와 경敬은 이理이지 기氣가 아니니, 주재를 말하면서 기를 끌어당겨와 심心을 중重하게 여기고 심즉기心卽氣라고 말하여 기氣로써 주재主宰를 삼는다면 허다한 추악醜惡이 제멋대로 날뛸 것이라고 하였다.[79]

한편 김진호金鎭祜는 지知와 경敬에 대해서 지智와 지知, 예禮와 경敬의 관계에서 이해하는 대신 역학易學에 근거하여 지知와 경敬을 심心 개념 속에서 논의하면서, 우선 경敬이라는 것은 일심一心의 주主이고 만사萬事의 본本이며, 지知라는 것은 심心이 중리衆理를 묘妙하게 하고 만물萬物을 주재主宰하는 바라고 하였다. 그는 심心의 체용體用으로 논하면 경敬이 심心의 체體가 되고 지知가 심心의 용用이 되며, 심心의 동정動靜으로 말하면 지知가 심心의 동動이고 경敬이 심心의 정靜이 되니 태극太極에 음양陰陽이 있는 것과 같다고 하였다. 여기서 그는 인예仁禮를 지知와, 그리고 지의智義를 경敬과 관련시켜 설명하였다. 왜냐하면 인예仁禮는 체體로 비록 경敬에 근본을 두지만 시작은 동動의 실마리이므로 지知에 속

---

77 『俛宇文集』 권28, 書, 答金致受.
78 『俛宇文集』 권128, 雜著, 心性雜記 癸酉.
79 『俛宇文集』 권128, 雜著, 心性雜記 癸酉.

하고, 지의智義는 용用으로서 비록 지知에서 행行해지지만 마침은 정靜의 바탕이므로 경敬에 속한다는 것이었다. 그는 이러한 주장의 근거로 태극오행太極五行의 화권火圈이 양동陽動에 속하고 수권水圈이 음정陰靜에 속함을 제시하였다. 아울러 그는 수水와 화火가 서로 교제交濟하고 감괘坎卦와 이괘离卦가 서로 쓰임이 되는 점에서도 자기 견해의 정당성을 확보하였다. 지知와 경敬에 대한 김진호의 이러한 깊은 탐구는 수水(坎)와 화火(离)가 서로 교제하고 쓰임이 되듯, 치지致知와 지경持敬을 상호 관계 속에서 이해해야 한다는 주장으로 해석된다.

이진상·곽종석·김진호 등에게서 보이는 지경知敬에 대한 이러한 깊은 학문적 관심과 논의는, 진지眞知를 통해 경敬에 근거한 실천성으로 나아가던 19세기 말기의 이학의 주요 특징으로 보인다.

한편 19세기 성리학계에는 명덕明德에 대한 논의가 활발하게 일어났다. 기호 학계에서는 명덕을 이理로 볼 것인가 기氣로 볼 것인가에 대해 홍직필洪直弼과 이항로李恒老 문하에서 치열한 학설 논쟁이 일어났다. 영남에서는 유치명이 명덕은 이기理氣를 겸兼하고 있는 것으로 보고 '기청이철'氣淸理澈로 설명하기도 하였고[80] 이한응처럼 명덕을 본심本心으로 이해하되 이理를 주主로 하여 파악하기도 하였다. 그런가 하면 이종기는 명덕을 이理 중심로 보는 것에 대해 비판적이었다. 그는 명덕이 이기理氣를 겸한다는 설은 그른 것이 아니라고 하면서, 무릇 이기理氣를 겸한 곳에서는 반드시 이理를 주主로 하기 때문에 이理라고 이르는 것이 진실로 옳으나, 반드시 기氣라는 하나의 글자를 타파할 필요는 없다고 보았다.[81] 김인섭은 심은 이기의 합이지만 명덕은 하늘로부터 얻은 것으로 광명정

---

80 『定齋集』 권17, 雜著, 讀書瑣語.
81 『晚求集』 권3, 書, 答許退而 乙未.

대光明正大하고 허령통철虛靈洞澈한 것을 말한다고 하였다. 그는 명덕을 이기의 합으로 보면서도 스승 유치명이 말한 기청이철氣淸理澈이란 말에서 '청철'淸澈 두 글자가 오로지 기氣에 속하니, 이허기령理虛氣靈으로 이해하는 것이 나은 것 같고, 명덕은 오직 허虛하기 때문에 중리衆理를 갖추고 있고 오직 영靈하기 때문에 만사萬事에 응하는 것이라고 하였다.[82] 이같이 이종기·김인섭의 견해는 이상정과 유치명의 명덕에 대한 이해를 계승하고 있다.

그런데 명덕에 대해 전통적인 이해 방식에서 벗어난 새로운 학설이 곽종석에 의해 제출되었다. 이진상은 명덕을 심心의 이理로 이해하고, 인의예지仁義禮智의 덕德이 지닌 체體가 광명光明하여 어둡지 않고, 효제충정孝悌忠貞의 덕德이 지닌 용用이 거울처럼 비추어 어긋나지 않는 것이 명덕의 실實이라고 하였다.[83] 이진상은 우선 명덕은 심의 본체에 해당한다고 하였다. 이러한 명덕에 대한 이진상의 설을 계승하여 허유는 명덕을 의리義理의 심心이라고 보고 이 심心은 성인聖人과 범인凡人이 똑같이 부여받은 바라고 하였다. 허유는 명덕을 기氣라고 보거나 명덕이 이기理氣를 겸하고 있다고 이해하게 되면 인人과 물物이 구별이 없어지게 된다고 우려하였다.[84] 허유는 『대학』의 '명덕'에 대한 해석에서 '사람이 하늘로부터 얻은 것'이라고 말하면서 물物을 말하지 않은 이유에 대해 성性은 사람과 물物이 다 소유하고 있지만, 명덕은 오직 사람이 소유하고 있기 때문에 주희가 특별히 명덕의 해석에 '사람 인'人 자字를 제시하여 사람이 금수와 다른 까닭을 밝혔다고 하였다. 따라서 그는 명덕을 기氣라

---

82 『端磎文集』 권15, 雜著, 明德.

83 『寒洲文集』 권32, 雜著, 明德說.

84 권오영, 「한주 理學의 전통과 사상사적 의의」(『한주 이진상 연구』, 경북대학교 퇴계연구소 편, 역락, 2006).

고 하거나 기氣를 겸했다고 하면 사람과 물物이 구별이 없게 되어 그 폐
단으로는 중국中國이 이적夷狄으로 전락하고 인류人類가 금수禽獸로 변
하게 될 것이라고 보았다.[85]

곽종석은 명덕은 심心의 아름다운 이름인데, 심心이라고 말하면 이
기理氣를 겸하지만 명덕이라고 말하면 그저 이理만을 가리킨다고 하였
다. 명明이라는 것은 이理의 본연本然이고 덕德이라는 것은 이理를 얻어
지니고 있음이고, 중리衆理를 갖추고 있다는 것은 이理의 체體이고 만사
에 응한다는 것은 이理의 용用이라는 것이다. 곽종석은 이렇게 명덕에서
기를 철저히 배제해 버렸다.[86] 그는 명덕은 다만 성정性情을 통섭하는 심
心이니 심心의 본체本體는 곧 명덕의 본체인데, 본체는 바르지 않음이 없
고 밝지 않음이 없다고 하였다. 그러나 명덕이 때에 따라 바르지 않고 밝
지 않은 것은 그 용用이 기氣에 가리어지고 욕欲에 빠졌기 때문이라고 하
였다. 따라서 그는 명덕은 기氣와 섞지 않고 파악해야 한다고 하였다.[87]

그런데 곽종석의 명덕에 대한 이해는 점차 변모하였다. 그는 근세에
심의 핵심이 밝혀지지 않아 명덕을 흩지게 기氣라고 말하는 자도 있고
기를 겸한 것이라고 말하기도 하는데 그 이유는 명덕을 심心이라고 보
기 때문이라고 하였다. 그는 명덕을 도리道理를 가리키는 것으로 이해하
고 심心의 본체本體가 곧 도리이고 명덕의 본체도 곧 도리라고 하였다.[88]
곽종석은 명덕은 심心의 본체本體와 심心의 묘용妙用을 함께 거론하는
것이 온당하다고 보고, 다만 심心을 바로 명덕이라고 하고 수신실덕修身
實德을 명덕에 포함하여 설명하지 않는 것은 문제가 있다고 하였다. 명

---

85 『后山文集』 권5, 雜著, 縣學講義.
86 『俛宇文集』 권129, 雜著, 理訣中, 明德理.
87 『俛宇文集』 권130, 雜著, 柳省齋重教心說辨 辛卯.
88 『俛宇文集』 권28, 書, 答金致受.

덕이 심心이라면 명덕을 설명하면서 '인지소득호천'人之所得乎天이라고 한 곳에 왜 심心이라는 글자가 보이지 않으며, '인人의 본심本心이 하늘에서 얻은 바'라고 말하지 않았느냐는 것이다.

곽종석은 심心과 덕德은 다른 것이라고 보고, 대개 덕德이라는 것은 만선실득萬善實得의 총칭總稱이고 심心의 허령虛靈, 성性의 인의仁義, 정情의 애경愛敬, 행行의 충효忠孝, 백체百體의 총명공중聰明恭重이 덕德이 아닌 것이 없다고 하였다. 그는 물物, 지知, 의意, 심心, 신身이 모두 명덕明德에 속하고 격格, 물致, 성誠, 정正, 수修는 모두 명덕을 밝히는 일이라고 하였다. 그는 명덕을 심心이라고만 말해 버린다면, 심心이 바르게 되면(心正) '명명덕'明明德의 일이 마쳐지게 되어 버려 수신修身은 혹처럼 붙어 있는 것이 된다고 하였다. 명덕은 자기에게 도리道理의 실實을 얻은 것으로 보아야 하고 심신心身과 성행性行을 포함하지 않는 적이 없다고 하였다. 그러면서 그는 심心이 명덕이 아니라고 말하는 것이 아니라 명덕이 '단지 심心일 따름이다'라고 말하는 것은 온당하지 않다는 것이라고 하였다.[89]

이같이 곽종석은 심心이 명덕이 아니라는 것이 아니라 심心의 본체도 명덕이지만 행行의 실제 모습도 명덕이라고 말하였다. 따라서 격치格致로부터 정수正修에 이르기까지 모두 명명덕의 일이라고 할 수 있다는 것이다. 그는 충효공중忠孝恭重을 영성零星하고 자질구레한 도리라고 하여 명덕이라고 하지 않고, 홀지게 본체가 하늘에서 얻은 것에 집착하여 충효공중을 버리고 명덕이라고 한다면 이른바 명덕이라는 것을 장차 어디에 쓰겠느냐고 하였다. 그는 의리의 심心이 진실로 명덕이지만 의리의 행行도 명덕이라고 하였다.[90]

---

89 권오영, 「19세기 江右學界와 金鎭祜의 學問活動」(『南冥學研究』 21, 경상대학교 남명학연구소, 2006) 26쪽.

90 『俛宇文集』 권18, 書, 與許后山 丁酉; 答許后山.

　　곽종석은 명덕은 오로지 심으로써 말할 수 없는 것 같다고 하였다. 그는 대개 경전 중에 덕德 자를 말한 곳은 그 면모와 의미가 모두 심心 자와는 크게 다르다고 하며 안으로는 인의예지, 밖으로는 충효경자忠孝敬慈가 모두 덕이라고 하였다. 그는 『서경』 고요모皐陶謨의 구덕九德과 홍범구주洪範九疇의 삼덕三德, 『주관』周官의 육덕六德과 『중용』中庸의 삼달덕三達德이 대부분 행行으로부터 얻어서 이루어진 덕으로 설명할 수 있는 것이지, 심자로써 이러한 말들을 설명할 수 없다고 하였다. 비록 『대학』大學으로 말하더라도 격물에서 수신에 이르기까지 모두 명명덕의 일에 속하는데, 지금 명덕이 심이라고 말해 버리면 명명덕의 공부는 정심에 그쳐 버려 수신은 참여할 수 없게 된다는 것이었다. 또한 그는 명명덕을 명심明心으로 보아 버리면, 명심이라고 이르는 것은 다만 격치格致의 일에만 해당하게 된다고 하였다. 『대학』의 「보망」補亡 장에 나오는 '오심吾心의 전체대용全體大用이 밝혀지지 않음이 없다'는 말이 그것을 이른 것이라고 하였다. 명덕이 과연 심의 다른 이름이라면 경문經文에 어찌하여 바로 명심明心이라고 말하여 신민新民과 대對를 하여 간결하고 명백하게 표현하지 않고 따로 하나의 이름을 세워서 여러 경전 속의 준덕峻德, 달덕達德, 의덕懿德, 대덕大德 같은 용어와 더불어 의심스럽게 섞여 있겠느냐고 하였다.[91]

　　곽종석은 명덕은 도리를 하늘에서 얻은 것인데 물物에 있어서는 물의 덕이 되고 지知에 있어서는 지의 덕이 되고 의意에 있어서는 의의 덕이 되고 심心에 있어서는 심의 덕이 되고 신身에 있어서는 신의 덕이 된다고 보았다. 그는 격格·치致·성誠·정正·수修 다섯 가지는 모두 명명덕의 일이 되고 정심 한 조목만 명명덕에 해당할 뿐이 아니라는 것이다.

---

91 『俛宇文集』 권32, 書, 答李啓道.

그는 덕으로써 덕을 말하면 심성정행心性情行이 모두 덕이지만, 심으로써 덕을 말하면 성정체용性情體用은 오히려 해당하는 바가 있지만 사친효事親孝, 사군충事君忠, 수용공手容恭, 족용중足容重이 실행에 드러난 것은 이미 심에 해당하지 않는다고 하였다.[92] 곽종석은 명덕을 하늘에서 얻은 심心의 본체本體를 가리킬 뿐만 아니라 행사行事를 통해 얻어지는 충효공중忠孝恭重까지도 포함하는 것으로 해석하였다. 이러한 점이 바로 그의 스승 이진상 및 허유·김진호 등 동문들의 명덕에 대한 설과 변별되는 가장 특징적인 차이이다.[93]

곽종석은 1914년에 최익한崔益翰에게 보낸 편지에서도 명덕에 대해 심이 진실로 명덕이지만, 명덕을 곧 심이라고 말할 수는 없다고 하면서, 물物·지知·의意·심心·신身이 명덕의 세목이 된다고 하였다. 그는 명명덕은 『대학』의 강령 중의 대강령이 된다고 하면서, 온 천하가 명명덕에 해당되며 천하가 비록 넓으나 자신의 분수 내에 있는 것이라고 하였다.[94]

이같이 곽종석은 명덕을 단지 심心이라고 보는 것에 반대하고 도리道理로 보아 심心·신身·성性·행行을 모두 포함하여 이해하였다. 명덕의 해석에 있어 곽종석은 명덕의 외연外延을 심心에 국한시키지 않고 심身·성性·행行까지 포함하여 이해하여 치국평천하治國平天下의 범위에서 파악하고자 한 것이 특징이다. 이러한 곽종석의 명덕에 대한 해석은 당시 현실 인식에 대응하는 그의 실천적 성향에도 영향을 미쳤던 것으로 이해된다.

그렇다면 이러한 곽종석의 명덕설은 어떤 사상사적 맥락에서 이해할

---

92 『俛宇文集』 권18, 書, 答許后山.

93 崔錫起, 「俛宇 郭鍾錫의 明德說 論爭—李承熙·許愈·金鎭祜와의 논쟁을 중심으로」 (『南冥學研究』 27, 경상대학교 남명학연구소, 2009).

94 『俛宇文集』 권125, 書, 答崔雲擧 甲寅.

수 있으며, 그 의미는 무엇일까? 사실 곽종석에 앞서 이미 정약용丁若鏞
은 덕德에 대해서 새로운 해석을 하였다. 그는 덕德에 대한 기존의 주자
학적 해석을 단호히 거부하고 덕德은 성性과 행행行으로 인因하여 그 이름
이 있다고 하였다. 명命과 도道로 인因하여 성性의 이름이 있고, 자기와
타인의 관계로 인하여 행行의 이름이 있고, 이 성性과 행行으로 인하여
덕德의 이름이 있다는 것이다. 따라서 그에 의하면 한갓 성性만으로는
덕德이 되지 못한다. 자기 자신이 타인과 더불어 살아감에 있어 반드시
친친親親에 말미암으니 친친이라는 것이 바로 효제孝悌라는 것이다. 그
는 효제孝悌에 근본根本하여 구족九族에게 친親하게 하는 것을 명덕明德
이라고 이해하였다. 『대학』大學의 도道는 명덕을 밝히는 데 있는데, 옛
날에 천하에 명덕을 밝히고자 하는 자는 먼저 그 나라를 다스렸으니,
이른바 평천하平天下를 하고자 하면 먼저 나라를 다스리는 데 있다고 한
것이 효제자孝悌慈일 뿐이라고 하였다.[95]

　정약용은 심心 속에는 본래 덕德이 없는 것이라고 하였다. 그는 덕은
직심直心을 행하는 것이라고 하고, 선善을 실행한 후에 덕이라는 명칭이
성립된다는 것이다.[96] 따라서 행사行事로 나타남이 없다면 덕이 될 수가
없다는 것이다. 그는 사람이 선을 행함에 있어 오륜五倫의 범위 안에서
벗어나지 않는 것이고 보면, 또한 오륜을 버리고서 덕이라고 말할 수는
없다는 것이다.[97]

　곽종석은 명덕을 단지 심心이라고 보는 것에 반대하고 도리道理로 보
아, 명덕의 외연을 심心에서 크게 넓혀 신身과 성性과 정情과 행행行까지 포
함하여 이해하였다. 그의 이학은 명덕의 외연을 정심正心의 심心뿐만 아

---

95 『與猶堂全書』第一集, 詩文集 第10卷, 文集, 原, 原德.
96 『與猶堂全書』第二集, 經集 第一卷, 大學公議 1, 在明明德.
97 『與猶堂全書』第1集, 詩文集 第19卷, 文集, 書, 答方山李道溟.

니라 수신제가치국평천하修身齊家治國平天下의 범위에까지 넓혀 수신실덕修身實德을 포함하는 의미로 해석하였다. 이러한 곽종석의 견해는 정약용의 덕에 대한 해석을 일부 계승하여 새로운 시대에 맞게 재해석한 것으로 보인다. 곽종석이 명덕에 대한 해석에서 이제 심心의 와굴窩窟에서 벗어나 행사行事에 이르기까지 명덕의 범위를 넓혀 이해한 것은 조선 유학자가 이제 동서東西의 다양한 문물文物을 수용하면서 조선의 자주自主와 독립獨立을 만국萬國에 호소해야 하는 이론직 필요성에서 나온 것으로 보인다. 그것은 바로 정약용에 의해 성性과 행行을 포함하는 덕德에 대한 새로운 해석을 받아들여 이루어낸 학문적 업적인 것이다.[98]

4. 맺음말

곽종석은 스승 이진상의 심즉리心卽理설을 잘 계승하여 발전시켰다. 그는 심心에 대해 일반적으로 말하면 이기理氣를 합하고 있다고 할 수 있지만 바로 본체本體를 지적하면 심즉리라고 말할 수 있다고 하였다. 대개 기氣를 합하여 말하지 않으면 사람이 장차 심心의 발하는 바 중에 천리天理가 아닌 것이 없다고 여겨 성찰省察 극치克治의 공을 즐겨 힘쓰지 않을 것이고, '즉리'卽理라고 말하지 않으면 사람이 이理의 순선純善이 심心의 본연本然이 된다는 것을 몰라 배양培養하고 확충擴充하는 공을 더하지 않을 것이라고 여겼다.[99]

곽종석은 심心의 본체本體를 이理라고 보아 이진상의 심즉리설과 칠

---

98 권오영, 「조선후기 유학자의 대학 이해」(『한국문화』 48, 서울대학교 규장각한국문화연구원, 2009).

99 『俛宇文集』 권130, 雜著, 柳省齋重敎心說辨 辛卯.

정이발七情理發설을 변호하고 지지하였다. 심心을 기氣로 이해하면 기발氣發만을 인정하게 되듯이 심心을 이理로 이해하면 당연히 사단四端도 칠정七情도 이발理發로 이해할 수 있게 된다. 그리고 기발氣發은 심心이 발發하는 곳에서만 인정이 된다. 영남 이학은 이진상과 곽종석에 이르러 이같이 칠정을 이발로 인정하게 되었다.

곽종석은 이진상의 이학을 계승하면서 심성정心性情이나 명덕에 대해 새롭게 해석하여 이학을 발전시켰다. 그는 성性을 본체本體의 성性, 기품氣稟의 성, 형체形體의 성, 형기形氣의 성, 기질氣質의 성이라는 오성五性으로 나누어 설명하였다. 그리고 『예기』禮記의 「예운」禮運과 「악기」樂記에 나오는 정情을 분석하고 발명하여 애愛·낙樂·희喜·우憂·애哀·오惡·노怒·분忿·욕欲·구懼의 십정十情으로 나누어 그림으로 그리고 뜻을 제시하였다. 그는 정情에 대해서도 종래의 칠정에서 십정으로 그 외연을 넓히면서, 인의예지仁義禮智 사단四端에 오행五行의 상생相生과 상극相克설을 연결시켜 이 십정을 설명하였다.

또한 곽종석은 심학心學의 요체인 지知와 경敬에 주목하였다. 그는 정情(사단칠정)이 발할 때에 지와 경이 그 정의 발함을 주재主宰한다고 하였다. 지경知敬에 대한 곽종석의 이러한 깊은 논의는 시대를 구제해 나갈 진지眞知와 실천의 이론을 확보하려는 학문적 노력으로 이해된다.

한편 곽종석은 명덕明德에 대해 새롭게 해석하였다. 그는 심心과 덕德은 다르다고 보고, 물物, 지知, 의意, 심心, 신身이 모두 명덕에 속하며 격格, 치致, 성誠, 정正, 수修는 모두 명덕을 밝히는 일에 해당한다고 하였다. 그는 명덕을 심心이라고 한다면 정심正心에서 '명명덕'明明德의 일이 마쳐지게 되어 버려 수신修身은 혹처럼 붙어 있는 것이 된다고 하면서, 명덕은 도리道理의 실實을 얻은 것이고, 심心과 신身, 성性과 행行을 포함하지 않는 바가 없다고 하였다. 그러면서 그는 자신이 명덕을 심心

이 아니라고 말하는 것이 아니라, 명덕이 단지 심心이라고만 말하는 것은 온당하지 않다고 주장하는 것이라고 하였다. 이러한 곽종석의 명덕에 대한 새로운 해석은 세계 각국의 사상과 문화를 수용할 수 있는 이론적 토대가 되었다.

그런데 19세기 말부터 곽종석은 서구의 공법公法과 철학哲學에 대해 깊은 관심을 나타내었다. 1899년 곽종석은 독일의 블룬칠리Johannes C. Bluntschli가 쓴 『공법회통』公法會通을 읽고 서구는 오로지 권리權利의 말단을 일삼고 있다고 비판하면서, 인성人性의 고유한 인의仁義에 의거하여 공법이 시행되기를 바랐다. 또한 서구에서 공법과 종교가 분리되어 있는 것을 보고 법法과 교敎가 분리되지 않아야 하며, 그 공법도 인의의 교로 근본을 삼아야 한다고 하였다. 그는 공법을 법法이라 하면서도 그것이 교敎가 되지 못한다면 천하의 공법이라 할 수 없다고 하였다.[100]

또한 곽종석은 1912년에는 구주歐洲의 철학과 과학에 대해서도 언급하였다. 그는 구주의 제반 과학이 그 근원은 모두 그리스의 철학에서 나왔다고 하면서, 조선의 지식인이 구주의 과학기술에 현혹되고 부강富强의 힘에 위협을 받아 신학新學으로 달려가는 모습을 지켜보며 장차 천하가 서구화가 될 것임을 우려하였다. 그는 구주의 힘은 과학기술과 공리功利의 사私를 중시하는 데 있다고 보았다. 그러나 그는 철학은 과학의 할아버지이고 그리스는 구주의 스승이라고 하여, 철학이 애초부터 공리功利의 사심私心이 있었던 것이 아니라 다만 기화氣化를 진리眞理로 알았을 뿐이라고 이해하였다. 철학이 구주에서 쇠퇴하면서 기독교가 성했지만 근세에 구주에서 프랑스의 데카르트와 영국의 베이컨 등이 이理를 중시하는 철학의 계통을 세워 인민의 이상理想을 진작한 덕분

---

100 『俛宇文集』 권141, 跋, 書公法會通後 己亥.

에 철학에 새로운 변화가 일어나고 있다고 이해한 그는 부분적으로 서구의 철학을 수용하는 자세를 보이고 있다.[101]

　서구의 공법과 철학, 과학에 대한 곽종석의 관심 증대와 더불어 1919년에 그의 이학은 이제 조선의 독립과 세계 각국의 평화를 지향하는 방향으로 변모하였다. 곽종석 등은 프랑스 파리에서 만국평화회의가 열린다는 소식을 듣고 조선의 독립을 청원하기로 결심하였다. 그는 하늘이 큰 인무仁武를 당대에 내렸으니, 이를 천지의 심心처럼 받듦으로써 천하에 대명大明이 비치고 대화大化가 행해져 천하를 하나로 여기고 대동大同으로 돌아가 만물이 각각 그 성性을 완수할 수 있는 기회를 잡을 수 있다고 보았다. 그는 조선이 4천여 년의 오랜 역사를 지닌 문명국가임을 강조하면서 일제의 강제적인 병탄에서 조선의 독립을 지원해 달라고 파리의 만국평화회의에 참석한 위원들에게 장서를 보내 호소하였다. 나아가 그는 인의에 근거한 공법 질서와 공리의 사심이 없는 서구의 철학과 그에 토대를 둔 서구 과학을 인정하며, 하루빨리 조선의 독립과 평화가 성취되기를 바랐다.

101　『俛宇文集』 권142, 跋, 書李汝材哲學攷辨後 壬子.

유림의 현실 인식과 대응

❋❋❋

　19세기 말엽 조선이 외세의 침략을 당하여 바람 앞의 등불 같은 위기에 처하자 나라를 지키기 위해 뜻있는 인사들은 반외세운동의 대열에 앞장섰다. 특히 을미의병과 정미의병 운동은 일제의 침략으로부터 우리 민족을 지켜 내기 위해 투쟁한 민족독립운동의 주요 흐름이었다.

　제3부에서는 우선 근대이행기에 활동한 유림의 사상 경향에 대해 알아보고 이어 유림의 현실 인식에 대해 검토하려 한다. 1905년에 을사늑약으로 일제에 의해 조선의 국권이 침탈당하자 유림은 다양한 저항의 모습을 보였다. 이어 1910년 조선이 일제에게 강점당하자 유림 가운데는 나라가 망한 현실 앞에 도道도 망했다고 생각한 이들이 있었는가 하면, 나라는 망했지만 도는 망하지 않았다고 생각하는 이들도 있었다.

　을사늑약 이후에 나라가 망했고 도가 망했다고 인식한 유림 중에는 순국殉國을 택한 이들이 많았다. 나라는 망했지만 도는 망하지 않았다고 생각한 유림은 그 도를 지키기 위해 의병운동과 독립운동을 전개하기도 하고, 제자들에게 유교 교육을 시키기도 하였다. 도를 지키기 위해 순국을 택한 유림은 송병선 등이고, 의병운동과 독립운동을 택한 경우

는 유인석·기우만·곽종석 등이며, 재야에서 유교 교육을 담당한 경우
는 전우 등이다. 송병선은 나라가 존재하면 도가 더불어 존재하는 것이
고 나라가 망하면 도가 더불어 망한다고 보아 자결을 통해 도를 지키려
고 하였다. 이에 반해 전우는 나라가 망하는 시기를 만나 순국이나 순
도殉道보다는 살아남아 도를 지키는 것이 보다 더 중요하다고 생각하였
다. 곽종석도 자결만이 나라를 위하는 길이라고 생각하지 않고, 나라는
망할 수 있으나 도는 망할 수 없다고 생각하여 살아남아 1919년 전국
유림의 독립운동을 주도하였다. 이같이 근대이행기의 유림은 각자 나름
대로 자결, 의병, 독립운동 등을 통해 나라의 자주독립과 유교의 도를
수호하려고 분투하였다.

　이처럼 근대이행기에 유림은 다양한 현실 대응 모습을 보여 주었으
나 이 장에서는 구체적으로 유가에서 생장하여 나라가 위기에 처했을
때 순국을 택한 지사들을 중심으로 그들의 사상과 활동을 살펴보고자
한다. 우선 이남규는 저명한 고문가요 예학자로, 이익의 학맥을 이은 허
전의 제자였다. 그는 순국으로 살신성인을 실천한 학자였다. 그는 이학
과 예학에 대한 깊은 탐구를 통해 일생을 원칙과 예법에 벗어나지 않게
생활하였다. 특히 그의 예학 사상은 시의성과 대중성을 바탕으로 예의
간소화와 검소함을 지향했던 이익의 예 의식을 계승한 것이었고, 그의
철저한 예학적 삶은 극기복례를 통해 인仁을 추구하고자 하는 것이었
다. 이는 결국 살신성인의 순국 정신으로 이어질 수 있는 바탕이 되었다.

　허위는 조국이 위기에 처하자 의병대장으로서 나라를 위해 목숨을
아끼지 않는 살신성인의 투쟁을 전개하였다. 그는 유학 교육이 자기 시
대에 어떤 역할을 할 수 있을까를 늘 고민하였다. 그가 순국하기 직전
까지 생각했던 것은 충과 효였고, 세상을 떠날 때에는 이를 생전에 다
성취하지 못하고 숨을 거둔다고 애석해하였다. 그는 서대문감옥에서 생

을 마감하는 순간까지도 오직 조국의 주권 회복과 진정한 '동양 평화'東
洋平和가 실현되기를 바랐다. 그의 순국 정신은 박상진과 안중근에게로
전승되어 나갔다.

박세화는 이항로 학맥의 위정척사 계열에 속한 학자였다. 그는 함경
도 고원에서 태어났지만, 만년에는 주로 충청도 제천 지역에서 활동하
며 유인석 등 이항로 학맥의 학자들과 사상 및 현실 인식에서 동일한
노선을 취하였다. 그는 1910년 조선이 일본에게 강제로 점령당하자 나라
도 망하고 도道도 망했다고 하면서 단식 자결의 길을 택하였다. 그는
'예의조선'禮義朝鮮의 도를 수호하는 유림의 한 사람으로서, 조선이 일본
에게 나라를 빼앗기자 즉시 순국을 단행하였다.

유도발·유신영 부자는 임진왜란 때 영의정으로 국난을 극복했던 유
성룡의 후손이다. 유성룡은 작고하기 전에 자손들에게 "나라에 충성하
고 부모에 효도하는 것 외에 다른 사업이 없다"는 가르침을 주었다. 유
도발·유신영 부자는 조상인 유성룡의 가르침을 늘 가슴에 새기면서 부
모에게 지극한 효성을 다하였다. 이들 부자는 부모에 대한 효를 실천하
는 데 그치지 않고 그 자신들이 나라를 위해 순국함으로써 몸소 충을
실천하였다. 이들은 조선이 일본에게 강점을 당한 암담한 현실에 직면
하여, 충효 정신을 독립 정신으로 승화시켜 살신성인을 몸소 실천한 애
국지사요 우국지사요 순국지사라고 말할 수 있다.

이남규·허위·박세화·유도발·유신영의 사상과 순국을 통해, 근대이
행기에 유림의 사상이 충과 효, 그리고 주리主理 사상에 깊이 뿌리를 두
고 있었다는 사실을 알 수 있다. 이들 순국지사들이 순국을 통해 궁극
적으로 바랐던 것은 '예의'禮義 정신이 살아있는 조선이었고, 외세의 침
략에 의해 수척해져 가고 있는 조선의 완전한 자주독립이었으며, 동양
의 진정한 평화 세계였다.

근대이행기 유림의 사상 경향과 현실 인식

1. 머리말

19세기에 조선 사회가 서구 문명의 도전을 받게 되자 유림들은 자신들의 사상을 새롭게 무장하지 않으면 안 되었다. 당시 기호 지역의 대표적인 학자인 이항로李恒老는 주리설로 어려운 시대를 극복하려고 하였다. 그래서 개항 전후부터 이항로와 그 문인인 김평묵金平默·유중교柳重敎 등은 척사운동에 투신하였고 이어 의병운동을 주도하였다.

그런가 하면 호남의 기정진奇正鎭과 영남의 이진상李震相 등도 모두 주리설을 주장하였다. 사실 이황과 이이 이후 영남과 기호의 학계는 심心을 이理와 기氣의 합으로 보거나 기氣 또는 기질氣質, 기의 정상精爽으로 이해하고 있었다. 그런데 이항로와 기정진은 심과 명덕을 이理 중심으로 보았고, 이진상은 1861년에 아예 심은 곧 이理라고 하는 심즉리心卽理설을 선언하였다. 이들이 이같이 주리의 학을 제창하였던 것은 당시 사회의 문제와 서구 문명의 도전이 모두 기氣에 터전을 두고 있다고 생각했기 때문이었다.

    제3부 유림의 현실 인식과 대응

이항로·기정진·이진상의 사상을 이은 제자들은 주리론을 주장하면서 척사운동과 의병운동을 주도하여 나갔다. 특히 곽종석郭鍾錫은 1919년 전국 유림의 영수가 되어 파리독립청원운동의 대표로 참여하고 유림독립운동을 전개하기도 하였다. 그렇지만 임헌회任憲晦의 학맥을 이은 전우田愚와 그 학맥은 광복 직후까지도 조선의 도학道學을 수호하고자 노력하였다.

그렇다면 왜 근대이행기에 유림들은 주리主理를 주장하는 사상적 동질성을 공유하고 있었으면서도 현실 인식에 있어서는 차이를 보였을까? 이 글에서는 근대이행기 유림의 사상 경향에 대해 우선 알아보고 이어 그들의 현실 인식에 대해 검토하고자 한다. 특히 각 지역을 대표하는 유림들이 국망國亡에 대응하여 자신들이 신봉해 온 도道의 망亡·불망不亡에 대해 가졌던 인식과 관련시켜 이를 탐구하고자 한다.

2. 유림의 사상 경향

근대이행기의 유림은 개항 전후에 서구 문명의 도전에 대응하여 위정척사운동을 전개하였다. 이항로와 기정진은 1866년 병인양요 때 위정척사운동을 주도하였고, 그 제자들은 개항에 직면하여 일본과 강화를 반대하는 척사 상소를 올렸다. 이항로와 기정진은 사상적으로 모두 주리론을 주장하는 학자였고, 당론에도 철저하지 않았다. 그런가 하면 영남의 이진상과 곽종석도 주희와 이황의 저작을 깊이 연구하여 독자적으로 심즉리라는 새로운 학설을 제창하고 수호해 나갔다. 특히 곽종석은 자신을 가리켜 떠도는 빈 배이며 영남 편도 아니고 호서 편도 아니라고 한 데서 보이듯, 당론에 철저하지 않았다.

이에 반해 홍직필洪直弼에서 임헌회·전우로 이어지는 유림은 조선 후기의 낙론洛論 학통을 잇고 있었고 당론 의식이 철저하였다. 특히 홍직필은 안동 김씨 세도 정권의 예론에 자문도 하는 등 노론 정계 인사들과 일정한 관계를 유지하여 왔다. 임헌회도 여흥 민씨 실세인 민규호閔奎鎬와 일정한 관계를 유지하였기 때문에 당시의 척사운동에 적극적으로 참여할 수 없었다.[1] 그런가 하면 송시열의 후손인 송병선·송병순 형제 역시 학통과 당론에 철저하였다. 이들 형제는 나라가 위기에 처하자 자결로써 애국적 행동을 보여 주었다.

그런데 근대이행기의 유림을 살펴보면 경기의 이항로, 호남의 기정진, 영남의 이진상이 심心과 명덕明德을 이理 중심으로, 혹은 아예 이理로 이해한 반면, 임헌회·전우의 학맥은 심과 명덕을 기氣의 정상精爽으로서나 기氣 중심으로 이해한 것을 확인할 수 있다.

우선 이항로는 심과 명덕을 주리主理로 보느냐, 주기主氣로 보느냐에 따라 국가의 치治와 난亂, 존存과 망亡이 달라진다고 보았다. 따라서 도심道心을 주로 하고 형기形氣가 명命을 따르게 되어야 난亂을 다스려 치治의 근본으로 삼을 수 있다고 하였다. 심心의 명목은 기氣이며 그 본체는 이理인데, 군자가 마음을 다스리는 요점은 이理를 밝히는 데 있으며 기氣를 밝히고자 하는 것은 아니라고 하였다.[2]

이항로의 제자인 최익현崔益鉉은 스승의 주리설을 철저히 계승하여 이理가 주主가 되고 기氣가 객客이 되며, 이가 수帥가 되고 기가 졸卒이 된다고 주장하였다. 또한 그는 심心은 기氣요 물物인데, 허령虛靈과 신명神明은 기氣가 오로지할 수 있는 바가 아니므로 이기理氣를 합하고 있

1　권오영, 『조선 후기 유림의 사상과 활동』(돌베개, 2003) 130쪽.
2　권오영, 「화서 이항로의 위정척사이념과 그 전승양상」(『華西學論叢』 3, 화서학회, 2008) 204쪽.

다고 말하는 것이며, 이미 이기를 합하고 있다고 하면 진망眞妄·사정邪正의 나뉨이 있게 된다고 하였다. 따라서 반드시 진眞하고 정正한 것을 가려낸 연후에야 비로소 심心의 주主는 이理가 된다고 할 수 있고 이것이 심의 본체本體라고 하였다. 그런가 하면 심은 진망眞妄이 섞여 있고 선악善惡을 겸하고도 있는데 이것은 이른바 심의 당체當體라고 하였다. 그는 당체는 혼륜설混淪說이요 본체는 간별설揀別說이라고 하면서, 당체는 형이하形而下가 되고 본체는 형이상形而上이 되니 이 말은 성인이 다시 태어난다고 해도 아마 바꾸지 못할 것이라고 하였다.[3] 최익현은 스승 이항로가 '심心' 자字에서 이理가 주主가 됨을 발명해 낸 것은 세상의 폐단을 구제하기 위한 것이며, 스승이 심을 이理 위주로 이해하여 형이상적形而上的 측면에서 설명한 것 역시 당시 현실을 타개하기 위한 부득이한 처사였다고 옹호하였다.[4]

한편 기정진은 주리론자로 '명리'明理와 '척사'斥邪에 철저한 학자였다. 그는 만약 기탈이위氣奪理位하면, 즉 기氣가 이理의 지위를 빼앗으면 천하의 대변인 처탈부위妻奪夫位, 신탈군위臣奪君位, 이탈화위夷奪華位는 차례대로 이어질 것이라고 여겼다.[5] 그는 당대에 이발理發 두 글자가 일대 금기어가 되어 있고, 학자들은 도리道理 두 글자를 아득하고 불가사의한 곳에 몰아넣고 겨우 나타나는 것은 한결같이 기氣에 소속시켜 이기理氣를 인식하니 천하에 피사詖辭·음사淫辭·사사邪辭·둔사遁辭가 아닌 것이 없게 되었다고 파악하면서 자신의 주리론을 80년 동안 발표하지 못한 것은 기호 학계의 주기론적 분위기 때문이라고 하였다.

기정진은 이일분수理一分殊를 논하면서, 그동안 기호 학계에서는 이理

---

3 『勉菴集』 권16, 雜著, 書示高淸汝石鎭.
4 『勉菴集』 권16, 雜著, 書示高淸汝石鎭.
5 『蘆沙集』 附錄 권1, 年譜, 癸卯.

와 분分을 격단隔斷한 것으로 보아 체體와 용用이 두 근본이되 현顯과 미微는 사이가 있다고 하여 끝내 회통會通의 기약이 없었다고 하였다. 그는 이理와 분分을 원융圓融하여 간격이 없는 상태로 이해하고, 이른바 체體와 용用이 일원一原이며 현顯과 미微는 사이가 없고 동動 속에 이理 가 있으며 이理 속에 동動이 있다고 주장하였다.[6]

이진상은 이理를 밝히는 요점은 기氣를 항복시키는 데 있다고 하였고 주기主氣의 학문이 학계에 만연하는 현실을 막으려고 심즉리心卽理의 이 학을 제창하였다. 이러한 심즉리의 이학은 기학氣學과 양학洋學이 만연 한 시대를 치유하고 개항 이후 외세의 침략을 극복하기 위해 제창된 주 자학의 새로운 이론이었다.[7] 곽종석은 이진상의 심즉리설를 잘 계승하 여 발전시켰다. 그는 심心은 일반적으로 말하면 이기理氣를 합하고 있다 고 할 수 있지만 바로 본체本體를 지적하면 심즉리라고 말할 수 있다고 하였다.

곽종석은 이진상의 심즉리설을 철저히 수호하면서도 이학에 대한 새 로운 해석을 하였다. 그는 명덕에 대해 그간 심心, 성性을 중심으로 논의 하던 것에서 나아가 심心으로만 이해하지 않고 신身, 성性, 행行을 모두 포함하여 이해해야 한다고 하였다. 심心이 명덕이 아니라는 것이 아니라 심의 본체도 명덕이지만 행行의 실제 모습도 명덕이라는 것이었다.[8]

그런가 하면 곽종석은 1905년 공법公法 · 율령律令 · 헌정憲政 · 교제交際 · 물리物理 · 병제兵制 · 농공기계農工器械 등에 관하여 사람들을 교육시켜야

---

6 『蘆沙文集』, 권16, 雜著, 納凉私議.

7 권오영, 「한주 이학의 전통과 그 사상사적 의의」(『한주 이진상 연구』, 경북대학교 퇴계 연구소 편, 역락, 2006) 81쪽.

8 곽종석의 明德에 대한 견해는 권오영, 「19세기의 嶺南 學界와 俛宇 郭鍾錫의 理學」 (『南冥學研究』28, 경상대학교 남명학연구소, 2009) 56~61쪽 참조.

된다고 생각하였다.[9] 이러한 곽종석의 주장은 유교의 변통 논리인 '수우변통'隨遇變通, '인물제의'因物制宜를 통해 내수외양의 한 방편으로 제시되었다. 그는 또한 1899년에 스위스인 블룬칠리J. K. Bluntschli가 지은 『공법회통』公法會通(미국인 丁韙良, 즉 William Alexander Parsons Martin이 1896년 번역)을 보고 서구에 대해 일정한 인식을 가지게 되었다. 그는 공법에서 "인성人性은 인의仁義로써 근본을 삼고, 나라의 설립은 인성으로 근본을 삼는다"라고 한 말은 쉽게 할 수 있는 것이 아니라고 평가하였다. 그는 진실로 법을 만드는 자가 한결같이 인의仁義의 교敎에 근본하여 성性을 따르는 것으로 도道를 삼고, 도를 닦는 것으로 예악형정禮樂刑政을 삼아 한결같이 천리天理의 당연當然에서 말미암는다면 천하의 지공至公이 되고 시대를 구제하는 대법大法이 될 수 있다고 하였다.[10]

1905년 곽종석은 서구는 애민愛民으로 정치를 하고 교민敎民으로 일을 삼고 부강으로 업을 삼기 때문에, 정치도 없고 교육도 없고 문文도 없고 무武도 없는 우리나라가 그들에게 유린되고 있다고 파악하고 있었다. 이러한 것을 궁구하지 않고 갑자기 "무武가 문文보다 더 낮다"고 하면 생각이 깊지 못한 것이라고 하면서, 문교文敎 속에 저절로 무사武事가 있고 고도古道 속에 시무時務가 있건만 문文을 부리면서 무武에 어둡고 옛날에 집착하고 지금 시대에 막히는 것은 모두 우리의 도道가 아니라고 하였다.[11]

또한 1912년의 기록을 보면 곽종석은 구주歐洲의 철학과 과학에 대해서도 언급하면서, 그 제반 과학의 근원은 모두 희랍의 철학에서 나왔다고 하였다. 그는 조선의 지식인이 서양의 과학기술에 현혹되고 부강富强

---

9 『俛宇文集』 권74, 書, 答河叔亨 乙巳.
10 『俛宇文集』 권141, 跋, 書公法會通後 己亥.
11 『俛宇文集』 권99, 書, 答權浩仲 乙巳.

의 힘에 위협을 받아 신학新學으로 달려가는 모습을 지켜보면서 장차
천하가 서구화가 될 것임을 우려하였다. 그는 서양의 힘은 과학기술과
공리功利의 사私를 중시하는 데 있다고 보았다. 서양에서 철학은 과학의
할아버지이고 희랍은 서양의 스승인데, 철학이 처음부터 공리의 사심私
心이 있었던 것이 아니고, 다만 기화氣化를 진리眞理로 알았다는 것이다.
철학이 서양에서 쇠퇴하면서 기독교가 성하게 되었지만 근세에 프랑스
의 데카르트와 영국의 베이컨 등이 이理를 중시하는 철학의 계통을 세
워 인민의 이상을 진작하였기에 철학에 새로운 변화가 일어나고 있다고
이해하면서, 서구의 철학을 수용하는 자세를 보이고 있다.[12]

한편 임헌회의 제자인 전우는 1914년에 '성사심제'性師心弟라는 독자
적인 학설을 제출하였다. 그는 이 네 글자를 제창하며 자신도 모르게
손과 발이 춤추었다고 말함으로써, 홀로 마음의 깨달음을 설파하였
다.[13] 그는 이진상과 이항로를 이단으로 몰아 배척하면서 스스로를 '성
사옹'性師翁으로 자부하였다. 그는 성性을 높이고 심心을 낮게 이해하였
다. 이에 대해 곽종석은 전우가 비록 심성心性을 알지는 못했으나 반드
시 성性으로써 주主를 삼은 것은 주리主理 두 글자를 끝내 피할 수 없었
기 때문이라고 보았다. 곽종석은 전우가 말한 성性은 곧 자신들이 말하
는 심心이고, 전우가 말하는 심心은 곧 자신들이 말하는 기氣라고 하면
서 전우가 성性은 높고 심心은 낮다고 말하는 것은 곧 자신들이 이른,
심心은 높고 기氣는 낮은 것이라고 하였다.[14] 이에 전우는 「성사심제변
변」性師心弟辨辨을 지어 자신의 학설을 변호하였다.[15]

---

12 『俛宇文集』 권142, 跋, 書李汝材哲學攷辨後 壬子.
13 『田愚全集』 6, 艮齋私稿後編 권19, 雜著, 性師心弟 獨契語 甲寅.
14 『俛宇文集』 권93, 書, 答河聖權 癸丑.
15 『田愚全集』 6, 艮齋私稿後編 권18, 雜著, 性師心弟辨辨.

곽종석이 문인들이 시무時務에 힘써야 한다고 하며 외국 책을 읽고 외국어를 배우고 개화문자開化文字를 익히는 것을 인정한 반면, 전우는 서학에 대해서는 아주 단호하게 배격하였다. 그는 『자서조동』自西徂東을 읽고 1901년에 「자서조동변」自西徂東辨을 지어 기독교를 조목조목 비판하였다.[16] 『자서조동』의 영문 원제는 *Civilization, Chinese and Christian*으로, 독일의 선교사이자 한학가漢學家인 파베르Ernst Faber(花之安, 1839~1899)가 편집한, 문명과 중국과 기독교에 관한 책이었다.[17] 전우는 위정척사의 일환으로 이 책에 실린 서교의 글에 대해 반론을 하였다. 그는 기독교를 불교의 윤회관과 극락관을 개작하여 변형시킨 것으로 파악하였다. 또 통상通商과 전교傳敎를 허락하고 이를 저지하면 공법을 어긴 것이라는 만국공법의 규정을 거론하며, 만국공법은 그 뜻이 오로지 포교布敎를 주를 삼는 데 있으니 이것은 서국의 사적인 법이지 천하만국 공공의 법은 아니라고 하였다.

전우는 1909년 4월에 지은 「양집제설변」梁集諸說辨에서 양계초梁啓超의 학문은 공자·석가모니·예수를 삼성일체로 보고, 군신·부자·부부를 평등하다고 보며, 강상綱常을 타파하고 예의를 헐어 놓은 데다 양학으로 종지를 삼아 세계에 간행 배포한 신학이라 하여 이단으로 배척하였다. 특히 양계초가 맹자의 보민保民을 민의 자유권을 침해하는 것으로 파악하여 민권民權이 임금의 압제를 받지 않아야 한다고 힘주어 주장한 데 대해서 전우는 민권을 세워 그 임금을 제어하는 것은 용납될

---

16 『艮齋全集』하, 秋潭別集 권3, 雜著, 自西徂東辨 辛丑; 『田愚全集』 3, 艮齋私稿前編 권20, 私箚 下, 自西徂東辨 辛丑; 『田愚全集』 8, 艮齋年譜 권2, 辛丑.

17 파베르의 또다른 저술로 『敎化議』(5권 1책, 서울대학교 규장각 소장)가 있다. 이 책은 중국의 바람직한 교육의 방향에 대하여 논술한 것으로 그 목차는 '養賢能, 正學術, 善家訓, 正學規, 端師範'으로 구성되어 있다. 淸의 王炳堃이 글씨를 쓴 木版本으로 1875년 禮賢會에서 간행되었다.

수 없다고 반대하였다. 그는 양계초가 옛사람의 노예가 되지 말고 자유自由를 가져야 한다고 말한 것에 대해서도 비판하였다.[18] 서학에 대한 전우의 이러한 비판은 파베르나 양계초의 서적을 직접 읽고 조목마다 비판하였다는 데 의미가 있다. 전우는 그의 유교적인 사고로써 이들의 학문을 비판하였으며, 서구의 학문과 과학기술을 전혀 인정하지 않았다.

3. 유림의 현실 인식

유교 경전인 『예기』禮記를 보면 국군國君은 사직社稷을 위해 죽어야 하고, 대부大夫는 무리〔衆〕를 위해 죽어야 하며, 사士는 제도〔制〕를 위해 죽어야 함을 말하고 있다. 이것은 각자 지위에 따라 난국에 대처하는 방법을 다르게 규정하고 있는 것이다. 근대이행기의 유림 가운데 송병선宋秉璿·곽종석郭鍾錫은 대부大夫였고 유인석柳麟錫·전우田愚는 사士에 속하였다. 이들은 각자 자신과 그가 주도하는 학파 나름대로 순국殉國과 자정自靖으로써 나라와 도를 지키기 위해 헌신하였다.

그런데 일찍이 주희는 도道가 망하는 것의 문제에 대해서 아래와 같이 말하였다.

> 무릇 말하자면 도道의 존망存亡은 사람에 달려 있고 사람에게서 떠날 수 없으니, 생각건대 도라는 것은 진실로 망亡하는 것이 아니라 사람이 도를 체득體得하는 데에 이르느냐 이르지 않느냐에 달려 있을 따름이어

---

18 『艮齋全集』하, 秋潭別集 권3, 雜著, 梁集諸說辨;『田愚全集』3, 艮齋私稿前編 권20, 私箚 下, 梁集諸說辨;『田愚全集』8, 艮齋年譜 권2, 己酉.

서 이 몸이 있으면 도가 저절로 있다거나 이 몸이 없어지고 나면 도가 망하는 것이 아닙니다. (중략) 대개 도는 일찍이 없어지지 않으나 사람이 스스로 없어지게 하는 것이니 이른바 '도가 망하는 것이 아니라 유왕幽王·여왕厲王이 그에 말미암지 않는다'는 것이 정말로 이것을 말할 따름입니다.[19]

이렇듯 주희는 한漢나라 동중서董仲舒의 "무릇 주周나라의 도는 유왕幽王·여왕厲王에서 쇠하였으니 도가 망한 것이 아니라 유왕·여왕이 그에 말미암지 않은 것이다"[20]라는 말을 인용하여 도는 망하는 것이 아니라 사람이 도를 실천하지 않는 것이라고 보았다.

근대이행기의 유림은 모두 주자학을 충실히 익힌 학자들이었지만, 조선 사회의 위기에 직면하여 각자 도道와 순국殉國에 대한 생각에서 다소 차이를 드러내었다. 이러한 차이를 각 지역의 대표적인 유림의 현실 인식을 통해 알아보고자 한다.

1) 경기·강원 유림의 현실 인식

이항로는 1835년에 충청도 단양에서 처음 척사에 대한 발언을 시작하였다. 이듬해 그는 서양학이 우리의 학문과 차이가 나는 것은 역산·의학·기계의 제조가 정교하여 중국도 미칠 바가 아니기 때문이라고 하면서, 서양학은 새나 벌레의 기예에 불과할 뿐이라고 하였다.

이항로는 중국의 도道가 망하면 이적夷狄과 금수禽獸가 이르게 되는

---

19 『朱子大全』권36, 書, 答陳同父. "夫謂道之存亡, 在人而不可舍人, 以爲道者, 正以道未嘗亡, 而人之所以體之者, 有至有不至耳, 非謂苟有是身則道自存, 必無是身然後道乃亡也. (중략) 盖道未嘗息而人自息之, 所謂非道亡也, 幽厲不由也, 正謂此耳."

20 『前漢書』권56, 董仲舒傳 제26.

데, 북쪽 오랑캐는 이적이니 그나마 말할 수 있지만 서양은 금수이니 말할 수도 없다고 여겼다.[21] 또한 국가의 존망은 오히려 두 번째 일이고, 도道의 수호가 첫 번째라고 생각하였다.

> "대개 인仁은 생生의 이理이고 형形은 생의 기氣이니 똑같이 생생이다. 형形이 존재하고 도道가 망하기보다는 차라리 도가 퍼지고 형形이 굴詘하는 것이 낫다. 그러므로 신身은 죽일 수 있을지언정 인은 이루지 않을 수 없고, 생은 버릴 수 있을지언정 의義는 취取하지 않을 수 없고, 식食은 버릴 수 있을지언정 신信은 세우지 않을 수 없다고 말하는 것이다."[22]

이항로는 형形이 존재하고 도道가 망하기보다는 차라리 도가 퍼지고 형이 굽어지는 것이 낫다고 하였다. 여기서 그가 말하는 도道는 바로 조선의 문화와 도덕을 포괄하는 동양의 유교 문화를 말한다. 그런데 이러한 인식은 이항로만의 생각은 아니었다. 이재윤李載允(渼石)은 화華가 멸滅하고 도가 망했으니 국망國亡은 오히려 부차적인 일이고, 도가 없으면 무엇으로 나라를 다스리겠느냐고 하였다.[23]

이항로의 제자인 김평묵·유중교 등은, 개항을 당하여 선비로서 순도殉道의 정신을 분명히 인식하고 실천하려고 하였다.

> "무릇 하늘은 높고 땅은 낮은데 사람이 그 사이에 태어나 시종始終 생성

---

21 『華西文集』附錄 권2, 語錄, 金平默錄 2. "中國之道亡, 則夷狄禽獸至, 北虜夷狄也, 猶可言也, 西洋禽獸也, 不可言也."

22 『華西文集』권4, 書, 答徐夏卿 癸卯 11월 20일. "蓋仁是生之理也, 形是生之氣也, 均是生也. 與其形存而道亡, 無寧道伸而形詘. 故曰身可殺也, 仁不可不成, 生可捨也, 義不可不取, 食可去也, 信不可不立."

23 『毅菴文集』권32, 雜著, 散言.

生成하는 것은 그 도道가 있기 때문이다. 그러므로 천하天下를 소유한 자는 마땅히 도로써 천하天下를 다스리니 한번 불행不幸이 있으면 천하로써 순도殉道하고, 나라를 소유한 자는 마땅히 도로써 나라를 다스리는데 한번 불행하면 나라로써 순도하고, 집을 소유한 자는 마땅히 도로써 집을 다스리는데 한번 불행하면 집으로써 순도하고, 몸을 지니고 있는 자는 마땅히 도로써 몸을 다스리는데 한번 불행하면 몸으로써 순도하니, 이것은 천지天地에 통하고 고금古今에 걸친 바꾸지 못할 정리正理이다. 지금 대도大道가 존재하느냐 망하느냐 하는 시기에 안위安危와 성패成敗로써 말을 하는 자는 그 또한 유類를 모르는 자이고 또한 혼혹昏惑이 심한 자이다. 하물며 예로부터 순도로써 마음을 삼는 자는 하늘이 돕고 사람이 순하여 마침내 그 완전함을 얻고, 구차하게 온전함으로 마음을 삼은 자는 대중이 이반하고 친한 이도 떠나가 도리어 화를 부른다는 데 있어서는 어떻겠는가."[24]

이항로와 그 제자 김평묵·유중교·최익현 등은 모두 개항 전후의 현실에 대해 우도憂道를 금치 못하였다. 김평묵은 개항에 직면하여 경기·강원 양도 유생이 올린 연명 유소聯名儒疏에 우도 의식을 표현하였다. 그는 천하를 소유한 자는 마땅히 도로써 천하를 다스리니 한번 불행이 있으면 천하로써 순도해야 하며, 나라를 소유한 자, 집을 소유한 자, 몸

---

[24] 『重菴文集』 권5, 疏, 代京畿江原兩道儒生論洋倭情迹仍請絶和疏. 丙子 1월. 疏首洪在龜. "夫天高地下, 人生於其間, 始終生成者, 以其有道也. 故有天下者, 當以道治天下, 一有不幸, 則以天下殉道, 有國者當以道治國, 一有不幸, 則以國殉道, 有家者當以道治家, 一有不幸, 則以家殉道, 有身者當以道治身, 一有不幸, 則以身殉道, 此貫天地亘古今, 不易之正理也. 今於大道存亡之秋, 以安危成敗爲說者, 其亦不知類者也, 其亦昏惑之甚者也. 況自古以殉道爲心者, 天助人順, 終得其全, 以苟全爲心者, 衆叛親離, 反以速禍."

을 지니고 있는 자도 모두 불행이 한번 닥치면 마땅히 나라와 집과 몸으로써 순도하는 것이 천지에 통하고 고금에 걸친 바꾸지 못할 바른 이치라고 하였다. 따라서 최익현의 지부복궐소持斧伏闕疏와 김평묵·유중교 문인들의 연명 유소는 모두 순도를 생각하고 한 행동이었다.

김평묵·유중교 등은 개항 이후 "據義自靖, 以身殉道"(의에 의거하여 자정하고 몸으로써 순도한다)라는 여덟 글자를 하나의 큰 강령으로 삼았다.[25] 그리하여 1881년 신사척사운동에서 홍재학洪在鶴은 소수疏首로 참여하여 활동하다가 윤7월 20일 '순도'殉道하였다.[26]

유중교는 1882년 9월에 사헌부 지평에 임명되자 소를 올려 시국에 대해 자신의 견해를 진술하였다. 그는 선비의 처세處世에 있어 마땅히 도와 함께 굴신屈伸을 해야 하니 오늘날은 다만 의義를 지켜 자정自靖하여 몸으로써 순도해야 한다고 주장하였다.[27]

그런데 1895년 11월에 내린 단발령斷髮令은 당시 유림에게 너무나 큰 충격적인 사건이었다. 유림은 신체와 머리카락에 대한 훼상毁傷을 부모에 대한 불효로 인식하고 있었다. 수천 년의 역사를 가진 상투가 하루아침에 잘리게 되자 이제 그들이 착용하던 옷과 갓이 필요 없어졌다. 단발령은 유림에게 유구한 조선의 문화가 끊어지는 일대 사건으로 인식되고 있었다. 유림은 한결같이 전통 문화와 유교적 가치관의 파괴를 우려하였다. 그래서 최익현은 자기의 목은 자를 수 있을지언정 머리카락은 자를 수 없다고 단호히 말하기에 이른 것이다.

유인석은 1894년에 일어난 갑오변란을 보면서 통곡하고 또 통곡한다고 하였다. 그는 흉역배凶逆輩들이 고종을 회유하여 적賊을 받아들여 기

---

25 『省齋文集』 권17, 往復雜稿, 答姜景夏 乙酉 1월.
26 『重菴文集』 권47, 墓誌銘, 勵志堂洪君墓誌銘 幷序.
27 『省齋文集』 권2, 疏, 除司憲府持平後陳情疏.

른 것이 수십 년으로, 그 결과가 이 지경에 이르러 마침내 예악禮樂이 무너지고 인류人類가 금수로 변하였으며 백성이 어육魚肉의 지경이 되었다고 하였다. 그는 마침내 몸으로써 순도하여 상제上帝가 부여한 본마음과 선왕先王·선정先正이 배양培養하고 계도啓導한 은혜를 저버리지 않는다면 또한 작으나마 책임을 다할 수 있다고 생각하였다.[28]

유인석은 이항로의 가르침을 받은 제자들이 홀로 의義를 지켜 사람은 금수가 될 수 없고 선왕先王의 법복法服이 아니면 감히 입지 않았다는 말을 일삼았다고 하면서, 하늘이 이 대란大亂의 시기에 대도大道를 부지하고 대의大義를 밝히기 위해서 이항로를 태어나게 한 것이라 하였다. 그리하여 이항로는 양화洋禍가 도道를 크게 어지럽히고 나라를 망하게 하는 것을 근심하여, 홀로 위정과 척사의 공功을 맡아 평생 중화中華와 오랑캐의 존비尊卑, 인류人類와 금수禽獸의 귀천貴賤을 말했다고 하였다. 유인석은 김평묵과 유중교가 이항로의 뒤를 이어 개항과 신사척사운동 때에 순도 정신을 보여 주었다고 하면서, 특히 유중교는 1884년에 변복령變服令이 내리자 뜻을 정하고 목숨을 버리고 순도를 택하고자 하였음을 일컬었다. 유인석은 이러한 이항로·유중교의 정신을 이어 수사선도守死善道하여 천지 사이에 다 없어져 가는 양맥陽脉을 부지하고자 하였다.[29]

유인석은 당시를 진단하기를, 5백 년 종사宗社가 경각에 기울어져 무너져 가고 있고, 수천 년 화하華夏의 예악의관禮樂衣冠이 그림자나 메아리도 찾을 수 없이 되어 인류人類가 금수禽獸로 변하고, 죄 없는 백성이 어육으로 변하며 문명의 강역이 여우 귀신의 소굴이 되고, 예의의 풍속

---

28 『毅菴文集』 권7, 書, 與李文仲 甲午 7월.
29 『毅菴文集』 권7, 書, 答李文仲 乙未 윤5월.

이 음사淫邪로 바뀌는 상황이라고 하였다. 그는 이러한 시대를 당하여 마땅히 도道를 지켜야 한다고 생각했고, 도를 지키지 못한다면 마침내는 몸으로써 순도할 뿐이라고 동지同志들에게 고하였다.[30]

유인석은 1895년 11월에 단발령이 강행되자 빨리 사우士友를 모아서 처변삼사處變三事를 논의하였다. 처변삼사란 첫째 거의소청擧義掃淸(의병을 일으켜 소탕함), 둘째 거지자수去之自守, 셋째 자정수지自靖遂志였다.[31] 그는 이 세 가지가 비록 일은 다르지만 도道를 위하는 것일 뿐이고 몸을 깨끗하게 하고 저승으로 돌아가는 것일 뿐이라고 하면서, 이 도는 지극히 크고 지극히 중하니 도가 장차 끝나려 함에 몸이 도와 더불어 마치지 않을 수 없기에 자정수지自靖遂志라고 말했고, 도를 차마 장차 상喪하게 하지 못하여 몸과 더불어 보존하기를 도모하지 않을 수 없어 거지수구去之守舊라고 말했고, 도는 동포同胞가 함께 얻은 것이니 몸과 더불어 함께 보존해야 하므로 거의소청擧義掃淸이라고 말했으니 모두 변變에 대처하는 정당한 방안이 될 수 있다고 하였다.

우선 유인석은 자정수지自靖遂志에 대해 진실로 정당한 처사라고 보았다. 그런데 몸이 도道와 마쳐져 버리면 몸은 진실로 스스로 깨끗하나 도는 영원히 끊어지게 되므로 옳은 일인지 문제가 제기될 수 있었다. 이에 대해 그는 도의 큰 것은 자기 몸을 깨끗하게 하여 장차 마치는 것이 바름을 얻는 것이니, 몸이 깨끗하고 도가 바르게 되어 만세萬世에 바름을 세운다면 실은 도가 부지되어 끊어지지 않은 것이라고 생각하였다.

유인석은 거의소청擧義掃淸에 대해서도 진실로 정당한 처사라고 보았다. 그는 독서하고 수도守道하는 유자儒者가 지위에서 벗어나 국사國事에

---

30 『毅菴文集』 권8, 書, 答族叔恒篤 乙未 7월.

31 處變三事에 대해서는 朴敏泳의 「義菴 柳麟錫의 衛正斥邪運動」(『淸溪史學』 3, 청계사학회, 1986) 203~210쪽 참조.

간여하여 난적亂賊과 추이醜夷를 토벌하는 것을 자임할 수 있다고 보았다. 또한 국가의 존망存亡과 안위安危에 대해서는 유생도 말할 수 있는 것이기에 지위에 벗어난 것이 아니라고 하였고, 난적은 사람마다 죽이는 것이 춘추春秋의 의義이기에 지위에 벗어나는 것이 아니라고 하였다. 그는 당시 나라가 망하고 도가 망했는데 도는 곧 유자儒者의 책임이니 유자가 이를 구제하기 위하여 거의擧義를 한다면 지위에 벗어나는 것은 아니라고 하였다.[32]

> 자정自靖의 일은 순도선종殉道善終하고 결정정정潔淨貞靜하여야 마음에 지극히 편안하다. 거의擧義의 일은 위로는 국수國讎를 갚고 아래로는 인류人類를 보호하고 가운데로는 오도吾道를 부지하니 마음에 몹시 유쾌한데, 큰 역량力量이 있지 않으면 공을 기약하기 어렵다. 인석麟錫은 이에 스스로 거수지계去守之計를 택하여 장차 청국으로 들어가 의발衣髮을 보존하고 예의禮義를 지키며 스승의 책을 읽고 한 가닥 화맥華脉를 존속시켜 삼가 천심天心을 기다리며 천하天下가 맑기를 기다리겠다.[33]

유인석은 거의하는 일은 위로는 나라의 원수를 갚고 아래로는 인류를 보호하고 가운데로는 우리 도를 부지하고자 한 것이라고 하였다. 1904년에 그는 거의하여 위로 국가를 부지하지 못한다면 아래로 화맥華脉을 보존할 뿐이니 이를 보존하지 못한다면 스스로 몸을 던져 순도할

---

32 『毅菴文集』 권27, 雜著, 雜錄.
33 『毅菴文集』 권24, 書, 與同門士友 丙申 11월 7일. "自靖之事, 殉道善終, 潔淨貞靜, 極安於心, 而衆皆以爲如是, 則斯文餘脉, 絶無形影於天地之間, 寃莫甚也. 擧義之事, 上報國讎, 下保人類, 中扶吾道, 最快於心, 而非有大力量, 功難期也. 麟錫於是自爲去守之計, 盖將隨同義者, 尋向堯舜古域, 共保衣髮, 共守禮義, 共讀師書, 存得一縷華脉, 恭竢天心而待天下之淸也."

뿐이라고 생각하였다.[34] 당시를 사람의 행동이 금수의 행동으로 변하고 있고 인류人類가 멸해져 가고 대도大道가 망해 가고 있는 시대적 상황으로 진단한 그는, 일국一國의 사람이 모두 일어나 지위가 있든 지위가 없든 상중에 있든 상중에 있지 않든 한 사람도 빠짐없이 일어난 연후에 일을 성취할 수 있고 또 의義에 해가 없을 것이라고 하였다.[35] 1906년 3월 그는 화華가 망하고 도道가 망한 것은 이미 지난 일이고 이제 장차 나라가 망하고 인류가 멸망하려 한다고 하였다.[36] 그는 동양의 도가 망하고 종국宗國이 전복되며 인종人種이 장차 멸망하려고 한다고 진단하고, 동양의 도를 부지하고 국권을 회복하고 인종을 살려야 한다고 생각하였다.[37]

이에 앞서 유인석은 1904년 10월에 박세화朴世和에게 편지를 보내어 그가 의병을 주도해 주기를 바라면서 도에 대한 인식을 밝혔다.

예의禮義의 나라가 오랑캐가 되어 망하고 예의의 사람이 금수가 되어 죽게 되었고 화禍 또한 절박하여 피할 곳이 없습니다. 그러나 우리들이 피할 곳이 없고 할 바가 없을 뿐이라고 생각하겠습니까. 제가 예전에 들으니 집사執事께서 말씀하시기를 "도道와 더불어 함께 망한 사람"이라고 하셨다고 하니 지금 또한 그 말씀을 압니다. 오직 인석麟錫은 의거義擧에 무력無力하고 도망道亡에 절통絶痛하여 스스로 의義를 지키고 화華를 보존하는 데 뜻을 두었습니다. 처음에는 수의보화守義保華를 위해서는 거국去國이라야 가可하다고 생각하여 일방一邦의 사우士友와 함께하고자 하였는데 다시 생각해 보니 나라 안에 있으면서도 가능하리라 여

---

34 『毅菴文集』 권16, 書, 答崔性佐 甲辰 9월.
35 『毅菴文集』 권29, 雜著, 散言.
36 『毅菴文集』 권11, 書, 答金亨益 丙午 3월 20일.
37 『毅菴文集』 권44, 題跋, 書羹墻集錄後.

겨졌습니다. 대개 일방一邦의 사류士類가 한곳에 모여 일제히 일심一心으로 지킨다면 저 오랑캐와 금수가 비록 흉악하고 모질더라도 우리의 대의大義와 정기正氣가 어떠하겠습니까. 이로써 하나의 화맥華脉이 거의 보존될 수 있고 사람은 예의의 사람으로 돌아가고 나라는 예의의 나라로 돌아갈 것입니다. 만의 하나 뜻과 같이 아니할 때에 거수去守도 가능할 것이고 목숨을 버려도 늦지 않을 것입니다.[38]

유인석은 예전에 박세화가 "도道와 더불어 함께 망하겠다"라고 한 말을 들었다고 하면서, 우선 국내에서 거의擧義를 통해 의義를 지키고 화華를 보존하는 데 뜻을 두어 예의의 나라를 회복해 보다가 뜻대로 되지 아니할 때에 목숨을 버려도 늦지 않을 것이라고 하였다. 그는 해서海西에서 의병을 일으키겠다고 하면서 박세화에게 와서 대사大事를 주관하고 대도大道를 보존하는 일을 맡아 달라고 청하였다. 그러면서 몸과 도가 함께 망하는 것보다는 함께 보존되는 것이 낫다고 하였다.[39]

유인석은 왕실의 지친至親인 이재윤李載允을 매우 높이 인정하였다. 이재윤은 도道가 있은 뒤에 나라가 있고 도가 존재하면 나라도 존재한다고 여겨 도를 부지하는 것이 급하고 나라는 그다음일 따름이라고 생각하였다. 당시 왕실의 지친과 대관大官에서부터 일반 서민에 이르기까지 자기 나라를 망각한 자가 매우 많아, 가장 괜찮다는 인물도 겨우 다

---

38 『毅菴文集』 권6, 書, 與朴毅堂 甲辰 10월. "禮義之邦而夷而亡, 禮義之人而獸而死, 禍且迫而無所逃矣. 然吾輩以爲無所逃而無所爲而已耶? 吾昔聞執事有言與道俱亡人, 今亦知其言矣. 惟麟錫無力於義擧, 絶痛於道亡, 自有意於守義保華, 初謂守義保華, 去國乃可, 而欲與其一邦士友矣, 更思之, 在國亦可, 蓋一邦士類會一處而齊一心守之, 彼夷也獸也, 雖凶獰也. 如吾大義正氣何? 此一華脉庶幾得保, 而人還他禮義之人, 國還他禮義之國矣, 萬分不如意時, 去守無不可, 致命亦未晩也."
39 『毅菴文集』 권6, 書, 與朴毅堂 甲辰 10월.

만 '애국'愛國해야 한다고 말하는 데 불과하지 도에 대해서는 아무런 생각을 하지 않는데, 이재윤은 나라보다 도를 중시했지만 나라에도 항상 마음을 두고 일을 도모하고자 했다고 유인석은 평가했다.[40]

1909년 11월 3일, 유인석은 나라가 전복되고 도가 망하며 인류가 멸망하려는 시기라고 진단하고 국민들에게 동포형제의 중요성을 일깨우는 글을 썼다. 그는 천지의 사이에 태어난 것을 동포同胞라 하고 사해四海의 안에 존재하는 것을 형제라 한다고 말하면서, 한 나라에 함께 살고 군부君父를 함께 모시고 같은 민족으로서 의복을 같이하고 풍속과 예의를 같이하는 상황에서는 참으로 동일한 공동체라는 생각을 가져야 한다고 호소했다. 그는 신身이 곧 일신一身이고 심心이 일심一心인 이후에야 일을 도모할 수 있다고 보아, 일심단체一心團體를 만들고 나아가 일국一國이 일심단체가 되기를 바랐다. 그리하여 궁극적으로 도道를 수호하여 국권國權을 회복하고 인류를 구제하기를 바랐다.[41]

유인석은 만고천하에 없는 큰 화禍를 당해 국망國亡과 도망道亡에 이르러 몸은 보존하지 못하고 사람이 다 없어지게 되었다고 하면서, '관일약'貫一約을 정하였다. 약約에는 목目을 두어 '애국심'愛國心·'애도심'愛道

---

40 『毅菴文集』 권12, 書, 與李承旨 己酉 9월 11일.

41 『毅菴文集』 권37, 雜著, 通告 己酉 11월 3일. "謹爲通告事. 吾儕當國覆道亡, 人類就滅之會, 先後流寓他境, 回望故國, 俯念身家, 痛心痛哭, 尙忍言尙忍言? 麟錫來經年於此地, 切欲遍造高寓, 握手泄慟情, 而疾病侵尋, 爲未果也. 噫! 生於天地之間, 謂之同胞, 在於四海之內, 謂之兄弟, 況同居一國, 同戴君父, 同族衣裳, 同俗禮義, 奚啻曰同胞兄弟? 又況同遭罔極, 同困流離, 其相悲相憐相應相求之情, 宜如何哉? 卽身一身心一心而後可也, 相應相求, 宜乎有道, 一身一心, 宜乎有事. 麟錫不揆猥越, 設得一約, 曰貫一約, 約以愛國愛道愛身愛人, 而同乎爲心, 貫以一之也. 是將願與同寓此地之僉賢, 先焉爲一心團體, 終致一國之爲一心團體, 先焉爲保身守道, 終期有以復國權而救人類也. 惟僉尊君子, 不以此漢之無似, 而必謂是約之可與, 許共有爲, 以盡相應求之道, 以致一身心之事也. 不勝區區企仰之忱, 謹玆通告."

心·'애신심'愛身心·'애인심'愛人心을 제시하였다. 그는 국國·도道·신身·인人 가운데서 하나라도 없어서는 안 되어서 대개 나라가 없는데 도道·신身·인人이 있는 경우는 없고, 도道가 없는데 국國·신身·인人이 있는 경우도 없으며, 신身이 있어야 국國을 부지하고 도道를 보존하며 인人을 살릴 수 있고, 인人·국國이 또한 부지할 수 있어야 도 또한 보존할 수가 있고 신身 또한 보존할 수 있다고 보았다.[42] 즉 그는 '관일약'의 목표를 국권國權을 회복하고 화맥華脈을 보존하고 인종人種을 살리는 데 두었다.[43]

유인석은 조선은 4천 3백여 년 단군과 기자의 옛 강역이고 5백여 년 성신聖神이 문치文治를 했던 나라이며 복희伏羲·신농神農·요堯·순舜 이후 화맥華脉이 보존되어 소중화의 예의禮義 나라로 일컬어지고 있다고 하였다. 도道는 하늘이 명한 성性이자 성이 따르는 바로, 중中과 화和를 이루고 천지가 제자리에 위치하고 만물이 자라는 것이고, 군군君君·신신臣臣·부부父父·자자子子·부부夫夫·부부婦婦·형형兄兄·제제弟弟·붕우상신朋友相信하고 인류의 기강을 세우는 것이니 이것은 천하와 고금이 함께 근본을 두고 있는 바로서, 나라는 이 도로써 나라가 되고 집은 이 도로써 집이 되고 사람은 이것으로써 사람의 도를 삼는다고 하였다.[44]

유인석은 이미 나라를 적賊에게 주어 이적으로 변하고 금수로 변하는 화가 눈앞에 임박하니 피할 곳이 없다고 여겼다. 거의擧義로도 형세

---

42 『毅菴文集』 권36, 雜著, 貫一約約束. "一. 今當萬古天下所無之大禍, 至於國亡道茂, 身不保而人盡滅, 立此貫一約, 約有目曰愛國心愛道心愛身心愛人心. (중략) 一. 約有以盡其目者, 國也道也身也人也, 闕一不得. 蓋無無國而有道有身有人, 無無道而有國有身有人, 有身有可以扶國存道活人, 有人國亦可以得扶, 道亦可以得存, 身亦可以得保."

43 金度亨, 「毅菴 柳麟錫의 政治思想硏究」(『韓國史硏究』 25, 韓國史硏究會, 1979) 139~140쪽.

44 『毅菴文集』 권42, 序, 貫一約序.

를 돌릴 수 없고 순의殉義로도 도가 망하는 것을 구할 수 없으니 바라
는 바는 의를 지키고 도를 보존하는 것이라고 하였다.[45]

1909년 9월 19일 유인석은 북도 사림北道士林들에게 의병에 동참하기
를 호소하였다.

> 우리들이 태어난 이래 어찌 금일의 화禍를 만날 줄 생각이나 했겠습니
> 까. 나라가 망하여 고토故土가 없으니 사람들이 모두 알아서 통탄스러
> 워하고, 도道가 망하여 소화小華가 없으니 사람들이 모두 알아서 통탄
> 스러워합니다. 몸이 또한 형形을 잃고 명命을 잃으니 사람들이 모두 알
> 아서 통탄스러워합니다. 사람이 또한 다 금수가 되어 진멸盡滅하였으니
> 사람들이 모두 알아서 통탄스러워합니다. 저 난적亂賊 또한 국인國人인
> 데 망국亡國·망도亡道·적신賊身·잔인殘人하기를 즐기어, 세수世讐이고
> 혈수血讐인 간독奸毒하고 추악한 왜노倭奴에 달게 붙어 도와주고 있지
> 만, 이 몸은 마땅히 부국扶國·존도存道·보신保身·활인活人의 일을 하는
> 사람이 되고자 할 뿐입니다.[46]

유인석은 조선 사람으로서 난적亂賊이 되어 간독奸毒하고 추악한 왜
노倭奴에 붙어 망국亡國·망도亡道·적신賊身·잔인殘人하기를 즐겨하는 자

---

45 『毅菴文集』 권13, 書, 答禹仲悅 炳烈 乙巳 5월 28일.
46 『毅菴文集』 권25, 書, 通告北道士林書. "吾人生來, 豈意有遭今日之禍耶? 國亡而無
故土, 人皆知而痛矣. 道亡而無小華, 人皆知而痛矣. 身且失形失命, 人皆知而痛矣. 人
且盡獸盡滅, 人皆知而痛矣. 凡人於國而遭夫禍者, 孰宜不知其爲痛耶? 噫! 彼亂賊,
云亦國人, 樂其爲亡國亡道賊身殘人, 甘附力助世讐血讎奸毒醜惡之倭奴, 抑何心腸,
出甚知見? 噫! 彼繁徒, 亦人於國, 何沒知覺, 而黨與罔極之亂賊, 蔽一言, 今已出大
事矣. 大事出, 人宜有所事, 不宜無所事, 彼之爲亡國亡道賊身殘人而亂賊而黨與者,
吾不可爲矣, 吾當爲扶國存道保身活人之事之人而已."

     제3부 유림의 현실 인식과 대응

에 대한 통분을 금하지 못하였다. 그러면서 자신이 부국扶國·존도存道·
보신保身·활인活人의 일을 하는 사람이 되고자 할 뿐이라고 하였다.

유인석은 이제 큰 화禍를 당하여 국내의 의거義擧를 일으키려고 계획
하고 있으며, 나라의 명맥命脈이 의거에 달려 있는데 병兵이 둔鈍하고 세
勢가 약하여 지탱하지 못하고 몸도 진실로 나라 안에서 활동하기가 어
렵기에, 병든 몸을 이끌고 국경을 넘어 북해北海를 건너가 뛰어난 의사義
士들과 만나 거의를 도모하고 있다고 하였다. 그리하여 일을 도모하여
화禍를 면하고자 하는 때에 국인國人이 마음 쓰는 것을 하나로 통일하
지 않으면 안 된다고 생각하였다. 그 마음 씀을 하나로 하고자 하면 방
략이 있어야 하기에 일약一約을 만들어 '관일약'이라고 한 것이다. 그는
장차 애국愛國·애도愛道·애신愛身·애인愛人으로 심心을 삼아 하나로 실
천하고 모든 인민이 마음을 함께 실천하도록 하여, 길이 국國과 도道와
신身과 인人이 보존되게 하고 싶다고 하였다.[47]

1910년 7월 19일(양력 8월 29일) 순종황제가 강제로 퇴위당하자 유인석
은 8월 8일 조선의 이천만 동포에게 글을 지어 호소하였다.

> 인석麟錫이 병자년 이후부터 수노讎奴와 서로 저항한 이래로 많은 세월
> 이 흘렀다. 을사년과 정미년 대화大禍의 날에 나라 안에서는 형세상 일
> 을 도모할 수 없다는 것을 알고, 북해北海의 청淸과 아라사俄羅斯(러시아)
> 의 땅에 우리나라 사람이 많이 모여 있고 청淸·아俄가 일적日賊과 서로
> 원수라는 것을 듣고는 일을 도모할 수 있다고 생각하여, 후에 병든 몸을
> 이끌고 멀리 이르러 보니 과연 모여서 사는 사람이 수십만이라는 것을
> 알았다. 지조志操가 독실篤實한 자가 있고 충분忠憤이 강개慷慨한 자가

---

47 『毅菴文集』 권25, 書, 通告北道士林書.

있고 경륜經綸이 있는 자가 있고 기예技藝가 있는 자가 있었으니, 우거寓居하면서 고토故土를 생각하는 자들 모두 국사國事를 혈심血心으로 생각하였고 비록 몸이 아라사 국적에 있는 자라도 힘써 돕겠다는 의무義務가 없지 않아 거의 도모할 수 있는 형세가 있었다. 인석이 이에 관일약貫一約을 세웠는데, 약約에 이른 것이 애국심愛國心·애도심愛道心·애신심愛身心·애인심愛人心이니, 이 사애四愛에 마음을 두어 하나로 실천하고, 민중이 동심同心으로써 하나로 실천하여 정성을 모아 단결함으로써 쇠도 자르고 돌도 뚫을 수 있게 하였다. 또 의병 규칙義兵規則을 지어 처음을 염려하고 마침을 중요하게 하였다. 이에 인심人心이 모두 응결凝結하고 향응嚮應하여 중정衆情의 절박한 요구로 바로 십삼도의군도총재十三道義軍都總裁가 되어 사임할 수 없게 되었고 못난 이 사람이 이 중임重任을 맡아 대사大事를 담당하니 천만千萬 무어라고 말할 수 없다. 그러나 마음에 맹세하여 죽기를 각오하고 앞으로 나아가, 중심衆心을 모아 하나로 실천하고, 중모衆謀를 합하여 그 장점을 쓰고, 중력衆力을 굳세게 하여 적賊을 토벌하고 원수를 갚는 것을 기약한바, 나라를 회복하고 사직을 보존하고 도道를 부지하고 민民을 보존한 후에 그만두고자 하였다.[48]

유인석은 이천만 동포에게 '관일약'의 애국심愛國心·애도심愛道心·애

---

48 『毅菴文集』권25, 書, 與一國同胞. "麟錫自丙子以後, 與讎奴相抗, 積許多歲年, 其在乙巳丁未大禍之日, 見邦內勢無可爲, 而聞北海淸俄領地, 多會我人淸俄與日賊相讎, 意其有可爲, 後乃扶病遠到, 果見留居聚集人爲累十萬, 志操篤實者有之, 忠憤慷慨者有之, 經綸者有之, 技藝者有之, 凡寓居懷故土者, 擧皆血心國事, 而雖以身籍俄國者, 亦莫不力助義務, 庶幾有可爲之勢, 麟錫乃立貫一約, 約曰愛國心愛道心愛身心愛人心, 心乎四愛, 貫以一之, 衆萬同心, 貫以一之, 會精團誠, 斷金透石. 又作義兵規則, 爲慮始要終, 於是人心皆凝結嚮應, 衆情所迫, 爲十三道義軍都總裁, 辭不獲免, 顧以賤劣, 當此重任, 以擔大事, 千萬無謂, 然誓心以爲辦死向前, 合衆心貫于一, 合衆謀用其長, 合衆力成其壯, 期於討賊報讎, 有以復國存社, 扶道保民而後已."

신심愛身心·애인심愛人心을 다시 상기시키고, 이 사애四愛에 마음을 둠으로써 이천만이 단결하기를 바랐다. 그는 의병의 십삼도의군도총재十三道義軍都總裁에 임명된바 죽기를 각오하여 나라를 회복하고 사직을 보존하고 도道를 부지하고 민民을 보존한 후에 그만두겠다고 하였다. 이렇게 그는 나라의 회복과 도道의 부지와 민民의 보존을 위해 의병운동을 전개하였다.[49]

2) 호서·호남 유림의 현실 인식

이항로가 개항 전후 경기 학계를 대표하는 유림이라면, 송병선宋秉璿(1836~1905)은 19세기 후반 충청 학계를 대표하는 유림이다.[50] 송시열 이후 권상하權尙夏·한원진韓元震·송환기宋煥箕를 거쳐 이어지던 호론의 학통은 18세기 말 19세기 초에 미약해졌다. 송병선은 송시열 이후 정호鄭澔·김정묵金正黙·송치규宋穉圭·송달수宋達洙로 이어진 학통을 계승하였다. 물론 그는 송시열·권상하·한원진·송환기·송능상宋能相으로 이어지

---

49 이 글에서 직접 다루지는 못했지만 서울에서 활동한 兪莘煥은 선비는 나라가 망하는 것을 근심할 것이 아니라 道가 망하는 것을 근심해야 한다고 하였다. 그는 나라가 망하면 社稷을 잃게 되고 도가 망하면 人紀가 끊어진다고 보았다.(『雲養集』권11, 書牘上, 與徐絅堂書. "其言曰士不憂國之亡而憂道之亡也, 國亡而社稷喪, 道亡而人紀絶.") 그러나 그의 제자인 金允植은 서울에서 활동한 학자로 민간에 풍속이 아름다우면 나라가 비록 망했더라도 도는 존재하고, 위에 교화가 시행됨이 없다면 나라는 비록 존재하나 도는 망한 것이니 나라가 망했으나 도가 존재하면 그 나라가 망하지 않은 것이고 나라가 존재하나 도가 망하면 나라가 없는 것과 같다고 하였다.(『雲養集』권10, 序[2], 李氏孝烈錄序. "下有風俗之美則國雖亡而道則存, 上無敎化之行則國雖存而道則亡, 國亡而道存, 其國爲不亡, 國存而道亡, 與無國同.")

50 송병선의 '山林'으로서의 위상과 위정척사운동에 관한 연구로는 盧官汎, 「19세기 후반 湖西山林의 位相과 '正學'運動—淵齋 宋秉璿(1836~1905)을 중심으로」(『한국사론』38, 서울대학교 국사학과, 1997); 박경목, 「淵齋 宋秉璿의 學脈과 민족운동」(『大東文化研究』39, 成均館大學校 大東文化研究院, 2001)이 있다.

던 호론의 학통도 계승했다고 보아야 할 것이다. 다만 19세기 초에 송치
규가 재종숙인 송환기의 문하에서 기대와 인정을 받은 한편으로는 김정
묵을 스승으로 삼아 낙론의 인물성동론人物性同論을 받아들였기 때문에,
송병선은 낙론 계열인 김정묵의 학통을 계승한 것으로 되어 버렸다.[51]

19세기에 송시열의 후손들은 성리설에 있어서 호론의 인물성이론보
다는 낙론의 인물성동론을 지지하고 있었다. 즉 송치규에 와서 호론의
학설을 지키지 못하고 낙론으로 통합되어 갔던 것으로 보인다. 따라서
송병선도 낙론의 학문적 입장을 어느 정도 지지해 나간 것으로 보인다.

송병선은 1905년에 국가가 망하고 도도 망했다고 생각하여 자결하였
다. 그는 국망國亡과 도망道亡의 날을 당하여, 욕辱을 받고도 죽지 않으
면 일보一步에 일보의 욕이 있고 이보二步에 이보의 욕이 있으며 몸으로
써 순도殉道하는 것이 사士의 직분이라고 생각하였다. 그는 일본 세력에
구속되어 욕을 당하고 있으니, 의리상 구차하게 살기를 구할 필요가 없
다고 생각하였다.[52]

일적日賊이 근심이 된 것이 예로부터 한정을 할 수 없지만 임진왜란과 을
미사변으로 인해 일본은 온 나라 신민臣民에게 하늘을 함께 할 수 없는
원수인데 오늘에 이르러서는 백천만百千萬 생령生靈이 다 저 적賊의 비
복婢僕이 되었고 비복에서 강등되어 금수禽獸가 되었고 금수가 강등되어
장차 어육魚肉이 되게 되었으니 청성오국靑城五國의 화禍[53]와 종사宗社가

---

51 권오영, 「19세기 기호유림의 사상경향」(『동양학』 36, 단국대학교 동양학연구소, 2004)
204쪽.

52 『淵齋文集』 권16, 書, 寄訣家弟與子姪.

53 오랑캐인 金나라에 잡혀가 죽은 宋의 徽宗·欽宗을 말한다. 靑城은 중국 河南省 開
封縣에 있는 지명으로 송나라 때에는 이곳에 하늘을 제사하는 齋宮이 있었는데, 휘종
과 흠종은 모두 이곳에서 金의 黏沒喝에게 포로가 되어 잡혀갔다. 五國은 五國城을

터로 변한 참담함이 면전面前에 반드시 이를 형세입니다. 무릇 화華와 이夷, 인人과 수獸의 구분은 비유하면 음陰과 양陽, 주晝와 야夜가 서로 반대되는 것과 같으니 화華가 이적夷狄과 다른 까닭은 도가 있기 때문이고 사람이 금수禽獸와 다른 까닭도 도가 있기 때문입니다. 이 도는 하늘이 부여한 마음을 받아서 벼리로는 인의예지仁義禮智가 되고 펴면 부자父子·군신君臣·부부夫婦·장유長幼·붕우朋友가 되어, 수신修身으로 가정에 증험하고 사해四海에 베풀어 아무리 써도 다함이 없는 것입니다. 오제五帝와 삼왕三王이 천하를 바르게 한 것이 이 도 때문이고 공孔·맹孟·정程·주朱가 미래의 학자를 개도開導한 것이 이 도 때문이고 폐하께서 오직 하늘과 조종祖宗이 부여한 중임重任을 크게 이은 것도 이 도 때문입니다. 이 도가 한번 망하면 천지는 무너지고 해와 달은 어두워지고 화華와 이夷, 인人과 수獸가 서로 유린蹂躪되어 나라는 나라 구실을 못할 테니 폐하께서 비록 남면南面을 하여 부귀富貴의 즐거움을 대궐의 안에서 누리시고자 한들 되겠습니까.[54]

송병선은 화華와 이夷, 인人과 수獸의 구분은 비유하면 음과 양, 낮과 밤이 서로 반대되는 것과 같으니, 화華가 이적夷狄과 다른 까닭은 도가

가리킨 것으로 금나라에 잡혀 온 휘종이 이곳에서 최후를 마쳤다.
54 『淵齋文集』권4, 疏, 中和殿奏箚 12月 25일. "日賊之爲患, 從古何限? 壬辰之禍, 乙未之變, 擧國臣民所不共戴, 而以至今日, 則百千萬生靈, 盡爲彼賊之婢僕, 婢僕之降而爲禽獸, 禽獸之降而將爲魚肉, 則靑城五國之禍, 宗社丘墟之慘, 面前必至之勢也. 夫華夷人獸之分, 譬如陰陽晝夜之相反, 華之所以異於夷狄者, 以其有道也. 人之所以異於禽獸者, 以其有道也. 斯道也, 受之上天所賦之衷, 而紀之爲仁義禮智, 張之爲父子君臣夫婦長幼朋友, 修之於身, 驗之於家, 施之於四海, 而不能盡其用者也. 五帝三王所以正天下者, 以此道也, 孔孟程朱所以開來學者, 以此道也. 陛下所以丕承惟天惟祖宗付畀之重者, 亦以此道也, 此道一亡, 則天地陷缺, 日月昏黑, 華夷人獸, 自相蹂躪, 國不得爲國, 陛下雖欲享南面富貴之樂於廣廈之下細氈之上, 其可得乎?"

있기 때문이고 사람이 금수禽獸와 다른 까닭 또한 도가 있기 때문이라고 하고 있다. 그는 이 도가 한번 망하면 천지는 무너지고 해와 달은 어두워지고 화와 이, 인과 수가 서로 유린되어 나라는 나라 구실을 못할 것이라고 하였다.

송병선은 「벽사설」闢邪說을 지어 서구 학문을 적극 배척하였다. 그는 천주학이 불교의 유파로서 얼굴 모습을 바꾸고 교문敎門을 달리 세워 도리어 불교를 공격하였다고 보았다. 그는 우리나라에 천주학의 전파가 확산되더니 양적洋賊을 부르는 데 이르러 점차 오랑캐로 변해가고 있다고 보았다. 그는 척사에 대한 확고한 사상을 지녀 서구 학문과 서구 세력을 적극 배척하였다.

송병선은 자기 눈앞에 전개되고 있는 일제의 침략 현실을, 나라가 망하고 도가 망하고 인류 또한 멸망하고 있는 위기 상황으로 받아들였다. '송산림'宋山林으로 불리며 사회적·학문적 권위를 누리던 그는 선조 송시열 이후 그에게 전해진 춘추의리 정신과 '직'直 정신을 온전히 실천하기 위해 자결의 길을 택하였다.

1905년 10월에 을사늑약의 소식을 들은 송병선은 당시를 자정自靖의 저항이 무의미한 국망도망國亡道亡의 새로운 현실로 해석하고, 일단 토역소討逆疏를 올려 오적五賊의 처단과 늑약의 파기를 청하였다.[55] 그는 난신적자가 나라를 망하게 하는 경우가 어느 시대에 없겠는가마는 박제순朴齊純·이지용李址鎔·이근택李根澤·이완용李完用·권중현權重顯 등 매국오적은 빨리 처단해야 한다고 하면서 자신은 오적과는 하늘과 땅 사이에 함께하여 살 수 없다고 하였다. 그는 오적이 자신들의 부조父祖

55　盧官汎, 「19세기 후반 湖西山林의 位相과 '正學'運動─淵齋 宋秉璿(1836~1905)을 중심으로」(『한국사론』 38, 서울대학교 국사학과, 1997) 106쪽.

가 열성列聖의 은혜를 깊이 입은 것을 생각하지 않고 교활한 오랑캐에게 아첨을 하고 군부君父를 협박하여 거짓 조약에 가可하다고 쓰고 마음대로 조인을 했다고 하였다. 이른바 '오조'五條라는 것은 곧 우리를 노예로 삼는 것이고 우리를 신첩臣妾으로 삼는 것이라고 하며, 나라는 비록 망하더라도 의義는 망할 수 없다고 하며 오적의 토벌을 청하였다.[56]

송병선이 나라는 비록 망하더라도 의義는 망할 수 없다고 한 것은 김상헌金尙憲에서 송시열로 이어지는 의리 정신을 계승한 것으로 보인다. 조선 후기를 풍미했던 의리론은 병자호란 때 활동한 김상헌의 척화 의리斥和義理에서 그 연원을 찾을 수 있다. 김상헌은 "큰 의리大義가 있는 곳에는 털끝만큼도 구차스러움이 있어서는 안 된다. 임금이 나라와 함께 죽으면 따라 죽는 것이 신하의 의리다"라고 하면서 사군자士君子가 출처에 있어 오직 의리에 따라야 함을 강조하였다. 그는 예의를 돌보지 않고 오직 임금 말씀대로만 좇는다면야 아녀자나 환관들의 충성일 뿐이지, 신하로서 임금을 섬기는 의리라고 할 수 없다고 하면서, 자신은 의리를 따르지 임금의 말씀이라 해서 다 좇지는 않는다고 하였다. 16세기 후반에 임금까지 도학적 기준에 가두어 조선이라는 국가를 사대부가 지향하는 이상 사회로 이끌려 한 노력이 이이의 『성학집요』를 통해 그 논리적 토대를 쌓는 일로 나타났다면, 이는 17세기에 김상헌金尙憲에

---

56 『淵齋文集』 권4, 疏, 請討凶逆疏〔再疏〕(乙巳) 11월 20일. "夫三千里疆域, 祖宗之土地也. 百千萬生靈, 祖宗之赤子也. 雖以陛下之尊, 猶不可私自與人, 況乎爲臣子於陛下者, 何敢擅自予敵以覆我五百年宗社耶? 噫! 彼五賊, 以宗室至親喬木世臣, 反不念渠父渠祖, 深被列聖之恩, 而納媚狡虜, 脅迫君父, 僞約書可, 任自調印, 古今天下, 此何大變也? 國人皆曰可殺, 而尙未就戮, 快雪臣民之憤惋, 昭謝天地之神祇, 則且未知何樣禍機, 伏在時日, 到此地頭, 其於宗廟社稷何, 天下後世何? 彼所謂五條, 卽奴隷我也, 臣妾我也. 然則先王宗社, 將妥享于何地乎? 八域黎庶, 安忍讓與讎賊, 任他魚肉乎? 陛下之莫重寶座, 將安所適, 而苟且圖存乎? 國雖亡而義不可亡, 則臣之沐浴請討, 非徒臣之言, 乃擧國公共之論也."

의해 현실에서 실천하는 형태로 구현되었고, 마침내 뒤에 오는 송시열에 의해 이론과 실제가 합치되어 현실화했다고 할 것이다.[57] 송병선의 살신을 통한 순도는 어쩌면 김상헌·송시열로 상징되는 기호 학계와 정계의 의리 정신을 구현한 것이라고 할 수 있다.

송병선은 여러 사우士友에게 영결을 고하는 편지에서 유자儒者의 일은 가장 어렵다고 하면서, 자신은 '인仁을 자기의 임무로 삼아 죽은 이후에 그만둘 뿐'이라는 성인의 가르침을 따르겠다고 하였다. 그는 지금 천지의 자리가 뒤바뀌고 화華가 이夷가 되고 사람이 금수가 되었다고 하면서 동지同志들이 더욱 노력을 하여 의리를 강론해 밝히고 유학을 부지하고, 거의 끊어질 듯한 맥脈을 이어 돌아가신 성현聖賢이 있는 곳에 자정自靖을 바치는 것이 자신이 바라는 바라고 하였다.[58]

송병선은 나라가 존재하면 도道가 더불어 존재하는 것이고 나라가 망하면 도가 더불어 망하는 것이라고 보았다. 사람들이 모두 나라가 망했다고 말하지만 그는 나라가 망했을 뿐만 아니라 만고萬古의 도道가 망했다고 생각하였다. 그래서 그는 고종에게 열 가지 사항을 진술하고 순도殉道의 길을 택하였다.[59]

서사동지書社同志에게 보내는 편지에서 아래와 같이 말하고, 송병선은 1905년 12월 석촌정사石邨精舍에서 순도殉道하였다.[60]

---

57 정만조, 「"붕당을 미워한 나머지 바른 사람까지 의심하지 마시라"고 한 김상헌: 당인 열전 13」(『국회보』, 2009년 1월호).

58 『淵齋文集』 권18, 雜著, 奉訣諸士友. "竊念儒者事最難, 仁爲己任, 死而後已. 聖人有訓, 見今天壤易處, 華而夷, 人而獸矣. 惟望同志, 益加努力, 講明義理, 扶得吾儒, 幾絶之脈, 使之綿絡, 以爲獻靖于先聖賢之地, 是老夫之區區所願, 千萬毋忽, 此不是小事. 武溪老夫, 臨死告訣."

59 『淵齋文集』 권4, 疏, 中和殿奏箚 12월 25일. "國存則道與之存, 國亡則道與之亡 (中略) 人皆以爲陛下之國亡矣. 臣獨以爲非徒陛下之國亡, 乃萬古之道亡矣. 臣至於此, 生亦何顔? 祖死於華夷之義, 孫死於人獸之義, 則在臣之地, 固所甘心."

이 사람이 선조先祖(송시열)의 후손으로 성현聖賢의 책을 읽어 대강 『춘추』春秋의 대의大義를 들었다. 이 화華가 이夷로 변하고 이夷가 금수로 변하고 인류人類가 멸절滅絶하는 날을 당하여 한 부의 '춘추'春秋를 또한 장차 읽을 곳이 없으니 양구陽九의 액厄이 어찌 한결같이 이 지경에 이르렀는가? 스스로 힘을 헤아리지 못하고 흉역凶逆을 토벌하고 강상대의綱常大義를 부지하려고 우러러 임금이 계신 곳을 향해 울부짖었다가 마침내 견양犬羊의 노奴에게 헤아리기 어려운 욕을 만나서 우리 유학의 종자種子가 나의 몸에 이르러 멸망하였다. 그러므로 다만 한번 죽음으로써 여러 군자君子와 사직한다. 아! 위로는 천백 세世가 앞에 있고 아래로는 천백 세가 또한 뒤에 있다. 하늘과 땅을 우러러보고 굽어보면 오늘이 무슨 날인가. 조용히 핵심을 궁구해 보니 앞뒤의 사람에게 부끄러움이 거의 없다. 무릇 박剝이 다하면 복復이 생生하고 비否가 극極에 이르면 태泰가 오는 것은 천리의 저절로 떳떳함이다. 오직 바라건대 여러 군자君子가 오늘 어둡고 막혔다고 하여 영원히 생생生生의 도道가 없어질 것이라고 생각해 지기志氣가 꺾이게는 조금도 하지 말고, 벽립천인壁立千仞의 지주砥柱로 신고辛苦를 참고 힘을 다하여 공부를 하여 앞으로 용기 있게 나아가고 뒤로 물러서지 말아서, 거의 끊어져 가는 우리 도道를 부지하고 이미 망해 가는 땅에서 국맥國脈을 연장한다면 대동풍설大冬風雪이 반드시 갑자기 만화방춘萬和方春이 될 것이다. 아! 불녕不佞이 우리 도道의 중책重責으로써 제군諸君에게 책임을 지우니 제군은 대책大責을 맡음이 중하다고 말할 수 있다. 부자夫子께서 '죽기로써 선도善道를 지킨다'고 하였으니 제군은 오직 힘쓸지어다.[61]

---

60 『淵齋文集』 권52, 附錄, 年譜〔宋哲憲〕.

61 『淵齋文集』 권18, 雜著, 示書社同志. "不佞以先祖之孫, 讀聖賢之書, 粗聞春秋之大義, 遭此華而夷夷而獸, 人類滅絶之日, 一部春秋, 亦將無地可讀, 陽九之厄, 一何至

송병선은 선조 송시열 이후 기호 학계의 세도世道를 자부하고 있었다. 그래서 그는 한번 죽음으로써 자신에게 주어진 세도 자임自任의 도덕적 책무를 다하려고 하였다. 그는 자결에 앞서 후인들에게 오늘의 암울한 현실을 비탄하여 영원히 생생生生의 도道가 없어질 것이라고 생각하여 지기志氣가 꺾이는 일이 없기를 당부하였고, 그들이 거의 끊어져 가는 도를 부지하고 이미 망해 가는 땅에서 국맥國脈을 연장해 주기를 바랐다. 그는 도의 중책重責으로써 후배들에게 책임을 지우고, 공자가 말한 "죽기로써 선도善道를 지킨다"는 말을 상기시키며 생을 마감하였다. 송병선에 이어 곧 순도한 송병선의 아우 송병순宋秉珣도 송병선의 순도 정신을 똑같이 실천한 것이었다.

그런데 호서의 유림인 임헌회의 문하에서 공부하여 근대이행기에 기호 학계를 대표하는 유림 종장宗匠으로 우뚝 선 전우는 순도에 대해 다소 생각을 달리하였다. 전우는 호남의 전주 청석골에서 출생했으나 청년기에는 서울에서 생활하였고, 임헌회의 적전嫡傳을 전수받아 20세기 초반에 영남의 곽종석과 쌍벽을 이루는 전국적인 유림 종장으로 활동하였다. 그는 출신지는 호남이지만 서울과 호서, 호남을 아우르는 계통의 유림이라고 말할 수 있다. 실제 그의 문하에는 전국적으로 많은 학자들이 모여들어 학문 활동을 하였다.

此之極? 不自量力, 以討凶逆, 扶綱常大義, 仰叫天陛, 竟値罔測之辱於犬羊之奴, 使吾儒種子, 至吾身而滅亡, 故只以一死, 謝諸君子, 噫! 上焉而千百歲在前, 下焉而千百歲亦在後, 俯仰穹壤, 今日何日? 默究義諦, 庶幾無愧於前後之人矣. 夫剝盡復生, 否極泰來, 自是天理之常也. 惟願諸君子, 勿以今日之晦塞, 謂永無生生之道, 而少挫其志氣, 壁立千仞之砥柱, 忍辛耐苦, 煞用力, 下工夫, 只要向前廝殺, 不要退後歇腳, 扶吾道於幾絶, 延國脈於已亡之地, 則大冬風雪, 必遽然而萬和方春矣. 噫! 不佞以吾道之重責, 任之于諸君, 諸君其亦可謂任大責重矣. 夫子曰守死善道, 惟諸君勉乎哉. 嗚呼噫嘻."

  제3부 유림의 현실 인식과 대응

전우는 1895년 단발령의 소식을 듣고 작은 일이 아니라고 하면서, 이적夷狄에 동화되지 말아야 한다고 생각하였다.[62] 그러면서도 그는 사우와 함께 의리를 강론하는 일을 중시하였다. 그는 문인들에게, 모름지기 외천畏天의 마음을 보존하고 자기에게 있는 도道를 지켜 주는 것이 작은 일이 아니라고 하였다.[63]

전우는 송병선·송병순의 순의殉義를 듣고 "유문儒門의 순도는 그 얼마나 빛나는지"라는 시구로써 송병선에 대한 자신의 뜻을 표현하였다.[64] 1895년 4월에 전우는 "공자는 죽음에 이르러도 지조를 바꾸지 않는 가르침이 있었고 맹자는 몸으로써 순도한다는 가르침이 있었다"라고 언급하였고,[65] 그 뒤 「한유삼인설」韓有三仁說을 지어서, 송병선은 몸으로써 순도하였고 최익현은 거의토적擧義討賊하였으며 자신은 수의사명守義俟命하였다고 하였다.[66] 그는 순도를 원론적으로는 인정하였지만 최선의 방법으로 생각하지는 않았다.

전우는 나라가 기울고 임금이 폐해지고 도가 망하고 민民이 죽는 화禍를 만나 구제하고 싶으나, 자신은 역량力量이 미치지 못한다고 말하였다.[67]

어떤 사람이 나에게 '군자君子는 보존한다고 했는데 보존한다는 것이 무

---

62 『艮齋文集』前編 권6, 書, 與李晩淳 乙未. "比有剃髮之變, 此不是小事, 須將一箇死字, 刻在心肺閒, 而勿爲夷狄所化也."

63 『艮齋文集』前編, 권15, 雜著, 示諸君 乙未. "蓋人之性, 雖本純善, 亦貴於從師友而講義理也. 今日吾門講習, 視聖賢規度, 誠蔑如矣. 但在此世, 勉強扶持, 猶足爲萬一之補, 切望諸賢須存得畏天之心, 守得在己之道, 施得悲人之情, 此不是小事."

64 『艮齋文集』後編續, 권1, 書, 答林〇〇 基洪 丁巳.

65 『艮齋文集』別編 권1, 雜著, 告諭子弟門人.

66 『毅菴文集』 권33, 雜著, 散言.

67 『艮齋文集』前編 권4, 書, 答鄭萬初 己酉.

엇입니까'라고 물었다. 정자程子는 말하기를 '천리天理를 보존한다'고 했다. 군자는 심心으로써 말을 하고 천리는 성性으로써 말한 것이니 심성心性의 본말本末이 분명하다. 천리는 일찍이 망하지 않는 것이나 서민庶民은 망하게 하는 자가 많으니 이것은 동자董子(董仲舒)가 '도가 망하는 것이 아니라 유왕幽王과 여왕厲王이 그에 말미암지 않았다'고 한 뜻과 같은 것이다. 근세近世에 도가 망하여 자결해야 한다고 말하는 자가 있으나 어찌 몸을 보존하여 이 도를 부지하는 것만 하겠는가.[68]

전우는 도는 망하는 것이 아니라 그에 말미암지 않기 때문에 보존하지 못하는 것이라고 하면서, 순국이나 순도보다는 살아남아 도를 부지하는 것이 보다 더 중요하다고 생각하였다.

"천운天運이 비색否塞하여 강상綱常이 무너졌으니 선비로서 이 시대에 태어난 자는 마땅히 정채精采를 더하여 심력心力을 다하기에 힘써 도를 밝히고, 입신立身하기를 구하여 사람을 가르치고, 대중을 경계하여 천심天心을 돌려 세상을 바르게 하는 것이 실로 상제上帝가 오늘날의 사류士類에게 바라는 것이다. 특별한 지개志槩와 확고한 기절氣節도 없으면서 쓸려 다니듯이 옮겨다니는 자야 족히 말할 것도 없지만, 도가 망한 것을 분통憤痛히 여겨 마침내는 성명性命을 끊어 순도殉道한 자도 의심컨대 또한 다시 생각해 보아야 한다."[69]

---

68 『艮齋文集』後編, 권14, 雜著, 海上散筆[1]. "或問, 君子存之, 何所存也? 程子曰存天理也. 君子以心言, 天理以性言, 心性本末曉然, 天理未嘗亡, 而庶民則亡之者衆矣. 此與董子非道亡也, 幽厲不由同意, 近世有謂道亡而自裁者, 曷若存身而扶持此道也?"

69 『艮齋文集』後編, 17, 雜著, 華島漫錄, '道亡身死'. "天運否塞, 綱常斁壞, 士之生於此時者, 宜另加精采, 勉竭心力, 以求明道立身, 誨人警衆, 庶幾於回天而匡世, 此實上帝之所望於今日士類者也. 其無特達志槩, 堅確筋骨, 而靡然遷移者, 誠無足言矣. 如

전우는 선비로서 강상이 무너진 시대에 태어난 자는 마땅히 심력心力을 다하기에 힘써 도道를 밝히고 사람을 가르치고 대중을 경계하여 천심을 돌려서 세상을 바르게 하는 것이 상제上帝가 당시 사류士類에게 바라는 것이라고 하였다. 따라서 그는 도가 망한 것을 분통憤痛히 여겨 마침내 성명性命을 끊어 순도殉道한 자에 대해서도 다시 생각해 보아야 한다고 말하고 있다. 그는 1905년 4월의 글에서 유자儒者는 지위가 없어 백성을 가르칠 수 없으므로 오직 동지들과 성인의 학을 강론하여, 선왕의 법을 따라서 자제들을 거느리고, 화이華夷의 분별을 엄격하게 하고, 금수로 돌아가는 것을 경계할 뿐이라고 하였다.[70]

홍직필·임헌회의 학통은 "몸이 출사하지 않았으면 말도 해서는 안 된다"(身不出言不出), "지위에 있지 않으면 정사를 도모하지 못한다"(不在位不謀政)는 것을 상법常法이라 여겨 시사에 대해서는 말하지 않아야 한다고 생각하였다.[71] 임헌회의 제자인 전우 역시 스승의 출처관을 철저히 고수하였다. 이에 대해 유인석 등은 전우의 처신을 강하게 비판하였다. 유인석은 재야의 선비라도 시사에 대해서 발언을 할 수 있으며, 하물며 도가 망함에 있어서는 더욱 그렇다고 하였다. 선비가 도가 망하는 것을 보고 침묵을 지키고 보고만 있는다면 사론士論의 풍기風氣가 식게 되어 그 화禍가 난적亂賊보다 심한 것이라고 생각하였다.

한편 호남을 대표하는 유림인 기우만은 경술국치 이후에 공자에게 석채례釋菜禮를 행하고 나서 제생들에게 고하기를, 세상이 어지러운 것이 이와 같으니 성현의 도맥道脈을 더욱 배로 부식扶植하고 세워서, 나

又憤痛於道亡, 而遂決性命而殉之者, 疑亦可更商量也."

70 『艮齋文集別編』 권1, 雜著, 告諭子弟門人.

71 홍직필·임헌회 학통의 出處觀에 대해서는 권오영, 『조선 후기 유림의 사상과 활동』 (돌베개, 2003) 107~114쪽 참조.

라는 비록 망했으나 도는 망할 수 없고 사람은 비록 죽더라도 마음은 죽을 수 없다는 것을 일정한 의리로 삼은 뒤에야, 천하가 오랑캐가 되더라도 우리는 화華가 될 수 있고, 천하는 금수가 되더라도 우리는 사람이 될 수 있다고 하였다. 그는 도와 마음은 죽을 수 없는 것이라고 본 것이다.[72]

3) 영남 유림의 현실 인식

근대이행기에 영남 유림은 현실 인식에 있어 다양한 모습을 보여 주었다. 유치명의 문인들은 척사운동과 의병운동에 소수疏首로 활동하기도 하였으며, 그 학맥은 연면히 이어져 순국을 택한 지사도 나왔고, 애국계몽운동이나 사회주의운동가로 변신한 이도 있었다.

19세기 말 영남 강우江右 지역의 학계에는 조식의 「신명사도」神明舍圖 속의 '국군사사직'國君死社稷 다섯 글자에 대해서 토론이 일어났다. 허유는 국군國君에게 순사殉社의 마음이 없으면 나라를 다스릴 수 없고 학자가 순도殉道의 마음이 없으면 학문을 할 수 없다고 보았다.[73] 이를 통해 보면 이진상의 문인들도 사士의 순도는 원론적으로 인정하고 있었다.

1910년에 8월 29일 일본이 조선을 병탄하자 곽종석은 이 국치國恥의 소식을 듣고 여러 날을 통곡하며 밥을 들지 않았다. 그러나 배우러 오는 사람은 받아들이면서 "나라는 때로 망할 수가 있지만 도는 하루라도 망할 수 없다"라고 했다. 당시 일본인들이 호적에 편입할 것을 강요하였지만 그는 "나는 대한유민大韓遺民이다. 일본 호적에 들어갈 수 없다"라고 하면서 거절하였다. 곽종석은 꼭 자결만이 나라를 위하는 길이라

---

72 『松沙文集拾遺』 권3, 附錄 行狀.
73 권오영, 「남명의 심학과 남명 학맥의 심학 계승」(『남명학』 15, 남명학연구원, 2010) 395쪽; 『后山文集』 권12, 雜著, 神明舍圖銘或問; 『后山文集』 권9, 書, 答曺仲謹 兢燮.

고 생각하지 않았고, "대개 옛날부터 자살하는 성현은 없었다. 오직 평소의 절조를 더욱 잘 지키고 옛날부터 하던 학문을 더욱 독실하게 하면서 밝은 하늘이 회복되기를 기다려야 한다. 이것이 우리들이 오늘날 할 수 있는 대의大義일 따름이다"라는 자세를 가졌다.[74]

곽종석은 1907년 신학新學이 성하게 되자 도道의 존망이 오직 연소한 학자들에게 달려 있다고 생각하였다.[75] 그는 도가 존재하면 사師가 존재한다고 생각하였고, 당론에 매여 있는 사람은 끝내 도를 배우는 기상이 아니라고 보아 우선 당론을 배격하였고 당론에서 벗어난 학자를 높이 평가하였다.[76]

한편 곽종석은 경술국치 이후 이름과 자字를 바꾸었다. 그는 망국의 비분을 견디기 어려워 이름을 곽종석郭鍾錫에서 곽도郭鋾로 고치고 자를 명원鳴遠에서 연길淵吉로 바꾸었다. 진晉나라의 처사 도잠陶潛의 성姓인 '陶'자의 오른쪽 변과, 송말·원초에 절조를 지킨 김이상金履祥의 성 '金'자를 합하여 이름을 도鋾로 고치고, 자는 도잠의 자인 연명淵明의 '淵'자와 김이상의 자인 길보吉甫의 '吉'자를 합하여 연길淵吉이라고 한 것이었다.[77]

1919년 8월 24일에 생을 마감하면서 그는 제자들에게 "군자는 마땅히 만세를 위하여 도모해야지 한때를 위하여 계교하지 않는다"라고 하였다. 곽종석의 제자인 김사진金思鎭은 그러한 스승에게 경술국치로 백성이 모두 죽게 되어 식자들이 함께 탄식을 하게 되었으니 다만 우리 도道의 근심은 두 번째의 일이라고 하였다. 이에 대해 곽종석은 도가 망

---

74 『俛宇集』 4, 俛宇年譜 권3, 庚戌.
75 『俛宇文集』 권111, 書, 答安尙夫 鍾斗 丁未.
76 『俛宇文集』 권96, 書, 答朴漢明 鍾厚 己亥.
77 『俛宇集』 4, 俛宇年譜 권3, 辛亥.

했는데 생명을 유지한다면 그 사람을 일컬어 살았다고 할 수 없다고 답하면서 군자는 도를 근심하지 가난을 근심하지 않고, 아침에 도를 들으면 저녁에 죽어도 오히려 좋다고 하였다. 그는 도가 두 번째의 일이 된다면 인심人心의 위태로움은 장차 첫 번째가 될 것이고 천하의 어지러움이 이로 인해 생기게 될 것이라고 경계하였다.[78]

곽종석은 한 가닥 양陽의 뿌리가 도를 지키는 몇몇 학자에게 남아 있다고 보고, 그것을 계기로 훗날 난亂을 다스리고 망한 데서 다시 일어나기를 희망하면서 다음과 같이 누누이 도의 보존을 말하였다.

> 보여 주신 편지에서, 노래하고 울고 미치고 취하는 것은 무릇 떳떳한 본성이 있는 자라면 이 정情을 같이한다고 했습니다. 만약 이로 인하여 문득 머리털을 풀어 헤치고 물에 몸을 던지거나 곡식을 끊고 세상을 피해 달아나서 하나의 기행奇行과 고절苦節을 성취한다면 어찌 진실로 상쾌하지 않겠습니까마는 이것은 당인當人의 직정直情에 달려 있지 계교計較로 인한 것이 아니고, 안배安排를 해서 하는 것이 아니며 처음부터 다른 사람과의 상량商量을 기다린 이후에 정해지는 것이 아닙니다. 하물며 종석鍾錫은 못나고 부끄러움이 없고 구차苟且하게 삶을 훔친 자이니 어찌 현좌賢座를 위하여 도모를 할 수 있겠습니까. 다만 진수進修한 것을 어디에 쓸 것인지 생각해 보면 아마 그렇지 않은 것 같습니다. 대개 나라는 망할 수 있을지언정 도道는 망할 수 없고 세상은 어지러울 수 있을지언정 몸은 어지럽힐 수 없습니다. 애초에 나라를 위하여 보존하여 스스로 힘쓴 것이 아닙니다. 그러므로 (지금 나라가 망했다고 갑자기 그쳐서도 안 됩니다.) 세상이 다스려졌다고 하여 더 권勸한 것이 아니므로 지금

---

78 『俛宇文集』 권101, 書, 答金謹夫 思鎭 庚戌.

세상이 어지럽다고 하여 이제 와서 저지해서도 안됩니다. 이 때문에 김 인산金仁山(金履祥), 허백운許白雲(許謙) 여러 선생先生과 같은 이가 송宋 나라가 망한 뒤 원元나라 초기에 모두 구학丘壑의 사이에서 자정自靖을 했는데, 오히려 또한 학도를 모아 강강講을 하고 선성先聖의 도道를 미루어 밝혀 내어 마침내 주자朱子의 학學을 천하에 전하였습니다. 대개 천지를 위하여 마음을 세우고 만세萬世를 위하여 태평太平을 여는 것이 진실로 제 분수 안의 일입니다. 종석이 붕우에게 바라는 것이 이것 말고 다른 것이 없습니다.[79]

곽종석은 경술국치 직후에 나라는 망할 수 있을지언정 도道는 망할 수 없고 세상은 어지러울 수 있을지언정 몸은 어지럽힐 수 없다는 생각 을 말하였다. 그는 원나라 초의 김이상金履祥과 허겸許謙이 학도를 모아 강학을 하고 선성先聖의 도道를 밝혀 주자학을 천하 만세에 전하여 태평 을 열었던 것이 자신이 받아들일 수 있는 일이라고 하면서 벗들에게 바 라는 것은 다만 이것뿐이라고 하였다.

일전에 벗이 나에게 멀리 떨어진 산골짜기 깊은 곳에 들어가 모리某里 (鄭蘊)와 입암立巖(張顯光)의 가계家計를 하도록 권하였는데, 종석이 답해

---

79 『俛宇文集』권50, 書, 答文士憲. "示云歌泣狂醉, 凡有彝性者, 同此情也, 若因此便被 髮投河, 絶粒逃世, 成就得一段奇行苦節, 則豈不誠快爽? 是在當人直情, 不由計較, 不容安排而爲之者, 初非待於與人商量而後乃定者, 況鍾之渙涊無恥苟且偸生者, 安 能爲賢座謀耶? 但以爲進修之何用則恐未然, 盖國可亡也, 道不可亡也, 世可亂也, 身 不可亂也. 其始也不爲國存而自勉, 故(今不爲國亡而遽止)不爲世治而加勸, 故今不以 世亂而遂沮. 是以如金仁山許白雲諸先生當宋亡元初之日, 俱自靖於丘壑之間, 而猶且 聚徒講學, 推明先聖之道, 而卒傳朱子之學於天下, 盖爲天地立心, 爲萬世開太平, 固自 是分內也. 鍾之望於朋友者, 舍此無他."

말하기를 '종석이 어찌 감히 전현前賢을 바라겠습니까. 이미 그 삶을 훔쳤는데, 또 그 이름을 훔치고자 하겠습니까. 정절靖節(陶潛)이 시상柴桑을 벗어나지 않았고 인산仁山(金履祥)이 다만 난계蘭溪에 있었으니 제가 자나 깨나 같은 곳으로 돌아가고자 하는 데 미치지 못할까 저어하는 것입니다. 현좌賢座는 마땅히 어떻게 생각하실지요. 종석은 말할 수 있는 것이 없고 다만 지구知舊에게 바라는 바를 말하자면 나라는 망할 수 있지만 도道는 망할 수 없다는 것입니다. 이것은 우리 치행致行도 그 책임을 사양하지 못할 것입니다. 전에 비해 더욱 힘써 잘 유서遺緒를 궁구하여 영수英秀에게 전하여 후일 양陽이 회복되는 뿌리로 삼는 것이 어떠하겠습니까.[80]

경술국치 이후 어떤 사람이 곽종석에게 깊은 산속으로 숨기를 권하자 그는 순도하지도 못한 몸으로 그럴 필요가 없다고 생각하였다. 그는 병자호란 이후 거창 모리某里와 영천 입암立巖으로 은거한 정온鄭蘊과 장현광張顯光의 행동을 따라하여 이름을 훔치고 싶지는 않다고 하였다. 그러면서 그는 거듭 말하기를 나라는 망할 수 있지만 도는 망할 수 없다고 하면서, 안치행安致行에게 도를 보존하는 책임을 사양하지 말고 빼어난 영재英才를 가르치는 교육을 통해 후일 양陽이 회복되는 뿌리로 삼아 줄 것을 부탁하였다.

---

80 『俛宇文集』 권63, 書, 答安致行. "日前有友人勸我以且入絶峽深處, 做某里立巖家計, 鍾答之曰鍾何敢望前賢也? 旣偸其生, 又欲偸其名耶? 靖節不出柴桑, 仁山只在蘭溪, 此寤寐同歸而恐不能及也. 未知賢座當以爲如何? 鍾無可說, 但所望於知舊者則有焉, 曰國可亡也, 道不可亡也, 此則吾致行亦不得辭其任也. 望視前益懋, 克竟遺緒, 傳之英秀, 用作異時陽復之根, 如何如何?"

　　　　　　　　　제3부 유림의 현실 인식과 대응

종석은 마땅히 죽어야 하나 죽지 못하고 또 오늘의 번복翻覆을 만나 고집이 심하고 추함이 심하여 말할 수 없습니다. 어찌 사랑하고 알고 지내는 처지에 있는 이에게 받들어 아뢸 것이 있겠습니까. 보내 주신 글의 내용 속에 자세하게 언급하신 것은 모두 비루하고 용렬한 제가 감당할 바가 아닙니다. 오직 마음이 비통해 눈물을 머금으며 죽음이 이르면 곧 떠나갈 것을 기다릴 뿐입니다. 옛날 현인이 목숨을 바쳐 인仁을 이룬 것은 진실로 감히 바라지 못하지만 또한 처한 바와 만나는 바에 각각 정의精義가 있어 일괄적으로 논할 수 없습니다. 문천상文天祥의 시시柴市는 반드시 죽음을 탐한 것이 아니고, 사첩산謝疊山(謝枋得)의 도찬逃竄은 또한 삶을 탐한 것이 아니고, 인산仁山(金履祥)이 난계蘭溪에서 자정自靖한 것은 또한 마땅히 죽어야 할 때 죽고 마땅히 살아야 할 때 사는 뜻을 알지 못했던 것이 아닙니다. 각각 분수를 다하고 각각 그 만나는 상황에 맞게 한 것은 동일한 도였습니다. 이것으로써 차이를 둘 수는 없습니다. 현자賢者에 이르러서는 곧 재야의 한 포의布衣일 뿐이니 다만 유정수劉靜修(劉因)와 허백운許白雲(許謙)의 길을 행하면 됩니다. 대개 예로부터 자살自殺한 성현聖賢은 없다고 했습니다.(朱子의 말) 또한 나라는 망할 수 있으나 도道는 망할 수 없습니다. 오직 평소의 지조에 더욱 힘쓰고 옛 학문을 더욱 돈독히 하여 호천皓天의 회복을 기다리는 것, 이것이 오늘날 우리들의 큰 핵심이 될 것이니, 당신의 생각은 어떠십니까.[81]

---

81 『俛宇文集』권107, 書, 答金元淑 庚戌. "鍾宜死不死, 又値今日之翻覆, 頑甚醜甚, 不可道也. 寧有可奉告於知愛之地耶? 示中縷縷, 皆非陋劣所堪當, 惟痛心飮泣, 以俟符到卽行而已. 昔賢之辦命成仁, 固不敢望, 而亦所處所遇, 各有精義, 不可以一槩論也. 文山之柴市, 非必貪死, 疊山之逃竄, 亦非貪生, 仁山之自靖於蘭溪, 亦非不知當死而死, 當生而生之義爾, 其各盡其分, 各適其遇則同一揆也, 未可以此而差異之也. 至如賢者, 乃林間一布褐耳. 只可爲劉靜修許白雲而已. 盖從古無自殺底聖賢(朱子語), 且國可亡也, 道不可亡也. 惟益勵素操, 益篤舊學, 以待皓天之復, 斯爲吾人今日之大義

곽종석은 몸은 없을 수 있으나 도는 없을 수 없고, 도가 존재하면 몸이 존재한다고 보았다.[82] 마찬가지로 그는 나라는 망할 수 있으나 도는 망할 수 없다고 보았다. 그는 제자들에게 오직 평소의 지조에 더욱 힘쓰고 옛 학문을 더욱 돈독히 하여 천도天道의 회복을 기다리는 것이 당시에 처한 자신들의 큰 강령이 된다고 생각하였다.

곽종석은 1911년 주시범周時範에게 보낸 편지에서 "도鎬(곽종석 자신)는 다만 한번 죽지를 못했으니 어찌 일삼을 바가 있겠습니까. 나라만은 망할 수 있을지언정 도는 망할 수 없습니다. 이 사람은 엎어지고 자빠진 몸이지만 한 시대의 빼어난 인물들에게 바람이 없지 않습니다. 현자賢者는 이러한 고심을 헤아릴 수 있겠습니까"[83]라고 하여 도의 보존과 강학을 강조하였다.

곽종석은 1916년 송수용宋壽用에게 보낸 편지에서도 "우리 도는 망할 수 없는데 도를 보존하는 자가 거의 없습니다. 이 시대에 훌륭한 인재들을 모아 교육시켜 힘을 길러야 합니다"[84]라고 하여 도의 보존과 강학을 강조하였다.

국망과 도불망에 대한 곽종석의 인식을 정확하게 이해한 김창숙金昌淑은 스승 곽종석의 신도비명神道碑銘을 지으면서 "선생께서 말씀하기길, 아아! 나라는 비록 기울어지고 망해도 도는 망할 수 없다네. 주자와 퇴계의 책을 끌어안았으니 도가 그곳에 있기 때문이요, 죽음으로 지킬 것

諦, 未知盛意以爲如何?"

82 『俛宇文集』권32, 書, 答李啓道.

83 『俛宇文集』권116, 書, 答周勉五 時範 辛亥. "鎬只欠一死, 寧有所事? 惟國可亡也, 道不可亡也. 自己之顚沛, 而不能無望於一世之英秀也. 賢者可諒此苦心否?"

84 『俛宇文集』권126, 書, 答宋孟範 壽用 丙辰. "吾道不可亡也, 而存之者無幾, 此世金華一區, 只在黃梅靈壑, 知朝夕潛谷, 須相求髦彦, 漸入規矩, 磨礱成就之, 則亦足張吾軍也, 幸堅得脊梁, 益勵素志, 皓天之不忘否耶?"

을 맹세했다네. 기미년 파리장서 보내는 일에 크게 떨쳐 일어나 감옥에 간히었는데 '죽을 곳을 얻었도다'라고 말씀하셨네"라고 하였다.

4. 맺음말

1876년 개항 전후 조선은 일본과 서구 열강의 도전을 받아 전국적으로 위기의식이 팽배하였다. 특히 1895년 이후 일제에 의해 명성황후가 시해되고, 그 뒤 1905년에 을사늑약으로 국권이 침탈당하자 유림들은 다양한 저항의 모습을 보였다. 이어 1910년에 조선이 일제에게 강점당하자 국망國亡의 현실 앞에 놓인 유림들 가운데서는 나라가 망하고 도道가 망했다고 생각하는 인사가 있었는가 하면, 나라는 망했지만 도는 망하지 않았다고 생각하는 사람도 있었다. 전자의 경우 국가보다 도를 더 우선하였지만 그 도의 범위 속에 국가가 포함되어 있었다.

1905년 을사늑약 이후에 나라가 망했고 도가 망했다고 인식한 유림은 대개 자결을 택하였고, 나라는 망했지만 도는 망하지 않았다고 생각한 유림은 그 도를 지키기 위해 의병과 독립운동을 전개하기도 하고, 산림이나 해도에 은거하며 유교 교육을 담당하기도 하였다. 특히 드러난 유림으로 자결을 택한 경우는 송병선 등이었고, 의병운동이나 독립운동을 택한 경우는 유인석·기우만·곽종석 등이었으며, 유교 교육을 택한 경우는 전우 등이었다.

유인석은 나라가 망하고 도가 망함에 이르러 몸은 보존하지 못하고 사람이 다 없어지게 되었다고 하면서, 애국심愛國心·애도심愛道心·애신심愛身心·애인심愛人心을 제시하였다. 그는 국國·도道·신身·인人 중에 하나라도 없어서는 안 된다고 보고, 대개 나라가 없는데 도道·신身·인人이 있는 경우나 도道가 없는데 국國·신身·인人이 있는 경우는 없으며, 신身이 있어야 국國을 부지하고 도道를 보존하고 인人을 살릴 수 있으며, 인人·국國이 또한 부지될 수 있어야 도 또한 보존할 수 있고 신身 또한 보존할 수 있다고 보았다.

송병선은 나라가 존재하면 도가 더불어 존재하고 나라가 망하면 도가 더불어 망한다고 보았다. 그는 사람들이 모두 나라가 망했다고 말하지만 자신은 그저 나라가 망했다고 생각할 뿐만이 아니라 만고萬古의 도道가 망했다고 생각한다고 하였다. 그리하여 그는 1905년 순도殉道의 길을 택하였다. 그는 국망과 도망의 날을 당하여 몸으로써 순도하는 것이 사士의 직분이라고 생각하였다.

이에 반해 전우는 나라가 기울고 임금이 폐해지고 도가 망하고 민民이 죽는 화禍를 만난바, 순국이나 순도보다는 살아남아 도를 부지하는 것이 보다 더 중요하다고 생각하였다. 그는 도가 망하여 자결해야 한다고 말하는 자가 있으나 몸을 보존하여 이 도를 부지하는 것이 더 중요하다고 여겼다.

곽종석은 자결만이 나라를 위하는 길이라고 생각하지 않았고, "대개 옛날부터 자살하는 성현은 없었다"고 하면서 나라는 망할 수 있으나 도는 망할 수 없다고 보았다. 그는 제자들에게 여러 차례 오직 평소의 지조에 더욱 힘쓰고 옛 학문을 더욱 돈독히 하여 천도의 회복을 기다리는 것이 가장 큰 요체라고 하였다.

유교 경전인 『예기』禮記에서는, 국군國君은 사직社稷을 위해 죽어야 하고 대부大夫는 군중과 함께 죽어야 하며 사士는 군명君命에 죽어야 한다고 하였다. 각자 지위에 따라 난국에 대처하는 방법을 다르게 규정하고 있는 것이다. 근대이행기의 유림 가운데 송병선·곽종석은 대부였고 유인석·전우는 사에 속하였다. 이들은 각자 자신과 그 자신이 주도하는 학파의 나름대로 순국과 자정으로써 나라와 도를 지키기 위해 헌신하였다. 이러한 유림의 현실 인식은 박은식이 '나라는 망해도 정신은 망하지 않는다'고 생각한 것과 같은 논리에 있었다. 당시 유림은 자결, 자정, 의병, 독립운동 등을 통해 도의 영원성을 소망했고 이를 통해 조선의 국권을 회복하고 일제로부터 조선이 자주적인 독립을 획득하기를 바랐다.

이남규의 학맥과 사상

1. 머리말

1855년 11월 충청도 예산에서 태어난 이남규李南珪(1855~1907)는 고문
가古文家로 문명을 떨쳤고 예학禮學에도 아주 정통한 학자였다.

이남규는 당시 충청도 지역에서 학문적 명성이 높아 유림의 신망을
한 몸에 받던 학자였다. 이미 1894년 갑오개혁과 1895년 을미사변을 거
치면서, 그는 국록國祿을 먹는 신하이자 유교 지식인으로서 목숨을 부
지하는 것을 스스로 늘 부끄럽게 여겼다. 그는 직접 의병 투쟁의 전면에
나서지는 않았으나 그 이념적 지도자의 역할을 마다하지 않았다. 이에
일제와 친일 인사들은 이남규를 제거하지 않고는 충청도 지역에서 자신
들의 세력 확장이 어렵겠다고 판단하여, 그에게 형언할 수 없는 살인 만
행을 저질렀다.

1906년(광무10) 이남규는 홍주의병장 민종식閔宗植을 예산의 자기 집에
숨겨 주었다는 이유로 일제에 의해 공주公州 감옥에 투옥되었다가 10개
월 만에 풀려났는데, 이듬해 8월 19일 일제가 몰고 온 백여 기騎의 군사

     제3부 유림의 현실 인식과 대응

가 그의 집에 느닷없이 들이닥쳐서 그를 연행해 가려고 하였다. 그러자 그는 "사대부土大夫는 죽일 수는 있을지언정 욕을 보일 수는 없다"라고 소리쳐 꾸짖고 가마를 타고 그들을 따라나섰다. 이날 밤 온양의 평촌坪村에 이르러 일제는 이남규에게 단발을 강요하고 일제에 협조하라고 협박하였다. 이러한 위급한 상황에도 그는 조금도 지조를 굽히지 않고 일제의 앞잡이들을 향해 준엄하게 호통을 쳤다. 그리고 그는 그 자리에서 아들 이충구李忠求, 교정轎丁 김응길金應吉과 함께 장렬하게 순국하였다.

이남규에 관한 연구는 1973년 『수당집』修堂集이 성균관대학교 대동문화연구원에서 이우성李佑成에 의해 발간되면서 그 단초가 열렸다. 이어 1977년에 이남규의 순국 60주년을 기념하여 그의 생애와 사상에 대한 개괄적인 연구가 이루어졌다.[1] 그러나 그간의 연구는 그의 학문적 업적에 대한 탐구보다는, 주로 그를 순국지사로 다루어 애국 정신과 독립 정신을 길이 드높이는 작업에 초점이 맞추어져 왔다. 그리고 1997년에는 민족문화추진회에서 『수당집』이 국역되어 그의 시문과 사상에 연구자는 물론 일반인들도 쉽게 접근할 수 있게 되었다. 이해에 이남규는 9월의 독립운동가로 선정되었고, 그의 순국 90주년을 기념하는 학술대회가 개최되었다.[2]

---

1 『나라사랑』 제28집 수당 이남규 특집호(외솔회, 1977) 참조. 윤병석, 「수당 이남규의 생애」; 천관우, 「수당의 민족정신과 기상」; 강주진, 「수당의 정치적 경륜」; 홍이섭, 「수당 이남규와 홍주성 전투」; 정순목, 「수당가의 충효윤리」; 이가원, 「수당 이남규의 사상과 문학」; 임창순, 「수당과 한문학」; 전규태, 「수당의 문학사적 위치」; 조국원, 「목은과 수당」 등의 논고가 실려 있다.

2 이 학술대회는 1997년 9월 26일에 천도교 수운회관에서 "修堂 李南珪의 思想과 愛國活動"이라는 주제로 개최되었다. 이남규에 관한 주요 연구로는 林熒澤, 「修堂 李南珪와 그의 奏議에 대한 이해—근대 전환기의 한 대응논리」(『漢文學報』 1, 우리한문학회, 1999); 金祥起, 「修堂 李南珪의 學問과 洪州義兵鬪爭」(『朝鮮時代의 社會와 思想』, 조선사회연구회, 1998); 趙東杰, 「修堂 李南珪의 독립정신과 遺志」(『民族文化』

이 글에서는 우선 이남규의 가학 전통에 대해 알아보고 그가 소년 시절에 학습한 내용에 대해 탐구하고자 한다. 이어 그가 이황과 이익, 그리고 허전의 학맥을 계승한 양상을 검토하고, 그가 보여 준 살신성인의 실천적 삶의 근거라고 할 수 있는 사상의 내용을 이학과 예학의 측면에서 밝혀 보고자 한다.

2. 가학과 학맥

1) 가학

이남규는 한산 이씨韓山李氏로 고려 말의 대학자 이색李穡의 후손이다. 조선 선조宣祖 대에 활동한 영의정 이산해李山海(鵝溪)와 좌참찬 이경전李慶全(石樓)은 이남규의 12대조와 11대조가 된다. 그리고 예문관 검열 이구李久(後谷)가 10대조, 성균관 진사 이상빈李尙賓(恒齋)이 9대조, 의령현감 이운근李雲根이 8대조, 정랑 이덕운李德運이 7대조, 이성李成이 6대조이다.[3]

이남규의 선대가 예산에 터를 잡은 것은 이산해의 산소를 대지동면大枝洞面 내곡內谷에 쓰면서부터였던 것 같다. 그러나 이때까지도 주거지의 기반은 여전히 서울에 있었는데, 예산을 주거지로 삼게 된 것은 이구의 부인 전주이씨全州李氏(1588~1668)의 눈물 어린 노력의 결과였다고 전한다.[4]

22, 민족문화추진회, 1999); 송재소, 「수당 이남규의 시에 대하여」(『한시 미학과 역사적 진실』, 창작과비평사, 2001); 이상익, 「수당 이남규의 역사의식」(『한국사상과 문화』, 한국사상문화학회, 2002); 金文植, 「修堂 李南珪의 救國 방안」(『震檀學報』 105, 震檀學會, 2008); 이성무, 「수당 이남규의 생애와 사상」(『조선시대 사상사 연구』 2, 지식산업사, 2009) 등이 있다.

3 『국역 수당집』 10, 묘갈명, 「병조참의 이공묘갈명(서문을 곁들임)」.

이구가 24세의 나이로 세상을 떠났을 때 그의 아들 이상빈은 겨우 네 살이었다. 그리고 또다시 이상빈이 32세에 세상을 떠났을 때 그 아들 이운근은 겨우 다섯 살이었다. 이 무렵 이남규 선대의 가통家統은 실오리처럼 간당간당 끊어지게 될 지경이었다. 이같이 기울어 가는 위태로운 가세家勢를 부지하여 다시 가문을 일으켜서 자손들이 사士의 반열에 참여할 수 있도록 한 것은 전주이씨의 힘이었다. 전주이씨는 종실宗室인 이성군利城君 이관李慣의 현손으로, 아버지는 순령군順寧君 이경검李景儉이었다.

이구가 세상을 떠나자 전주이씨는 아들 이상빈에게 항상 "너의 아버지(이구)께서는 단 하루도 글을 읽지 않은 적이 없었다. 네가 감히 지금 게으름을 피워서 아버지를 욕되게 할 수가 있겠느냐"라고 경계하였다. 그런데 그만 이상빈마저 세상을 떠나자, 전주이씨는 손자인 이운근을 어루만지며 울면서 말하기를, "이 험하고 기구한 목숨이 이처럼 죽지 못하고 살아남아서 지금 또 옛날 네 아비가 어렸을 때처럼 어루만져서 길러야 한단 말이냐"라고 하였다고 한다.

전주이씨는 1636년에 병자호란을 피하여 해도海島로 들어갔다가, 세상이 평정을 되찾은 뒤에 오산烏山의 선영先塋 아래로 돌아왔다. 그녀는 노복奴僕들을 다시 불러 모아 얽힌 가시덤불을 베어 내고 집을 짓고 부지런히 농사를 지었다.[5]

한산 이씨는 가학의 연원이 아주 깊다. 이색은 고려 말의 대문호로, 그의 문하에서 많은 학자가 배출되어 고려 말 조선 초의 정계와 학계를 주도하였다. 이운근은 한산 이씨의 가학에 대해 자손들더러 다음과 같

---

4 金鶴洙, 「古文書를 통해 본 禮山 韓山李氏 修堂家門의 家系와 社會經濟的 기반」(『古文書集成 61: 禮山韓山李氏 修堂古宅 篇』, 한국정신문화연구원, 2002).
5 『국역 수당집』 11, 행장, 「십대조비 숙인 완산이씨 행장」.

이 말하였다.

> 우리 선대인 한산 이씨는 문효文孝(李穀)와 문정文靖(李穡) 두 분에 이르러 비로소 고려에서 현달顯達하였다. 조선에 들어와서는 양경良景(李種善)과 문열文烈(李季甸)이 능히 그 가업을 이었으며, 명종과 선조 및 인조 대에 와서 이지번李之蕃이 세상으로부터 은둔하여 높은 절조가 있었고, 이산해와 이경전이 문장과 학문으로 저명하였다. 그런데 우리 할아버지(이구)와 아버지(이상빈) 대에 이르러 불행하게도 모두 일찍 세상을 떠나셔서 그만 중간에 그 가업이 희미해지고 말았다. 그렇지만 그래도 화려한 명성이 아주 사라진 것은 아니었다. 그런데 그만 나의 대에 이르러 내가 어려서 고아가 되었으므로 견문이 없는 데다가 자란 뒤에도 처지가 기박奇薄하여 결국 여기에 그치고 말았으니, 실로 명운命運이라 하겠다. 그러나 다행히 내가 지금 한을 품지 않고 죽을 수 있는 것은 너희들이 있기 때문이다. 너희들은 지금 이와 같은 나의 뜻을 잊지 말아야 할 것이다.[6]

이남규의 일가는 예산에서 당시까지 10세를 한 마을에 살아 왔고 이남규는 바로 10세 종손이었다.[7] 이남규는 『동문선』東文選에서 이계전李季甸이 지은 「팔준도찬」八駿圖贊과 「집현전장서각명」集賢殿藏書閣銘을 거론하며, 문체가 찬란하여 외울 만할 뿐만 아니라, 성인聖人의 공렬功烈을

---

6 『국역 수당집』 11, 행장, 「칠대조정랑공 행장」. "余先韓山之李, 文孝文靖, 肇顯于麗, 其在我朝, 良景文烈, 克纘緖業, 明宣仁之際, 省庵隱遯有高節. 鵝溪石樓用文學著, 吾祖吾父不幸無年, 業中微, 然華聞未替也, 至于余, 旣幼孤無聞, 長且畸以止乎斯, 命也夫. 所不齎恨而歾者, 以有若曹也, 若曹其毋忘余志."
7 『국역 수당집』 부록, 제문, 「族從 章稙」.

드러내어 선양하고 문물과 교화를 도운 것이 참으로 상商·주周의 아雅·송頌에 부끄럽지 않은 저작으로 마땅히 국사國史에 수록할 만하다고 하였다. 그리고 이색의 유문으로『동문선』에 들어 있는 글을 문집과 비교하여 빠졌으면 역시 일고逸稿에 넣을 필요가 있다고 하였다. 또한 그는 최입崔岦이 "목은의 자손들은, 굳이 한유韓愈나 유종원柳宗元의 글을 읽을 필요 없이 목은의 글만 읽어도 글을 못할 걱정은 없을 것이다"라고 한 말을 소개하면서, 가학을 조사 연구하여 대대로 내려온 가업을 실추시키지 않도록 노력해야 할 것이라 하였다.[8]

이남규의 5대조 이수일李秀逸(龜湖)은 동부승지를 지냈고 세상에서 '호서육군자湖西六君子의 한 사람'으로 일컬어졌다. 고조 이우명李宇溟은 생원을 지냈고 이조 참의에 추증되었으며, 증조 이광교李廣敎는 진사를 지냈고 이조 참판에 추증되었다. 조부 이종병李宗秉(萊亭)은 병조 참판을 지냈고, 아버지 이호직李浩稙(大岡, 1830~1889)은 내부 협판內部協辦에 추증되었으며 동부 도사東部都事를 지냈다.

이남규의 아버지 이호직은 글 읽기를 좋아하여 일이 없을 때에는 책을 손에서 놓는 일이 없었다. 그리고 글을 배우러 오는 사람이 있으면 그들의 재능에 따라서 가르쳐 주면서도 그 뜻을 투철히 밝히고 발음과 구두를 바로잡아서 그 심오한 이치를 다하였으며, 깨닫지 못하면 그냥 놓아두지 않았다.

이호직은 언제나 소옹邵雍의 '평소에 얼굴 찌푸릴 일을 하지 않으면 세상에 응당 이를 가는 사람이 없으리'(平生不作皺眉事 世上應無切齒人)라는 구절과, 사마광司馬光의 '평소에 한 일 가운데 남에게 말하지 못할 것은 없도다'(平生所爲 無不可對人言)라는 말을 즐겨 외웠다. 그러면서 사람들에

---

8 『국역 수당집』 3, 서, 「아이 忠求에게 부침」.

게 "나는 다른 것은 아무것도 할 줄 아는 것이 없다. 그러나 평생을 두고 내가 받아들여서 가슴에 새긴 것이 오직 이것뿐이다"라고 하였다.[9]

이남규의 집안은 원래 매우 가난하였다. 이남규의 어머니 청송심씨靑松沈氏는 심중윤沈重潤의 딸로 손수 포전圃田을 가꾸고 길쌈을 해서 살림을 꾸려 나갔다. 이남규가 어렸을 때 아버지 이호직은 항상 서울에서 객지 생활을 하였다. 이 때문에 어린 시절 이남규의 교육은 어머니가 맡아서 하였다. 청송심씨는 집에 숙사塾師를 맞아다 이남규에게 글공부를 시켰다. 그런데 어느 날 스승이 그만 떠나야겠다고 하자, 청송심씨는 즉시 이남규를 불러서 "이것은 네가 공부를 열심히 하지 않기 때문이다. 그래서 스승님이 실망하여 이처럼 떠나려고 하시는 것이다"라고 꾸짖고는 식사를 들지 않았다. 이 때문에 이남규는 어머니의 가르침을 두려워하여 감히 놀지 못했으며, 스승 또한 다시 돌아가겠다는 말을 하지 못하였다. 그 뒤 이남규가 서울에서 벼슬살이할 때 보낸 편지에도, 청송심씨는 아들이 보고 싶다는 감상적인 표현 대신 오로지 '근신'謹愼하고 '공정'公正하라는 부탁의 말만을 적었다.[10]

이남규는 1855년(철종 6) 11월 3일에 서울의 미동尾洞에서 태어났다. 그는 다섯 살 때 『천자문』千字文을 읽었다. 종조부 이정병李正秉이 이남규가 공부하는 것을 보고 매우 귀여워하면서 이남규의 아버지를 돌아보고 말하기를, "이 아이가 매우 총명한 데다 자신이 모르는 것을 질문하는 버릇이 있으니, 장차 글을 못할까 걱정할 필요는 없을 것 같다. 조금 자라거든 과제를 주어서 공부를 시키되 너무 일찍이 똑똑하다는 소문이 나지 않도록 해야 할 것이다"라고 말하였다.

---

9 『국역 수당집』 11, 행장, 「선고 행장」.
10 『국역 수당집』 11, 행장, 「선비 행장」.

 제3부 유림의 현실 인식과 대응

　또한 이정병은 일상생활에서 응접應接하는 일들에 대하여 우리말로 쓰는 것들을 모두 번역하여 이남규에게 문자로 바꾸어서 깨우쳐 주었다. 그리고 더러 시험 삼아 글자를 서로 합쳐서 단어를 만들어 주기도 하였다. 그는 또 『소학』小學의 「입교」立敎 편에 나오는 여러 조목들과 관련되는 구절을 만나면 그때마다 가르쳐 주었다.

　이정병은 이남규가 혹시 밖에서 장난을 하고 놀 때면 불러서 옆에 앉히고는 선대先代의 고사故事에 관한 것들을 일러 주었으며, 벽장이나 상자에 보관되어 있는 유문遺文과 유묵遺墨 들을 꺼내어 이를 일일이 구분해서 종류별로 적어 놓은 다음 말하기를, "이것은 아무개 할아버지께서 지으신 것이다. 그러니 너 동同(이남규의 아명)이는 이를 잘 기억해 두어야 한다. 또 이것은 아무개 할아버지께서 쓰신 글씨이니 너 동이는 이를 잘 기억해 두거라"라고 하였다.[11] 이처럼 이남규는 종조부 이정병으로부터 가학의 내력을 전수받았다.

　이남규는 여섯 살 때에 증선지曾先之의 『사략』史略을 배웠는데, '백이伯夷가 주周나라의 곡식을 먹지 않고 고사리를 뜯어 먹다가 굶어서 죽었다'는 대목에 이르러 서당 선생에게 "왜 곡식을 먹지 않았습니까?"라고 질문하였다. 그러자 선생은 "수치스러워서 그런 것이다"라고 답하였다. 그래서 "곡식을 먹는 것이 수치스러워서 굶어 죽으려고 했습니까?"라고 하니 그렇다고 하였다. 그가 다시 "어차피 굶어 죽을 것이라면 고사리는 왜 먹었습니까?"라고 질문하니 선생이 대답을 못 하였다.

　그 뒤 이남규는 늘 이 문제에 대해 의문을 품고 지냈다. 그는 곰곰이 생각하기를, "예로부터 성인聖人이 사람들에게 의리義理를 따라 죽으라고 한 것은 국록國祿을 먹는 자를 두고 한 말이지, 농사나 지어 먹고 사는

---

11 『국역 수당집』 10, 묘갈명, 「종조부 군수공 묘갈명(서문을 곁들임)」.

평민은 여기에 해당되지 않을 것이다. 그리고 절개를 잃어 비판을 받는 경우에도 역시 의롭지 못한 국록을 먹었기 때문이지, 평민으로서 농사 지어 먹고 사는 것에 대하여 의롭지 못하다고 하는 말은 아직 들어 보지 못했다. 그렇다면 백이의 처신은 좀 지나친 것 같기도 하다. 그런데도 공자는 그를 인仁하다고 하였으며 맹자는 그를 성인 가운데 청淸한 이라고 한 것은 무엇 때문인가"라고 하였다.

후일 이남규는 이황이 "주나라의 곡식 먹기를 수치스러워하였다고 한 것은 필시 그가 생계를 위해 주나라로부터 받은 봉록이 있었음을 말하는 것이니, 예를 들어 맹자가 말한 '구휼하는 것이라면 받는다'(周之受之)라는 것과 같은 경우로서, 지금 이것에 대해서 수치스럽다고 말한 것이지, 주나라의 땅에서 심어 거둔 곡식은 무엇이든지 먹지 않는다고 한 말은 아닐 것이다"라고 언급한 글을 접하고는, 마음에 분명하게 합치하는 바가 있다고 여겼다.

이남규는 백이가 의리상 꼭 죽어야 하는 것은 아니었으나 궁극적으로는 영원한 군신 간의 의리를 위해 죽었다고 보았다. 그는 백이의 마음 속을 생각해 본 결과, 백이가 서백西伯(文王)에게 귀부歸附한 것은 그가 군신 간의 의리에 밝고, 한 가지라도 불의를 행하는 일은 그로써 비록 천하를 얻는다고 해도 하지 않았기 때문이라 이해하였다. 서백이 백이를 천하의 노인이라고 하면서 예禮로써 대해 준 것도 역시 이런 이유 때문이라는 것이었다. 그런데 그 아들 무왕武王이 은殷나라를 정벌하는데도 백이가 이를 말리지 못한 것은, 그것이 곧 서백을 저버리는 일이며 영원한 군신 간의 의리를 저버리는 일이라고 생각했기 때문이라고 보았다. 그는 이것이 바로 백이가 죽지 않을 수 없었던 이유라고 결론지었던 것이다.[12]

---

12 『국역 수당집』 7, 논, 「伯夷論」.

20세경에 이남규는 경전經傳과 사서史書 및 제자서諸子書에 모두 통달하였고 무엇이든 한 번 보면 곧 외웠다. 그는 글을 읽다가 옛사람들의 의리가 격절激切한 곳에 이르면 문득 책을 덮고 한탄하면서 눈물을 흘렸다. 그리고 나라의 고사故事나 학통學統과 당론黨論에 관한 것들은 물론이고 씨족氏族의 원류源流와 사방의 풍토며 관방關防의 요험要險에 이르기까지 통달하지 않은 것이 없었다.[13]

이남규는 처음에 과거 공부를 하면서 사장詞章의 기예에 관심을 가지고 과거를 위한 시문詩文을 공부하였다.[14] 그는 어릴 때부터 문예文藝가 뛰어나 장로들로부터 칭찬을 들은 적이 있었다. 이때 그의 아버지는 "남들이 매양 너를 칭찬하는 것을 볼 때마다 나는 일찍이 너를 위하여 걱정하지 않은 적이 없으며, 또 한편으로 일찍이 너를 위하여 기뻐하지 않은 적이 없다. 이를 걱정하는 것은 혹시라도 네가 학업에 게을러져 저들의 칭찬에 제대로 부응하지 못하지나 않을까 두렵기 때문이며, 이를 기뻐하는 것은 혹시 네가 학업에 열중해서 저들 칭찬에 부응하게 될 수 있을까 하는 바람 때문이다"라고 하였다. 아버지는 또한 "내가 너에게 바라는 것이 어찌 문예에만 그치는 것이겠느냐"라고 하며 큰 기대를 걸기도 했다. 이남규 역시 문예는 하나의 작은 기예에 불과할 뿐이라고 생각하게 되었다. 그는 아버지의 지극한 가르침이 공정, 정직, 청렴, 명민함과 충성의 다섯 가지에서 결코 벗어나지 않을 것이라고 생각하고 이를 지키고자 하였다.[15]

---

13 『국역 수당집』 부록, 가장, 「조고 가선대부 궁내부특진관 부군의 장록」.
14 『국역 수당집』 3, 서, 「朴鳳藻 先陽에게 답함」.
15 『국역 수당집』 7, 명, 「念敬軒銘(서문을 곁들임)」.

2) 이황·이익·허전 학맥의 계승

16세기 중반 이남규의 선조인 이지번李之蕃은 충청도 단양의 구담龜潭에 은거하면서 당대의 유종儒宗 이황과 서신과 시문을 주고받으며 학문적 교유를 하였다.[16] 이남규는 이러한 선대로부터의 세의世誼를 다지는 차원을 넘어 이황의 학문적 업적을 높이 평가하여, 이황이 과거의 성현을 이어서 후래의 학자들에게 길을 열어 준 공로가 우리나라에서는 기자箕子 이후의 유일한 분이요, 천하에서는 주희朱熹 이후의 유일한 분이라고 표현하였다.

이남규는 이황이 보였던 평소 실천의 요령은 '평이'平易라고 말할 수 있고 자임한 도리의 근본은 '제장'齊莊이라고 말할 수 있다고 하였다. 평이平易란 화협和協의 실질이며 제장齊莊은 공경恭敬의 법칙인데, 이황이 이 두 가지에 모두 능하였기 때문에 그 인仁이 정밀하고 의義가 익숙하여 무엇이든 갖추어지지 않은 도리가 없었으며, 사람들과 사정邪正을 논박論辨함에 있어서도 온유溫柔하되 박절迫切하지 않아서 털끝만큼도 다투는 기색이 없었다는 것이었다.[17]

이남규는 이황이 '남언경南彦經(자 時甫)에게 답한 편지'에서 "뜻을 붙이는 것도 아니고 안 붙이는 것도 아닌 그 사이의 이치를 잘 살펴서 잊어버리지 않도록 해야 한다"(非着意非不着意之間, 照管勿忘)라고 한 말[18]이 더욱 체득하고 마음에 새겨서 놓치지 말아야 할 핵심이라고 여겼다. 무릇 뜻을 붙이지 않는다는 것은 곧 '조장'助長하지 않는다는 말로, '조장'하

---

16 金鶴洙,「古文書를 통해 본 禮山 韓山李氏 修堂家門의 家系와 社會經濟的 기반」
　　(『古文書集成 61: 禮山韓山李氏 修堂古宅 篇』, 한국정신문화연구원, 2002).

17 『국역 수당집』 7, 설,「平齋說」.

18 『退溪文集』권14, 答南時甫彦經 丙子. "窮理, 須就日用平易明白處, 看破敎熟, 優游
　　涵泳於其所已知, 惟非著意非不著意之間, 照管勿忘, 積之之久, 自然融會而有得, 尤
　　不可執捉制縛, 以取其速驗也."

지 않으면 억지로 하다가 병이 나게 되는 걱정을 없앨 수 있으며, 잊어버리지 않으면 그대로 두어서 게을러지게 되는 잘못을 없앨 수 있어서, 소탈이나 간편 같은 갖가지 병통들은 없애려고 하지 않아도 저절로 없어질 것이라 하였다. 이렇게 하면 학문하는 길이 평이하고 명백해서 직접적인 실천의 수단이 될 뿐만 아니라, 그 심기心氣를 다스리는 방법에 있어서도 이보다 좋은 처방이 없을 것이라고 하였다.[19]

이남규는 이황의 생활 지침도 이어 받았다. 그는 이황이 지은 「주계」酒戒를 직접 써서 종족과 벗, 그리고 아들 이충구李忠求에게 주며 이황의 가르침을 실천하기를 권장했다.[20] 이같이 그는 이황이 말한, 마음을 보존하는 방법뿐만 아니라 일상생활의 가르침도 따르고자 하였다.

한편 이남규는 이익의 가학을 이은 학자들에 대해 잘 알고 지내며 그들과 교유하였다. 그는 이계손李繼孫에서부터 이서李溆와 이익李瀷으로 이어지는 여주 이씨驪州李氏 가문의 내력을 잘 알고 있었다. 그는 이상의李尙毅와 이하진李夏鎭을 거쳐 이해李瀣는 절행節行으로 이름이 났고 이서와 이익은 이학理學(道學)을 제창하였다고 평가하였다.

이서와 이익의 조카이인 이병휴李秉休는 이익의 학문을 이어받아 아들 이삼환李森煥에게 전하였다.[21] 이삼환은 아버지 이병휴를 모시고 덕산德山의 장천長川에 은둔하였다.[22] 그가 덕산에 은거함으로써 이익과 이병휴의 학문이 충청도 내포內浦 지역에 전해지게 되었다. 특히 이삼환은 상제喪祭와 관혼冠婚 등에 대해 이익과 이병휴의 예식을 이어 가문의 일정한 법식法式을 지켜 나갔다.[23] 이러한 전통을 이어 이삼환의 증손 이시

---

19 『국역 수당집』 3, 서, 「蔡著賢에게 보냄(을사년[1905])」.
20 「修堂公遺墨」(이문원 교수 제공).
21 『국역 수당집』 10, 묘갈명, 「春灘 李處士 묘갈명(서문을 곁들임)」.
22 『국역 수당집』 9, 묘지명, 「木齋 李先生 묘지명(서문을 곁들임)」.

홍李是鈜이 『상제의』喪祭儀를 저술하여 가숙家塾에 전수하였는데, 이는 가학家學에 근본하여 예의 '간'簡과 '검'儉을 중시하였다. 이시홍은 서얼庶孼에 대해서도 귀천의 구분을 허물어야 한다는, 당시 사회에서는 파격적인 생각을 지니고 있었다. 즉 서자庶子는 적처嫡妻 소생 장자長子 이외 중자衆子의 통칭이지 귀천貴賤의 구분이 아니라고 하면서, 지금 법으로 '서자'를 첩자妾子의 호칭으로 정하여 비하하고 있는데, 국가가 인재를 쓰는 데에는 마땅히 재주를 보아 등용헤야 한다고 주장하였다.[24]

이남규는 이시홍의 손자인 이종헌李鍾憲(叔度)과도 깊이 사귀었다. 이익의 후손 집안과 세의世誼가 있던 이남규는 『성호집』星湖集의 교정과 편집에 큰 역할을 하였다. 이남규는 우선 『성호집』을 교정하는 일을 이명익李明翊과 함께 주도하였다.[25] 그는 밀양密陽 퇴로退老에서 이익의 문집을 간행하자는 논의가 있자 깊은 관심을 표시하고, 『성호집』의 원본 원고 한 부를 정서淨書하였다.[26]

특히 이남규는 『성호집』의 교감을 마치면서, 배우는 자들이 가르침을 받을 때 가장 절실하여 소홀히 할 수 없는 내용이라 생각되는 것들을 정리하여 24책을 만들었다. 그는 『성호집』의 내용이 모두 이치를 설명하고 예법을 논한 것이어서 후학에게 주는 혜택이 통상적인 사장詞章에 비할 바가 아니므로, 감히 삭제하지 못하고 특별히 남겨 두어 속집이 만들어지기를 기다리기로 한다고 하였다. 그러면서도 자신이 교정하고 편집한 내용에 대해 안목이 있는 자가 보고 취사함에 완급의 순서를

---

23 『국역 수당집』 10, 묘갈명, 「춘탄 이처사 묘갈명(서문을 곁들임)」.

24 『六悔堂遺稿』附錄, 行狀.

25 『驪州李氏退老雙梅堂編』, 省軒往復 1, 禮山郡香泉山房會中李章珪等書翰.

26 『국역 수당집』 3, 서, 「洪弟 文十에게 답함(갑진년〔1904〕)」.

　　　　제3부 유림의 현실 인식과 대응

잃었다고 꾸짖지 않을까 두렵다고 하였다.[27]

이같이 이남규는 『성호집』을 교감하는 과정에서 스스로 선별選別을 제대로 했는지, 또 가벼이 잘못을 저지르는 죄를 범하지나 않았는지 걱정스러워하였다.[28] 그런데 당시 『성호집』을 간행하되 이익이 지은 45책의 전체 저술을 다 간행하느냐, 선본選本을 간행하느냐 하는 문제가 따랐다. 이남규는 선본의 간행을 지지하면서, 학계를 위해서는 영남의 사림들이 기호의 사림에게 편지를 보내어 널리 간행에 대한 의견을 알리고, 간행이 지금 당장의 시급한 일이기 때문에 여러 사람들에게 두루 알리어 속히 이 큰일을 완성시켜야 한다고 하였다.[29]

이익의 학맥에 속한 이남규는 이익의 제자인 안정복安鼎福의 역사서 편찬에 대해서도 아주 높이 평가하였다. 그는 『동사강목』東史綱目의 서문에서 안정복이 도학道學으로 당시에 존중을 받았으며, 또한 육경六經에서 터득한 바를 가지고 입언立言하여 이를 후학後學들에게 물려주었는데 그중 하나가 이 『동사강목』으로, 이 책의 편찬은 유학儒家의 위대한 사업으로 세상의 교화에 보탬이 된다고 하였다.[30]

안정복은 이익의 이학理學과 사학史學을 이어 발전시킨 학자였다. 그

---

27 『국역 수당집』 3, 서, 「李景欽 治勳에게 보냄(갑진년〔1904〕)」.

28 『국역 수당집』 3, 서, 「族弟 致元 貞珪에게 답함」.

29 『국역 수당집』 3, 서, 「盧相旭에게 보냄(갑진년〔1904〕)」. 이남규의 사후에 그의 손자 李昇馥은 密陽 退老의 李炳憙에게 보낸 편지에서 『성호집』의 간행을 주창하는 것을 높이 평가하면서 이병희를 "好古君子"라 칭하였고 '尊衛의 誠'에 공경하여 감복한다고 하였다.(『修堂尺牘』, 與李應晦炳憙) 1917년 밀양에서 『성호집』을 간행할 때 서울에서는 金鎬承 등이 45책 원고를 모두 간행하기를 바랐으나(『驪州李氏退老雙梅堂編』, 省軒往復 1, 星湖先生遺集刊行臨時會議所金鎬承等書翰; 河載翼等書翰), 밀양 퇴로에서 간행을 주도했던 李炳憙와 충청도의 李章珪와 李昇馥 등 학자들은 『퇴계집』의 책수에 준하여 27책을 간행하기를 바랐다.(『修堂尺牘』, 與李應晦; 『驪州李氏退老雙梅堂編』, 省軒往復 1, 禮山郡香泉山房會中李章珪等書翰)

30 『국역 수당집』 5, 서, 「동사강목 서문」.

의 학통은 황덕길黃德吉에게 전해졌고, 허전이 일찍이 황덕길에게 수업하여 이익의 학문 전통을 이었다. 특히 허전은 예학에 아주 밝아 『사의』士儀를 지어 예의 보급에 힘썼다. 그는 『의례』儀禮의 사관士冠, 사혼士婚, 사상례士相禮의 사례士禮를 깊이 연구하여 『사의』를 저술하였다.[31]

허전은 1879년 83세의 노학자였다. 그는 이해 윤3월 1일에 이남규 등 을묘생乙卯生 13명의 이름이 들어 있는 『동경계첩』同庚契帖의 서문을 쓰면서 이들이 모두 법가法家의 자제로 거동이 단정히고 지기志氣가 탁월하며 재예才藝가 빼어나고 문사文辭가 준일俊逸하다고 높이 평하였다. 허전은 이들에게 업業을 같이하여 서로 권하며, 덕德을 같이하여 서로 의뢰하며, 도道를 같이하여 서로 도모하여 모두 원대한 데에 이르러 서로 잊지 말기를 바란다고 하였다. 허전은 또한 25세의 그들이 연부年富하여 전도前途를 헤아릴 수 없으니, 정심正心하고 수신修身하면 안연顔淵과 맹가孟軻의 지위에 이르지 못할 근심이 없고, 독학篤學하고 역행力行하면 기夔와 설卨의 사업을 이루지 못할 근심이 없다고 격려하였다.[32]

이남규는 영남에서 허전의 문집을 발간하기 위해 편찬 작업을 시작했다는 말을 듣고, 이제 도덕을 상고할 곳이 있게 되었다고 하면서 편찬자의 명단에 자신의 이름이 오른 것을 영광스럽게 여겼다.[33] 그는 후일 허전의 행장과 묘갈을 지었고[34] 사림士林을 대표하여 허전을 제사하는 글을 지었다.

하려下廬(황덕길)의 의발衣鉢을 이미 터득하고 　　　　　　下鉢既叩,

---

31 『性齋文集』 권11, 序, 士儀序.
32 「乙卯同庚帖序」(이문원 교수 제공).
33 『국역 수당집』 3, 서, 「영남의 사림에게 답함」.
34 『국역 수당집』 3, 서, 「홍제 문섭에게 답함(갑진년〔1904〕)」.

성호星湖(이익)의 궤범軌範을 이에 추구하였네.　　　　　　星軌爰追.

예禮에는 상常과 변變이 있으며　　　　　　　　　　　　禮有常變,

절문은 어지럽고 복잡하도다.　　　　　　　　　　　　節文棼絲.

뭇 논쟁들을 절충 편찬하시니　　　　　　　　　　　　纂折群訟,

응당 마치 신령한 점괘와 같도다.　　　　　　　　　　應若靈蓍.

『종요록』宗堯錄과「철명편」哲命編을 지으시어　　　　　宗堯哲命,

치평治平의 자료로 삼았도다.　　　　　　　　　　　　治平之資.[35]

　허전의 학맥을 계승한 이남규는 이건창李建昌, 김택영金澤榮, 황현黃玹과 함께 서로 도의道義와 문사文辭로써 연마하였다. 이남규의 문하에 출입한 제자들로는 신채호申采浩·이장직李章稙·강기선姜驥善·변영만卞榮晚 등이 있었으며 모두 문학으로 명성이 있었다.[36] 훗날 변영만은 이남규를 김창협金昌協·홍석주洪奭周·김매순金邁淳·이건창·조긍섭曹兢燮과 함께 고문가古文家로 분류하였고[37]「나의 회상되는 선배先輩 몇 분」이라는 글에서 다음과 같이 말하였다.

　예산 이참판이라고 하여도 수당修堂 선생으로 알려진 이남규李南珪 옹과 그 효자 충구씨忠求氏의 비장한 병명倂命은 나는 여가를 따라 별로 입전할 계획 중이므로 그 가문·경력·학행·절의 등 주요 간선은 기시其時의 엄사상택嚴查相擇함에 위기委棄하여 두고 이곳에는 다만 나의 회상을 일깨우는 수편의 섬광만을 수록할 뿐인바 선생은 한 한준悍駿한 대

---

35 『국역 수당집』 8, 제문,「性齋 許傳을 제사하는 글」.
36 『국역 수당집』 부록, 묘갈명,「가선대부 궁내부특진관을 지낸 수당 이공의 묘갈명(서문을 곁들임)」.
37 『변영만 전집』 상,「사사로운 기록」.

완마大宛馬의 인상을 나의 유시幼時부터 뇌리에 던져주었고 그 문장도 웅경분일雄勁奔逸하여 그 작자의 면모를 복사하였다. (중략) 그리고 선생은 세행細行을 수식치 아니하고 기절氣節만을 전숭專崇한 결과 '득담'得談도 불소不少하였고 '낭패'浪敗(狼狽가 아니라)도 여간이 아니었지만 일방으로 은근 겸공하기도 짝이 없었음은 폐일언하고 우리 선고 이정옹彛庭翁과 막역의 교交란 이유하에서 자기 손수(스스로) 염어鹽魚 일미一尾를 지금 학생들 책보 끼는 번으로 겨드랑 밑에디 척 끼고 와서 우리 선왕고 석치옹石痴翁 전前에 헌납한 일도 있었는데 놀라지 마라! 그때는 그가 시임時任 영흥부사永興府使로 잠시 진경晉京 중이었다. 아마 내 연령은 11세경인가 보다. 그는 '자미두수'紫微斗數란 중국 사주법을 독자 연구하여 그 조예가 매우 깊었던 모양인데 행술行術은 아마 고 신채호와 필자 두 군데 뿐일 것이다. 필자의 사주 감정서 말미에는 그의 자작 자필인 칠언절구 일수一首까지 있었는데 그 보귀한 서면을 분실하였으므로 그 하반의 14자만 기억된다. 소년제득풍운회, 일약천지변화룡少年際得風雲會 一躍天池便化龍 一이라고.[38]

이 글에서 변영만은 나라를 위해 순국한 이남규와 이충구 부자의 '전'傳을 짓겠다고 하면서, 이남규가 어릴 적 자신의 뇌리에 '한준悍駿한 대완마大宛馬'의 인상을 남겨 주었다고 말하고 있다. 또한 이남규가 신채호의 뛰어난 재질을 어여삐 여겨 만나는 사람마다 훌륭하다고 칭찬하였다고 한 그의 이야기[39]로 볼 때 이남규의 학맥과 사상적 전통은 안으로는 손자 이승복李昇馥(平洲)에게 전해졌고[40] 밖으로는 신채호와 변영만

---

38 『변영만 전집』 하, 「나의 回想되는 先輩 몇 분」.
39 『변영만 전집』 상, 「丹齋傳」; 『변영만 전집』 하, 「申丹齋에게 대한 제문(병자년〔1936〕)」.
40 「修堂精神의 底流」, 『三千百日紅』(平洲李昇馥先生望九頌壽紀念會, 1974) 참조. "修

에게 계승되어 나갔음을 알 수 있다.

3. 이학과 예학

이남규의 사상은 유학의 기반 위에서 성립한 것이며, 유학은 구체제
와 결합되어 있는 것이었다. 따라서 그의 사상은 당시 개화 풍조가 범람
한 가운데서 끝까지 구체제를 옹호하는 편에 서게 되었다. 그러나 그는
당시 집권욕에 눈이 어두워 전진적 개혁을 거부하던 보수적 위정자들
과는 본질적으로 달랐다. 더구나 개화라는 이름 밑에 외세에 영합하여
권력을 쟁취하려는 조변석화朝變夕化의 정상배政商輩와는 애초에 인간형
을 달리하였다.[41]

또한 달리 보면 이남규는 그 사상이 조선 후기의 실학파에 가깝지만
박지원이나 이가환·정약용과도 달랐고, 성리학을 근거로 하여 구체제
를 그대로 지킨 동시에 누구보다도 강경하게 주체성을 지녔던 애국지사
라 할 수 있다.[42] 이남규의 사상에는 이황의 이학과 이익 계통의 예학적
학문 성향이 강하게 영향을 미쳤던 만큼, 여기서는 이학理學과 예학禮學
의 두 측면에서 그의 사상을 살펴보고자 한다.

堂公의 殉國은 가정적인 慘禍에 틀림없으나 위대한 抗日精神을 낳았다. 平洲 선생은
피묻은 토시를 늘 간직해 오면서 民族의 雪憤을 달렸다. 祖考와 先考의 피어린 抗爭
은 나이 13세 소년으로 하여금 참으로 눈물겹도록 크게 철이 들도록 해주었다. 피묻은
토시야말로 平洲의 생애를 지배한, 거의 절대적인 스승이 돼 주었는지 모른다. 여기
平洲 선생의 회고담이 있다. 「열세 살 소년으로 조부와 가친이 일거에 참변을 당하실
제 天地가 무너지는 느낌이더군. 갓 철든 나로서 그런 亂이 어디 있었겠소」"
41 李佑成, 「修堂集解題」(『修堂集』, 성균관대학교 대동문화연구원, 1973).
42 이가원, 「수당 이남규의 사상과 문학」(『나라사랑』 제28집 수당 이남규 특집호, 외솔
   회, 1977).

1) 이학

당대에 저명한 고문가古文家로 활동한 이남규는 이학에 깊은 식견을 가졌다. 그는 박학博學·심문審問·신사愼思·명변明辨을 치지致知와 관련하여 설명하면서 학學·문問·사思·변辨은 모두 치지를 하기 위한 것이라고 하였다. 그는 치지 이후에 학學이 나아가므로, 학에 나아가기를 생각하면 치지를 하지 않을 수 없고 치지를 생각하면 학에 종사하지 않을 수 없다고 하였다. 나누어서 말하면 학學·문問은 밖에서 의뢰받는 바이고 사思·변辨은 안에서 구하는 바이니, 학學을 하고 생각하지 않으면 스스로 터득할 수 없고 문問하고 분변하지 않으면 스스로 밝힐 수 없다고도 하였다. 그러나 생각하여 터득하지 못하면 배우지 않을 수가 없고, 분변하되 밝히지 않으면 또한 묻지 않을 수가 없으니 이것이 안과 밖이 서로 기다리고 혹 하나라도 폐할 수 없는 것이라고 하였다.[43]

이남규는 당시 학계의 주요 쟁점이던 『대학』의 '명덕'明德에 대해서도 논하였다. 그는 주문표朱文豹가 "허령虛靈하여 밝은 것은 심心이며, 모든 이치를 갖춘 것은 성性이며, 모든 일에 응하는 것은 정情이다. 명덕은 곧 이 마음과 성과 정을 통괄하는 것이다"라고 한 말은 매우 타당하지 못하다고 여겼다. 이남규에 따르면 명덕이란 하늘의 밝은 명命이 사람에게 주어져 있는 것이므로, 마음이나 성性이나 정情의 어느 하나를 단일하게 지적하여 전적으로 말할 수는 없다. 이 때문에 근세의 선유先儒들도 대부분 통괄하여 말하였는데 만약 이렇게만 하고 만다면 주체와 객체의 구별이 안 되는 혐의가 있다.

그리하여 이남규는 모든 이理가 갖추어져 있는 것이 성性이고 모든 이理를 갖추는 것이 본래 명덕이며, 자극을 따라 발동하는 것이 정情이

---

43 「修堂公遺墨」(이문원 교수 제공).

고 모든 일에 응하는 것이 본래 명덕이라고 하였다. '갖춘다'〔具〕느니 '응한다'〔應〕느니 하는 것에는 분명히 통솔하고 조작한다는 뜻이 들어 있는데, 이런 것을 성性이라거나 정情이라 할 수 없다고 하였다. 그러므로 명덕을 '마음〔心〕의 표덕表德'이라고 말하는 것은 아마 가능할 것이지만, 마음이라 말하지 않고 명덕이라 하는 것은 역시 의도가 있기 때문인 것 같다고 하였다. 그럼에도 만일 이것을 '마음, 성性, 정情을 통괄하는 어떤 것'이라고 한다면, 이는 마음, 성性, 정情 이외에 별도로 '어떤 것'이 있다는 것이 되는데, 그게 무엇이며 이름과 모양은 또 어떻게 생긴 것인가를 묻고 있다.[44]

한편 이남규는 이理와 기氣에 대하여 기는 이가 타고 있지 않으면 단지 하나의 광망狂妄한 물건일 뿐이며, 이 '이'理 자는 곧 '성선'性善을 뜻하는 말이라고 하였다. 인仁의 단서가 기가 작용하기 전에 발發하여 기가 이를 따라서 그 명령을 듣는다면 곧 이것이 측은지심惻隱之心인 것이며, 의義의 단서가 기가 작용하기 전에 발하여 기가 이를 따라서 그 명령을 듣는다면 이는 곧 수오지심羞惡之心이라는 것이었다. 그런데 만약 그 이理가 발한 것이 완전하지 못한 상태에서 기氣가 이理를 가린다면 이는 측은해하지 않을 것에 측은해하고 부끄러워하지 않을 것에 부끄러워하게 되는 것이니 이것은 일종의 혼탁昏濁으로서 정情이 절도에 맞지 않은 것이라, 맹자가 말한 '인仁과 의義의 단서'가 아니며 이황이 말한 '이理가 발하여 기氣가 이理를 따르는 것'(理發氣隨)이 아니라 하였다.[45]

조선 후기 이황의 이학은 영남에서 이현일李玄逸과 이상정李象靖에 의해 이理와 기氣를 이분법적으로 이해하는 방향으로 더욱 강화되어 나갔

---

44 『국역 수당집』 3, 서, 「裵瀚白 問目에 답함」.
45 『국역 수당집』 3, 서, 「姜載熙에게 답함(별지)」.

다. 그런데 19세기 중반 이후 이진상에 의해 심즉리설心卽理說이 제창되면서 영남 학계에 일대 파문이 일어났다. 심즉리설은 1861년에 처음 제기되었으나 19세기 말에 『한주집』寒洲集이 간행되면서 더욱 확산되기 시작하였고, 영남 일각에서는 이진상의 학설에 대한 비판의 목소리가 거세게 일어났다.

1902년 7월 22일 한기동韓耆東의 장례식 모임에서 이중화李中華 등은 『한주집』을 공격하는 내용의 하강통문荷江通文을 발송하였다.[46] 그들은 이종기李種杞를 장사 지내는 곳에서도 통문을 반포하고 또 성균관에 통문을 보내어 이진상의 학설을 공격하였다. 그러자 성균관에서 변명서가 나왔고 성주의 회로당會老堂과 상주의 옥동서원玉洞書院, 고령의 벽송정碧松亭에서 하강통문에 답을 하여 그 무리함을 책망하였다. 그러자 이해 11월 박해령朴海齡·이중화 등이 주도하여 도산통문陶山通文을 발송하고 상주향교에서 도회道會를 열어 『한주집』을 불태워 버렸다.[47]

이남규에게는 영남의 사우士友들이 『한주집』에 관한 문제로 갑론을박하면서 서로 번갈아 편지를 보내왔는데, 그는 『한주집』의 원집元集을 보지 못했기에 그저 양쪽을 조정하여 무마하는 것을 위주로 대응했다.[48] 그는 영남에서는 의논들이 여러 갈래로 갈라져 한집안에서 다툼이 끊임없이 이어진다는 말을 듣고 늘 걱정하고 한탄해 오다가 하강통문을 접하고 더욱 걱정하고 탄식하였다. 이남규는 『한주집』을 보지 못했기 때문에 물어보는 사람이 있어도 분별하여 대답하지 못했으나 이진상이 평소에 오직 주희와 이황의 법문法門만을 힘써 따르고 있었다는 것만큼은 상상할 수 있다고 하였다. 그는 『한주집』의 교감校勘이 혹시

---

46 『響山日記』壬寅(高宗 39년 광무 6년 1902년 7월 22일).
47 『韓溪遺稿』7, 年譜 壬寅 11월.
48 『국역 수당집』3, 서, 「홍제 문섭에게 답함(갑진년〔1904〕)」.

                    제3부 유림의 현실 인식과 대응

정확하지 못할 수도 있고 자구字句에 더러 착오가 있을 수도 있을 터인데, 소문이 사실보다 과장되고 사방으로 잘못 전해져서 하강통문을 보내는 데까지 이르게 된 것이 아닌가 생각하였다.

『한주집』이 처음 간행되었을 때 도산陶山에서 이를 물리치고 받지 않아 문제가 크게 되고 있으므로, 이남규는 내용 중에서 잡동사니를 제거하고 쓸모 있는 부분을 보존하는 것이 참으로 다 같이 바라는 바이고 또한 그 자제와 문인들이 지체해서는 안 되는 일이라고 하였다. 그런데도 그 개간改刊이 아직껏 이처럼 지연되고 있는 것은 필시 겨를이 없고 힘이 미치지 못해서일 뿐이리라 짐작했다.

이남규는 이를 적절하게 처리하는 방법은 오직 강좌江左와 강우江右의 여러 선비들이 좋은 방향으로 잘 상의해서『한주집』을 속히 개간하는 일일 것이라고 하였다. 그리하여 논의함에 서로 다투려는 기미 없이, 교수校讎에 조금도 정밀하지 못함이 없이, 상세하면서도 완곡하게 만들어서 지당한 결과를 얻도록 힘쓴다면 좋을 것이라 이야기했다.

이남규는 이두훈李斗勳이 당시 사람들로부터 비난과 배척을 받고 있던『한주집』의 몇 조항을 적시하여 보여 주자, 그는 서로 간에 감정적으로 격화되지 말라는 뜻으로 자신의 소견을 대강 말해 주었고, 또 편지를 써서 강좌江左의 사우士友들에게 보내어 서로 조정調停토록 하였다. 그는 이진상의 말 하나하나가 모두 주희와 이황의 가르침에 합당하다면 바깥에서 떠들어 대는 소리들은 굳이 응대할 거리가 못 될 것이고, 혹시 그렇지 못해서 교감할 즈음에 착오와 오류가 있어서 사람들의 말거리가 되었다면, 그중에 삭제할 것은 삭제하고 남겨둘 것은 두어서 원만하게 뒷마무리를 잘하기를 바란다고 하였다.[49]

---

49 『국역 수당집』 3, 서, 「柄周에게 답함(갑진년〔1904〕)」.

이남규는 정자程子가 "성인聖人은 천天에 근본을 두고, 석씨(석가)는 심心에 근본을 둔다"(聖人本天, 釋氏本心)라고 하여 사람들로 하여금 따를 길과 피할 길을 흑백을 분간하듯 분명하게 둘로 나누어 알게 해 주었는데, 후세의 배우는 자들은 가끔 유자儒者의 모습을 하고는 마음은 석씨를 좇아서 그 간략하고 편리하며 단순하고 명쾌한 것을 즐겨하여 이것을 요로要路로 삼고 이것을 문정門庭으로 삼았다고 지적하였다. 그리하여 육구연陸九淵은 음양陰陽을 태극太極이라 하고 왕수인王守仁은 양지良知를 천성天性이라 주장하였는데, 주희와 이황이 이어 나와서 이러한 설을 힘써 분변하였다고 하였다.

그런데 이남규는 이理와 기氣, 심心과 성性을 사회 문제와 연결하여 이해하였다. 그는 기氣를 이理로 인식하고 심心을 성性으로 인식하는 것이 실제 일에 있어 별로 해가 없는 것 같지만, 그 결과로 세상이 미쳐 제멋대로 날뛰고 천상天常을 능멸하며 인욕人欲을 멋대로 부려서 온 세상의 사람들을 오랑캐나 짐승으로 만들고 말 수 있다고 보았다. 그는 이 때문에 주희와 이황이 이와 기, 심과 성을 힘써 분변하고자 했던 것이라 이해하였다.

이남규는 강우의 일파가 존숭尊崇하는 학설에 대해 그 전체적인 내용을 잘 알지는 못하지만, '심즉리'心卽理란 세 글자는 『전습록』傳習錄에 나오는 말로서 곧 '마음이 부처'(心是佛)라고 한 것과 같은 견해이니, 영남 선비들이 그 설에 대해 논변한 것은 참으로 옳다고 보았다. 그렇지만 한편으로 생각해야 할 것은, 강우의 학자들이 새롭고 색다른 것을 좋아하고 빠르고 간약簡約한 것을 즐겨하여 마음으로 생각하고 말로 표현해서 선가禪家의 학설을 조종祖宗으로 받들면서 선현先賢의 가르친 바와 어긋나게 된 것이라면 그 도道를 공박하고 그 책을 불태우는 일을 조금도 늦출 수 없지만, 그렇지 않고 소견이 더러 정치精緻하지 못하고 말이 더

　　　　　　　　　제3부 유림의 현실 인식과 대응

러 상세하지 못한 것을 교감할 때에 또한 미처 바로잡지 못하였다가 문도와 자제들이 그 잘못을 깨닫고 있으니, 그렇다면 그저 두루 온전히 하면서 문제 되는 부분을 깎아 내어 화기和氣를 잃지 않기를 바란다고 하였다.

이남규는 이와 같이 이진상의 학설에 문제를 제기하지 않았다. 그는 이달희李達熙가 『이학종요』理學綜要 10책을 부쳐 오자[50] 이것을 읽고 나서 마치 갈증에 물을 마시는 것 같다고 하였다.[51] 그래서 이남규는 박해령에게 보낸 편지에서 말하기를, 네 책 중에 '심즉리'의 설은 없었고 다만 '춘왕정월'春王正月과 '무극태극'無極太極을 논한 부분에 다소 온당하지 못한 곳이 있기에, 이두훈에게 지적하여 "이런 것들은 산정刪正해야 할 것 같다"고 했더니 이두훈이 자신의 의견에 동의를 하였다고 하였다. 이러한 사실로 볼 때 이남규는 이진상의 이학에 대해 비판적인 자세를 취하지 않았다는 것을 알 수 있다.

한편 이남규는 진주에 보낸 편지에서 이진상에 대해 '주퇴적전'朱退嫡傳이라는 표현을 사용하였는데, 강병주가 보낸 편지에 그 표현이 있기에 그대로 사용하였으되 네 글자 위에 '가사'假使의 의미를 지닌 '사'使 자字를 넣어 그렇지 않다는 뜻을 보였다고 하였다.[52] 이황의 이발기수설理發氣隨說을 지지한 이남규는, 이진상의 이학에 대해서도 주희와 이황의 적전嫡傳 속에서 이해하려고 하였고, 심즉리설로 갈등의 골이 깊어지자 깊은 우려를 표명하면서 영남의 강좌·강우 학계가 서로 화합하기를 바랐다.

---

50 『국역 수당집』 3, 서, 「朴子喬 海齡에게 답함」.

51 『국역 수당집』 3, 서, 「李進士 達熙에게 보냄」.

52 『修堂尺牘』 答族叔公. "竟至有乖張之擧, 孰謂鄒魯絃誦之鄕, 乃有此爻象之不佳耶? 雖然, 使寒洲所言, 一一皆合於朱退之訓, 則外至撓撓, 固無足多辨, 如或不然而校讐之際, 有所差繆, 致人屑舌, 刪所當刪, 存所當存, 宛轉而善其後, 是諸君子之責也."

2) 예학

이남규는 평생 예禮를 중시하여 예를 연구하고 실천하였다. 그는 자신이 지은 화상찬에서 다음과 같이 말하였다.

보고 듣고 말하고 움직이는 가운데

혹 예에 벗어나는 일이 없도록 하여

네가 받은 몸을 온전히 하도록 하라.

視聽言動,

罔或弗迪於禮,

以全爾所受之體.[53]

이러한 화상 자찬에서 보면 이남규는 평생을 예에서 벗어나지 않는 삶을 살고자 했던 것을 알 수 있다. 그는 예가 아니면 보지도 듣지도 말하지도 행동하지 말라는 극기복례克己復禮의 가르침을 통해 궁극적으로는 살신성인殺身成仁의 인仁을 실천하려고 했던 것이다.

16세기에 이황과 이이 등의 학자들이 송대 이학을 새롭게 해석하여 다시 태어난 조선 이학은, 17세기 이후 그 이론적 탐구를 더욱 심화하면서 예학의 성향을 강하게 드러내고 있었다. 이른바 예학의 시대가 열리면서 지역과 당론을 초월하여 많은 예서가 편찬되었다. 이제 예론에 의해 정권의 향배가 좌우되기도 하였고 지역과 당론을 달리하면서 시시콜콜하게 예를 따지는 경향이 나타나 '가가례례'家家禮禮라는 말이 생겨났다.

이남규의 선대는 충청도에 세거하면서도 당론은 남인에 속하였다. 그의 집안은 선대부터 이익의 예식禮式을 따랐다. 그래서 그도 이익의 예에 대해 깊이 연구하였다.[54] 일찍이 이익은 공자가 가정의 경제적 능력

---

53 『국역 수당집』 7, 찬, 「畫像에 대한 自贊」.
54 이남규는 親屬의 호칭에 대해 소개하면서 이익이 지은 「補釋親」(『星湖全集』 권47, 雜著, 補釋親)의 설을 많이 인용하였다.(『국역 수당집』 4, 잡저, 「친속의 호칭에 대한

에 알맞게 예를 행해야 한다고 한 예의 정신을 이을 필요가 있다고 하였다. 또한 부문浮文을 생략하고 본실本實을 펴도록 한 주희의 『가례』의 정신을 이어받을 필요가 있다고 역설하였다.[55]

이익은 당시 사회가 풍속이 퇴폐하게 되고 예가 문란해져서 인간다운 삶을 해치고 분수에 넘치는 짓을 함이 끝이 없으니 이를 근심한다고 하면서 고금의 예를 절충하고 사서인士庶人의 예를 참작하여 예를 제정하였다. 그는 손자 이구환李九煥의 관례冠禮를 행하면서 「관의」冠儀를 만들었고, 손부孫婦를 맞아들이면서 「취부의」娶婦儀를 만들었으며, 딸을 시집보내면서 「가녀의」嫁女儀를 만들었고,[56] 부인 사천목씨泗川睦氏와 자식의 상喪을 당하여 「상위일록」喪威日錄을 만들었다. 그리고 또 「제식」祭式을 만들어 한집안의 법칙이 되게 하였다.[57]

고찰」) 한편 이남규의 외가는 靑松 沈氏이며 외증조부 沈壽根은 進士로서 효도로 인해서 지평에 추증되었고, 李瀷이 그의 묘갈명을 지었다. 청송 심씨 일가도 이익의 禮式을 따랐다.(『국역 수당집』 8, 기사, 「외할아버지 심공의 유사」)

55 『貞山集』, 貞山雜著 11책, 星湖先生禮式序.
56 『星湖全集』 권48, 雜著에 「刪節冠儀」, 「娶婦儀」, 「嫁女儀」가 실려 있다.
57 『順菴文集』 권18, 序, 星湖禮式序. "子曰殷因夏禮, 周因殷禮, 所損益可知也. 歷代之風氣不同, 而所尙隨異, 則損益就中, 卽從宜之義也. 禮之切於人者, 不出於冠昏喪祭, 秦火之餘, 古經散佚, 儀禮所傳, 止於士, 推是而上加下殺, 王公卿大夫及民庶之禮, 可幾矣. 自漢以來, 代有作者, 而因革無法, 惟宋司馬氏書儀, 最號得中, 朱子因之以作家禮, 略浮文務本實, 一出于天理之正, 而卓然爲天下萬世所法程. 然而書成旋失, 未及修潤, 故多與晚來定論不合, 此後學之恨也. 星湖李先生生于東方絶學之餘, 隱居著書, 發揮六經之旨, 尤致力於禮, 而俗弊禮紊, 妨生僭分, 靡所底止, 先生憂之, 折衷古今之禮, 斟酌士庶之制, 冠孫而撰冠儀, 娶婦而撰娶婦儀, 嫁女而撰嫁女儀, 遭內子及子喪而撰喪威二錄, 又撰祭式, 雖不能行之於世, 而隨事立式, 要爲一家之則. 先生從子秉休景協嘗釐正其遺文矣, 嘗裒輯其禮說矣, 又懼見行諸儀之久而泯也, 合編之, 名曰星湖禮式, 其前後之差異, 疑義之難決者, 爲說而辨之, 屬鼎福序之, 鼎福誠淺陋, 實未有知, 義不敢辭, 遂拜受而讀之, 其式一遵家禮成法, 而間有不同者, 非苟異也. 盖有質文沿革之際, 有不可強而相合者故也. 古之繁文, 裁以就簡, 今之疏節, 酌以從優, 上不悖于國制, 下務合于人情, 誠今世禮家之準尺也."

이익은 우선 예禮라는 것은 시時가 중대하다고 하면서 예의 시의성을 강조하였다. 따라서 그는 고금을 참작하여 예를 새롭게 제정하고 시행할 수 있다고 보았다.[58]

그런데 무엇보다 중요한 사실은 이익이 '서인가례'庶人家禮의 제정을 주장했다는 점이다. 그는 "내가 서민인 이상 마땅히 서민의 예를 따라야지 어찌 사대부의 이름을 무릅쓰고서 분수에 넘치는 예를 행할 수 있겠는가"라고 하였고, 그러므로 이제 서민도 예를 행할 수 있게 서인가례를 마땅히 집성해야 한다는 혁명적인 주장을 하였다.[59]

> 지금 풍속은 『가례』家禮로써 사士와 서庶가 통용하는 규례를 삼으나, 그 제사 지내는 대수와 여러 가지 제물은 결코 녹祿이 없는 자로서는 감당할 수 없는 것이다. 내 생각에 정자程子와 주자朱子는 모두 조정朝廷에 나아가 벼슬한 몸이었으며, 주자가 축부인祝夫人의 초상을 당했을 때 일찍이 행한 것을 이와 같이 적어 놓았을 뿐이지 가난하고 비천한 자도 모두 그렇게 해야 한다는 것은 아니었다. 『경국대전』經國大典에도 6품品 이

---

58 『星湖全集』권49, 序, 家禮疾書序. "禮者天理之節文, 天有理一而已矣, 而三代之不同禮何? 驗之於時月之代序, 四時不同氣, 故寒而裘暑而葛, 不同其養也, 理何嘗不同, 理有所值, 氣不得不異, 故曰禮者時也. 以時爲大, 因以撙節, 天亦不違, 知此意者, 可以言禮矣."

59 『星湖全集』권25, 書, 答安百順 丙子; 答安百順. "近草喪威日錄, 爲庶人家禮, 惟儉是趨, 爲子孫長久計, 雖駭于俗觀, 竊自謂得周公之意, 今俗或生不崇養, 死必飾葬, 虛地上以實地下, 往往可憫, 吾輩窮且匱, 動必慮居, 其敢務循視瞻, 不憚破亡耶?"; 권20, 書, 答尹幼章 甲戌. "故吾家中所處, 無非從至窮至殘處起例, 無可減而有不敢加, 別成庶人家禮一部, 庶幾免目下破落之圖, 譏誚四至而亦不卹也."; 권26, 書, 答安百順 丙子. "今以小國之庶氓, 而妄或比擬於天子卿大夫之所不敢行者, 何也? 家戶四廟, 乃周公孔子時無聞也. 四時墓祭, 中國無聞, 其佗節祀忌祀之類, 莫非後世從俗之例, 與古薦而不祭之義左矣, 此皆家禮之不善述者, 苟不別立庶人家禮, 無可減有不敢加則無位之士, 將有保家守業之理, 此當與知者論矣."

제3부 유림의 현실 인식과 대응

상만이 3대를 제사 지내도록 하였으니, 7품 이하에게는 이를 허락하지 않은 것이다. 동월董越의 「조선부」朝鮮賦에도 "경대부卿大夫는 3대를 제사 지내고 사서士庶는 다만 2대만 지낸다" 하였는데, 이것은 직위가 없는 7품 이하의 선비를 가리킨 말이었다. 이때는 바로 우리 성종成宗 19년(1488) 무신戊申년이었는데, 국법이 제대로 행해졌던 때이다. 『가례』도 그 당시 종자宗子를 세우는 법이 없었다는 것을 핑계 삼았는데, 지금 제도는 부조묘不祧廟의 제사까지 허락하고 있으니 이것도 주자의 본뜻은 아닌 것이다. 그러므로 나는 예禮를 아는 자가 마땅히 따로 '서인가례'庶人家禮라는 책을 만들어서, 벼슬아치 아닌 자들에게 널리 준행하게 해야 옳을 것이라고 생각한다.[60]

이익은 『가례』는 대부大夫와 사士의 예는 서인이 행하기 어렵다고 보아 서인이 행할 수 있는 예를 만들고자 하였다. 이익은 그 자신이 '소인'小人이라 자처하며 서민의 편에 서서 가장 간소한 예를 행하려 했다.[61] 이와 같이 이익은 사士가 서인(서민)과 함께 예속禮俗을 공유하는 세상을

---

60 『星湖僿說』 권10, 人事門, 庶人家禮. "今俗以家禮爲士庶通用之例, 其世數品味, 斷非無祿者所堪, 余謂程朱皆登朝顯仕之身, 朱子居祝夫人喪時, 記其所嘗行者如此, 非謂貧賤同然也. 大典六品以上, 許祀三世, 則七品以下不許也. 董越朝鮮賦云卿大夫三世, 士庶只祭祖考, 此指七品以下無位之士也. 是時卽我成宗十九年戊申, 而國法猶行也. 家禮猶諉諸時無立宗之法, 今制許不祧之祀, 則又非朱子之本旨也. 余故曰識禮者, 宜別爲庶人家禮一書, 爲無官者之通行, 斯可矣. 無田則薦而不祭, 故聖賢累言之, 是不獨力之不及, 亦義之不敢也, 此可與知者論."

61 『星湖全集』 권16, 書, 答尹參奉就一 乙亥. "吾儕小人, 禮所不下, 家禮以上皆大夫士之例, 曷嘗見有庶人家禮耶? 聖人之制, 亦云不績者無緆, 不樹者無槨, 今以小國之民庶, 妄希彷彿於天子之大夫士可乎? 古人慮遠, 貴不忘賤, 富不忘貧, 張文節之崇高而不變河陽掌書記, 朱子取之, 況吾輩恒産不存, 蔥麥屢空者哉? 是以搜尋于故紙堆中, 集成庶民之禮, 爲甕牖世守, 不可謂都無考據也. (중략) 庶人烏敢與天子等? 是未可曉. 鄙人所定文字, 非欲矯俗, 但求獨行於至貧至賤之室, 遍閱羣籍, 擇其最簡者而爲之."

만들고자 하였다.

사실 『의례』에는 사士에 대한 예만 남아 있었다. 진秦나라 때 분서焚書를 거치면서 서인의 예는 전해지지 않았던 것이다. 고대에 서인에게도 행해졌던 예가 진나라를 지나면서 없어져 버리자 이익은 그 예를 다시 회복하고자 하였고, 다른 한편으로는 '예불하서인'禮不下庶人이라는 말에서 알 수 있듯이 그동안 서인에게 요구되지 않았던 예를 서인에게 확산시킬 필요를 느꼈다.

조선 후기에 이미 서인들 사이에는 가정경제를 생각하지 않고 왕공王公의 흉내를 내어 예를 사치스럽게 행하는 풍조가 유행하고 있었다. 이에 대해 이익은 『주역』周易 계사전繫辭傳에서 말한 '예禮는 비卑'라는 구절을 인용하여[62] 예는 '낮기 때문에 행하기가 쉽다'고 하였다. 옛사람은 예를 제정할 때에 모두 행하기 쉬운 곳에서부터 일으켰는데, 지금 사람들은 궁핍하게 살면서 부자의 본을 보고 서민으로서 왕공王公의 흉내를 내어 사치와 참람함으로 인해 법도가 없고 오만을 키워 재산을 탕진하니, '예는 낮다'는 뜻에 상반되게 행하고 있다고 그는 보았다. 공자 또한 "예는 사치하기보다는 차라리 검소해야 한다"라고 하였으니, 검소하다는 것은 낮아야 한다는 말이라고 풀이한[63] 그는 예禮에 '비'卑와 '검'儉을 강조하여 예의 대중화를 주장하였다.

또한 이익은 예의 간소화를 주장하였다. 그는 '종간위의'從簡爲儀의 정신을 통해[64] 사대부뿐만 아니라 서민도 예를 실천하는 예의 대중화를 시도하였다. 그는 『주자가례』朱子家禮를 일컬어 한 시대의 예제로 당시

---

[62] 『周易』繫辭 上. "子曰易其至矣乎! 夫易, 聖人所以崇德而廣業也. 知崇禮卑, 崇效天, 卑法地. 天地設位, 而易行乎其中矣. 成性存存, 道義之門."

[63] 『국역 순암문집』 18, 서, 「성호예식서(기축년)」.

[64] 『星湖先生禮式』(이문원 교수 소장), 李秉休敬識.

제3부 유림의 현실 인식과 대응

예를 행하는 자가 반드시 준수해야 한다고 하면서도, 고금古今에는 마땅히 다름이 있고 귀천貴賤에는 분수가 다름이 있으므로 또한 변하지 않을 수 없다고 하였다. 그리고 당시 풍속을 보면 사치와 참람함이 날로 심해지고 지위가 없는 서인이 귀세貴勢를 사모하고 본받아 번문욕의繁文縟儀를 행하고 혹 미치지 못할까 부끄러워하니, 이것은 나라에 정제定制가 없기 때문이라고 보았다. 이익은 왕자王者가 일어난다면 반드시 손익損益하고 절중節中하여 따로 서인가례庶人家禮 한 편을 만들어 분수에 넘지 아니하게 한 뒤에야 교화가 행해지고 풍속이 아름답게 될 것이라고 하였다.[65]

이같이 이익은 예는 간소하여 쉽게 행할 수 있어야 하고 또 시대에 맞아야 한다고 생각했다.[66] 『가례』에 실린 예 또한 편찬 당시에는 시대에 맞았더라도 지금 시대와 판연히 다르다면 따를 필요가 없다고 하였다.[67] 무엇보다 중요한 사실은, 서인에게 예가 요구되지 않았던 시대에 이익은 서인도 예를 행하는 시대가 되어야 한다고 인식했다는 점이다. 그러기 위해서는 예는 낮아야 했고 간소하고 검소해야 했다. 이익에 의한 이러한 예 의식의 변천은 예를 실천하는 범위에 서인을 새롭게 넣어 파악한 것이기에 큰 의미가 있다.

이익의 조카 이병휴는 이러한 이익의 예 의식을 이어받아 많은 예 관련 저술을 남겼다. 그는 이익의 예설을 수집하여 『성호예식』星湖禮式을

---

65 『星湖全集』附錄 권1, 家狀(從子秉休). "其於禮則常謂朱子家禮, 便是一王之制, 今之行禮者, 所當必遵, 然其古今異宜, 貴賤殊分者, 又不容不變, 故乃撰家祭法喪威前後錄, 俾爲一家之禮. (중략) 今俗之奢僭日甚, 無位匹庶, 慕效貴勢, 繁文縟儀, 恥或不及, 滔滔一轍, 莫知收屆, 此由於國無定制故. 又曰有王者作, 必損益節中, 別爲庶人家禮一篇, 俾不得踰分, 然後化行而俗美矣."

66 『星湖全集』 권42, 雜著, 書鄭聽泉疑禮考證.

67 『星湖全集』 권37, 書, 答秉休問目 戊辰.

편찬하고 1766년 5월에 후지後識를 썼다.[68]

> 우리 선생은 예禮를 제정할 자질이 있었으나 그 지위가 없었기 때문에
> 사사로이 여러 식式을 지어 가범家範으로 삼았는데, 이미 지난 옛날에
> 집착하여 놀라움을 취하지 않았고, 또 지금을 따라서 누추함을 그대로
> 답습하지도 않았다. 시의時宜를 헤아리고 그 분위分位를 조제하여 헤아
> 리되 혹은 산거刪去하고 혹은 새로 만늘어 알맞은 데 돌아기도록 힘썼
> 으니 요컨대 간소하여 따르기가 쉽고 행하는 데 폐단이 없었다. 이것이
> 곧 주부자朱夫子의 『가례』의 뜻이다.[69]

위와 같이 이병휴는 이익이 예식을 지음에 있어 주희의 『가례』의 뜻
을 이어 시의성을 중시했고 분수와 지위를 헤아려 알맞게 하였으며, 중
요한 사실은 간소하게 하여 누구나 쉽게 행할 수 있게 했다고 밝히고
있다.

이병휴는 이익의 『가례질서』家禮疾書를 참고하여 관혼례冠婚禮와 상제
례喪祭禮에 대한 글을 편찬하였다.[70] 특히 『가례질서』나 『성호선생예식』
을 통해 나타난 서인가례庶人家禮에 대한 이익의 강조는 예양禮讓을 숭
상하는 민속民俗을 만들고, 검약을 통해 가정경제를 충실하게 하고, 나
아가 국가를 은부殷富하게 하려고 한 그의 사상 경향을 반영하고 있다

---

68 『星湖先生禮式』은 「刪節冠儀」, 「娶婦儀」, 「嫁女儀」, 「家祭法」, 「參禮式」, 「墓祭式」,
「祭式」, 「忌祭」, 「墓祭」, 「參禮」, 「喪內行祭式」, 「喪威日錄自序」, 「喪威日錄」, 「續錄」,
「避亂埋主說」, 「修墓記」, 「祝式」, 「附四禮問答」으로 구성되어 있다.

69 『貞山集』 11책, 『星湖先生禮式』, 李秉休敬識. "惟我先生, 有制禮之具, 而無其位, 故
乃私撰諸式, 以爲家範, 旣不泥古而取駭, 亦未循今而因陋, 商度乎時宜, 劑量其分
位, 或刪或剏, 務歸稱停, 要之, 簡而易從, 行之無弊, 此卽朱夫子家禮之旨也."

70 『貞山集』 11책, 冠昏禮; 喪祭禮.

고 생각된다. 이러한 성호 학맥의 예학적 전통은 허전을 거쳐 그 문인들에게까지 일부 전해졌다.

이남규 또한 평생 『성호선생예식』에 의거하여 예를 중시하였고 실천하였다. 「예식발」禮式跋에서 그는 다음과 같이 언급하였다.

> 선생의 시대는 옛날과 아직 아주 멀지는 않았으나 습속이 이미 쓰러지듯이 비루함을 좇아, 사대부들은 예를 아는 자가 드물어 근본과 실제에 힘쓰지 않고 한갓 부문浮文으로 서로 높이었다. 이에 선생이 세상을 걱정하고 백성을 염려하여 사례四禮의 의儀를 지어서, 일가一家의 식式으로 정하여 후손에게 가르침을 전하고 미래의 후학에게 아름다운 혜택을 주어 장차 이륜彝倫을 두텁게 하고 폐속弊俗을 구제하였으니, 대개 주자가 이른 '비록 가난하고 천하더라도 그 대절大節을 갖추고, 그 번문繁文을 간략하게 하여 그 본뜻을 잃지 않음'이 이것이다. 지금 선생이 돌아가신 지 백여 년이다. 옛날에서 더욱 멀어질수록 예는 더욱 무너지고 풍속은 더욱 나빠졌다. 아! 지금 세상에 선생이 살아 계신다면, 알지 못하겠다만 무슨 방법으로 바로잡으시겠는가. 책을 어루만지면서 한번 탄식하노라.[71]

이남규는 1883년 입춘 날에 이 발문을 지었다. 그는 『성호선생예식』에 의거하여 예를 행하였고, 근본과 실제에 힘쓰고 간소와 검소를 지향

---

71 『星湖先生禮式』(이문원 교수 소장), 李南珪敬書. "先生之世, 其去古固未甚遠也. 習俗已靡然趨卑, 士大夫知禮者鮮, 不務本實, 徒以浮文相高, 此先生所以憂世慮民, 撰四禮之儀, 定爲一家之式, 以垂訓昆裔, 以嘉惠來學, 將有以厚彝倫而捄弊俗, 盖朱子所謂雖貧且賤, 亦得以具其大節, 畧其繁文, 而不失其本意者也. 今距先生歿百餘年, 去古愈遠, 禮愈壞而俗愈靡, 嗚乎! 今之世, 使先生而在者, 未知何術以矯之也? 撫卷一喟."

하는 이익의 예 정신을 철저히 계승했다. 그는 채영석蔡英錫에게 『성호선생예식』을 빌려 주어 이익이 마련한 예의 확산에도 힘썼던 것 같다. 특히 채영석이 『성호선생예식』의 자구에 대해 의문을 표시한 곳과 현토懸吐·해석에 대한 잘못을 바로잡아 주자 많은 도움을 받았다고 하였다.[72]

이남규는 『성호선생예식』을 통해 이익이 제시한 예를 실천했을 뿐만 아니라 이익의 예설을 정밀하게 읽고 자신의 비판적 의견을 제시하였고[73] 김장생의 『의례문해』疑禮問解에 대한 이익의 변의辨疑를 읽고 김장생金長生·이익의 예설에 대한 자신의 견해를 밝혔다.[74] 그는 우선 관례冠禮에 대해 이익의 예설을 받아들였다. 예컨대 『가례』「관례」에 기복朞服 이상의 상이 없어야 비로소 아들의 관례를 하고 장가를 들인다고 하였지만, 가령 어떤 자가 아들이 있는데 관례하고 장가들일 나이가 되었으나 미처 그러기도 전에 부모의 상과 조부모의 승중상承重喪, 본생本生 부모의 상 등을 연이어 당하여 복상服喪한다고 하면 거의 18년에 가까운 세월이 흐르고, 그간에 또 기복朞服을 입는 방친傍親의 상이라도 당한다면 거의 사오십 살이 되도록 관례를 못하게 되는 것이다. 옛날에 윤동규尹東奎가 상중에 아들에게 관례를 시키자, 이익이 시속을 따라 행하는 것을 허여하였다고도 하였다.[75]

한편 이남규는 부모 된 자는 기복朞服 이상의 상喪을 입지 않은 상태라야만 비로소 아들을 관례冠禮시키거나 며느리를 맞아들일 수 있는데, 이러한 예禮의 취지는 매우 엄격한 것이지만 근세 사람들은 차츰 시속에 휩쓸리고 말았다고 하였다. 그는 윤동규가 일찍이 이 문제에 대해 이

---

72 『국역 수당집』 3, 서, 「채기현에게 답함」.
73 『국역 수당집』 4, 잡저, 「성호의 예설을 읽고」.
74 『국역 수당집』 4, 잡저, 「疑禮問解에 대한 星湖의 辨疑를 읽고」.
75 『국역 수당집』 3, 書, 「韓景會耆東에게 답함」.

익에게 질문하였고 이에 이익은 세속에 따라서 행할 것을 허락하였다고
한다. 그리고 실제로 자신도 거상居喪 중에 부득이 이것을 원용하여 시
속에 따라 아들의 관례와 초례醮禮를 치렀다.[76] 이처럼 예의 시의성을 강
조한 이익의 예 정신은 이남규에게 전해져 그 자신의 아들의 관례에 있
어서도 적용되었다.

또 이익은 남편은 아내에 대하여 삼년복의 의리가 없으므로 3년의
예禮를 갖추어서는 안 되니 연제練祭를 지낼 수 없다고 하였다. 이남규
는 이익이 '아내에 대해서는 연복練服을 입지 않는다'(爲妻不練)고 한 설[77]
은 아무래도 의혹이 없을 수 없다고 하였다.[78] 『의례』儀禮 「상복」喪服 편
의 소疏에서, "아내는 비록 의리로 결합된 관계이지만 아내는 남편을 하
늘로 여겨서 남편을 위하여 참최斬衰를 입으니, 남편도 아내를 위해 담
제禫祭와 상장喪杖으로 보답한다"라고 한 것처럼 그는 다만 남편은 높고
아내는 낮기 때문에 자최齊衰와 참최의 차이가 있는 것이라고 하였다.
'보답'이란 오가면서 서로 갚는 것으로, 저쪽에서는 삼년복으로 보내 왔
는데 이쪽에서는 기년복朞年服으로 보내 준다면 이것은 갚는 것이 되지
못한다고 말하면서, 지금 '담제와 상장'으로 갚는다고 하였으니 곧 이처
럼 담제를 지내고 상장을 짚는 데에 3년의 의리가 들어 있음을 알 수 있
다고 그는 정리하였다.

또한 『의례』에서 "전傳에 이르기를, '남편이 아내를 위해 어째서 기년
복을 입는가. 아내는 지친至親이기 때문이다'라고 했는데, 그 소疏에 말
하기를, '아내가 이미 시집을 와서 자신과 함께 배필이 되어 한 몸이 되
었을 뿐 아니라, 종묘를 받들어 만세의 주인이 되었으므로 지친이라 하

---

76 『국역 수당집』 4, 잡저, 「立齋가 李時應에게 답한 편지를 읽고」.
77 『星湖全集』 권42, 雜著, 爲妻勿練說.
78 『국역 수당집』 3, 서, 「李景高에게 보냄(신축년[1901])」.

는 것이다. 연월年月과 담장禪杖하는 예가 어머니의 경우와 같다'라고 한 말을 들어 이처럼 그 연월과 담장이 어머니와 같은데도 삼년의 의리가 없다고 한다면, 이는 아마도 그렇지 않을 듯하다"라고 하였다.[79]

일찍이 이익은 "『예기』禮記의 「잡기」雜記 편에서 이르기를 '기년복의 상에는 11개월 만에 연제를 지낸다'라고 했는데, 정현鄭玄의 주에서는 '이것은 아버지가 살아 계실 때에 어머니를 위한 경우이다'라 하였다. 그런데 만약 아내를 위해서도 연제를 지낸나면, 정씨鄭氏가 왜 하필 어머니만 거론하고 아내는 말하지 않았겠는가. 이것이 연제를 지낼 수 없다는 근거다"라고 하였다.

이에 대해 이남규는 "『예기』의 「잡기」 편에서 말하기를 '11개월 만에 연제를 지내고, 13개월 만에 대상을 치르고, 15개월 만에 담제를 지낸다. 연제를 지내고 나면 남의 상에 조문弔問한다'라고 하였는데, 이에 대해 정씨鄭氏는 '무릇 자최의 경우 11개월이 지나면 모두 나가서 조문할 수 있다'라 하고 또한 '이것은 아버지가 살아 계실 때에 어머니를 위한 경우이다'라고 하였으니 11개월 만에 연제를 지내는 것은 단지 아버지가 살아 계실 때에 어머니를 위한 경우의 한 조항일 뿐이다. 그렇다면 그냥 '자최의 경우 11개월이 지나면'이라고만 해도 충분한데, 왜 또 굳이 '무릇'〔凡〕이란 글자를 써서 통틀어 말하였겠으며, '모두'〔皆〕라는 글자를 넣어서 그 나머지들을 아울러 언급했겠는가"라고 하였다.

그리고 "'아버지가 살아 계실 때의 어머니를 위한 경우를 말한다'고 한 것은, 필시 '연제練祭·상제祥祭·담제禪祭'의 제도를 가리켜 말한 것일 것이다. 어머니의 연제를 마친 뒤에 조문할 수 있다면, 아내의 연제를 마친 뒤에 조문하는 것은 또 굳이 말할 필요도 없으므로 중요한 것만

---

79 『星湖全集』 권42, 雜著, 父在爲母練除說.

　　　　　　　제3부 유림의 현실 인식과 대응

들어 보이고 사소한 것은 언급하지 않은 것이다"라고 설명했다.[80]

또 이남규는 "『예기』의 「잡기」편에 '첩妾의 상에는 상제와 연제를 모두 그 아들을 시켜서 주관하게 한다'라고 하였는데, 무릇 상에 있어 아버지가 살아 계시면 아버지가 주관하지만, 첩을 위해서는 연제와 상제의 의리가 없기 때문에 그 아들을 시켜 이를 주관하게 하는 것이다. 그런데 지금 정작 아내를 위해서는 연제를 지내지 않고 그 아들에게 은전殷奠이나 천신薦新 같은 때를 이용해서 제상除喪하게 한다면, 이것은 본처를 위한 것이 도리어 첩을 위한 것보다도 못한 것이 된다"라고 하였다.

이남규는 남편은 아내와 비록 의리로 결합된 관계이지만 서로 배필이 되어 일체一體가 되었고 함께 종묘宗廟를 받드는 사람이니, 그 상喪의 중요함은 방친旁親인 백숙부모伯叔父母나 형제에 대한 기년복과는 비교할 수 없는 것이므로, 성인이 이를 위해 연練·상祥·담禫의 절차를 마련했다고 보았다. 그러나 또한 부모와 같은 비중을 둘 수도 없기 때문에 장기杖朞의 예禮를 마련하여 대강 3년의 체모를 갖춤으로써 3년의 의리가 있다는 것을 보여 주었을 뿐인 것이라 하였다.

이남규는 이익이 비록 아내를 위해서는 연제가 없다는 설을 주장했지만, 나중에 말하기를, "11개월 만에 지내는 연제가 이처럼 큰 예절임에도 『의례』에 빠졌다는 것은 매우 의심할 만하다. 그러나 이미 예로부터 정해져 온 제도가 있으니, 다만 이를 따를 일이다"[81]라고 말했으니, 이익이 '연제를 지내지 않는다'는 것을 정론定論으로 삼지는 않았던 것이 아닌가 싶다고 하였다.[82]

---

80 『국역 수당집』 4, 잡저, 「아내를 위해서는 練服을 입지 않는다는 설에 대해 의문점을 기록함」.

81 『星湖全集』 권40, 雜著, 金沙溪疑禮問解辨疑 下 참조.

82 『국역 수당집』 4, 잡저, 「아내를 위해서는 練服을 입지 않는다는 설에 대한 의문점을

한편 이익은 남의 후사가 된 자가 자신의 아버지를 아버지로 받들지 못하는 것은 예에 의거하여 부득이한 일이지만 만약 후사를 들였던 자가 자기 자식이 생긴다면 자연 그를 자식으로 삼을 것이므로 양자로 들인 아들을 환종還宗하는 것이 옳을 것이라고 하였다. 이에 대해 이남규는 이것은 이익이 정론定論으로 세운 이론이 아니며, 단지 남의 질문에 따라 미심쩍어하면서도 대답한 것으로 보았다. 그는 이익이 환종에 대해 '옳다'가 아니라 '옳을 것이다'라고 말하였으니, 이 표현은 단정하는 말이 아니라고 하였다.

이남규는 후사를 세우는 일은 큰일인 만큼 임금에게 고하고, 조상의 사당에 고하고, 사자使者를 통해 폐백을 보내어 그 예를 중히 하는 바이니, 큰 인륜이 한번 정해지면 친생자親生子와 조금도 차별이 없는 것이라고 보았다. 그러므로 제갈량諸葛亮은 형의 아들 제갈교諸葛喬를 취하여 후사로 삼은 뒤에 처음에는 중신仲愼이라고 자字를 지었다가 뒤에 자신이 아들 제갈첨諸葛瞻을 두었으나 제갈교를 여전히 적자嫡子로 삼고자 하여 그 자를 백송伯松으로 고쳤고, 또 호안국胡安國은 형의 아들 호인胡寅을 양자로 들인 뒤에 두 아들 호녕胡寧과 호굉胡宏을 낳았으나 여전히 그대로 호인을 후사로 삼았다는 사례를 제시하였다.

또한 이남규는 이이李珥나 김장생 같은 학자도 모두 후사를 이은 아들로 하여금 제사를 받들게 하는 것이 옳다고 하였으며, 최명길崔鳴吉은 후사를 세운 뒤에 아들을 낳았으나 조정에 청하여 후사로 들인 아들을 그대로 장자長子로 삼았으니, 이것은 고금을 통해 공적으로든 사적으로든 이미 단정이 내려진 사안인 것이라고 하였다.

이남규는 만약 이익의 설대로 후사로 나갔던 자가 다시 환종하는 경

기록함」.

                                제3부 유림의 현실 인식과 대응

우가 있다면 변례變禮 중의 변례라고 보았다. 남에게 자식이 없는 것 때문에 그의 자손이 되었다가, 다시 그 남에게 자손이 있게 된 것 때문에 환종한다면, 이것은 당초에 서로가 아버지니 자식이니 하고 이름을 부른 일이 단지 임시로 빌려서 했던 것일 뿐이며, 일찍이 인륜에 아무것도 정해진 것이 없어서 그 형세가 장차 위태하고 불안하게 될 것이니 옳지 않다고 하였다.

그렇지만 이남규는 예 운용의 융통성을 열어 놓았다. 그는 만약 양자를 후사로 들인 아버지가 아들을 낳았는데 그 아들이 이미 성인成人이 되었고 정작 본생本生의 아버지에게는 다른 자식이 없는 경우라면, 양쪽의 아버지가 서로 상의하여 임금에게 고하고 사당에 고한 다음에 환종한다면 이 경우는 혹시 가능할 수도 있겠다고 하였다.

이남규는 후사를 들였던 자가 자기 자식이 생기면 양자한 아들을 본생가로 환종還宗하는 것이 옳을 것이라고 하여 환종의 여지를 열어 둔 이익의 말에 대해, 이익의 조카인 이병휴의 경우에도 양자를 들인 뒤에 아들이 태어났으나 환종하지 않았다고 하였다. 이병휴는 이익의 조카로서 이익의 예학禮學의 정통을 얻은 학자였다. 그는 본래 아들이 없어서 종형의 아들 이삼환李森煥을 취하여 후사로 삼았는데 뒤에 아들 이명환李鳴煥을 낳았으나 여전히 그대로 이삼환을 장자로 삼았다. 이남규는 이러한 사실을 통해 볼 때 이익이 비록 환종의 말을 했지만 일찍이 그의 가문에서 그대로 실행하지 않은 것을 보면, 이것이 정론으로 세운 학설이 아니라는 것을 알 수 있다고 하였다.[83]

이같이 이남규는 이익의 예설을 대체로 받아들이면서도 자신의 견해와 다른 경우 조심스럽게 의문점을 제기하고 치밀하게 논거를 제시하여

---

83 『국역 수당집』 4, 잡저, 「성호의 예설을 읽고」.

그 견해의 타당성을 입증하였다. 또한 이익의 예 의식을 받아들여 예의
시의성을 강조하면서 간소화와 검소함을 지향하되, 인정人情보다는 의
리義理를 중시하는 성향을 보였다.

4. 맺음말

이남규는 어려서 종조부 이정병으로부터 교양 교육을 받았고 한산
이씨 가학의 내력을 들었다. 그리고 아버지 이호직과 어머니 청송심씨
의 정성 어린 가정교육을 받았고, 어머니의 배려로 숙사를 집에 모셔와
공부를 하여 문예로 크게 명성을 얻었다. 그는 어린 시절에 『사략』史略
을 읽다가 백이伯夷에 대해 깊이 생각하여 백이가 만세 군신 간의 의리
때문에 굶어 죽었다고 생각하였다. 그에게 있어 의리는 국왕과 국가를
위해서 죽음으로 보답할 수 있는 것이어야 했다.

이남규는 남인 당론에 속하였고, 이기설과 예학에 대한 학설에 있어
서 이황·이익·허전의 학맥을 이었다. 밀양 퇴로에서 『성호집』의 간행을
추진하자 이남규는 교정과 편집을 주도하여 후일 퇴로판 『성호집』의 정
본定本을 만들었다. 또한 그는 이익의 학맥인 허전의 문집 『성재집』과
『성재연보』를 간행하는 데도 참여하여 성호학星湖學의 계승과 보급에
큰 역할을 하였다. 이로 볼 때 그는 이황의 이학理學과 이익의 예학禮學
이라는 학문적·사상적 전통을 온전히 계승한 학자라고 할 수 있다.

일찍이 이익은 서민庶民도 가례를 행할 수 있도록 '서인가례'庶人家禮
를 제정해야 한다는 혁명적인 발언을 하였다. 그러기 위해 그는 예에서
우선 '시의성'을 강조하였고 '대중화'〔畔〕와 '간소화'〔簡〕, '검소함'〔儉〕을 중
시하였다. 이익의 학맥에 속한 이남규는 당연히 이러한 이익의 예 의식

　　　　　　　　　　　제3부　유림의 현실 인식과 대응

을 계승하였다. 그러면서도 그는 이익의 예설에 대해 의문점이 있으면 비판적 견해를 조심스럽게 제시하였다. 그는 예의 조문을 철저히 분석하여 이해하였고 예의 행용에 있어 인정人情보다는 의리義理를 더욱 중시하였다.

한편 이남규는 이학에 대해서도 자신의 견해를 피력하였다. 그는 이발理發과 기발氣發 문제에 있어 이발에 더 주목하였다. 그는 기氣가 작용하기 전에 인仁의 단서가 발發하여 기氣가 이理를 따라서 그 명령을 듣는다면 곧 이것이 측은지심惻隱之心인 것이며, 의義의 단서가 기가 작용하기 전에 발하여 기가 이를 따라서 그 명령을 듣는다면 이는 곧 수오지심羞惡之心이라고 보았다. 그런데 만약 그 이理의 발함이 완전하지 못한 상태에서 기氣가 이理를 가리게 되면 일종의 혼탁昏濁이 생겨 정情이 절도에 맞지 않게 되니, 이는 맹자가 말한 '인仁의 단端'과 '의義의 단'이 아니며 이황이 말한 '이발기수'理發氣隨가 아니라 하였다. 그는 기氣는 이理가 타고 있지 않으면 단지 하나의 광망狂妄한 물건일 뿐이고, '이'理 자는 곧 '성선'性善을 뜻한다고 설명하였다.

19세기 영남 학계의 새로운 학설인 이진상의 심즉리설心卽理說에 대해 이남규는 적극적인 비판을 하지 않았고, 오히려 이진상의 『이학종요』를 읽고 나서는 마치 갈증에 물을 마시는 것 같다고 하여 이진상의 이학을 지지하는 견해를 보이기도 하였다. 그는 『한주집』의 소각燒却을 주도한 박해령朴海齡 등에게 보낸 편지에서도 자신은 『한주집』의 내용에서 큰 문제점을 발견하지 못했다고 하면서, 영남 강좌와 강우 학자들의 갈등이 원만하게 해결되기를 바라고 있었다.

이남규는 저명한 고문가요 예학자였다. 이황에서 이익을 거쳐 허전으로 전해지는 학통에 속했던 그는 이학과 예학에 대한 깊은 탐구를 통해 일생을 원칙과 예법에 벗어나지 않게 생활하였다. 그의 예학은 시의성

과 대중성을 바탕으로 예의 간소화와 검소함을 지향했던 이익의 예 의
식을 계승한 것이었다. 그의 철저한 예학적 삶은 극기복례를 통해 인仁
을 추구하고자 한 것이었고, 이것은 결국 살신성인의 순국 정신으로 이
어질 수 있는 바탕이 되었다.

　　　　　　　　　　　제3부 유림의 현실 인식과 대응

허위의 학문과 사상 경향

1. 머리말

19세기 말엽 조선이 외세의 침략을 당하여 바람 앞의 등불 같은 위기에 처하자 뜻있는 인사들은 나라를 지키기 위해 반외세운동의 대열에 앞장섰다. 특히 동학농민전쟁과 의병전쟁은 일제의 침략으로부터 우리 민족을 지켜내기 위해 투쟁한 민족독립운동의 주요 흐름이었다. 제국주의 열강 중에서도 일제가 갈수록 조선을 빼앗으려는 마각을 드러내게 되자 이에 대응하는 의병운동은 더욱 세차게 일어났다. 이 의병운동의 선봉에 바로 허위許蔿(1854~1908)가 우뚝 서 있었다.

'당세의 기남자奇男子'로 알려졌던 허위는 경북 선산에서 태어났다. 선산 지역은 고려 말 절의의 대표로 칭송되는 길재吉再가 태어난 이후로 영남 사림파의 절의 정신과 도학 정신이 가장 짙게 배어 있는 곳으로 일컬어져 왔다. 조선조에 김숙자金叔滋·김종직金宗直 부자와 정붕鄭鵬, 박영朴英 등이 이곳에서 생활하면서 절의와 도학의 기풍은 줄곧 지속되었다. 그래서 "조선 인재는 반은 영남에서 나고, 영남 인재의 반은 선산에서 난다"는 말까지 유행하였다. 조선 중기에는 장현광張顯光이 이 선산에서 태어나 조선조 성리학의 발달에 큰 기여를 하였다. 그는 이기설理氣說에 있어서도 새로운 학설을 제기하여, 영남에서도 이 선산 지역에는 독자적인 성리학풍이 형성되어 있었다. 이렇게 절의와 도학을 숭상하는 선산에서 태어난 허위가 조국이 위기에 처하자 의병대장으로 나서 나라를 위해 목숨을 아까워하지 않는 살신성인의 투쟁을 전개한 것은 따라서 결코 우연한 일이 아니었다. 이 글에서는 허위의 가문의 내력과 학문 연원, 사우 관계, 사상 경향 등을 살펴보고자 한다.

2. 가문의 내력

허위는 김해 허씨로, 수로왕의 부인인 허황후許皇后(普州太后)를 그 시조로 하고 있다. 그의 선조 가운데 고려 때에 허염許琰이 삼중대광三重大匡을 지냈고 가락군에 봉해졌다. 고려 말에 허징許澄이 시빈재상경侍賓齋上卿을 지냈고, 조선조에 들어와서는 허증許增이 이조 참판을 지냈다. 허염의 6세손인 허언룡許彦龍은 예조 판서를 지냈으며, 청백리淸白吏로 이름이 났다. 그 뒤 허언룡의 6세손인 허국정許國楨이 조광조와 함께 생원 진사시에 합격하였다. 그는 조광조와 종유從遊하다가 기묘사화로 사림에 대한 대대적인 숙청 작업이 일자 성균관 유생들과 함께 대궐 앞에 나가서 시위를 하고 그 뒤 김해로 내려가 은거 생활을 하였다. 이를 통해 보면 허위의 조상은 조광조와 함께 사림파의 일원으로 활동한 것을 알 수 있다. 한편 허국정은 명의名醫로 『어약원방』御藥院方을 짓기도 했다.

허국정의 아들은 허세절許世節로 참봉을 지냈고, 허세절의 아들 허경윤許景胤이 바로 허위의 9대조이다. 허경윤은 이원익李元翼이 조정에 천

     제3부 유림의 현실 인식과 대응

거하여 음직으로 예빈시 직장直長에 임명되었으나 나아가지 않았다. 그
는 임진왜란에 참전한 공으로 선무원종공신 3등에 책록되었다. 또한 그
는 임진왜란 때 김수로왕릉이 왜군에 도굴당하는 욕을 당했을 때 이를
보수하여 잘 관리하였다.

한편 허경윤은 1609년(광해군 1) 조식曹植의 정자인 산해정山海亭 옆에
신산서원新山書院을 세웠다. 그는 1636년 병자호란 때에는 자제에게 명하
여 의병을 일으켰는데, 전쟁이 끝났다는 소식을 듣고는 산속에 들어가
매화시梅花詩를 지어 자신의 뜻을 드러내었다. 당시 이 시의 격조에 대
해 세상 사람들은 호란 때 척화론의 선봉에 섰던 정온鄭蘊의 '모리某里
의 화엽花葉'[1]과 같다고 평하였다. 이같이 시로써 명나라에 대한 의리를
드러내며 절의를 지켰던 허경윤은 김해 구천서원龜川書院에 조식과 함께
향사되었다. 그의 저술로는 현재 『죽암일집』竹庵逸集 1책이 전하고 있다.
이익李瀷이 허경윤의 묘갈명을 지었는데, "충성도 훌륭하고 효도도 지극
하다"라고 하였다.[2] 이를 통해 볼 때 허경윤은 17세기 초 김해 지역의 사
족을 대표하는 위치에 있었다는 것을 알 수 있다.

허위의 고조부는 허박許璞(1718~1786)으로 자는 형옥荊玉이다. 그는 아
버지 허부許孚(聾窩)와 어머니 광주안씨廣州安氏(安應奎의 딸) 사이에서 태
어났다.

허박에 대한 기록은 이미 현손인 허위 형제 대에도 거의 남아 있지
않았다. 허위의 형 허훈은 집안에 전해 오던 허박에 대한 만사 등을 참
조하여 그의 행적을 드러내었는데, 이에 따르면 당시 김해 고을 인사들

---

1 某里는 정온이 정묘호란 후 물러나 살던 마을이고 '花葉'은 정묘년 이후 명나라의 책
력이 다하여 그 이듬해부터는 꽃잎이 피고 지는 것으로 세월을 알겠다는 것에서 나온
말이다.
2 『星湖集』 권42, 墓碣銘, 禮賓寺直長竹庵許公墓碣銘.

의 허박에 대한 평은 다음과 같았다. 이후양李垕陽은 허박을 애도하는 만사에서 "조상의 아름다움을 그대로 이었고 옛 철인哲人의 어짊을 바로 따랐다"고 했고 진사 유문룡柳汶龍은 "어질고 화목한 마음은 마땅히 경사스러움을 남길 것이고 자애롭고 참다운 성품으로 능히 장수長壽도 하였다"고 하였다. 조심曹深은 "순후한 자질과 뛰어난 풍모로 한평생 격정과 기쁨을 남들과 더불어 같이하였다"고 하였고, 허동로許東潞는 "탁트인 도량과 순박한 행실을 지녔으며 겉치레는 모두 버리고 무슨 일이든지 꼭 본심대로 하였다. 은혜와 원망이 마음속에 들어 있지 않았고 남을 비판하는 말을 입에 담지 않았다"고 하였다. 그리고 허박의 문생인 나희수羅希壽는 "남을 대할 때는 아주 온화하고, 자신에 있어서는 모두 검약하였다. 대개 어질고 자애롭고 순박하고 온화하고 검약함은 타고난 순수한 성품이었고 씩씩하고도 의젓한 행실이었다. 이 중에 한 가지만 있어도 마땅히 착한 이름을 얻을 것인데 하물며 모두 아울러 가짐에 있어어랴. 덕은 옛날 어진 이에게 비할 수 있고 행실은 고을과 나라에 모범이 될 수 있었다"라고 하였다.

허박은 술을 매우 좋아하였고 주량도 컸다. 허박의 맏손자인 허임許恁(자 敬翁, 호 太初堂)이 할아버지 허박의 제사 때에는 반드시 큰 잔을 이용하여 술을 올리고 손자 허훈에게 "이 술잔을 없애지 말라"고 당부할 정도였다고 한다.

허박은 작고한 뒤 김해부에서 서쪽 30리에 있는 명월산 지사동에 묻혔고, 이후 그의 증손 허석許襫이 벼슬하게 되어 1907년에 규장각 직각에 추증되었다.

허위의 증조부 허돈許暾(不孤軒, 1753~1815)은 자가 여회汝晦로 1753년 7월 12일 김해 회현리에서 출생하였다. 그는 어렸을 때부터 가난하여 글공부를 때려치우고 농사일에 힘썼다. 후일 집안 살림이 조금 넉넉해지자 더 이상 살림을 늘리지 않고 "우리 어버이께 맛있는 음식을 갖추어 드릴 만한 정도가 되었으니 이만하면 괜찮겠다"라고 하였다.

허돈은 만년에는 경운산慶雲山 밑에다 서재를 짓고 좌우에는 아름다운 화초를 차례로 심었다. 경전과 역사서를 쌓아놓고 학전學田도 넉넉히 장만하여 자질들을 모아 놓고 공부하도록 했다. 또 김해부의 북쪽에 양사재養士齋를 세워 모든 생도로 하여금 거처하게 하니, 김해에서 문학을 숭상하는 기풍이 크게 일어났다.

허돈은 "학문하는 방법으로 반드시 문자에만 전념할 것이 아니라 들어오면 효도하고 나가면 공경하는 도리를 잃지 않는다면 학문이 바로 여기에 있을 것이다"라고 하였다. 또 "우리나라는 오직 과거에 급제해야만 출세하게 되었다. 그러나 어떤 이는 간사한 길로 말미암아 자기의 본심을 잃고 도리어 선비의 누累가 되기도 하였다"라고 하면서 "학자는 먼저 뜻부터 세워야 하는데 경敬이 아니면 뜻이 제대로 서지 않는다"라고 하였다. 그는 아무리 미천한 백성일지라도 나이 많은 자에게는 연초가 되면 쌀과 고기를 보내어 주었고, 흉년을 만나면 창고를 기울여 가난한 자에게 나누어 주었다. 김해부사가 혹 일이 있을 때 그를 찾아와서 상의한 다음, 늘 칭찬하기를 "허모는 세상을 경영할 수 있는 재주를 지녔다고 할 수 있는데 그만 들어앉아 벼슬하지 않았으니 너무 애석한 일이다"라고 하였다.

허돈의 부인은 철성이씨鐵城李氏로 이노李魯의 5대손 이후양의 딸이다. 철성이씨는 선행을 많이 베풀며 나병에 걸린 어느 여자가 혼자 움막 생활을 하면서 아침저녁으로 밥을 얻으러 오면 늘 후하게 대접하였다. 하루는 같은 마을 여러 부인들과 함께 들놀이를 나갔는데 나병에 걸린 여자가 보고는 매우 반가워하면서 시냇물로 밥을 지어 한 바가지 담아 가지고 왔다. 같이 갔던 여러 부인들은 깜짝 놀라면서 딴 곳으로 피해

갔으나 철성이씨는 혼자 한 그릇을 다 먹고 이르기를 "저 사람이 성심껏 나에게 주는 것을 차마 먹지 않을 수 있겠는가"라고 하였다고 한다.

허돈은 1807년(순조 7)에 선산의 금오산 아래 임은리로 이사를 와서 살기 시작했다.[3] 1810년 생원시에 합격했고 경세에 뛰어난 재주가 있었다. 그는 허경윤의 6대손으로 유가의 세업世業을 지키는 한편 경제에 관심을 가져, 남쪽의 해산물을 서울로 운수運輸하고 서울의 물화物貨를 사들여서 다른 곳으로 교역하였다. 낙동강의 신운船運으로 왕래를 일삼던 그는 임은에 터를 잡고 살 계획을 세워, 장토庄土가 곧 마련되자 가족을 이끌고 왔다. 이리하여 종래 갈대 우거진 갯벌로만 보였던 강기슭의 한 마을이 허씨 일가의 새 고장으로 각광을 받게 되고 그로부터 백여 년간 인재가 많이 배출된 곳으로 이름을 떨치게 되었던 것이다.[4]

허돈은 1815년 3월 25일에 향년 63세로 작고하였다. 1904년에 증손 허위의 벼슬로 인해 장례원 좌장례에 추증되었고, 다시 손자 허석의 벼슬에 따라 규장각 부제학에 추증되었다.

이와 같이 영남에서 임은 허씨林隱許氏의 명성이 드러난 것은 바로 허위의 증조부인 허돈으로부터 허위에 이르기까지 불과 백여 년 사이에 문인과 지사가 계속하여 배출되었기 때문이다.

허돈의 맏아들 허임許恁(허위의 從祖, 허훈의 養祖)은 인륜을 돈독히 하고 착한 일을 즐겨하였으며 백성에게 어질고 만물을 사랑하는 마음을 지니고 있었다고 전한다. 일찍부터 왕도王道 정치를 강론하고 스스로 평천하의 사업을 기약하여 시험해 보기도 하였으나 그 경륜을 펼치지는 못했다.[5] 그는 진사로서 글씨도 유명하였으니 허돈과 허임 두 대에 이미

---

3 『國譯旺山全書』 권2, 附錄, 輓詞 又 族姪 壎. "赤兎當年奠此州."
4 李佑成, 「舫山全集 解題」(『國譯舫山全集』, 성균관대학교 대동문화연구원, 1982).
5 『國譯舫山全集』 권16, 序, 王考太初堂府君文集序.

명가로서의 초석이 마련되었고 집안에는 선비의 기풍이 가득 일어나게 되었다.

허위의 할아버지는 허운許儂으로 자는 기옹氣翁이다. 그는 1789년 4월 16일에 태어나 1830년 11월 7일에 세상을 떠났다. 그는 중년 이후에는 과거에 응시하는 것을 포기하고 산림에 즐거움을 붙이고는 오직 농사짓기와 자손을 가르치는 것으로 사업을 삼았다. 이휘령李彙寧은 그에 대해 "공부에 실력이 있으면서도 잘하지 못하는 듯이 겸손하기만 하니 마땅히 태초공太初公(허임)의 난제難弟라 하겠다"라고 하였다고 한다.[6]

허위의 아버지는 허조許祚로 자는 시윤時胤이고 호는 청추헌聽秋軒이다. 그는 1817년 8월 24일에 태어나 1881년 1월 1일에 작고하였다. 인륜을 돈독히 하고 착한 일을 좋아하였으며 효도와 우애가 가정에 드러나고 그 화목함이 고을에 골고루 퍼졌다고 한다. 그는 남에게 베풀기를 좋아하여 혹 군속한 자를 보면 구제해 주었고 가난해서 배우지 못한 자가 있으면 입히고 먹이고 또 가르쳐서 선비가 되도록 하였다. 겨울철에 어떤 나병 환자가 밥을 얻으려고 다니다가 추위를 못 이겨 밤에 마을 거리에 쓰러져 누워 거의 기절한 것을 불러들여 하룻밤을 재워 주기도 하였다. 허조는 1864년에 진사시에 합격했다. 그는 여씨향약呂氏鄕約을 실시하여 마을에 옛 풍속을 진작하였고, 주희朱熹의 강규講規를 본받아 마을 서당에서 여러 서생書生들을 가르쳤다.[7]

허위의 어머니는 진성이씨眞城李氏로 이황의 11세손 이휘수李彙壽(증 이조 참판)의 딸이다. 진성이씨는 1815년 9월 5일에 태어나 1872년 9월 14일에 작고하였다. 진성이씨는 19세에 허조와 결혼하였고, 자녀들을 낳아

---

6 『國譯舫山全集』 권22, 行狀, 本生祖考贈秘書丞府君行略.
7 『國譯舫山全集』 권22, 行狀, 本生先考贈議政府參贊成均進士聽秋軒府君遺事; 권16, 序, 本生先考聽秋軒府君遺稿序.

가르치는 데 바른 방법으로 하였고 늘 옛사람의 좋은 말과 착한 행실을 예로 들어 훈계하였다. 부군인 허조가 여러 번 향시鄕試에 합격하고도 늦게 사마시司馬試에 합격하였는데, 그런 까닭으로 치산治産에 약간의 실패가 있었으나 진성이씨가 더욱 힘써서 끝내 도산倒産하지 않았다. 진성이씨는 여가가 있으면 책 보기를 좋아하여 『내칙』內則, 『효경』孝經, 『열녀전』列女傳 같은 것을 많이 외었다. 어릴 때부터 선행을 많이 쌓았는데 거지인 계집아이가 추위에 떨어진 누더기를 입고 있는 것을 보고는 자기가 방금 갖추어 입고 있던 새 옷을 벗어 아이에게 입혀 주기도 하였다.[8] 이와 같이 허위의 어머니 진성이씨는 자식 교육과 치산에 힘썼고 선행을 많이 한 인물이었다.

허위의 증조부와 조부, 그리고 아버지는 허위가 귀하게 되자 모두 증직을 받았다. 즉 증조부 허돈은 규장각 부제학, 할아버지 허운은 비서원 승, 아버지 허조는 의정부 참찬, 어머니 진성이씨는 정부인에 각각 추증되었다.

허위의 형제로는 위로 훈薰(舫山), 신藎(露洲), 겸蒹(이명 蕎 혹은 茶, 호 性山)이 있었고 허위는 4형제 중에 막내였다. 맏형 허훈許薰(1836~1907)은 허임의 장손으로 출계出系되어 나갔다. 허훈은 허위보다 스무 살 위였는데 조선 말기 영남 지역에서 학문과 덕망이 높은 문장가로 일세에 이름이 났다. 그는 유일遺逸로 천거를 받아 경기전 참봉이 되었고, 을미사변 이후 청송 진보에서 생활하면서 아우 허노許蕎(허겸)와 함께 의병을 일으켰다. 또 그는 진보의 비봉산 아래에 남덕정覽德亭을 짓고는 서울에 있는 아우 허위를 생각하며 그 정자에 간운헌看雲軒이란 현판을 달았다. 언젠가 허훈은 아우 허위의 편지를 받고 그를 생각하며 시를 읊었다.[9]

---

8 『國譯舫山全集』 권20, 丘墓文, 本生先妣贈貞夫人李氏墓誌.

　　　　제3부 유림의 현실 인식과 대응

봉한 편지 떼어 보니 눈이 번쩍 뜨이건만   一坼書封眼亦開,

펴 들고 읽기도 전에 고향 생각 떠오른다.   把書仍想故園來.

정자 앞의 버드나무 벌써 늙었을 테고   西亭已老曾栽柳,

물가의 낚시터도 텅 비었을 거야.   東滋空餘舊釣臺.

어린 종놈 길 걷기에 늘 시달리게만 하니   僮僕長時疲道路,

그리운 우리 형제 어느 날 만나볼지.   弟兄何日共樽杯?

몸뚱이란 바위처럼 굴릴 수도 없어   此身非石終難轉,

객지에서 살아 온 지 십 년이 넘었네.   歲月殊鄕已十回.

허훈은 3천 두락의 논을 팔아 의병 자금을 대었다고 한다. 허훈 집안의 선대의 농장은 김해 해상海上에 있었고 허훈의 숙부 허희許禧(海樵)가 매년 김해에 내려가서 재곡財穀을 거두어 왔다.[10]

허위의 둘째 형인 허신許藎(1843~1870)은 허위보다 열두 살 위인데 문재가 뛰어났으나 28세로 세상을 떠났다. 그는 타고난 재주꾼으로 비록 처음 보는 글이라도 한번 눈을 거치면 문득 4, 5백줄을 암송하여 한 글자도 틀리지 않았다. 초서와 기이하게 생긴 고문을 잘 썼으며, 한편으로 성력星曆·구고勾股·관상술의 서적을 탐구하였다. 그는 특히 허훈의 문필 활동에 많은 도움을 주었다.[11]

허위의 셋째 형인 허겸許蒹(1851~1940)은 의병운동에 참여하였고 재만在滿 독립운동가로 활동하였다. 허겸은 허위보다 네 살 위였던 그는 허위와 함께 독립운동에 투신하였다. 1910년 경술국치 이후 그는 순국한 아우 허위의 유족들을 데리고 만주로 망명하였다.

9 『國譯舫山全集』 권5, 詩, 得季馨書.
10 『國譯舫山全集』 권22, 行狀, 叔父海樵府君行略,
11 『國譯舫山全集』 권20, 丘墓文, 卯君墓誌銘 幷序.

허겸은 만주에 가서 1912년에 경학사가 단계적으로 해체되고 부민단扶
民團이 조직되자 이름을 허노許蕘로 고쳤다. 그는 부민단의 초대 단장으
로 취임하여 독립운동 전선에 매진하였다. 그는 그 후 10년 동안 남북
만주, 러시아, 국내 등지에서 조국의 독립을 위해 애쓰다가 1922년 7월
28일에 부하 30명과 함께 국내로 잠입하여 군자금을 모집하던 중 체포
되어 옥고를 겪었다.[12]

윤원일尹源一은 허위가 직고한 후 그를 애도한 만사에서 허임과 허훈
조손 간, 그리고 나머지 허위의 3형제가 모두 어진 이로 한집안에 나왔
다고 칭송하였다.[13]

태초는 할아버지요 방옹은 형이었지   太初爲祖舫翁兄,
추로의 남향에서 문단을 주도했네.   鄒魯南鄕有主盟.
다시 선생 같은 천하사를 얻었으니   復得先生天下士,
세 현인의 꽃다운 자취 한 집에 모였도다.   三賢芳躅一家幷.

허위와 그 형제들은 한결같이 의병운동과 독립운동의 일선에서 활약
하다가 순국하였다. 이 형제의 행적이 우리나라 근대사에서 찬란하게
빛나게 됨으로써 임은 허씨 문중은 영남에서뿐만 아니라 전국적으로
널리 드러나게 되었다.

---

12 『매일신보』 1922년 7월 29일자 기사.
13 『國譯旺山全書』 권2, 附錄, 輓詞 玉山 張永奭.

 제3부 유림의 현실 인식과 대응

3. 삶과 학문 연원, 사우 관계

1) 삶

허위의 자는 계형季馨이고 왕산旺山은 그 호이다. 허위는 19세기 안동 김씨 세도 정치의 절정기인 1855년(철종 6) 4월 2일에 선산군 구미면 임은 리林隱里에서 태어났다. 그가 태어나기 사흘 전인 3월 그믐밤 어머니의 꿈에 허위의 증조부인 허돈이 나타나서 말하기를 "네가 산달이 넘었지만 얼마 후에는 반드시 훌륭한 아들을 낳을 것이니 반드시 조심하라"라고 하였다고 한다. 허위가 태어나자 그의 아버지는 기뻐하며 "우리 가문을 일으킬 자는 반드시 이 아이이다"라고 하였다.

허위는 5세에 글을 익히기 시작하여 7세 때 이미 글을 지었다. 그는 "달은 대장이 되고 별들은 군사가 되어 뒤를 따르네"(月爲大將軍, 星爲萬兵隨), "꽃을 꺾으니 봄은 손 안에 가득하고 물을 길러 오니 달이 집 안으로 들어오네"(折花春在手, 汲水月入門〔家〕)라고 읊었다. 이러한 시를 통해 그가 이미 어린 시절 대장의 뜻을 키웠고 천하를 포용하는 도량을 지녔던 것을 알 수 있다.

허위는 11세에 『소미가숙통감절요』少微家塾通鑑節要 중에 나오는 모든 인물들의 어질고 악함, 성공하고 실패한 것들을 능히 비평할 줄 알았고, 15세에는 이미 『시경』詩經, 『서경』書經, 『역경』易經 등 고전을 독파하였고, 『춘추』春秋, 『자치통감강목』資治通鑑綱目 등 역사서를 읽어 고대의 정치와 교육, 역사 등에 통달하였다. 그는 또 『손무자』孫武子, 『육도삼략』六韜三略과 병법을 두루 연구하여 전술을 익혔으며, 천문, 지리, 산수 등에도 깊은 식견이 있었다. 그래서 허위의 형 허훈은 일찍이 "유교의 학문에 있어서는 내가 아우에게 양보할 것이 없지마는, 포부와 경륜에 있어서는 내가 아우에게 미치지 못한다"라고 하였다.

허위는 18세에 어머니의 상을 당하였고 21세에 부인 박씨를 먼저 떠나보냈으며, 27세에 아버지의 상을 당하였다. 10대 후반부터 그는 근 10년간 상중에 있었다. 이 시기에 그는 후배들을 가르치는 일에 힘쓰고 학문 연구에 잠심하였으나, 시국이 차차 어지러워져 감을 보고서 분연히 의병운동을 전개하고자 하였다.

1894년 허위는 40세의 나이에 붓을 놓고 풍운 속에 몸을 던지며 구국의 행동 대열에 뛰어들었다. 이듬해 을미년에 명성황후가 시해되고 이어 의병운동이 일어나자 그는 1896년 3월에 이기찬李起燦·조동석趙東奭·이기하李起夏 등과 함께 의병을 일으켜 충청도 진천까지 진격하였다. 그러나 고종이 급히 해산하라는 명령을 내렸다는 소식을 듣고 마지못해 모집한 군사들을 눈물로 해산하였다.

허위가 세상을 경륜할 탁월한 식견을 지난 인물이라는 것은 이미 세상에 널리 알려져 있었다. 이 때문에 그는 신기선申箕善의 천거로 벼슬길에 나가게 되었다.

허위는 그의 전반기의 생애에서 이미 성리학적 유생의 세계에 국한되지 않고 사방을 경륜할 뜻을 키웠기에 벼슬에 나아간 후에 더욱 빛을 발할 수 있었다. 그는 원구단 참봉으로 벼슬을 시작하였는데 두 달이 못 되어 성균관 박사가 되었고, 5년 만인 1904년에 당상관이 되어 평리원의 수석판사와 재판장을, 그리고 일제의 훼방 속에서도 의정부 참찬과 비서원 승을 역임했다.

허위로 하여금 비서 승을 삼으니 위蔿는 경상도 선산 사람이다. 그는 기상이 헌헌하고 거리낌이 없어 고담준론을 좋아하고, 스스로 천하를 경륜할 역량을 믿고 있었다. 10여 년 동안을 서울에 와 있었으나 권문세가들을 조금도 상대하지 않고 항상 한적한 여관에서 검소한 생활을 하고

　　　　　제3부　유림의 현실 인식과 대응

있었다. 영남 출신으로 벼슬길에 나아간 사람들이 지모 있는 선비로 높이 추대하더니 대내의 임금님에게까지 알려져 처음에는 참봉에 임명되었다가, 임금의 은총이 날로 높아져 1년이 채 못 돼 벼슬이 뛰어 참찬에 이르니 임금님께서 집을 하사하여 살도록 했다.[14]

그런데 허위가 벼슬을 시작한 1899년은 때마침 독립협회의 만민공동회가 봉쇄당한 뒤 친러 수구파 정권이 반동 정치를 강화하던 시기였고, 정부의 기강은 문란하고 러·일의 경제적 침략도 매우 심각하던 시국이었다. 이러한 역사적 소용돌이 속에서 오직 나라를 위한 일념으로 생활하던 허위는 난국을 헤쳐 나가며 새로운 사상과 경륜을 키워 갔다. 그는 나라가 점점 기울어져 가는 국가 존망의 위급한 사태에 직면하여 친러 정객 이용익을 탄핵하는 한편, 일제의 황무지 개척 야욕을 깨부수고 일진회와 분연히 맞서 싸웠다.

이와 같이 허위는 당시의 관료로서 혼신의 힘을 다해 국권을 수호하는 데 몸을 다 바쳤다. 그는 특히 초楚나라 충신 굴원屈原의 고사를 빌려 "충혼을 물고기 배 속에 장사 지내 죽기를 기약했네"(魚葬忠魂期九死)라고 읊은 시구로 자신의 뜻을 표현한 것처럼 오직 나라를 위해 언제든지 자기 한 몸을 바칠 각오가 되어 있었다. 역사가 사마천司馬遷은 굴원이 '정도직행正道直行하며 갈충진지竭忠盡智'한 충신이라 『사기』史記 「굴원전」屈原傳에서 평했는데, 허위 역시 정도와 직행으로 나라에 충성하고 조선의 국권 회복을 위해 지혜와 혼신의 힘을 다했던 것이다.

1908년 가을 허위는 전국 각지의 의병들이 경기도 양주에 모여 십삼

---

14 『梅泉野錄』 권4, 光武九年 乙巳. "以許蔿爲秘書丞. 蔿善山人也. 落拓好大言, 以經綸自許, 客京師十餘年, 不干謁權貴, 蕭然處一館, 嶺人游宦者, 以策士相推夸, 因緣徹大內, 初除參奉, 上眷日隆, 未一歲, 超至參贊, 賜第以居之."

도 의병十三道義兵 연합부대를 편성하였을 때 군사장軍師長이 되어 활동하였다. 그는 그러나 곧 체포되었고, 같은 해 9월 27일 정오에 서대문 형무소에서 교수형을 당하였다. 유서에서 그는 "아버지의 장사를 아직 지내지 못하였고 국권을 회복하지 못한 불충과 불효를 지었으니 죽은들 어찌 눈을 감으리오"라고 한탄하였다. 곽종석은 허위의 죽음을 아래와 같이 애도하였다.

<table>
<tr><td>천 말은 정성스런 신하의 피요,</td><td>百斛忱臣血,</td></tr>
<tr><td>천 줄기는 지사의 눈물이네.</td><td>千行志士涕.</td></tr>
<tr><td>뿌리는 저 눈물이 대한의 비가 되어</td><td>灑作東韓雨,</td></tr>
<tr><td>음산한 날씨가 개이질 않네.</td><td>陰陰苦不霽.</td></tr>
<tr><td>조용히 의대에서 소를 꺼내 올렸고</td><td>從容衣帶贊,</td></tr>
<tr><td>격렬하게 정기가를 불렀다네.</td><td>激烈正氣歌.</td></tr>
<tr><td>누가 문천상이 죽었다고 말했는가,</td><td>孰謂文山死,</td></tr>
<tr><td>북두성은 우뚝 솟아 푸르게 빛나는도다.</td><td>星斗碧嶷嶷.[15]</td></tr>
</table>

허위가 사형을 당했다는 소식이 전해지자 종로의 상인들은 눈물을 흘리며 그의 장례 비용을 대었다. 평소 그를 따르고 존경했던 박상진朴尙鎭이 시신을 수습해 지천芝川 방암산舫巖山으로 운구하여 임시로 묻었다가 이듬해 5월에 장사를 지냈다. 허위의 빛나는 의병 정신은 제자 박상진에 의해 독립 정신으로 계승되어 나갔다.

허위가 죽자 만사를 지었던 곽종석은 다시 붓을 들고 그를 애도하는

---

15 『俛宇文集』 권8, 詩, 挽許季亨蔿 二首; 『國譯旺山全書』 권2, 附錄, 輓詞苞山郭鍾錫. "灑作東韓雨"는 『면우문집』에는 "灑作韓天雨"로 되어 있다.

     제3부 유림의 현실 인식과 대응

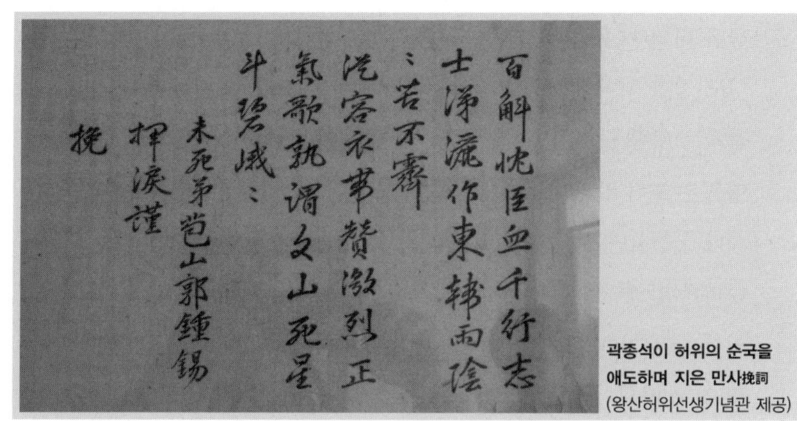

곽종석이 허위의 순국을
애도하며 지은 만사挽詞
(왕산허위선생기념관 제공)

제문을 지었다.

아! 우리 공께서는	於乎我公,
천하에 오직 한 사람 선비였지.	天下一士.
천하에 의리가 없어	天下無義,
한 선비가 부끄러워했네.	一士恥之.
천하 위해 부끄러워함이	爲天下恥,
한 선비의 부끄러움이었네.	乃一士恥.
한 선비가 의에 죽으니	一士死義,
천하가 슬퍼하였네.	天下悲之.
한 선비를 위해 슬퍼함이	爲一士悲,
곧 천하의 슬픔이었네.	卽天下悲.
아! 우리 공은	於乎我公,
천하에 오직 한 사람 선비였지.	天下一士.
내가 이 벗을 슬퍼하지만	我悲斯友,
공은 옛 그대로이네.	公盖如故.

공은 나의 마음을 알고   公知我心,

나도 공을 허여하였네.   我許公已.

출처는 비록 달랐지만   出處雖殊,

영욕은 오직 같았네.   榮辱惟同.

지나간 갑오년 적에   歲在甲午,

나라가 망해 가는 판이었지.   陸沈海邦.

시랑 같은 자 요직을 차지하고   豺狼當塗,

새 짐승 따위가 궐 안에 어울려   鳥獸交中.

우리 임금을 협박하고   脅我君父,

우리 생민을 치어 죽였지.   轢我生靈.

공이 한 손으로 분기하여서   公起隻手,

빠진 것 건져 내고 기강 세웠지.   援溺扶綱.

공 아니면 누가 권하랴   非公孰勸,

사기가 갑절 더했지.   士氣倍增.

내가 그때 그 사이 있어   我時從中,

공의 일에 협조하였지.   協公之能.

정도에 말미암아 기문奇門에 들며   由正入奇,

상황을 판단해서 승리하였지.   決機制勝.

전진하며 오랑캐 만나   進與虜遇,

예봉을 꺾어 버렸지.   挫刃췌鋒.

하늘 뜻이 돌아오는 듯   若天意回,

공의 꾀를 이룩케 했지.   使公謀成.

하수 통하고 산택 불 질러   疏河熱澤,

뱀을 몰아내고 용도 쫓았지.   驅蛇放龍.

험윤玁狁을 치고 중행열中行說을 매질해   伐狁笞說,

윤강을 밝히고 명분을 바르게 했지.   明倫正分.

아비 도리 하고 임금 도리 해서   父父君君,

아! 천만년 운수가 올 듯하였지.   於千萬年.

일 꾸밈은 사람이 해도   謀則在人,

이루어짐은 하늘에 있지.   成則在天.

애닯게도 전군을 몰아갔는데   痛彼全驅,

재앙이 그 끝을 뒤따라왔지.   隨孼其端.

장사가 갑옷을 벗어서 말았고   士捲其甲,

군졸이 새처럼 흩어져 갔지.   卒散如鳥.

이것 또한 천운이거니   此亦天哉,

천운인데 공인들 어찌하겠나.   奈天公何.

개천에서 죽은들 누가 알겠나   經瀆誰知,

나는 창을 던지고 이별하였지.   我投戈別.

눈물 뿌리며 어디 돌아가랴   揮淚安適?

우리 사문의 졸도 되었지.   爲吾門卒.

공이 나의 손을 잡으며   公執我手,

"나는 죽을 뿐이다.   曰吾死已.

죽어서 나라 보답하리니   死而報國,

자네는 나를 알아주겠지."   子實知吾.

살았을 적 벗 보답함은   生而報友,

내가 실상 그대를 아는 것이지.   吾實知子.

낸들 어찌 보배처럼 살아   我豈可寶,

공의 말을 능히 이어 받겠나.   能承公語?

날 저물고 갈 길은 먼데   日暮途遠,

이 이별이 얼마나 될까.   此別幾何?

공이 뜻을 먼저 정하더니   公志先定,

공의 말이 과연 부합하였네.   公言果符.

병오년에 와서는   逮于赤馬,

벅찬 물결이 넘쳐 들었지.   洚濤滔天.

가서 용문을 도끼질하니   往斧龍門,

우주가 한바탕 진동하였지.   宇宙一振.

물러나 하얀 칼날 범하여   退冒白刃,

만 번 죽어도 후회 않았지.   萬死靡悔.

지난 날 관보 때문에   往日官報,

공의 일이 두 번이나 그릇되었지.   再誤公事.

왜적 꾸짖던 일과   罵賊之辭,

벽에 적은 글귀는   題壁之句.

구천에 사무치고   徹于九霄,

만고에 격렬하였지.   烈于萬古.

공은 어디에서 볼 수 있을까,   公何得見?

평소에 쌓은 포부였었지.   素所蓄餘.

백이의 풍절을 들었고   聞伯夷風,

춘추전을 읽었지.   讀春秋書.

거룩하다, 공은 백미로   猗公白眉,

일찍이 이 일을 시작하였지.   曾是是擧.

성패를 어찌 논하랴,   成敗何論?

가문에 전해 오는 의리였지.   乃家之義.

이 뜻이 외롭지 않아   此意不孤,

또 최열 같은 부자 있었고   又有崔烈.

한 장순張巡과 두 안씨顔氏(杲卿·眞卿)를   一巡兩顔,

지하에서나마 교유하겠지.	地下遊兮.
우리 두어 사람 아니었다면	微我數公,
천년 동안 한갓 슬퍼지겠지.	千載徒悲.
내가 산들 어찌 나으랴	我生何愈?
공의 죽음에 빌지 않겠네.	公死不祈.
지혜가 생을 못 구해 내니	智不救生,
지혜 있기보단 차라리 바보 되리라.	與智寧愚.
친한 이로서 따라 죽지 못하니	親不從死,
친하기보다는 차라리 소원하구려.	與親寧疎.
장臧과 곡穀이 양을 잃은 셈이요	穀羊亡矣,
영郢 땅 장인의 자귀질도 꺾여 버렸지.	郢斤折矣.
나의 사사로운 비통이라면	爲我私痛,
비통하게 여길 날이 얼마 없지만	痛不幾時.
천하 위해서 비통하는 바	爲天下慟,
만국이 전하여 칭송하여	萬國傳誦,
곧은 충성이 이지러지지 않았네.	貞忠不虧.
돌아보면 이 보잘것없는 집도	顧惟弊堂.
선을 선으로 여겼던 모습이지.	亦在善善,
글을 엮어 슬픔을 다하고	緘辭致哀.
작은 제물로 제사를 드리는도다.	祭以不腆,
음풍이 대지에 가득하니	羣陰羃地.
어느 때에 다 쓸어버리겠나.	蕩掃何時?
신명한 영령께서 하늘에 계신다면	明靈在天,
우리를 도와주소서.	尙我冀之.[16]

곽종석이 허위의 죽음을 애도하는 이 한 편의 제문은, 그 어느 누구의 글보다도 허위 평생의 애국충정을 잘 그려내고 있다. 또한 허위와 출처를 달리하여 의병에는 참여하지 못했지만, 살아 있는 자신의 삶 또한 괴롭다는 지식인 곽종석의 고민 또한 진솔하게 표현되어 있다.

2) 학문 연원

조선 후기에 이르러 허국정의 손자 허경윤은 이원익의 추천을 받아 직장에 임명되었으나 사양하였다. 허경윤의 증손자인 허자와 허주 형제는 모두 허목의 문인으로 학맥이나 당론은 남인 계열에 속했다. 따라서 허위 집안의 학문 연원은 일찍부터 근기近畿 남인 학통에 속해 있었다고 할 수 있다.

허부許孚(聾窩)는 허위의 5대조로 18세기 영남의 대학자인 최흥원崔興遠(百弗庵)과 도의의 교제를 맺었다. 최흥원은 이상정李象靖, 박손경朴孫慶과 더불어 '영남삼로'嶺南三老로 꼽히는 인물이다. 허부가 당대의 대표적인 영남의 석학들과 교유했다는 사실로 보아, 18세기에 이미 김해 허씨는 영남 학계에서도 잘 알려져 있었다고 할 수 있다.

허위의 백조부인 허임許恁은 문장과 학행이 뛰어났다. 그의 아버지 허돈은 허임·허운 형제들의 교육을 위해 경운산慶雲山 밑에 서실을 짓고 문학하는 선비들을 불러들여 함께 공부하게 하였다. 허임은 이 때문에 일찍 문장을 성취하였다. 그는 종형 허강許偁과 유문룡柳汶龍, 유이좌柳台佐, 이휘령李彙寧, 장석우張錫愚, 이원조李源祚, 신택경申宅京 등을 사우師友로 삼아 종유하였다. 특히 그는 성균관 유생으로 있을 때 성균관에서 유이좌를 만나 도의의 교제를 맺고 도학과 정전제井田制에 대해 강론했

---

16 『國譯旺山全書』 권2, 附錄, 祭文又郭鍾錫. 이 제문은 『俛宇文集』에는 빠져 있다.

다. 1813년(순조 13)에 생원시에 합격하자 그는 한치응韓致應을 찾아가서 그 문객이 되었다. 1818년(순조 18)에는 유이좌·한치응과 함께 채제공蔡濟恭의 신원소伸寃疏를 올리기도 했다.

허임은 당시 유이좌와 같이 채제공의 후계자로 이름이 높았던 한치응을 특히 사모했다. 이런 이유로 허임은 한치응에게 허경윤의 행장을 써줄 것을 부탁하였다. 후일 그의 손자이자 허위의 백형伯兄인 허훈은 용인에 있는 채제공의 산소를 찾아가 참배하기도 하였다.[17]

그런데 허위 집안의 학풍은 다소 개방적인 성향을 띠었던 것 같다. 이러한 경향은 선산이라는 지역이 성리학설에 있어서 기호나 영남의 어느 한쪽에 치우치지 않고 독자적인 학풍을 형성하고 있었던 것과도 그 궤를 같이한다.

이와 같은 허임과 허훈의 사승 관계로 볼 때 허위의 집안은 이황李滉·유성룡柳成龍의 학맥을 잇고 있다고 할 수 있다. 19세기 초부터 영남에서는 이황 학맥의 김성일金誠一과 유성룡 학맥 사이에 병호시비屛虎是非가 재연되어, 60여 년간 유림의 갈등이 지속되었다. 허위의 선대는 유성룡의 후손인 유심춘柳尋春과 유주목柳疇睦의 문하에 출입한 것으로 보아 병론에 속했으나, 특별히 학파적 성향을 강하게 띠지는 않았다.

그런가 하면 허위의 할아버지 허운은 유문룡에게 나아가 공부하였다. 유문룡은 일찍이 허운에 대해 "이 아이는 마음속으로 정밀하게 이해하려고 하니 반드시 큰 그릇이 될 것이다"라고 하였다.

허위의 아버지 허조는 학문이 깊었다. 특히 허조는 허희, 송정석宋廷奭, 장복추張福樞, 이진상, 송인호宋寅濩와 함께 금오산 등산을 하기도 하는 등[18] 아주 가까운 학문적 관계를 유지하였다. 장복추와 허조는 20대

---

17 姜周鎭, 「허위의 정치적 경륜」(『나라사랑』 제27집 왕산 허위 특집호, 외솔회, 1977).

초반부터 서로 허심탄회하게 사귀었고[19] 이는 허조의 아들 허위가 16세에 부지암정사不知巖精舍에 출입하며 학문 토론에 참여하는 계기가 되었다. 그리고 허위의 형 허훈은 19세기 말 영남에서 학문과 덕망이 높은 학자였다. 그는 근기 남인의 실학적 학풍과 도학·의리·충효를 강조하는 영남의 학풍을 몸에 익힐 수 있었다.

허조는 문학으로 당대에 이름이 높았던 허임의 문하에 찾아오는 많은 손님과 친구, 서생들을 잘 접대하였다.[20] 그는 이휘령과 허전許傳의 문하에 출입하였는데, 이휘령은 그에 대해 "언어와 풍도가 태초옹太初翁의 조카가 되기에 마땅하다"라 하였고, 허전은 "허조는 국사國士다"라고 하였다.[21]

허위는 7세 때부터 숙부 허희에게 나아가 공부하였다. 허희는 시인으로 유명했으며 사서四書와 정주程朱의 글을 워낙 많이 읽어 마치 자기가 지은 것처럼 외웠다. 그는 1850년에 이한응李漢膺이 주도한 청량정사淸凉精舍의 학술 모임에 참여하여 『대학』을 강독하면서 해석을 아주 해박하게 하였다. 허훈은 허희를 위한 제문에서 그에 대해 다음과 같이 말하였다.

천하의 일을 미세한 것까지 환히 다 알고 있었으니 이는 선생께서 경륜에 밝았던 것이고, 가지신 마음이 확고하여 누구도 굽혀 낼 수 없었으니 이는 선생께서 조집操執이 튼튼했던 것입니다. 경훈經訓에도 박흡博洽

---

18 『四未軒集』 권1, 詩, 與宋肅顯廷爽許時胤祚時益禧李汝雷宋康叟寅濩向金烏山路過獅子洞瀑.

19 『四未軒集』 권1, 詩, 輓許進士時胤.

20 『國譯舫山全集』 권22, 行狀, 本生先考贈議政府參贊成均進士聽秋軒府君遺事.

21 『國譯舫山全集』 권16, 序, 本生先考聽秋軒府君遺稿序.

하여 성정性情과 이기理氣에 대해 털끝을 가리듯이 자세히 분석하였으
니 이는 선생의 정미한 학술이었고 이로부터 문사에도 유의하여 풍조風
調와 격률格律이 자연의 신운神韻을 나타내었으니 이는 선생의 뛰어난
저작이었습니다.[22]

허훈과 허위의 형제들은 어린 시절부터 모두 허희의 가르침을 받았
다. 허희는 경전에 정통했고 사부詞賦에도 능하였으며 경세의 사무에도
밝아 시인, 학자, 경세가로서 임은 허씨 문중의 자제들을 잘 가르쳤다.[23]

허희가 작고한 뒤 허위는 맏형 허훈에게 공부를 배웠다. 그의 학문은
유학을 추구했다는 점에서 허훈과 학문적 성향이 크게 다르지 않았다.
허훈은 처음에 할아버지인 허임에게 글을 배우고, 나중에 허전과 유주
목柳疇睦(溪堂)의 문하에서 공부한 바 있었다.

허임은 유심춘柳尋春(江皐)을 사사하였는데 유심춘은 유주목의 아버
지로 유성룡의 후손이다. 따라서 허훈의 학통은 이황·유성룡·정경세鄭
經世·유진柳袗·유심춘·유주목으로 연결된다. 그리고 허전은 허엽許曄의
후손으로서 학통은 이황·정구鄭逑·허목許穆·이익李瀷·안정복安鼎福·황
덕길黃德吉을 잇고 있다. 특히 허훈은 그의 스승 허전의 학통을 다음과
같이 말하였다.

옛날 퇴도이자退陶李子께서 우리나라에 학學을 선창하여 실로 연원의
정통을 열었으니, 한강寒岡 정선생鄭先生이 그 종통宗統을 얻어 미수眉叟

---

22 『國譯舫山全集』 권19, 祭文, 祭叔父海樵府君文. "天下之事, 無微不燭, 先生之長於
  經綸也. 宅心之固, 無物能移, 先生之篤於操執也. 淹貫經訓, 性情理氣, 細析毫芒, 先
  生之學術精也. 早治文詞, 風調格律, 流動神韻, 先生之著作高也."
23 『國譯舫山全集』 권16, 序, 叔父海樵府君詩集序.

선생에게 전수하였으며, 다시 성호星湖·순암順菴·하려下廬의 세 군자가
있어서 그 뒤를 이었고, 법통이 우리 선생에게 이르러서는 사도斯道를
도와서 유서遺緖를 잘 이었으니 그 공功이 위대하도다.[24]

　허훈은 이황 학통의 영남 학파와 근기 학파의 두 갈래 학문을 수용
하여 그 나름의 독자적인 학문 세계를 구축하였으면서도, 자신을 이
황·정구·허목·이익·안정복·황덕길·허전으로 이어지는 근기학파의 학
통에 위치시켰다. 이것은 그가 영남의 선산에 학문적·지역적 연고를 두
면서도 근기의 실학적 학풍을 받아들여, 거경궁리居敬窮理나 인의예지仁
義禮智의 탐구만 끝까지 고집하는 학풍이 아니라 새로운 학술 문화를
선별 수용하는 개방적 학문 연원에 속한다는 의미이기도 하다.
　허위가 그의 형 허훈의 학문적 영향을 깊이 받았다고 보면 그 역시
유성룡·정경세·유진에서 유심춘·유주목·허훈으로 이어지는 영남 학
파의 학풍과 정구·허목·이익에서 허전으로 이어져 내려온 근기 학풍에
영향을 받았다고 할 수 있다.
　그런데 이황 학통은 몇 갈래로 나누어 이해할 수 있다. 우선 이황에
서 김성일·이현일李玄逸·이재李栽·이상정李象靖으로부터 유치명柳致明으
로 이어져 허훈 당시에는 김도화金道和, 김흥락金興洛 등으로 이어지던
학맥이 가장 번성하였다. 그런가 하면 유성룡에서 유주목으로 이어진
영남의 갈래가 있었다. 아울러 정구에서 허전으로 이어진 근기 지방의
갈래가 있었다. 이 이황 학통에 속한 학자들은 각기 자기들이 속한 학
통이 이황 학통의 적전嫡傳임을 주장하고 있었다.

24　『國譯舫山全集』 권21, 行狀, 性齋先生言行總錄. "粵昔退陶李子, 倡學東方, 實啓淵
　　源正脈, 寒岡鄭先生, 得其宗, 授之眉老先生, 復有星湖順庵下廬三君子, 繼其後, 式
　　至吾先生, 扶翼斯道, 克紹遺緒, 厥功偉矣哉."

　　　　　　　　　　　　　제3부　유림의 현실 인식과 대응

허위는 선대부터 이미 허목·이익을 잇는 근기 학파의 학맥에 속하면서 영남 지역에서는 이황·유성룡의 학맥에 속하였다. 따라서 영남 지역에 학문적 근거지를 갖고 있으면서도 다소 자유로운 학풍 속에서 성장하였다고 할 수 있다. 이러한 허위의 학문 연원과 그 가학적 분위기는 허위의 사우 관계를 아주 넓게 하였다.

3) 사우 관계

허위는 우선 가학을 통해 학문을 익혔다. 그러나 그는 16세 때인 1870년, 선산의 동락서원東洛書院에 있는 부지암정사不知巖精舍의 학술 모임에 참석하였다. 100여 명의 학자가 참여한 이 모임에서 허위는 『서경』書經「우공」禹貢을 강송하였다. 이 모임은 당시 영남의 대표적 학자의 한 사람인 장복추가 주도하였는데, 허위는 여기에 참석하여 학술 토론을 활발히 벌였고 경전의 뜻을 명쾌하게 해석하여 당시 학계의 주목을 받았다.

허위는 심즉리설心卽理說을 주장한 이진상을 평소 존경했다. 이진상은 조선 말기의 거유巨儒로 영남 학계 내에서 성리학에 대한 새로운 학설을 발표했을 뿐만 아니라 기상도 탁월한 호걸스런 선비였다. 허위는 1885년 이진상이 작고하자 만사를 지어 애도를 표하였다.[25]

기우는 훤칠하고 성품과 도량은 자상한데	氣宇軒軒性度詳,
몸소 실천하고 남은 힘으로 문장을 했네.	躬行餘力到文章.
정미한 의리를 세밀히도 분석하였고	毫分縷析精微義,
이루신 학문 업적은 너무나도 광대하네.	地負海涵廣大量.
예악은 이상 시대로 회복코자 했으나	煥然禮樂回三代,

---

25 『國譯旺山全書』 권1, 詩, 寒洲李先生震相輓 乙酉.

아득한 산천이 한쪽으로 경계를 지었네.　　　　　　遼矣山川限一方.

선생께서 돌아가셨다니 믿어지지 않고　　　　　　未信先生今不在,

봄바람만 옛날처럼 고당에 가득하네.　　　　　　春風依舊滿高堂.

이 만사를 통해 당시 허위가 이진상의 기우器宇, 성품, 도량, 학문 등에 매료되어 있었던 것을 알 수 있다. 따라서 허위는 16세 무렵부터 30대 초반까지 장복추와 이진상 등의 문하를 출입하며 사랑을 받고 인격과 학문적 소양을 길렀다고 생각된다.

당시 장복추와 이진상을 존경하였으므로 허위는 자연 그 문하의 학자들과 교유가 있었다. 특히 그는 이진상의 수제자인 곽종석郭鍾錫과 매우 가깝게 지냈다. 두 사람은 비록 출처出處는 달리했지만 서로의 마음을 가장 잘 알았다.

허위의 사우는 영남 전역에 걸쳐 있었다. 이승희李承熙·송준필宋浚弼·김창숙金昌淑 등 영남의 석학들이 그의 순국 때에 애도한 것을 보아도 잘 알 수 있다. 1908년 5월 17일 저녁에 허위를 아는 영남의 많은 사우들은 만사와 제문을 지어 영연靈筵에 고하였고, 다음날 장례에 참여하였다.

4. 학문과 사상 경향

허위는 학식과 기절을 겸비한 유학자였으나 이기심성설理氣心性說이나 사장학詞章學에 힘쓰지는 않았다. 사실 허위가 활동하던 시기에는 이진상에 의해 심즉리설心卽理說이라는 새로운 성리설이 제기되어 있었다. 그런데 허위의 형 허훈은 심즉리설에 대해 반대하였다. 허훈의 심설에

대한 견해는 허희로부터 가르침을 받은 것이다. 허훈은 「숙부해초부군
행략」叔父海樵府君行略에서 다음과 같이 말하였다.

> 심성心性이니 이기理氣니 하는 학설에 이르러서는 공이 평소에 더욱 연
> 구했다. 요즈음 일종의 심즉리心卽理라는 말이 세상에 퍼지자 공께서
> 문득 걱정하기를 "심이란 이 성을 통섭하는 바이지만 이 심을 바로 성이
> 라고 할 수 없으며, 또는 이 심에 이 이理가 갖추어져 있긴 하지만 이 심
> 을 이 이에다 소속시킬 수는 없는 것이다. 심의 본체가 바로 이 허령虛靈
> 인데 이와 기가 합쳐지지 않으면 어찌 허령이 될 수 있겠는가. 합이기合
> 理氣라는 이 세 글자는 바로 천고에 심을 논한 올바른 저울이었다. 저 이
> 른바 심즉리라는 것은 비록 상산象山과 양명陽明이 가리킨 바와는 다르
> 다 할지라도 이 성을 심으로 아는 병통을 결코 면하기 어려울 것이다.
> 무릇 심에서 발하는 바에 따라 그것을 이라고 믿고 선하지 않음이 없다
> 하여 일찍이 성찰省察, 극치克治의 공을 더하지 않는다면 천하의 근심이
> 반드시 이로 말미암아 생기지 않을 수 없을 것이다"라고 하였다.[26]

그런데 이러한 허희의 견해는 그대로 허훈에게 큰 영향을 미쳤다. 허
훈은 경세치용에 뜻을 둔 학자였으나 성리학을 버리지는 않았다. 그는
성리설에 대한 허희의 견해를 잘 계승하였다.

---

26 『國譯舫山全集』 권22, 行狀, 叔父海樵府君行略. "至若心性理氣, 公於平日, 尤所用
工, 而近時一種心卽理之說, 肆行於世, 公輒憂之, 曰心所以統此性, 而不可以心便謂
性, 心非不具此理, 而不可以心專屬理. 心之本體, 虛靈是耳, 非理與氣合, 何以虛靈?
然則合理氣三字, 卽千古論心之金秤定星也. 彼所謂心卽理者, 雖與象山, 陽明所指差
殊, 而終難免認性爲心之病, 凡從心所發, 信其爲理, 而謂無不善, 不曾加省察克治之
工, 則天下之患, 未必不由此而生也."

근세에 또 심즉리心卽理라는 설이 있으니 그 가리키는 뜻이 양명陽明의 설과는 같지 않다. 이理를 주장하고 기氣를 배척하는 것은 유학에 공이 있을 것 같지만 이것이 그렇지 않은 점이 있다. 그 설을 주장하는 자는 마음이 이기理氣를 겸하는 것을 가리켜 통체統體라고 말하고 심즉리를 본체本體라고 말한다. 그렇다면 본체가 마땅히 통체의 앞에 있어야 할 것이니, 이때에는 다만 이가 있을 뿐이다가 통체 때에 이르러 홀연히 군살이나 사마귀 같은 기가 별안간에 나타나서 마음의 통솔하는 바가 되다는 것인가. 더구나 기를 억제하고 이를 주로 함이 지나쳐서 기의 계분界分을 침탈하여 이의 전지田地에 전속시키게 된다. 그리하여 이를 높이려다가 도리어 이가 낮아지고, 기를 낮추려다가 도리어 기가 높아진다.[27]

허훈은 보다 상세하게 위의 말을 비유하여 설명하였다. '마음이 곧 이'라는 말은 '심은 이를 주로 한다'는 말과는 다르다고 하였다. 즉 '마음이 이를 주로 한다'는 말은 비유하면 나라는 임금을 주로 하고 집안은 남편을 주로 한다는 것이고, '마음이 곧 이'라고 하는 것은 나라를 임금이라 부르고 집을 남편이라 부르는 것이라고 하였다. 나라를 임금이라 부르면 신하도 또한 그 속에 포함되니 임금과 신하 간에 도리어 구분이 없어지고, 집을 남편이라 부르면 아내도 또한 그 속에 끼어들어 가게 되는 것이니 부부간에 도리어 분별이 없게 된다는 것이다. 임금과 신하 간에 구분이 없으면 어찌 나라가 될 수 있으며, 부부 간에 분별이 없다면

---

27 『國譯舫山全集』 권11, 雜著, 心說. "近世又有心卽理之說, 其指意與陽明不同, 主理斥氣, 若可有功於斯學, 然此有不然者. 爲其說者, 以心之兼理氣, 謂之統體, 以心卽理, 謂之本體, 然則本體當在統體之前, 是時只有理而已, 及其統體之時, 忽有贅疣之氣, 驀然現出, 爲心之所統耶? 況抑氣主理之過, 侵奪氣之界分, 全屬理之田地, 尊理而理還卑, 卑氣而氣還尊."

어찌 집이 될 수 있겠느냐고 하였다. 이러한 허훈의 견해는 이진상에서 곽종석으로 이어지는 심즉리설에 대한 비판인 것이다.

그런데 허위는 이기심성론에 대해서는 그다지 크게 관심을 표명하지 않았다. 물론 그는 가정에서 유학을 공부하였고, 장복추가 주도하던 부지암정사의 학술 모임에도 참여하였으며 이진상에 대한 만사에서 보이듯 유학자로서의 면모도 갖추고 있었다. 그렇지만 그는 충절과 경세제민의 학풍에 깊은 관심을 두었지, 이기심성에 대한 공부에는 크게 주목하지 않았다. 신기선申箕善이 고종에게 허위를 추천하면서도 세상에서 허위를 관중管仲과 제갈량諸葛亮이라 일컫는다고 하면서 소개한 것은 허위가 특히 경세에 대해 탁월한 능력을 지닌 인물이었음을 증명하는 것이다.

당연히 허위는 유학자였다. 장복추가 "무릇 내가 아직 못하는 것은 수백, 수천 가지이지만 오직 효경충신孝敬忠信 네 가지가 바로 사람의 근본이 되니, 더욱더 잠시라도 아니해서는 안 되는 것이다"라고 하면서 자신의 당호堂號를 '사미헌'四未軒이라고 한 것에서 알 수 있듯이 유학에 있어 효孝와 경敬, 충忠과 신信은 매우 중요한 덕목이었다.[28] 허위 역시 순국 직전까지 가슴속에 깊이 지녔던 생각은 충忠과 효孝 두 글자에 벗어나지 않았다. "아버지의 장사를 아직 지내지 못했고 국권을 회복하지 못하여 충도 못하고 효도 못하였으니 죽은들 어찌 눈을 감겠는가"라고 한 것이 그가 마지막으로 남긴 말이었다. 그는 이미 1905년에 지례知禮에 있을 때 자신의 회포를 시로 읊으면서, 나라를 저버려 한恨만 공연히 남아 있고 임금의 마음을 돌리려 해도 정성이 부족했다고 하였다. 그러면서 옛날 초나라의 충신 굴원屈原이 물에 빠져 죽어 자신을 고기의 배

---

28 『四未軒集』續集, 권1, 四未軒記.

에 장사 지낸 충혼忠魂을 높이 기리며 조국을 위해 목숨을 바치기로 기약하기도 하였다.[29]

허위가 의병운동에 투신하였다가 순국하자 세상에서는 그를 송나라의 충신 문천상文天祥에 비기었다. 또한 그의 충절은 허원許遠·장순張巡·안고경顔杲卿·노중련魯仲連·백이伯夷·숙제叔齊·소무蘇武 등에 견주어졌고 노숙한 경세제민의 책략은 조충국趙充國 같았다는 평을 듣기도 하였다.

허위는 춘추대의春秋大義를 믿고 있었다. 그는 조선이 동양에 개국한 지 4천 년인데 흥망성쇠가 있었던 것은 기수氣數 때문이었다고 생각하였다. 아울러 각국이 서로 나라를 병탄하는 현실을 한탄하면서도 지금까지 춘추대의는 전해 오고 있다고 생각하였다.[30]

한편 허위는 실사實事를 중시하는 사상을 지녔다. 그는 윤이병尹履炳·송수만宋秀滿 등과 연명으로 소를 올릴 때 시사時事를 논하면서 경전을 인용하여 그 해결 방안을 제시하였다. 그는 오직 농업·상업·공업을 확장해 나가고 군비軍備와 군물軍物을 마련하는 데 예산을 넉넉하게 편성하여 실사구시實事求是의 정치를 해 나갈 것을 고종에게 건의하였다.[31]

허위의 사상에 나타난 이러한 실용주의적인 특징은 그가 영향을 받은 학풍에서 비롯된 면도 있었다. 사실 허위의 선대의 가풍은 실용을 중시하는 경향이 강했고, 또 학통은 근기 실학파와도 가까웠다. 그는 "선비가 독서하는 것은 장차 치용致用을 하기 위해서이다. 치평治平의 도구는 선비 된 자는 누구나 강론하여 밝혀야 할 바이니 율산律算·전부田賦·염철鹽鐵·수리水利·포제礮制·군국軍國에 관한 사무를 궁구하여 널

---

29 『國譯旺山全書』권1, 詩, 在知禮時述懷 乙巳.

30 『國譯旺山全書』권1, 詩, 被囚日本憲兵司令部 四絶.

31 『國譯旺山全書』권1, 疏, 論時事疏.

리 통하지 않음이 없어야 한다"라고 한 바 있다.[32]

이와 같이 허위는 평소에 경세제민經世濟民의 실학에 관심을 쏟아 그 방면의 자질을 키웠다. 그리하여 허훈조차 "유학은 아우에게 양보하지 못하지만 사방四方을 경륜할 뜻은 내가 아우에게 미치지 못한다"라고 하며 을미의병 때부터 가산을 팔아 의병 자금으로 대어 줄 만큼 허위가 품은 경륜의 뜻을 적극적으로 도왔던 것이다.

또한 허위는 자아의식이 투철한 인물이었다. 그는 자신이 하늘과 땅과 사람, 그리고 과거, 현재, 미래 속에서 현재를 살아가는 한 사람이라고 생각하였기에 자기가 사는 집 이름을 '육일'六一이라 붙이고자 하였다. 인간이 하늘과 땅의 자연의 이치를 본받으며 현재를 살아가고 있는데, 자신보다 앞에 살았던 과거 사람은 자신이 스승으로 삼고 자신보다 뒤에 태어날 미래 사람은 자신을 스승으로 삼을 테니 사람으로 태어난 것이 매우 소중하고 위대하다고 생각했다. 따라서 그는 스스로 자신을 작게 만들거나 비하하여 곤충초목처럼 지각이 없고 하는 일이 없는 것으로 돌아가 버린다면, 하늘과 땅이 보살펴 주고 과거 사람이 대해 주고 미래 사람이 자신을 보는 것에 대해 어찌 이 시대를 사는 사람으로서 보답하는 것이 되겠느냐고 말하기도 했다.

허위는 하늘과 땅이 자신에게 부여해 준 본성을 생각하고 주어진 직분을 마땅히 해야 한다고 보았다. 그것은 인仁·의義·예禮·지智의 성과 예禮·악樂·사射·어御·서書·수數의 육예六藝와 부자·군신·부부·장유·붕우의 윤리와 궁리窮理·정심正心·수기修己·치인治人의 도道와 사士·농農·공工·상商의 직업이었다. 그는 타고난 본성을 잘 기르고 마땅히 해야 할 직분을 부지런히 수행하여 조금도 소홀히 하지 않으면 세월을 허송

<hr>

32 『國譯旺山全書』祭文, 從子埧.

하지 않을 것이라고 하면서, 자기 자신뿐만 아니라 자기와 뜻을 같이하는 모든 사람이 이러한 도덕적이고 실천적인 삶을 영위하기를 바랐고 그러한 삶이 미래의 천하 세계에 두루 확산되어 나가기를 희망하였다.

5. 맺음말

허위는 전통적인 유학자의 집안에서 태어나 유학 교육을 받았다. 그의 형제들은 한결같이 의병운동과 독립운동의 일선에서 활약하다가 순국하여, 근대이행기에 임은 허씨 문중은 영남에서뿐만 아니라 전국적으로 널리 드러나게 되었다.

허위는 그 유학 교육이 자기 시대에 어떤 역할을 할 수 있을지를 고민하였다. 그가 평생 생각했던 것은 충과 효였고 죽기 직전에도 이를 생전에 다 성취하지 못하고 숨을 거둔다고 탄식하였다.

그러나 허위는 결코 유학의 충과 효만을 주장하지는 않았다. 그는 유서遺書에서 "우리나라의 주권을 회복하고 동양 평화東洋平和를 유지토록 한다면 후생이 두렵다는 옛말과 어찌 같지 않겠는가"라고 했을 만큼[33] 생을 마감하는 순간까지 조국의 주권의 회복과 동양 평화의 유지를 바랐다.

김창숙金昌淑은 허위의 순국을 애도하며 허위의 죽음으로 나라가 망하지 않았다고 하면서, "만세 강상綱常을 홀로 세웠으니 육주六洲에서 모두 허선생을 칭송하네"라고 하였다.[34] 허위가 세운 '강상'은 충과 효에 강

---

33 『國譯旺山全書』 권1, 書, 遺書.
34 『國譯旺山全書』 권2, 附錄, 輓詞 義城 金昌淑.

한 뿌리를 두고 있으면서도 궁극적으로는 '동양 평화'를 추구하고자 한 것이었다. 이러한 허위의 순국 정신은 박상진朴尙鎭과 안중근安重根의 독립 정신으로 계승되어 나갔다.

박상진은 허위의 문하에 출입하면서 정신적 영향을 아주 크게 받았다. 그는 평리원 판사로 있던 허위로부터 가르침을 받아 판사로서 활동하였다. 허위의 사형이 집행되기 전에 한국인 검사가 허위에게 "시신을 거둘 사람이 있는가"라고 묻자, 허위는 "사후에 시신을 거두는 것을 어찌 괘념하겠는가. 이 옥중에서 썩어 문드러져도 무방하니 빨리 사형을 집행하라"고 하였다.[35]

십삼도창의대진소十三道倡義大陣所 군사장軍師長이자 제2대 십삼도창의 총대장十三道倡義總大將으로 조선의 국권 회복을 위해 온 힘을 다해 일제에 맞서 싸우다가 체포되어 옥중에서 순국한 허위의 시신은 사형에 처해진 뒤 산골짜기에 쓸쓸히 버려졌다. 박상진은 일제 침략에 항거하여 살신성인의 정신으로 일관한 스승 허위의 시신을 수습하여 장례를 치렀고, 그 뒤 허위의 애국 정신을 계승하여 독립운동에 투신하였다.

그런가 하면 허위는 재판 과정에서 일제 재판관이 "의병을 일으키게 한 것은 누구이며 대장은 누구냐"고 묻자, 웃으면서 "의병이 일어나게 한 것은 이토 히로부미伊藤博文이고 대장은 바로 나다"라고 하였다. 다시 재판관이 "어째서 이토라고 하는가"라고 묻자, 허위는 "이토가 우리나라를 뒤집어 놓지 않았으면 의병은 일어나지 않았을 것이다. 그러니 의병을 일으킨 것이 이토가 아니고 누구이겠는가"라고 하였다. 이와 같이 허위는 의병전쟁의 원인을 이토 히로부미의 조선 침략에서 찾았다. 허위

---

35 신용하, 「허위 의병부대의 항일무장투쟁」(『의병과 독립군의 무장독립운동』, 지식산업사, 2003) 115쪽.

가 순국하고 1년 뒤인 1909년 10월 26일에 안중근이 하얼빈에서 이토 히로부미를 포살한 쾌거는 그가 벌인 국권회복운동의 연장선상에서 일어난 일이었다. 그로써 진정한 동양 평화가 실현되기를 바랐던 안중근은 제5회 공판에서 허위에 대하여 "그와 같은 진충갈력盡忠竭力과 용맹勇猛의 기상을 동포 이천만이 가졌다면 오늘날 국욕國辱을 받지 않았을 것이다"라고 진술하였다.

안중근의 이 말은 그가 여순旅順 감옥에서 생을 마감하는 순간까지 조선 이천만의 동포가 모두 하나같이 허위의 충효 정신과 용맹의 기상을 본받아 언젠가는 일제로부터 독립을 반드시 되찾아야 한다는 마지막 당부의 말이었다. 이와 같이 허위의 의병 정신과 순국 정신은 박상진과 안중근에 의해 계승되어 우리나라 독립운동사에 영롱한 빛을 발하였다.

박세화의 사상과 현실 인식

1. 머리말

19세기 중엽 조선 사회는 국내외적으로 커다란 민족적 위기에 직면해 있었다. 특히 1866년 병인양요와 1871년 신미양요로 국내 정세는 불안하고 민심은 매우 소란하였다. 이 시기에 집권하고 있었던 홍선대원군興宣大院君은 외국의 통상 요구에 대하여 거부하는 정책을 강력히 추진해 나갔다. 대원군은 1866년에 척화비문斥和碑文을 직접 짓고, 1871년에는 전국 각 고을에 척화비를 세우게까지 하였다.

한편 이미 19세기 초부터 조선 정부는 민중들의 대규모 항거에 직면하였고, 정치, 경제, 사회 등 모든 부문을 새롭게 개혁해 나가지 않으면 안 되었다. 또한 외국의 새로운 선진 문화를 받아들여 근대화를 주체적으로 추진해 나가는 일이 19세기 조선에 부과되었던 역사적 과제였다.

그런데 당시 서양 세력의 동점東漸에는 침략적인 성격이 내재되어 있었다. 따라서 이 시대를 살았던 많은 지식인들은 난국을 타개해 나가기 위하여 진보적이든 보수적이든 우국憂國과 연민憐民의 나날을 보내었다.

특히 재야의 유학자들은 외세로부터 자신들의 존립 근거인 도덕과 사회를 보존하기 위하여 더욱 치열하게 학문 활동을 하였다.

이 글에서 탐구하려고 하는 박세화朴世和(1834~1910)는 함경도 고원高原 출신의 유학자儒學者로 위정척사파衛正斥邪派 계열에 속한 학자였다. 조선 후기에 성리학이 깊이 연구되면서 함경도 지역에서도 최신崔愼·주비朱棐·이재형李載亨 등 송시열宋時烈의 문하에 출입한 유학자가 나왔고, 이로부터 18세기에는 이원배李元培, 19세기에는 임종칠林宗七·주명상朱明相 등의 유학자가 배출되었다. 박세화는 함경도에서 태어났지만 만년에는 주로 충청도 제천堤川 지역에서 활동하며 유인석柳麟錫 등 이항로李恒老 학맥의 학자들과 그 학문과 활동에서 동일한 노선을 취하였다.

이 글에서는 박세화의 학문 활동과 성리학 사상을 우선 검토하고, 이어서 그의 현실 인식에 대해 탐구하고자 한다. 이 글을 통하여 19세기 말 20세기 초 재야의 성리학자가 이론과 실천을 현실에 구현해 나가기 위하여 고뇌한 학문적 삶의 역정을 살필 수 있을 것이다.

2. 학문 활동

박세화는 1834년(순조 34) 함경도 고원군高原郡 남흥리南興里에서 아버지 박기숙朴紀淑(春齋)과 어머니 단양우씨丹陽禹氏(禹鼎夏의 딸) 사이에서 출생하였다.[1] 그의 본관은 밀양密陽이다. 자字는 연길年吉이고 호號는 의

---

1 박세화를 우리 학계에 처음 소개한 글은 琴章泰의 『韓國儒學近百年』(博英社, 1999)이다. 금장태는 박세화의 사상과 행적을 대강 소개하고, 아울러 그 제자 尹膺善·申鉉國·柳芝林 등에 대해서도 '毅堂學派'로 묶어 소개하였다. 1962년에 박세화에게는 의병운동의 功績으로 건국훈장 독립장이 추서되었다.

당毅堂이며, 해좌췌생海左贅生이라는 호를 쓰기도 하였다.

박세화의 선대先代는 고려 말에 박인기朴仁杞(版圖摠郎)가 영흥永興에 이주하여 살기 시작한 뒤, 박훤朴萱이 고원高原으로 이사하여 고원에서 줄곧 살게 되었다. 박세화의 할아버지는 박상욱朴尙郁으로 절제사節制使를 역임하였다.[2] 8대조 박경상朴景祥(黙齋)과 박경상의 사촌동생 박경춘朴景春이 송시열宋時烈의 문하에 출입하였다고 한 것으로 볼 때, 박세화의 학문적 연원은 기호 지역의 학맥學脈에 속해 있다고 할 수 있을 것이다. 그의 집안은 경제적으로 손을 넉넉하게 접대할 수 있는 처지였고[3] 특히 그의 외가 단양 우씨 집안은 큰 부자였다.[4]

박세화는 6세에 이미 천체天體에 대해 깊은 의문을 품기 시작하여 아버지에게 깊이 캐묻기도 하였다. 그는 어린 시절 푸른 하늘 밖에 무엇이 있는지가 매우 궁금하여 지속적인 의문을 품고 탐구하여 나갔다. 그의 아버지가 "천체天體는 선배 학자들이 달걀로써 말했다"고 하자, 그는 기뻐서 "달걀의 바깥은 천체이고 중간의 누른 것은 지체地體입니다. 그 사이의 흰 것은 무슨 물건입니까"라고 질문을 하였다. 아버지가 웃으면서 "흰 것은 바다이다"라고 말하자 마음속으로 매우 기뻐하였다.

박세화는 학문과 사색을 계속하여 나갔다. 그는 18세 때부터 이미 성인聖人을 배워야겠다고 뜻을 세웠고, 과거 시험 공부를 포기하고 백가서百家書를 두루 섭렵하였다. 어려서 아버지로부터 가르침을 받았으나, 23세이던 1856년, 홍직필洪直弼의 제자로 영흥永興에 살던 이사현李思峴의 문하에 나아가 학업을 익혔다.[5] 이사현은 박세화를 만나 보고 "우리

---

2 박세화의 간략한 가계에 대해서는 尹膺善, 『晦堂集』 권12, 墓碣銘, 毅堂朴先生墓碣銘; 권14, 行狀, 毅堂朴先生行狀을 참조.

3 『毅堂集』 권6, 遺事, 先考春齋府君遺事.

4 『毅堂集』 권6, 遺事, 先妣孺人禹氏遺事.

도道가 의탁할 바가 있다"라고 말하였다고 한다.[6] 박세화는 그의 문하에서 10년간을 공부하였고, 스승이 작고하자 7수首의 만사輓詞를 지어 애도를 표하였다.[7]

1860년, 27세의 박세화는 고원향교의 재임齋任이 되어 향교의 명륜당明倫堂에서 공부하였다.[8] 그는 30세 이후로 직접 농사짓고 땔나무하고 고구마를 심고 상수리를 주워 먹으면서 독서를 하였다. 그는 이미 당론黨論에는 크게 관심이 없었고 오직 '도'道의 해명과 수호에 평생을 바치기로 하였다.

1884년 박세화는 홍재구洪在龜에게 답하는 편지에서 화륜선火輪船과 전선電線 등 서양의 과학기술에 대하여 깊이 있게 논의하였다. 그는 화륜선과 전선 등은 기교技巧라고 하면서, 새롭기는 하지만 도道가 내재되어 있는 것은 아니니 서양 과학기술에 '격물'格物이라 이름을 붙이는 것이 옳지 못하다고 하였다. 그는 천하가 다 기교를 일삼게 된 당대에 과연 천하가 다스려지게 되었는지, 사람은 선善하게 되었는지를 반문하였다. 그는 이른바 '옛날 성인聖人이 아직 밝히지 못한 바를 밝혔다'고 하는 주장은 그저 한번 웃음을 일으킬 뿐이고 그 기교는 곧 쓸데없는 교물巧物로 위태롭다고 하면서, 따라서 지금 마땅히 더욱 우리 도道를 강론해야 할 뿐이라고 하였다.[9] 이처럼 그는 서양 과학기술에 대해서는 철저히 거부감을 표명하였다.

1885년 여름에 박세화는 향음주례鄕飮酒禮를 행하였다. 그가 이 무렵

---

5 『晦堂集』 권9, 雜著, 毅堂先生語錄. 李思峴의 '思峴'은 號이다. 그 이름이 무엇인지는 자세하지 않다.

6 『毅堂集』 附錄, 권2, 年譜, 丙辰.

7 『毅堂集』 권1, 詩 七言, 輓思峴李先生 七首.

8 『毅堂集』 附錄, 권2, 年譜, 庚申.

9 『毅堂集』 권1, 書, 答洪思伯在龜, 甲申.

     제3부 유림의 현실 인식과 대응

향음주례를 행했다는 것은 어느 정도 학문적 연대를 구축했다는 것을 의미한다.[10] 특히 그는 향음주례와 사상견례士相見禮는 삼대三代의 고례古禮라고 하면서 선비 된 자가 꼭 알아야 한다고 여겼다.[11] 1888년 그는 관례冠禮, 혼례婚禮, 상례喪禮, 제례祭禮, 향음주례, 사상견례 등 육례六禮를 정리하였다. 그러면서 예서禮書를 취하여 베껴 써서 『육례홀기』六禮笏記를 만들어 학자들에게 주었다.

박세화는 철저한 주자학자朱子學者였다. 따라서 양명학 등은 당연히 비판의 대상이 되었다. 그는 왕수인王守仁의 학설의 주요 개념인 '양지'良知 두 글자가 주희朱熹를 압도하고 한 시대를 기만하여 그 독毒으로 세상을 물들였고, 심지어 중국[明]이 망하게 된 원인도 왕수인의 학설 때문이라고 보았다.[12]

박세화는 이미 49세이던 1882년에 순강旬講의 규정을 정하여, 매달 3순旬에 회강會講하는 자가 항상 백여 명이었다.[13] 그 뒤 1897년 1월 15일에도 대규모 강회講會를 열었고, 이후 봄가을로 강회講會를 열도록 규정을 정하였다.[14] 그는 제자들이 원근 각지에 흩어져 살아 단체로 모이기가 어렵다고 판단하여 3월 15일과 9월 15일에 정기적인 강회를 열기로 하였다.[15]

---

10 박세화는 1891년 58세 때 柳重教를 맞아 鄕飮酒禮를 행하기도 하였다.

11 『毅堂集』附錄, 권2, 年譜, 乙酉·戊子.

12 『晦堂集』권9, 雜著, 毅堂先生語錄.

13 『毅堂集』附錄, 권2, 年譜, 壬午. 박세화는 李恒老의 講笏記에 의거하여 書社의 旬講을 진행하였다.(『毅堂集』권5, 雜著, 講會日書示諸賢) 그런데 장담 강회의 경우 유중교의 '書社旬講儀'에 의해 강회가 이루어진 것으로 보아 박세화도 그 뒤 이러한 旬講에 대한 여러 규정을 참조하여 강회를 열었을 것이다. 유중교의 '서사순강의'에 대해서는 張勝求의 「乙未 義兵抗爭의 思想史的 背景—『長潭講錄』分析을 中心으로」(『堤川義兵과 傳統文化』, 堤川文化院, 1998) 113~118쪽 참조.

14 『直堂集』권6, 附錄, 年譜, 丁酉.

1903년 3월 15일 160여 명이 모인 가운데 열린 강회에서, 박세화는 하루 종일 강좌를 주관하면서 다음과 같이 말하였다.

> 이때가 어느 때인가? 오늘 이 일을 마음과 눈 속에 잘 기억하여 평생 사업을 짓겠는가? 오늘 도道가 쇠함의 극함이 어떠한가? 백 배의 기운을 더하여 도道를 부지扶持하겠는가? 집에 있을 때 강회講會에 참여한 날과 같이 하지 아니한나면 강회 날의 일올 또한 믿을 수 없다. 모름지기 마무리를 잘 힘쓰기를 처음처럼 하여 부지扶持의 힘을 얻는 것이 어떠하며 어떠하겠나? 제군諸君은 노부老夫의 바람을 저버리지 않으려는가, 그러지 않겠는가?[16]

박세화는 1904년 71세에 「계산문대」溪山問對를 지었다. 이 저술은 그가 평생의 정력을 다 들여 지은 것으로 도체道體, 명덕明德, 심성心性, 이기理氣의 설을 논한 것이다. 그는 후세에 자기를 알아줄 자도, 그리고 죄줄 자도 다만 이 「계산문대」에 있다고 하였다.[17]

1910년 7월 일본이 조선을 병탄倂吞하자, 박세화는 단식을 결행하여 8월 28일 77세를 일기로 음성陰城 창동昌洞에서 순국하였다. 그는 단식 중에 제자 윤응선尹膺善에게 칠언절구七言絶句와 오언절구五言絶句 시 한

---

15 『毅堂集』附錄, 권2, 年譜 己亥.

16 『毅堂集』附錄, 권1, 語錄(申鉉國錄). "此時何時耶? 今日此事, 能記在心目作平生事業耶? 今日道衰之極爲如何耶? 其有增百倍之氣以扶持道者耶? 在家不如在講會日, 則講會日事, 又不可恃也. 須是勉終如始, 得扶持之力, 如何如何? 諸君, 其各勿負老夫期望也否?" 박세화는 1904년 9월에 華陽洞에서 講會를 열기도 하였는데, 제자와 벗이 200여 명이 참석하였다.

17 『毅堂集』附錄, 권1, 語錄(柳芝赫錄). "吾平生精力, 只在溪山問對一冊, 後世之知之罪之, 只在此耳."

수씩을 지어 주어 자신의 사상을 표현하였다.

도道가 망하니 내 어쩌겠는가	道亡吾奈何?
하늘을 우러러보고 한바탕 통곡하노라.	仰天一慟哭.
자정自靖하여 성현聖賢께 내 몸을 바치리니	自靖獻聖賢,
아! 그대는 미혹되지 말지어다.[18]	嗚呼君莫惑.
백두산 색깔이 푸른 하늘에 비치니	白頭山色暎蒼空,
중화의 한 구역 기자箕子의 동쪽이구나.	華夏一區箕子東.
밝은 달 빛나는 바람 그 어디에 있는고	霽月光風何處在?
사람을 죽이는 나쁜 기운 너무 심하구나.[19]	沒人氛祲太濛濛.

3. 성리학 사상

박세화는 '학문은 경敬을 주로 하고, 사私를 버리고, 인仁을 구求해야
한다'는 세 가지 큰 틀을 세웠다. 그는 학문은 인仁을 구하는 것을 배우
는 것이고 인仁을 구하는 데 뜻을 두려면 반드시 사私를 버려야 한다고
역설하였다.[20] 그는 제자들에게 늘 이 세 가지에 대해 정신을 차리어 힘
쓸 것을 강조하였다.[21] 그는 이 세 가지는 다만 하나의 인仁으로, 경敬을
주로 하는 것은 인仁의 근원을 살려 내는 일이고 사私를 제거하는 것은

---

18 『毅堂集』 권1, 詩 五言, 自靖時絶筆.
19 『毅堂集』 권1, 詩 七言, 自靖時絶筆.
20 『毅堂集』 권3, 雜著, 自警錄; 附錄, 권1, 語錄(尹膺善).
21 『毅堂集』 권2, 書, 答申仲見龍均.

인仁의 막힌 것을 열어 주는 일인데, 학자가 인仁을 버린다면 어떻게 학
문을 하겠느냐고 반문하였다.[22] 인仁을 생명의 이치로 이해한 그는 인을
구함에는 이치에 마땅한 것으로써 하고 사심私心이 없는 것으로 법을
삼아야 한다고 하였다.[23] 이렇게 그는 인仁과 사私를 엄격하게 분별하여
이해하기를 요구하고 있다.

> 학學은 모름지기 인仁을 구하는 것을 배우고 인仁을 구하는 데 뜻을 두
> 고 반드시 사私를 버려야 하는 것이다. 그러나 지각知覺이 중요한 것이
> 되니 반드시 인仁과 사私를 분별하여 큰 제목을 세워 나가는 것, 이것이
> 이른바 학學이다. 만약 물物에 두루 통하고 들은 것이 많게 되려고 힘쓰
> 거나 화려한 문자文字에 힘쓰는 것으로 학學을 삼는다면, 나는 감히 알
> 지 못하겠다.[24]

박세화의 사상은 철저히 인仁을 추구하여 달성하는 데 있었다. 그는
인仁이라는 것을 추구하는 방법으로서 나라를 위하여 자기 몸을 희생
하는 살신殺身의 길을 택하였다. 그는 인仁이라는 것은 천지天地가 물物
을 생기게 하는 이理라고 생각하였다. 따라서 인仁은 사람에 있어서는
성性이라 하니 심心의 전덕全德이고, 사람이라면 누구든지 이 마음을 가
지고 있는데, 그럼에도 불인不仁한 까닭은 사私가 그것을 해치기 때문이
라고 하였다. 그러므로 성현聖賢의 천 마디 만 마디 말이 다만 인仁을 구
하고 사私를 버리는 데 있는데, 경敬은 방심放心을 구하여 기질氣質을 변

---

22 『毅堂集』 권3, 雜著, 自警錄.

23 『毅堂集』 권3, 書, 答柳敬實.

24 『晦堂集』 권9, 雜著, 毅堂先生語錄. "學須學求仁志求仁, 必要去私, 然知覺爲甚, 必
　　分別仁私, 立大題目做去, 是所謂學也. 若務洽物博聞侈麗文字以爲學, 吾未敢知也."

화하게 하는 것이고 존양存養과 성찰省察은 곧 경敬의 절목節目이라고 하였다.

여기서 방심放心을 구한다는 것은 이 인仁을 구하는 바인 동시에 사私에 빠진 것을 건지는 것이고, 기질氣質을 변화하게 한다는 것은 이 인仁에 돌아가는 바이면서 사私에 말미암는 것을 변혁하는 것이고, 존양存養이란 이 인仁을 두는 바이면서 사私를 막는 것이고, 성찰省察은 이 인仁이 혹 어긋날까 저어하는 바이면서 사私를 살피는 바라고 설명하였다. 또한 이 모든 것은 경敬이 일심一心을 주재하여 일상생활의 사이에 유행流行하는 것이어서, 잠시라도 떠날 수 없는 것이라 하였다.[25]

박세화는 대개 인仁은 생명의 이치이고 의義·예禮·지智는 그 생명의 이치가 모습을 이룬 곳이라고 하였으며,[26] 인仁을 행하는 것은 모름지기 사私를 버리는 것이니 인仁이 발發하는 곳은 사私가 아니고, 사私가 있는 곳 또한 인仁이 아니라고 하였다. 만일 어떤 물物이 꺾어지거나 상한 곳을 보게 되면 문득 마음이 측은하여 쾌활하지 못한 것을 볼 수 있는데 그것이 인仁이라는 것이다. 이 마음은 나를 위하여 발發하는 것이 아니므로 사私가 아닌 것이고, 남을 위하여 발하므로 공公이니 인仁을 몸소 얻는 바라고 하였다.[27]

박세화는 인仁을 배우는 방법에 대하여, 경敬으로써 심心을 두고 온화하고 자애롭고 용서하는 마음이 있으면 사私가 용납되는 바가 없고 안팎이 텅 비어 물物과 나 사이의 경계가 없게 되니, 이렇게 하면 어버이를 섬기는 효孝와 임금을 섬기는 충忠, 그리고 부부, 형제, 붕우의 교제에 생명의 이치에 의한 유행流行이 아닌 것이 없게 된다고 하였다.[28]

---

25 『晦堂集』 권14, 行狀, 毅堂朴先生行狀.
26 『毅堂集』 附錄, 권1, 語錄(申鉉國錄).
27 『毅堂集』 附錄, 권1, 語錄(朴學和錄).

박세화의 가르침은 매우 구체적이었다. 김달용金達容이 사私를 제거하는 방법에 대하여 묻자, 그는 다음과 같이 말하였다.

> 달용이 물었다.
> "어떻게 해야 사私를 제거할 수 있겠습니까?"
> 선생이 말씀하셨다.
> "홀로 있을 때 하는 것이 여러 사람이 앉아 있을 때와 다르고, 안에 들어가는 것이 밖에 거처할 때와 같지 않고, 주는 것이 받을 때와 같지 않은 것은 모두 사私이다."
> 또 말씀하셨다.
> "다른 사람의 불선不善을 보고 안으로 스스로 반성하고, 다른 사람이 선이 있는 것을 보고 자기가 있는 것처럼 한다면 사私를 제거할 수 있다."[29]

박세화는 "인仁은 성性이다. 천하에 어찌 성性이 없는 것이 있겠는가? 인仁이 어려운 것이 아니고 사私가 없는 것이 어렵다"라고 하면서[30] 경敬을 주로 하고 인仁을 구하고 사私를 제거하는 것이 학문에 있어 가장 핵심이라고 주장하였다. 그는 벗들과 모여 시를 지을 때도 이 문제를 거듭 거론하였다.

---

28 『毅堂集』 권5, 雜著, 仁問答.
29 『毅堂集』 附錄, 권1, 語錄(金達容錄). "達容問, 何如可以去私? 先生曰, 獨處所爲異於稠座時, 入內不同於居外時, 與之不如受之時, 皆私也. 又曰, 見人不善而內自省, 見人有善而若己有之, 則私可以去矣." 私를 제거하는 것에 대해서 박세화는 거듭거듭 주장하고 있다. 대표적인 몇 군데를 제시하면, 『毅堂集』 권1, 詩 五言, 敬次尤翁次後雲煥章菴七十一韻; 『毅堂集』 권5, 贊, 書畫像自警; 『毅堂集』 권5, 辭, 金聲道字辭; 『毅堂集』 권5, 辭, 朴學和字說·克己復禮爲仁說 등이 있다.
30 『毅堂集』 권2, 書, 答郭敬穆.

영대靈臺의 대臺 위에다 무엇을 주로 할 것인가 　　　　　靈臺臺上誰是主?

오묘한 경敬의 한 지결旨訣이 나의 스승이라네. 　　　　　妙敬一訣是吾師.

대개 하고 싶은 바는 인仁을 구求하는 데 있으니 　　　　大抵所欲在求仁,

필경 우려하는 바는 사私를 제거하는 데 있다네. 　　　　畢竟所憂在去私.

문하의 여러 군자君子에게 부쳐 말하노니 　　　　　　寄語及門諸君子,

노부老夫의 생각이 여기에 있음을 알게나.[31] 　　　　　須識老夫念在玆.

박세화는 「파초」芭蕉 시詩에서도 잎과 가지가 새로 돋아나고 날로 새로워 자연히 봄이라고 하며, 기氣의 작용이 쉬지 않고 생생生生한 곳에서의 공부가 다만 인仁이라는 것을 볼 수 있다고 하였다.[32] 이러한 그의 견해는 일찍이 북송北宋의 장재張載(1020~1077)가 「파초」 시에서 '도문학'道問學과 '존덕성'尊德性의 공부를 언급했던 것을, 인仁이라는 핵심적인 개념으로 좁혀 표현한 것이다.[33] 인仁이 생명의 이치인 것은 천지天地가 물物을 낳는 이치이기 때문이며, 인仁이 아니면 물物이 생겨날 수 없기 때문이라고 그는 설명하였다.[34]

---

31 『毅堂集』 권1, 詩 七言, 新秋旣望士友盛會賦詩以有朋自遠方來止不亦君子乎分韻得知字.

32 『毅堂集』 권1, 詩 七言, 芭蕉.

33 張載의 「芭蕉」 詩는 "芭蕉心盡展新枝, 新卷新心暗已隨. 願學新心養新德, 旋隨新葉起新知"이다.(『性理大全』 권70, 詩, 絶句) 張載는 物性이 生生하여 다하지 않은 것을 관찰함으로써 義理가 계속되어 다하지 않는다는 것을 밝혔다. 여기서 첫째 구는 학문을 함에 새로운 도움이 있다는 것을 나타냈고, 두 번째 구는 마음의 義理는 무궁하여 바야흐로 새로운 도움을 얻을 때 또한 새로운 도움이 그 사이에 존재함을 말했다. 이 두 구절은 物을 형상한 것이고 아래 구절은 物을 體得한 것을 읊은 것이다. 세 번째 구절에서 새로운 마음으로 새로운 덕을 기른다고 한 것은 尊德性의 공부를 말하며, 새로운 잎에서 새로운 지식이 일어난다는 것은 道問學의 공부를 가리킨다.(『性理大全』 권70, 詩, 絶句, 芭蕉, 注) 박세화가 여기서 仁을 제기하고 있는 것은 仁이 곧 生命의 이치이기 때문이다.

박세화는 학문을 함에 있어 명백하고 평실平實하고 일용日用에 맞는 실사實事를 구하고자 하여, 그 궁극적인 목표를 인仁을 구하고 사私를 제거하는 데 두었던 것이다.[35]

대개 인仁은 천天이 사람에 있어 유행하는 것이다. 사람이 본디 가지고 있는데 인仁을 행하지 않고 스스로 하늘로부터 끊어 그 사람이 되는 바를 잃게 된다. 사람으로서 인仁을 행하지 않는 것은 무엇 때문인가? 사私가 끼었기 때문이다. 사람이 사람에 의해 막히는 것은 사私이고 사람이 천天의 이치를 행하는 것은 인仁이다. 천인天人의 즈음에 도道가 이곳에 있다. 인仁을 구하는 것이 어려운 것이 아니라 사私를 아는 것이 어렵고 사私를 제거하는 것이 더욱 어렵다. 이미 알고 능히 제거할 수 있다면 인仁이 이에 이른다. (중략) 구구하게 평생에 힘을 쓴 것이 다만 인仁과 사私의 사이이다.[36]

박세화는 여기서 사私를 제거하면 자연히 공公을 획득할 수 있다고 말했다. 그 공公은 바로 인仁에 가까운 것인데 사私가 없기 때문이다. 사私가 없으면 공公이고, 공公이면 이에 인도仁道가 행해진다는 것이다. 인仁은 생명의 이치에 근본을 두니 곧 물物을 생기게 하는 마음이다.[37]

---

34 『毅堂集』 권5, 雜著, 仁問答.

35 『毅堂集』 권2, 書, 答尹君瑞. "區區孤衷, 只於聖賢言, 就求其明白平實日用實事, 以與人相勉而用力喫緊, 在求仁去私."

36 『毅堂集』 권2, 書, 答尹君瑞. "蓋仁是天之在人而流行者也. 人固有之而不之仁, 自絶于天, 而失其所以爲人也. 人而不之者, 何哉? 私間之也. 人之囿於人, 私也, 人而行乎天, 仁也. 天人之際而道在是矣. 求仁非難, 知私難, 去私尤難, 旣知矣而能去矣, 則仁斯至矣. (중략) 區區平生用力, 只是仁與私之間."

37 『毅堂集』 권2, 書, 答李忠一. "公之所以近仁者, 無私故也. 無私則公, 公則仁道乃行. (중략) 公者所以體仁而公非仁也. 仁本生理, 卽生物之心也."

  제3부 유림의 현실 인식과 대응

그런데 공公을 하기 위하여 계교計較의 뜻意을 둔다면 공이 아니게 된다. 왜냐하면 계산하고 비교하는 마음이 있다면 이미 사私가 낀 것이기 때문이다.[38]

박세화는 당시까지도 학자들이 이기理氣에 대한 논쟁으로 한바탕 시비是非가 일어나고 있는 것을 보면서 제자들에게 이기론理氣論에 대하여 이야기하는 것을 일절 금하였다.[39]

> 규선圭璿이 이기理氣의 설에 대하여 질문하였다. 선생이 말씀하셨다. "하지 말라. 나이가 들면서 구하여 심心의 미발未發과 이발已發, 일념一念과 일사一事를 체인體認하여 오래되면 스스로 실제 파악함이 있을 터라, 이理와 기氣의 본분本分과 실직實職을 터득한 후에 말해도 되고 말하지 않아도 되니, 오늘날 어진 여러분들의 급무急務가 아니다."[40]

이기理氣는 말하지 않으면 그만이지만 만약 입을 연다면 다만 마땅히 이理와 기氣의 본분本分과 실직처實職處에 나아가 그 진짜의 체단體段을 구하여 보아야 한다. 이른바 본분本分과 실직實職이라는 것을 보면, 이理는 형形이 없고 함이 없는데, 기氣는 형形이 있고 함이 있다. 무릇 형形이 없고 함이 없는 것은 형이상形而上이니 형形이 있고 함이 있는 것의 주主가 되고, 형形이 있고 함이 있는 것은 형이하形而下로서 형形이 없고 함이 없는 것의 기器가 된다. 그러나 보는 것이 극히 분명하지 않고 말하

---

38 『毅堂集』 권2, 書, 答朴文五. 성리학에서 일반적으로 '意'는 計較의 뜻이 강하기 때문에 私가 있다 보고, '志'는 마음이 發한 것이기에 公으로 본다.

39 『晦堂集』 권9, 雜著, 毅堂先生語錄.

40 『毅堂集』 附錄, 권1, 語錄(李圭璿錄). "圭璿問理氣之說, 先生曰毋以爲也, 年歲以求之, 心之未發已發, 一念一事, 體認久之, 自有實見, 見得其理與氣之本分實職, 然後言之亦可, 不言亦可, 非今日賢輩急務也."

는 것이 극히 통달하지 못하여 저토록 도도滔滔하게 으레 선악善惡으로
나누고 귀속시켜 이理라고 말하고 기氣라고 말하는 것은 본분本分과 실
직實職을 보지 못했기 때문이다.[41]

박세화는 이理는 형체나 작용이 없는 것이요, 기氣는 형체나 작용이
있는 것이라는 이기理氣에 대한 기본적인 인식을 받아들이면서, 이는 기
의 주재主宰가 되고 기는 이의 도구가 되는 것이 이와 기 가각의 본분本
分과 실직實職이라 말한다. 따라서 이와 기는 실제에 있어서 분리될 수
없는 한 몸이지만, 본분本分과 실직實職이라는 지위와 역할에서 구분된
다고 해명하여 이·기의 서로 떠날 수 없는 실재적 성격과 서로 분별되
는 기능적 측면을 명료하게 설명하고 있다.[42]

박세화는 물物을 잘 관찰하려는 자는 반드시 먼저 물物의 본분과 실
직을 알아야 한다고 하였다. 명령을 내리어 인仁에 그치는 것은 임금의
본분과 실직이고, 낳고 길러 자애로움에 그치는 것은 아버지의 본분과
실직이고, 경敬에 그치고 효孝에 그치는 것은 신하와 자식의 본분과 실
직이고, 밭 갈고 달리고 날고 뛰는 것은 소, 말, 솔개, 물고기의 본분과
실직이고, 모양도 없고 함도 없으면서 모습도 있고 함도 있는 것의 주主
가 되는 것은 이理의 본분과 실직이고, 모습도 있고 함도 있으면서 모습
도 없고 함도 없는 것의 기器가 되는 것은 기氣의 본분과 실직이라고 하
였다.[43] 그는 제자들에게 이理와 기氣의 본분과 실직에 대하여 깊이 구

---

41 『毅堂集』附錄, 권1, 語錄(申鉉國錄). "理氣不說則已, 若開口則但當就理與氣之本分
實職處, 求見其眞體段, 所謂本分實職者, 理無形無爲, 氣有形有爲, 夫無形無爲者,
形而上而爲有形有爲之主, 有形有爲者, 形而下而爲無形無爲之器. 然見之極未瑩, 言
之極未達, 彼滔滔例以善惡分上歸屬者, 而曰理曰氣者, 以不見夫本分實職故也."

42 琴章泰, 『韓國儒學近百年』(博英社, 1999); 『毅堂集』 권5, 雜著, 讀猥筆辨.

43 『毅堂集』 권4, 雜著, 溪山問對 上.

　　　　제3부　유림의 현실 인식과 대응

해 보라고 하였다.[44]

박세화는 본분本分과 실직實職을 망각하고 한갓 이기理氣를 논하는 인물에 대해서는 비판적이었다. 이처럼 그는 임금, 아버지, 신하, 자식 그리고 심지어 소, 말, 솔개, 물고기 등 모든 것에 본분과 실직이 있다고 하였다. 그리고 이와 기의 본분과 실직을 거론하여 인간과 만물 각각의 직분을 중시하였다.

4. 현실 인식

박세화는 자기가 살고 있는 시대 현실을 참담한 것으로 파악하면서, 인간의 도덕성이 땅에 떨어지고 겉모습조차 허물어져 버렸다고 깊이 우려하였다.

> 금일의 하는 짓들은 참담하다고 이를 수 있다. 정성情性이 변하였고 심술心術이 무너졌고 전형典型이 따라서 없어졌고 형용形容이 따라서 헐어져 버렸다. 성인聖人을 말하면 몽귀夢鬼라고 하고 고도古道를 법받으면 야만野蠻이라고 하니 통탄스러운 일이다. 천지가 생긴 이후에 이러한 이단異端은 아직까지 없었다.[45]

박세화는 시사時事에 대하여 크게 탄식하면서 아래와 같이 자신의

---

44 『毅堂集』 권2, 書, 答金稺直.

45 『毅堂集』 권3, 雜著, 自警錄. "今日之爲, 可謂慘矣. 情性移矣, 心術壞矣, 典型從而滅矣, 形容又忍從而毁矣. 道聖人則曰夢鬼, 法古道則曰野蠻, 痛矣! 自有天地以來未有恁麼異端也."

심경을 토로하였다.

세계가 순음純陰으로 변하였으니

아득하매 어느 곳으로 가야 하나.

경전을 안고 한번 통곡을 하니

하늘아! 돌아올 날이 그 언제인가.[46]

世界成純坤,

茫茫何所之?

抱經一慟哭,

天乎復生時.

박세화는 강상綱常은 우리 도道의 명맥命脈이고 중화中華는 우리 도道의 본뜻이며, 사람으로 태어나 도道를 떠나서 사는 것은 삶이 없는 것보다 못하다고 생각하였다.[47] 그럼에도 자기가 살고 있는 시대는 '사설'邪說이 더욱 심해져서 처음부터 인의仁義가 어떤 것인지 모르고, 다만 이利로 꾀어 성정性情을 바꾸고 기교技巧로써 눈과 귀를 어지럽히고 있는 세상인 것을 한탄하였다. 그는 중화를 높이는 의식에 철저하여 망한 명明나라의 버려진 백성이라는 의미의 '유민'遺民 또는 '황명유민'皇明遺民으로 자신을 지칭하기도 하였다.

한편 박세화는 학문을 함에 있어 오로지 성실誠實에 힘쓸 것을 강조하였다. 그의 명성을 듣고 폐백을 가지고 찾아오는 이가 있으면 "이 예禮는 명名이요 실實이 아니다. 학문은 실實을 필요로 할 따름이니 어찌 명名을 일삼겠는가?"라고 했다.[48] 또한 실實이 없으면 이理가 없고 심心이 없는 것이라고 말해도 된다고 하였다.[49] 이처럼 실實에 힘쓸 것을 강조한 그는 이 실實에 대하여 다음과 같이 말하였다.

---

46 『毅堂集』 권1, 詩 五言, 時事歎.
47 『晦堂集』 권14, 行狀, 毅堂朴先生行狀.
48 『晦堂集』 권14, 行狀, 毅堂朴先生行狀.
49 『毅堂集』 권3, 雜著, 自警錄.

학문의 도는 실實에 힘쓸 따름이지 문사文辭는 비루한 것이다. 명名을 위하면 허虛하다. 실實에 힘써서 실實이 존재하면 명名은 저절로 일컬어지고 문文은 저절로 진보된다.[50]

실實의 뜻이 크도다. 곡식의 씨가 땅에 떨어져 문득 살아나니 이것은 실實이기 때문이다. 봄에는 태어나고 여름에는 자라고 가을에는 여무는 것은 다만 실實하는 공功이고, 실實이 아니면 허虛이니 키로 까불려지고 바람에 날리는 것은 허虛이다. 무릇 도道는 실實일 따름이다. 한 생각이 움직이고 한마디 말이 발發하고 한 가지 일을 지음에 모두 실實에 힘써야 한다. 조금이라도 허虛하면 말에 피사詖辭, 음사淫辭, 사사邪辭, 둔사遁辭의 병통이 있고 행行함에 창광猖狂하고 괴패怪悖한 근심이 있으니 모두 허虛이기 때문이다. 이른바 이단異端과 소인小人은 비록 지극히 장황하고 치밀하나 다만 허虛일 뿐이다.[51]

1) 시국에 대한 인식

19세기 당시 재야 유학자의 일반적인 성향이 그렇듯이 박세화 역시 이분법적인 사고를 지니고 있었다. 즉 '형기'形氣와 '성명'性命은 마음의 큰 계분界分으로, '천리'天理와 '인욕'人欲은 정情의 큰 계분으로, '위기'爲己와 '위인'爲人은 학문을 하는 큰 계분으로, '도의'道義와 '공리'功利는 일에 처신하는 큰 계분으로, '중화中華를 높이는 것'과 '이적夷狄을 물리치는

---

50 『毅堂集』附錄, 권1, 語錄(申泰學錄). "學問之道務實而已, 文辭則陋矣, 爲名則虛矣. 務實而實存, 則名自稱文自進."

51 『晦堂集』 권9, 雜著, 毅堂先生語錄. "實之義, 大矣哉! 如子穀着土, 便生出此實故也. 春生夏長秋稔, 只是實之之功也. 非實則虛, 及簸而飄散者虛也. 夫道實而已. 一念之動, 一言之發, 一事之作, 務要實. 纔虛矣, 則言有詖淫邪遁之病, 行有猖狂怪悖之患, 皆虛故也. 所謂異端所謂小人, 雖極其張皇緻密, 然只是虛而已."

것'은 세도世道의 큰 계분으로 설명하였다.[52] 여기서 그는 '성명'과 '형기'의 구분을 더 구체적으로 설명해 나갔다. 천하의 길은 둘뿐인데 성인聖人의 길이 있고 금수禽獸의 길이 있으며, 사람이 조금이라도 성인의 길에서 떨어지면 바로 금수의 길로 떨어지고, 겨우 금수의 길에서 벗어나면 바로 성인의 길에 붙을 수 있다는 것이었다. 성인의 길은 '경'敬을 통해 나아가고 금수의 길은 '태'怠로써 들어간다고 하였다.[53]

박세화는 이항로李恒老가 중화中華를 높이고 서양西洋을 물리친 대의大義에 대해서 매우 높이 평가하였다.

> 이화서李華西(李恒老)가 중화中華를 높이고 서양西洋을 물리친 대의大義는 바로 우옹尤翁(宋時烈) 이후 불세출不世出의 대공大功이다. 어찌 금일의 화禍를 미리 보고 이러한 핵심을 세웠는가? 하늘이 이 옹翁을 내어 이 시대에 논의를 하게 하고자 했던 것인가?[54]

아울러 이단異端에 대해서는 다음과 같이 말하였다.

> 이단異端의 해害가 오래 되었다. 이른바 이단이라는 것은 도道를 하다가 어긋난 것이다. 그러므로 간혹 인의仁義로써 인의를 해치거나 도덕으로써 도덕을 해치기도 한다. 지금의 이단은 다만 이유利誘일 따름이고 기교技巧일 따름이다.[55]

---

52 『毅堂集』권3, 雜著, 自警錄.
53 『毅堂集』권3, 雜著, 自警錄.
54 『晦堂集』권9, 雜著, 毅堂先生語錄. "李華西尊攘大義, 直是尤翁後不世之大功也, 豈其逆睹今日之禍而立此義諦也耶? 天之生此翁, 以擬議於斯時也耶?"
55 『毅堂集』권3, 雜著, 自警錄. "異端之害, 久矣. 所謂異端, 亦爲道而差者也. 故或以仁義而害乎仁義, 或以道德而賊乎道德, 今之異端, 直利誘耳技巧耳."

인의仁義를 알지 못하고 도덕道德을 듣지 못하고 인의와 도덕에 화禍를 입히는 것이 지금의 이단異端이다.[56]

이유利誘와 기교技巧에 어찌 이단異端이라는 이름조차 붙일 수 있겠는가? 성인의 도道를 쓸어버리듯 하고 중화中華의 맥脈을 없애 버리듯 하여 이단의 독毒에 걸렸으니 무엇이 오늘보다 심한 것이 있겠는가?[57]

박세화는 당대를 이욕利慾과 기교技巧가 지배하는 시대라고 진단하고, 성리학을 강론講論하고 그 성리학의 핵심 개념을 깊이 궁구하여 몸소 터득해 실천에 옮기는 일이 이단을 물리치는 길이라고 생각하였다. 그리하여 그는 1895년 윤5월에 제천堤川의 장담長潭에 가서 강회講會에 참석하였다. 장담 강회長潭講會는 1889년 11월부터 1905년에 이르기까지 유중교柳重敎·서상렬徐相烈·이소응李昭應·유의석柳毅錫·이정규李正奎 등이 주도하여 이루어졌다. 특히 1895년 윤5월 2일에 개최된 장담 강회는 유인석柳麟錫이 강장講長으로서 주도하였는데, 을미의병의 사상적 배경이 된 매우 중요한 학술 모임이었다.[58] 이 모임에 박세화는 빈장賓長으로 참석하여 『근사록』近思錄의 '박복'剝復 절節을 강하였다.[59]

---

56 『毅堂集』 권3, 雜著, 自警錄. "不識仁義, 不聞道德, 而禍仁義道德者, 今之異端也."
57 『毅堂集』 권3, 雜著, 自警錄. "利誘技巧, 奚足名異端? 聖人之道掃如, 華夏之脈蔑如, 中異端毒, 孰有甚於今日?"
58 張勝求, 「乙未 義兵抗爭의 思想史的 背景—『長潭講錄』分析을 中心으로」(『堤川義兵과 傳統文化』, 堤川文化院, 1998).
59 『毅堂集』 권2, 年譜 乙未. 『近思錄』의 剝復節은 권1 道體의 "剝之爲卦, 諸陽消剝已盡, 獨有上九一爻尙存, 如碩大之果不見食, 將有復生之理, 上九亦變, 則純陰矣. 然陽無可盡之理, 變於上, 則生於下, 無間可容息也. 聖人發明此理, 以見陽與君子之道不可亡也. 或曰, 剝盡則爲純坤, 豈復有陽乎? 曰以卦配月, 則坤當十月, 以氣消息言, 則陽剝爲坤, 陽來爲復, 陽未嘗盡也. 剝盡於上, 則復生於下矣. 故十月謂之陽月, 恐疑

유인석이 『대학』大學의 경일장經一章을 강론하여 명명덕明明德, 신민新民, 지어지선止於至善의 삼강령三綱領과 격물格物, 치지致知, 성의誠意, 정심正心, 수신修身, 제가齊家, 치국治國, 평천하平天下의 팔조목八條目을 종합적으로 설명한 뒤, 박세화가 『주역』周易에 나오는 박괘剝卦와 복괘復卦에 대해 강론을 했다는 것은 이들의 시국에 대한 인식을 잘 보여 준다. 어쨌든 박세화가 유인석이 주도하는 장담 강회에 참여했다는 사실은 그의 학문적 위상이 당시 학세에서 매우 높았다는 것을 의미한다. 이러한 대규모의 학술 모임에 참석하여 이항로 학맥과 학문적 교유를 한 일은 박세화의 사상과 현실 인식에 큰 영향을 미쳤다고 할 수 있다.

사실 당시 유학자들은 대부분 시국時局을 오직 한 가닥 양陽만이 존재하는 음陰의 세계로 파악하였다. 박괘剝卦 상구上九 효사爻辭의 '큰 과실을 다 먹지 않고 남긴다'(碩果不食)라는 말을 빌려, 당시 세계에 아직 한 가닥 양陽이 존재하고 있다는 생각이었다. 그런데 그 '큰 과일'은 소중화小中華인 조선朝鮮일 수도 있고 또 유학자 자신들일 수도 있었다. 그러나 동시에 일본이나 서양의 침략으로 점차 조선이 곤괘坤卦의 순음純陰의 세계로 빠져 들어가고 있다고 생각되는 현실이기도 했다. 성리학자들은 그럼에도 희망을 버리지 않고 복괘復卦에서 일양一陽이 다시 살아난다고 생각하였다. 박세화가 유인석이 주도하는 장담 강회에 빈장으로 참여하여 박괘剝卦와 복괘復卦를 강론했다는 것은 절망 속에서도 가까운 장래에 희망이 있다는 사실을 제시한 것으로 그 후 의병운동에 사상적 기반을 제시하기에 충분하였다.

박세화는 1895년 단발령斷髮令의 소식을 듣고 다음과 같이 말하였다.

其無陽也. 陰亦然, 聖人不言耳. 一陽復於下, 乃天地生物之心也. 先儒皆以靜爲見天地之心, 蓋皆不知動之端乃天地之心也, 非知道者, 孰能識之?" 부분을 말한다.

차마 말하지 못하겠네. 차마 말하지 못하겠도다! 우리 도의 한 가닥 선線이 오늘에 와서 끊어질 것인가? 중화中華 일맥一脈이 여기에 이르러 다 없어져 버릴 것인가? 차마 말하지 못하겠네. 차마 말하지 못하겠도다! 한 번 죽는 것은 아깝지 않지만 우리 도道에 어찌리오? 중화中華에 어찌리오? 뒤에 죽는 자가 우리 도道에 참여하지 못할 것인가? 하늘의 뜻이 어찌 중화中華를 잊을 것인가? 혹 양陽이 다할 이치가 있는가?[60]

박세화는 선비들이 결코 단발斷髮을 할 수 없다고 여기는 것으로써 양陽이 회복되는 조짐을 바랄 수 있다고 하였다.[61] 그는 인류人類가 짐승과 도깨비로 변하지 않고 소중화小中華 세계를 보존하여 오늘이 있는 것은 유인석의 공이라고 하면서, 마땅히 하늘의 도움이 있을 것이라고 믿었다. 또한 『주역』周易의 복괘復卦에서 이르는 초구初九의 일양一陽이 머지않아 회복되어 새로운 세계가 도래할 것을 자나깨나 기다리며 결코 미래에 대한 희망을 버리지 않았다.[62]

유인석은 1895년 12월 을미의병을 일으켜 명성황후明成皇后를 시해한 일본의 만행을 규탄하고 단발령에 반대하는 의병운동을 강하게 전개하

---

60 『毅堂集』권2, 書, 答李忠一. "不忍言, 不忍言! 吾道一線, 而今焉見絶乎? 華夏一脈, 於是乎掃如其盡乎? 不忍言, 不忍言! 一死不足惜, 奈吾道何, 奈華夏何? 後死者, 不得與於吾道耶? 天意豈有忘華夏耶? 陽或有可盡之理耶?"

61 『毅堂集』권2, 書, 答李忠一.

62 『毅堂集』권1, 書, 與柳汝聖 麟錫. "人類不盡淪於獸魅, 華夏賴有以不墜, 得有今日, 伊誰之功? (중략) 陽復不遠, 寤寐跂佇, 將必有萬戶千門次第而開者矣." 1900년 박세화는 崇禎皇帝의 御筆 '非禮不動'을 模寫하였다. 제자 尹膺善이 華陽洞에 들어가 刻字를 본떠 온 것을 큰 두루마리로 만들어 보관하고 跋을 붙였다. 또한 1903년 10월 상순에는 윤응선이 조종암에서 얻어 온 『朝宗巖誌』의 발문을 쓰기도 했다. 조종암은 경기도 가평군 조종천 위에 있는 바위로, 그 위에 단을 쌓아 明나라 太祖 高皇帝를 제사하고 명나라 九義士를 從享하며 大統壇이라 이름 했다.(『毅堂集』권5, 雜著, 題朝宗巖誌後)

였다.[63] 그는 충청도 제천의 장담長潭에서 유중교의 사상적 기반을 계승하여 활동하였다. 의병운동이 약화되자 그는 재기를 도모하기 위해 황해도·평안도로 의병의 근거지를 옮겨 운동을 전개하였다. 그러나 그 지역에서의 재기가 어려워지자 그는 청淸의 군사적 원조를 기대하며 압록강을 건너 서간도西間島로 갔고, 1897년 3월에 일시 귀국하였다가 재차 망명하였다. 그러다가 1900년 청淸에서 '부청멸양'扶淸滅洋의 기치를 내건 의화단운동義和團運動이 일어나자 귀국하였는데, 그 길에 경기도 파주坡州에 머물며 그간의 자신의 소회所懷를 담은 「환도기전정사」還到畿甸情辭를 썼다.[64]

박세화는 유인석이 지은 이 「환도기전정사」를 읽고 「독유여성정사」讀柳汝聖情辭를 지었다.

고충대의孤忠大義가 스스로 책임이 중한데
한 편의 정사情辭에 천신天神이 슬퍼하네.
눈 내리는 밤 궁산窮山에서 읽고 또 읽으니
잠 오지 않을 때 생기生氣가 늠름하구나.[65]

孤忠大義自任重,
一篇情辭天神悲.
窮山雪夜讀復讀,
生氣凜凜不寐時.

이러한 일들이 있던 뒤인 1904년 10월에 유인석은 박세화에게 의병운동의 책임을 맡아 주기를 청하였다.

---

63 박세화는 의병운동이 일어나자 제자 柳遠必, 郭命根, 尹膺善 등을 忠州義陣에 보내어 의병을 위로하였고, 1896년 3월에는 직접 堤川義陣에 가서 柳麟錫을 방문하기도 하였다. 이때 柳遠必, 金文濟가 수행하였다.(『毅堂集』附錄, 권2, 年譜 丙申)

64 『毅菴集』권4, 情辭, 還到畿甸情辭; 情辭附告.

65 『毅堂集』권1, 詩 七言, 讀柳汝聖情辭.

아! 원통합니다. 예의의 나라가 오랑캐가 되어 망했고 예의의 사람이 짐
승으로 변하여 죽게 되매 화禍가 이미 핍박해 오니 피할 곳이 없습니다.
그러나 우리들이 생각하건대 그저 피할 곳이 없고 할 바가 없다고 할 뿐
이겠습니까? 제가 옛날에 들으니 집사執事(박세화)께서 '도道와 더불어
함께 망亡한 사람'이라는 말을 했다고 하던데 지금 또한 그 말이 무엇을
의미하는지 알겠습니다. 오직 인석은 의거義擧에 힘이 없고 도가 망하는
것이 매우 통절痛切하여 스스로 의義를 지키고 도를 보존하는 데 뜻을
두었습니다. 처음에는 의를 지키고 도를 보존하기 위해 나라를 떠나서
일국一國의 사우士友와 함께하는 것이 옳다고 생각했지만, 다시 생각해
보니 국내에 있으면서도 가능하겠다고 판단하였습니다. 대개 한 나라의
사류士類가 한곳에 모여서 일제히 한마음으로 지키면 저 오랑캐와 짐승
이 비록 흉포하고 모질더라도 우리의 대의大義와 정기正氣에 어쩌겠습니
까? 이로써 하나의 화맥華脈이 거의 보존되고, 사람은 예의의 사람으로
돌아오고, 나라는 예의의 나라로 돌아오는 것입니다. 만분의 하나 여의
치 못할 때 나라를 떠나서 지키는 것도 가능할 것이고 목숨을 바치는 것
도 늦지 않을 것입니다. 이 때문에 해서海西를 모임의 장소로 삼고자 하
니 이곳은 대개 석담石潭(李珥가 거주했던 곳)의 물이 내려오는 근원이고
수양首陽(伯夷가 숨어 살았던 중국의 수양과 해주의 옛 이름인 수양을 동시에 가리
키는 명칭)의 청풍淸風으로 우러러 존모할 바가 있으며 만세萬世 부자夫子
의 원기元氣와 진상眞像이 근엄하게 이곳에 임하여 있기 때문입니다. 이
곳은 불억산茀億山(박세화의 거주지)에서 길이 멀다 하겠으나 진실로 뜻도
있어야 할 바에 있어야 하고 몸에는 삼가야 할 바가 있기에, 의義를 지키
고 화華를 보존함보다 더 큰 것이 없고 더 다행스러운 것이 없으니, 우리
의당대형毅堂大兄(毅堂은 박세화의 호)께서는 마음을 고쳐 도모하시고 병
든 몸을 힘껏 일으키셔서 가까운 장래에 먼 길을 행차하시어 대사大事

를 주도하시고 대도大道를 보존시키는 것이 가능하실는지요? 무릇 몸과 도道가 함께 망해 버리면 누가 몸을 더불어 하며 도道를 더불어 하여 함께 보존시키겠습니까?[66]

박세화는 비록 이항로의 학맥은 아니었지만 유인석과 의병운동에 있어 같은 이념을 가지고 있었으므로 유인석으로부터 깊은 지지와 기대를 받고 있었다. 1905년 일본이 조선을 병탄할 의도를 구체적으로 드러내자 박세화는 의거義擧를 도모하려고 하였다. 일제가 1894년부터 지속적으로 국권을 침탈하고 1905년에 이르러 조선을 병탄할 계획을 세우자, 그는 크게 통곡하면서 "병탄合倂하여 성묘聖廟를 헐면 나라와 도道가 모두 망하니 우리 유자儒者가 어찌 차마 앉아서 보고만 있겠는가?"라고 하고 문경聞慶의 산속에 들어가 의거義擧를 도모하였다. 이러한 사실이 발각되어 그는 문경에서 체포되었고, 서울 남대문 안에 있는 일본 사령부에 연행되었다가 이듬해 4월에 석방되었다.[67]

유인석은 1905년 6월 "나라로는 지금 우리 나라가 없고, 사람으로는 지금 우리 사람이 없다"라고 하면서, '사람 인人'이라는 글자를 지킬 때

---

66 『毅菴集』권6, 書, 與朴毅堂 甲辰 十月. "嗚呼冤矣! 禮義之邦而夷而亡, 禮義之人而獸而死, 禍已迫而無所逃矣. 然吾輩以爲無所逃而無所爲而已耶? 吾昔聞執事有言與道俱亡人, 今亦知其言矣. 惟麟錫無力於義擧, 絶痛於道亡, 自有意於守義保華, 初謂守義保華, 去國乃可, 而欲與共一邦士友矣. 更思之, 在國亦可, 蓋一邦士類, 會一處而齊一心守之, 彼夷也獸也, 雖凶獰也, 如吾大義正氣何? 此一華脈, 庶幾得保, 而人還他禮義之人, 國還他禮義之國矣. 萬分不如意時, 去守無不可, 致命亦未晩也. 欲以此海西爲會所, 蓋以石潭活源首陽淸風, 溯嚮有所, 而萬世夫子元氣眞像, 儼臨在玆也. 此去苒億, 道之云遠, 固又知志有所在, 體有所愼, 而守義保華, 莫大莫幸, 我毅堂大兄, 改圖力疾, 不遠遠道, 以主大事而存大道, 可乎? 夫身與道俱亡, 孰與身與道俱存?"

67 『毅堂集』권2, 年譜 丙午年 四月. 이때 박세화의 아들 朴衡敎, 손자 朴晃基와 門人 尹膺善, 李鍾夏, 金迫成이 모두 연행되었다.

나라를 살릴 도道가 따라서 생기게 될 것이라고 하였다. 여기서 '사람'이란 바로 예의를 갖춘 소중화小中華의 사람인 것이다.[68]

1905년 11월 26일 박세화에게 보낸 편지에서 유인석은 박세화의 거의擧義에 대하여 높이 평가하였다. 그는 박세화가 칠십노인으로 거의한 것은 다만 나라를 부지하고 백성을 살려야 하며 화華를 보존하고 도道를 보존시켜야 함을 위해 의義를 실천한 행동으로 보았다.[69]

또한 유인석은 당시에 적신賊臣이 나라를 팔아먹어 나라는 형체가 없어지고 윤리를 지닌 사람은 없게 되어 도道도 없고 화華도 없어졌다고 보았다. 나라를 보존하고 백성을 보존하려고 하나 자기들의 힘이 미치지 못하는 것이 통탄스럽고, 천하를 위해 윤리를 지닌 사람의 얼굴을 보존하고 화맥華脈을 보존하여 자신들이 일을 할 수 있기를 기대한다면서, 그 일을 하기 위해서는 박세화 같은 의기義氣가 있고 중망重望을 받는 사람이 반드시 필요하다고 역설하였다.[70]

2) 국망도망에 대한 인식

박세화는 당시 현실을 세도世道의 대변大變으로 규정하고, 도道를 위해 순사殉死하고 자정自靖하는 것으로 의義를 삼았다.[71] 1895년 말에 단발령이 내려지고 그 화禍가 임박해 오자 그는 1895년 11월 28일 아침에 편지로 서사書社의 동지同志에게 "도를 위해 순사하는 것은 오늘날의 의이고, 경전經典을 안고 산에 들어가 의관衣冠을 지키어 하루라도 우리 도를 지키고 하루라도 소중화小中華 세계를 유지하다가 선묘先墓의 아래

---

68 『毅菴集』 권6, 書, 答朴毅堂 乙巳六月三日.
69 『毅菴集』 권6, 書, 與朴毅堂 乙巳十一月二十六日.
70 『毅菴集』 권6, 書, 與朴毅堂 乙巳十一月二十六日.
71 『毅堂集』 권6, 行狀, 處士朱遯圃行狀.

에서 목숨을 마치는 것이면 족하다"라고 말했다.[72] 또한 "천도天道가 밝게 돌아오는 것을 어찌 속일 수 있겠는가? 양陽이 회복된다는 소식에 자주 귀를 기울이네"라고 하였다.[73]

1904년 9월 화양동華陽洞에서 강회講會를 하던 날, 박세화는 도道가 망亡한다고 이를 수 없다는 말을 했다. 그러면 그에게 있어 도道는 무엇을 의미하는 것이었을까? 바로 윤리강상倫理綱常이었다. 그는 강상綱常이 도道의 명맥命脈이고 화양동은 도道의 본거지라고 생각했다. 화양동은 곧 명나라 신종神宗과 의종毅宗 두 황제의 혼백이 오르내리던 지역이고 송시열이 학문을 닦던 곳이기 때문이었다. 그는 화華는 이夷가 될 수 없고 인人은 수獸가 될 수 없다고 하면서, 도는 망하지 않을 것이며 회복될 것이라 보았다.[74]

그러나 1910년 7월 30일 일본이 조선을 강점했다는 소식을 듣고 박세화는 하루종일 통곡하였다. 그는 8월 1일 가묘家廟에 들어가 참배하고 나와서 "지금 도道가 끊어지고 나라가 망했으니 장차 무엇으로써 의義를 삼겠는가?"라고 하면서 통곡하여 마지않았다. 마침내 그는 8월 2일 자결自決의 의지를 굳혔다. 당시 문인門人인 박해준朴海俊이 찾아오자 나

---

72 『毅堂集』권5, 雜著, 書示書社同志. 『毅堂集』附錄, 권2, 年譜 乙未 조에는 年月 아래에 '與道俱亡人'(도와 더불어 함께 망한 사람) 다섯 글자를 쓰고 산으로 들어가 버렸다고 적혀 있다. 문집에는 다만 글 말미에 '乙未冬十一月二十八日朝毅堂老人書'라고 되어 있다.

73 『毅堂集』권1, 詩 七言, 茀億山齋士友盛集賦詩以耳目聰明男子身分韻得耳字.

74 『毅堂集』권5, 雜著, 華陽講會書諗諸君子. "嗚呼! 斯道之在天地, 未免有否泰於其間, 而今日則否之極矣. 雖否之極矣而不可曰道亡也. 萬生涵育斯道者, 雖妖怪鬼魅, 終亦殄滅它不得. 噫! 斯道而可亡也耶? 綱常斯道之命脈也, 華陽斯道之本地也. 夫華陽迺二皇帝陟降之地也, 而文正夫子藏修之所也, 其所謂命脈本地者是已. (중략) 華不可爲夷也, 人不可爲獸也, 請諸君子, 各自勵志守義以相勖焉, 道不可亡也, 其復乎!"; 『毅堂集』권5, 雜著, 華陽講會日記. "美山曰今日何時, 處義當何以? 余對曰華不可爲夷, 人不可爲獸, 如斯而已."

눈 다음의 대화에서 박세화의 결심을 볼 수 있다.

> 박세화: "도맥道脈의 길이 끊어졌으니 하루도 구차하게 살 수 없다. 나는
>   당장 죽어 버려 세상일에 대해 알지 않고 싶다."
> 박해준: "단발의 화禍가 또한 멀지 않은 것 같습니다만 그때에 처의處義
>   해도 아마 늦지 않을 것 같습니다."
> 박세화: "그렇지 않다. 큰 강령이 한번 떨어지면 만 가지 세목이 모두 쓰
>   러진다. 강상綱常은 우리 도道의 명맥命脈이고 중화中華는 우리
>   도의 본거지이다. 지금 길이 끊어졌으니 사람이 하루라도 도에서
>   떠날 수 있겠는가? 도를 떠나서 사는 것은 삶이 없는 것보다 못
>   하다."[75]

단식 중 박세화는 제자들에게, 주희朱熹가 죽기 3일 전 제자들에게
"천지天地가 만물萬物을 낳는 까닭과 성인聖人이 만사萬事에 응하는 까닭
은 다만 하나의 '직'直일 뿐"이라고 한 사실을 거론하였다. 또한 송시열
이 죽을 때도 제자들에게 '직'을 강조했음을 말하면서, 이것이 주희와
송시열이 서로 전해 온 지결旨訣이라고 말하였다.[76] 그는 "오늘이 도道가
망한 시기임을 말할 수 있다"[77]라고 하면서, 이 사실을 두고 제자 윤응
선에게 시를 지어 주었다.[78]

---

75 『毅堂集』 권2, 年譜 庚戌年 八月癸酉. "門人朴海俊來謁, 先生曰道脉永絶, 不可一日
　　苟生, 吾欲溘然而不知也. 海俊曰削禍似亦不遠, 伊時處義恐未晩. 先生曰不然. 大綱
　　一墜, 萬目俱倒, 綱常吾道之命脉也, 華夏吾道之本地也. 今焉永絶, 人可以一日離道
　　乎? 離道而生不如無生也."
76 이 '直'에 대한 강조는 그가 제자 申鉉國의 독서실을 '直堂'이라고 이름 지어 준 것에
　　서도 살필 수 있다.(『直堂集』 권6, 附錄, 庚子)
77 『毅堂集』 권2, 書, 答李士倫.

그런데 그의 단식 자결은 용기勇氣에 흠이 되는 것으로 비쳐질 수 있었다. 유학에서는 부모로부터 받은 신체身體와 발부髮膚를 손상시키지 않고 죽을 때까지 온전히 보존하는 것을 효孝의 첫째로 삼아 왔기 때문이다. 그래서 최상룡崔翔龍은 "선생의 오늘날 의義를 후생後生이 감히 논의하지 못하겠습니다만, 혹 용기를 상하게 하는 것은 아닌지요?"라고 물었다. 이에 박세화는 "나라에는 하루도 임금이 없을 수 없으니, 지금 임금으로 생각하는 자가 누구인가? 사람은 한순간도 도道에서 떠날 수 없는데, 지금 도道가 존재한다고 말해도 되겠는가? 삼대三代 이전에는 도道가 위에 있었고 삼대 이후에는 도가 아래에 있었다. 명나라 말에 이르러 도가 밖에 있었으니 오직 우리나라에 홀로 주례周禮가 남아 있어 위에서 행하며 아래에서 본받아 거의 하夏·은殷·주周 삼대에 부끄러움이 없게 되어서 도가 위에 있다고 이를 수 있었다. 그러나 오늘에 이르러서는 그것이 더 아래로 내려와 우리들 몇 사람에게 있을 뿐이니 우리들이 도를 떠나서 살 수 있겠는가?"라고 하였다.[79]

박세화에 있어 도道는 오륜五倫이 가장 큰 것이었고, 오륜은 성性의 직분職分이고 도道의 강령이었다.[80] 그는 그러나 여기서 도道가 망했다고 절망하지는 않았다. "이理는 갔다가 돌아오지 않음이 없고 양도陽道는 스스로 서로 계승된다"고 한 말에서처럼, 언젠가 진리는 다시 회복되고 양陽의 도道가 회복되는 날이 올 것으로 기대하였다.[81]

그렇기에 박세화는 단식 6일째에 "도道와 더불어 함께 망亡한다"고

---

78 『毅堂集』 권2, 年譜 庚戌年 八月 己卯日. 이 장의 각주 18, 19 참조.

79 『毅堂集』 권2, 年譜 庚戌年 八月 丁亥日.

80 『毅堂集』 권3, 雜著, 自警錄.

81 『毅堂集』 권1, 詩 五言, 與諸生登月岳山賦詩以登泰山小天下分韻得登字. "理無往不復, 陽道自相仍";『毅堂集』 권1, 詩 五言, 敬次尤翁次後雲煥章菴七十一韻. "循環有往復, 仁天動陽候."

     제3부 유림의 현실 인식과 대응

하면서도, '예의조선'禮義朝鮮이라 쓴 큰 글씨로써 나라는 망할 수 있으나 도는 망할 수 없다는 것을 제시하였다.[82] 그가 단식 자결함으로써 그의 도는 윤응선·신현국申鉉國·유지혁柳芝赫 등에 의하여 더욱 계승되어 나갔다. 그의 제자들은 스승의 몸은 비록 죽었으나 스승의 도는 망하지 않았다고 보았다.[83]

제자 윤응선은 머지않아 양陽이 돌아오고 도道가 회복될 것을 기대하며 다음과 같이 동지同志들에게 고하였다.

천하만고에 있어 도道 가운데서도 굴屈과 신伸, 비否와 태泰가 없을 수 없었는데, 오늘에 이르러서는 그저 굴屈하고 비否할 뿐만이 아니다. 장차 모습과 그림자 모두 천지 사이에서 길이 끊어지려고 한다. 아! 통탄스럽다, 어찌 차마 말을 하겠는가? 무릇 이른바 도道라는 것은 천지天地의 동량棟樑이고 생민生民의 명맥命脈이다. 이 도道가 서면 천하가 다스려지고 만물萬物이 편안해지며 이 도가 서지 않으면 천하가 어지럽고 인류가 멸망하니 이것은 고금에 걸쳐 바꾸지 못할 바른 이치이다. (중략) 양陽은 다할 이理가 없고 도道는 망할 수 없다는 것이 분명하다면, 다만 오늘날 선비 된 자는 진실로 마땅히 분발하고 몸소 앞장서서 마음을 밝히며 눈을 부릅뜨고 성인聖人을 돈독하게 믿고 옛 법을 굳게 지켜 부조父祖로부터 받은 체발體髮을 온전히 아니할 수 없고, 선왕先王의 법복法服을 입지 않을 수 없고, 성현聖賢의 본통本統을 높이지 않을 수 없고, 중화中華의 정맥正脈을 보존하지 않을 수 없고, 예악禮樂과 전장典章을 지키지 않을 수 없고, 삼강三綱과 오상五常을 강講하지 않을 수 없다. (중략)

---

82 『直堂集』 권5, 跋, 敬題禮義朝鮮簇子後; 再題.
83 『直堂集』 권5, 跋, 題自靖錄後; 祭文, 祭毅堂朴先生文·再祭文.

아! 비否가 극도에 이르면 반드시 태泰가 되고, 굴屈이 극도에 이르면 반
드시 펴지게 되는 것은 이理의 떳떳함이다. 또한 어찌 머지않아 회복될
기미가 여기에 있지 않다고 하겠는가?[84]

위의 글에서 본 바와 같이 윤응선은 당시 현실을 도道가 펴지지 못하
고 막혀 있는 세계로 보았다. 즉 『주역』 비괘否卦로 규정하여 양陽(天)과
음陰(地)이 화합하지 못하고 따로 떨어져 버려 비색否塞된 상황으로 보았
다. 그러나 동시에 그는 미래에 대한 희망을 버리지 않고 머지않아 양陽
이 회복될 것으로 보았다. 이러한 미래에 대한 긍정적인 기대는 바로
『주역』 복괘復卦 초구初九의 효사爻辭인 '머지않아 회복되어 후회에 이르
지 않게 된다'(不遠復, 无祇悔)라는 구절에 의거한 것이다. 박세화와 그의
제자들은 암울한 현실 아래에서도 미래에 대한 희망을 버리지 않았기
때문에, 의병운동과 자정自靖의 노선에 자신들의 몸을 던지는 희생을
감내堪耐할 수 있었다.

---

84 『晦堂集』 권3, 書, 與同志諸君子. "道之在天下萬古, 不能無屈伸否泰, 而至于今日, 則
不惟屈而否而已. 將並與其形影而永絶於天地之間, 嗚呼慟矣, 尙忍言之哉? 夫所謂
道者, 天地之棟樑, 生民之命脉, 斯道立則天下治而萬物安, 斯道不立則天下亂而人類
滅, 此亘古亘今不易之正理也. (중략) 陽無可盡之理, 道之不可亡也, 審矣, 則顧今日
爲士者, 固當奮發挺身, 明心張目, 篤信聖人, 確守古法, 父祖體髮, 不可不全, 先王法
服, 不可不服, 聖賢本統, 不可不崇, 華夏正脉, 不可不保, 禮樂典章, 不可不守, 三綱
五常, 不可不講. (중략) 嗚呼! 否極必泰, 屈極必伸, 理之常也, 又安知不遠復之幾, 顧
不在是也歟?"

                                         제3부 유림의 현실 인식과 대응

5. 맺음말

박세화는 함경도 고원高原에서 태어나, 성리학을 깊이 연구하여 확고한 위정척사 이념을 형성하였다. 그는 지역적으로나 사회적으로 여러 가지 어려운 조건을 극복하고 성리학을 깊이 연구하여 학자로서 크게 성공하였다. 특히 그는 만년에 유중교·유인석 등 이항로 학맥에 속한 몇몇 학자들과의 교유를 통하여 학문적 영역을 확대해 나가면서 자신의 학문 세계를 개척해 나갔다. 그리하여 20세기 초에는 쓸쓸한 화양동에서 대규모 학술 모임의 개최를 주도함으로써, 제자들에게 난국에 대처해 나가는 학자로서의 임무를 명확히 제시하였다.

박세화는 학學이라는 것은 다만 그 명위名位에 나아가서 그 실직實職을 극진히 하는 것이라 여겼다. 그는 이기理氣를 논하면서도 이理와 기氣의 본분本分과 실직實職이 무엇인지를 분명하게 알아야 한다고 역설하였다. 그가 자기 시대에 강조하고 싶었던 것은 인간이든 사물이든 바로 본분과 실직에 충실해야 한다는 것이었다.

박세화는 학문하는 데 있어 반드시 수립하여야 할 세 가지 큰 규모로서, 경을 주로 하고(主敬) 인을 구하고(求仁) 사를 제거해야(去私) 함을 제시하였다. 그의 학문의 궁극적 목표는 인仁이었고, 그 인을 달성하기 위해서는 사私를 버려야한다고 생각한 것이다. 1910년 일본이 조선을 강제로 병탄倂呑하자 그는 마침내 단식 자결하는 '살신성인'殺身成仁을 통하여, 자신이 세운 학문 목표를 몸소 실천했다고 할 수 있다.

박세화는 1895년 유인석이 주관하는 대규모 학술 모임인 제천堤川의 장담 강회長潭講會에 빈장賓長의 자격으로 참여하였고, 그 뒤 의병義兵을 일으키려고 노력하기도 하였다. 그러나 그는 조선이 일본에게 강제로 점령당하자 나라도 망하고 도道도 망했다고 여겨 의거義擧를 일으키기보다는 자정自靖하는 노선을 택했다. 그의 자결은 천도天道는 영원하지만 인도人道는 망했다고 보아 취한 행동이었다. '예의조선'禮義朝鮮의 도道를 수호하는 성리학자의 한 사람으로서, 나라를 빼앗기자 즉시 '순도'殉道를 보여 준 그의 행동은 자신의 본분과 실제 직분을 다한 사상적 실천이었다고 할 수 있다.

제3부 유림의 현실 인식과 대응

유도발·유신영 부자의 삶과 순국

1. 머리말

17세기 중엽 이후 조선 사회는 남인南人과 서인西人 간에 당쟁이 치열하였다. 예송禮訟을 통해 지속적인 정권 투쟁을 해 나가는 과정에서 영남 남인은 1689년(숙종 15)에 기사환국己巳換局으로 잠시 집권하였으나 1694년(숙종 20) 갑술환국甲戌換局으로 다시 중앙 정계에서 실각하였다. 그 후 18세기 초반 노론老論과 소론少論의 정쟁에서 영조英祖의 등극을 계기로 노론이 집권당이 되면서 소론 또한 실각하게 되었다. 그 후로 조선이 망할 때까지, 남인과 소론은 정치적 배려 차원에서 주어진 다소의 정치 참여를 제외하면 줄곧 재야 정치 세력으로 남게 되었다. 특히 19세기 초가 되면 지역적으로도 영호남은 물론 충청도마저 정계에서 배제를 당하게 되었고, 유림들은 점차 중앙 정계에 대한 재야의 비판 세력으로 형성되어 갔다.

영남 유림은 1666년(현종 7)에 그 이전의 기해예론己亥禮論에 대하여 문제를 삼아 유생 천여 명이 상소를 올린 바 있었고, 그 뒤에도 1792년(정조 16)과 1855년(철종 6)에 사도세자思悼世子 문제로 만인소萬人疏를 올려 집권 세력에 대한 비판을 해 왔다. 영남 유림들이 이러한 정치적 의견을 표출할 때마다 유운룡柳雲龍과 유성룡柳成龍 형제의 후손들은 영남에서 정치·사회적으로 큰 힘을 발휘하고 있었다. 그 실례로 안동의 풍산 유씨豐山柳氏[1]는 1666년에 유세철柳世哲을 소수疏首로 삼아 영남 유림을 대표하여 예송禮訟에 참여하고 있었다.

이 글에서는 유성룡 이후 전해져 온 가학家學의 전개선상에서, 유도발柳道發(1832~1910)·유신영柳臣榮(1853~1919) 부자父子의 삶과 순국殉國을 살펴보려 한다. 우선 풍산 유씨의 학맥學脈과 벼슬을 대체적으로 살펴본 뒤, 그 정신적 맥을 잇고 있는 유도발·유신영 부자의 삶과 순국이 가지는 의미에 대하여 검토하고자 한다.

2. 풍산 유씨의 학맥과 벼슬

1694년 갑술환국 이후 영남에서 벼슬길에 나아간다는 것은 쉽지 않았다. 영남 남인은 영조 때의 탕평 정치기, 정조 집권기, 흥선대원군 집권기에 약간의 정치적 약진이 있었을 뿐이었다. 정계 진출의 길이 막히자 영남의 사대부는 학문에 종사할 수밖에 없었다. 안동 지역은 이황李滉 이후 강한 가학家學 전통 속에서 성리학을 연마하고 전수해 왔다. 하회河回 풍산 유씨들의 학문도 가학의 성격을 강하게 띠고 있었다.

---

1 고려 중기의 柳節을 그 시조로 하고 있는 풍산 유씨는 조선조에 들어와 柳從惠가 벼슬이 工曹典書에 이르렀고, 그 후손 柳仲郢(立巖)은 황해도 관찰사를 역임하였다. 유중영의 아들 유성룡은 이황의 문인으로 영의정을 역임하였고 文忠이라는 시호를 받았다.

          제3부 유림의 현실 인식과 대응

이황-유성룡의 학맥은, 유성룡의 문인이었던 정경세鄭經世가 상주 출신이었고 유성룡의 셋째 아들 유진柳袗이 상주에서 살았기 때문에 상주 지역에 그 학맥이 전해지고 있었다. 그러나 학문 성향으로 보면 안동이나 상주를 굳이 구분할 필요가 없었다. 이황-유성룡의 학맥에 속한 학자들의 사우 관계가 매우 착종錯綜되어 있기 때문이다.

한편 안동 하회를 중심으로 형성된 풍산 유씨 학맥은 철저히 가학家學의 형식을 띠고 전수되었다. 유응목柳膺睦은 풍산 유씨 「가학연원세계도」家學淵源世系圖를 그리고 그 발문에서 아래와 같이 말하였다.

넓게 생각해 보면 우리 입암立巖(柳仲郢) 부군府君께서 학문을 천명하여 자식을 가르치고 스승께 나아가게 했으며 귀촌龜村(柳景深)·권옹倦翁(柳贇)·파산巴山(柳仲淹) 여러 종제從弟와 함께 가학家學을 닦았다. 입암 부군이 겸암謙庵(柳雲龍)·서애西厓(柳成龍) 두 부군에게 전하였고 겸암 부군이 먼저 퇴계退溪의 문하에 나아가 편지로 장려를 받고 다른 사람이 얻기 어려운 바를 많이 얻었다. 서애 부군이 일찍이 퇴계의 문하에 나아가서는 '하늘이 이 사람을 태어나게 했다'라는 칭찬을 들었는데 박약博約하고 장경莊敬하여 마침내 그 도道를 전하였다. 서애 부군이 한 번 전함에 수암修巖(柳袗) 부군이 있고 두 번 전함에 졸재拙齋(柳元之) 부군이 있으니, 성리性理의 학學에 조예가 깊었다. 졸재 부군이 우눌愚訥(柳宜河)에게 전하고 회당悔堂(柳世哲)·우헌寓軒(柳世鳴) 두 공公이 재종질再從姪로서 졸재의 문하에서 직접 배웠다. 우눌 부군은 주일재主一齋(柳後章)에게 전하여, 서호西湖(柳聖和)·화계花溪(柳聖曾)·나옹懶翁(柳㴾)·임여재臨汝齋(柳淮)·외재畏齋(柳宗春)·강고江皐(柳尋春)·학서鶴棲(柳台佐) 등 여러 공에 이르기까지 상하上下 10세世의 안에 가학의 전수傳授가 차례대로 한 세대世代도 간격이 없었다.[1]

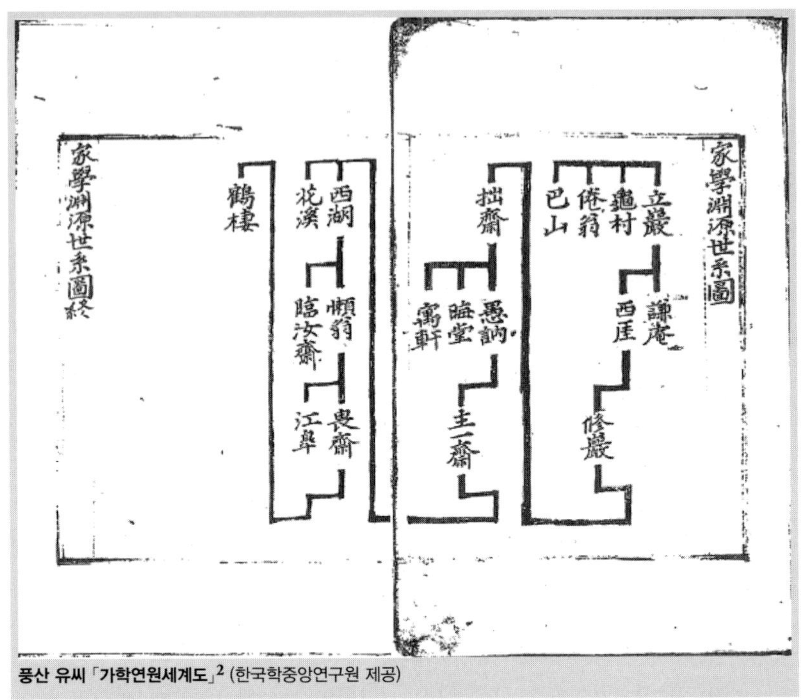

풍산 유씨 「가학연원세계도」[2] (한국학중앙연구원 제공)

위의 학맥에서 유성룡의 후손들은 특히 '충효'忠孝와 '졸성'拙誠을 가문의 전통으로 내세우고 있다.[4] 이러한 가훈은 유도발·유신영 부자에

---

2 『古文書集成 43: 安東 葛田 順興安氏 篇』(한국정신문화연구원, 1999) 710쪽. "洪惟我立巖府君, 闡揮斯文, 敎子從師, 與龜村倦翁巴山諸從弟, 共修家學, 立巖府君傳之謙庵西厓兩府君, 謙庵府君, 首登溪門, 書尺獎勵多得他人所難得, 西厓府君, 早登溪門, 有天生之歎, 博約莊敬, 卒傳其道, 西厓府君一傳, 而有修巖府君, 再傳而有拙齋府君, 深於性理之學, 拙齋府君傳之愚訥, 而悔堂寓軒二公, 以再堂姪, 親炙于拙齋之門, 愚訥府君傳之主一齋, 以至西湖花溪懶翁臨汝齋畏齋江皋鶴樓諸公, 上下十世之內, 家學之傳授次第, 無有一世之或間."

3 『古文書集成 43: 安東 葛田 順興安氏 篇』(한국정신문화연구원, 1999) 701~702쪽.

4 『臨汝齋文集』 권4, 上樑文, 忠孝堂重建上樑文 辛卯. "南河舊庄, 祇傳忠孝旨訣 (중략) 親承過庭之訓, 敢忘二字拙誠?"

이르기까지 생명력을 갖고 작용했다고 생각된다. 여기서 유성룡이 작고 하기 전인 1607년 2월 12일에 지은 시를 살펴보자.

숲 속의 새 한 마리 울음 그치지 않는데
문밖에는 정정하게 나무 베는 소리 들리네.
한 기운 모이고 흩어지는 것 또한 우연한 일
평생 부끄러움 많았던 것 한스럽구나.
너희 자손들은 모름지기 힘쓸지어다,
충효 외에는 다른 사업 없느니라.[5]

林間一鳥啼不息,
門外丁丁聞伐木.
一氣聚散亦偶然,
只恨平生多愧怍.
勉爾兒曹更勉旃,
忠孝之外無事業.

유성룡의 셋째 아들 유진은 학행學行에 돈독히 힘썼고 청수淸修하고 과약寡約하였으며 가전家傳의 지결旨訣을 얻었다고 한다. 유원지柳元之(拙齋, 鎭安縣監)는 유성룡의 장손長孫으로 작은아버지 유진에게 나아가 학업을 익혔는데, 성리학을 깊이 연구하여 천인이기天人理氣의 묘妙와 인의성정仁義性情의 뜻을 깊이 탐구하여서 앞사람이 아직 밝히지 못한 것을 많이 밝혀 후학에게 알려 주었다고 한다. 그는 이황 이후 의리성명義理性命의 설을 잘 정리하였다는 평을 받았다.

유원지는 1657년(효종 8) 아들과 손자에게 할아버지 유성룡으로부터 전해져 온 유훈遺訓을 말하였다.

나의 할아버지 부군府君(유성룡)의 유훈遺訓이 매우 밝다. 임종臨終 때의 시詩에 이르기를 "너희 아이들아, 힘을 써서 모름지기 삼갈지어다. 충효 외에는 다른 사업이 없단다"라고 하셨고, 또 유계遺戒에 이르기를 "좋은

---

5 『西厓全書』 권3, 觀化錄; 年譜, 神宗萬曆 35年 丁未 2月 乙巳.

일을 힘써 생각하고 좋은 일을 힘써 행하라"라고 하셨다. (중략) 내가 어려서 작은아버지 지평공持平公(유진)에게 배웠는데 공이 매번 가르치기를 "사람은 덕행德行을 근본으로 삼아야 하니 진실로 근본이 없으면 비록 무늬가 비단과 같더라도 무슨 이익이 있겠는가?"라고 하시면서 매번 충효청백忠孝淸白으로써 가전家傳의 구업舊業을 잃지 말라는 것으로 경계하셨다.[6]

유원지는 "우리 집은 다른 물건이 없고 오직 충효청백忠孝淸白뿐이다. 비록 어리석어 미치지 못하더라도 항상 골수에 새겨 두어라. 너희들이 부지런히 이것을 생각하여야 모름지기 나의 마음 깊은 곳을 알 것이다. 털끝만큼이라도 만일에 스스로를 속인다면 신명神明이 곁에서 보고 있느니라"라고 하였다.[7] 또한 '졸성'拙誠 두 글자를 매우 강조하면서, "졸拙하면 분수에 편안하고 만족할 줄 알게 되어 지교智巧와 기변機變의 사사로움에 들어가지 않게 되고, 성誠하면 자연스럽고 실제에 힘쓰게 되어 외식外飾에 힘쓰거나 스스로 속이는 병에 들어가지 않게 된다"고 하였다.[8] 그는 또한 「시아배」示兒輩라는 시를 지어 자손들을 경계하기도 하였다.[9]

---

6 『拙齋文集』 권9, 書, 寄兒兼示孫兒 丁酉. "我祖考府君遺訓孔昭, 臨終時詩曰勉爾兒曹 須愼旃, 忠孝之外無事業. 又遺戒曰力念善事, 力行善事. (중략) 余幼學於季父持平 公, 公每敎之曰人以德行爲本, 苟無其本, 雖文如錦繡何益? 每以忠孝淸白, 毋失家傳 舊業爲誡."

7 『拙齋文集』 권9, 書, 寄兒兼示孫兒 丁酉.

8 『鶴棲文集』 권19, 家狀. 伯父贈吏曹判書豐恩君行義禁府都事畏齋府君家狀.

9 각각 '敦睦', '自守', '涉世', '山居', '自責', '勸學', '讀書', '自省且示兒輩勗哉', '再示孫 輩更致丁寧'라는 제목이 붙은 9首인데 자신의 생활 자세를 점검하고 忠信과 篤敬 등 에 힘쓸 것을 강조하고 있다.(『拙齋文集』 권2, 詩, 示兒輩) 유원지의 재종질 柳世哲 (悔堂)이 1677년(숙종 3) 屛風書로 써서 목판에 새기었고, 유세철의 아우인 柳世鳴 (寅軒)이 발문을 썼다. 본래 忠孝堂 祠廟 동쪽 처마 밑에 보관되어 왔으나(『鶴棲文 集』 권10, 跋, 敬題族姪彛好所粧先祖拙齋先生九首詩小屛後) 현재는 養眞堂에 일부

한편 유운룡의 장증손 유세철柳世哲과 증손 유세명柳世鳴은 유원지의 문인이었다. 유세철은 1666년 상소를 올려 기해년(1659) 효종 국상 때 송시열이 전례典禮를 주도하여 정한 것에 대하여 논하기도 하였다. 유세명은 1674년(현종 15) 문과에 급제하여 홍문관 교리, 동학 교수를 역임하였다.[10]

유의하柳宜河(愚訥齋, 翊衛司翊贊·贈司僕寺正)는 유원지의 장자長子로서 유성룡이 충효忠孝 외에 다른 사업을 가르칠 것이 없다는 말에 의거하여 집에 '충효당'忠孝堂 세 글자의 현판을 걸었다. '충효당'은 현재 보물 414호로, 우리나라의 귀중한 문화유산일 뿐만 아니라 하회 풍산 유씨들에게는 매우 의미 있는 집이다. 바로 유성룡이 제시한 가르침을 당호堂號에서 표방하고 있기 때문이다.

이만부李萬敷는 「충효당기」忠孝堂記에서, "자손들이 이 충효당에 거처하면서 선생(유성룡)의 책을 읽는 데 그칠 것이 아니라 선생이 읽었던 성현聖賢의 책을 읽어야 하고, 선생의 도道를 배우는 데 그칠 것이 아니라 선생이 배운 성현의 도를 배워야 한다"라고 하였다. 또한 "도道는 전체全體이고 충효忠孝는 일사一事이다"라고 하면서 "서書는 도道의 그릇이니 서書에서 도道를 구하면 충효는 따라온다"라고 말했다.[11]

유후장柳後章(主一齋)은 유원지의 손자이다. 그는 항상 '충효'忠孝 두 글자에 마음을 두었다. 1693년(숙종 19) 12월에 유일遺逸로 시강원 자의諮議에 임명되었는데, 직첩職牒을 내릴 때 숙종이 특별히 '大試袖手, 澤我東人'(크게 소매를 걷어 우리나라 사람에게 혜택을 주었네)이라고 유시하였다. 또 숙

가 보관되어 오고 있다.

10 『江皐文集』 권16, 行狀, 通訓大夫弘文館校理知製敎兼經筵檢討官春秋館記注官東學敎授寓軒柳先生行狀.

11 『息山集』 권17, 記, 忠孝堂記. 忠孝堂記文은 柳宜河의 손자 柳聖和가 李萬敷에게 받아 온 것이다.

종은 '珠藏澤自媚, 玉蘊山含輝'(구슬 숨어 있으니 연못은 절로 아름답고, 옥을 품고 있으니 산은 빛을 머금고 있도다)라는 구절을 친히 써 주기도 했다.[12]

유성화柳聖和(西湖, 贈戶曹參判, 豐陽君)는 유원지의 증손이다. 그는 산음현감山陰縣監을 역임하였다. 유성증柳聖曾도 유원지의 증손인데 학행으로 참봉參奉에 천거되었다.

유규柳湀는 유원지의 현손인데 1791년(정조 15) 경행經行으로 천거를 받아 사재감 봉사奉事에 임명되었다. 그는 유성룡의 '먼이자손수신진'勉爾子孫須愼旃(너희 자손들은 힘써 모름지기 삼갈지어다)라는 시구와 유원지의 '양오졸養吾拙, 존오성存吾誠'의 가르침을 이어 받아 '충효졸성'忠孝拙誠을 근본 바탕으로 삼았다.[13] 유운柳澐(懶翁, 동지중추부사)은 유성화의 아들이다. 그는 황간현감黃澗縣監을 역임하였고 풍창군豐昌君을 습봉襲封받았다.

유상조柳相祚는 유해춘柳海春의 장자로 유종춘柳宗春의 양자가 되었다. 벼슬이 병조 판서에 이르렀고 풍안군豐安君에 봉해졌다. 그는 성명性命의 설은 사람마다 망령되게 논할 것이 아니라고 하여 이기심성론理氣心性論에 대해서는 언급하지 않았다. 그는 창벽窓壁에 글씨를 써서 붙이지도 않았고 편액을 걸지도 않았다. 그는 자신의 표호標號는 '풍안군'豐安君 세 글자면 족하다고 하였다.[14]

유종춘柳宗春(1720~1795. 畏齋, 義禁府都事·贈吏曹判書, 豐恩君)은 유운의 장자인데, 음도사蔭都事로 이조 판서에 증직되었다. 7세에 아버지 유운으로부터 『맹자』孟子를 배웠다. 그는 유이좌柳台佐와 유상조에게 유성룡·

---

12 朱熹의 「齋居感興二十首」 중 "人心妙不測, 出入乘氣機. 凝氷亦焦火, 淵淪復天飛. 至人秉元化, 動靜體無違. 珠藏澤自媚, 玉蘊山含暉. 神光燭九垓, 玄思徹萬微. 塵編今寥落, 歎息將安歸?"에 보이는 글귀이다.

13 『臨汝齋文集』 권9, 附錄, 行狀.

14 『性齋文集』 권19, 碑文, 兵曹判書豐安君柳公神道碑銘.

유원지·유의하·유후상柳後常(童蒙敎官·贈左承旨)·유성화·유운에 이르기까지 집안에서 대대로 전수해 온 가학家學과 가법家法을 조용히 가르쳐 주었다.[15]

19세기에 안동의 풍산 유씨의 학문과 벼슬을 대표하는 인물은 유상조와 유이좌, 그리고 유심춘柳尋春이었다. 특히 유상조와 유이좌는 종형제 간인데 1763년(영조 39) 계미생癸未生으로 나이도 같고, 또 1794년(정조 18) 같은 해에 문과에 합격하여 그 뒤 출처出處의 진퇴進退를 함께하였다. 유심춘의 뒤를 이어서 풍산 유씨는 유심춘의 아들 유후조柳厚祚(洛坡)와 손자 유주목柳疇睦이 학문과 벼슬을 통하여 문중을 대표하고 있었다.

유이좌(禮曹參判)는 유사춘柳師春의 아들이다. 그는 이지억李之億(禮曹判書)의 외손자이고 이세택李世澤(大司憲)의 손서였다. 7세 때 백부인 유종춘柳宗春에게 나아가 공부하기 시작하였는데, 유종춘은 유성룡 이후 집안에서 전해온 심학心學의 요점을 서술하여 유이좌에게 전수하였다.[16]

유이좌는 1831년(순조 31) 자기가 거처하는 청사廳事의 당堂 이름을 화경당和敬堂이라 하였다. 본래 유이좌의 아버지 유사춘이 1797년(정조 21)에 수십 간의 집을 짓고 '만수당'萬壽堂이라 하였는데 그 뒤 유이좌가 집을 증축하여 이름을 붙인 것이다. '화경'和敬이란 말은 유사춘이 작고할 때 유이좌에게 훈계하기를 "매사에 충효忠孝를 다하고 매사에 반드시 화경和敬을 지니라"고 한 데서 따온 것이었다. 「화경당기」和敬堂記에서 "충효忠孝의 편액은 우리 종가宗家에 이미 걸려 있는 것인데, 화경和敬 또한 충효상忠孝上에 있어서 같은 도리이다. 화和로써 어버이를 섬기면 효孝이

---

15 『鶴棲文集』 권19, 家狀, 伯父贈吏曹判書豐恩君行義禁府都事畏齋府君家狀.
16 『鶴棲文集』 권20, 附錄, 行狀.

고, 경敬으로써 임금을 섬기면 충忠이다"[17]라고 한 것처럼, 유이좌는 풍산 유씨 집안에서 대대로 전해 온 가르침인 충효忠孝의 실천 방법으로 화和와 경敬을 제시하고 있다.[18]

우리 할아버지께서 마음 다스리던 지결旨訣이요	我祖治心訣,
우리 집안에서 대대로 전해 온 학문이라.	我家傳世學.
성정性情에 있어서는 이理와 기氣를 논하였고	性情論理氣,
상수象數에 있어서는 시책蓍策을 부연 설명했네.	象數演蓍策.
충忠과 효孝, 졸拙과 성誠의 가르침을	忠孝拙誠訓,
받들고 지니어 반드시 힘써 행하라.	奉持行必力.
공公과 사私는 털끝만 한 차이에서 생기나니	公私在毫釐,
가장 먼저 주主와 객客을 나눌지어다.[19]	最先分主客.

또한 유이좌는 20대 초에 삼종조 유규의 선릉宣陵(成宗의 능) 근무지에서 『심경』과 『근사록』, 주자서朱子書 등에 대한 강의를 받으며 성리학을 공부하였다. 그는 1794년 종형 유상조와 함께 문과에 급제하여 역시 유원지의 「시아배」示兒輩 시詩에 차운하여 시를 지었다.[20]

이러한 가학의 계승 인식은 이미 유규도 갖고 있었다. 그는 "수암修巖(柳袗)·졸재拙齋(柳元之)·우헌寓軒(柳世鳴)·주일공主一公(柳後章)이 발휘하고

---

17 『鶴棲文集』권10, 記, 和敬堂記. "忠孝之扁, 吾宗家已有所揭, 而和敬字, 實亦忠孝上一箇塗轍, 和以事親則孝, 敬以事君則忠."
18 한편 河回北村宅(중요민속자료 제84호)에는 '須愼窩'라는 집도 있다. 이 이름은 유성룡이 1607년 2월 12일에 지은 시 "勉爾子孫須愼旃, 忠孝之外無事業"에서 '須愼' 두 글자를 따온 것이다.
19 『鶴棲文集』권1, 詩, 敬次先祖拙齋先生九首詩韻 幷小識 又再示(更致丁寧).
20 『鶴棲文集』권1, 詩, 敬次先祖拙齋先生九首詩韻 幷小識.

우눌愚訥(柳宜河)·만사晚思(柳世禎)·회당悔堂(柳世哲)·서호공西湖公(柳聖和)의
이어 감이여! 모두 선대에는 아름다움을 이었고 후손에게는 넉넉함을
드리워 주었도다"[21]라고 하여 위와 같은 가학의 전수 의식을 제시하였
다. 또한 그는 "근세에 우리 집안에 주일主一(柳後章)·서호西湖(柳聖和) 두
공이 연원淵源이 있는 가학家學을 공경스럽게 잘 이었는데, 나와 외재畏
齋(柳宗春)가 일찍이 귀로 듣고 눈으로 보아서 서로 힘썼다. 후생後生 중
에 상원象遠(柳尋春) 같은 이는 자품資稟과 견식見識이 이미 성취되었고,
의목懿睦 등은 향학向學의 정성이 진실로 아름다우니 문호門戶의 의탁이
여기에 달려 있다"라고 하였다.[22]

유이좌 또한 "애厓(柳成龍)·졸졸拙(柳元之) 두 할아버지가 도학道學으로
그 빗장을 열었고, 우눌愚訥(柳宜河)·서호西湖(柳聖和)·나옹공懶翁公(柳澐)
이 그 터전을 베풀어 닦았고, 부군府君(柳宗春)의 실덕實德과 실행實行이
오로지 가법家法으로 가학家學을 삼았다"라고 말하고 있다.[23]

유심춘(江皐)은 유광수柳光洙의 아들로 유발柳潑의 양자가 되었다. 그
는 세자시강원에 근무하였고 돈녕부도정을 역임하였다. 그의 아들 유
후조는 대원군 집권기에 좌의정을 역임하였고 손자 유주목은 경학과
예학에 많은 업적을 남긴 대학자였다. 유주목의 문하에는 안동과 상주
를 비롯한 영남의 학자들이 많이 출입하였다.

유심춘은 처음 종숙부 유광렴柳光濂에게 나아가 학업을 익혔으나 다
시 정종로鄭宗魯에게 나아가 학문을 닦았다. 그것은 정경세가 유성룡을
통하여 이황의 학통을 받아 세칭 '도산재전陶山再傳의 적적嫡'으로 여겨지
고 있었기 때문이었다. 그는 정경세의 후손인 정종로를 '우리 집안의 연

---

21 『臨汝齋文集』권4, 上樑文, 花樹堂上樑文.
22 『臨汝齋文集』권9, 附錄, 行狀.
23 『鶴棲文集』권19, 家狀, 伯父贈吏曹判書豊恩君行義禁府都事畏齋府君家狀.

원'이라 하며 스승으로 모셨다.

> 대개 우리 문충공文忠公이 퇴도退陶 이선생李先生에게 배웠는데 수암修巖(柳袗)과 어은漁隱(柳千之)이 문정門庭에서 태어나 후손에게 넉넉함을 전하였다. 수암이 또 우복愚伏 정선생鄭先生을 따라서 배웠고, 정선생의 학學은 우리 문충공에게서 얻은 것이니 세칭 도산재전陶山再傳의 적자嫡子인 것이다.[24]

유도발柳道發도 이러한 풍산 유씨 선배 학자들의 가학의 전통에 대해 인식하고 있었다.

> 오직 우리 문충공 부군文忠公府君(유성룡)께서 도덕道德과 문장文章으로 치평治平의 도道를 다하여 이미 국가의 중흥中興의 업업을 도왔고, 육왕학陸王學이 삼켜 버린 천하를 바르게 하고 물러나 가모家謨를 세우고 뽑히지 않는 기반을 남겨 주신 것은 이 당堂을 다시 중수重修하는 일 이상이었다. (중략) 수옹修翁(유진)이 계술繼述하고, 졸조拙祖(유원지)가 거듭 빛나게 했고, 우눌愚訥(유의하)과 주로主老(유후장)가 다시 집안을 잘 다스리는 아름다움을 진작하였고, 임야臨爺(유규)와 외재畏齋(유종춘)가 더욱 조상을 더럽히지 않는 업業을 닦아 풍안군豐安君(유상조)·학서공鶴棲公(유이좌)에 이르렀고, 기타 문인聞人과 장덕長德이 조상의 전통을 세습하여 오늘에 이르렀으니 처음에 아름다운 혜택을 준 규모와 후손이 계승하여 전할 가르침이 진실로 여기에 있지 않은가?[24]

---

24 『溪堂文集』권16, 行狀, 王考江皐府君行狀. "蓋我文忠公學於退陶李先生, 而修巖漁隱, 篤生門庭, 垂裕後昆, 修巖又從愚伏鄭先生學, 鄭先生之學, 得於吾文忠公, 世稱陶山再傳之嫡者也. 府君以爲立齋先生, 是愚爺之孫, 而吾家淵源也."

위의 글에서도 하회를 중심으로 한 풍산 유씨의 가학에서는 유성룡
(서애), 유진(수암), 유원지(졸재), 유의하(우눌), 유후장(주일재), 유규(임여재),
유종춘(외재), 유이좌(학서)가 대표적인 학자로 거론되고 있다.

조선 후기 특히 17세기에 풍산 유씨들은 영남 유림의 대표로 활동하
면서 서인 세력과 정치적으로 대적하고 있었다. 따라서 벼슬길에 나아
간다는 것은 어려운 일이었다. 다만 공신의 후손으로 정치적 예우 차원
에서 내리는 벼슬에 임명될 뿐이었다.

그런데 정조正祖가 집권하면서 정치 상황은 다소 달라져 갔다. 1788년
(정조 12)에 무신란戊申亂(李麟佐의 亂) 60주년을 기념하여 정조는 기호 남
인과 영남 남인을 정치 세력으로 끌어들였다. 남인에 대한 정조의 정치
적 후원을 기회로 삼아 영남 유생들은 사도세자 사사賜死 문제를 거론
하며 1792년(정조 16)에 이우李堣를 소수로 삼아 만인소를 올렸다.

이제 풍산 유씨들에게도 정치적 소외에서 벗어나 새로 일어날 계기
가 주어지고 있었다. 바로 1794년 유상조가 문과文科에 합격하여 전적典
籍과 병조 좌랑兵曹佐郎에 임명되었던 것이다. 유이좌도 문과에 급제하여
예문관 검열藝文館檢閱이 되었다. 이때 국왕 정조는 직접 제문을 지어 승
지를 보내어 유성룡의 가묘家廟에 제사를 올리게 하였다. 이 제문에서
정조는 유성룡의 두 후손인 유이좌와 유상조가 과거에 나란히 합격해
유성룡의 음덕을 입었으며 예문관 검열과 병조 좌랑에 임명되었음을 언
급하였다.[26] 이해 5월 11일 유상조는 생부生父(柳海春)의 상을 당하여 상

---

25 『晦隱遺稿』 권3, 記, 玉淵書堂重修記 庚子. "惟我文忠公府君, 以道德文章, 盡治平
之道, 旣以贊國家中興之業, 而正陸禪懷襄之天下, 退而建立家模貽厥不拔之基者, 不
啻若斯堂之復興也. (중략) 修翁繼述, 拙祖重光, 愚訥主老, 復振克家之美, 臨爺畏
齋, 益修無忝之業, 以及豐安君鶴棲公, 而其他聞人長德, 世襲 先緖, 式至今日, 厥初
嘉惠之規, 後來承傳之訓, 亶不在玆乎?"
26 『弘齋全書』 권23, 祭文, 文忠公柳成龍致祭文 甲寅. "煌煌彝鼎, 太常則有. 銘以紀之,

중喪中에 있었음에도 홍문관의 벼슬에 발탁되었다.

이러한 풍산 유씨 가문의 흥기를 맞아 유종춘은 "너희들은 장차 무엇으로 성은에 보답할 것이며, 또 장차 무엇으로 우리 조상을 더럽히지 않으려는가?"라고 하며 집안의 가르침과 선배의 출처를 제시하면서 더욱더 힘쓰기를 권면하였다.

> 충효忠孝는 우리 집의 세업世業이고 졸성拙誠은 우리 집의 가학家學이니 잃을 수 없다. 충효는 본래 이치二致가 없고 졸성은 어느 곳이든 마땅하지 않음이 없다. 진실로 능히 힘써 생각하고 힘써 행하는 것, 이것이 이에 조정朝廷에 있어서나 집에 처할 때의 네 글자 부符이다.[27]

유종춘은 1794년 75세에 자손들에게 위와 같이 부탁하고 이듬해 2월 28일 충효당에서 작고하였다. 유이좌의 아버지 유사춘柳師春도 작고하기 전에 유이좌에게 유계遺戒하기를 "충효는 본디 우리 집이 대대로 지켜온 가르침인데 옛사람이 충을 말하고 효를 말할 때 반드시 진충진효盡忠盡孝라고 했으니 '진盡' 자字에 뜻이 있다. 벼슬살이할 때나 집에 처할 때 그 정성과 힘을 다하도록 하고 또 모름지기 화경和敬으로 주를 삼아라"라고 당부하였다. 이와 같이 유종춘·유사춘의 가르침은 유상조·유이

日文忠柳. 與彼石鼓, 曁厥麟閣. 休美齊匹, 百代不泐. 宣廟中興, 卿食其當. 奔奏禦侮, 在西一方. 以籌以籥, 盡乃心力. 龍馭載返, 鯨波永息. 功垂晉乘, 名重趙呂. 咸誦西崖, 農夫紅女. 世世錄後, 襲爵佩綬. 近閱遺集, 筵燭屢跋. 最犂然者, 城壕方略. 是時兩孫, 金榜聯擢. 喬木之蔭, 翰圈騎郞. 維星有箕, 若接精光. 鹽梅舟楫, 輒起曠想. 馳命嶠南, 予酌卿饗."

27 『鶴棲文集』권19, 家狀, 伯父贈吏曹判書豐恩君行義禁府都事畏齋府君家狀. "忠孝是吾家世業, 拙誠是吾家家學, 不可失也. 忠孝本無二致, 拙誠無處不當, 苟能力念力行, 是迺立朝處家四字符."

좌를 통하여 그 뒤 하회의 풍산 유씨들에게 진지하게 전수되었다.

풍산 유씨들은 그 학맥이 주로 강우 지역인 상주에 분포하고 있어, '병호시비' 등에 있어서 상주 지역의 유림, 특히 정경세의 후손인 진주 유씨晉州鄭氏들과 늘 공조 체제를 유지하고 있었고, 19세기 중엽에는 안동에서 유상조가 병론屛論의 주도자로 활동하며 호론虎論과 대치하고 있었다.

1864년(고종 1) 흥선대원군이 집권하면서는 유후조가 정승에 임명되어 정계에서 활발히 활동하였고, 19세기 말에는 유도성柳道性과 유도헌柳道獻이 풍산 유씨의 대표적인 유림으로 활동하였다. 19세기 풍산 유씨들은 10세世 동안 가학家學을 단절없이 계승해 온 데 더해, '충효'忠孝 정신도 10세를 이어 왔다고 자부하고 있었다. 1896년 1월 안동에서 의병운동이 일어나 각 마을마다 의병 자금을 배정할 때에 풍산 유씨는 1,000냥兩의 군자금을 부담하였는데, 이러한 사실은 정치력과 경제력을 기반으로 한 풍산 유씨들이 의병운동에 집집마다 호응했음을 알 수 있게 한다.

3. 유도발의 삶과 순국

19세기 말부터 일제의 침략에 항거하여 전국의 수많은 지사志士들이 의병운동에 참여하였다. 안동 지역에서는 1896년 대대적인 의병운동이 전개되었던 뒤로, 20세기 초부터 애국계몽운동과 독립운동에 헌신한 많은 애국지사들이 배출되었다.[28]

---

28 일본에게 나라를 빼앗겼을 때 안동 지역에서는 전국에서 가장 많은 인물들이 자결하였다. 전국적으로 1910년 이전에 10명이, 1910년대에 56명이 자결하였는데, 안동 사람으로 1910년 이전에 1명(김순흠), 1910년대에 9명(이만도, 이중언, 유도발, 권용하, 이현

유도발·유신영 부자는 풍산 유씨의 일원이었다. 유도발·유신영 부자는 유성룡의 아들인 유단柳褍(道巖, 世子翊衛司洗馬)의 후손으로 생물파生物派에 속한다. 그런데 유단은 후사가 없어 유진柳袗(修巖, 司憲府持平)의 둘째 아들 유백지柳百之(二松堂, 直長)로 후사를 삼았다. 그 뒤에도 유도발의 고조부 유익柳瀷, 5대조부 유성흠柳聖欽, 6대조부 유후승柳後升이 모두 양자로 들어 왔다. 그리고 유도발의 양조부 유필조柳必祚가 또 아들이 없자 유규柳湀(臨汝齋)의 증손자이자 유필조의 종제從弟 유운조柳雲祚의 셋째 아들인 유진휘柳進徽(華西)를 후사로 삼았다. 유진휘는 세자익위사 익찬世子翊衛司翊贊을 역임했고, 외직으로 나가 송화松禾, 강화江華, 고원高原 등 세 군을 맡아 다스렸다. 그는 고원군수로 있으면서 영흥진관병마동첨절제사永興鎭管兵馬同僉節制使를 겸하였고 고원에서 작고하였다.

1) 유도발의 삶과 학문

유도발은 자는 승수承叟이고 호는 회은晦隱이다. 그는 유성룡의 10세손으로 1832년(순조 32) 6월 28일 아버지 유진휘와 어머니 숙인淑人 안동 김씨安東金氏 사이에서 태어났다. 어머니는 풍산의 소산素山에 세거해 온 김영金瑛의 후손 김병룡金炳龍의 딸이다. 풍산 유씨 집안의 교육 환경은 무척 좋은 편이었다. 유도발은 타고난 바탕이 순수하고 굳세어, 백부 유진황柳進璜과 숙부 유진우柳進瑀가 그를 기특하게 여겨서 "우리 가문을 번창하게 할 자는 반드시 이 아이이다"라고 하였다.

유도발은 1847년 열여섯의 나이에 안동 권씨安東權氏 권장權璋[29]의 딸

<hr>

섭, 김택진, 유신영, 이명우 부부)이 자결하였다.(김희곤, 『안동독립운동가 700인』, 안동시, 2001)

29 권장(1802~1874)은 權絜의 현손이자 權紺의 증손으로, 자는 章玉이고 호는 野遺堂이다. 외손 柳東滯이 묘갈명을 지었다.

       제3부 유림의 현실 인식과 대응

에게 장가들었다. 안동권씨는 풍산 가일에 세거해 온 권구權榘의 후손
이었다. 안동권씨는 성품이 엄격하고 법도가 있었으며 여사女士의 풍모
가 있었다. 처가가 부유하여 결혼할 때 혼수가 매우 풍성했으나 유도발
은 사양하고 받지 않았다.

유도발은 효성이 지극하였다고 한다. 1864년 봄에 어머니 안동김씨가
큰 종기가 나서 여러 달 위험한 처지였는데, 처음부터 끝까지 종기를 빨
아 거의 정상으로 회복되게 하였다. 그리고 맛있는 음식이 있으면 입에
넣지 않고 반드시 어머니에게 가져다 드렸다.

한편 그의 아버지 유진휘가 일찍이 성균관에서 공부하던 때 그의 집
안은 매우 청한淸寒하였다. 그럼에도 유도발은 절복節服, 찬수饌羞, 차茶,
과실 등을 정성을 다하여 조달하였다. 아버지가 오랜만에 집으로 돌아
와 가까운 다정한 친척이 만나 보러 올 때면 즐기고 놀 자료를 준비하
여 아버지의 마음을 편안하게 하니, 사람들 또한 머물기를 좋아하였다.
유진휘의 회갑이 있던 1864년에 유도발은 아버지가 서울에서의 벼슬살
이 때문에 손을 초대할 형편이 못 되자 직접 서울에 올라가 아버지의
동료들을 널리 초대하여 회갑연을 치르기도 했다. 또 유진휘가 송화松禾
(황해도 신천)군수로 재직하고 있던 1877년 봄에는 관아로 가 당시 큰 흉
년이 들어 백성을 구휼하는 정책에 바쁜 아버지의 공무를 도왔다.

1880년 8월에 유진휘가 병을 얻어 고생을 하였을 때, 유도발은 정성
을 다하여 약을 달이고 고원 양천사梁泉寺 대웅전大雄殿에 모셔져 있는
부처님께 아버지의 병이 낫게 해달라고 빌었다.[30] 이때 종제 유도구柳道
龜(생원)가 옆에서 함께 병간호를 하였다. 9개월을 투병하던 아버지가 마
침내 객관에서 작고하자, 유도발은 천리나 되는 먼 길을 아버지의 시신

---

30 『晦隱遺稿』 권4, 祝文, 梁泉寺祝願文 辛巳高原侍湯時.

을 모시고 돌아와 고향 산에 장사 지내고 예禮에 따라 3년상을 치렀다.

1884년 7월에는 부인 안동권씨가 작고하였다. 이때 유도발의 나이가 이미 53세였는데 매우 건강하여 청장년과 같았으나 어머니가 혹 가도家道가 어긋날까 봐 염려하여 재혼을 만류하자 어머니의 말씀에 따랐다.

이 당시에 조정에서 복제服制를 개정하라는 영슈이 내렸다. 조정의 대신들로부터 일반 선비들에 이르기까지 소疏를 올려 반대하였으나 끝내 임금의 뜻을 돌리지 못하게 되자, 유도발은 항상 답답해하고 탄식하였다.

1895년 2월에 어머니가 작고하자 그는 아침저녁의 제전祭奠을 자질들에게 시키지 않고 직접 드렸고 예禮에 허물이 없게 하여 한결같이 부친상 때와 같이 하였다.

유도발은 마음이 넓었고 겸퇴謙退하여 빈 것 같았다고 한다. 성품이 또한 진솔하였고 꾸미는 것을 즐기지 않았다. 친한 이나 소원한 이, 먼데 있는 사람, 가까이 있는 사람을 반드시 성심으로써 대하였다. 평소 생활은 평범해 보였으나 강상綱常의 대절大節과 의리義理의 은미한 뜻에 이르러서는 늠름하여 범할 수 없는 기상이 있었다고 전한다. 이러한 성격에서 세절細節에 얽매이지 않는 그의 대인다운 풍모를 느낄 수 있다. 그리하여 어진 이, 어질지 못한 이를 막론하고 성심으로 따르고 사랑하고 공경하지 않는 사람이 없었다고 한다.

유도발은 베풀기를 좋아하는 성품을 지녀, 집은 가난하였으나 다른 사람의 궁핍한 것을 보면 자기 자신의 아픔처럼 생각하여 반드시 도와주었다. 그는 종들에 대해서도 은혜롭게 대하였다. 한번은 그가 예천을 지나가다가 유랑 거지가 병든 아이를 안고 길가에 앉아서 울고 있는 것을 보았다. 그가 말을 세워 놓고 까닭을 물으니 대답하기를 "이 애가 등창痘瘡이 걸리어 여관에 투숙했는데, 숙박비가 없고 또 행인行人이 깨끗하게 여기지 않아 주인이 받아들이지 않기 때문에 이 지경에 이르렀습

     제3부 유림의 현실 인식과 대응

니다"라고 하였다. 유도발은 자신의 뒤를 따라오게 하고 주인을 불러 말
하기를 "너는 이미 객주客主인데 이같은 추운 계절에 이 사람을 구박하
여 쫓아내니 어찌 인심이 그런가?"라고 타일렀다. 주인이 "사람을 상대
하는 직업으로서 행인들이 깨끗하게 여기지 않기 때문에 부득불 그랬
습니다"라고 하자, 그는 "사람들이 그리 싫어할 리가 있겠는가? 반드시
숙박비가 없는 것 때문에 그랬을 것이다"라고 하면서 주머니를 털어 숙
박비를 주었다.

유도발은 애주가였으나 외상으로 술을 마시지 않았고 80세가 될 때
까지 담배를 피우지 않았다. 또한 문밖을 나가서는 항상 손을 만나는
것처럼 공경스럽게 행동했다.

만년에 유도발은 의성군 신평면新平面 덕암리德巖里에 우거하였다. 그
는 회은晦隱이라 자호自號하였는데 세상을 피해 숨어 지내겠다는 뜻이
었다.

1899년 여름 5월에 도처에서 도적이 일어나니 모두들 이를 날마다 듣
고는 두려워하였고, 인근 마을에서도 폭력으로써 약탈을 당하는 일이
많았다. 하루는 유도발의 집에도 강도 수십 명이 각각 병기兵器를 가지
고 돌입하여 날뛰면서 공갈협박을 하였는데, 그는 위협하는 것을 보고
두려워하는 빛이 없었다. 그러면서 아들 유신영에게 "내가 집에 새로 익
힌 박주薄酒가 있다는 것을 안다. 어찌 안주를 준비하여 손에게 제공하
지 않겠는가?"라고 하였다. 유도발의 이러한 덕행에 약탈을 일삼는 도적
들도 감화를 받아 화를 면하였다고 한다.

유도발은 당대의 여러 학자들과 교유하였다. 그는 유도성柳道性(石湖),
유도헌柳道獻(田園), 유도수柳道修(柳道直), 유도구柳道龜(江軒), 유도창柳道昌,
유도응柳道鷹, 유도필柳道弼, 이만인李晚寅(龍山), 이만수李晚綏, 강희운姜熙
運, 장석룡張錫龍(游軒), 이수형李壽瀅(曉山), 이종기李種杞(晚求), 신긍휴申肯

休, 김상흠金尙欽 등과 함께 모여 학문 토론을 벌이기도 하고, 시를 짓거나 술을 마시기도 하였다. 그가 지은 만사, 시, 편지 등을 통하여 그의 교유 관계를 알 수 있다.

유도발은 평소 매번 공부할 기회를 놓친 것을 한스럽게 여겨 글을 잘 짓지 못한다 자처하였으나 한가하게 홀로 지낼 때는 일찍이 책을 놓지 않았다. 매일 밤 『서애집』西厓集에 있는 「독침불괴금명」獨寢不愧衾銘 등의 글을 암송하였다.

유도발의 학문 역시 이황 이후 지속되어 온 영남 학풍에 무젖어 있음을 알 수 있다. 즉 그는 "심心은 한 몸의 주재主宰로서 정성情性을 통섭하고, 이기理氣를 갖추고 있고, 덕행과 사업이 심으로보터 나오며, 귀·눈·코·입과 손과 발의 동정動靜이 모두 심의 명령을 듣는다"고 생각하였다. 비유하면 집에 가장家長이 있은 뒤에 백 가지 사무事務가 얽힌 것에 대응할 수 있고, 나라에 임금이 있은 이후에 만방萬方의 통령統領을 관섭管攝할 수 있는 것과 같다는 것이었다. 그러므로 성현聖賢의 허다한 가르침이 모두 '심'心 자 위에서 설명이 되니 요순堯舜의 정일精一과 하夏·은殷·주周 3대代의 예제禮制와 공자의 '극기복례'克己復禮, 『중용』中庸의 '신독'愼獨이 모두 이 심心을 존양存養하여 대본大本을 세우고 도道에 통달하는 요령이 되며, 성誠과 경敬은 곧 심心을 잡는 매우 절실한 단 한 가지 약재藥材라고 하였다.

유도발은 옛사람의 공부가 모두 이 심心에서 말미암으며, 성학聖學의 도道 역시 이와 같을 뿐이라고 하였다.[31] 유도발은 도道가 사람에게 있는 것은 예나 지금이나 마찬가지이고 또 일찍이 없어지거나 쉬지도 않으며 만세토록 탈이 없으니 지금 시대에 고증해 보아도 거의 그렇다고

---

31 『晦隱遺稿』 권1, 雜著, 學要說.

　　　　　　　　　　제3부 유림의 현실 인식과 대응

하였다.

그런데 유도발은 자신이 소년기와 청년기에 학문에 깊이 몰두하지 못했음을 늘 안타깝게 여겼다. 아들 유신영에게 그는 "옛사람이 이르기를 '젊은 시절에 독서하지 않으면 만년에 그 무료함을 이기지 못한다'라고 하였는데 이 말은 가장 잘 표현한 것이다. 고금의 공부하는 기회를 놓친 사람은 날마다 친구들과 더불어 한갓 휩싸여 놀다가 노년이 되어 홀로 남아 한 사람도 나의 곁에 가까이 오는 이가 없고 마음에 붙는 바가 없어 흔들흔들 떨어지는 버들개지가 바람 따라 정처 없이 떠다니는 것 같으니 그 무료를 이기도록 하는 것이 마땅하다. 너는 모름지기 생각 날 때마다 선언善言을 적어 두어 게으른 생각을 가지지 말도록 하라"라고 가르쳤다.

유도발은 병산서원 강회講會에 참석한 사람들에게도 "바라건대 제군諸君들이 그 근본으로 돌아가고 그 실제를 닦아 선생의 가르침과 제자의 배움이 이 시대에 다시 밝혀진다면, 작은 마을의 충신忠信으로도 그 나라를 선하게 할 수 있고 앞으로 법이 될 수 있다"라고 강조하였다. 그는 또 유규가 만든 원규院規에 의거하여 학습할 것을 주장하기도 하였다. 그가 이러한 교육을 통하여 얻고자 했던 것은 대의大義를 잃지 않고 효제孝悌의 도道를 다하며 예양禮讓의 풍속을 이루는 것이었다.[32]

2) 유도발의 순국

유도발은 19세기 말 조선이 이미 바람 앞의 등불 같은 상황에 처해 있음을 누구보다 잘 알고 있었다. 그 자신이 아버지 유진휘를 따라 서울에서 생활하였고 고을 원으로 있던 아버지를 따라 지방에서 생활한

---

32 『晦隱遺稿』 권3, 序, 屛山書院講會序.

적이 있었던 그는 당시 조선이 위기에 처해 있음을 알고 「시무편사론」時
務便私論을 지어 제자들에게 구습舊習을 버리고 각자 나라의 일에 책임
지고 정성을 다할 것을 촉구하였다.[33]

유도발은 당시 사회가 조정에서부터 민간에 이르기까지 편의만을 추
구하고 당론黨論에 의거하여 움직이고 있다고 보았다. 그는 우리나라의
지리적 위치가 사방으로부터 외침을 받을 수 있으므로 변방을 수비하
고 민력民力을 향상하고 국가 재정을 확충해야 한다고 하였다. 사정私情
에 따라 행동하거나 권력을 도둑질하여 오로지 자기 당黨을 심는 것에
힘을 쓰면 부서지고 가루로 변할 것이고, 그렇게 되면 국가의 안위와 민
생의 도탄에 대해서는 생각할 수 없게 된다고 주장하였다.

아울러 유도발은 밖으로는 교린交隣의 도道를 강구하면서 안으로는
자강自强의 대책을 세워야 후일의 성공을 바랄 수 있다고 생각하였다.
그렇지 않고 강화講和를 하는 것을 다행으로 여겨 무기를 놓고 문호門戶
를 열어 일을 맡기고 섬기게 된다면 일본의 노예나 포로가 될 것이라고
하였다. 그러니 털끝만큼의 사의私意도 지님 없이 각자 나랏일을 스스
로 맡아 정성과 힘을 다하여 앞날을 징계하며 뒷날을 위해 삼가 방비를
해야 한다고 여겼다.

이렇게 나라의 현실은 어려워져 가고 있던 중, 1906년에 하회의 학문
적 지주였던 유도성柳道性이 작고하였고, 1908년에는 유도석柳道奭(柳疇睦
의 아들, 慈仁縣令)이 작고하였다. 풍산 유씨 문중의 어른들이 연이어 세상
을 떠나고 있는 것이었다.

1910년 8월 유도필柳道弼의 집에서 피서避暑를 즐기던 유도발은 8월
21일, 비로소 일본이 우리나라를 강점했다는 소식을 들었다. 9월 28일

---

33 『晦隱遺稿』 권1, 雜著, 時務便私論.

　　　　　　　제3부　유림의 현실 인식과 대응

하회에 간 그는 선묘先墓에 두루 절하고 방황하고 머뭇거리며, 스스로 선조에 대한 느낌과 어려운 시대에 대한 상심의 감회를 금치 못하여 시 한 수를 읊었다.

시절은 훌쩍 가을로 변했는데	時序居然接素秋,
성묘하고 옛날을 회상하니 눈물이 쏟아지네.	省楸回憶淚橫流.
슬프도다! 나라 찾을 힘 없으니 우리 선조 생각나고	嗟無再造追先烈,
정신과 생각 견디기 어려우니 천하를 무엇으로 위로하리.[34]	叵耐神思慰九州.

이어서 유도필이 유도발을 찾아와서 전패殿牌(임금을 상징하는 '殿' 자를 새겨 각 고을의 객사에 세운 나무패)가 훼철되었다는 변고를 자세히 설명하였다. 유도발은 눈물을 흘리며 "종묘사직이 망했고 전패가 훼철되었다. 여러 왕들의 깊은 어짊과 두터운 은택이 이같이 징험이 없으니 천리天理를 진실로 알 수 없다"라고 통탄하였다. 이어 "그렇다면 병산서원屛山書院의 사당문을 보통 때처럼 열고 닫는 것도 미안하지 않은가"라는 유도발의 말에 유도필도 그렇겠다고 동의하자, 유도발은 "내 나이 80에 나라가 파破하고 임금이 망亡하여 장차 이국異國의 포로가 되겠으니 그 욕됨이 심하다. 하물며 세신世臣의 후손임에 있어서야!"라고 한탄하였다.

유도발은 유도필과 하룻밤을 지새면서 우국憂國의 정情을 억누를 수 없어 다시 소회를 시로 읊었다.

---

34 『晦隱遺稿』 권1, 詩, 庚戌九月二十八日徧拜先墓彷徨躑躅自不禁感先傷時之懷因呼一絶.

삼천리를 자리 걷듯 해 버렸으니   席捲三千里,

이십팔 왕에 욕됨이 미치었다네.   辱及卄八王.

누가 서애 할아버지의 뒤를 이어서   有誰繩祖武,

다시 옛 강토를 되찾겠는가.[35]   復造舊封疆.

마침내 마음을 결단한 유도발은, 교유하던 사람들에게 일일이 마지막 결별을 하였다. 자손들에게는 비록 결별하는 말은 없었으나 경계하고 권면함이 전날과 달랐다. 그리고 선영先塋을 참배하고 돌아와 자리를 펴고 임금이 계신 북쪽을 향하여 네 번 절하고는 밥술을 들지 않았다.

11월 11일(음력 10월 10일)에 이르러 유도발은 드디어 식음食飮을 끊고, 마지막으로 유서遺書를 남겼다.

내가 좋은 시절에 태어나서 늙어 일찍이 학식으로 남에게 칭찬을 받지 못하고 지금에 이르러 나이가 80이 가까이 되었다. 종사宗社가 망하여 장차 이국異國의 백성이 되겠으니 남은 해가 얼마 없는데 구차하게 살기를 도모하는 것이 또한 욕된 것이 아닌가? 이후론 다시 음식을 나에게 권하지 말라. 장자 신영臣榮이 눈물을 흘리며 나에게 아뢰기를 "선비가 의義에 처함은 대부大夫와 같지 않으니 어째서 꼭 이와 같이 하십니까?" 하였으나, 나는 우리 할아버지(유성룡)의 후손으로 선군(유진휘)을 모시고 세 고을의 녹을 먹었으니 어찌 관직이 몸에 없다고 말을 하겠는가? 내 뜻이 이미 정해졌으니 다시는 길게 말하지 말라.

---

35 『晦隱遺稿』권1, 詩, 石宗翁自比安還夜與聯枕備說殿牌毁撤之變聞則泫然揮淚曰宗社亡矣殿牌撤矣列聖朝深仁厚澤若是無徵天理誠不可知也因言曰然則屛院廟門依常時開閉不亦未安乎石宗翁亦唯唯達夜聯衾有詩.

    제3부 유림의 현실 인식과 대응

○ 초상初喪은 정결精潔함에 힘쓰고 의건衣件을 많이 사용하지 말고 또 한 이색異色을 사용하지 말라.

○ 장례葬祭은 반드시 박략薄略하게 하고 장사도 속히 지냈으면 한다.

○ 신주神主를 만들지 말라. 묘주廟主도 묻어서 맑고 태평한 세상을 기 다렸으면 한다.

○ 명정銘旌은 '대한처사'大韓處士로 쓰면 좋겠다.

○ 내가 단식하여 죽으면 너희들의 정情에 반드시 남은 한恨이 있을 것 이나 이것은 다만 구체口體의 말절末節이다. 옛사람이 이르기를 양지 養志가 귀한 것이 된다고 하였으니 이것이 진실로 나의 뜻이다. 너희 들이 만약 양지의 의義를 안다면 또한 대소의 구분을 알 것이다. 모 름지기 음식을 더하여 병이 생기지 말게 하여 나의 뜻을 몸소 이해 하도록 하라.[36]

유도발은 "종묘宗廟가 훼철되었는데 사묘私廟를 옛날대로 봉안하는 것은 크게 편치 못한 것이다. 진작 신주神主를 묻어 광복光復이 되는 날 을 기다렸으면 한다"라고 하면서, 직접 「합방후매주축」合邦後埋主祝을 짓

---

36 『晦隱遺稿』 권2, 書, 遺書. "吾生老明時, 曾無學識之見稱於人, 到今年迫八十, 宗社 墜亡, 將爲異國之民, 餘年無幾, 苟且偸生, 不亦辱乎? 此後更勿以飮食勸我也. 長子 臣榮泣白, 曰士之處義, 不與大夫同, 何必如是? 曰吾以吾祖之孫, 侍先君, 食三郡祿, 豈以官職之無於身爲言耶? 吾意已定, 更勿長言也.
○ 初喪, 務要精潔, 勿多用衣件, 亦勿用異色也.
○ 葬祭, 必須薄畧, 葬亦速爲之, 可也.
○ 勿爲造主, 廟主亦埋安, 以待淸平, 可也.
○ 銘旌, 以大韓處士, 書之, 可也.
○吾不食而死, 汝輩之情, 必有餘恨, 而此特口體之末節. 古人云養志爲貴, 此實吾志, 汝 輩若知養志之義, 則亦知大小之分矣. 須加飮食, 勿生病以體吾志也."

기도 했다.[37]

유도발은 "명정銘旌은 '대한처사'大韓處士로 쓰라"라고 하였는데, 이는 비록 나라는 잃었지만 자신은 대한제국大韓帝國의 백성이었음을 천명한 것이었다. 또한 "내가 단식하여 죽으면 사람의 자식된 정리情理에 반드시 남은 한恨이 있을 것이나 구체口體는 말절末節이다. 옛사람이 이르기를 양지養志가 귀한 것이 된다고 하였으니 이것이 진실로 나의 뜻이다."라는 말 외에 집안의 일에 대해서는 한마디 말도 언급하지 않았다.

1910년 11월 12일 유도발은 「자탄」自歎 시詩 한 수를 읊어 단식 자결의 의지를 표명하였다.

태어나 재지才智 없음 나만 한 이 없는데	生無才智莫如儂,
차마 우리나라 옛날 모습과 다른 것을 보겠는가.	忍見靑邱異昔容.
풍정楓井의 하계霞溪 이령공二令公께서 나를 앞서 가셨으니	楓霞二令先我逝,
그때 따라가지 못했던 것이 한스럽구나.[38]	恨不同時下相從.

유도발은 자신의 단식 자결이 늦었음을 한스러워하였다. 여기서 풍정楓井의 하계霞溪란 이면주李冕宙(宗正院卿)를 가리킨다. 1910년 이면주의 단식 자결은 유도발에게 깊은 영향을 주었다. 이에 큰아들 유신영이 울면서 "선비가 의義에 처함은 대부大夫와 같지 아니한 법인데 어째서 꼭 이러십니까?"라 간諫하자 이에 유도발은 "우리 할아버지(유성룡)의 자손으로 돌아가신 아버지를 모시고 세 고을의 녹祿을 먹었으니 나 자신이

---

37 『晦隱遺稿』 권4, 祝文, 合邦後埋主祝.
38 『晦隱遺稿』 권1, 詩, 自歎.

　　　　　　　　　　　제3부 유림의 현실 인식과 대응

벼슬이 없었다는 것으로 논할 수 없다. 또한 우리 집은 10세世를 이어온 것이 충효忠孝 대절大節에서 벗어나지 않았는데, 아침에 죽을지 저녁에 죽을지 모르는 날을 당하여 구차하게 살기를 구하는 것이 또한 비루하지 않은가? 의리상 그 곡식을 먹지 못하겠다. 내 뜻이 이미 정해졌으니 더 이상 긴 말을 하지 말라"라고 하였다. 이같이 유도발은 유성룡으로부터 10세를 이어 '충효'를 지켜 왔다는 생각을 깊이 새기고 있었다.

유도발은 11월 13일 밤 유난영柳蘭榮(자 士輝)을 생각하며 시를 지었다.

선정에서 피서하던 날   先亭避暑日,

강가에서 손잡고 노니니 날이 저물었지.   携手暮江洲.

이번 길 이제 이미 정하였으니   此行今已定,

만 가지 일은 물을 따라 동으로 흘러가네.[39]   萬事水流東.

바로 다음날 밤 그는 유도필柳道弼(자 輔汝)을 생각하며 시를 지었다.

공산空山 속에 밤은 깊고도 깊은데   長夜空山裏,

지리하게 변방의 기러기 소리 들리누나.   支離聽塞鴻.

그대를 생각하는 마음 다함이 없으나   思君意不盡,

앞길은 어찌나 바쁜 것인지.[40]   前路奈悤悤.

이어 11월 15일 밤에는 종제 유도구柳道龜(자 齡叟)를 생각하며 시를 지었다.

---

[39] 『晦隱遺稿』 권1, 詩, 憶三從姪士輝蘭榮.
[40] 『晦隱遺稿』 권1, 詩, 憶三從弟輔汝道弼.

입에 곡기穀氣를 끊으니   口盡烟火氣,
이 마음이 허령虛靈함을 깨닫겠네.   此心覺虛靈.
낙토樂土는 정녕 어디에 있는가   樂土定何處?
유유히 홀로 가는 심정이라네.[41]   悠悠獨去情.

유도발은 11월 16일 밤에도 또 한 수의 시를 읊었다.

온갖 생각 재처럼 싸늘해지니   萬念從灰冷,
어찌 아녀兒女처럼 슬픈 빛 짓겠나.   寧爲兒女悲.
이 길이 이미 늦은 것을 슬퍼하노니   此行嗟已晚,
서로 볼 날은 다시 어느 때일까.[42]   相見復何時?

위의 시에서 유도발은 자신의 단식 자결이 늦었음을 언급하고 자신의 친지들과 후일 저승에서 서로 만나자고 하였다.

한편 유도발은 자결하기 10일 전인 1910년 11월 17일 밤에 「자명」自銘을 지어 자신의 뜻을 표현하였다. 특히 그는 「자명」에서 스스로를 애도하면서 평생을 정리하고 있다.

태어나서는 어찌나 우둔愚鈍하였던고,   生何愚鈍,
자라서는 또한 성글고 게을렀네.   長亦疎慵.
늙어서는 어찌 강건康健하였나,   老何康健,
목숨 잘 마치기를 바랐도다.[43]   願爲善終.

---

41 『晦隱遺稿』 권1, 詩, 憶從弟齡叟道龜.
42 『晦隱遺稿』 권1, 詩, 又.
43 『晦隱遺稿』 권3, 銘, 自銘.

　　　　　　　　제3부 유림의 현실 인식과 대응

　1910년 11월 18일 밤에 유도발은 자신의 호號 '회은'晦隱에 대한 의미를 '지'識로 지었다.

이름나지 않는 것 은隱이라 하고
몸 드러나지 않는 것 회晦라고 하네.
회晦와 은隱으로 길이 마치리니
회晦여 은隱이여
내 좋아하는 바를 따르리.[44]

名不聞曰隱,
身不顯曰晦.
且將晦隱以長終,
晦兮隱兮,
從吾所好.

　유도발은 11월 25일에 일본 관리가 와서 면회를 청하여 단식을 만류하니 큰 소리로 "불공대천不共戴天의 원수를 어찌 상대할 수 있겠는가? 울분을 이기지 못하겠다"라고 하였다.

　단식 17일째인 11월 27일 저녁(酉時경)에 유도발이 향탕香湯(향을 넣어 달인 물. 염습하기 전에 시신을 씻는 물)을 올리라고 하자, 자식들이 차마 올리지 못하였다. 유신영이 울자 유도발은 "이러한 망극한 상황을 당하여서는 순응하여 따를 뿐이니 속히 향탕을 가져 오라" 하고 향탕으로 직접 몸을 깨끗이 씻고 자리를 바르게 하고 편안하게 세상을 떠났다.

　유도발이 순국했다는 소식이 전해지자 원근의 선비들은 모두 놀라 분주하고 실성하고 통곡하지 않는 이가 없었다. 그의 자결을 애도하는 뜻에서 하루 이틀간 밥을 짓지 않는 이도 있었다.

　유도발은 벼슬하지 않는 선비로서, 국가가 일본에 빼앗긴 시점에 대의大義를 실천하고 대절大節을 세웠던 것이다. 그런데 그의 단식 자결과 관련하여 유성룡이 1607년 2월 12일에 지은 시에 주목할 필요가 있다. 이

---

44 『晦隱遺稿』 권3, 識, 晦隱識.

미 앞에서 살펴본 유성룡의 시에 비추어 볼 때 유도발은 충효忠孝의 도道
를 다하였고 유성룡의 후손이 됨에 조금도 부끄러움이 없었던 것이다.

유도발이 단식 자결하자 많은 선비들이 그를 애도하였다. 그중에서
도 특히 이중업李中業의 제문祭文은 자기 아버지 이만도李晚燾와 함께 단
식 자결한 유도발의 순국 정신을 높이 기리고 있다.

> 아! 선생의 상喪과 우리 아버지의 상喪이 처한 상황은 비록 다르지만 실
> 천한 의義는 같습니다. 무릇 타고난 천성을 지니고 있는 자 중에 우리
> 아버지를 곡哭하는 것으로 선생을 곡哭하지 않음이 없고 선생을 곡哭하
> 는 자 중에 우리 아버지를 곡哭하지 않는 이가 없습니다. 하물며 선생의
> 아들이 된 자와 우리 아버지의 아들이 된 자는 어떠하겠습니까? (중략)
> 또한 들으니 나라가 망함에는 필부필부도 책임이 있다고 합니다. 만약
> 오늘의 필부필부가 모두 선생의 마음을 가지고 모두 선생께서 하신 일
> 을 한다면 나라를 되찾을 수 있을 것입니다. 그러므로 선생께서는 바위
> 틈에 고상하게 숨어사는 선비로서 홀로 이러한 정미精微한 뜻을 터득하
> 시어 이렇게 지극히 어려운 일을 행하시어, 한편으로는 충정忠貞에 힘썼
> 던 조상의 계통을 이으시고 한편으로는 끊어진 인기人紀를 부지했으니,
> 관직에 있는 자가 순직한 것에 견주어 보아도 더욱 어려운 일을 하신 것
> 입니다. 이것은 좁은 소견으로 헤아릴 바가 아니나 인仁을 구하여 인仁
> 을 얻었으니 반드시 후세에 정평定評이 있을 테니 소자들은 마땅히 애
> 통한 마음을 지니고 기다릴 따름입니다.[45]

---

45 『起巖遺稿』제11책, 祭文, 祭晦隱柳公文; 『晦隱遺稿』권7, 附錄, 祭文(李中業). "嗚
呼! 先生之喪, 吾父之喪, 所處之地雖殊, 所秉之義同, 凡有彝性者, 莫不以哭吾父者,
哭先生, 哭先生者, 哭吾父, 而況爲先生之子, 爲吾父之子者乎. (중략) 抑又聞之, 國之
亡也, 匹夫匹婦, 與有責焉, 若使今日之匹夫匹婦, 皆有先生之心, 皆爲先生之事, 則國

610

1911년 3월 22일(음력 2월 22일) 안동의 유림들이 모여 화산花山에 유도발을 장사 지냈다. 이명상李明翔이 묘갈명墓碣銘을 지었다. 유도발의 신위神位는 전북 진안鎭安의 대한이산묘大韓駬山廟[46]에 배향되었고 1962년 그에게는 대한민국 건국훈장 독립장이 추서되었다.

4. 유신영의 삶과 순국

1) 유신영의 삶과 학문

유신영은 자는 경부敬夫이고 호는 하은霞隱, 또는 석간石竿이다. 유성룡의 11세손으로, 아버지는 유도발이고 어머니는 안동권씨로 권구權榘(屏谷)의 후손인 권장權璋의 딸이다.

유신영은 1853년(철종 4) 6월 17일 안동군 풍천면 하회동(지금의 안동시 풍천면 하회리)에서 출생하였다. 유신영은 어려서부터 영리하고 비범하였으며, 뜻이 크고 기개가 있었다. 재예才藝가 빼어났고 그 모습이 깨끗하고 훤칠하였으며, 의지가 굳세고 강직하며 강개慷慨한 기백을 타고났다. 7세부터 공부를 시작하여, 매월 초하루에 실시하던 강학講學 시험에서 우수한 성적을 거두었다.

可爲矣. 故先生巖穴高遯之士, 獨見得此個精微, 爲此至難之事, 一以紹忠貞之先緖, 一以扶墜絶之人紀, 其視官守者之死於其職, 尤有難焉, 此非小腹之所能料度, 而求仁得仁, 必有後世定評, 小子輩, 當齎痛而是竢也."

46 駬山廟는 전라북도 진안군 마령면 동촌리에 있는 사당으로 일제강점기에 유림들이 일제에 항거하기 위해 1925년에 건립하였다. 광복 후인 1946년에 懷德殿을 완공하였고 이어 永慕祠와 永光祠를 차례로 세웠다. 회덕전에는 단군과 조선 태조, 세종, 고종의 위패가 봉안되어 있고 영모사에는 조선의 충신으로 추앙받는 유림 40위의 위패가, 영광사에는 을사늑약 후에 순국한 선열인 송병선, 최익현 등 33위의 위패가 모셔져 있다. 2004년 7월 30일 전라북도 기념물 제120호로 지정되었다.

유신영이 평소 학습한 것은 오직 유성룡의 '충효'의 가르침이었다. 그는 평소 생활하면서 항상 "사람이 충효의 마음이 없으면 집에 있어서는 도리에 어긋나게 행동하는 자식이 되고 나라에 있어서는 임금을 반역한 신하가 될 것이다"라고 말하였고, "사람이 불의不義로 살기보다는 죽는 것이 낫다"고도 하였다. 또한 "맹자가 말하기를 '부귀富貴가 능히 음란하게 하지 못하고 빈천貧賤이 능히 뜻을 옮기게 하지 못하며 위무威武가 능히 굽히게 하지 못하는 것, 이것을 일러서 대장부大丈夫라고 한다'고 하였으니, 사람이 항상 이 마음을 두어야 한다"라고 하였다.

유신영은 젊은 시절에 주위의 교육 환경이 비교적 좋은 편이었다. 그의 소년기 학습은 풍산 유씨의 가학家學에 의거하고 있었다. 당시 하회에서는 유신영의 할아버지 유진휘柳進徽(華西)가 서울에서 벼슬살이를 하고 있어, 큰할아버지 유진황柳進璜이 집안의 교육을 담당하고 있었다. 그리고 작은할아버지 유진우柳進瑀가 서당에서 훈장을 맡고 있었고, 종숙부 유도구柳道龜가 또한 스승으로 있었기 때문에 이들로부터 교육을 받았다.

또한 당시 하회에서는 유도성柳道性(石湖)이 대표적인 학자로 풍산 유씨의 가학을 주도하고 있었다. 유신영은 이 유도성의 문하에 나아가 학업을 익혀 기대와 인정을 한 몸에 받았다. 그런가 하면 외삼촌 권익權鑛[47]의 문하에서 종유하며 김명한金明漢(鶴樵)과 권준희權準羲[48] 등과 책상을

---

47 권익(1822~1876)은 권장의 아들로 權玶(자 致玉)의 양자가 되었다. 그의 자는 士重이고 호는 根窩이다. 遺稿가 있고 『文獻博攷』를 지었다. 金相寅(九皋)이 행장을 짓고 金道和가 묘갈명을 지었다.

48 權準羲(1849~1836)는 權鑛의 아들로 권익에게 양자 나갔다. 자는 啓象이고 호는 友巖이다. 권준희는 안동 풍서면(현재 풍천면) 가곡리에서 태어났다. 풍기광복단에 가담하여 군자금 모집 활동을 하였다. 그는 또 대한광복회의 고문직을 맡기도 하였다. 柳時萬·權準興·權寧植 등과 함께 군자금을 모금하여 朴尙鎭에게 전달하였고, 이로 인

     제3부 유림의 현실 인식과 대응

함께 쓰며 공부하기도 하였다.

유신영은 1913년부터 속리산에 살면서 오석도吳錫燾와 친하게 지냈다. 오석도는 유신영의 출처대의出處大義를 존경하여 그를 따랐고 그에게서 보고 느낀 바가 많았다. 그는 뒷날 유신영의 아들 유종묵柳宗黙의 부탁으로 유신영의 행장을 지었다.

유신영은 1884년 이후부터 시사時事가 크게 변하자 항상 답답하게 지내며 비분강개하였다. 그는 마침내 과거 시험 공부를 단념하고는 여가에 때때로 서책을 가까이하였다. 그러나 늘 "집이 가난하고 어버이가 늙어 부모님을 섬기는 예절을 항상 마음에 두느라, 책을 보는 데 뜻을 두지 못하여 마침내 '책은 책대로 나는 나대로'가 되어 버린 것이 탄식이 된다"라고 한탄하였다.

1894년 동학농민군東學農民軍 수천 명이 용궁龍宮과 예천醴泉 지역에 모였을 때 유도성柳道性은 유신영에게 "동학도를 해산하는 대책은 오직 군君이 담당할 수 있다"라고 하였다. 이에 유신영은 집안 자제들과 마을과 면의 장정 500명을 거느리고 그 근거지로 가서 대표를 불러 의義로써 깨우치어 교화를 시켜 물러나게 하였다. 동학도들이 무리를 거느리고 돌아가니 온 고을이 기뻐하였고 유신영을 맞이할 때에 모두 그 위엄에 복종하였다고 한다.

1895년 8월에는 일제의 만행으로 명성황후가 시해되었다. 그리하여 이해 말부터 전국에서 의병이 일어났다. 이때 호서소모장湖西召募將 서상렬徐相烈이 유인석의 편지를 가지고 하회에 도착하였다. 유도성이 유신영을 추천하여 상대하게 하니 서상렬이 한번 보고 서로 의견이 통하

하여 그는 1918년 일본 경찰에게 체포되었다. 세상을 떠난 뒤에 權相圭가 행장을 지었다.(김희곤, 『안동독립운동가 700인』, 안동시, 2001)

여 매우 기뻐하였고 함께 제천의 유인석 군영에 나아갔다. 유인석은 유신영을 중하게 대하고 전략에 대하여 많은 자문을 구하였다.

1896년 말 안동에서 대규모의 의병운동이 일어나 의병진義兵陣에서 군려軍旅를 정비하여 유신영을 불렀으나 그는 아버지가 병중에 있어 사양하였다. 그러나 강청强請을 마지않자 그는 권세연權世淵이 이끄는 의병진의 참모參謀가 되어 군사 훈련과 군량을 운반하는 대책에 대해 진술하였으니, 군문軍門에서 그의 지식과 도량이 넓고 원대함에 복종하지 않는 이가 없었다.

1896년 유신영은 아버지를 모시고 의성 덕암리德巖里로 이사를 갔다. 두 부자는 어지러운 세상을 피할 뜻이 있었다. 당시에 의성의 의병장이 유신영을 초청하였다. 유신영이 마침 군문軍門에 이르러 대장大將이 융복戎服으로 단壇에 오른 것을 보고는 대장에게 "공은 적을 토벌하지 못하면 장사를 지내지 않는다(상복을 벗지 않는다)는 의리에 대해서 듣지 못했는가? 지금 국상國喪 중이므로 군문軍門은 모두 마땅히 흰 옷을 입어야 하거늘 공이 융복을 입는 것은 무엇 때문인가? 장군이 입은 바가 과연 예禮에 합당한가?"라고 하니 대장이 그 의리에 감복하고 군사들에게 모두 흰 옷을 입게 하였다. 그가 이런 말을 한 것은 당시 나라가 명성황후의 상중에 있었기 때문이다.

1905년 을사늑약이 성립되고 일본의 침략 기세가 점점 더해져 가자, 유신영은 항상 분탄憤歎하고 한숨을 쉬면서 세상에 살 생각이 없어져 갔으나 독서하고 힘써 행하는 뜻은 더욱 견고하고 또한 깊어져 갔다. 그러다가 1910년 경술국치庚戌國恥 뒤에 아버지 유도발이 단식을 시작하여 17일 만에 순국하자 유신영은 나라가 망하고 아버지가 비명에 세상을 떠난 것을 통탄한 나머지 때때로 방언放言을 하는 등 거리끼는 바가 없었다. 그는 1910년 일본에 의해 나라를 빼앗기고 서울의 모습이 양풍洋

  제3부 유림의 현실 인식과 대응

風으로 변해 가는 것을 보며 슬픈 감회가 들어 시 한 수를 짓기를, "장지壯志는 오히려 남아 있어, 몸이 이미 늙었으나, 다만 몸에 지닌 것을 견딜 만하고, 술을 마시면서 쉬는도다"라고 하였다.[49]

유신영은 아버지가 세상을 떠나자 가슴을 치고 울부짖으며 사흘 동안 마실 것을 입에 대지 않았다. 상례, 장례, 제례는 당시에 금지하는 것이 많아 예禮대로는 정情을 다하지 못하였다. 유신영은 아침저녁으로 슬프게 울부짖으며 피눈물을 흘렸으니, 매번 아버지를 따라 죽으려는 뜻이 있었다. 그는 "임금과 아버지의 원수는 비록 5세世나 6세 후에라도 오히려 반드시 갚아야 하거든, 하물며 내 몸에 직접 관계됨에 있어서랴"라고 하였고, 또 "상황上皇이 위에 계신데 어찌 기다림이 있지 않겠는가?"라고도 말하였다.

유신영은 1912년 3년상을 마친 뒤 의義가 일심一心으로 굳어 하루도 이를 일찍이 마음에 잊은 적이 없었다고 한다. 나라를 잃은 슬픔에 더하여 아버지마저 단식으로 세상을 떠나자 그는 고향을 떠날 생각을 굳혔다. 1913년, 충청도 보은에 있는 속리산이 뜻에 맞아 그는 그 산속으로 이사하여 살며 속세와 인연을 끊을 계획을 세웠다.[50]

유신영은 속리산에 살면서 세 번이나 이사를 하였다. 1915년 겨울까지 속리산 천왕봉天王峯 아래 삼가리三街里에 거주하였다가, 그해 겨울 그곳으로부터 수십 리 남짓 떨어진 구병산九屛山 봉비촌鳳飛村으로 이사하여 살았다. 마지막 거주지는 불목리佛目里였다. 그때마다 몇몇 문인들이 찾아와 문하에 출입하였는데, 가르치는 내용은 충효에 근본하여 미루어 나가게 하였다.

---

49 『霞隱遺稿』권2, 詩, 九秋遊漢城感懷.
50 속리산은 일명 曠(廣)霞山이라고 하는데 이때부터 유신영은 광하산에 숨었다 하여 '霞隱'이라 自號하였다.

유신영은 때때로 『중용』中庸과 『주역』周易 계사전繫辭傳을 외우고, 「장자방전」張子房傳과 제갈량諸葛亮의 「출사표」出師表를 소리 높이 낭독하기도 하였다. 특히 유신영은 『중용』을 지속적으로 읽었다. 그는 『중용』을 익숙히 읽으며 자신을 돌아보아야 한다는 말에 맛이 있고 자못 힘을 얻게 하는 곳이 있다고 하면서, 죽기 전에 이 책을 읽으면서 시간을 보낼 수 있겠다고 하였다.[51] 그러면서 "일찍이 인仁하고 그 어버이를 버리는 자가 있지 않으며, 의義하고 그 임금을 뒤로하는 자가 있지 않다. 그러므로 임금과 어버이의 대절大節에 털끝만큼이라도 직분을 다하지 못하는 바가 있으면 사람이 아니다"라고 하였다.

유신영은 평소 자연을 사랑하고 자연 속에서 생활하였다. 그는 전원田園의 즐거움이 무엇인지 잘 아는 사람이었다. 1913년 3월 28일부터 4월 27일까지는 한 달 가까이 상주, 선산, 칠곡, 대구, 성주, 합천, 의령, 진주 등 영남을 두루 유람하면서 시를 지었다.[52] 나라를 잃고 아버지마저 잃은 심정을 달래기 위하여 택한 여행이었다. 또한 그는 아버지 유도발이 하회에서 의성의 덕암德巖으로 이사하여 자연 속에서 조용히 숨어 살았던 것처럼, 속리산 깊은 산중에서 집을 짓고 살았다. 그는 '봄여름 사이에 푸른 이끼가 섬돌에 가득 끼고, 찾아오는 사람은 없고, 소나무 그림자가 어른거리고 새소리가 들리는 가운데 낮잠을 즐기며, 산에 샘물을 길러 오고, 소나무 가지를 주워 차를 달여 마시는' 생활을 하였다. 또 『주역』周易과 『시경』詩經의 국풍國風, 『춘추좌씨전』春秋左氏傳, 「이소」離騷, 『사기』史記, 도잠陶潛과 두보杜甫의 시, 한유韓愈와 소식蘇軾의 글을 여러 번 읽었다.[53]

---

51 『霞隱遺稿』 권4, 書, 與友巖內兄 丙辰.
52 『霞隱遺稿』 권3, 南遊日錄.
53 『霞隱遺稿』 권4, 雜著, 田園樂.

 제3부 유림의 현실 인식과 대응

유신영은 좋은 날이면 아름다운 경치를 찾아 벗을 불러 대작對酌을 하고 성령性靈을 쏟아 내었는데, 두보杜甫가 지녔던 우국憂國의 뜻과 육유陸游(劍南)의 강개한 말이 아닌 것이 없었다.[54] 조용히 산길을 산보하다가 소나무와 대나무를 어루만지고, 새끼 사슴과 송아지와 더불어 길게 뻗어 있는 숲 향기로운 풀 사이에 쉬기도 하였다. 짤막한 시를 짓고 다시 차 한 잔을 달여 시냇가로 나가서 전옹田翁과 계우溪友와 더불어 뽕나무, 삼, 메벼 등 농사 이야기를 즐겨하였다.[55]

이처럼 유신영은 자연을 사랑하고 감상할 줄 아는 시인이었다. 그는 강낙형姜樂馨·오석도吳錫燾·이만호李晚護·이중기李中夔 등과 모여 시를 짓기도 하였다.[56] 유신영이 지은 시문은 모두 청건淸健하고 고아古雅하였다. 특히 속리산에 들어가 순국할 때까지의 시기에 지은 글은 더욱 성정性情을 쏟아 낸 것이 측달惻怛하고 비장悲壯하고 격렬하여 읽는 사람으로 하여금 자기도 모르게 머리털이 서고 눈물을 흘리게 하였다. 이러한 시를 쓰며 자연과 더불어 생활하면서도 그는 자신에게 매우 엄격하였고, 스스로 경계하는 글을 지어 자신을 돌아보며 생활하였다.

내가 학문에 뜻을 둔 시기부터 크고 작은 일에 용감한 뜻이 없지 않았는데, 과거 급제 등에 있어서는 한번 발로 차면 쉽게 얻을 수 있는 것으로 여겼다. 나이를 먹으면서 학업은 퇴보하고 거의 말년이 어려운 지경에 이르렀다. 스스로 요량해 보니 타고난 식견이 거칠고 얕은 데다 범범함이 겸하여져 전의 용감한 뜻으로 학업에 나아간 것이 과연 어디에 있었는가 싶다. 옛날을 후회하여 그 만분의 일의 공부라도 보충하기를 바랐

<hr>

54 『霞隱遺稿』 권5, 附錄, 家狀.
55 『霞隱遺稿』 권4, 雜著, 田園樂.
56 『騎驢隨筆』 228쪽. 이때 이들과 지은 시를 모아 『采霞錄』 1책으로 엮었다.

는데, 다만 한스러운 것은 좋지 못한 시절에 태어나 사설邪說이 유행하
니 오백 년 예의의 나라가 장차 머리를 깎고 오랑캐 옷을 입는 수속殊俗
이 되어 버릴 것인가. 누가 능히 천하의 중한 책임을 맡아 이 구덩이를
한번 깨끗이 씻어 내겠는가? 마침 세상에 강개한 마음이 저절로 마음
속에 절실하여 문을 걸어 잠그고 본성을 기르는 것이 또한 족히 편안하
고 한가로운 한 계책이 될 따름이다. 이것을 써서 스스로 경계를 한다.
입을 다물고 말을 삼가서 다른 사람의 시비에 간섭하지 말라. 문을 걸어
잠그고 숨을 죽이어 나의 성명性命을 오로지 하라.

스스로 속이지 말라.(안으로는 마음을 속이지 말고 밖으로 마음을 속이지 않는
다. 이승에서는 하늘을 속이지 않고 저승에서는 신을 속이지 않는다.)

스스로 포기하지 말라.(한 치라도 둔한 것을 버리지 말고 학문을 함에 마음이 흔
들려도 버리지 말라. 음식은 성글다고 버리지 말고 옷은 떨어졌다고 버리지 말라.)

망령됨이 없어야 한다.(마음에는 망령된 생각이 없어야 하고 사람은 망령되게 교
제하지 않아야 한다. 물건은 망령되게 받지 않아야 하고 발은 망령되게 달리지 않아
야 한다.)[57]

유신영은 대나무로부터 굳은 절개를 배우고자 호를 석간石竿이라 하
였다. 대나무는 상설霜雪의 위엄도 두려워하지 않고, 늠름하여 범할 수

---

57 『霞隱遺稿』 권4, 箴, 自警. "余自志學之時, 不無勇意於大小事上, 而至於科第等節,
若將一蹴可圖矣. 年進學退, 幾至末難之境, 自量稟識粗淺, 悠汎兼之, 前之勇意進業
者, 果安在哉? 庶幾追悔做去, 以補其萬一之工, 而第恨生丁不辰, 邪說流行, 五百年
禮義之國, 其將爲剃髮卉服之殊俗耶? 孰能自任天下之重, 一番洗滌此窠臼耶? 適所
以慨世之心, 自切于中, 而杜門養性, 亦足爲安閒之一計耳. 書此以自警. 緘口愼言, 勿
干人是非, 杜門屏息, 以專吾性命. 毋自欺(內不欺心, 外不欺心, 明不欺天, 幽不欺神),
不自欺(寸不棄鈍, 學不棄擾, 食不棄糲, 衣不棄穿), 无妄(心无妄思, 人无妄交, 物无
妄受, 足无妄走)."

        제3부 유림의 현실 인식과 대응

없으며 신선이 보호하고 신이 지켜주는 것 같다고 하였다. 또 대나무는 생장하면서 뿌리를 온전히 땅에 박고 진실로 조금도 아부하는 뜻이 없다고 하면서, 동산의 화목花木이 사람의 눈과 귀에 아첨하여 아침에 피었다가 저녁에 시드는 것에 비하면 많은 차이가 난다고 표현하였다.[58] 유신영이 보기에 동산의 꽃나무는 권력자에 아첨하는 소인배요 나라를 팔아먹는 매국노에게 기생하는 부류들이었다. 그는 푸른 대나무를 보면서 어려운 시기에 자신이 어떻게 지식인으로 삶을 살아야 할 것인지를 스스로에게 늘 묻고 있었다.

2) 유신영의 순국

유도발의 단식 자결로 유신영은 늘 일본 경찰의 감시 대상이었다. 1918년 2월 11일(음력 1월 1일) 새벽에는 겨우 세수하고 수건으로 얼굴을 닦는데, 건장한 일본 순사巡査가 들이닥쳐 집에 있는 문권文券을 압수하여 갔다. 다음날에 순사가 들이닥쳐 유신영과 유종묵柳宗黙 부자를 연행하여 보은군報恩郡으로 데리고 가더니 자정子正이 되자 바로 경찰부警察府에 가두었다. 그리고 문권을 조사한 후 이틀 밤이 지난 뒤에야 석방하였다. 조사 사유는 유신영 집안이 '충'忠을 대대로 숭상해 왔기 때문이라면서, 앞으로는 시속時俗을 따르고 구제舊制를 지키지 말라고 하였다.[59]

유신영은 아들 유종묵에게 "이곳은 죽을 곳이 아니니 진실로 안심하고, 조금도 조급해하거나 망령되게 행동하지 말라"라 이르고는 이틀 밤 동안 『중용』을 속으로 외며 세상에 사는 정황을 매우 통탄스럽게 생각하였다.

---

58 『霞隱遺稿』 권4, 序, 石竿 小序.
59 『霞隱遺稿』 권4, 書, 寄舍弟時山 戊午正月初五日.

이후로 유신영은 충청도 보은 봉비리鳳飛里에 우거하면서 이웃에 사는 이인선李仁善(履道齋)과 아침저녁으로 만나 나라의 원수를 갚지 못한 것을 한탄하곤 하였다. 그러던 중 1919년 1월 21일에 그는 고종高宗이 서거하였다는 소식을 들었다. 이명상李明翔(參判)이 특별히 이인선에게 전보를 쳤고 이인선은 이러한 사실을 유신영에게 알린 것이다. 유신영은 마을 사람들을 데리고 바로 이웃 마을의 사우士友들과 함께 산에 올라가 위位를 설치하고 통곡을 하였다. 그는 눈물을 흘리면서 "오백 년 종묘宗廟와 사직社稷이 이렇게 무너지려는가? 그러나 빈전殯殿에 나아가서 한 번 곡哭을 하여 의義를 펴는 것은 그만둘 수 없는 일이다"라고 하며, 동지同志와 함께 서울에 올라가서 장차 창덕궁昌德宮에 글을 올려 적을 토벌하고 원수를 갚는 의리를 다하려고 하였다. 그리하여 상소문 한 통과 노전문路奠文을 지었다.[60] 한편 이인선은 아들 이준한李準漢을 보은읍에 보내어 백립白笠과 방갓을 사오게 하여 인산 날을 기다려 성복成服하였다.

유신영은 이인선에게 "나는 나이가 많아 일할 수 있는 힘이 없다. 마땅히 목숨을 바쳐 나라의 원수를 갚겠다. 그대는 의친왕義親王을 모시고 상해上海에 가서 우리나라의 여러 사람과 함께 나라를 되찾을 계획을 하라"라고 하였다.[61]

유신영은 고종이 윤덕영尹德榮·이완용李完用·한상학韓相鶴·민병석閔丙奭 등이 금분金粉에 몰래 예주醴酒를 타서 올린 것을 먹고 독살되었다는 소식을 듣고는 바로 상경하여, 상소를 올려 방례邦禮를 바르게 하고 역신逆臣을 토벌하여 춘추春秋의 대의大義를 펴려고 하였다. 그리하여 족

---

60 『霞隱遺稿』 권4, 疏, 戊午十二月上皇賓天及聞逆臣輩毒弑之變宮內服制計日之報馳書湖嶺章甫期以聲討逆臣亟正邦禮約日伏閤來赴者三百餘人臨時疏首柳萬植 己未正月二十七日; 『霞隱遺稿』 권4, 祭文, 路奠祭文 己未.
61 『霞隱遺稿』 권5, 附錄, 文獻錄, 石竿柳公行歷.

제族弟 유만식柳萬植(柳道奭의 아들, 柳疇睦의 손자)과 영남 유림에게 편지를 보내어 날을 정하여 복합伏閤을 하게 하였다. 또한 아우 유동준柳東濬(時山)에게도 편지를 보내어 자신의 뜻을 보이었다. 유동준은 그 말이 관철되지도 못하고 헛되이 곤욕만 당할 것을 염려하여 조카 유종묵에게 굳게 간諫하게 하였다. 그리하여 유신영의 장자 유종묵이 대신 소疏를 가지고 서울에 올라갔다.

유신영은 1919년 나채정羅采正(溪隱)에게 보낸 편지에서, 고종의 인산因山 날인 3월 3일(음력 2월 2일)에 자결하겠다는 뜻을 언급하였다.

나라가 망하고 임금도 망했는데 역적을 토벌하고 원수를 갚을 계책이 없다면 차라리 죽는 것이 편안합니다. 이에 인산 날을 길이 떠나갈 기일로 삼으니 바라건대 스스로 아끼어 가호加護를 하시고 때로 혹 제 고혈孤子의 아이를 불쌍하게 생각하여 거두어 주신다면 또한 붕우의 도道에 반드시 어여삐 여기고 미더운 것이 될 것입니다. 죽는 날이 이에 절박하여 길게 쓰지 못하겠습니다.[62]

또한 그는 선비로서의 출처出處의 대의大義에 대하여 외사촌 형 권준희에게 편지를 보내었다.

국상國喪을 당하여 널리 애통해하는 것은 일찍이 신민臣民이 글을 대하여 흔히 하는 상투적인 일이지만, 어찌 오늘처럼 신민이 뼈에 사무치게 애통한 적이 있었겠습니까? 사직社稷이 비록 터로 변했으나, 아! 훌륭한

---

62 『霞隱遺稿』 권4, 書, 與羅溪隱采正 己未. "國破君亡, 無計討復, 則寧死爲安. 玆用因山日, 爲長逝之期, 願自愛加護, 時或矜念我孤子之兒, 則亦朋友之道, 必憐諒也. 大限此迫, 不欲拖長."

전왕前王이 계셨기에 순환하는 천도天道가 회복될 날이 있다고 이를 수
있었습니다. 지금 홀연히 이 지경에 이르게 되니 거의 다시 무엇을 바라
겠습니까? 대한은 이른바 5백 년 문화의 겨레인데 의리가 남아 있는 바
는 다만 이번의 인산 일절一節일 뿐입니다. 5개월 복제라는 선왕조先王朝
의 상전常典이 그대로 있는데 지금 들으니 장사 기간은 2개월로 한다 하
고, 도감都監은 세 역신逆臣이 맡았다고 하고, 장사 비용은 10만이라고
합니다. 듣고는 마음이 애통하여 말을 조절하지 못하고 감히 만 번 죽겠
다는 계획을 내었으니, 장차 이달 내에 상경하여 5개월의 장례를 지내야
한다는 내용의 편지를 통감統監에게 보내고 2천만 동포에게 알리어 각
자 의義를 낸다면, 쓰임에 넉넉함이 있고 의는 오히려 남음이 있을 것입
니다.[63]

이어 다시 권준희에게 자신이 자결하겠다는 편지를 보내었다.

큰 홍수가 하늘에 이르러도 지주砥柱는 움직이지 않고 비바람이 어둑하
여도 새벽닭은 울음을 그치지 않으니, 순환하는 천도天道는 오히려 혹
다시 밝을 날이 있으나, 기울어진 것을 전복시키어 나라가 파破하고 임
금이 망하니 제가 어찌 구차하게 살기를 도모하여 길이 왜倭의 포로가
되겠습니까? 드디어 인산 날을 길이길이 이 세상을 떠날 기회로 삼아 지
하에 가서 선군先君을 모시는 것이 족하겠습니다. 한스러운 것은 몇 년

---

63 『霞隱遺稿』 권4, 書, 與友巖內兄 己未. "國喪普慟, 曾是爲人臣民之臨書例套, 而豈
有如今日臣民之慟切乎? 社稷雖墟, 於乎! 前王猶尙有在, 則循環之天, 謂有可復之
日, 今忽至此, 尙復何望? 大韓所謂五百年衣冠之族, 義理所餘者, 只是今番因山一
節而已. 五月之制, 先王朝常典自在, 而今聞葬期則二朔, 都監則三逆, 葬備則十萬云,
聞之慟心, 言不知裁, 所以敢生萬死之計, 將以今月內上京, 以五月葬禮, 投書於統監,
布告於二千萬同胞, 使之各自出義, 則用有足而義猶餘."

　　　　　　　　　　　제3부 유림의 현실 인식과 대응

동안 정처 없이 떠돌아다니는 자취로 궁산窮山의 임대한 집 속에 자빠져 누워, 아들과 손자, 아우와 조카 등 내외 친척 다소의 지정 간至情間에 한 사람도 옆에서 시신을 수습할 수 없는 것입니다만, 명命인데 어찌하겠습니까?[64]

유신영은 마침내 인산 발인 날 산에 올라가 망곡望哭을 하고 유종묵에게 유서를 남기면서 말하기를, "돌아가신 아버지께서 의義에 죽기로 맹세하시던 날에 어찌 따라서 죽고 싶지 않았겠는가? 우리 임금께서 위에 계시어 오히려 한 가닥 바라는 마음이 없지 않았다. 지금 역신逆臣의 무리들이 임금을 독시毒弑하였는데 이미 적을 토벌하여 복수하는 힘이 없으니 하늘을 함께 하여 구차하게 생활하는 것이 또한 비루하지 않은가? 이에 인산 날인 3월 3일에 독을 마시고 죽어 지하에 돌아가, 돌아가신 아버지를 모시고 평생 불효의 한을 조금 펴도록 하겠다"라고 하였다. 그리고 아우 유동준에게 아이들과 손자를 잘 가르쳐 줄 것을 부탁하였다.

아우 유동준에게 쓴 편지에서도 그가 자신의 출처 대의와 앞으로의 행동에 대해 언급한 것을 찾아볼 수 있다.

국상國喪을 당하여 널리 애통해하는데, 부음을 들은 후 6일째에 패랭이로 성복成服을 하니 정신과 생각이 착란하여 밤에 눈을 붙일 수가 없었다. 무엇에 인연하여 죽지 않고 길이 왜倭의 포로가 되겠는가? 고가세족古

---

64 『霞隱遺稿』 권4, 書, 與友巖內兄 己未. "大浸稽天, 砥柱不移, 風雨如晦, 鷄鳴不已, 則循環之天, 尙或有復明之日, 傾者覆之, 國破而君亡, 吾豈苟且偸生, 永爲莒挈之俘乎? 遂以因山日爲長逝之期, 得侍先君於地下, 足矣. 所恨者幾年蓬轉之踪, 僵臥於窮山貰屋之中, 子若孫弟若姪, 內外族多少至情, 無一人在傍收尸, 命也奈何?"

家世族의 의리에 남는 바는 다만 이번의 인산 일절一節일 뿐이다. 5개월 복제服制는 선왕조의 상전常典이 그대로 있는 바인데, 지금 들으니 장사 기간은 2개월로 한다 하고, 도감都監은 세 역신이 맡았다고 하며, 장사 비용은 10만이라고 한다. 듣고는 마음에 통탄스러워 창자가 찢어지는 것을 깨닫지 못하겠으니, 감히 만 번 죽겠다는 계획을 내어 장차 이 달 내에 상경하여 5개월의 장례로 치를 것을 통감에게 편지로 보내고 2천만 동포에게 알리어 각자 의義를 낸다면 쓰임이 넉넉함이 있고 의가 오히려 남음이 있는 바일 것이다. 만약 대강 타고난 천성天性이 있다면 나와 함께할 수 있을 것이며, 하늘에 계신 선왕의 영령이 즐겨 '나에게도 신하가 있다'라고 말할 것이다. 하물며 대대로 국은國恩을 받은 후손에 있어서랴? 한번 한강을 건너면 살아 돌아오는 것을 기약할 수 없으니 아마 이것이 절필絶筆이 될 뿐이다.[65]

그러면서 유신영은 적극적으로 고종의 인산 날 국장國葬 행사에 참여하기를 권하고 있다. 그는 인산을 계기로 전 국민이 궐기하기를 바랐다. 그는 자기 가족부터 시작하여 자기 집안으로 확산되고, 그리고 각 문중門中에까지 확대되어 독립운동이 일어나기를 기대하였다. 이러한 유신영의 당부는 거족적인 민족독립운동인 3·1운동에 적극 동참하기를 호소한 것이었다.

---

65 『霞隱遺稿』 권4, 書, 寄舍弟時山 己未. "國哀普痛, 聞訃後六日, 以蔽陽子成服, 神思錯亂, 夜不交睫, 緣何不死, 長爲莒挈之俘? 古家世族之義理所餘者, 只是今番因山一節而已. 五月之制, 先王朝常典自在, 而今聞葬期則二朔, 都監則三逆, 葬備則十萬云, 聞之慟心, 不覺腸裂, 所以敢生萬死之計, 以月內上京, 以五月葬禮, 投書於統監, 布告於二千萬同胞, 使之各自出義, 則用有足而義猶餘. 若粗有秉彝之天, 似可以同我, 而先王在天之靈, 庶肯曰予有臣矣. 況世受國恩之後裔乎. 一渡漢江, 生還未可必, 恐此爲之絶筆耳."

  제3부 유림의 현실 인식과 대응

도성 안에는 여대興儓와 하천下賤들이 땅을 치고 하늘에 울부짖으며 통곡을 하는 자가 몇 만 명인지 알지 못하고, 상복을 입고 와서 곡하는 자가 또한 얼마인지 알지 못하며 3일을 파시罷市를 했다고 한다. 이 고을의 한 민촌民村에서도 부음을 들은 후 남녀노소가 종일 산에 올라가 망곡望哭을 한다고 하니 인심이 가상하다. 편지를 본 후에 동지와 함께 상의하여 병산屏山으로부터 동쪽으로 각 문중에 통문을 보내, 기일을 정하고 일을 다하여 대궐문 밖에서 나를 따라 준다면 다행일 것 같은데 어떻게 기약할 수야 있겠는가? 우천愚川의 건일建一(柳萬植의 字)에게 또한 이러한 뜻으로 편지를 보냈으니 이미 전달이 되었을 따름이다. 편지로는 말을 다할 수 없고 말로는 뜻을 다 표현할 수 없으니 다시 어찌 길게 늘어놓겠는가?[66]

위의 인용문에서 보면 유신영은 나약하게 혼자 자결을 택하여 독립운동을 하고자 한 것이 아니었다. 하회를 비롯하여 유진柳袗의 후손들이 세거해 온 상주의 우천愚川, 그리고 안동의 이름 있는 각 문중이 이 독립운동에 동참할 필요가 있음을 역설하였다. 그리고 그것이 지방에서 그치는 것이 아니라 서울 궁궐 밖에서 자신의 주도로 이루어지기를 기대하였다.

유신영은 순국하기 전에 아들 유종묵, 동생 유동준, 딸 이실李室(李相輔의 부인)에게 각각 유서 한 통씩을 남겼다. 아우에게 쓴 글에서 그는 고

---

66 『霞隱遺稿』 권4, 書, 寄舍弟時山 己未. "城內興儓下賤輩, 叩地叫天慟哭者, 不知幾萬名, 具制服來哭者, 亦不知幾許, 而罷市三日云, 此邑一民村, 聞訃後男女老少, 終日登山望哭云, 人心可尙, 見書後與同志者相議, 自屏山東通各門, 刻期效事, 從我於闕門外, 則似幸, 而何可必耶? 愚川建一從許, 亦以此意馳書, 已傳之耳. 書不盡言, 言不盡意, 更何拖長?"

려 말에 활동한 설손偰遜의 시를 거론하면서 "몸이 있는 것 참으로 큰 누가 되어, 땅에다 남은 인생 붙일 수가 없네"(有身眞大累, 無地着餘生)라고 표현하였다. 그는 당일 자신의 처지가 이 시의 표현보다 더 절실하다고 하면서, 임금과 어버이의 원수를 힘으로 갚지 못하고 이국異國의 포로가 되었는데 맹세코 나라를 살리는 것을 도모하지 못하므로, 드디어 인산 날을 죽는 날로 삼아 저승에 가서 돌아가신 아버지를 뵙고 평생의 불효의 한을 갚고 싶다고 하였다. 다만 아들과 손자, 아우와 조카가 한 사람도 옆에 없어 시체를 거두지 못하니 운명인 것을 어찌하겠느냐며, 아우 유동준이 자신의 아이들과 손자들을 잘 기르고 가르쳐 주기를 바란다고 하였다.

유신영이 아들 유종묵에게 남긴 유서는 아래와 같다.

내가 젊어서부터 크고 작은 사업에 망령된 생각이 없지 않았으나 명수命數가 어긋남이 많아 하나도 성취함이 없었다. 나이가 죽는 날에 다다라 나라가 망하고 임금도 망하여 살아도 이 시대에 도움이 없고 죽어도 후세에 들림이 없으니 천지 사이에서 부끄러워 용납되기 어렵다. 아! 경술년庚戌年(1910)의 변은 차마 말을 할 수 있겠는가? 바야흐로 선군先君께서 단식을 하실 때에 전혀 회춘回春의 희망이 없었다면 또한 어찌 같은 날 돌아가 모실 마음이 없었겠는가? 3년의 복제服制는 의리상 스스로 다하지 않을 수 없다. 참고 견디며 오늘에 이른 것은 우리 임금께서 위에 계시어 거의 혹 천일天日이 다시 밝아질 기약이 있었기 때문이었다. 역신배들이 더욱 그 흉독凶毒을 방사放肆하게 하여 군상君上을 시해하니 이미 적을 토벌하고 복수하는 힘이 없다면, 하늘을 함께 이고 구차하게 생활하는 것이 선인先人의 대의를 부끄럽게 더럽히는 일이다. 따라서 오늘 초2일 갑인 인산 날에 자리 하나를 가지고 집 뒤의 높은 언덕에 올라

　　　　　　　　　　　　제3부 유림의 현실 인식과 대응

가 북쪽을 바라보고 배곡拜哭을 하면 곡소리는 하늘을 뚫을 것이고 하늘은 더욱 아득하고 멀며 눈물은 황천黃泉에 떨어질 것이다. 황천에서는 왜에게 잡힌 포로는 맹세코 오랫동안 보지 않을 것이고 저승에서 돌아가신 아버지를 모시고 평생 불효의 한을 갚고자 하는 것이 평소의 뜻이다.

○ 복제服制는 하나도 갖춤이 없는 것을 알지만 죽은 자가 또한 어떻게 다 알 수 있겠는가? 바라건대 너희들은 아버지는 자애롭고 아들은 효성스럽고 형은 우애 있고 동생은 공손하여, 분수에 편안해하고 만족할 줄 알고 충성스럽고 미덥고 돈독하고 공경을 하면 거의 큰 허물이 없을 것이다.

○ 몸에 붙이는 물건은 본토에서 생산되는 명주, 삼 등으로 소박하고 검약하게 초상을 치르는 것이 좋겠다.

○ 관棺을 마련하는 일은 이미 준비한 것이 없으니 비록 얇은 판板이라도 무방하다.

○ 장례는 합장合葬이 가하나 선산先山은 임시로 봉안하는 것이 형세가 궁하고 힘이 쇠잔할 뿐만 아니라 오고가는 것이 모두 어려울 것이라, 만약 한곳을 빌릴 수 없다면 손을 쓸 길이 없으니 의논할 수 있는 자와 더불어 의논을 하여 군속窘束한 데 이르지 말게 하라.

○ 과일과 조과造果는 대부분 저들의 물품을 쓰는데, 절대로 가까이하지 말라.

○ 상탁床卓 위에 담뱃대를 두는 것은 내가 매우 이상하게 생각하니 남을 본받지 말라.

○ 3년 내에 조석朝夕으로 합문闔門하는 것은 예서禮書에 없으니 너는 응당 보고 알아야 할 것이다.[67]

---

67 『霞隱遺稿』 권4, 書, 遺書寄兒 宗黙(本孫時洛家藏). "余自少, 不無妄想於大小事業

딸 이실李室에게 남긴 유서에서는 "나라는 없어졌으나 임금이 계시어 광복光復이 될까 기다렸더니 지금은 상황이 돌아가는 것이 몸 둘 곳이 없어 살 수 없다"고 하면서, 이 때문에 인산 날을 택하여 자결하기로 결정하고 세상을 하직한다고 밝혔다.[68]

유신영은 국장國葬의 배종관陪從官이었던 이일선李一善에게도 편지를 보내어 "나라가 파破하고 아버지가 돌아가셨는데 진작 따라서 죽지 못한 것은 한갓 임금이 계시기 때문이었다. 그런데 지금 역신逆臣의 독에 시해를 당했는데 힘으로 적을 토벌하고 복수를 하지 못했으니 하늘을 함께 하여 구차하게 생활하는 것이 또한 부끄럽지 않은가? 이에 인산 날에 자결하여 임금과 아버지를 모시어 신하와 자식의 의義를 다하고자 한다. 죽어서도 만약에 앎이 있다면 마땅히 위로는 옥황상제玉皇上帝에게 아뢰고 아래로는 저승의 관리에게 하소연하여 밝게 국맥國脈을 회복

上, 而命數多舛, 無一成就, 年迫日索, 國破君亡, 生無益於時, 死無聞於後, 覆載之間, 愧怍難容, 嗚呼! 庚戌之變, 尙忍言哉? 方先君絶粒之時, 萬無回春之望, 則亦豈無同日歸侍之心? 三年之制, 義不可不自盡, 含忍至于今日者, 以吾君在上, 尙或有天日復明之期矣. 逆臣輩益肆其凶, 毒弑君上, 旣無討賊復讎之力, 則共戴一天, 苟求生活, 有愧忝先人大義, 所以今初二甲寅因山日, 持一席, 登屋後高岡, 北望拜哭, 哭徹于天, 天益冥漠, 淚倒于泉, 泉下何處菖窐之俘, 誓不久視, 得侍先君於地下, 欲報平生不孝之恨, 是素志也.
○ 歲月之制, 知無一備, 而死者, 亦何必盡知? 願汝曹, 父慈子孝, 兄友弟恭, 安分知足, 忠信篤敬, 則庶幾無大過矣.
○ 付身之物, 以本土紬麻屬, 薄約治喪, 可也.
○ 敦匠之事, 旣無所備, 雖薄板, 無妨.
○ 葬禮, 合窆, 可也, 而舊山不但權奉, 勢窮力殘, 來去具難, 若無一處可借, 則措手無路, 與可議者議之, 勿至窘束也.
○ 木實造果, 多用彼人物, 切勿近之.
○ 床卓上烟竹, 吾甚異之, 勿爲效人也."
○ 三年內朝夕闔門, 禮書無之, 汝應見知矣.
68 『霞隱遺稿』 권4, 書, 遺書李室(한글편지. 원본은 독립기념관 소장).

하여 우리 동포의 한을 씻기를 원한다"고 말하였다.[69] 특히 그는 상제上帝에게 원통함을 호소하여 신병神兵과 귀졸鬼卒을 빌려 군부君父의 원수를 갚게 하겠다고 하였다.[70]

1919년 3월 3일(음력 2월 2일, 월요일) 술시戌時(오후 7시~9시)에 조용하게 순국함으로써 의義를 실천하니 향년 67세였다.[71]

유신영의 순국 소식이 전해지자 주재소駐在所 소장所長이 와서 시신을 조사하고 경찰서에 알렸다. 그러자 서장署長이 차석次席과 의생醫生을 데리고 와서 조사를 벌였다.[72] 관리가 사인을 조사하기 위하여 9일이 될 때까지 습렴襲殮을 하지 못하였는데도 그 얼굴 모습은 평상시와 같았다고 한다.[73] 오석도吳錫燾·이만호李晩護·이중기李中夔가 시신을 염습殮襲하였다. 13일 뒤인 3월 16일(음력 2월 15일) 정묘일丁卯日에 유종묵이 일본 경찰에게 연행되어 구속되었다. 그리하여 예禮대로 장례를 치르지 못하고 우선 봉비촌鳳飛村 뒤에 임시로 장사를 지냈는데[74] 장례일에 충청도와 경상도의 선비 1천여 명이 모였다.[75]

유신영이 작고하자 원근에서 그 소식을 들은 자들이 탄식하여 말하기를 "아버지는 나라를 위해 죽고 자식은 임금과 아버지를 위해 죽었으니 참으로 충효가세忠孝家世이다"라고 하였다. 아버지 유도발은 충忠에 순사하고 아들 유신영은 충효忠孝에 순사하였던 것이다.[76]

---

69 『霞隱遺稿』 권4, 書, 貽李一善.
70 『霞隱遺稿』 권5, 附錄, 霞隱柳先生忠義傳.
71 『霞隱遺稿』 권5, 附錄, 家狀.
72 『霞隱遺稿』 권5, 附錄, 文獻錄, 石竿柳公行歷.
73 『霞隱遺稿』 권5, 附錄, 霞隱柳先生忠義傳.
74 1945년 광복 후 묘를 大德郡 鎭岑面 芳洞里 三翰山 申向에 이장하고 碑를 세웠다.
75 『霞隱遺稿』 권5, 附錄, 家狀.
76 『霞隱遺稿』 권5, 附錄, 霞隱柳先生忠義傳.

유신영은 유도발을 따라 진안鎭安의 대한이산묘大韓駬山廟에 배향되었다. 1968년 3·1절에 대통령표창이 추서되었고, 1991년에 다시 애국장이 추서되었다.

임진왜란 때 일본의 침략을 받아 강산이 피로 물들고 위기에 처했던 조선을 다시 안정시키고 백성들이 새 삶을 찾을 수 있었던 데에는 유성룡의 정치적, 외교적 역량이 지대했다. 임진왜란이 일어난 지 300년이 지난 뒤 일본이 또다시 조선을 침략하여 강점하자 유성룡의 후손인 유도발·유신영 부자는 벼슬하지 않은 선비로서, 충忠과 효孝에 순사殉死하였다. 풍산 유씨 가문에서 유도발·유신영 부자가 나라를 위해 순국함으로써, 유성룡의 충효 정신은 독립 정신으로 승화되어 더욱 빛나게 되었다.

5. 맺음말

19세기 중엽부터 조선은 세계 열강의 심각한 도전을 받아 많은 시련을 겪었고, 마침내 1910년에는 일본에게 나라를 빼앗기는 국치國恥를 당하였다. 이러한 민족의 시련 과정에서 국난을 극복하기 위해 뜻있는 지식인들은 개화운동, 동학운동, 의병운동, 구국계몽운동을 통하여 나라를 위기에서 구하려고 하였다.

영남 지역, 특히 안동에서는 명조名祖를 둔 후손들이 기울어져 가는 나라를 부지하고 잃어버린 나라를 되찾기 위하여 국내외에서 앞장서서 줄기차게 독립운동을 전개하였다. 독립운동가들은 개인이나 가문의 이익을 생각하지 않고 오로지 민족의 독립을 위하여 심력心力을 다하다가 일제에 의해 갖은 핍박과 고문을 당하기도 하였고, 그러한 과정에서 부자, 형제자매, 친척, 고구故舊들이 사방으로 흩어져 살게 되기도 하였다.

안동 하회의 유성룡 종가宗家에 오늘날에도 우뚝하게 서 있는 '충효당'忠孝堂 건물을 유성룡의 종손宗孫은 대대로 지켜 왔고, 그 후손들은 충효忠孝와 졸성拙誠, 청백淸白을 가훈家訓으로 삼고 살아 왔다. 이 풍산 유씨 가문에서 태어난 유성룡의 자손들은 자신들이 가장 존모尊慕하는 조상인 유성룡이 작고하기 전에 신신당부한, "나라에 충성하고 부모에 효도하는 것 외에 다른 사업이 없다"라는 가르침을 마음에 새기고 실천하고자 하였다.

유도발과 유신영 부자는 유성룡의 후손으로 태어나 이러한 선조의 가르침을 늘 가슴에 새기면서 살았다. 이들 부자는 모두 효성이 지극하였으며, 부모에 대한 효孝에 그치지 않고 그 자신들이 나라를 위해 순국함으로써 몸소 충忠을 실천하였다. 즉 아버지 유도발은 1910년 경술국치庚戌國恥에 나라를 위해 충忠으로 순사殉死하고, 아들 유신영은 1919년 고종 인산因山 날인 3월 3일에 충忠과 효孝에 순사하였던 것이다. 이들은 풍산 유씨 세가世家에서 태어나서, 비록 벼슬길에 나아가지는 않았지만 재야에서 지식인으로서의 의무를 다하였다. 그들은 조선이 일본에게 강점을 당한 암담한 현실에 직면하여 유성룡의 충효 정신을 온전하게 독립 정신으로 승화시켜 실천한 애국지사요, 우국지사요, 순국지사였다.

책에 수록된 글의 전거

제1부 유림의 의리 사상과 구국 활동
화서 이항로의 위정척사 이념과 그 전승 양상(『화서학논총』 3, 화서학회, 2008)
고석로의 위정척사사상과 '구전심수'의 교육(『백범과 민족운동연구』 3, 백범학술
　　　원, 2005)
백범 김구의 청소년기 사상과 애국활동(『백범과 민속운동연구』 5, 백범학술원,
　　　2007)
기정진의 이학과 그 실천적 전승(新稿)

제2부 유림의 이학 수호와 변모 양상
19세기 영남 이학의 전개와 그 실천적 성향(『국학연구』 9, 한국국학진흥원, 2006)
19세기 후반 영남 이학의 실천적 변모(『한문학보』 18, 우리한문학회, 2008)
한주 이학의 전통과 그 사상사적 의의(『한주 이진상 연구』, 경북대학교 퇴계연구
　　　소 편, 역락, 2006)
19세기 강우학계와 김진호의 학문활동(『남명학연구』 21, 경상대학교 남명학연구
　　　소, 2006)
윤주하의 학문연원과 사상경향(『남명학연구』 32, 경상대학교 남명학연구소,
　　　2011)
19세기 영남학계와 곽종석의 이학(『남명학연구』 28, 경상대학교 남명학연구소,
　　　2009)

제3부 유림의 현실 인식과 대응
유림의 사상경향과 현실인식(延邊大學校 民族研究院 주최 『第二屆東北亞民族
　　　文化論壇 論文集』, 2011.12.17. 발표 논문 보완)
이남규의 학맥과 사상(『조선시대사학보』 44, 조선시대사학회, 2008)
허위의 학문과 사상경향(『왕산 허위의 나라사랑과 의병전쟁』, 구미시·안동대학교
　　　박물관, 2005)
박세화의 사상과 현실 인식(『제천의병의 이념적 기반과 전개』, 이회문화사, 2002)
유도발·유신영 부자의 삶과 순국(『민족위해 살다간 안동의 근대인물』, 안동청년
　　　유도회, 2003)

참고문헌

원전자료

『艮齋全集』(田愚, 보경문화사, 1984)

『艮齋集』(田愚, 한국문집총간 332~336, 2004)

『江皐文集』(柳尋春, 한국문집총간 속 106, 한국고전번역원, 2010)

『溪堂文集』(柳疇睦, 한국문집총간 313, 민족문화추진회, 2003)

『계명대학교 동산도서관 소장 선본 고서 해제집』 3(계명대학교 출판부, 2012)

『孤松集』(韓大器, 한국역대문집총서 1978, 경인문화사, 1999)

『高宗實錄』(탐구당, 1970)

『膠宇文集』(尹胄夏, 한국역대문집총서 1226~1228, 경인문화사, 1995)

『國譯舫山全集』(許薰, 성균관대학교 대동문화연구원, 1982)

『국역 수당집』(이남규 저, 홍승균 역, 민족문화추진회, 1997~1999)

『국역 순암집』(안정복 저, 양홍렬 역, 민족문화추진회, 1996)

『국역 승정원일기』(민족문화추진회, 1994~1999)

『國譯旺山全書』(許蔿, 아세아문화사, 1985)

『金剛經五家解』(得通 編, 寶連閣, 1977)

『肯庵文集』(李敦禹, 한국역대문집총서 1669~1672, 경인문화사, 1999)

『騎驢隨筆』(宋相燾, 국사편찬위원회, 1974)

『起巖遺稿』(李中業, 여강출판사, 1986)

『杞泉遺稿』(權承夏, 한국학중앙연구원 도서관 소장)

『金九 自叙傳 白凡逸志』(金九, 國士院, 1947)

『蘆沙集』(奇正鎮, 한국문집총간 310, 민족문화추진회, 2003)

『端磎集』(金麟燮, 부산대학교 한국문화연구소, 1989)

『大山集』(李象靖, 한국문집총간 226~227, 민족문화추진회, 1999)

『독립운동가서한집』(한국독립운동사 자료총서 제20집, 독립기념관 한국독립운동
　　사연구소, 2006)

『晩求集』(李種杞, 한국문집총간 331, 민족문화추진회, 2004)

『萬山遺稿』(柳致儼, 『全州柳氏水谷派之文獻叢刊』 제12집, 安東水柳文獻刊行
　　會, 1989)

『晚醒集』(朴致馥, 한국역대문집총서 1043~1045, 경인문화사, 1994)

『每日申報』(경인문화사, 1984)

『梅泉野錄』(黃玹, 국사편찬위원회, 1979)

『勉菴集』(崔益鉉, 한국문집총간 325~326, 민족문화추진회, 2004)

『俛宇集』(郭鍾錫, 아세아문화사, 1984)

『俛宇集』(郭鍾錫, 한국문집총간 340~344, 민족문화추진회, 2004~2005)

『勿川集』(金鎭祜, 한국역대문집총서 1767~1769, 경인문화사, 1999)

『舫山集』(許薰, 한국문집총간 327~328, 민족문화추진회, 2004)

『白凡金九先生言論集』 상·하(金九, 백범학술원 총서 4, 나남출판, 2004)

『白凡金九先生의 편지』(金九, 백범학술원 총서 5, 나남출판, 2005)

『白凡金九全集』 1~8(金九, 대한매일신보사, 1999)

『白凡逸志』(金九, 백범학술원 총서 1, 나남출판, 2002)

『변영만 전집』 상·중·하(변영만 저, 實是學舍 고전문학연구회 편, 성균관대학교
　　대동문화연구원, 2006)

『四未軒集』(張福樞, 한국문집총간 316, 민족문화추진회, 2003)

『三千百日紅』(平洲李昇馥先生望九頌壽紀念會 編, 인물연구소, 1974)

『商山金氏世譜』(金相達 編輯, 1970)

『西山集』(金興洛, 한국문집총간 321, 민족문화추진회, 2004)

『西厓全書』(柳成龍, 서애전서편찬위원회, 서애선생기념사업회, 1991)

『星臺文集』(權世淵, 개인 소장)

『省齋文集』(柳重敎, 한국문집총간 323~324, 민족문화추진회, 2004)

『性齋集』(許傳, 한국문집총간 308~309, 민족문화추진회, 2003)

『星湖僿說』(李瀷, 서울대학교 규장각 소장)

『星湖先生禮式』(이문원 교수 소장)

『星湖全書』(李瀷, 여강출판사, 1984)

『星湖全集』(李瀷, 한국문집총간 98~99, 민족문화추진회, 1998)

『世宗實錄地理志』

『所菴文集』(李秉遠, 한국학중앙연구원 장서각 소장)

『昭義新編』(柳麟錫, 국사편찬위원회, 1975)

『續陰晴史』(金允植, 국사편찬위원회, 1971)

『松沙文集』(奇宇萬, 한국문집총간 345~346, 민족문화추진회, 2005)

『松沙文集拾遺』(奇宇萬, 국립중앙도서관 소장)

「修堂公遺墨」(이문원 교수 소장)

『修堂集』(李南珪, 성균관대학교 대동문화연구원, 1973)

『順菴集』(安鼎福, 한국문집총간 229~230, 민족문화추진회, 1999)

『息山集』(李萬敷, 한국문집총간 178~179, 민족문화추진회, 1998)

『言行錄』(李觀求, 華史先生記念事業會, 2003)

『與猶堂全書』(丁若鏞, 한국문집총간 281~286, 민족문화추진회, 2002)

『驪州李氏退老雙梅堂編』(한국학중앙연구원, 2006)

『與許應元』(許命 관련 고문서, 제천 의병전시관 소장)

『淵齋集』(宋秉璿, 한국문집총간 329~330, 민족문화추진회, 2004)

『완역 매천야록』(황현 저, 김준 역, 교문사, 1994)

『龍山文集』(李晩寅, 한국역대문집총서 696~697, 경인문화사, 1993)

『雲潭柯亭兩門心說往復始末』(韓愉, 경상대학교 도서관 문천각 소장)

『雲養集』(金允植, 한국문집총간 328, 민족문화추진회, 2004)

『雲牕文集』(李時馩, 한국역대문집총서 892, 경인문화사, 1993)

『六悔堂遺稿』(李是鈺, 『近畿實學淵源諸賢集』 6, 성균관대학교 대동문화연구원, 2002)

『邑誌 1: 慶尙道①』(亞細亞文化社, 1982)

『毅堂集』(朴世和, 나제문화연구회, 2002)

『毅庵集』(柳麟錫, 한국문집총간 337~339, 민족문화추진회, 2004)

『義勇實記』(李觀求, 『國學硏究』 6, 國學硏究所, 2001)

『理學綜要』(李震相, 『寒洲全書』, 아세아문화사, 1980)

『人天寶鑑』(釋 曇秀, 한국정신문화연구원, 1980)

『臨汝齋文集』(柳溎, 한국문집총간 속 92, 한국고전번역원, 2010)

『紫東集』(李正模, 한국역대문집총서 1212, 경인문화사, 1995)

『田愚全集』(田愚, 아세아문화사, 1984)

『貞山集』(李秉休, 『近畿實學淵源諸賢集』 4, 성균관대학교 대동문화연구원, 2002)

『訂窩集』(金岱鎭, 한국역대문집총서 1879~1881, 경인문화사, 1999)

『定齋集』(柳致明, 한국문집총간 297~298, 민족문화추진회, 2002)

『濟州高氏靈谷公派大同譜』(濟州高氏靈谷公派大同譜編纂會, 1998)

『拙齋集』(柳元之, 한국문집총간 속 28, 민족문화추진회, 2006)

『重菴集』(金平黙, 한국문집총간 319~320, 민족문화추진회, 2003)

『直堂集』(申鉉國, 나제문화연구회, 2002)

『拓菴集』(金道和, 한국역대문집총서 1119~1126, 경인문화사, 1994)

『退溪集』(李滉, 한국문집총간 29~30, 민족문화추진회, 1988)

『霞隱遺稿』(柳臣榮, 개인 소장)

『鶴峯集』(金誠一, 한국문집총간 48, 민족문화추진회, 1988)

『鶴棲文集』(柳台佐, 한국문집총간 속 107, 한국고전번역원, 2010)

『韓溪遺稿』(李承熙, 국사편찬위원회, 1976~1982)

『寒洲文集卞破錄』(계명대학교 도서관 소장)

『寒洲集』(초간본)(李震相, 국립중앙도서관 소장)

『寒洲集』(李震相, 한국문집총간 317~318, 민족문화추진회, 2003)

『寒洲全書』(李震相, 아세아문화사, 1980)

『響山日記』(李晩燾, 국사편찬위원회, 1985)

『弘齋全書』(正祖, 한국문집총간 262~267, 민족문화추진회, 2001)

『華西雅言』(李恒老, 한국학중앙연구원 장서각 소장)

『華西集』(李恒老, 한국문집총간 304~305, 민족문화추진회, 2003)

『晦堂集』(尹膺善, 나제문화연구회, 2005)

『晦峯集』(河謙鎭, 아세아문화사, 1985)

『晦隱遺稿』(柳道發, 개인 소장)

『后山集』(許愈, 한국문집총간 327, 민족문화추진회, 2004)
『後凋文集』(高錫魯, 국립중앙도서관 소장)

『性理大全』(胡廣 등 편, 보경문화사, 1984)
『宋文鑑』(呂祖謙, 臺灣商務印書館, 1968)
『禮記集說』(陳澔, 한국학중앙연구원 장서각 소장)
『伊川擊壤集』(邵雍, 한국학중앙연구원 장서각 소장)
『前漢書』(欽定四庫全書)
『朱子大全』(朱熹, 보경문화사, 1984)
『朱子語類』(文淵閣四庫全書 제700~702책, 臺灣商務印書館, 1985)

연구논저

강대덕, 『華西 李恒老의 時代認識』(신서원, 2001)
강동욱, 「교우 윤주하」 상·하(『慶南日報』, 2005년 7월 22일·8월 5일자 '江右儒
　脈' 연재 기사)
姜周鎭, 「허위의 정치적 경륜」(『나라사랑』 제27집 왕산 허위특집호, 1977)
고영진, 「奇正鎭學派의 學統과 사상적 특성」(『大東文化研究』 39, 성균관대학교
　대동문화연구원, 2001)
權悳奎, 「假明人頭上에 一棒」(『東亞日報』 1920년 5월 8·9일자 기사)
권수용, 「호남의 근대 누정 작가·작품 연구—기우만, 오준선, 고광선을 중심으
　로」(『동방학』 19, 한서대학교 동양고전연구소, 2010)
권오영, 「김평묵의 척사론과 연명유소」(『韓國學報』, 一志社, 1989)
＿＿＿, 「1870년대 李恒老學派의 斥邪論」(白山朴成壽教授華甲紀念論叢 『韓國獨
　立運動史의 認識』, 1991)
＿＿＿, 「朴世和의 사상과 현실인식」(『제천의병의 이념적 기반과 전개』(세명대학
　교 인문사회과학학술총서, 이회문화사, 2002)
＿＿＿, 『조선 후기 유림의 사상과 활동』(돌베개, 2003)

______, 「19세기 영남유림의 講會와 학술활동」(『조선시대 사회의 모습』, 집문당, 2003)

______, 「19세기 기호유림의 사상경향」(『동양학』 36, 단국대학교 동양학연구소, 2004)

______, 「高錫魯의 위정척사사상과 '口傳心受'의 교육」(『백범과 민족운동연구』 3, 백범학술원, 2005)

______, 「왕산 허위의 가계와 학문」(『왕산 허위의 나라사랑과 의병전쟁』, 구미시·안동대학교 박물관, 2005)

______, 「정와 김대진의 학술과 사상」(『기증유물도록 4: 의성김씨 편』, 서울역사박물관, 2005)

______, 「19세기 江右學界와 金鎭祜의 學問活動」(『南冥學硏究』 21, 경상대학교 남명학연구소, 2006)

______, 「19세기 영남 理學의 전개와 그 실천적 성향」(『국학연구』 9, 한국국학진흥원, 2006)

______, 「寒洲 理學의 전통과 사상사적 의의」(『한주 이진상 연구』, 경북대학교 퇴계연구소 편, 역락, 2006)

______, 「백범 김구의 청소년기 사상과 애국활동」(『백범과 민족운동연구』 5, 백범학술원, 2007)

______, 「朝鮮理學最後的光焰-李恒老學脈的主理見解和斥邪運動」(『關學·南冥學與東亞文明』, 北京: 社會科學文獻出版社, 2007)

______, 「19세기 후반 영남 이학의 실천적 변모―창의대장 권세연(1836~1899)의 위정척사이념의 실천」(『漢文學報』 18, 우리한문학회, 2008)

______, 「이남규(1855~1907)의 학맥과 유학사상」(『조선시대사학보』 44, 조선시대사학회, 2008)

______, 「화서 이항로의 위정척사이념과 그 전승양상」(『華西學論叢』 3, 화서학회, 2008)

______, 「19세기의 嶺南 學界와 俛宇 郭鍾錫의 理學」(『南冥學硏究』 28, 경상대학교 남명학연구소, 2009)

______, 「조선후기 유학자의 대학 이해」(『한국문화』 48, 서울대학교 규장각한국문

화연구원, 2009)

______, 「남명의 심학과 남명 학맥의 심학 계승」(『남명학』 15, 남명학연구원, 2010)

琴章泰, 『韓國儒學近百年』(박영사, 1999)

______, 『華西學派의 철학과 시대의식』(태학사, 2001)

金度亨, 「毅菴 柳麟錫의 政治思想硏究」(『韓國史硏究』 25, 韓國史硏究會, 1979)

金文植, 「修堂 李南珪의 救國 방안」(『震檀學報』 105, 震檀學會, 2008)

김봉곤, 「蘆沙學派의 形成과 活動」(한국학중앙연구원 한국학대학원 박사학위논문, 2007)

金祥起, 「修堂 李南珪의 學問과 洪州義兵鬪爭」(『朝鮮時代의 社會와 思想』, 조선사회연구회, 1998)

金鶴洙, 「古文書를 통해 본 禮山 韓山李氏 修堂家門의 家系와 社會經濟的 기반」(『古文書集成 61: 禮山韓山李氏 修堂古宅 篇』, 한국정신문화연구원, 2002)

김희곤, 『안동독립운동가 700인』(안동시, 2001)

김희곤 외, 『순절지사 이중언』(경인문화사, 2006)

盧官汎, 「19세기 후반 湖西山林의 位相과 '正學'運動—淵齋 宋秉璿(1836~1905)을 중심으로」(『한국사론』 38, 서울대학교 국사학과, 1997)

都珍淳, 「1896-98년 백범 김구의 연중의병과 치하포사건」(『한국사론』 38, 서울대학교 국사학과, 1997)

박경목, 「淵齋 宋秉璿의 學脈과 민족운동」(『大東文化硏究』 39, 성균관대학교 대동문화연구원, 2001)

朴敏泳, 「毅庵 柳麟錫의 衛正斥邪運動」(『淸溪史學』 3, 청계사학회, 1986)

박성순, 『조선후기 화서 이항로의 위정척사사상』(경인문화사, 2003)

朴鶴來, 「奇正鎭의 心說과 明德說」(『韓國思想史學』 16, 한국사상사학회, 2001)

______, 「19세기 湖南 性理學의 전개와 특징-蘆沙 奇正鎭과 蘆沙學派를 중심으로」(『국학연구』 9, 한국국학진흥원, 2006)

______, 「노사학파의 지역적 전개양상과 사상적 특성」(『국학연구』 15, 2009)

山內弘一, 「李震相의 心卽理說과 嶺南學派」(碧史李佑成敎授定年退職紀念 『民族史의 展開와 그 文化』, 창작과비평사, 1990)

孫世一, 「李承晩과 金九」(『月刊朝鮮』 2001년 12월호·2002년 5월호·9월호)

______, 『이승만과 김구』 1~8(나남출판, 2008)

송재소, 「수당 이남규의 시에 대하여」(『한시 미학과 역사적 진실』, 창작과비평사, 2001)

宋贊植, 「朝鮮朝末 主理派의 認識·論理—寒洲 李震相의 思想을 中心으로」(『韓國學報』 9, 一志社, 1977)

申奭鎬, 「屛虎是非に就いて」(『靑丘學叢』 1·3호, 靑丘學會, 1930~1931)

愼鏞廈, 『白凡 金九의 思想과 獨立運動』(서울대학교 출판부, 2003)

______, 「허위 의병부대의 항일무장투쟁」(『의병과 독립군의 무장독립운동』, 지식산업사, 2003)

吳錫源, 「華西學派의 心說論爭에 대한 考察」(道原柳承國博士華甲記念論文集 『東方思想論攷』, 종로서적, 1983)

오영섭, 『華西學派의 思想과 民族運動』(國學資料院, 1999)

외솔회, 『나라사랑』 제28집, 수당 이남규 특집호(외솔회, 1977)

劉明鍾, 「尹胄夏의 「反究錄」과 理氣說 嶺南學界의 마지막 論爭」(『石堂論叢』 제17집, 동아대학교, 1991)

李光麟, 「舊韓末 關西地方 儒學者의 思想的 轉回」(『開化派와 開化思想 硏究』, 일조각, 1989)

李丙燾, 『韓國儒學史』(아세아문화사, 1987)

李相坤, 「蘆沙 奇正鎭의 理一分殊觀」(『圓佛敎思想』 10·11, 원광대학교 원불교사상연구원, 1987)

이상익, 「수당 이남규의 역사의식」(『한국사상과 문화』, 한국사상문화학회, 2002)

李相夏, 「寒洲 李震相 性理說의 입론 근거 연구」(고려대학교 박사학위논문, 2003)

______, 『寒洲 李震相의 主理論 硏究』(景仁文化社, 2007)

이성무, 「수당 이남규의 생애와 사상」(『조선시대 사상사 연구』 2, 지식산업사, 2009)

李炯性, 「寒洲 李震相의 性理學 硏究」(성균관대학교 박사학위논문, 2001)

林熒澤, 「修堂 李南珪와 그의 奏議에 대한 이해—근대 전환기의 한 대응논리」(『漢文學報』 1, 우리한문학회, 1999)

張錫興, 「백범과 안중근 집안의 인연과 독립운동」(『백범과 민족운동연구』 제2집, 백범학술원, 2004)

張勝求, 「乙未 義兵抗爭의 思想史的 背景—『長潭講錄』分析을 中心으로」(『堤川義兵과 傳統文化』, 堤川文化院, 1998)

정만조, 「"붕당을 미워한 나머지 바른 사람까지 의심하지 마시라"고 한 김상헌: 당인열전 13」(『국회보』 2009년 1월호).

정재식, 『한국유교와 서구문명의 충돌』(연세대학교 출판부, 2004)

趙東杰, 「백범의 청소년기 생활과 의병운동」(『백범과 민족운동연구』 제1집, 백범학술원, 2003)

______, 「修堂 李南珪의 독립정신과 遺志」(『民族文化』 22, 민족문화추진회, 1999)

崔起榮, 「백범 김구의 애국계몽운동」(『백범과 민족운동연구』 제1집, 백범학술원, 2003)

崔錫起, 「俛宇 郭鍾錫의 明德說 論爭 —李承熙·許愈·金鎭祜와의 논쟁을 중심으로」(『南冥學硏究』 27, 경상대학교 남명학연구소, 2009)

秋憲樹, 『백범 김구—생애와 사상』(교문사, 1982)

허권수·정진상, 「兩班文化의 變遷과 現代의 樣相—法勿里 商山金氏家門의 경우」(『慶南文化硏究』 19, 경상대학교 경남문화연구원, 1997)

홍순권, 『한말 호남지역 의병운동사 연구』(서울대학교 출판부, 1994)

洪英基, 「蘆沙學派의 형성과 衛正斥邪運動」(『한국근현대사연구』 10, 한국근현대사학회, 1999)

______, 『대한제국기 호남의병 연구』(일조각, 2004)

洪元植, 「이진상의 철학사상과 그의 후예들」(『東洋學』 29, 단국대학교 동양학연구소, 1999)

찾아보기